I0033994

CODE ANNOTÉ

DES

CONSEILS DE PRÉFECTURE

DÉLIBÉRANT AU CONTENTIEUX

AVEC FORMULES ET OBSERVATIONS

TEXTES OFFICIELS

De Lois, Décrets, Ordonnances, Arrêtés, Règlements généraux, Instructions, Circulaires, Avis interprétatifs du Conseil d'État, etc.,

DIVISÉS EN CINQ PARTIES :

1° Organisation des Conseils de Préfecture ;
2° Compétence d'après la loi du 28 pluviôse an VIII ;
3° Compétence résultant de lois particulières ;
4° Procédure administrative des Conseils de Préfecture ;
5° De la Comptabilité des Communes et établissements charitables.

PAR

M. ORILLARD

Doyen du Conseil de Préfecture de la Vienne, Avocat à la Cour impériale de Poitiers,

AUTEUR

De la Compétence et de la Procédure des Tribunaux de Commerce.

PARIS,
COSSE ET MARCHAL,
LIBRAIRES DE LA COUR DE CASSATION,
Place Dauphine, 27.

POITIERS,
A. DUPRÉ, IMPRIMEUR-ÉDITEUR,
Rue de la Mairie, n° 10.

1863.

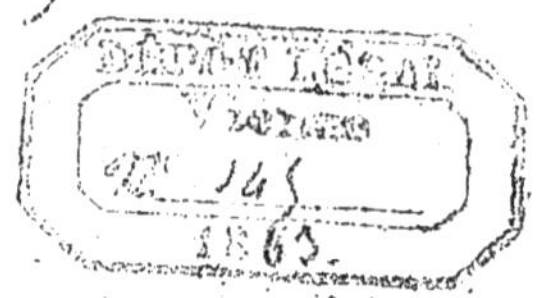

CODE ANNOTÉ

DES

CONSEILS DE PRÉFECTURE.

Poitiers. — Typ. de A. Dupré.

CODE ANNOTÉ

DES

CONSEILS DE PRÉFECTURE

DÉLIBÉRANT AU CONTENTIEUX

AVEC FORMULES ET OBSERVATIONS

TEXTES OFFICIELS

De Lois, Décrets, Ordonnances, Arrêtés, Règlements généraux, Instructions, Circulaires, Avis interprétatifs du Conseil d'État, etc.,

DIVISÉS EN CINQ PARTIES :

1° Organisation des Conseils de Préfecture ;
2° Compétence d'après la loi du 28 pluviôse an VIII ;
3° Compétence résultant de lois particulières ;
4° Procédure administrative des Conseils de Préfecture ;
5° De la Comptabilité des Communes et établissements charitables.

PAR

M. ORILLARD

Doyen du Conseil de Préfecture de la Vienne, Avocat à la Cour impériale de Poitiers,

AUTEUR

De la Compétence et de la Procédure des Tribunaux de Commerce.

PARIS,
COSSE ET MARCHAL,
LIBRAIRES DE LA COUR DE CASSATION,
Place Dauphine, 27.

POITIERS,
A. DUPRÉ, IMPRIMEUR-ÉDITEUR,
Rue de la Mairie, n° 10.

1863.

CODE

DES

CONSEILS DE PRÉFECTURE

DÉLIBÉRANT AU CONTENTIEUX.

I.

AVANT-PROPOS.

BUT ET PLAN DE L'OUVRAGE.

1. La publicité de l'audience est l'une des conquêtes de la révolution de 1789 (1). C'est la garantie la plus solide offerte aux justiciables; c'est une recommandation faite aux juges de ne pas oublier qu'ils sont les ministres impartiaux de la loi. *Ut quod ipsa potestate sit liberum, fama tamen et æstimatione sit conscriptum.* Bacon, aphor. 38.

Si l'organisation des tribunaux français est un objet d'envie et d'admiration pour les gouvernements étrangers, c'est que cette distinction leur est acquise autant par la publicité de leurs audiences que par la sagesse de leurs décisions. Si ces décisions allaient s'entasser dans les registres des greffes, sans avoir été révélées au public par les débats d'audience, je doute fort qu'elles eussent pu répandre sur le ministère des juges français autant de lustre et d'éclat.

En France, depuis 1789, la publicité des séances de la magistrature est la règle, et les jugements rendus à huis clos sont l'exception. Le huis clos ne peut être prononcé que lorsque cette mesure est commandée dans l'intérêt de la tranquillité et de la morale publiques.

Ce ne sont pas seulement les cours impériales, la cour de cassa-

(1) Loi du 24 août 1790, tit. V, art. 14.

tion placée à leur tête, les tribunaux civils et de commerce, les tribunaux de paix, les cours d'assises et les tribunaux correctionnels et de simple police dont les débats sont aujourd'hui assujettis aux formalités de la publicité : tous les tribunaux en général, tels que conseils de guerre, tribunaux maritimes, tiennent depuis longtemps leurs séances publiquement. Dans l'administration proprement dite, les séances des conseils de révision ont toujours siégé au grand jour de la justice, en présence du public et de toutes les parties intéressées. Depuis la révolution de 1830, les affaires contentieuses administratives, déférées au conseil d'Etat par la voie de l'appel, ont été examinées et jugées contradictoirement en audience publique. Il ne restait plus, en réalité, que les juges administratifs des mêmes affaires au premier degré de juridiction, qui fussent encore soumis aux règles surannées de l'ordonnance de 1667. C'était là une anomalie inexplicable, que vient heureusement de faire disparaître le mémorable décret du 30 décembre 1862.

Ce décret a été accueilli avec un profond sentiment de reconnaissance. Le sénat a exprimé en termes énergiques son adhésion. Il n'a été que l'écho de l'opinion publique, lorsqu'il a dit, dans l'adresse présentée à l'Empereur, pour la session de la présente année 1863 :

« Dans une machine aussi vaste que l'administration fran-
» çaise, il n'est pas impossible de trouver quelque irrégularité
» accidentelle dans le jeu de certains ressorts, mais l'ensemble
» est excellent. D'ailleurs, nos lois sont ainsi faites, qu'en toute
» matière le recours est placé à côté de la plainte, et le redres-
» sement à côté du grief.
» C'est pour étendre le caractère équitable et libéral de l'ad-
» ministration que Votre Majesté a voulu que les instances
» portées devant les conseils de préfecture, en matières con-
» tentieuses, fussent contradictoires et publiques. Fortifier dans
» une institution le sentiment du droit, c'est y enraciner l'ha-
» bitude de la justice, du devoir et de la modération (1). »

Le sentiment de la justice, du devoir et de la modération, c'est-à-dire de l'impartialité, est depuis longtemps dans les habitudes des membres des conseils de préfecture; on le trouvera, chez chacun d'eux, uni à l'amour du travail qui leur fera supporter avec patience et sans

(1) Séance du sénat du 30 janvier 1863.

se plaindre les longues discussions que pourront exiger les affaires soumises à leur appréciation.

Pour rendre plus facile au conseiller de préfecture sur son siége l'exercice de ses fonctions, et le mettre à même de suivre la discussion, de s'éclairer lui-même et de former son opinion sans avoir besoin soit de faire placer sur son bureau une grande partie des livres composant la bibliothèque, soit de rechercher les textes invoqués lors de la délibération, j'ai pensé qu'il était opportun de réunir dans un seul volume tous les textes les plus ordinairement consultés pour le jugement des affaires soumises à son appréciation. Tel est le but de cet ouvrage. J'ai voulu, en le composant, mettre aux mains des conseillers de préfecture un volume qui remplaçât pour eux les codes que les juges des autres juridictions ont à leur disposition, et qui servît en même temps de guide aux parties.

2. Cet ouvrage, auquel j'ai peut-être donné un nom trop prétentieux en l'appelant *Code des Conseils de préfecture*, est divisé en cinq parties.

La première contient les lois sur l'organisation et la composition des conseils de préfecture; elle traite de la limite d'âge, de l'honorariat, de l'avancement sur place, du mode de remplacer les conseillers empêchés et des secrétaires généraux.

Le seconde contient les lois de la compétence des conseils de préfecture d'après la loi du 28 pluviôse an VIII.

La troisième est formée de la réunion des principaux textes qui confèrent droit de juridiction aux conseils de préfecture sur des matières diverses.

La quatrième contient la procédure administrative des conseils de préfecture.

La cinquième comprend les règles sur la comptabilité des communes, des établissements charitables, des écoles normales primaires et des associations syndicales.

Comme juges de ces comptes, les conseils de préfecture rendent, en chambre du conseil, des décisions qui peuvent être portées par voie d'appel devant la cour des comptes.

Dans toutes les autres affaires contentieuses, leurs décisions sont précédées de débats oraux qui ont lieu en séance publique. Le recours contre ces décisions est porté devant le conseil d'État, statuant au contentieux.

L'ouvrage a des divisions nombreuses, trop nombreuses peut-être. Je me suis rappelé ce que j'avais déjà écrit à propos d'un autre ouvrage. Bentham a dit dans ses *Traités de législation*, tome III,

p. 185 : *Un corps de lois est comme une vaste forêt; mieux il est percé, plus il est connu.* On s'y oriente plus aisément, *a ajouté l'illustre Boncenne, mon savant professeur*, dans sa *Théorie de la Procédure*, tome III, p. 166.

Tel est le motif qui m'a engagé à multiplier les divisions, et à consacrer quelquefois plusieurs chapitres, désignés par des numéros en chiffres romains, à une matière qui aurait pu être classée en un seul. Ces divisions m'ont paru propres à porter la lumière et à établir l'ordre dans une matière qui en avait grand besoin.

PREMIÈRE PARTIE.

Organisation des conseils de préfecture.—Nomination. — Limites d'âge. — Honorariat.— Nombre de conseillers.

II.

DE L'ADMINISTRATION DÉPARTEMENTALE.

3. (*Extrait de la loi du* 28 *pluviôse an VIII.*)

Art. **2.** Il y aura, dans chaque département, un préfet, un conseil de préfecture et un conseil général...

Le conseil de préfecture sera composé de cinq membres dans les départements ci-après :

Aisne, Calvados, Charente-Inférieure, Côtes-du-Nord, Dordogne, Eure, Finistère, Haute-Garonne, Gironde, Isère, Ille-et-Vilaine, Loire-Inférieure, Maine-et-Loire, Manche, Morbihan, Nord, Orne, Pas-de-Calais, Puy-de-Dôme, Bas-Rhin, Saône-et-Loire, Seine, Seine-Inférieure, Seine-et-Oise, Somme.

Le conseil de préfecture sera composé de quatre membres dans les départements ci-après nommés :

Ain, Aveyron, Bouches-du-Rhône, Charente, Côte-d'Or, Gard, Loire, Lot, Lot-et-Garonne, Mayenne, Meurthe, Moselle, Oise, Basses-Pyrénées, Rhône, Sarthe, Yonne.

Le conseil de préfecture sera composé de trois membres dans tous les départements ci-après nommés (1)...

3. Le préfet seul sera chargé de l'administration.

5. Lorsque le préfet assistera au conseil de préfecture, il présidera ; en cas de partage, il aura voix prépondérante.

18. Le premier consul nommera les préfets, les conseillers de préfecture..., le secrétaire général de préfecture, les sous-préfets, etc.

22. Le traitement des conseillers de préfecture sera, dans chaque département, le dixième de celui des préfets.

III.

NOUVELLE FIXATION DU NOMBRE DES CONSEILLERS DE PRÉFECTURE.

4. (*Décret du* 28 *mars*-9 *avril* 1852.)

Art. 1er. Le nombre des conseillers de préfecture est fixé à quatre dans les départements suivants :

Calvados, — Charente-Inférieure, — Côtes-du-Nord, — Dordogne, — Finistère, — Haute-Garonne, — Gironde, — Ille-et-Vilaine, — Isère, — Loire-Inférieure, — Maine-et-Loire, — Manche, — Moselle, — Nord, — Orne, — Pas-de-Calais, — Puy-de-Dôme, — Bas-Rhin, — Saône-et-Loire, — Seine-Inférieure.—Seine-et-Oise, — Somme.

(1) C'est-à-dire tous les autres départements.

2. Dans les autres départements, à l'exception de celui de la Seine (1), il n'y aura que trois conseillers de préfecture.

3. Dans les départements où le nombre des conseillers de préfecture fixé dans les articles 1 et 2 est actuellement dépassé, il sera ramené, à mesure des extinctions, dans la limite du présent décret.

4 (bis). (*Décret impérial du 17 mars 1863, concernant l'organisation du conseil de préfecture de la Seine.*)

Art. 1er. Il sera nommé par nous un président du conseil de préfecture du département de la Seine.

Il lui sera alloué un traitement de vingt-cinq mille francs.

2. En cas d'absence ou d'empêchement du président, le conseiller de préfecture qui le remplacera sera désigné par le préfet.

3. Le conseil de préfecture du département de la Seine pourra être divisé en sections; mais il ne pourra être pris aucune délibération dans une section, si trois membres au moins ne sont présents, conformément à l'art. 1er de l'arrêté du gouvernement en date du 19 fructidor an IX.

Les conseillers chargés de présider les sections seront désignés par le préfet (2).

IV.

AVANCEMENT SUR PLACE DES CONSEILLERS DE PRÉFECTURE.

5. (*Décret du 23 mars-1er mai 1852.*)

Art. 5. Après dix ans d'exercice, les conseillers de préfecture de la 2e ou de la 3e classe pourront obtenir la traitement de la classe supérieure, sans qu'il soit nécessaire de les changer de résidence.

6. (*Décret du 25 juillet-22 août 1855.*)

Art. 1er. Les dispositions des articles 2, 4 et 5 du décret du 27 mars 1852, relatives à l'avancement des préfets, sous-préfets et conseillers de préfecture, ne seront applicables qu'à ceux de ces fonctionnaires qui auront accompli, dans le même arrondissement, la durée de service exigée par ces articles.

(1) Le nombre des conseillers de préfecture dans la Seine est de six.

(2) Par décret du 14 mars, quatre auditeurs au conseil d'État, dont deux de première classe et deux de seconde, ont été attachés au conseil de préfecture de la Seine; un auditeur de 2e classe a été attaché à la préfecture de la Seine-Inférieure. Par un autre arrêté du même jour, un auditeur de 1re classe a été attaché à la préfecture de Seine-et-Oise.

V.

LIMITES D'AGE.

7. (*Décision impériale relative au remplacement d'office des préfets, sous-préfets, secrétaires généraux et conseillers de préfecture qui auront atteint les limites d'âge y indiqués.* — Déc. des 1-26 mai 1858.)

Le rapport à Sa Majesté l'Empereur par M. le Ministre de l'Intérieur et de la sûreté générale ne propose pas d'établir une règle uniforme pour tous les fonctionnaires administratifs dépendant de son ministère ; les préfets pourraient rester en activité jusqu'à l'âge de soixante-cinq ans, les sous-préfets et les secrétaires généraux seraient remplacés à soixante-deux ans, et en ce qui concerne les conseillers de préfecture le rapport continue ainsi :

« Quant aux conseillers de préfecture, dont les fonctions sont plus » sédentaires, il paraissait convenable de les assimiler aux membres des » cours impériales et des tribunaux de première instance, dont l'admis- » sion d'office à la retraite n'est prononcée qu'à 70 ans.

» Les fonctionnaires administratifs étant amovibles, je ne crois pas né- » cessaire de proposer à Votre Majesté de décider la question de principe » par un décret impérial. Je lui demanderai seulement de vouloir bien » m'autoriser à provoquer à l'avenir le remplacement d'office des préfets, » sous-préfets, secrétaires généraux et conseillers de préfecture qui auront » atteint les limites d'âge indiquées ci-dessus. Cette mesure, appliquée » indistinctement, aurait l'avantage d'assurer le service, sans froisser d'ho- » norables susceptibilités. »

VI.

HONORARIAT.

8. (*Décret du 15 mars-11 avril 1854.*)

Ce décret dispose ainsi :

Art. 1er. Les membres des conseils de préfecture admis à la retraite pour ancienneté de service ou pour cause d'infirmités, qui auront bien mérité dans l'exercice de leurs fonctions, pourront recevoir le titre de conseiller de préfecture honoraire.

2. Ceux auxquels ce titre aura été conféré pourront figurer dans les cérémonies publiques avec les membres des conseils de préfecture et prendre part, avec voix consultative, aux délibé-

rations de ces conseils, lorsqu'ils y auront été appelés par convocation spéciale du préfet.

VII.

DES DÉLIBÉRATIONS DES CONSEILS DE PRÉFECTURE.

9. (*Arrêté du 19 fructidor an IX.*)

Art. 1er. Les conseils de préfecture ne pourront prendre aucune délibération, si les membres ne sont au moins au nombre de trois. Le Préfet, lorsqu'il assistera à la séance, comptera pour compléter les membres nécessaires pour délibérer.

VIII.

DU MODE DE VIDER LES PARTAGES ET DE POURVOIR AU REMPLACEMENT DES CONSEILLERS EN EXERCICE, EN CAS D'INSUFFISANCE DES MEMBRES DU CONSEIL.

10. (*Même arrêté du 19 fructidor an IX.*)

Art. 2. En cas de partage ou d'insuffisance du nombre des membres du conseil, ils sont remplacés de la manière suivante :

3. Les membres restant au conseil de préfecture désigneront, à la pluralité des voix, un membre du conseil général de département, qui siégera avec ceux du conseil de préfecture, soit qu'il faille compléter le nombre nécessaire pour délibérer, ou vider un partage. Le choix ne pourra jamais tomber sur les membres des tribunaux qui font partie des conseils généraux de département.

4. En cas de partage sur le choix du suppléant, la voix du préfet, s'il assiste à la séance, ou du plus ancien d'âge des conseillers, si le préfet n'est pas à la séance du conseil, aura la prépondérance.

5. Si le préfet est absent du chef-lieu ou du département, celui qui le remplacera aura, dans tous les cas, la voix prépondérante, comme le préfet lui-même.

6. Le service des suppléants au conseil de préfecture sera gratuit, en cas de récusation, maladie ou partage ; en cas d'absence, le suppléant aura droit, proportionnellement au temps de son service, à la moitié du traitement de celui qu'il remplacera.

IX.

DU REMPLACEMENT DES MEMBRES DES CONSEILS DE PRÉFECTURE EN CAS D'EMPÊCHEMENT DE LA TOTALITÉ.

11. (*Décret du* 6 *juin* 1808.)

Art. 1er. Les membres des conseils de préfecture qui, tous à la fois, seraient forcément empêchés d'exercer leurs fonctions, seront suppléés par un égal nombre de membres du conseil général, autres que ceux qui seraient en même temps juges dans nos tribunaux.

2. Seront désignés par notre Ministre de l'Intérieur les membres du conseil général, sur la présentation du préfet.

X.

PUBLICITÉ DES AUDIENCES DES CONSEILS DE PRÉFECTURE.

12. (*Décret du* 30 *décembre* 1862.)

Le *Moniteur* du 31 décembre 1862 publie le rapport suivant, adressé à l'Empereur par le Ministre de l'Intérieur :

« Sire,

» L'Empereur Napoléon Ier disait dans une discussion au conseil d'Etat : « Il y a un grand vice dans le jugement des affaires contentieuses, c'est qu'elles sont jugées sans entendre les parties. »

» L'ordonnance du 2 février 1831 a modifié la procédure suivie devant le conseil d'Etat, mais elle n'a pas été rendue applicable aux conseils de préfecture.

» Ces conseils statuent chaque année sur plus de 200,000 affaires, qui concernent notamment les travaux publics, la grande voirie, les chemins vicinaux, les contributions, les élections, les cours d'eau, les mines, les établissements insalubres et la comptabilité communale. Sur ces matières, ils forment le premier degré de la juridiction administrative, mais les justiciables regrettent de ne pas trouver auprès d'eux toutes les garanties que leur assurent au conseil d'Etat, depuis trente ans, la création d'un commissaire du gouvernement, la présence des parties et la publicité des audiences.

» Le moment me paraît venu, Sire, de mettre un terme à cette situation exceptionnelle, qui n'est en rapport ni avec les principes qui président à notre organisation judiciaire, ni avec les idées et les exigences de notre temps. J'apprécie l'importance des services rendus par les conseils de préfecture, la haute impartialité de leurs jugements, le savoir et le zèle des magistrats qui s'honorent d'y prolonger leur carrière; mais il est impossible de méconnaître l'avantage des débats publics et contradictoires. La justice aime à s'appuyer sur l'opinion, et son autorité gagne à se trouver en contact direct avec les citoyens dont elle règle les intérêts et termine les différends.

» J'ai l'honneur de soumettre à Votre Majesté les propositions suivantes:

» A l'avenir, les séances des conseils de préfecture, statuant sur les affaires contentieuses, seraient publiques. Les parties seraient admises à y présenter leurs observations en personne ou par mandataire. Cette innovation, consacrée déjà par la pratique dans trois départements, permet d'atteindre le but essentiel en pareille matière, c'est-à-dire de rendre, à peu de frais, bonne et prompte justice.

» La publicité des audiences serait une mesure défectueuse si, en donnant satisfaction aux parties, elle laissait l'administration désarmée devant elle. Il importe que, dans chaque affaire, une voix autorisée puisse s'élever dans l'intérêt de la loi et revendiquer les droits de l'Etat; il est donc nécessaire de créer auprès des conseils de préfecture un ministère public. Le commissaire du gouvernement prendrait des conclusions dans toute question contentieuse; il veillerait à l'exacte observation des lois et des règles de la jurisprudence. Son intervention contribuerait, sans aucun doute, à réduire le nombre des infirmations, et par suite, il est permis de l'espérer, celui des recours devant la juridiction supérieure.

» Cette création n'entraînerait aucune charge nouvelle pour le budget. Les fonctions de commissaire du gouvernement seraient confiées au secrétaire général de chaque préfecture. C'est le moyen le plus simple de constituer, sans accroissement de dépense, un ministère public assez haut placé pour inspirer confiance aux justiciables et assez expérimenté pour faire prévaloir un corps de doctrines.

» L'application de cette mesure dans les départements qui ne comptent que trois conseillers n'aurait que l'inconvénient d'en réduire le nombre au-dessous du chiffre nécessaire pour délibérer, puisque le préfet, aux termes de l'arrêté du 19 fructidor an IX, fait partie du conseil, et qu'à son défaut un suppléant prendrait sa place. J'attache, d'ailleurs, une véritable importance à la présence des préfets dans le sein des conseils de préfecture; ils en ont la présidence, et c'est pour eux un impérieux devoir de remplir toutes les obligations qu'elle leur impose. On n'a donc pas à craindre que le nombre des juges soit insuffisant; réduit à trois dans quelques conseils, il sera encore égal à celui des magistrats de l'ordre judiciaire dans la plupart des circonscriptions, et ni l'importance ni la multiplicité des affaires n'exigent qu'on l'augmente au delà des limites fixées pour les tribunaux ordinaires.

» Enfin, pour compléter cette organisation, un greffe serait établi près de chaque conseil de préfecture; tous les dossiers y seraient déposés, les communications nécessaires y seraient faites aux intéressés, et un registre spécial permettrait de suivre le mouvement des affaires. Le greffier serait désigné par le préfet et choisi parmi les employés de la préfecture.

» Quant aux formes relatives à l'introduction des instances, à l'instruction et à la décision des affaires, elles ont été établies soit par des actes législatifs, soit par la jurisprudence du conseil d'Etat. Elles réunissent toutes les conditions d'une procédure à la fois simple, sommaire et peu dispendieuse. Je ne verrais que des inconvénients à changer un ensemble de règles éprouvées par un long usage et qui répond partout aux besoins et aux vœux des justiciables.

» Telles sont, Sire, les principales dispositions du décret soumis à Votre Majesté. Si elle daigne les agréer, la juridiction des conseils de préfecture n'aura plus rien à envier à celle du conseil d'Etat; les affaires contentieuses seront entourées, en première instance comme en appel, des formes protectrices de la même procédure. Sans doute la publicité provoque le contrôle, mais l'administration française ne redoute pas cette épreuve, et je vais au-devant de ses désirs en proposant à Votre Majesté de décréter la publicité des audiences et le droit pour les parties d'être entendues avant d'être jugées.

» Cette sage et utile réforme sera accueillie avec faveur par les populations, auxquelles elle montrera une fois de plus le profond respect de l'Empereur pour les grands principes qui sont le fondement de notre droit public et la base de la constitution de l'Empire.

» Je suis, avec le plus profond respect, Sire, de Votre Majesté, le très-obéissant, très-dévoué, très-fidèle serviteur et sujet,

» Le Ministre de l'Intérieur, F. DE PERSIGNY. »

Ce rapport est accompagné d'un décret dont voici les dispositions principales :

« Art. 1er. A l'avenir, les audiences des conseils de préfecture, statuant sur les affaires contentieuses, seront publiques.

» 2. Après le rapport qui sera fait sur chaque affaire par un des conseillers, les parties pourront présenter leurs observations, soit en personne, soit par mandataire.

» La décision motivée sera prononcée en audience après délibéré, hors la présence des parties.

» 3. Le secrétaire général de la préfecture remplira les fonctions de commissaire du gouvernement.

» Il donnera ses conclusions dans les affaires contentieuses.

» Les auditeurs au conseil d'Etat attachés à une préfecture pourront y être chargés des fonctions du ministère public.

» 4. En cas d'insuffisance du nombre des membres nécessaires pour délibérer, il y sera pourvu conformément à l'arrêté du 19 fructidor an IX et au décret du 16 juin 1808.

» 5. Il y aura auprès de chaque conseil un secrétaire-greffier nommé par le préfet et choisi parmi les employés de la préfecture.

» 6. Les comptes des receveurs des communes et des établissements de bienfaisance ne seront pas jugés en séance publique. »

XI.

DES SECRÉTAIRES GÉNÉRAUX ET DES CONSEILLERS CHARGÉS D'EN EXERCER LES FONCNIONS.

13. (*Extrait du décret organique de l'administration départementale du* 28 *pluviôse an VIII.*)

« Art. 7. Un secrétaire général de préfecture aura la garde » des papiers et signera les expéditions. »

14. (*Ordonnance du roi des* 1-8 *mai* 1832, *portant suppression des secrétaires généraux dans* 80 *départements.*)

Art. 1er. Les secrétaires généraux de préfecture cesseront leurs fonctions à dater de la promulgation de la présente ordonnance, excepté dans les départements des Bouches-du-Rhône, de la Gironde, du Nord, du Rhône, de la Seine et de la Seine-Inférieure.

2. Un des conseillers de préfecture, désigné par notre Ministre secrétaire d'État de l'Intérieur, sera chargé, dans chacun des départements autres que les six dénommés ci-dessus, des fonctions de secrétaire général de la préfecture : il recevra à ce titre une indemnité égale au quart de son traitement.

15. (*Décret impérial des* 2 *juillet*-26 *août* 1853, *portant rétablissement des secrétaires généraux.*)

Art. 1er. Les secrétaires généraux de préfecture, institués par la loi du 28 pluviôse an VIII, sont rétablis dans les préfectures suivantes :

Bouches-du-Rhône, Gironde, Haute-Garonne, Loire-Inférieure, Nord, Bas-Rhin, Rhône, Seine-Inférieure, Seine-et-Oise.

Nice, élevé au rang de préfecture de 1re classe, a un secrétaire général en titre.

16. (*Décret impérial concernant les secrétaires généraux de préfecture, des* 29 *décembre* 1854-16 *janvier* 1855.)

Art. 2. La fonction de secrétaire général est rétablie dans les départements du Calvados, de l'Hérault, d'Ille-et-Vilaine, de l'Isère, de Maine-et-Loire, de la Meurthe, de la Moselle, du Pas-de-Calais, des Basses-Pyrénées et de la Somme.

3. Indépendamment des attributions qui leur sont conférées par les lois et règlements, les secrétaires généraux pourront, par délégation et sous la direction des préfets, être chargés d'une partie de l'administration départementale; les arrêtés de délégation seront soumis à l'approbation du Ministre de l'Intérieur.

4. Le traitement des secrétaires généraux est fixé à huit mille francs dans les préfectures de première classe, et à six mille francs dans celles de deuxième classe pour lesquelles ils sont rétablis par le présent décret.

17. (*Décret impérial du* 1-29 *mai* 1858, *qui rétablit les fonctions de secrétaire général dans quatre préfectures.*)

Art. 1er. Les fonctions de secrétaire général sont rétablies dans les départements du Doubs, du Gard, du Loiret et de la Haute-Vienne, d'après les bases fixées par les art. 3 et 4 du décret du 29 décembre 1854 (1).

A cette nomenclature il faut ajouter le département de la Savoie.

Le secrétaire général en titre, ou le conseiller délégué pour en faire les fonctions, remplit auprès des conseils de préfecture les fonctions de commissaire du gouvernement.

(1) Dans les autres départements, les fonctions de secrétaire général sont déléguées à un conseiller de préfecture.

DEUXIÈME PARTIE.

Des attributions conférées aux conseils de préfecture par la loi du 28 pluviôse an VIII.

XII.

DES ATTRIBUTIONS CONFÉRÉES AUX CONSEILS DE PRÉFECTURE PAR LA LOI DU 28 PLUVIÔSE AN VIII.

18. (*Texte de l'article 4 de la loi du 28 pluviôse an VIII.*)

Le conseil de préfecture prononcera :

Sur les demandes de particuliers tendant à obtenir la décharge ou la réduction de leur cote de contributions directes;

Sur les difficultés qui pourraient s'élever entre les entrepreneurs de travaux publics et l'administration, concernant le sens ou l'exécution des clauses de leurs marchés;

Sur les réclamations des particuliers qui se plaindront de torts et dommages procédant du fait personnel des entrepreneurs, et non du fait de l'administration;

Sur les demandes et contestations concernant les indemnités dues aux particuliers, à raison de terrains pris ou fouillés pour la confection des chemins, canaux et autres ouvrages publics;

Sur les difficultés qui pourront s'élever en matière de grande voirie;

Sur les demandes qui seront présentées par les communautés des villes, bourgs ou villages, pour être autorisés à plaider;

Enfin sur le contentieux des domaines nationaux.

Des lois particulières ont élargi le cercle de la compétence des conseils de préfecture.

Les attributions anciennes et nouvelles qui leur ont été conférées par des lois particulières feront le sujet de la 3e partie.

XIII.

COMPÉTENCE DES CONSEILS DE PRÉFECTURE EN MATIÈRE DE CONTRIBUTIONS DIRECTES. — DES DEMANDES EN DÉCHARGE ET RÉDUCTION.

19. (*Notions préliminaires.*)

Les contributions directes sont celles qui frappent directement sur les propriétés, soit foncières, soit mobilières, sur les revenus personnels et sur les facultés industrielles. Elles se perçoivent en vertu de rôles nominatifs, et sont obligatoires pour tous les contribuables.

Les contributions directes sont au nombre de quatre, savoir :

1° *La contribution foncière*, qui représente une portion du revenu territorial et porte sur les propriétés bâties et non bâties ;

2° *La contribution personnelle et mobilière*, qui frappe la richesse mobilière, en la présumant d'après les loyers d'habitation;

3° *La contribution des portes et fenêtres*, qui frappe le luxe des habitations ;

4° Enfin *la contribution des patentes*, qui se perçoit sur les bénéfices produits par le commerce et l'industrie.

Les contributions foncière, personnelle et mobilière et des portes et fenêtres sont des impôts de répartition. Chaque année, le pouvoir législatif détermine d'avance la somme à payer par département; les conseils généraux répartissent par arrondissement les contingents départementaux ; les conseils d'arrondissement les subdivisent par communes, et les répartiteurs des communes procèdent à la répartition individuelle.

Pour la contribution foncière, les cotes des contribuables résultent de leur revenu imposable réglé par LE CADASTRE, et, pour celle des portes et fenêtres, d'un tarif légal. Relativement à ces deux natures d'impôt, les répartiteurs ne peuvent modifier les bases de cotisation que dans les cas d'augmentation ou de diminution de matière imposable. Ils ne répartissent réellement que la contribution personnelle et mobilière, dont ils revisent le rôle annuellement.

Le montant des contributions foncière, personnelle et mobilière, et des portes et fenêtres doit rentrer intégralement au trésor.

Les non-valeurs sont couvertes par les centimes additionnels imposés à cet effet.

Le contingent assigné à une commune constitue envers l'État une dette indivise, dont chaque habitant imposable doit payer une part proportionnelle.

En conséquence, si, dans la répartition, on attribue à un particulier une cote plus forte que celle qu'il doit réellement, ce n'est point au profit de l'État que l'erreur est commise ; il en résulte, au contraire, que le contribuable qui en est victime se trouve supporter, en partie, la dette de ses codébiteurs ; car on ne peut accorder une faveur aux uns sans faire une injustice aux autres.

En matière d'impôt de répartition, le gouvernement est tout à fait désintéressé dans la fixation des cotes individuelles, et les agents de l'administration ne concourent à cette fixation que comme auxiliaires des autorités locales.

La contribution des patentes est un impôt de quotité, c'est-à-dire que son produit est éventuel.

Il existe aussi d'autres impôts qui sont aussi de quotité et qui peuvent être assimilés aux impôts directs. Nous nous en occuperons après avoir parlé des quatre contributions directes ci-dessus indiquées.

XIV.

DE LA CONTRIBUTION FONCIÈRE.

Les principes généraux relatifs à la contribution foncière ont été posés dans la loi du 3 frimaire an VII (23 nov. 1798), encore en vigueur aujourd'hui dans ses dispositions principales.

20. (*Extrait de la loi du 3 frimaire an VII.*)

TITRE Ier.

Dispositions générales.

Art. 1er. Le Corps législatif établit chaque année une imposition foncière.

Il en détermine annuellement le montant en principal et en centimes additionnels.

Elle est perçue en argent.

2. La répartition de l'imposition (ou contribution) foncière est faite par égalité proportionnelle sur toutes les propriétés foncières, à raison de leur revenu net imposable, sans autres exceptions que celles déterminées ci-après pour l'encouragement de l'agriculture ou pour l'intérêt général de la société.

3. Le revenu net des terres est ce qui reste au propriétaire, déduction faite sur le produit brut des frais de culture, semence, récolte et entretien.

4. Le revenu imposable est le revenu net moyen, calculé sur un nombre d'années déterminé.

5. Le revenu net imposable des maisons, et celui des fabriques, forges, moulins et autres usines, sont tout ce qui reste au propriétaire, déduction faite sur leur valeur locative, calculée sur un nombre d'années déterminé, de la somme nécessaire pour l'indemniser du dépérissement et des frais d'entretien et de réparations.

6. Le revenu net imposable des canaux de navigation est ce qui reste au propriétaire, déduction faite sur le produit brut ou total, calculé sur un nombre d'années déterminé, de la somme nécessaire pour l'indemniser du dépérissement des diverses constructions et ouvrages d'art, et des frais d'entretien et de réparations.

7. Pour rassurer les contribuables contre les abus dans la répartition, il sera déterminé chaque année, par le Corps législatif, une proportion générale de la contribution foncière avec les revenus territoriaux, au delà de laquelle la cote de chaque individu ne pourra être élevée.

TITRE II.

Des agents de la répartition.

TITRE III.

De la répartition de la contribution foncière.

TITRE IV.

Des changements à faire aux matrices des rôles.

TITRE V.

Du renouvellement et de la formation des matrices des rôles.

Les quatre titres précédents ne sont plus observés. Les formalités qu'ils prescrivaient relatives aux agents de la répartition, à cette même répartition, aux changements à faire aux matrices des rôles, à leur renouvellement et à leur formation, ont été remplacées par le règlement sur les opérations cadastrales du 15 mars 1827, qu'il est utile d'intercaler ici. C'est le seul moyen d'initier les parties intéressées au travail de la classification des propriétés comprises à la matrice cadastrale de chaque commune.

21. *(Règlement général sur les opérations cadastrales du 15 mars 1827.*

DEUXIÈME PARTIE (1).

Expertises.

15. *Première réunion du conseil municipal.* — 16. *Nomination des propriétaires classificateurs.* — 17. *Classification.* — 18. *Classement.* — 19. *Deuxième réunion du conseil municipal.* — 20. *Approbation du tarif des évaluations.* — 21. *Rédaction des pièces cadastrales.* — 22. *Réclamations.* — 23. *Transmission des réclamations.* — 24. *Instruction des réclamations.* — 25. *Frais de vérification par experts.* — 26. *Jugement des réclamations.* — 27. *Propriétés portées dans une classe trop basse.* — 28. *Payements.*

Art. 57. Aussitôt que le plan d'une commune est terminé, le préfet, sur la proposition du directeur, autorise le maire à convoquer le conseil municipal et les plus fort imposés. La réunion a lieu sur la demande de l'inspecteur ou du contrôleur, toutes les fois que ces employés font connaître que cette réunion est nécessaire.

L'inspecteur, pour chacune des communes qui doivent être expertisées, charge le percepteur de former, dans l'ordre des cotisations et sans y comprendre les membres du conseil municipal, une liste des plus fort imposés à la contribution foncière, en nombre double de celui des membres du conseil.

Cette liste est faite en double expédition; l'une est remise, dans les dix jours, au maire de la commune; l'autre est adressée, dans le même délai, à l'inspecteur qui est chargé d'en vérifier l'exactitude.

58. Les mineurs ou les interdits faisant partie des plus fort imposés sont, de droit, remplacés par leurs tuteurs. Les veuves ou filles majeures sont libres de se faire représenter par un fondé de pouvoir, et ce dernier ne peut être pris parmi les membres du conseil municipal, ni parmi les plus fort imposés. Le même individu ne peut être chargé du mandat de plusieurs personnes.

15. 1re *Réunion du conseil municipal.*

59. La première réunion du conseil municipal a lieu, autant que pos-

(1) Nous négligeons, comme ne présentant pas un intérêt actuel, la première partie de ce règlement, qui traite : 1° de la nomination du géomètre en chef et des géomètres de 1re classe ; — 2° du partage de la rétribution entre les géomètres ; — 3° de la délimitation ; — 4° de la triangulation ; — 5° de la vérification de la triangulation ; — 6° de l'arpentage ; — 7° des bureaux du géomètre en chef ; — 8° de la situation des travaux ; — 9° du calcul des plans ; — 10° de la communication des bulletins ; — 11° du dessin des plans ; — 12° des payements.

sible, au moment où l'inspecteur se rend dans les communes pour surveiller la communication des bulletins.

16. *Nomination des propriétaires classificateurs.*

60. L'inspecteur assiste à l'assemblée du conseil municipal, et veille à ce que les propriétaires les plus imposés y soient appelés. Il invite l'assemblée à nommer les commissaires classificateurs. Ces commissaires doivent être au nombre de cinq, et choisis parmi les possesseurs des cultures principales ou prédominantes du territoire; deux sont pris dans les non résidants (*remplacés, en cas d'absence, par leurs régisseurs ou fermiers*), et les trois autres dans les domiciliés. Il fait également nommer cinq classificateurs suppléants, dont trois habitant la commune et deux forains; il rédige en double expédition, et soumet à la signature de l'assemblée le procès-verbal de cette nomination, dans lequel est mentionné le nom de chaque membre du conseil et de chaque contribuable y assistant. Il remet au maire la première expédition, et il adresse la seconde au directeur.

61. Un père et son fils, deux frères ou beaux-frères ne peuvent être nommés classificateurs dans la même commune qu'autant qu'aucun autre propriétaire ne serait en état de remplir convenablement cette fonction.

L'exception doit être autorisée par le préfet, sur le rapport du directeur.

62. L'expertise ne doit être entreprise qu'après que les résultats de l'arpentage ont été communiqués aux propriétaires.

63. Dans les départements où le conseil général a réclamé l'emploi des experts, et dans ceux où ils n'interviennent que sur la demande spéciale des conseils municipaux, les préfets, après avoir pris l'avis des directeurs des contributions, nomment les experts chargés de concourir avec les contrôleurs à toutes les parties du travail. Pendant le cours du classement, ils ont voix délibérative, et, en cas de partage, voix prépondérante. Ils assistent aux délibérations du conseil municipal ayant pour objet la formation du tarif des évaluations.

64. L'inspecteur ne peut être chargé d'assister personnellement les classificateurs dans le classement d'une commune.

17. *Classification.*

65. Aussitôt que le contrôleur a reçu le tableau indicatif, le calque du plan et une copie du procès-verbal de la première réunion de l'assemblée municipale, il se transporte dans la commune et réunit les propriétaires classificateurs et l'expert, si son concours est autorisé, à l'effet de procéder, conjointement avec ces derniers : 1° à la reconnaissance générale du territoire et à sa classification, ou à la division de chaque nature de culture en classes; 2° au choix des types; 3° au classement des propriétés; 4° à la formation du tarif des évaluations.

66. Quelques variétés que présentent les propriétés de même espèce, on ne peut diviser chaque nature de culture qu'en cinq classes au plus. Cette limite impose donc la nécessité de ranger dans la même classe des parcelles qui n'ont pas un produit absolument égal.

Afin de fixer d'une manière exacte les limites des classes, et pour faciliter le classement ainsi que la vérification des réclamations auxquelles il peut donner lieu, on choisira pour chaque classe deux parcelles destinées à servir de types. La première sera prise dans les meilleures propriétés de la classe et sera le *type supérieur*; la seconde, choisie dans les plus mauvais fonds de la même classe, sera le *type inférieur*.

67. La classification terminée, les classificateurs établissent le revenu de chaque nature de culture et de chaque classe, en prenant pour base de leur estimation le terme moyen, par hectare, du produit net des parcelles choisies pour types.

Dans un procès-verbal destiné à faire connaître la manière dont il a été procédé à la classification, le contrôleur consigne les évaluations provisoires adoptées par les classificateurs, et il désigne les parcelles choisies pour types ou étalons, en indiquant, pour chacune d'elles, le numéro du plan, la nature de culture, le climat ou lieudit, le nom du propriétaire et la classe.

18. *Classement.*

68. Le classement est immédiatement entrepris. Trois des classificateurs au moins, ou trois suppléants, doivent toujours prendre part à l'opération.

69. Le contrôleur, à mesure qu'il arrive sur chaque parcelle, appelle les noms, prénoms et professions des propriétaires, la nature et la contenance des propriétés, et tient note, par section, de toutes les erreurs qui ont pu échapper aux géomètres. Il ne peut faire sur le tableau indicatif aucune espèce de correction.

70. Le contrôleur est tenu de porter sur la liste alphabétique, à l'article de chaque propriétaire, le numéro sous lequel il est inscrit sur la matrice générale, et le montant de son loyer d'habitation, ou d'indiquer qu'il n'est imposé qu'à la taxe personnelle. Il relève sur un état particulier les noms de tous les contribuables imposés aux contributions personnelles mobilières et des patentes, et qui ne possèdent aucune propriété foncière; il indique sur cet état les articles de la matrice générale, ainsi que les loyers d'habitation de ces contribuables; enfin il forme un résumé qui doit présenter un total égal au nombre des taxes personnelles et au montant des valeurs locatives de la commune.

71. Lorsque le classement est terminé, le contrôleur et les classificateurs procèdent au choix d'un certain nombre de domaines affermés, ou dont la valeur est notoirement constatée; ils font un relevé des parcelles dont ces domaines sont composés; ils appliquent le tarif provisoire suivant le procédé prescrit par l'art. 584 du recueil méthodique, et ils s'assurent, pour chaque domaine, de l'exactitude de la proportion existant entre le revenu constaté par le bail ou par la déclaration des classificateurs et le revenu résultant des évaluations provisoires. Si l'évaluation cadastrale de quelques propriétés s'écarte sensiblement de la proportion la plus générale, le contrôleur s'attache à rechercher la cause de la différence. A cet effet, il revoit avec les classificateurs et l'expert le classement des parcelles qui

composent ces domaines ; et si cet examen faisait découvrir des erreurs, les classificateurs et l'expert devraient s'assurer que les mêmes imperfections ne se sont pas reproduites sur les autres parties du territoire. Après avoir, s'il y avait lieu, rectifié le classement, ils vérifieraient si le tarif provisoire ne doit pas être changé sous le rapport des évaluations par nature de culture et par classe.

19. *Seconde réunion du conseil municipal.*

Le tarif modifié est appliqué une seconde fois aux propriétés choisies pour épreuve, et lorsqu'il a été régularisé dans toutes ses parties, le contrôleur invite le maire à réunir le conseil municipal pour examiner le tarif des évaluations.

Ce tarif est envoyé au directeur par le contrôleur, avec un rapport circonstancié sur toutes les parties de l'opération.

72. L'inspecteur surveille les opérations de l'expertise ; il assiste à la seconde réunion du conseil municipal toutes les fois que le directeur reconnaît que sa présence y est nécessaire.

73. Il rend compte au directeur de la manière dont le classement a été exécuté dans chaque commune, et il fournit ses observations sur le tarif des évaluations, lorsqu'il a pris part aux discussions du conseil municipal.

20. *Approbation du tarif des évaluations.*

74. Le préfet, sur le rapport du directeur, et après avoir pris l'avis du conseil de préfecture, approuve ou modifie le tarif des évaluations, et le renvoie au directeur pour être appliqué au classement.

21. *Rédaction des pièces cadastrales.*

75. Les états de sections sont rédigés en simple expédition destinée à la commune. Le tableau indicatif tient lieu de minute et sert de base pour la confection de la matrice cadastrale ; il présentera désormais le revenu des parcelles et le nombre des ouvertures imposables.

Si le tableau indicatif manquait de correction et de netteté, le directeur ne pourrait se dispenser d'en faire une copie.

76. Il n'est également fait qu'une seule expédition des relevés par nature de culture : elle est conservée à la direction.

77. Le directeur conserve la minute du résumé des relevés par nature de culture, et la représente à l'inspecteur général, afin de faciliter sa vérification.

78. Il est rédigé une matrice générale pour chaque commune nouvellement cadastrée.

22. *Réclamations.*

79. Au 1er juin de chaque année, le directeur invite les maires à prévenir les propriétaires qu'ils n'ont plus qu'un mois pour présenter leurs réclamations.

80. Les propriétaires ne peuvent réclamer contre le classement de leurs

propriétés que par comparaison avec les types ou étalons choisis pour chaque classe.

81. Les réclamations contre les évaluations ne sont admises qu'autant qu'elles concernent des maisons ou des usines, ou qu'elles sont formées par un propriétaire possédant à lui seul la totalité ou la presque totalité d'une nature de culture.

23. *Transmission des réclamations.*

82. A l'expiration du délai fixé pour l'admission des réclamations, le contrôleur en fait l'envoi au directeur, qui les transmet à l'inspecteur avec ordre de procéder à leur vérification.

24. *Instruction des réclamations.*

83. L'inspecteur adresse au maire un état nominatif des réclamants, lui donne avis du jour de son arrivée, et l'invite à réunir les classificateurs, pour le jour et l'heure qu'il désigne. Le maire avertit les pétitionnaires afin que ceux-ci assistent à la vérification, ou s'y fassent représenter par leurs fondés de pouvoir.

84. L'inspecteur communique son itinéraire au directeur.

85. Avant de se mettre en tournée, il rédige, en suivant l'ordre topographique, un tableau de toutes les parcelles contre le classement desquelles on a réclamé. Il se rend ensuite dans la commune, et de concert avec les classificateurs, et par comparaison avec les types ou étalons des classes dont les parcelles sont rangées, il procède à la vérification des classements contestés.

Il inscrit successivement dans l'une des colonnes du tableau qu'il a préparé l'avis des classificateurs sur le classement de chaque parcelle.

Lorsque la vérification est terminée sur le terrain, il rédige, pour chaque réclamant, un état présentant le classement primitif de chaque parcelle objet de la réclamation, et l'avis des classificateurs sur chacune de ces parcelles : il donne connaissance aux propriétaires des demandes que les classificateurs ne sont point d'avis d'admettre ou qu'ils n'admettent qu'en partie.

86. Si les propriétaires adhèrent à l'avis des classificateurs, cette adhésion est signée d'eux ou de leurs fondés de pouvoir, sur l'état spécial rédigé par l'inspecteur.

87. Dans le cas d'absence des réclamants ou de refus d'adhérer à l'avis des classificateurs, l'inspecteur doit prévenir les propriétaires que, suivant les dispositions des articles 17 et 18 de l'arrêté du 24 floréal an VIII (14 mai 1800), ils peuvent requérir la contre-expertise dans le délai de vingt jours. Il leur fait connaître que cette opération s'exécute aux frais de la commune, lorsque la réclamation est reconnue fondée, tandis qu'elle est à la charge des réclamants, quand les demandes sont rejetées.

88. L'inspecteur adresse au sous-préfet, avec son rapport, les réclamations dont la vérification est entièrement terminée ; la suite de l'instruction a lieu dans les formes ordinaires.

89. L'inspecteur conserve entre ses mains les pétitions qui, pour la totalité ou pour une partie des classements contestés, peuvent éventuellement donner lieu à une contre-expertise.

90. A l'expiration du délai de vingt jours, si le réclamant n'a point fait connaître ses intentions, son silence est considéré comme une adhésion à l'avis des classificateurs, et la pétition est immédiatement transmise au sous-préfet.

91. Si le réclamant persiste dans sa demande, il doit désigner son expert dans le délai fixé par l'art. 87. L'inspecteur informe le sous-préfet qu'il y a lieu à contre-expertise; cet administrateur nomme, dans les dix jours, l'expert de la commune, en prévient l'inspecteur, et ce dernier fixe et fait connaître aux deux experts le jour où il sera procédé à la vérification.

92. L'inspecteur fait des rapports particuliers sur chacune des demandes qui ont nécessité une contre-expertise.

25. *Frais de vérification par experts.*

93. Les frais de vérification par experts demeurent à la charge de la commune, quel que soit, d'ailleurs, le nombre de parcelles vérifiées, lorsque le réclamant, par l'effet de la contre-expertise, obtient dans son revenu cadastral une réduction quelconque.

26. *Jugement des réclamations.*

94. Les réclamations contre le classement sont jugées dans les dix jours qui suivent la remise des rapports faits au préfet, afin que la réimposition ait lieu et que l'erreur ne se reproduise pas sur le rôle de l'année suivante.

27. *Propriétés portées dans une classe trop basse.*

95. Si, par l'effet de la vérification des réclamations ou par suite des observations verbales ou écrites des propriétaires, il est reconnu que des propriétés ont été trop faiblement classées, l'inspecteur indique sur un tableau le classement primitif et les rectifications proposées.

Ce tableau est arrêté par les classificateurs.

96. Avant de quitter la commune, l'inspecteur informe les propriétaires de ces parcelles du changement proposé dans le classement de leurs fonds.

97. Si les propriétaires n'adhèrent point immédiatement au changement de classe, l'inspecteur leur fait connaître par écrit qu'ils peuvent, dans les vingt jours suivants, réclamer contre la proposition des classificateurs, et désigner un expert pour qu'il soit procédé à la contre-expertise, dans les formes prescrites par l'arrêté du 24 floréal an VIII (14 mai 1800).

98. Le délai de vingt jours expiré, si les propriétaires n'ont pas réclamé, leur silence est considéré comme une adhésion à la proposition des classificateurs, et le préfet autorise le directeur à opérer les rectifications nécessaires sur les matrices.

99. Après la rectification des réclamations présentées dans les délais

ordinaires, aucune rectification ne peut plus avoir lieu dans le classement primitif des parcelles.

100. L'indemnité allouée jusqu'à ce jour à l'inspecteur ne sera payable que pour les communes dont les travaux d'expertise étaient entrepris au 1er janvier 1827. Pour les communes où ces travaux, à la même époque, n'étaient point commencés, l'indemnité de 20 fr. par commune sera maintenue, et la rétribution par canton sera remplacée par une indemnité de 2 cent. par hectare.

28. *Payements.*

101. Les rétributions des divers agents de la direction sont payées d'après la règle suivante :

102 Les contrôleurs reçoivent la totalité de leur indemnité aussitôt que le tarif des évaluations est arrêté par le préfet.

103. A la même époque, les experts reçoivent les trois quarts de leur indemnité, et le quart restant lorsque les réclamations sont vérifiées.

104. L'inspecteur touche le premier quart, lorsqu'il remet son rapport sur la communication des bulletins, et le procès-verbal constatant la nomination des classificateurs ; le second quart, après la remise de son rapport sur l'expertise des communes comprises dans le budget ; la dernière moitié ou le solde, lorsque l'instruction des réclamations est entièrement terminée.

105. Si l'inspecteur est appelé dans un autre département pendant le cours des opérations, le directeur, d'après l'importance du travail, partage l'indemnité restant à payer entre l'inspecteur sortant et son successeur.

106. Le directeur reçoit en un seul payement les trois quarts de son indemnité, lorsque la matrice est arrêtée par le préfet, et le dernier quart ou solde, quand il fournit à l'appui de sa demande un certificat du maire constatant que les états de section, les atlas et la matrice cadastrale ont été déposés à la mairie, et que le premier rôle cadastral a été publié et mis en recouvrement.

107. Les règles fixées pour le payement des indemnités des directeurs, des géomètres en chef et des contrôleurs, seront appliquées aux travaux terminés ou entrepris à la date de la présente instruction.

TROISIÈME PARTIE.

Mutations.

29. *Constructions nouvelles.* — 30. *Déclarations de mutations.* — 31. *Applications des mutations.* — 32. *Vérification de l'inspecteur.* — 33. *Payement.*

29. *Constructions nouvelles.*

108. Il sera ouvert, dans chaque commune cadastrée, un registre sur lequel le contrôleur portera avec exactitude les indications nécessaires pour que les propriétés bâties, nouvellement construites ou reconstruites, ne

soient imposées qu'à partir de la troisième année de leur achèvement. Ce livre présentera les augmentations et les diminutions survenues dans les contenances et les revenus portés sur les matrices.

109. Lorsque, par suite d'alluvion, de corrosion ou de toute autre cause, le revenu d'une matrice cadastrale est accru ou diminué, les modifications sont réclamées par le maire et les commissaires-répartiteurs qui, dans ce cas, arrêtent et signent les déclarations sur lesquelles les changements se trouvent énoncés.

Le directeur des contributions présente au préfet le tableau des résultats de ces modifications, afin que ce magistrat soit à portée d'indiquer à l'administration les augmentations ou diminutions qui doivent être opérées dans le contingent du département, de l'arrondissement et de la commune.

110. L'intervention des répartiteurs est également nécessaire, lorsqu'il s'agit de fixer le revenu imposable des nouvelles constructions, ou de constater la portion du revenu qui s'applique à des démolitions.

111. Lorsqu'une parcelle est divisée en plusieurs classes, et que le vendeur et l'acquéreur reconnaissent que ce dernier doit prendre la totalité ou une portion de la contenance et du revenu appartenant à l'une des classes de la parcelle, le contrôleur se borne à fournir les indications nécessaires pour que le directeur puisse compléter la déclaration en y inscrivant la contenance et le revenu.

30. *Déclarations de mutations.*

112. Les contrôleurs sont chargés de recevoir et de rédiger eux-mêmes les déclarations de mutations de propriétés; ils indiquent sur chaque feuille de déclaration les changements survenus dans le nombre des portes et fenêtres.

113. Chaque déclaration est signée par le déclarant, ou par le maire, lorsque le déclarant ne sait signer.

114. Il n'est alloué aucune indemnité pour les déclarations non revêtues des formalités prescrites, et qui ne sont point rédigées par les contrôleurs.

Ces derniers s'assurent que les pièces cadastrales déposées au secrétariat des mairies y sont conservées avec le soin nécessaire; ils rendent compte au directeur de l'état de ces pièces.

115. Le directeur ne peut exiger des contrôleurs, à l'appui des déclarations, une récapitulation particulière présentant la balance des mutations déclarées, attendu que ce chef de service est spécialement chargé d'établir annuellement l'état de situation ancienne et nouvelle.

31. *Application des mutations.*

116. Les mutations sont appliquées sur la matrice par le directeur, aussitôt que les feuilles de déclarations sont parvenues dans ses bureaux.

117. Les déclarations et l'état de situation ancienne et nouvelle sont adressés au contrôleur à mesure que les applications sont terminées. Les

derniers envois doivent être effectués dans le courant de décembre au plus tard.

118. Les contrôleurs, sous leur responsabilité personnelle et à la charge par eux de pourvoir aux frais de transport, sont autorisés à réclamer successivement des maires les copies des matrices pour procéder à l'application des mutations.

Les matrices sont renvoyées dans les communes à mesure que le travail est terminé; elles doivent être réintégrées en totalité dans les archives des mairies au 1er mars ; et à cette époque les contrôleurs sont tenus de remettre au directeur les différentes pièces qui lui ont été données en communication.

32. *Vérification de l'inspecteur.*

119. Chaque année, l'inspecteur procède à la vérification de l'application des changements sur les matrices cadastrales déposées dans les mairies. Il se met en tournée lorsque les contrôleurs s'occupent de la rédaction des déclarations ; il veille à ce que ces employés se rendent exactement dans les communes aux jours indiqués.

La vérification de l'inspecteur s'étend au cinquième des communes dont se compose chaque canton. Le directeur lui fait connaître celles où la vérification doit être opérée ; il lui transmet les états de situation ancienne et nouvelle et l'itinéraire des contrôleurs.

120. En arrivant dans chacune des communes désignées, l'inspecteur vérifie les additions de tous les articles qui ont subi des changements ; il s'assure que les numéros de renvois sont exactement placés; il dresse, s'il y a lieu, l'état des erreurs qu'il a rectifiées ; il constate la date de son examen par un visa sur la dernière page de la matrice cadastrale, et, dans un rapport circonstancié, en fait connaître le résultat au directeur. Ce rapport contient en même temps ses observations sur la manière dont chaque contrôleur procède à la réception des déclarations des mutations.

121. Lorsque, dans l'ensemble du travail soumis à son examen, l'inspecteur a reconnu des erreurs d'une certaine importance, le directeur fait collationner aux frais du contrôleur toutes les matrices des communes du canton avec celles de la direction.

33. *Payements.*

122. L'indemnité relative à l'application des mutations ne peut être payée aux contrôleurs qu'après que l'inspecteur a attesté la régularité du travail.

123. L'indemnité revenant au directeur pour l'application des mutations sur les matrices cadastrales lui est acquise après l'approbation du budget dans lequel elle se trouve mentionnée, et lorsqu'il justifie au préfet de la transmission au contrôleur des déclarations et des états de situation ancienne et nouvelle.

124. Si, par suite d'erreurs commises dans l'application des mutations sur les matrices des communes, ou par défaut de netteté et de soins, il devenait nécessaire de procéder à une nouvelle transcription, les frais de

ce travail seraient supportés par le directeur, sauf son recours envers le contrôleur.

125. Le directeur et le contrôleur ne sont pas responsables des altérations que les matrices ont pu éprouver dans les mairies. Dans ce cas, les frais de rectification ou de transcription sont supportés par les communes.

126. Toutes les dispositions antérieures contraires à celles de la présente instruction sont abrogées.

22. *(Suite de l'extrait de la loi du* 3 *frimaire an VII.)*

TITRE VI.

Mode d'évaluation du revenu imposable des propriétés foncières d'après la loi du 3 *frimaire an VII.*

En comparant l'extrait du règlement du 15 mars 1827 ci-dessus avec les dispositions du titre VI, que nous donnons néanmoins textuellement, à cause des principes généraux qu'il pose et qui sont toujours utiles à consulter, on se fera facilement une idée des changements apportés à la législation sur la confection des matrices cadastrales.

Art. 56. Lorsqu'il s'agira d'évaluer le revenu imposable de terres labourables, soit actuellement cultivées, soit incultes, mais susceptibles de ce genre de culture, les répartiteurs s'assureront d'abord de la nature des produits qu'elles peuvent donner, en s'en tenant aux cultures généralement usitées dans la commune, telles que froment, seigle, orge et autres grains de toute espèce, lin, chanvre, tabac, plantes oléagineuses, à teinture, etc. Ils supputeront ensuite quelle est la valeur du produit brut ou total qu'elles peuvent rendre année commune, en les supposant cultivées sans travaux ni dépenses extraordinaires, mais selon la coutume du pays, avec les alternats et assolements d'usage, et en formant l'année commune sur quinze années antérieures, moins les deux plus fortes et les deux plus faibles.

Les années de la circulation du papier-monnaie, à partir du 1er janvier 1791, ne compteront point.

57. L'année commune du produit brut de chaque article de terre labourable étant déterminée, les répartiteurs feront déduction, sur ce produit, des frais de culture, semence, récolte et entretien; ce qui en restera formera le revenu net imposable, et sera porté comme tel sur les états de sections.

58. Les jardins potagers seront évalués d'après le produit

de leur location possible, année commune, en prenant cette année commune sur quinze, comme pour l'évaluation du revenu des terres labourables.

Ils ne pourront, dans aucun cas, être évalués au-dessous du taux des meilleures terres labourables de la commune.

59. L'évaluation du revenu imposable des terrains enlevés à la culture pour le pur agrément, tels que parterres, pièces d'eau, avenues, etc., sera portée au taux de celui des meilleures terres labourables de la commune.

60. Lorsqu'il s'agira d'évaluer le revenu net imposable des vignes, les répartiteurs supputeront d'abord quelle est la valeur du produit brut ou total qu'elles peuvent rendre année commune, en les supposant cultivées sans travaux ni dépenses extraordinaires, mais selon la coutume du pays, en formant l'année commune sur quinze, comme pour les terres labourables.

61. L'année commune du produit brut des vignes étant déterminée, les répartiteurs feront déduction, sur ce produit brut, des frais de culture, de récolte, d'entretien, d'engrais et de pressoir.

Ils déduiront en outre un quinzième de ce produit, en considération des frais de dépérissement annuel, de replantation partielle, et des travaux à faire pendant les années où chaque nouvelle plantation est sans rapport.

Ce qui restera du produit brut après ces déductions formera le revenu net imposable, et sera porté comme tel aux états de sections.

62. Le revenu imposable des prairies naturelles, soit qu'on les tienne en coupes régulières ou qu'on en fasse consommer les herbes sur pied, sera calculé d'après la valeur de leur produit année commune, prise sur quinze, comme pour les terres labourables, déduction faite, sur ce produit, des frais d'entretien et de récolte.

63. Les prairies artificielles ne seront évaluées que comme les terres labourables d'égale qualité.

64. L'évaluation du revenu imposable des terrains connus sous les noms de *pâtis*, *palus*, *marais*, *bas prés*, et autres dénominations quelconques, qui, par la qualité inférieure de

leur sol ou par d'autres circonstances naturelles, ne peuvent servir que de simples pâturages, sera faite d'après le produit que le propriétaire serait présumé pouvoir en obtenir année commune, selon les localités, soit en faisant consommer la pâture, soit en les louant sans fraude à un fermier auquel il ne fournirait ni bestiaux ni bâtiments, et déduction faite des frais d'entretien.

65. Les terres vaines et vagues, les landes et bruyères et les terrains habituellement inondés ou dévastés par les eaux, seront assujettis à la contribution foncière d'après leur produit net moyen, quelque modique qu'il puisse être ; mais, dans aucun cas, leur cotisation ne pourra être moindre d'un décime par hectare.

66. Les particuliers ne pourront s'affranchir de la contribution à laquelle les fonds désignés en l'article précédent devraient être soumis, qu'en renonçant à ces propriétés au profit de la commune dans laquelle elles sont situées.

La déclaration détaillée de cet abandon perpétuel sera faite par écrit au secrétariat de l'administration municipale, par le propriétaire ou par un fondé de pouvoir spécial.

Les cotisations des objets ainsi abandonnés, dans les rôles faits antérieurement à l'abandon, resteront à la charge de l'ancien propriétaire.

67. L'évaluation des bois en coupes réglées sera faite d'après le prix moyen de leurs coupes annuelles, déduction faite des frais d'entretien, de garde et de repeuplement.

68. L'évaluation des bois taillis qui ne sont pas en coupes réglées sera faite d'après leur comparaison avec les autres bois de la commune ou du canton.

69. Tous les bois au-dessous de l'âge de trente ans seront réputés taillis, et seront évalués conformément aux dispositions des deux articles précédents.

70. Les bois âgés de trente ans ou plus, et non aménagés en coupes réglées, seront estimés à leur valeur au temps de l'estimation, et cotisés jusqu'à leur exploitation comme s'ils produisaient un revenu égal à deux et demi pour cent de cette valeur.

71. L'évaluation du revenu des forêts en futaie, aménagées

ou non en coupes réglées, lorsqu'elles s'étendront sur le territoire de plusieurs communes d'un canton, sera faite par l'administration municipale du canton, et le montant de l'évaluation sera porté aux états de sections et matrices des rôles de chaque commuue, en proportion de l'étendue qui sera sur son territoire.

72. L'évaluation du revenu des forêts en futaie, aménagées ou non en coupes réglées, lorsqu'elles s'étendront sur le territoire de plusieurs cantons d'un même département, sera faite par l'administration centrale du département, et le montant de cette évaluation porté aux états de sections et matrices des rôles de chaque commune, en proportion de l'étendue qui sera sur son territoire.

73. Le revenu des forêts qui s'étendront sur plusieurs départements sera évalué séparément dans chaque département.

74. Les répartiteurs n'auront égard, dans l'évaluation du revenu imposable des terrains sur lesquels se trouvent des arbres forestiers épars ou en simple bordure, ni à l'avantage que le propriétaire peut tirer de ces arbres, ni à la diminution qu'ils apportent dans la fertilité du sol qu'ils ombragent.

75. Lorsqu'un terrain sera exploité en tourbière, on évaluera, pendant les dix années qui suivront le commencement du tourbage, son revenu au double de la somme à laquelle il était évalué l'année précédente.

76. Il sera fait note, sur chaque rôle et matrice de rôle, de l'année où doit finir ce doublement d'évaluation. Après ces dix années, ces terrains seront cotisés comme les autres propriétés.

77. Les terrains enclos seront évalués d'après les mêmes règles et dans les mêmes proportions que les terrains non enclos d'égale qualité et donnant le même genre de productions. On n'aura égard, dans la fixation de leur revenu imposable, ni à l'augmentation de produit qui ne serait évidemment que l'effet des clôtures, ni aux dépenses d'établissement et d'entretien de ces clôtures, quelles qu'elles puissent être.

78. Si un enclos contient différentes natures de biens, telles que bois, prés, terres labourables, jardins, vignes, étangs, etc.,

chaque nature de bien sera évaluée séparément, de la même manière que si le terrain n'était point enclos.

79. Le revenu imposable des étangs permanents sera évalué d'après le produit de la pêche, année commune, formée sur quinze, moins les deux plus fortes et les deux plus faibles, sous la déduction des frais d'entretien, de pêche et de repeuplement.

80. L'évaluation du revenu imposable des terrains alternativement en étang et en culture sera combinée d'après ce double rapport.

81. Les mines ne seront évaluées qu'à raison de la superficie du terrain occupé pour leur exploitation, et sur le pied des terrains environnants.

Il en sera de même pour les carrières.

82. Le revenu net imposable des maisons d'habitation, en quelque lieu qu'elles soient situées, soit que le propriétaire les occupe ou qu'il les fasse occuper par d'autres, à titre gratuit ou onéreux, sera déterminé d'après la valeur locative, calculée sur dix années, sous la déduction d'un quart de cette valeur locative, en considération du dépérissement et des frais d'entretien et de réparations.

83. Aucune maison d'habitation occupée comme il est dit en l'article précédent ne pourra être cotisée, quelle que soit l'évaluation de son revenu, au-dessous de ce qu'elle le serait à raison du terrain qu'elle enlève à la culture, évalué sur le pied du double des meilleures terres labourables de la commune si la maison n'a qu'un rez-de-chaussée, du triple si elle a un étage au-dessus du rez-de-chaussée, et du quadruple si elle en a plusieurs.

Le comble ou toiture, de quelque manière qu'il soit disposé, ne sera point compté pour un étage.

84. Les maisons qui auront été inhabitées pendant toute l'année à partir du 1er vendémiaire seront cotisées seulement à raison du terrain qu'elles enlèvent à la culture, évalué sur le pied des meilleures terres labourables de la commune.

85. Les bâtiments servant aux exploitations rurales, tels que granges, écuries, greniers, caves, celliers, pressoirs, et autres, destinés soit à loger les bestiaux des fermes et métairies,

ou à serrer les récoltes, ainsi que les cours desdites fermes ou métairies, ne seront soumis à la contribution foncière qu'à raison du terrain qu'ils enlèvent à la culture, évalué sur le pied des meilleures terres labourables de la commune.

86. Lorsqu'il n'y aura point de terres labourables dans une commune, l'évaluation dont il s'agit aux trois articles précédents sera faite sur le pied des meilleures terres labourables de la commune voisine.

87. Le revenu net imposable des fabriques, manufactures, forges, moulins et autres usines, sera déterminé d'après leur valeur calculée sur dix années, sous la déduction d'un tiers de cette valeur, en considération du dépérissement et des frais d'entretien et de réparations.

88. Les maisons, les fabriques et manufactures, forges, moulins et autres usines nouvellement construits, ne seront soumis à la contribution foncière que la troisième année après leur construction. Le terrain qu'ils enlèvent à l'agriculture continuera d'être cotisé jusqu'alors comme il l'était avant.

Il en sera de même pour tous autres édifices nouvellement construits ou reconstruits; le terrain seul sera cotisé pendant les deux premières années.

89. Lorsqu'il s'agira d'évaluer le revenu imposable d'un canal de navigation, le propriétaire fera, au secrétariat de l'administration municipale ou centrale qui devra faire l'évaluation, une déclaration détaillée des revenus et charges dudit canal.

90. L'administration s'assurera, tant d'après cette déclaration que d'après les autres renseignements qu'elle aura pu se procurer, du produit brut ou total dudit canal : elle s'assurera pareillement de la réalité des charges, et fera déduction du montant de celles-ci sur le produit brut; ce qui restera de ce produit formera le revenu imposable.

91. Le revenu imposable des canaux qui traversent une ou plusieurs communes du même canton, sera évalué par l'administration municipale du canton. Il sera divisé, pour chaque commune, si le canal en traverse plusieurs, en proportion de la longueur du canal sur le territoire de chacune.

L'administration municipale en fixera la contribution au taux moyen de celle qui sera supportée par les autres propriétaires du canton.

Cette fixation sera faite en même temps que le répartement de la contribution foncière entre les diverses communes.

92. Les administrations municipales des communes de cinq mille habitants et au delà feront pareillement l'évaluation du revenu imposable des canaux de navigation qui ne traverseront que le territoire de la commune.

Elles en fixeront la contribution au taux moyen de celle qui sera supportée par les autres propriétés de la commune.

93. Le revenu imposable des canaux qui traversent plusieurs cantons d'un même département sera évalué par l'administration centrale du département. Il sera divisé, pour chaque canton et pour chaque commune ayant pour elle seule une administration municipale, en proportion de la longueur du canal sur le territoire de chacun, et subdivisé ensuite par chaque administration municipale de canton, pour la portion la concernant, entre les diverses communes de son arrondissement.

94. Quant aux canaux qui traversent plusieurs départements, chaque administration centrale du département évaluera les revenus et les charges du canal sur son territoire : elles se communiqueront le résultat de leurs évaluations; et le total du revenu imposable sera réparti en proportion de la longueur du canal sur le territoire de chaque département, et subdivisé ensuite par chaque administration centrale entre les cantons et les communes ayant pour elles seules une administration municipale, et par les administrations de cantons entre les diverses communes de leur arrondissement.

95. Seront compris dans l'évaluation des charges des canaux de navigation, l'indemnité pour le dépérissement des diverses constructions et ouvrages d'art, et les frais d'entretien et de réparations, tant du canal que des réserves d'eau, chemins de halage, berges et francs-bords qui ne produisent aucun revenu.

96. Les moulins, fabriques et autres usines construits sur les canaux, les plantations et autres natures de biens qui avoisinent les canaux et appartiennent aux mêmes propriétaires, ne seront point compris dans l'évaluation générale du revenu du

canal, mais resteront soumis à toutes les règles fixées pour les autres biens-fonds.

97. L'évaluation du revenu imposable et la cotisation des propriétés foncières de toute nature seront faites sans avoir égard aux rentes constituées ou foncières, et autres prestations dont elles se trouveraient grevées, sauf aux propriétaires à s'indemniser par des retenues comme il est dit ci-après, et dans les cas y déterminés.

98. Les propriétaires, débiteurs d'intérêts et de rentes ou autres prestations perpétuelles constituées à prix d'argent ou foncières, créées avant la publication du décret des 20, 22 et 23 novembre 1790 concernant la contribution foncière, et qui étaient autorisés à faire la retenue des impositions alors existantes, feront la retenue à leurs créanciers dans la proportion de la contribution foncière.

99. Ils feront aussi la retenue, dans la même proportion, sur les rentes et autres prestations foncières non supprimées, dont leurs fonds, édifices et usines se trouvent encore grevés, et dont la création est antérieure à la publication du décret précité des 20, 22 et 23 novembre 1790, quoique non autorisés à la faire par les anciennes lois ou usages; sans préjudice néanmoins de l'exécution des baux à rentes faits sous la condition expresse de la non-retenue des impositions publiques, ou avec toute autre clause de laquelle résulte la volonté conventionnelle des parties, que les contributions publiques soient à la charge du preneur, en sus de la rente ou prestation.

100. Les débiteurs de rentes viagères constituées avant la même époque, et qui étaient autorisés à faire la retenue des impositions publiques, ne feront la retenue que dans la proportion de l'intérêt que le capital eût porté en rentes perpétuelles, lorsque ce capital sera connu; et quand le capital ne sera pas connu, la retenue sera de la moitié de la proportion de la contribution foncière.

101. A l'avenir, les stipulations entre les contractants sur la retenue de la contribution foncière seront entièrement libres; mais elle aura toujours lieu, à moins que le contrat ne porte la condition expresse de non-retenue.

Il n'est rien innové relativement aux contrats passés depuis la publication du décret des 20, 22 et 23 novembre 1790. Les différends qui pourraient survenir à leur égard seront réglés d'après ce décret.

102. L'évaluation du revenu imposable des maisons et usines sera revisée et renouvelée tous les dix ans.

TITRE VII.

Des exceptions.

103. Les rues, les places publiques servant aux foires et marchés, les grandes routes, les chemins publics vicinaux et les rivières ne sont point cotisables.

104. Les canaux destinés à conduire les eaux à des moulins, forges et autres usines, ou à les détourner pour l'irrigation, seront cotisés, mais à raison de l'espace seulement qu'ils occupent, et sur le pied des terres qui les bordent.

105. Les domaines nationaux non productifs exceptés de l'aliénation ordonnée par les lois, et réservés pour un service national, tels que les deux palais du Corps législatif, celui du Directoire exécutif, le Panthéon, les bâtiments destinés au logement des ministres et de leurs bureaux, les arsenaux, magasins, casernes, fortifications et autres établissements dont la destination a pour objet l'utilité générale, ne seront portés aux états de sections et matrices de rôles que pour mémoire; ils ne seront point cotisés.

106. Les domaines nationaux non productifs, déclarés aliénables par les lois, tels que ci-devant églises non louées, tours, châteaux abandonnés ou en ruine, et autres semblables, seront compris, désignés et évalués aux états de sections et matrices de rôles, en la même forme et sur le même pied que les propriétés particulières de même nature, mais ils ne seront point cotisés tant qu'ils n'auront point été vendus ou loués.

107. La cote des contributions des domaines nationaux productifs exceptés de l'aliénation, tels que les forêts, les salines, canaux, etc., ne pourra surpasser, en principal, le cinquième de leur produit net effectif résultant des adjudications ou locations légalement faites, ou autre quotité de ce même produit, selon

la proportion générale de la contribution foncière avec les revenus territoriaux.

En cas de plus forte cotisation, la régie en poursuivra le remboursement contre les communes de la situation des biens.

108. Les domaines nationaux productifs déclarés aliénables seront évalués et cotisés comme les propriétés particulières de même nature et d'égal revenu.

En cas de surtaxe, la régie poursuivra le degrèvement, soit d'office, soit sur la dénonciation du fermier en la forme ordinaire.

109. La contribution foncière due par les propriétés appartenant aux communes, et par les marais et terres vaines et vagues situés dans l'étendue de leur territoire, qui n'ont aucun propriétaire particulier, ou qui auront été légalement abandonnés, sera supportée par les communes et acquittée par elles.

Il en sera de même des terrains connus sous le nom de *biens communaux*, tant qu'ils n'auront point été partagés.

La contribution due par des terrains qui ne seraient communs qu'à certaine portion des habitants d'une commune sera acquittée par ces habitants.

110. Les hospices et autres établissements publics acquitteront la contribution assise sur leurs propriétés foncières de toute nature, en principal et centimes additionnels.

111. La cotisation des marais qui seront desséchés ne pourra être augmentée pendant les vingt-cinq premières années après le dessèchement.

112. La cotisation des terres vaines et vagues depuis quinze ans, qui seront mises en culture autre que celle désignée en l'article 114 ci-après, ne pourra être augmentée pendant les dix premières années après le défrichement.

113. La cotisation des terres en friche depuis dix ans, qui seront plantées ou semées en bois, ne pourra être augmentée pendant les trente premières années du semis ou de la plantation.

114. La cotisation des terres vaines et vagues ou en friche depuis quinze ans, qui seront plantées en vignes, mûriers ou autres arbres fruitiers, ne pourra être augmentée pendant les vingt premières années de la plantation.

115. Le revenu imposable des terrains déjà en valeur, qui seront plantés en vignes, mûriers ou autres arbres fruitiers, ne pourra être évalué, pendant les quinze premières années de la plantation, qu'au taux de celui des terres d'égale valeur non plantées.

116. Le revenu imposable des terrains maintenant en valeur, qui seront plantés ou semés en bois, ne sera évalué, pendant les trente premières années de la plantation ou du semis, qu'au quart de celui des terres d'égale valeur non plantées.

117. Pour jouir de ces divers avantages, et à peine d'en être privé, le propriétaire sera tenu de faire au secrétariat de l'administration municipale dans le territoire de laquelle les biens sont situés, avant de commencer les dessèchements, défrichements et autres améliorations, une déclaration détaillée des terrains qu'il voudra ainsi améliorer.

118. Cette déclaration sera reçue par le secrétaire de l'administration municipale, sur un registre ouvert à cet effet, coté, paraphé, daté et signé comme celui des mutations ; elle sera signée tant par le secrétaire que par le déclarant ou son fondé de pouvoir.

Copie de cette déclaration sera délivrée au déclarant moyennant la somme de 25 centimes, non compris le papier timbré et autres droits légalement établis.

119. Dans la décade qui suivra la déclaration, l'administration municipale chargera l'agent municipal de la commune ou son adjoint, ou un officier municipal dans les communes de cinq mille habitants et au delà, d'appeler deux des répartiteurs, de faire avec eux la visite des terrains déclarés, de dresser procès-verbal de leur état présent, et de le communiquer, ainsi que la déclaration, aux autres répartiteurs. Ce procès-verbal sera affiché pendant deux décades, tant dans la commune de la situation des biens qu'au chef-lieu du canton : il sera rédigé sans frais et sur papier non timbré.

120. Il sera libre aux répartiteurs et à tous autres contribuables de la commune de contester la déclaration, et même de faire à l'administration municipale des observations sur le procès-verbal de l'état présent des terrains ; si la déclaration ne se trouve pas sincère, l'administration prononcera que le décla-

rant n'a pas droit aux avantages précités. Si, au contraire, la sincérité de la déclaration est reconnue, l'administration municipale arrêtera que le propriétaire a droit de jouir de ces avantages.

On pourra, dans tous les cas, recourir à l'administration centrale du département, qui réformera, s'il y a lieu, l'arrêté de l'administration municipale.

121. Les terrains précédemment desséchés ou défrichés, ou plantés en vignes ou en bois, ou autrement améliorés, qui jouissent de quelque exemption ou modération de contribution en vertu des lois antérieures à la présente, continueront d'en jouir jusqu'au temps où cette exemption ou modération devait cesser.

122. Les canaux de navigation ne seront cotisés, pendant les trente années qui suivront celle où la navigation aura commencé, qu'à raison du sol occupé par le canal, par les réserves d'eau, chemins de halage et francs-bords, et sur le pied des terres qui les bordent.

Les canaux existants qui jouissent de quelque exemption ou modération de contribution en vertu des lois antérieures à la présente, continueront d'en jouir jusqu'au temps où cette exemption ou modération devait cesser.

123. Sur chaque matrice de rôle de la contribution foncière, à l'article de chacune des propriétés qui jouissent ou jouiront de quelques exemptions ou modérations temporaires données pour l'encouragement de l'agriculture, il sera fait mention de l'année où ces propriétés doivent cesser d'en jouir.

TITRE VIII.

De la perception et du recouvrement.

Ce titre est aujourd'hui sans application. La perception et le recouvrement de l'impôt foncier n'est plus mis en adjudication.

Cette perception est faite par des employés nommés percepteurs, qui agissent sous la surveillance et la responsabilité du receveur général et des receveurs particuliers. Les percepteurs, auxquels les rôles sont remis dûment approuvés, sont obligés de faire compte en deniers ou ordonnances de décharge ou de réduction du montant intégral des rôles qui leur ont été remis.

XV.

23. (*Suite de la contribution foncière.*)

Pour compléter tous les documents utiles pour le recouvrement de l'impôt foncier, il y a encore quatre lois à rapporter :

1° La loi du 26 germinal an XI (16 avril 1803), concernant la contribution foncière assise sur biens communaux ;

2° L'article 2 de la loi du budget de 1836 ;

3° L'article 6 de la loi du 4 août 1844, portant fixation du budget des recettes de l'exercice 1845 ;

4° Enfin la loi du 20 février 1849, relative à l'application de l'impôt.

24. (1° *Loi du 26 germinal an XI, concernant la contribution foncière assise sur les biens communaux.*)

Art. 1er. Les fermiers et locataires des biens communaux mis en ferme ou donnés à bail, comme les biens ruraux, terres, prés et bois, ou les moulins, usines ou maisons d'habitation, seront tenus de payer, à la décharge des communes, et en déduction du prix du bail, le montant des impositions de tout genre assises sur ces propriétés.

2. Lorsqu'une commune possédera des domaines utiles, dont chaque habitant profitera également, et qui ne seront pas susceptibles d'être affermés, comme des bois, pacages et marais communaux, ou des bâtiments servant à l'usage commun, et qu'elle n'aura pas de revenus suffisants pour payer la contribution due à raison desdits domaines, cette contribution sera répartie en centimes additionnels sur les contributions foncière, mobilière et somptuaire de tous les habitants.

3. Lorsque tous les habitants n'auront pas un droit égal à la jouissance du bien communal, la répartition de la contribution assise sur ce bien sera faite par le maire de la commune, avec l'autorisation du préfet, au prorata de la part qui en appartiendra à chacun.

4. Lorsqu'une partie seulement des habitants aura droit à la jouissance, la répartition de la contribution n'aura lieu qu'entre eux, et toujours proportionnellement à leur jouissance respective.

25. (2° *Extrait de la loi de finances du* 17-21 *août* 1835 *pour l'exercice* 1836.)

Art. 2. A dater du 1er janvier 1836, les maisons et usines nouvellement construites ou reconstruites et devenues imposables, seront, d'après une matrice rédigée dans la forme accoutumée, cotisées comme les autres propriétés bâties de la commune où elles sont situées, et accroîtront le contingent dans la contribution foncière et dans la contribution des portes et fenêtres de la commune, de l'arrondissement et du département.

Les propriétés bâties qui auront été détruites ou démolies feront l'objet d'un dégrèvement dans la contribution foncière et dans la contribution des portes et fenêtres pour la commune, l'arrondissement et le département où elles sont situées, jusqu'à concurrence de la part que lesdites propriétés prenaient dans leurs matières imposables.

L'estimation des propriétés bâties devenues imposables sera faite par les commissaires répartiteurs, assistés du contrôleur des contributions directes. Elle sera arrêtée par le préfet, qui pourra, s'il le juge convenable, faire préalablement procéder à la révision par deux experts, dont l'un sera nommé par lui et l'autre par le maire de la commune.

Les frais de l'expertise seront réimposés sur la commune, si l'évaluation est reconnue inexacte; dans le cas contraire, ils seront imputés sur le fonds de non-valeurs.

Cette expertise ne préjudiciera pas au droit assuré aux contribuables de réclamer, après la mise en recouvrement du rôle, dans la forme et dans le délai prescrit par l'arrêté du 24 floréal an VIII, et dans la loi du 21 avril 1832, au titre des réclamations.

L'état des nouvelles cotisations et des dégrèvements par département sera annexé au budget de chaque année.

26. (*Extrait de la loi des* 4-7 *août* 1844, *portant fixation du budget des recettes de l'exercice* 1845.)

Art. 6. Tout propriétaire ou usufruitier ayant plusieurs fermiers dans la même commune, et qui voudra les charger de payer à son acquit la contribution foncière des biens qu'ils tiennent à ferme ou à loyer, devra remettre au percepteur une déclaration indiquant sommairement la division de son revenu imposable entre lui et ses fermiers.

Cette déclaration sera signée par le propriétaire et par les fermiers.

Si le nombre des fermiers est de plus de trois, la déclaration sera transmise au directeur des contributions directes, qui opérera la division de la contribution et portera dans un rôle auxiliaire la somme à payer par chaque fermier.

Les frais d'impression et de confection de ce rôle seront payés par les déclarants, à raison de cinq centimes par article.

27. (*Loi du* 20 *février* 1849, *relative à l'application de l'impôt des mutations aux biens de mainmorte.*)

Art. 1er. Il sera établi, à partir du 1er janvier 1849, sur les biens immeubles passibles de la contribution foncière, appartenant aux départements, communes, hospices, séminaires, fabriques, congrégations religieuses, consistoires, établissements de charité, bureaux de bienfaisance, sociétés anonymes et tous établissements publics légalement autorisés, une taxe annuelle représentative des droits de transmission entre-vifs et par décès. Cette taxe sera calculée à raison de soixante-deux centimes et demi pour franc du principal de la contribution foncière.

2. Les formes prescrites pour l'assiette et le recouvrement de la contribution foncière seront suivies pour l'établissement et la perception de la nouvelle taxe.

3. La taxe annuelle établie par la présente loi sera à la charge du propriétaire seul, pendant la durée des baux actuels, nonobstant toutes les stipulations contraires.

XVI.

DE LA CONTRIBUTION PERSONNELLE ET MOBILIÈRE.

28. (*Titre II de la loi du* 20 *avril* 1832.)

Le titre II de la loi précitée contient le résumé de tous les principes sur le recouvrement de la contribution personnelle et mobilière.

Il est ainsi conçu :

Art. 8. A partir du 1er janvier 1832, la contribution personnelle sera réunie à la contribution mobilière, et ces deux contributions seront établies par voie de répartition entre les départements, les arrondissements, les communes et les contribuables.

9. Le contingent assigné à chaque département sera réparti entre les arrondissements par le conseil général, et entre les communes par les conseils d'arrondissement, d'après le nombre des contribuables passibles de la taxe personnelle et d'après les valeurs locatives d'habitation. (*Loi du* 23 *juillet* 1820, *art.* 27 *et* 29.)

10. La taxe personnelle se compose de la valeur de trois journées de travail. Le conseil général, sur la proposition du préfet, déterminera le prix moyen de la journée de travail dans chaque commune, sans pouvoir néanmoins le fixer au-dessous de 50 c. ni au-dessus de 1 fr. 50 c. (*Loi du* 23 *juillet* 1820, *art.* 28.)

11. Le directeur des contributions directes formera, chaque année, un tableau présentant, par arrondissement et par commune, le nombre des individus passibles de la taxe personnelle, et le montant de leurs valeurs locatives d'habitation.

Ce tableau servira de renseignement au conseil général et aux conseils d'arrondissement pour la répartition de la contribution personnelle et mobilière.

12. La contribution personnelle et mobilière est due par chaque habitant français et par chaque étranger de tout sexe jouissant de ses droits, et non réputé indigent.

Sont considérés comme jouissant de leurs droits : les veuves et les femmes séparées de leur mari ; les garçons et filles majeurs ou mineurs ayant des moyens suffisants d'existence, soit par leur fortune personnelle, soit par la profession qu'ils exercent, lors même qu'ils habitent avec leur père, mère, tuteur ou curateur.

13. La taxe personnelle n'est due que dans la commune du domicile réel ; la contribution mobilière est due pour toute habitation meublée, située soit dans la commune du domicile réel, soit dans toute autre commune.

Lorsque, par suite de changement de domicile, un contribuable se trouvera imposé dans deux communes, quoique n'ayant qu'une seule habitation, il ne devra la contribution que dans la commune de sa nouvelle résidence.

14. Les officiers de terre et de mer ayant des habitations particulières soit pour eux, soit pour leur famille, les officiers sans troupe, officiers d'état-major, officiers de gendarmerie et de recrutement, les employés de la guerre et de la marine dans les garnisons et dans les ports, les préposés de l'administration des douanes, sont imposables à la contribution personnelle et mobilière, d'après le même mode et dans la même proportion que les autres contribuables.

15. Les fonctionnaires, les ecclésiastiques et les employés civils et militaires, logés gratuitement dans des bâtiments appartenant à l'État, aux départements, aux arrondissements, aux communes ou aux hospices, sont imposables d'après la valeur locative des parties de ces bâtiments affectées à leur habitation personnelle.

16. Les habitants qui n'occupent que des appartements garnis ne seront assujettis à la contribution mobilière qu'à raison de la valeur locative de leur logement, évalué comme un logement non meublé.

17. Les commissaires répartiteurs, assistés du contrôleur des contributions directes, rédigeront la matrice du rôle de la contribution personnelle et mobilière. Ils porteront sur cette matrice tous les habitants jouissant de leurs droits et non réputés indigents, et détermineront les loyers qui doivent servir de base à la répartition individuelle.

Les parties de bâtiments consacrées à l'habitation personnelle devront seules être comprises dans l'évaluation des loyers.

Il sera formé annuellement un état des mutations survenues pour cause de décès, de changement de résidence, de diminution ou d'augmentation de loyer.

Les répartiteurs pourront faire usage, pour 1832, des éléments d'après lesquels étaient fixées les cotes individuelles antérieurement à 1831.

18. Lors de la formation de la matrice, le travail des répartiteurs sera soumis au conseil municipal, qui désignera les habitants qu'il croira devoir exempter de toute cotisation et ceux

qu'il jugera convenable de n'assujettir qu'à la taxe personnelle.

19. Les centimes additionnels généraux et particuliers ajoutés au principal du contingent personnel et mobilier de la commune ne porteront que sur les cotisations mobilières; la taxe personnelle sera imposée au principal seulement.

20. Dans les villes ayant un octroi, le contingent personnel et mobilier pourra être payé en totalité ou en partie par les caisses municipales, sur la demande qui en sera faite aux préfets par les conseils municipaux. Ces conseils détermineront la portion du contingent qui devra être prélevée sur les produits de l'octroi. La portion à percevoir au moyen d'un rôle sera répartie en cote mobilière seulement, au centime le franc des loyers d'habitation, après déduction des faibles loyers que les conseils municipaux croiront devoir exempter de la cotisation.

Les délibérations prises par les conseils municipaux ne recevront leur exécution qu'après avoir été approuvées par ordonnance royale.

21. La contribution personnelle et mobilière étant établie pour l'année entière, lorsqu'un contribuable viendra à décéder dans le courant de l'année, ses héritiers seront tenus d'acquitter le montant de sa cote.

22. En cas de déménagement hors du ressort de la perception, comme en cas de vente volontaire ou forcée, la contribution personnelle et mobilière sera exigible pour la totalité de l'année courante.

Les propriétaires, et, à leur place, les principaux locataires, devront, un mois avant l'époque du déménagement de leurs locataires, se faire représenter par ces derniers les quittances de leur contribution personnelle et mobilière. Lorsque les locataires ne représenteront point ces quittances, les propriétaires ou principaux locataires seront tenus, sous leur responsabilité personnelle, de donner dans les trois jours avis du déménagement au percepteur.

23. Dans le cas de déménagement furtif, les propriétaires, et, à leur place, les principaux locataires, deviendront responsables des termes échus de la contribution de leurs loca-

taires, s'ils n'ont pas fait constater dans les trois jours ce déménagement par le maire, le juge de paix ou le commissaire de police.

Dans tous les cas, et nonobstant toute déclaration de leur part, les propriétaires ou principaux locataires demeureront responsables de la contribution des personnes logées par eux en garni, et désignées à l'article 15.

XVII.

DE LA CONTRIBUTION DES PORTES ET FENÊTRES.

29. (*Suite du titre II de la loi du* 20 *avril* 1832.)

Art. 24. A partir du 1er janvier 1832, la contribution des portes et fenêtres sera établie par voie de répartition entre les départements, les arrondissements, les communes et les contribuables, conformément au tarif ci-après, sauf les modifications proportionnelles qu'il sera nécessaire de lui faire subir pour remplir les contingents.

POPULATION DES VILLES et des Communes.	POUR LES MAISONS A					POUR LES MAISONS à six ouvertures et au-dessus.		
	1 Ouverture.	2 Ouvertures.	3 Ouvertures.	4 Ouvertures.	5 Ouvertures.	Portes cochères, charretières et de magasins.	Portes ordinaires et fenêtres du rez-de-chaussée, de l'entresol, des 1er et 2e étages.	Fenêtres du 3e étage et des étages supérieurs.
	f. c.	f. c.	f. c.	f. c.	f. c.	f. c.	f. c.	f. c.
Au-dessous de 5,000 âmes.	» 30	» 45	» 90	1 60	2 50	1 60	» 60	» 60
de 5,000 à 10,000. . .	» 40	» 60	1 35	2 20	3 25	3 50	» 75	» 75
de 10,000 à 25,000. . .	» 50	» 80	1 80	2 80	4 »	7 40	» 90	» 75
de 25,000 à 50,000. . .	» 60	1 »	2 70	4 »	5 50	11 20	1 20	» 75
de 50,000 à 100,000. . .	» 80	1 20	3 60	5 20	7 »	15 »	1 50	» 75
Au-dessus de 100,000. . .	1 »	1 50	4 50	6 40	8 50	18 80	1 80	» 75

Dans les villes et communes au-dessus de cinq mille âmes, la taxe correspondante au chiffre de leur population ne s'appliquera qu'aux habitations comprises dans les limites intérieures de l'octroi. Les habitations dépendantes de la banlieue seront portées dans la classe des communes rurales.

25. Le contingent assigné à chaque département sera réparti entre les arrondissements par le conseil général, et entre les communes par les conseils d'arrondissement, d'après le nombre des ouvertures imposables.

26. Le directeur des contributions directes formera, chaque année, un tableau présentant : 1° le nombre des ouvertures imposables des différentes classes ; 2° le produit des taxes d'après le tarif ; 3° le projet de la répartition.

Ce tableau servira de renseignement au conseil général et aux conseils d'arrondissement pour fixer le contingent des arrondissements et des communes.

27. Les commissaires répartiteurs, assistés du contrôleur des contributions directes, rédigeront la matrice de la contribution des portes et fenêtres d'après les bases fixées par les lois des 4 frimaire an VII et 4 germinal an XI, sauf les modifications ci-après :

Il ne sera compté qu'une seule porte charretière pour chaque ferme, métairie, ou toute autre exploitation rurale.

Les portes charretières existant dans les maisons à une, deux, trois, quatre ou cinq ouvertures, ne seront comptées et taxées que comme portes ordinaires.

Sont imposables les fenêtres dites *mansardes* et autres ouvertures pratiquées dans la toiture des maisons, lorsqu'elles éclairent des appartements habitables.

Les fonctionnaires, les ecclésiastiques et les employés civils et militaires, logés gratuitement dans des bâtiments appartenant à l'État, aux départements, aux arrondissements, aux communes ou aux hospices, seront imposés nominativement pour les portes et fenêtres des parties de ces bâtiments servant à leur habitation personnelle.

XVIII.

DU DÉLAI DES RÉCLAMATIONS. — RÉCLAMATIONS TARDIVES. — DÉCHÉANCE.

30. (*Suite de la même loi.*)

28. Tout contribuable qui se croira surtaxé adressera au préfet ou au sous-préfet, dans les trois premiers mois de l'émission des rôles, sa demande en décharge ou réduction. Il y joindra la quittance des termes échus de sa cotisation, sans pou-

voir, sous prétexte de réclamation, différer le payement des termes qui viendront à échoir pendant les trois mois qui suivront la réclamation, dans lesquels elle devra être jugée définitivement.

Le même délai est accordé au contribuable qui réclamera contre son omission au rôle. Le montant des cotisations extraordinaires qui seront établies par suite de ces dernières réclamations, soit en contribution personnelle et mobilière, soit en portes et fenêtres, viendra en déduction du contingent de la commune pour l'année suivante.

Ne sont point assujetties au droit de timbre les réclamations ayant pour objet une cote moindre de 30 fr.

29. La pétition sera renvoyée au contrôleur des contributions directes, qui vérifiera les faits, et donnera son avis après avoir pris celui des répartiteurs.

Si le directeur des contributions directes est d'avis qu'il y a lieu d'admettre la demande, il fera son rapport, et le conseil de préfecture statuera. Dans le cas contraire, le directeur exprimera les motifs de son opinion, transmettra le dossier à la sous-préfecture, et invitera le réclamant à en prendre communication, et à faire connaître dans les dix jours s'il veut fournir de nouvelles observations, ou recourir à la vérification par voie d'experts. Si l'expertise est demandée, les deux experts seront nommés, l'un par le sous-préfet, l'autre par le réclamant, et il sera procédé à la vérification dans les formes prescrites par l'arrêté du gouvernement du 24 floréal an VIII.

30. Le recours contre les arrêtés du conseil de préfecture ne sera soumis qu'au droit du timbre. Il pourra être transmis au gouvernement par l'intermédiaire du préfet, sans frais.

31. (*Extrait de la loi des 4-7 août* 1844.)

Il ne faut pas séparer des règles ci-dessus posées l'article 8 de la loi précitée.

Art. 8. Le délai de trois mois accordé aux contribuables par l'article 28 de la loi du 21 avril 1832 pour présenter les réclamations qu'ils sont autorisés à former contre les rôles des contributions directes, ne courra qu'à partir de la publication desdits rôles (1).

(1) C'est sur cet article et l'article 28 de la loi du 21 avril 1832 qu'est fondée la déchéance admise par la jurisprudence constante du conseil d'État contre tout contribuable qui réclame après trois mois de la publication des rôles.

XIX.

DE LA CONTRIBUTION DES PATENTES.

La contribution des patentes est, suivant la définition posée dans le chapitre XIII, l'impôt qui se perçoit sur les bénéfices produits par le commerce et l'industrie.

Sont réputés :

Marchands en gros, *ceux qui vendent habituellement aux marchands en demi-gros et aux marchands en détail* (loi du 25 avril 1844) ;

Ceux qui vendent habituellement à d'autres marchands (loi du 18 mai 1850) ;

Marchands en demi-gros, *ceux qui vendent habituellement aux détaillants et aux consommateurs* (lois des 25 avril 1844 et 18 mai 1850) ;

Marchands en détail, *ceux qui ne vendent habituellement qu'aux consommateurs* (lois des 25 avril 1844 et 18 mai 1850).

Telles sont les définitions officielles données par l'instruction générale sur les patentes. A raison de leur importance, nous les avons placées en tête de la législation sur les patentes qui va être rapportée.

32. (*Loi sur les patentes, du* 25 *avril* 1844.)

Art. 1er. Tout individu, Français ou étranger, qui exerce en France un commerce, une industrie, une profession, non compris dans les exceptions déterminées par la présente loi, est assujetti à la contribution des patentes.

2. La contribution des patentes se compose d'un droit fixe et d'un droit proportionnel.

3. Le droit fixe est réglé conformément aux tableaux A, B, C, annexés à la présente loi.

Il est établi :

Eu égard à la population et d'après un tarif général, pour les industries et professions énumérées dans le tableau A ;

Eu égard à la population et d'après un tarif exceptionnel, pour les industries et professions portées dans le tableau B ;

Sans égard à la population, pour celles qui font l'objet du tableau C.

4. Les commerces, industries et professions non dénommés

dans ces tableaux n'en sont pas moins assujettis à la patente. Le droit fixe auquel ils doivent être soumis est réglé, d'après l'analogie des opérations ou des objets de commerce, par un arrêté spécial du préfet rendu sur la proposition du directeur des contributions directes, et après avoir pris l'avis du maire.

Tous les cinq ans, des tableaux additionnels contenant la nomenclature des commerces, industries et professions classés par voie d'assimilation, depuis trois années au moins, seront soumis à la sanction législative.

5. Pour les professions dont le droit fixe varie en raison de la population du lieu où elles sont exercées, les tarifs seront appliqués d'après la population qui aura été déterminée par la dernière ordonnance de dénombrement.

Néanmoins, lorsque ce dénombrement fera passer une commune dans une catégorie supérieure à celle dont elle faisait précédemment partie, l'augmentation du droit fixe ne sera appliquée que pour moitié pendant les cinq premières années.

6. Dans les communes dont la population totale est de 5.000 âmes et au-dessus, les patentables exerçant dans la banlieue des professions imposées eu égard à la population payeront le droit fixe d'après le tarif applicable à la population non agglomérée.

Les patentables exerçant lesdites professions dans la partie agglomérée payeront le droit fixe d'après le tarif applicable à la population totale.

7. Le patentable qui exerce plusieurs commerces, industries ou professions, même dans plusieurs communes différentes, ne peut être soumis qu'à un seul droit fixe.

Ce droit est toujours le plus élevé de ceux qu'il aurait à payer s'il était assujetti à autant de droits fixes qu'il exerce de professions (1).

8. Le droit proportionnel est fixé au vingtième de la valeur locative pour toutes les professions imposables, sauf les exceptions énumérées au tableau D annexé à la présente loi.

9. Le droit proportionnel est établi sur la valeur locative tant de la maison d'habitation que des magasins, boutiques, usines,

(1) *Voir* art. 19 de la loi du 18 mai 1850, ci-après.

ateliers, hangars, remises, chantiers et autres locaux servant à l'exercice des professions imposables.

Il est dû, lors même que le logement et les locaux occupés sont concédés à titre gratuit.

La valeur locative est déterminée soit au moyen de baux authentiques, soit par comparaison avec d'autres locaux dont le loyer aura été régulièrement constaté, ou sera notoirement connu, et, à défaut de ces bases, par voie d'appréciation.

Le droit proportionnel pour les usines et les établissements industriels est calculé sur la valeur locative de ces établissements, pris dans leur ensemble et munis de tous leurs moyens matériels de production.

10. Le droit proportionnel est payé dans toutes les communes où sont situés les magasins, boutiques, usines, ateliers, hangars, remises, chantiers et autres locaux servant à l'exercice des professions imposables.

Si, indépendamment de la maison où il fait sa résidence habituelle et principale, et qui, dans tous les cas, sauf l'exception ci-après, doit être soumise au droit proportionnel, le patentable possède, soit dans la même commune, soit dans des communes différentes, une ou plusieurs maisons d'habitation, il ne paye le droit proportionnel que pour celles de ces maisons qui servent à l'exercice de sa profession.

Si l'industrie pour laquelle il est assujetti à la patente ne constitue pas sa profession principale, et s'il ne l'exerce pas par lui-même, il ne paye le droit proportionnel que sur la maison d'habitation de l'agent préposé à l'exploitation.

11. Le patentable qui exerce dans un même local, ou dans des locaux non distincts, plusieurs industries ou professions passibles d'un droit proportionnel différent, paye ce droit d'après le taux applicable à la profession pour laquelle il est assujetti au droit fixe.

Dans le cas où les locaux sont distincts, il ne paye pour chaque local que le droit proportionnel attribué à l'industrie ou à la profession qui y est spécialement exercée.

Dans ce dernier cas, le droit proportionnel n'en demeure pas moins établi sur la maison d'habitation, d'après le taux applicable à la profession pour laquelle le patentable est imposé au droit fixe (1).

12. Dans les communes dont la population est inférieure à vingt mille âmes, mais qui, en vertu d'un nouveau dénombrement, passent dans la catégorie des communes de vingt mille âmes et au-dessus, les patentables des septième et huitième classes ne seront soumis au droit proportionnel que dans le cas où une seconde ordonnance de dénombrement aura maintenu lesdites communes dans la même catégorie.

13. Ne sont pas assujettis à la patente :

1° Les fonctionnaires et employés salariés soit par l'État, soit par les administrations départementales ou communales, en ce qui concerne seulement l'exercice de leurs fonctions;

2° Les notaires, les avoués, les avocats au Conseil, les greffiers, les commissaires-priseurs, les huissiers (2);

3° Les avocats (2);

Les docteurs en médecine ou en chirurgie, les officiers de santé, les sages-femmes et les vétérinaires (2);

Les peintres, sculpteurs, graveurs et dessinateurs considérés comme artistes, et ne vendant que le produit de leur art;

Les architectes considérés comme artistes, ne se livrant pas, même accidentellement, à des entreprises de construction (2);

Les professeurs de belles-lettres, sciences et arts d'agrément; les chefs d'institution, les maîtres de pension, les instituteurs primaires (2);

Les éditeurs de feuilles périodiques;

Les artistes dramatiques;

4° Les laboureurs et cultivateurs, seulement pour la vente et la manipulation des récoltes et fruits provenant des terrains qui leur appartiennent ou par eux exploités, et pour le bétail qu'ils y élèvent, qu'ils y entretiennent ou qu'ils y engraissent (3);

Les concessionnaires de mines pour le seul fait de l'extraction et de la vente des matières par eux extraites;

(1) *Voir* art. 9, loi du 4 juin 1858, ci-après.

(2) Abrogé pour toutes les professions sus-indiquées, moins les sages-femmes, par la loi du 18 mai 1850. — *Voir* tableau G sous l'art. 16 de la loi du 18 mai 1850, ci-après.

(3) *Voir* l'explication de l'art. 18 de la loi du 18 mai 1850 ci-après.

Les propriétaires ou fermiers des marais salants;

Les propriétaires ou locataires louant accidentellement une partie de leur habitation personnelle;

Les pêcheurs, même lorsque la barque qu'ils montent leur appartient;

5° Les associés en commandite, les caisses d'épargne et de prévoyance administrées gratuitement, les assurances mutuelles régulièrement autorisées;

6° Les capitaines de navire de commerce ne naviguant pas pour leur compte;

Les cantiniers attachés à l'armée;

Les écrivains publics;

Les commis et toutes les personnes travaillant à gages, à façon et à la journée, dans les maisons, ateliers et boutiques des personnes de leur profession, ainsi que les ouvriers travaillant chez eux ou chez les particuliers, sans compagnons, apprentis, enseigne ni boutique. Ne sont point considérés comme compagnons ou apprentis, la femme travaillant avec son mari, ni les enfants non mariés travaillant avec leurs père et mère, ni le simple manœuvre dont le concours est indispensable à l'exercice de la profession (1);

Les personnes qui vendent en ambulance dans les rues, dans les lieux de passage et dans les marchés, soit des fleurs, de l'amadou, des balais, des statues et figures en plâtre, soit des fruits, des légumes, des poissons, du beurre, des œufs, du fromage et autres menus comestibles;

Les savetiers, les chiffonniers au crochet, les porteurs d'eau à la bretelle ou avec voiture à bras, les rémouleurs ambulants, les gardes-malades.

14. Tous ceux qui vendent en ambulance des objets non compris dans les exemptions déterminées par l'article précédent, et tous marchands sous échoppe ou en étalage, sont passibles de la moitié des droits que payent les marchands qui vendent les mêmes objets en boutique. Toutefois cette disposition n'est pas applicable aux bouchers, épiciers et autres marchands ayant un

(1) *Voir* art. 11, l. du 4 juin 1858, ci-après, et art. 3, l. 2-3 juillet 1862, également ci-après.

état permanent ou occupant des places fixes dans les halles et marchés.

15. Les mari et femme séparés de biens ne doivent qu'une patente, à moins qu'ils n'aient des établissements distincts, auquel cas chacun d'eux doit avoir sa patente et payer séparément les droits fixes et proportionnels.

16. Les patentes sont personnelles et ne peuvent servir qu'à ceux à qui elles sont délivrées. En conséquence, les associés en nom collectif sont tous assujettis à la patente.

Toutefois l'associé principal paye seul le droit fixe en entier : les autres associés ne sont imposés qu'à la moitié de ce droit, même quand ils ne résident pas tous dans la même commune que l'associé principal.

Le droit proportionnel est établi sur la maison d'habitation de l'associé principal, et sur tous les locaux qui servent à la société pour l'exercice de son industrie.

La maison d'habitation de chacun des autres associés est affranchie du droit proportionnel, à moins qu'elle ne serve à l'exercice de l'industrie sociale (1).

17. Les sociétés ou compagnies anonymes ayant pour but une entreprise industrielle ou commerciale sont imposées à un seul droit fixe, sous la désignation de l'objet de l'entreprise, sans préjudice du droit proportionnel.

La patente assignée à ces sociétés ou compagnies ne dispense aucun des sociétaires ou actionnaires du payement des droits de patente auxquels ils pourraient être personnellement assujettis pour l'exercice d'une industrie particulière (2).

18. Tout individu transportant des marchandises de commune en commune, lors même qu'il vend pour le compte de marchands ou fabricants, est tenu d'avoir une patente personnelle, qui est, selon les cas, celle de colporteur avec balle, avec bêtes de somme ou avec voiture.

19. Les commis voyageurs des nations étrangères seront traités, relativement à la patente, sur le même pied que les commis voyageurs français chez ces mêmes nations.

(1) *Voir* art. 23, l. 18 mai 1850, ci-après.
(2) *Voir* art. 24, même loi.

20. Les contrôleurs des contributions directes procéderont annuellement au recensement des imposables et à la formation des matrices de patentes.

Le maire sera prévenu de l'époque de l'opération du recensement, et pourra assister le contrôleur dans cette opération, ou se faire représenter, à cet effet, par un délégué.

En cas de dissentiment entre les contrôleurs et les maires ou leurs délégués, les observations contradictoires de ces derniers seront consignées dans une colonne spéciale.

La matrice, dressée par le contrôleur, sera déposée, pendant dix jours, au secrétariat de la mairie, afin que les intéressés puissent en prendre connaissance et remettre au maire leurs observations. A l'expiration d'un second délai de dix jours, le maire, après avoir consigné ses observations sur la matrice, l'adressera au sous-préfet (1).

Le sous-préfet portera également ses observations sur la matrice, et la transmettra au directeur des contributions directes, qui établira les taxes conformément à la loi, pour tous les articles non contestés. A l'égard des articles sur lesquels le maire ou le sous-préfet ne sera pas d'accord avec le contrôleur, le directeur soumettra les contestations au préfet avec son avis motivé. Si le préfet ne croit pas devoir adopter les propositions du directeur, il en sera référé au ministre des finances.

Le préfet arrête les rôles et les rend exécutoires.

A Paris, l'examen de la matrice des patentes aura lieu, pour chaque arrondissement municipal, par le maire, assisté soit de l'un des membres de la commission des contributions, soit de l'un des agents attachés à cette commission, délégué à cet effet par le préfet.

21. Les patentés qui réclameront contre la fixation de leurs taxes seront admis à prouver la justice de leurs réclamations, par la représentation d'actes de société légalement publiés, de journaux et livres de commerce régulièrement tenus, et par tous autres documents.

22. Les réclamations en décharge ou réduction, et les demandes en remise ou modération, seront communiquées aux

(1) *Voyez* art. 21, l. 18 mai 1850, ci-après.

maires : elles seront d'ailleurs présentées, instruites et jugées dans les formes et délais prescrits pour les autres contributions directes.

23. La contribution des patentes est due pour l'année entière, par tous les individus exerçant au mois de janvier une profession imposable.

En cas de cession d'établissement, la patente sera, sur la demande du cédant, transférée à son successeur; la mutation de cote sera réglée par arrêté du préfet.

En cas de fermeture des magasins, boutiques et ateliers, par suite de décès ou de faillite déclarée, les droits ne seront dus que pour le passé et le mois courant. Sur la réclamation des parties intéressées, il sera accordé décharge du surplus de la taxe.

Ceux qui entreprennent, après le mois de janvier, une profession sujette à patente, ne doivent la contribution qu'à partir du 1er du mois dans lequel ils ont commencé d'exercer, à moins que, par sa nature, la profession ne puisse pas être exercée pendant toute l'année. Dans ce cas, la contribution sera due pour l'année entière, quelle que soit l'époque à laquelle la profession aura été entreprise.

Les patentés qui, dans le cours de l'année, entreprennent une profession d'une classe supérieure à celle qu'ils exerçaient d'abord, ou qui transportent leur établissement dans une commune d'une plus forte population, sont tenus de payer au prorata un supplément de droit fixe.

Il est également dû un supplément de droit proportionnel par les patentables qui prennent des maisons ou locaux d'une valeur locative supérieure à celle des maisons ou locaux pour lesquels ils ont été primitivement imposés, et par ceux qui entreprennent une profession passible d'un droit proportionnel plus élevé.

Les suppléments seront dus à compter du 1er du mois dans lequel les changements prévus par les deux derniers paragraphes auront été opérés.

24. La contribution des patentes est payable par douzième, et le recouvrement en est poursuivi comme celui des contributions directes : néanmoins les marchands forains, les colporteurs, les directeurs de troupes ambulantes, les entrepreneurs d'amusements et jeux publics non sédentaires, et tous autres

patentables dont la profession n'est pas exercée à demeure fixe, sont tenus d'acquitter le montant total de leur cote, au moment où la patente leur est délivrée.

Dans le cas où le rôle n'est émis que postérieurement au 1er mars, les douzièmes échus ne sont pas immédiatement exigibles : le recouvrement en est fait par portions égales, en même temps que celui des douzièmes non échus.

25. En cas de déménagement hors du ressort de la perception, comme en cas de vente volontaire ou forcée, la contribution des patentes sera immédiatement exigible en totalité.

Les propriétaires, et, à leur place, les principaux locataires, qui n'auront pas, un mois avant le terme fixé par le bail ou par les conventions verbales, donné avis au percepteur du déménagement de leurs locataires, seront responsables des sommes dues par ceux-ci pour la contribution des patentes.

Dans le cas de déménagements furtifs, les propriétaires, et, à leur place, les principaux locataires, deviendront responsables de la contribution de leurs locataires, s'ils n'ont pas, dans les trois jours, donné avis du déménagement au percepteur.

La part de la contribution laissée à la charge des propriétaires ou principaux locataires par les paragraphes précédents comprendra seulement le dernier douzième échu et le douzième courant, dus par le patentable.

26. Les formules de patentes sont expédiées par le directeur des contributions directes sur des feuilles timbrées de un franc vingt-cinq centimes (1). Le prix du timbre est acquitté en même temps que le premier douzième des droits de patente.

Les formules de patentes sont visées par le maire et revêtues du sceau de la commune.

27. Tout patentable est tenu d'exhiber sa patente lorsqu'il en est requis par les maires, adjoints, juges de paix, et tous autres officiers ou agents de police judiciaire.

28. Les marchandises mises en vente par les individus non munis de patentes, et vendant hors de leur domicile, seront saisies ou séquestrées aux frais du vendeur, à moins qu'il ne donne caution suffisante jusqu'à la représentation de la patente

(1) Modifié par l'art. 12, l. 4 juin 1858, ci-après.

ou la production de la preuve que la patente a été délivrée. Si l'individu non muni de patente exerce au lieu de son domicile, il sera dressé un procès-verbal qui sera transmis immédiatement aux agents des contributions directes.

29. Nul ne pourra former de demande, fournir aucune exception ou défense en justice, ni faire aucun acte ou signification extrajudiciaire pour tout ce qui sera relatif à son commerce, sa profession ou son industrie, sans qu'il soit fait mention, en tête des actes, de sa patente, avec désignation de la date, du numéro et de la commune où elle aura été délivrée, à peine d'une amende de vingt-cinq francs, tant contre les particuliers sujets à la patente que contre les officiers ministériels qui auraient fait et reçu lesdits actes sans mention de la patente. La condamnation à cette amende sera poursuivie, à la requête du procureur du roi, devant le tribunal civil de l'arrondissement.

Le rapport de la patente ne pourra suppléer au défaut de l'énonciation, ni dispenser de l'amende prononcée (1).

30. Les agents des contributions directes peuvent, sur la demande qui leur en est faite, délivrer des patentes avant l'émission du rôle, après toutefois que les requérants ont acquitté entre les mains du percepteur les douzièmes échus, s'il s'agit d'individus domiciliés dans le ressort de la perception, ou la totalité des droits, s'il s'agit des patentables désignés en l'article 24 ci-dessus, ou d'individus étrangers au ressort de la perception.

31. Le patenté qui aura égaré sa patente ou qui sera dans le cas d'en justifier hors de son domicile pourra se faire délivrer un certificat par le directeur ou par le contrôleur des contributions directes. Ce certificat fera mention des motifs qui obligent le patenté à le réclamer, et devra être sur papier timbré.

32. Il est ajouté au principal de la contribution des patentes cinq centimes par franc, dont le produit est destiné à couvrir les décharges, réductions, remises et modérations, ainsi que les frais d'impression et d'expédition des formules des patentes.

En cas d'insuffisance des cinq centimes, le montant du déficit est prélevé sur le principal des rôles.

(1) Abrogé par l'art. 22 de la loi du 18 mai 1850, ci-après.

Il est en outre prélevé sur le principal huit centimes, dont le produit est versé dans la caisse municipale.

33. Les contributions spéciales destinées à subvenir aux dépenses des bourses et chambres de commerce, et dont la perception est autorisée par l'article 11 de la loi du 23 juillet 1820, seront réparties sur les patentables des trois premières classes du tableau A annexé à la présente loi, et sur ceux désignés dans les tableaux B et C, comme passibles d'un droit fixe égal ou supérieur à celui desdites classes.

Les associés des établissements compris dans les classes et tableaux sus-désignés contribueront aux frais des bourses et chambres de commerce.

34. La contribution des patentes sera établie conformément à la présente loi à partir du 1er janvier 1845.

35. Toutes les dispositions contraires à la présente loi seront et demeureront abrogées à partir de la même époque, sans préjudice des lois et des règlements de police qui sont ou pourront être faits.

33. (*Extrait de la loi du* 18 *mai* 1850, *portant fixation de budget des recettes de* 1850.)

TITRE VI.

Sur les patentes.

Art. 16. Les tarifs et tableaux annexés à la loi du 25 avril 1844, sur les patentes, sont modifiés et complétés conformément aux tableaux D, E, F, G, annexés à la présente loi (1).

17. Les patentables exerçant plusieurs des industries tarifées au tableau C annexé à la loi du 25 avril 1844, et au tableau F annexé à la présente loi, en raison du nombre d'ou-

(1) *Voir* l'observation, page 62.— Le tableau G soumet à la patente les professions libérales exemptées par la loi de 1844. Il comprend la nomenclature suivante : architectes,— avocats inscrits au tableau des cours et tribunaux,— avocats au conseil d'Etat et à la cour de cassation,— avoués,— chirurgiens-dentistes,— commissaires-priseurs, — docteurs en chirurgie, — docteurs en médecine, — greffiers, — huissiers, — mandataires agréés par les tribunaux de commerce, — notaires, — officiers de santé, — référendaires au sceau, — vétérinaires, — chefs d'institution,— maîtres de pension. Les locaux affectés au logement et à l'instruction des élèves ne seront pas compris dans l'estimation de la valeur locative.

vriers, de machines ou instruments, seront imposés d'après tous ces moyens de production, sans toutefois que le droit fixe puisse dépasser le maximum établi pour celle des industries exercées qui est passible du droit fixe le plus élevé.

18. Ne sont point considérées comme donnant lieu à l'exemption de patente prévue à l'article 13, paragraphe 4, de la loi du 25 avril 1844, les transformations des récoltes et fruits, pratiquées au moyen d'agents chimiques, de machines ou ustensiles, autres que ceux servant aux travaux habituels de l'agriculture.

19. Les patentables compris aux tableaux A et B annexés à la loi du 25 avril 1844, et aux tableaux D et E annexés à la présente loi, ayant plusieurs établissements, boutiques ou magasins de même espèce ou d'espèces différentes, payeront un droit fixe entier pour l'établissement donnant lieu au droit le plus élevé, soit en raison de la population, soit en raison de la nature du commerce, de l'industrie ou de la profession, et en outre, pour chacun des autres établissements, boutiques ou magasins, un demi-droit fixe calculé en raison de la population et de la profession exercée dans l'établissement.

La somme des demi-droits fixes additionnels ne pourra, dans aucun cas, excéder le double du droit fixe principal.

20. Les patentables des quatre dernières classes du tableau A annexé à la loi du 25 avril 1844, et du tableau D annexé à la présente loi, qui exercent pour leur compte des professions consistant en un travail de fabrication, confection ou main-d'œuvre, ne seront imposés qu'à la moitié des droits, lorsqu'ils travailleront sans compagnon ni apprenti.

21. Est ajouté à l'article 20 de la loi du 25 avril 1844 le paragraphe additionnel suivant :

Les matrices, revêtues des observations du maire de chaque arrondissement, seront centralisées à la commission des contributions, qui, après y avoir aussi consigné ses observations, les transmettra au directeur des contributions, comme il est dit au cinquième paragraphe.

22. L'article 37 de la loi du 1er brumaire an VII, sur les patentes, et l'article 29 de la loi du 25 avril 1844, sont abrogés.

23. Le droit fixe de patente exigible des associés en nom collectif, en vertu de l'article 16 de la loi du 25 avril 1844, ne

sera que du vingtième du droit fixe payé par l'associé principal, pour les associés habituellement employés comme simples ouvriers dans les travaux de l'association.

24. Les dispositions du dernier paragraphe de l'article 17 de la loi du 25 avril 1844, concernant la patente due par les sociétaires ou actionnaires des sociétés ou compagnies anonymes, lorsqu'ils exercent une industrie particulière, sont déclarées applicables aux gérants et associés solidaires des sociétés en commandite.

34. (*Extrait de la loi du* 10 *juin* 1853, *portant fixation du budget général des dépenses et des recettes de l'exercice* 1854.)

Art. 13. A partir du 1er janvier 1854, les fabricants à métiers à façon ayant moins de dix métiers seront exemptés de patentes.

35. (*Extrait de la loi du* 4 *juin* 1858, *portant fixation du budget général des dépenses et des recettes de l'exercice* 1859.)

Art. 8. Les tarifs et tableaux concernant les patentes, annexés aux lois des 25 avril 1844 et 18 mai 1850, sont modifiés conformément au tableau annexé à la présente loi.

9. Le patentable ayant plusieurs établissements, boutiques ou magasins de même espèce ou d'espèces différentes, est, quelle que soit sa classe ou sa catégorie comme patentable, imposable au droit fixe entier pour l'établissement, la boutique ou le magasin donnant lieu au droit fixe le plus élevé, soit en raison de la population, soit en raison de la nature du commerce, de l'industrie ou de la profession.

Il est imposable, pour chacun des autres établissements, boutiques ou magasins, à la moitié du droit fixe afférent au commerce, à l'industrie ou à la profession qui y sont exercés.

Les droits fixes et demi-droits fixes sont imposables dans les communes où sont situés les établissements, boutiques ou magasins qui y donnent lieu.

10. Dans les établissements à raison desquels le droit fixe de patente est réglé d'après le nombre des ouvriers, les individus au-dessous de seize ans et au-dessus de soixante-cinq ne seront comptés dans les éléments de cotisation que pour la moitié de leur nombre.

11. L'exemption des droits de patente prononcée par l'article 13, paragraphe 6, de la loi du 25 avril 1844, en faveur des ouvriers travaillant chez eux ou chez les particuliers sans compagnon, apprenti, enseigne ni boutique, est applicable aux ouvriers travaillant dans ces conditions pour leur propre compte et avec des matières à eux appartenant, comme à ceux qui travaillent à la journée ou à la façon.

Ne sont point considérés comme compagnons ou apprentis, la femme travaillant avec son mari, ni les enfants non mariés travaillant avec leurs père et mère, ni le simple manœuvre dont le concours est indispensable à l'exercice de la profession.

12. Les formules de patente sont affranchies du droit de timbre établi par l'article 26 de la loi du 25 avril 1844.

En remplacement de ce droit, il est ajouté quatre centimes additionnels au principal de la contribution des patentes.

13. Sont imposables, au moyen des rôles supplémentaires, les individus omis aux rôles primitifs qui exerçaient, avant le 1er janvier de l'année de l'émission de ces rôles, une profession, un commerce ou une industrie sujets à patente, ou qui, antérieurement à la même époque, avaient apporté dans leur profession, commerce ou industrie, des changements donnant lieu à des augmentations de droits.

Toutefois les droits ne sont dus qu'à partir du 1er janvier de l'année pour laquelle le rôle primitif a été émis.

A l'égard des changements survenus dans le cours de ladite année, la contribution n'est perçue qu'à partir du 1er du mois dans lequel la profession a été embrassée ou le changement introduit.

Dans tous les cas, les douzièmes échus ne sont pas immédiatement exigibles; le recouvrement en est fait par portions égales, en même temps que celui des douzièmes non échus.

36. *Extrait de la loi du 2-3 juillet* 1862, *portant fixation du budget général des dépenses et recettes de l'exercice* 1863.)

Art. 3. Les dispositions du paragraphe 6 de l'article 13 de la loi du 25 avril 1844 et de l'art. 11 de la loi du 4 juin 1858, relatives aux exceptions de patente prononcées en faveur des ouvriers, seront désormais appliquées aux ouvriers ayant une enseigne ou une boutique comme à ceux qui n'en ont point, si d'ailleurs ces ouvriers réunissent les autres conditions d'exemption énoncées aux paragraphes et aux articles précités.

XX.

COMMERCES, INDUSTRIES ET PROFESSIONS SOUMIS A LA PATENTE.

Les lois qui précèdent ont rangé les patentés par catégories et par classes comprises dans plusieurs tableaux.

37. TABLEAU A.

TARIF général des professions imposées eu égard à la population.

CLASSES.	DROIT FIXE DANS LES COMMUNES							
	au-dessus de 100.000 âmes.	de 50.001 à 100.000 âmes.	de 30.001 à 50.000 âmes.	de 20.001 à 30.000 âmes.	de 10 001 à 20.000 âmes.	de 5.001 à 10.000 âmes.	de 2.001 à 5.000 âmes.	de 2.000 âmes et au-dessous.
	fr.	fr.	fr.	fr.	fr.	fr.	fr.	fr.
1re. .	300	240	180	120	80	60	45	35
2e. . .	150	120	90	60	45	40	30	25
3e. . .	100	80	60	40	30	25	22	18
4e. . .	75	60	45	30	25	20	18	12
5e. . .	50	40	30	20	15	12	9	7
6e. . .	40	32	24	16	10	8	6	4
7e. . .	20	16	12	8	*8	*5	*4	*3
8e. . .	12	10	8	6	*5	*4	*3	*2

Le signe * veut dire exemption du droit proportionnel.

38. *Observations.*

Cette première catégorie de patentés comprend huit classes.

Comme règle générale, nous devons rappeler que la patente se compose en général de deux droits : l'un fixe et l'autre proportionnel.

Le tableau B fait l'énumération des professions imposées eu égard à la population, d'après un tarif exceptionnel.

Le tableau C contient la liste des professions imposées sans égard à la population.

La première partie est formée des professions soumises, outre le droit fixe, au *droit proportionnel au quinzième.*

La deuxième partie est composée des professions qui doivent acquitter, outre le droit fixe, *le droit proportionnel :*

Au 20e : 1o *sur la maison d'habitation;*

2o *Sur les magasins de vente complètement séparés de l'établissement ;*

Au 25e *sur l'établissement industriel.*

La troisième partie comprend les professions qui payent le droit fixe et le droit proportionnel :

Au 20e : 1° *sur l'habitation ;*

2° *Sur les magasins de vente complétement séparés de l'établissement ;*

Au 40e *sur l'établissement industriel.*

Les professions rangées dans la quatrième partie du tableau C acquittent *le droit proportionnel* :

Au 20e : 1° *sur la maison d'habitation ;*

2° *Sur les magasins de vente complétement séparés de l'établissement ;*

Au 50e *sur l'établissement industriel.*

Enfin, pour les professions de la cinquième partie, outre le droit fixe, le *droit proportionnel est établi au 15e sur l'habitation seulement.*

Le tableau D annexé à la loi du 18 mai 1850, pour faire suite au tableau A, apporte certains tempéraments à la rigueur des droits établis par ce tableau A.

On doit considérer le tableau E, annexé à la loi du 18 mai 1850, comme le tableau B, dont il n'est que la suite.

On doit envisager de même le tableau F, annexé à la même loi, comme n'étant que la suite du tableau C.

La loi du 18 mai 1850 a encore un tableau G additionnel au tableau D de la loi du 25 avril 1844, qui donne la liste des professions assujetties seulement au droit proportionnel du quinzième. *Voir* ci-dessus l'art. 16 de la loi du 18 mai 1850 et la note qui l'accompagne.

Tous ces changements et toutes ces modifications font l'objet du nouveau tableau D dont nous parlons. Il est intitulé : *Des exceptions à la règle générale qui fixe le droit proportionnel au vingtième de la valeur locative.*

Pour dissiper les ténèbres qui au premier abord semblent envelopper cette matière, surtout en l'absence du texte des tableaux que nous indiquons sans les reproduire, nous allons emprunter à l'instruction officielle sur les patentes, et faire suivre la liste, par ordre alphabétique, de toutes les professions assujetties au droit de patente.

XXI.

NOMENCLATURE GÉNÉRALE, PAR ORDRE ALPHABÉTIQUE, DES COMMERCES, INDUSTRIES ET PROFESSIONS PASSIBLES DES DROITS DE PATENTE.

39. *Extrait de l'instruction officielle sur les patentes.*

NOTA. Les définitions, explications ou décisions de l'administration et les décisions du conseil d'État sont imprimées en caractères plus petits que les dispositions textuelles du tarif légal.

D. ad. signifie définition ou décision administrative;

Arr. C. signifie arrêt du conseil d'État. Le numéro qui suit la date de l'arrêt est celui sous lequel cet arrêt est inscrit au recueil officiel de l'administration.

Le signe * qui, à la fin presque de chaque ligne, précède le taux du droit proportionnel, exprimé en chiffres arabes, veut dire que ce droit n'est pas dû dans les communes de 20,000 âmes et au-dessous.

Le tarif des droits fixes correspondant aux huit classes du tableau A ci-dessus rapporté est indiqué par des chiffres romains.

A

Abats, abatis et issues (Cuiseur ou échaudeur d'). Voir *Tripier*.

A Abattoir public (Concessionnaire ou fermier d') II
Droit proportionnel — sur la maison d'habitation seulement 20e

A Abeilles (Marchand d') .... VI 20e

Ables, ablettes (Marchand d'écailles d'). Voir *Écailles*.

Abris sur les marchés (Loueur d'). Voir *Loueur*.

A Accordeur de pianos, harpes et autres instruments .... VII *40e

A Accouchement (Chef de maison d') V
Droit proportionnel — sur la maison d'habitation 20e
— sur les locaux servant à l'exercice de la profession 40e

Une sage-femme qui reçoit des pensionnaires est imposable comme chef de maison d'accouchement. (Arr. C. 21 février 1855, n° 165.)

A Accoutreur .... VIII *40e

Celui qui resserre et polit les trous des filières à l'usage des tireurs d'or et d'argent (D. ad.)

Acétates (Fabrique d'). Voir *Produits chimiques*.

A Acheveur en métaux .... VII *40e

Celui qui termine les ouvrages des fondeurs. (D. ad.)

Acides (Fabrique d'). Voir *Produits chimiques*.

C Acier fondu ou acier de cémentation (Fabrique d') : — 10 fr.; plus 3 fr. par ouvrier, jusqu'au maximum de 300 fr.
Droit proportionnel — sur la maison d'habitation et sur les magasins de vente complètement séparés de l'établissement 20e
— sur l'établissement industriel 40e

Acier naturel (Fabrique d'). Imposable comme les *Forges et Hauts fourneaux*.

A	Acier poli (Fabricant d'objets en), pour son compte	V	20c
A	— — à façon	VII	*40c
	Adjudicataire de coupes de bois. Voir *Bois (Marchand de).*		
A	Affiches (Entrepreneur de la pose et de la conservation des)	VI	20c
A	Affiloirs (Marchand d')	VIII	*40c
A	Affineur d'or, d'argent ou de platine	III	20c
A	Affineur de métaux autres que l'or, l'argent et le platine	V	20c
A	Agaric (Marchand d')	VI	20c
A	Agent d'affaires	IV	20c

Est imposable comme agent d'affaires :

Celui qui, sans tenir un cabinet d'affaires ouvert au public, se livre à la gestion des affaires d'une clientèle assez nombreuse pour que cette gestion soit considérée comme constituant l'exercice d'une profession. (Arr. C. 2 mars 1858; Meurthe, *Boissel.*)

Celui qui reçoit habituellement des mandats pour représenter des tiers et défendre leurs intérêts dans des affaires litigieuses. (Arr. C. 31 mai 1854, nº 187.)

Celui qui reçoit des mandats pour gérer les intérêts d'autrui, faire des recouvrements et des expertises et représenter les tiers en justice. (Arr. C. 10 septembre 1856, nº 425.)

Un licencié en droit, non inscrit au tableau des avocats, qui, moyennant rétribution, donne des consultations sur des questions litigieuses et accepte des mandats pour représenter des tiers et défendre leurs intérêts, notamment devant la justice de paix. (Arr. C. 18 juillet 1855, nº 187; 18 mars 1857, nº 540.)

Celui qui, moyennant rétribution, perçoit des rentes et fermages, administre et régit des biens et fait, pour le compte de tiers, des acquisitions et des ventes d'immeubles. (Arr. C. 18 mars 1857, nº 540.)

Celui qui se livre habituellement à des opérations d'achat et de vente de biens pour le compte d'autrui. (Arr. C. 25 avril 1855, nº 188; 22 juin 1858; Nord, *Roussel;* 30 juin 1858; Haut-Rhin, *Sée.*)

Celui qui sert habituellement d'intermédiaire entre des tiers et des maisons de banque pour l'achat ou la vente de lettres de change ou autres valeurs, et fait à la bourse de Paris, sans titre régulier, des actes de courtier de change. (Arr. C. 20 novembre 1856, nº 425.)

Celui qui fait habituellement, à la bourse de Paris, sans titre régulier, des opérations de courtage. (Arr. C. 7 janvier 1857, nº 422.)

Celui qui, moyennant une prime ou une remise, négocie des traités d'assurance, et se charge d'effectuer le placement des billets de loteries autorisées par le Gouvernement. (Arr. C. 29 juillet 1857, nº 540.)

Le directeur d'une société d'assurance mutuelle contre les faillites, rétribué suivant l'importance des créances assurées. (Arr. C. 3 février 1853, nº 15.)

Celui qui se charge à forfait, moyennant une rétribution, de diriger toutes les affaires et de pourvoir à toutes les dépenses d'administration d'une société d'assurances mutuelles. (Arr. C. 12 septembre 1853, *Hofer*, Seine.)

N'est pas imposable comme agent d'affaires :

Un avoué qui reçoit exceptionnellement et comme conséquence de sa profession d'avoué, des mandats pour toucher les revenus de quelques propriétaires. (Arr. C. 17 mai 1854, nº 189.)

Celui qui dirige les affaires contentieuses de quelques établissements, moyennant un traitement fixe annuel. (Arr. C. 10 sept. 1855, nº 190.)

B	Agent de change :			
	A Paris	1,000 fr.	...	15c
	Dans les villes de 100,000 âmes et au-dessus	250	...	15c
	Dans les villes de 50,000 à 100,000 âmes	200	...	15c
	Dans les villes de 30,000 à 50,000 âmes, et dans les villes de 15,000 à 30,000 âmes qui ont un entrepôt réel	150	...	15c
	Dans les villes de 15,000 à 30,000 âmes, et dans les villes d'une population inférieure à 15,000 âmes qui ont un entrepôt réel	100	...	15c
	Dans toutes les autres communes	75	...	15c
A	Agent dramatique		VI	20c

Celui qui s'entremet auprès des directeurs de spectacles pour l'engagement des artistes dramatiques. (D. ad.)

	Agent de librairie. Voir *Librairie.*		
	Agneaux (Marchad d'). Voir *Moutons.*		
A	Agrafes (Fabricant d') par les procédés ordinaires, pour son compte	V	20c

A Agrafes (Fabricant d') par procédés ordinaires, à façon........ VIII *40e
C Agrafes (Fabrique d') par procédés mécaniques........ 15 fr.
Plus 3 fr. par ouvrier, jusqu'au maximum de 300 fr.
Droit proportionnel — sur la maison d'habitation et sur les magasins de vente complétement séparés de l'établissement.. ... 20e
Droit proportionnel — sur l'établissement industriel........ ... 40e
Agréé (Mandataire près les tribunaux de commerce). Voir *Mandataire.*
A Agréeur.. III 20e

Celui qui fournit des agrès pour les navires. (D. ad.)

A Agréeur, dégustateur ou inspecteur des eaux-de-vie; celui qui constate, à la requête et aux frais des parties intéressées, le poids et le goût des alcools ou leur identité avec les échantillons pris au moment des expéditions.......................... V 20e
Agrès de navires (Monteur d'). Voir *Monteur.*
Aigrettes. Voir *Crinières.*
C Aiguilles à coudre, à tricoter ou à métiers pour faire des bas (Fabrique d'), par procédés ordinaires ou par procédés mécaniques.. 10 fr.
Plus 3 fr. par ouvrier, jusqu'au maximum de 300 fr.
Droit proportionnel — sur la maison d'habitation et sur les magasins de vente complétement séparés de l'établissement.. ... 20e
— sur l'établissement industriel...... ... 40e
A Aiguilles à coudre ou à faire des bas (Fabricant, par procédés ordinaires, d'), à façon.. VIII *40e
A Aiguilles à coudre et à tricoter (Marchand d'), en gros........... I 15e
A — — en demi-gros...... II 20e
A — — en détail.......... IV 20e
A Aiguilles pour les métiers à faire des bas (Monteur d')........... VIII *40e
A Aiguilles, clefs et autres petits objets pour montres ou pendules (Fabricant d'), pour son compte................................ VI 20e
A Aiguilles, clefs et autres petits objets pour montres ou pendules (Fabricant d'), à façon.. VIII *40e
Aisances (Cabinet d'). Voir *Cabinet d'aisances.*
Ajusteur de bouchons de flacons, de vitraux. Voir *Bouchons de flacons.*
Ajusteur de vitraux. Voir *Vitraux.*
A Alambic (Loueur d'); celui qui loue les ustensiles nécessaires pour la fabrication de l'eau-de-vie............................ VII *40e
A Alambics et autres grands vaisseaux en cuivre (Fabricant ou Marchand d').. IV 20e
A Albâtre (Fabricant ou Marchand d'objets en)...................... V 20e
Alcalis (Fabrique d'). Voir *Produits chimiques.*
Alcools (Fabrique d'). Voir *Esprit.*
A Alevin (Marchand d').. VII *40e

Celui qui vend du menu poisson pour peupler les pièces d'eau. (D. ad.)

A Alléges (Maître d').. VII *40e

Celui qui se charge d'alléger les navires au moyen de barques dites *Alléges.* (D. ad.)

Allumettes (Fabrique de bois d'). Voir *Bois d'allumettes.*
A Allumettes chimiques (Fabricant et Marchand d').................. VI 20e
A Allumettes et Amadou (Fabricant et marchand d')................. VIII *40e
A Almanachs ou Annuaires (Éditeur propriétaire d')................ V 20e
Alun (Fabrique d'). Voir *Produits chimiques.*
Amadou (Fabricant et Marchand d'). Voir *Allumettes.*
— (Marchand d'), vendant en ambulance dans les rues, dans les lieux de passage et dans les marchés. (*Exempt.*)
Amandes (Marchand d'). Voir *Fruits secs.*

Ambulance (Marchand en). Ceux qui vendent en ambulance dans les rues, lieux de passage et de marchés, des fleurs, de l'amadou, des balais, des statues et figures en plâtre, des fruits, légumes, poissons, du beurre, des œufs, du fromage et autres menus comestibles, sont exemps de patente.

Ceux qui vendent en ambulance d'autres objets sont passibles de la moitié des droits que payent les marchands qui vendent les mêmes objets en boutique.

C Amidon (Fabrique d') : 10 fr.; plus 3 fr. par ouvrier, jusqu'au maximum de 200 fr.

Droit proportionnel — sur la maison d'habitation et sur les magasins de vente, complétement séparés de l'établissement......... ... 20°
— sur l'établissement industriel....... ... 25°

A Amidon (Marchand d') en gros.................................... IV 20°
A — en détail.................................... VI 20°

Ammoniac (Fabrique de sel). Voir *Produits chimiques.*

Amorces de chasse (Fabricant d'). Voir *Capsules.*

A Anatomie (Fabricant de pièces d').............................. VI 20°
A — (Tenant un cabinet d')............................ VI 20°
A Anchois (Saleur d').. IV 20°

Ancres, chaînes, câbles et autres grosses pièces pour la marine (Fabricant d').

Imposable comme maître de forges. (D. ad.)

A Anes (Marchand d').. VI 20°
A — (Loueur d').. VII *40°

Anis (Marchand d') en gros. Voir *Epiceries.*

Anneaux de parapluies et de cannes (Fabricant d'). Voir *Garnitures.*

Annonces. Voir *Bureau de distribution d'.*

A Annonces et Avis divers (Entrepreneur d'insertions d')......... VI 20°

Annuaires (Editeur propriétaire d'). Voir *Almanachs ou Annuaires.*

Antiquités (Marchand d'). Voir *Curiosité (Objets de).*
— (Tenant un cabinet d'). Voir *Cabinet.*

A Apparaux (Maître d').. IV 20°

Celui qui, au moyen de pontons, cabestans, etc., met les navires en carène et les remet à flot. (D. ad.)

A Appareils et ustensiles pour l'éclairage au gaz (Fabricant d')..... V 20°
A Appeaux pour la chasse (Fabricant d')........................ VIII *40°

Applicateur d'enduit contre l'oxydation. Voir *Enduit.*

Applicateur d'autres métaux que l'or et l'argent. Voir *Doreur et argenteur.*

A Appréciateur au mont-de-piété................................ IV 20°
A Appréciateur d'objets d'art.................................. VI 20°
A Appréteur de barbes ou fanons de baleine..................... VII *40°
A — de bas et autres objets de bonneterie................ VII *40°
— de broderies. Voir *Broderies.*
A — de chapeaux de feutre............................... VIII *40°
A — de chapeaux de paille............................... V 20°
— de corne. Voir *Corne.*
— de courroies. Voir *Courroies.*
— de crin. Voir *Crin.*
— de plumes. Voir *Plumes.*

C Appréteur d'étoffes pour les fabriques : 15 fr.; plus 3 fr. par ouvrier, jusqu'au maximum de 300 fr.

Droit proportionnel — sur la maison d'habitation et sur les magasins de vente complétement séparés de l'établissement (1)..... ... 20°

(1) Cette formule, qui, pour la profession d'*appréteur d'étoffes* et pour quelques autres,

Droit proportionnel — sur l'établissement industriel........ ... 50e

A Apprêteur d'étoffes pour les particuliers.................... V 20e

— pour les teinturiers et les dégraisseurs. Voir *Presseur*.

A Apprêteur de peaux.. VI 20e

A — de plumes, laines, duvet et autres objets de literie... VI 20e

— de soies écrues. Voir *Chevilleur*.

Apprêts pour les fleurs artificielles (Marchand d'). Voir *Fleurs artificielles*.

A Approprieur de chapeaux.................................. VIII *40e

Celui qui met les chapeaux en forme pour le compte des chapeliers. (D. ad.)

Arbres ou arbustes (Marchand d'). Voir *Plants*.

A Archets (Fabricant d')...................................... VII *40e

D Architecte (Profession assujettie seulement au droit proportionnel.. ... 15e

Est imposable comme tel, l'architecte attaché au service des départements ou des communes. (Arr. C.)

Si l'architecte se livre, même accidentellement, à des entreprises, il est imposable à raison de ces entreprises. (D. ad.)

Architecture (Marchand de décors et ornements d'). Voir *Décors* et *Ornemaniste*.

A Arçonneur.. VIII *40e

Celui qui bat avec un arçon le poil ou la soie pour la fabrication des chapeaux. (D. ad.)

A Arçons (Fabricant ou ferreur d')........................... VII *40e

A Ardoises (Marchand d') en gros. Celui qui expédie par bateaux ou voitures.. III 20e

A Ardoises (Marchand d'). Celui qui vend par millier aux maçons et aux entrepreneurs de bâtiments......................... VI 20e

C Ardoisières (Exploitant d') : 10 fr.; plus 3 fr. par ouvrier, jusqu'au maximum de 400 fr.

Droit proportionnel— sur la maison d'habitation et sur les magasins de vente complétement séparés de l'établissement......... ... 20e

— sur l'établissement industriel........ ... 25e

Argent (Marchand d'). Voir *Or et Argent*.

Argent (Exploitant d'usine à tirer l'). Voir *Usine*.

Argenteur. Voir *Doreur*.

Argentures sur métaux (Marchand d'). Voir *Bronzes*.

Argentures sur métaux (Fabricant ou marchand d'). Voir *Dorures*.

C Armateur pour le long cours :

40 centimes pour chaque tonneau, jusqu'au maximum de 1,000 fr.. ... 15e

C Armateur pour le grand et le petit cabotage, la pêche de la baleine et celle de la morue, et armateur au bornage :

25 centimes par chaque tonneau, jusqu'au maximum de 400 fr.. ... 15e

Les copropriétaires prenant part à la gestion et à l'armement des navires sont des associés de l'armateur et doivent être imposés comme tels. (D. ad.)

Les capitaines de navire qui ont une part dans la propriété du navire ne sont pas pour ce fait passibles de la patente. Ils ne sont imposables qu'autant qu'ils font des chargements pour leur compte ou qu'ils se livrent à la recherche du fret et à d'autres opérations constituant la profession d'armateur. (D. ad.)

N'est pas imposable comme armateur, le propriétaire d'un navire qui ne prend aucune part aux opérations de l'armement. (Arr. C. 8 août 1855, n° 207.)

peut ne pas paraître complétement applicable, est la répétition textuelle de celle qui se trouve en tête des 2e, 3e et 4e parties du tableau C; elle a dû, dès lors, être transcrite dans la présente nomenclature. Il est bien entendu que les agents n'auront à évaluer de magasin de vente que là où il en existe.

C Armes blanches (Fabrique d')........................ 100 fr.
Droit proportionnel— sur la maison d'habitation et sur les magasins de vente complétement séparés de l'établissement......... ... 20e
— sur l'établissement industriel........ ... 40e

C Armes de guerre (Manufacture d')................... 400 fr.
Droit proportionnel— sur la maison d'habitation et sur les magasins de vente complétement séparés de l'établissement......... ... 20e
sur l'établissement industriel......... ... 40e

A Armurier.. V 20e

Celui qui vend des armes et aussi celui qui les fabrique sur une petite échelle (D. ad.)

A Armurier à façon....................................... VII *40e

A Armurier rhabilleur.................................... VII *40e

Celui qui se borne à réparer les armes. (D. ad.)

A Arpenteur.. VII *40e

A Arrimeur... VI 20e

Celui qui arrange, dans l'intérieur des navires, les divers objets qui composent leur cargaison. (D. ad.)

A Arrosage (Entreprise générale de l')..................... II 20e

Pour l'arrosage de toute une ville. (D. ad.)

A — (Entreprise particulière d')......................... VI 20e

Pour l'arrosage d'une partie de ville. (D. ad.)

Artifices (Fabricant de mèches pour les). Voir *Mèches*.

A Artificier... VI 20e

Artiste ne vendant que le produit de son art. (*Exempt.*) Voir *Dessinateur*, *Graveur*, *Peintre*, *Sculpteur*.

Artiste dramatique. (*Exempt.*)

A Artiste en cheveux...................................... VIII *40e

Celui qui exécute en cheveux des portraits, chiffres, paysages et autres objets. (D. ad.)

A Assembleur ou brocheur................................. VIII *40e

Celui qui assemble les feuilles dont se compose un ouvrage de librairie. (D. ad.)

Associé en commandite. (*Exempt.*)
— en nom collectif :

L'associé principal paye le droit fixe entier et le droit proportionnel sur la maison d'habitation et sur tous les locaux servant à l'exercice de l'industrie sociale.

Les autres associés ne payent que la moitié du droit fixe auquel est soumis l'associé principal, et leur maison d'habitation est affranchie du droit proportionnel, à moins qu'elle ne serve à l'exercice de l'industrie sociale.

On considérera comme associé principal celui qui est le premier en nom dans l'acte de société, s'il a la gestion des affaires; dans le cas contraire, celui qui a la plus forte mise de fonds. (D. ad.)

Les associés secondaires sont imposables dans le lieu où est imposé l'associé principal. (Arr. C. 19 décembre 1855, n° 292.)

L'individu résidant à l'étranger, associé d'une maison dont le siége est en France, est imposable à la patente, comme associé secondaire, au lieu du siége de la maison. (Arr. C. 13 septembre 1853, n° 153.)

Les associés en nom collectif sont imposables alors même qu'ils ne prendraient aucune part à la gestion des affaires. (Arr. C. 9 janvier 1856, n° 298.)

Les associés secondaires, dont la patente a été fixée au 20e du droit fixe de l'associé principal par l'article 28 de la loi du 18 mai 1850, ne sont plus imposables, s'ils ne prennent part que comme simples ouvriers aux travaux de l'association. (D. ad.)

N'est point imposable comme associé l'employé d'une maison de commerce qui ne participe point aux pertes et auquel il est seulement accordé, en sus de ses appointements, un intérêt dans les bénéfices. (Arr. C. 21 janvier 1857, no 410.)

A	Assortisseur (Marchand de petits coupons d'étoffes)............	VI	20e
	Assurances (Courtier d'). Voir *Courtier*.		
	Assurances mutuelles régulièrement autorisées. (*Exemptes.*)		

N'a pas droit à l'exemption accordée aux assurances mutuelles, un établissement ayant pour but de former et d'administrer des associations mutuelles basées sur les chances de la vie; cet établissement est imposable comme société de tontine. (Arr. C. 22 décembre 1852; *Foucault*, Seine.)

C Assurances mutuelles :

Dont les opérations s'étendent à plus de 20 départements...	1,000 fr.	...	15e
— — de 6 à 20 départements........	500	...	15e
— — à moins de 6 départements....	300	...	15e

Le droit fixe doit être calculé, non d'après le nombre des départements dans lesquels les compagnies sont autorisées à étendre leurs opérations, mais seulement d'après le nombre des départements où elles les étendent effectivement. (Arr. C. 9 décembre 1857; *Bernex*, Bouches-du-Rhône.)

Les agents des assurances non mutuelles sont de simples commis qui ne sont point passibles de la patente; mais les compagnies sont imposables pour leurs bureaux lorsqu'ils sont affectés au service des compagnies. (Arr. C. 16 novembre 1850; *Gattelet*, Aisne; Arr. C. 21 septembre 1853, no 30.)

B Assureur maritime :

A Paris..	250 fr.	...	15e
Dans les villes de 50,000 âmes et au-dessus.......	200	...	15e
Dans les villes de 30,000 à 50,000 âmes, et dans celles de 15,000 à 30,000 âmes qui ont un entrepôt réel..............................	150	...	15e
Dans les villes de 15,000 à 30,000 âmes, et dans les villes au-dessous de 15,000 âmes qui ont un entrepôt réel..............................	100	...	15e
Dans toutes les autres communes................	50	...	15e

Il ne faut pas confondre les compagnies d'*assurances maritimes* avec les assureurs maritimes. Les compagnies sont imposables d'après les bases indiquées au tarif général pour les assurances non mutuelles. (D. ad.)

A	Attelles pour colliers de bêtes de trait (Fabricant et Marchand d')...	VII	*40e
A	Aubergiste..	IV	20e
A	— ne logeant qu'à pied ou à cheval..................	V	20e
A	Avironnier...	VII	*40e
	Avis divers (Entrepreneur d'insertions d'). Voir *Annonces et avis divers*.		
D	Avocat inscrit au tableau des cours et tribunaux (Profession assujettie seulement au droit proportionnel)..................	...	15e

Les avocats stagiaires inscrits à la suite des tableaux de l'ordre ne sont point imposables. (D. ad.)

D	Avocat au conseil d'État et à la cour de cassation. (Profession assujettie seulement au droit proportionnel)................	...	15e
D	Avoué. (Profession assujettie seulement au droit proportionnel.)..	...	15e

B

C Bac (Fermier de).. 5 fr.

Plus 2 fr. par 1,000 fr. du prix de ferme, jusqu'au maximum de 200 fr.

	Droit proportionnel — sur la maison d'habitation seulement	...	15c
	Bâches pour abriter les marchandises (Fournisseur de). Voir *Voilier emballeur.*		
A	Badigeonneur	VII	*40c
	Baguettes en cuivre (Fabricant de). Voir *Moulures.*		
A	Baies de genièvre (Marchand de)	VI	20c
	Baignoires en cuivre (Fabricant de). Voir *Alambics.*		
	Bailleul. Voir *Rebouteur.*		
A	Bains publics (Entrepreneur de)	V	
	Droit proportionnel — sur la maison d'habitation	...	20c
	— sur les locaux servant à l'exercice de la profession	...	40c
A	Bains de rivière en pleine eau, bains de mer ou à la lame (Entrepreneur de)	VI	
	Droit proportionnel — sur la maison d'habitation	...	20c
	— sur les locaux servant à l'exercice de la profession	...	40c
A	Balais (Marchand expéditeur de)	IV	20c
A	Balais de bouleau, de bruyère et de grand millet (Marchand de), avec voiture ou bêtes de somme	VIII	*40c
	S'il n'a ni voiture, ni bêtes de somme, *exempt.* (D. ad.)		
	Balais (Fabricant de manches de). Voir *Bâtonnier.*		
A	Balancier (Marchand)	V	20c
A	Balancier (Fabricant), pour son compte	VI	20c
A	— à façon	VII	*40c
A	Balançons (Marchand de)	VI	20c
	Celui qui vend de petits ais dont on couvre les maisons. (D. ad.)		
A	Balayage (Entreprise générale du)	II	20
	Pour le balayage de toute une ville (D. ad.)		
A	Balayage (Entreprise partielle de)	VI	20c
	Pour le balayage d'une partie de ville. (D. ad.)		
A	Baleine (Marchand de brins de)	IV	20c
	— (Apprêteur de barbes et fanons de). Voir *Barbes et fanons.*		
	Baleine (Raffinerie de blanc de). Voir *Blanc.*		
A	Ballons pour lampes (Fabricant de), pour son compte	VII	*40c
A	— — à façon	VIII	*40c
A	Bals publics (Entrepreneur de)	V	20c
	Bals (Adjudicataire ou fermier des droits à percevoir au profit des pauvres dans les). Voir *Spectacles.*		
A	Bandagiste	VI	20c
A	— à façon	VII	*40c
C	Banque de France, y compris ses comptoirs .... 20,000 fr.	...	15c
C	Banque dans les départements : Ayant un capital de deux millions et au-dessous, 1,000 fr.; Par chaque million de capital en sus, 200 fr., jusqu'au maximum de 2,000 fr.	...	15c
B	Banquier :		
	A Paris .... 1,000 fr.	...	15c
	Dans les villes d'une population de 50,000 âmes et au-dessus 500	...	15c
	Dans les villes de 30,000 à 50,000 âmes, et dans celles de 15,000 à 30,000 âmes, qui ont un entrepôt réel 400	...	15c
	Dans les villes de 15,000 à 30,000 âmes, et dans les villes d'une population inférieure à 15,000 âmes, qui ont un entrepôt réel 300	...	15c
	Dans toutes les autres communes 200	...	15c

Le banquier est celui qui prend des effets à l'escompte et donne du papier et des lettres de crédit sur les villes soit de l'intérieur, soit de l'étranger. Celui qui se borne à faire l'escompte sur la place où il réside ne doit être considéré et imposé que comme escompteur. (D. ad.)

Le comptoir d'escompte qui fait des opérations de banque est imposable au droit fixe de patente de banquier. (Arr. C. 26 juillet 1854, n° 204; 7 mai 1857, n° 545.)

Baquets en sapin (Fabricant de). Voir *Seaux.*
Barbes de baleine (Apprêteur de). Voir *Apprêteur.*
— (Marchand de). Voir *Fanons.*

A Barbier.......... VIII *40c
A Bardeaux (Fabricant de), pour son compte.......... VII *40c

Celui qui fabrique de petits ais pour la couverture des maisons et pour d'autres usages. (D. ad.)

A Bardeaux (Fabricant de), à façon.......... VIII *40c
A Bardeaux (Marchand de).......... VI 20c
A Baromètres (Fabricant ou marchand de).......... VI 20c
A Barques, bateaux ou canots (Constructeur de).......... VI 20c
C Barques et bateaux pour le transport des marchandises sur les fleuves, rivières et canaux (Entrepreneur, maître ou patron de) : —5 centimes par chaque tonneau de la capacité brute des barques et bateaux, jusqu'au maximum de 300 fr.......... ... 15c

Si le conducteur n'est qu'un homme à gages, la patente est due par l'entrepreneur, le maître ou le patron qui l'emploie.

Barriques (Fabrique de). Voir *Tonneaux et Barriques.*

A Bas et bonneterie (Marchand de) en gros.......... I 15c
— — en demi-gros.......... II 20c
— — en détail.......... IV 20c

On doit imposer sous la dénomination de marchand de bas et bonneterie ceux qui achètent des laines et font faire *à la main*, chez eux ou hors de leur domicile, des bas, des bonnets, des gilets, etc.

La profession de ceux qui fabriquent ou font fabriquer les bas et la bonneterie au moyen de métiers est comprise au tarif sous le terme générique de : *Métiers (Fabrique à).* (D. ad.)

Bas et bonneterie (Apprêteur de). Voir *Apprêteur.*
Bas de soie (Blanchisseur de). Voir *Blanchisseur.*
Bas (Fouleur de). Voir *Fouleur.*
Basin (Marchand de). Voir *Tissus de laine, de fil, de coton, etc.*
Bateaux (Constructeur de). Voir *Barques.*
Bateaux (Déchireur ou dépeceur de). Voir *Déchireur.*
Bateaux (Marchand de bois de). Voir *Bois.*
Bateaux (Entrepreneur du chargement et déchargement des). Voir *Chargement.*

A Bateaux à laver (Exploitant de).......... VI 20c
C Bateaux à vapeur remorqueurs (Entreprise de).......... 150 fr. ... 15c
C Bateaux et paquebots à vapeur pour le transport des voyageurs (Entreprise de) :
— pour voyage de long cours.......... 300 ... 15c
— sur fleuves, rivières et le long des côtes.......... 200 ... 15c
C Bateaux et paquebots à vapeur pour le transport des marchandises (Entreprise de).......... 200 ... 15c

Bateaux pour le transport des marchandises (Entrepreneur de). Voir *Barques.*

B Batelier.......... VIII *40c

Celui qui passe les piétons d'un côté de la rivière à l'autre. (D. ad.)

A Bâtier.......... VII *40c

Celui qui fait des bâts. (D. ad.)

A Bâtiments (Entrepreneur de).......... III 20c

On entend par entrepreneur de bâtiments, celui qui entreprend à forfait ou sur série de prix toutes les parties d'un bâtiment. Celui qui n'entreprend qu'une partie du bâtiment, telle que la maçonnerie, la charpente, la menuiserie, etc., est imposable, selon les cas, comme maçon, charpentier, menuisier, etc. (Maître ou Entrepreneur). (D. ad.)

Batiste (Marchand de). Voir *Tissus de laine, de fil, de coton, etc.*

A Bâtonnier .... VIII *40e

Celui qui fait et vend des manches de brosses, de fouets, de parapluies, de balais, etc. (D. ad.)

A Battendier .... VI 20e

Celui qui exploite un moulin à battre le chanvre. (D. ad.)

Batteur de cuirs.

Imposable comme exploitant de moulin ou autre usine à moudre, battre, etc. (D. ad.)

Batteur de nerfs. Voir *Nerfs*.

A Batteur d'or et d'argent .... VI 20e

Batteurs d'or ou d'argent (Fabricant de livrets pour les). Voir *Livrets*.

Batteur de peaux. Voir *Apprêteur*.

A Battoirs de paume (Fabricant de) .... VII *40e

A Baudelier .... VIII *40e

Celui qui transporte du bois à dos de bêtes de somme (D. ad.)

Baudriers (Fabricant de). Voir *Ceinturonnier*.

A Baudruche (Apprêteur de) .... VI 20e

Celui qui prépare les boyaux de bœuf pour les batteurs d'or et pour d'autres usages. (D. ad.)

A Baugeur .... VII *40e

Celui qui fait des constructions en terre et en paille. (D. ad.)

A Bazar de voitures (Tenant) .... III 20e

Bestiaux (Courtier de). Voir *Courtier*.

Bestiaux (Marchand de). Voir *Bœufs, Chèvres, Moutons, Vaches, etc., exprimant la nature du bétail vendu.*

Les qualifications de marchand en ambulance et de marchand forain ne peuvent être appliquées aux marchands de bestiaux, bien qu'ordinairement ils exercent leur profession hors de la commune de leur domicile. Ils sont imposables au droit fixe afférent à la classe qui leur est attribuée dans le tarif. (D. ad.)

Beurre (Marchand de). Vendant en ambulance dans les rues, dans les lieux de passage et dans les marchés. (*Exempt.*)

A Beurre frais ou salé (Marchand de) en gros .... I 15e
A — — en demi-gros .... II 25e
A — — en détail .... VI 20e
A Biberons (Fabricant de), pour son compte .... VI 20e
A — à façon .... VII *40e
A Bière (Entrepositaire ou marchand en gros de) .... III 20e

Bière (Marchand de), ayant billard. Voir *Cabaretier*.

Bière (Débitant au petit détail). Voir *Vin*.

A Bière ou cidre (Marchand de) en détail .... VI 20e
A Bijoutier (Marchand-fabricant) ayant atelier et magasin .... II 20e
A Bijoutier (Marchand) n'ayant point d'atelier .... III 20e
A Bijoutier (Fabricant), pour son compte, sans magasin .... V 20e
A Bijoutier à façon .... VII *40e
A Bijoutier en faux (Fabricant), pour son compte .... VI 20e
A — — à façon .... VII *40e
A Bijoux en faux (Marchand de) .... V 20e

Bijoux à musique (Fabricant de mécaniques pour). Voir *Boîtes et Bijoux à musique*.

Bijoux en pâte de rose. Voir *Pâte de rose*.

A Billard (Maître de) .... IV 20e

A Billard (Cabaretier ayant). Voir *Cabaretier.*
A Billards (Fabricant de), ayant magasin........................ IV 20c
A — sans magasin.................................... VI 20c
A Bimbeloterie (Fabricant d'objets de), sans boutique ni magasin... VII *40c
A Bimbelotier (Marchand en gros)........................... III 20c
A — en détail.............................. VII *40c
C Biscuit de mer (Fabrique de)........................ 50 fr.
Droit proportionnel — sur la maison d'habitation et sur les magasins de vente complétement séparés de l'établissement........ ... 20c
— sur l'établissement industriel....... ... 40c
A Bisette (Fabricant et marchand de)......................... VI 20c

Petite dentelle. (D. ad.)

Bismuth (Fabricant de). Voir *Blanc de*..... et *Produits chimiques.*
Bitume. Voir *Mastics* et *Ciments.*
C Blanc de baleine (Raffinerie de) : — 15 fr.; plus 3 fr. par ouvrier jusqu'au maximum de 200 fr.
Droit proportionnel — sur la maison d'habitation et sur les magasins de vente complétement séparés de l'établissement......... ... 20c
— sur l'établissement industriel....... ... 25c
Blanc de céruse, de bismuth, d'argent, et autres blancs métalliques. Voir *Produits chimiques.*
A Blanc de craie (Fabricant et marchand de)................... VI 20c
Blanc (Marchand de). Voir *Tissus de laine, de fil, de coton, etc.*
Blanchisserie de cire. Voir *Cire.*
C Blanchisserie de toiles, fils, étoffes de laine pour le commerce, par procédés mécaniques ou chimiques : — 15 fr.; plus 3 fr. par ouvrier, jusqu'au maximum de 300 fr.
Droit proportionnel — sur la maison d'habitation et sur les magasins de vente complétement séparés de l'établissement (1)...... ... 20c
— sur l'établissement industriel........ ... 40c
A Blanchisseur de bas de soie................................ VIII *40c
A Blanchisseur de chapeaux de paille......................... VII *40c
Blanchisseur de fils. Voir *Décrueur.*
A Blanchisseur de fin.................................... VII *40c
Blanchisseur de linge. Voir *Bateaux à laver.*
A Blanchisseur de linge, ayant un établissement de buanderie... VI 20c
A — sans établissement de buanderie................ VIII *40c
A Blanchisseur de toiles et fils pour les particuliers.............. V 20c

Le blanchisseur, imposable à la 5e classe, est celui qui, avant d'étendre les toiles et fils sur le pré, fait usage de préparations chimiques ou autres. (D. ad.)

Blanchisseur et apprêteur de broderies. Voir *Broderies.*
A Blanchisseur sur pré.................................... VII *40c

Le blanchisseur, imposable à la 7e classe, est celui qui expose simplement les toiles et fils à l'action de l'air et de l'eau. (D. ad.)

Blancs d'œufs (Dessiccateur de). Voir *Colle solide.*
A Blatier avec voiture...................................... V 20c

Celui qui achète des grains chez les cultivateurs ou sur les marchés, et les transporte dans les marchés voisins, où il les revend par sac. (D. ad.)

A Blatier avec bêtes de somme.............................. VI 20c
Blé de Turquie (Marchand de feuilles de). Voir *Feuilles.*
Bleu pour le blanchissage. Voir *Pierres bleues.*

(1) Voir la note, page 67.

A Blondes (Marchand de) en gros.............................. I 15c
A — en demi-gros.............................. II 20c
A — en détail.............................. IV 20c
Blouses (Marchand de). Voir *Sarraux*.
A Bluteaux ou blutoirs (Fabricant et marchand de).............. VI 20c
A Bobines pour les manufactures (Fabricant de).............. VIII *40c
A Bœufs (Marchand de).............................. III 20c
Bœuf cuit (Marchand de). Voir *Bouillon*.
A Bois à brûler (Marchand de). Celui qui, ayant chantier ou magasin, vend au stère ou par quantité équivalente ou supérieure.............................. I
Droit proportionnel — sur la maison d'habitation......... ... 15c
— sur les locaux servant à l'exercice de la profession.............................. ... 30c

On doit imposer au droit fixe de 1re classe :

L'adjudicataire de coupes de bois qui revend sur pied aux marchands et aux maîtres de forges. (D. ad.)

L'adjudicataire de coupes de bois qui fait ses ventes sur le lieu même de l'exploitation, s'il vend au stère ou par quantités équivalentes ou supérieures. (Arr. C.) On doit imposer au même droit celui qui, s'étant rendu adjudicataire de bois abattus, façonnés et emmagasinés sur l'emplacement de la coupe, les revend par quantités équivalentes ou supérieures au stère. (Arr. C. 5 mai 1858; Gers, *Dufau*.)

L'habitant d'une commune qui, s'étant rendu adjudicataire de coupes de bois communaux, cède, sans aucun bénéfice, aux autres habitants, le bois nécessaire à leur consommation, n'est pas imposable à la patente; il le serait si la cession était faite avec bénéfice. (D. ad.)

A Bois à brûler (Marchand de). Celui qui, n'ayant ni chantier, ni magasin, vend sur bateaux ou sur les ports, au stère ou par quantité équivalente ou supérieure.............................. II 20c
A Bois à brûler (Marchand de). Celui qui, n'ayant ni chantier, ni magasin, ni bateau, vend par voiture, au domicile des consommateurs.............................. V 20c
A Bois à brûler (Marchand de). Celui qui, n'ayant ni chantier, ni magasin, ni bateau, vend par voiture, au domicile du consommateur, le bois tiré directement de la coupe dont il n'est pas adjudicataire.............................. V 20c
A Bois à brûler (Marchand de), qui vend à la falourde, au fagot et au cotret.............................. VIII *40c
Bois à brûler (Marchand de). Voir *Combustibles (Marchand de)*, *Cotrets sur bateaux (Marchand de)*, *Cotrets (Débitant de)*, *Falourdes (Débitant de)*, *Fagots et Bourrées (Marchand de)*.
C Bois d'allumettes (Fabrique de), par procédés mécaniques : — 15 fr.; plus 3 fr. par ouvrier, jusqu'au maximum de 150 fr.
Droit proportionnel — sur la maison d'habitation et sur les magasins de vente complétement séparés de l'établissement........ ... 20c
— sur l'établissement industriel....... ... 40c
A Bois de bateaux (Marchand de).............................. V 20c
A Bois de boissellerie (Marchand de).............................. V 20c
C Bois de brosses (Fabrique de) par procédés mécaniques : — 5 fr. par perçoir, jusqu'au maximum de 150 fr.
Droit proportionnel — sur la maison d'habitation et sur les magasins de vente complétement séparés de l'établissement......... ... 20c
— sur l'établissement industriel........ ... 40c
Bois pour brosses (Fabricant de). Voir *Brosses*.
Bois (Etablissement pour la conservation du). Voir *Conservation*.
A Bois d'ébénisterie (Marchand de).............................. III 20c
Bois (Fendeur en). Voir *Fendeur*.
A Bois de galoches et de socques (Faiseur de).................. VIII *40c
A Bois de marine ou de construction (Marchand de)............. I

	Droit proportionnel — sur la maison d'habitation	...	15e
	— sur les locaux servant à l'exercice de la profession	...	30e
A	Bois de sciage (Marchand de) en gros	I	
	Droit proportionnel — sur la maison d'habitation	...	15e
	— sur les locaux servant à l'exercice de la profession	...	30e
A	Bois de sciage (Marchand de). Si, ayant chantier ou magasin, il ne vend qu'aux menuisiers, ébénistes, charpentiers et aux particuliers	III	20e
	Bois (Fabricant et marchand de socques en). Voir *Socques.*		
C	Bois sur pied (Entrepreneur par adjudication de l'abatage et du façonnage des) : — 3 fr.; plus 2 fr. par 1,000 fr. du prix de l'entreprise, jusqu'au maximum de 100 fr.		
	Droit proportionnel — sur la maison d'habitation seulement	...	15e
	Bois de teinture (Marchand de) en gros. Voir *Teinture (Matières premières pour la).*		
A	Bois de teinture (Marchand de) en demi-gros	II	20e
A	— — en détail	IV	20e
A	Bois de volige (Marchand de)	V	20e
A	Bois en grume ou de charronnage (Marchand de)	III	20e
A	Bois feuillard (Marchand de)	V	20e
A	Bois merrains (Marchand de) en gros. S'il vend par bateau ou charrette	I	
	Droit proportionnel — sur la maison d'habitation	...	15e
	— sur les locaux servant à l'exercice de la profession	...	30e
A	Bois merrains (Marchand de). S'il ne vend qu'aux tonneliers et aux particuliers	VI	20e
A	Boiseries (Marchand de vieilles)	VI	20e
A	Boisselier	VII	*40e
A	Boisselier (Fabricant), à façon	VIII	*40e
A	Boisselier (Marchand) en gros	IV	20e
A	— en détail	VI	20e
	Boissellerie (Marchand de bois de). Voir *Bois.*		
	Boissons (Marchand de). Voir *Bière, Cidre, Vin, etc.*		
A	Boites de pendules en zinc doré ou bronzé (Fabricant ou Marchand de)	V	20e
A	Boites et bijoux à musique (Fabricant de mécaniques pour), pour son compte	V	20e
A	Boites et bijoux à musique (Fabricant de mécaniques pour), à façon	VII	*40e
	Boites de montres (Monteur de). Voir *Monteur.*		
A	Bombagiste	VI	20e
	Celui qui fabrique et vend des couvre-plats, garde-manger, corbeilles, etc., en tissus métalliques. (D. ad.)		
A	Bombeur de verres	VI	20e
A	Bonbons et confiseries (Revendeur de)	VII	*40e
	Bondons en bois. Voir *Tourneur.*		
	Bonnets carrés (Fabricant ou Marchand de). Voir *Casquettes.*		
	Bonneterie. Voir *Bas et bonneterie.*		
A	Bosselier	VI	20e
	Celui qui fait des grelots et bossettes. (D. ad.)		
A	Bottes remontées (Marchand de)	VII	*40e
	Bottes (Cambreur de tiges de). Voir *Cambreur.*		
A	Bottier ou cordonnier (Marchand). Celui qui tient magasin de chaussures	IV	20e
A	Bottier ou cordonnier travaillant sur commande	VI	20e
A	— à façon. Celui qui travaille pour des maîtres qui lui fournissent la matière	VIII	*40e

A Boucher (Marchand).. IV 20e

Sont imposables en cette qualité, bien que n'abattant point de bestiaux, les bouchers qui achètent aux abattoirs des quartiers de bœuf équivalents souvent à un bœuf entier, et, en outre, des veaux et des moutons entiers. (Arr. C. 7 mai 1856, n° 359. — (*Bouchers de Paris.*)

A Boucher à la cheville. Celui qui revend la viande achetée par quartiers.. V 20e

A Boucher en petit bétail (ne vendant que veau, mouton, agneau, chevreau).. VI 20e

A Bouchonnier.. VI 20e

C Bouchons de liége (Fabrique de) par procédés mécaniques : 1 fr. par lame, jusqu'au maximum de 150 fr.

Le droit sera réduit de moitié pour les fabriques qui, par manque ou par crue d'eau, sont forcées de suspendre leur travail, en tout ou en partie, pendant un temps équivalent au moins à quatre mois.

Droit proportionnel — sur la maison d'habitation et sur les magasins de vente complétement séparés de l'établissement......... ... 20e

— sur l'établissement industriel....... ... 40e

A Bouchons (Marchand de) en gros.. III 20e

A — — en détail.. VI 20e

A Bouchons de flacons (Ajusteur de).. VIII *40e

A Bouclerie (Fabricant de), pour son compte.. V 20e

A — — à façon.. VIII *40e

A Boues (Entreprise générale de l'enlèvement des).. II 20e

Pour toute une ville. (D. ad.)

A Boues (Entreprise partielle de l'enlèvement des).. VI 20e

Pour partie d'une ville. (D. ad.)

L'entreprise, dans une commune rurale, donne lieu à l'imposition de la patente comme l'entreprise faite dans une ville. (Arr. C. 14 janvier 1858; *Labbé-Godefroy*, Indre-et-Loire.)

L'entreprise de l'enlèvement des boues ne donne point lieu à patente lorsqu'elle est faite par un cultivateur qui utilise exclusivement des boues pour l'amendement de ses terres. (D. ad.)

Le cultivateur, adjudicataire de l'enlèvement des boues, n'est pas non plus imposable lorsqu'il cède, sans bénéfice, à d'autres cultivateurs une partie de son adjudication; mais il est imposable s'il retire de la cession un prix proportionnellement plus élevé que celui qu'il paye à la ville. (D. ad.)

C Bougies, cierges, etc. (Fabrique de) : — 15 francs; plus 3 francs par ouvrier, jusqu'au maximum de 300 francs.

Droit proportionnel — sur la maison d'habitation et sur les magasins de vente complétement séparés de l'établissement........ ... 20e

— sur l'établissement industriel....... ... 25e

A Bougies (Marchand de).. V 20e

A Bouilleur ou brûleur d'eau-de-vie.. VI 20e

Celui qui se transporte, avec les ustensiles nécessaires, au domicile des propriétaires, pour convertir en eaux-de-vie leurs vins, cidres et autres produits. (D. ad.)

A Bouillon de bœuf cuit (Marchand de).. VI 20e

Bouillottes (Fabricant de). Voir *Cafetières*.

A Boulanger.. V 20e

A Boules à teinture (Fabricant de).. IV 20e

A Boules vulnéraires dites *d'acier* ou *de Nancy* (Fabricant de)... VII *40e

A Bouquetière (Marchande) en boutique.. VII *40e

A Bouquiniste.. VII *40e

A Bourre de soie (Marchand de).. VI 20e

Bourrées (Marchand de). Voir *Fagots*

A Bourrelets d'enfants (Fabricant et Marchand de).. VII *40e

A Bourrelier.. VI 20e

A	Bourses, gants, mitaines, réseaux et autres ouvrages à mailles (Fabricant de)	VII	*40c
A	Bouteilles de verre (Marchand de)	V	20c
A	Boutons de métal, corne, cuir bouilli, etc. (Fabricant de), pour son compte	V	20c
	— — à façon	VIII	*40c
	Boutons (Fabricant de moules de). Voir *Moules*.		
A	Boutons de soie (Fabricant de), pour son compte	VII	*40c
A	Boutons de soie (Fabricant de), à façon	VIII	*40c
	Bouts de parapluies et de cannes (Fabricant de). Voir *Garnitures*.		
A	Boyaudier	VI	20c

Celui qui fabrique avec des boyaux des cordes pour les instruments de musique, les raquettes, etc. (D. ad.)

C Brais, goudrons, poix, résines et autres matières analogues (Fabrique de) ... 25 fr.

Droit proportionnel — sur la maison d'habitation et sur les magasins de vente complètement séparés de l'établissement ... 20c

— sur l'établissement industriel ... 25c

C Brasserie : 10 centimes par hectolitre de capacité brute de toutes les chaudières, jusqu'au maximum de 400 francs.

(Ce droit sera réduit de moitié pour les brasseries qui ne brassent que quatre fois au plus par an, et d'un quart pour celles qui ne brassent que huit fois au plus par an.)

Droit proportionnel — sur la maison d'habitation et sur les magasins de vente complètement séparés de l'établissement ... 20c

— sur l'établissement industriel ... 40c

A	Brasseur à façon	VI	20c

Celui qui fait la bière pour autrui avec les matières qu'on lui fournit. (D. ad.)

	Bretelles (Fabricant d'élastiques pour). Voir *Elastiques*.		
A	Bretelles et jarretières (Faricant de), pour son compte	VI	20c
A	— — à façon	VIII	*40c
A	— (Marchand de)	VI	20c
	Bric-à-brac. Voir *Curiosité*.		
	Brins de baleine ou de jonc (Fendeur de). Voir *Fendeur*.		
	Brins de baleine (Marchand de). Voir *Baleine*.		
	Brioches (Marchand de). Voir *Galette*.		
A	Brioleur avec bêtes de somme	VIII	*40c

Celui qui transporte du bois. (D. ad.)

A	Brion (Fabricant de)	VI	20c

Débris de pierres de taille écrasées. (D. ad.)

C Briques (Fabrique de) : 5 francs; plus 2 francs par ouvrier ou par série d'ouvriers momentanément employés, équivalente à un ouvrier employé complètement, jusqu'au maximum de 100 francs.

Droit proportionnel — sur la maison d'habitation et sur les magasins de vente complètement séparés de l'établissement ... 20c

— sur l'établissement industriel ... 25c

La valeur locative du champ dans lequel le briquetier prend la terre servant à la fabrication des briques ne doit pas être comprise dans celle qui sert de base au droit proportionnel. On ne doit établir ce droit que sur la valeur locative des bâtiments, des fours et des emplacements servant aux manipulations et au dépôt des bois, des ustensiles et des objets fabriqués. (D. ad.)

Le briquetier qui, ayant cessé de fabriquer, vend les produits de sa fabrication des années antérieures, n'est imposable qu'au droit fixe invariable de 5 francs. (Arr. C. 16 février 1852, n° 9, 1re série ; 28 mai 1857, n° 554.)

A Briques (Marchand de).. VI 20c
A Briquetier à façon.. VIII *40c
A Briquets phosphoriques et autres (Fabricant de)............... VI 20c
A — — (Marchand de)............... VII *40c
Briquettes factices (Marchand de). Voir *Bûches*.
A Brocanteur en boutique ou magasin.......................... V 20c
A — dans les ventes (sans boutique ni magasin).......... VII *40c
A Brocanteur d'habits, en boutique............................ VI 20c
A — sans boutique............................ VIII *40c
A Broches et cannelets pour la filature (Fabricant de), pour son compte.. V 20c
A Broches et cannelets pour la filature (Fabricant de), à façon... VIII *40c
A Broches pour la filature (Rechargeur de)...................... VII *40c
Broches ou bondons en bois (Fabricant de). Voir *Tourneur*.
Brocheur. — Voir *Assembleur*.
A Broderies (Blanchisseur et Apprêteur de)..................... VII *40c
A — (Dessinateur-imprimeur de)......................... VII *40c
A — (Fabricant et marchand de), en gros.................. III 20c
A — (Fabricant et marchand de), en détail................ V 20c
A — (Fabricant de), à façon........................... VII *40c
— (Vente de), en demi-gros........................... IV 20c
A Brodeur sur étoffes en or et en argent...................... IV 20c
Bronzes (Marchand de). Voir *Pendules*.
A Bronze (Metteur en). Celui qui met en couleur de bronze des pendules, candélabres et autres objets en métaux............ VII *40c
Bronze (Monteur en). Voir *Monteur*.
A Bronzes, dorures et argentures sur métaux (Marchand de), en gros.. I 15c
A Bronzes, dorures et argentures sur métaux (Marchand de), en détail.. IV 20c
A Brosses (Fabricant de bois pour)........................... VIII *40c
Brosses (Fabrique de bois de) par procédés mécaniques. Voir *Bois de brosses*.
Brosses (Fabricant de manches de). Voir *Bâtonnier*.
A Brossier (Fabricant), pour son compte...................... VI 20c
A — (Fabricant), à façon............................... VIII *40c
A — (Marchand).. VI 20c
A Broyeur à bras.. VIII *40c
Brûleur d'eau-de-vie.—Voir *Bouilleur et brûleur*.
A Brunisseur.. VII *40c

Celui qui brunit les ouvrages d'or et d'argent. (D. ad.)

A Buanderie (Loueur d'établissement de). Celui qui loue à tout venant un établissement de buanderie muni de ses ustensiles et appareils.. VII *40c
Buanderie (Etablissement de). Voir *Blanchisseur de linge*.
A Bûches, briquettes factices, mottes à brûler (Marchand de)...... VIII *40c
A Buffletier (Fabricant), pour son compte...................... VII *40c
A — à façon.............................. VIII *40c
A Buffletier (Marchand).. VI 20c
A Buis ou racines de buis (Marchand de)........................ VI 20c
A Bureau de distribution d'imprimés, de cartes de visites, annonces, etc. (Entrepreneur d'un)........................ V 20c
A Bureau d'indication et de placement (Tenant un).............. V 20c
A Bustes en cire pour les coiffeurs (Fabricant de)............... VII *40c
A Bustes et figures en plâtre ou en terre (Mouleur ou marchand de). VI 20c
Bustes et figures en plâtre (Marchand de). Vendant en ambulance dans les rues, dans les lieux de passage et dans les marchés. Voir *Statues et Figures en plâtre*.

C

A Cabaretier.......... VI 20^e^

Le cabaretier non muni d'une licence n'en est pas moins imposable à la patente. (Arr. C. 17 février 1843; *Géral*, Lozère.)

A Cabaretier et marchand de bière ou de cidre en détail, ayant billard.......... V 20^e^

A Cabas (Faiseur de).......... VIII *40^e^

A Cabinets d'aisances publics (Tenant).......... VI 20^e^

A Cabinet de figures en cire (Tenant un).......... VII *40^e^

A Cabinet de lecture (Tenant un) :
où l'on donne à lire les journaux et les nouveautés littéraires. VI 20^e^
où l'on donne à lire les journaux seulement.......... VII *40^e^

A Cabinet particulier de tableaux, d'objets d'histoire naturelle ou d'antiquités (Tenant un).......... VII *40^e^

Câbles, ancres, chaînes et autres grosses pièces pour la marine (Fabricant de).

Imposable comme maître de forges. (D. ad.)

Câbles et gros cordages. Voir *Cordier*.

A Cabriolets (Maître de station de). Celui qui loue des emplacements où, moyennant une rétribution, les cabriolets peuvent stationner.......... VII *40^e^

B Cabriolets, fiacres et autres voitures semblables sous remise ou sur place (Entreprise de).......... 10 fr. ... 15^e^

Plus 2 fr. par voiture en circulation dans les villes au-dessus de 100,000 âmes; 1 fr. 50 c. dans celles de 50,000 à 100,000 âmes, et 1 fr. dans celles au-dessous de 50,000 âmes. Le tout jusqu'au maximum de 1,000 fr.

A Cachemires de l'Inde (Marchand de).......... I 15^e^

A Cadrans de montres et de pendules (Fabricant de), pour son compte.......... VI 20^e^

A Cadrans de montres et de pendules (Fabricant de), à façon.......... VIII *40^e^

A Cadres pour glaces et tableaux (Marchand de).......... VI 20^e^

C Café de chicorée (Fabrique de).

15 fr.; plus 3 fr. par ouvrier, jusqu'au maximum de 200 fr. (Ne sont point comptés les ouvriers qui ne sont employés qu'à la culture de la chicorée.)

Droit proportionnel— sur la maison d'habitation et sur les magasins de vente complétement séparés de l'établissement.......... ... 20^e^
— sur l'établissement industriel.......... ... 25^e^

A Café naturel et café de chicorée en poudre (Marchand de).......... VI 20^e^

A Café tout préparé (Débitant de).......... VIII *40^e^

A Cafetier.......... IV 20^e^

S'il vend des glaces, imposable comme glacier limonadier. (D. ad.)

Le cafetier non muni de licence n'en est pas moins imposable à la patente. (Arr. C. 19 avril 1844.)

A Cafetières, bouillottes, marabouts (Fabricant ou marchand de).. VI 20^e^

A Cafetières, bouillottes ou marabouts (Fabricant de), à façon.... VIII *40^e^

A Cages, souricières et tournettes (Fabricant de).......... VIII *40^e^

Caisse d'épargne et de prévoyance, administrée gratuitement. (*Exempte.*)

A Caisse d'escompte (Tenant).......... I 15^e^

Voir les explications placées à la suite du mot *Banquier*.

A Caisse ou comptoir d'avances ou de prêts (Tenant).......... I 15^e^

A Caisse ou comptoir de recettes et de payement (Tenant).......... I 15^e^

A Caisses de tambours (Facteur de).......... VI 20^e^

	Professions	Classe	Droit proport.
	Caisses (Fabricant de grosses). Voir *Tambours.*		
	Caisses ou coffres en bois blanc (Fabricant de). Voir *Layetier.*		
A	Calandreur d'étoffes neuves	V	20e
A	— de vieilles étoffes ou de chapeaux de paille	VII	*40e
A	Calfat (Radoubeur de navires)	VI	20e
	Calicots (Marchand de). Voir *Tissus de laine, de fil, de coton, etc.*		
A	Cambreur de tiges de bottes	VII	*40e
A	Camées faux ou moulés (Fabricant de)	VII	*40e
	Camphre (Raffineur de). Voir *Produits chimiques.*		
C	Canaux navigables avec péage, ou canaux d'irrigation (Concessionnaire de) : 200 fr.; plus 20 fr. par myriamètre complet en sus du premier, jusqu'au maximum de 1,000 fr.	...	15e
	Candélabres (Metteur en couleur de bronze de). Voir *Bronze (Metteur en).*		
A	Cannevas (Dessinateur de)	VIII	*40e
	Cannelets pour la filature (Fabricant de). Voir *Broches.*		
A	Cannelles et robinets en cuivre (Fabricant de), pour son compte	VI	20e
A	Cannelles et robinets en cuivre (Fabricant de), à façon	VII	*40e
A	Cannes (Fabricant de), pour son compte	VII	*40e
A	Cannes (Fabricant de), à façon	VIII	*40e
A	Cannes (Marchand de) en boutique	VI	20e
	Cannes (Fabricant de garnitures de). Voir *Garnitures.*		
A	Cannetille (Fabricant de)	VII	*40e
	Canots (Constructeur de). Voir *Barques.*		
	Cantinier attaché à l'armée. (*Exempt.*)		
A	— dans les prisons, hospices et autres établissements publics	VI	20e

Sont imposables comme cantiniers :

Le concierge d'un quartier de cavalerie à résidence fixe, le concierge d'une prison militaire, le porte-clefs d'une citadelle, lorsqu'ils fournissent du vin aux militaires ou aux détenus. (Arr. divers du Conseil d'État.)

	Professions	Classe	Droit proport.
C	Caoutchouc et autres matières semblables (Établissement mécanique pour la préparation ou pour l'emploi du). — 15 fr.; plus 3 fr. par ouvrier employé soit à la préparation des matières, soit à la confection mécanique des objets fabriqués, jusqu'au maximum de 500 fr.		
	Droit proportionnel — sur la maison d'habitation et sur les magasins de vente complétement séparés de l'établissement	...	20e
	— sur l'établissement industriel	...	40e
A	Caoutchouc, gutta-percha et autres matières semblables (Fabricant ou marchand d'objets confectionnés ou d'étoffes garnies en)	IV	20e
A	Caparaçonnier, pour son compte	VI	20e
A	— à façon	VIII	*40e
	Capitaine de navire du commerce, ne naviguant pas pour son compte. (*Exempt.*) Voir les explications à la suite du mot *Armateur.*		
A	Capsules métalliques pour boucher les bouteilles (Fabricant de).	VI	20e
C	Capsules ou amorces de chasse (Fabricant de). — 50 fr.		
	Droit proportionnel — sur la maison d'habitation et sur les magasins de vente complétement séparés de l'établissement	...	20e
	— sur l'établissement industriel	...	25e
	Caractères à jour (Marchand et fabricant de). Voir *Vignettes.*		
A	Caractères d'imprimerie (Fondeur de)	III	20e
A	— — à façon	VII	*40e
A	Caractères d'imprimerie (Graveur en)	VII	*40e
	— — (Marchand de). Voir *Imprimerie.*		
A	Caractères mobiles en bois ou en terre cuite (Fabricant et marchand de)	VII	*40e

A Caractères mobiles en métal (Fabricant de)................... V 20e
A Carcasses ou montures de parapluies (Fabricant de), pour son compte.. VII *40e
A Carcasses ou montures de parapluies (Fabricant de), à façon.... VIII *40e
A Carcasses pour modes (Fabricant de)........................ VIII *40e

Celui qui couvre en soie, en fil ou en papier les branches de fil de fer ou de laiton qui servent aux modistes et aux fabricants de fleurs artificielles. (D. ad.)

Carderie de laine ou de bourre de soie par procédés mécaniques. Voir *Peignerie*.
A Cardes (Fabricant de) par les procédés ordinaires, pour son compte.. VI 20e
A Cardes (Fabricant de) par les procédés ordinaires), à façon .... VIII *40e
C Cardes (Manufacture de) par procédés mécaniques : — 25 fr.; plus 5 fr. par métier, jusqu'au maximum de 300 fr.
Droit proportionnel — sur la maison d'habitation et sur les magasins de vente complétement séparés de l'établissement.. ... 20e
— sur l'établissement industriel...... ... 50e
A Cardeur de laine, de coton, de bourre de soie, filoselle, etc.... VII *40e
Cardeur de laine. Voir *Matelassier*.
A Carreaux à carreler (Marchand de)........................ VI 20e
A Carreleur.. VII *40e

Celui qui fait le carrelage des appartements. (D. ad.)

A Carrés de montres (Fabricant de), pour son compte............... VI 20e
A — — à façon...................... VIII *40e
C Carrières souterraines ou à ciel ouvert (Exploitant de) : — 5 fr.; plus 3 fr. par ouvrier, jusqu'au maximum de 200 fr.
Droit proportionnel — sur la maison d'habitation seulement. ... 15e

Est imposable comme exploitant des carrières :

Le propriétaire exploitant une carrière ouverte sur son propre fonds. (Arr. C. 22 mars 1855, no 325.)

Celui qui possède une carrière de laquelle il permet d'extraire des pierres, moyennant rétribution. (Arr. C. 3 avril 1856, no 467.)

Le propriétaire qui vend habituellement aux entrepreneurs de bâtiments du sable extrait d'un terrain qui lui appartient. (Arr. C. 5 août 1854, no 168.)

On doit compter, pour l'établissement du droit fixe, les ouvriers employés comme terrassiers à l'exploitation de la carrière, aussi bien que les ouvriers employés à l'extraction proprement dite. (Arr. C. 24 juin 1857, no 558.)

A Carrioles (Loueur de).. VII *40e
A Carrossier (Fabricant).. II 20e

Le carrossier fabricant, à porter en 2e classe, est celui qui confectionne et vend des voitures complètement terminées et dont on peut se servir au moment même où elles sortent de l'atelier ou du magasin ; il n'y a pas lieu d'imposer comme tel celui qui ne se livre habituellement qu'au charronnage ou à la préparation des ressorts : il doit la patente afférente à la profession spéciale qu'il exerce. (D. ad.)

Carrossier (Sellier). Voir *Sellier-carrossier*.
A Carrossier raccommodeur.. V 20e
Cartes à dentelles (Piqueur de). Voir *Piqueur*.
A Cartes à jouer (Marchand de)................................ VI 20e
A Cartes de géographie (Marchand de)........................ VI 20e
Cartes de visites. Voir *Bureau de distribution de*.
A Cartier (Fabricant de cartes à jouer)........................ IV 20e
A Carton en feuilles (Fabricant de), pour son compte........... VI 20e
A — — à façon.................... VII *40e
A Carton ou carton-pierre (Marchand fabricant d'ornements en pâte de).. III 20e
C Cartonnage (Marchand de) :
30 fr. par cuve, jusqu'au maximum de 150 fr.
Ce droit sera réduit de moitié pour les fabriques qui sont

forcées de chômer, par manque ou par crue d'eau, pendant une partie de l'année équivalente au moins à quatre mois.

Droit proportionnel — sur la maison d'habitation et sur les magasins de vente complétement séparés de l'établissement........ ... 20ᵉ

— sur l'établissement industriel....... ... 40ᵉ

A Cartonnage fin (Fabricant et Marchand de).................. V 20ᵉ

A Cartons pour bureaux et autres (Fabricant de), pour son compte.. VI 20ᵉ

A Cartons pour bureaux et autres (Fabricant de), à façon........ VIII *40ᵉ

Cartons (Piqueur de). Voir *Piqueur.*

A Casquettes, toques, bonnets carrés et autres (Fabricant ou marchand de).. VI 20ᵉ

A Casquettes, toques, bonnets carrés et autres (Fabricant de), à façon.. VIII *40ᵉ

A Castine et marne (Marchand de)............................. VIII *40ᵉ

Le marchand de castine est celui qui vend la pierre calcaire servant à la fusion du minerai de fer. (D. ad.)

A Ceinturonnier, pour son compte............................ VII *40ᵉ

A — à façon.. VIII *40ᵉ

A Cendres (Laveur de)...................................... VI 20ᵉ

Cendres lessivées (Marchand de). Voir *Charrée.*

C Cendres gravelées (Fabrique de)...................... 25 fr.

Droit proportionnel — sur la maison d'habitation et sur les magasins de vente complétement séparés de l'établissement........ ... 20ᵉ

— sur l'établissement industriel...... ... 25ᵉ

C Cendres noires (Extracteur de) : 5 fr. ; plus 3 fr. par ouvrier, jusqu'au maximum de 200 fr.

Droit proportionnel — sur la maison d'habitation seulement.. ... 15ᵉ

A Cendres ordinaires Marchand de)........................... VII *40ᵉ

A Cercles ou cerceaux (Marchand de)......................... VI 20ᵉ

A Cercles et sociétés littéraires (Entrepreneur d'établissements pour les). Celui qui fournit aux cercles le local chauffé et éclairé, ainsi que les journaux, revues, brochures et le mobilier de toute espèce qui leur est nécessaire........................ IV 20ᵉ

A Cercles ou sociétés (Fournisseur des objets de consommation dans les).. V

Droit proportionnel — sur la maison d'habitation seulement.. ... 20ᵉ

A Cerclier.. VIII *40ᵉ

Celui qui fait des cercles ou cerceaux. (D. ad.)

Céruse. Voir *Blanc de* et *Produits chimiques.*

Chaînes, ancres, câbles et autres grosses pièces pour la marine (Fabricant de).

Imposable comme maître de forges. (D. ad.)

A Chaînes de fil, laine ou coton, préparées pour la fabrication des tissus (Marchand de).................................... VI 20ᵉ

Chaînes pour les tissus (Préparateur de). Voir *Mulquinier.*

Chaînes. Voir *Collage et séchage de.*

A Chaises (Empailleur de).................................. VIII *40ᵉ

A Chaises fines (Marchand et Fabricant de).................... VI 20ᵉ

A — communes (Marchand et Fabricant de)................. VIII *40ᵉ

C Chaises (Loueur de).................................. 3 fr.

Plus 2 fr. par 1,000 fr. du prix de ferme, jusqu'au maximum de 100 fr.

Droit proportionnel — sur la maison d'habitation seulement.. ... 15ᵉ

La fabrique d'une église qui fait percevoir le prix des chaises par des gens à ses gages n'est pas sujette à patente. (D. ad.)

A Chaises à porteur (Loueur de) .... VIII *40e
A Châles (Marchand de) en gros .... I 15e
A — (Marchand de) en détail .... III 20e
Châles (Repriseuse de). Voir *Repriseuse.*
A Chamoiseur, pour son compte .... VI 20e
A — à façon .... VIII *40e
A Chandeliers en fer et en cuivre (Fabricant de), pour son compte .... VI 20e
A Chandeliers en fer ou en cuivre (Fabricant de), à façon .... VIII *40e
C Chandelles (Fabrique de) : 10 fr.; plus 3 fr. par ouvrier, jusqu'au maximum de 100 fr. ....
Droit proportionnel — sur la maison d'habitation et sur les magasins de vente complétement séparés de l'établissement 20e
— sur l'établissement industriel 25e
A Chandelles (Marchand de) en détail .... V 20e
Chandelles de résine (Faiseur et Marchand de). Voir *Oribus.*
A Changeur de monnaies .... I 15e
A Chanvre (Marchand de) en détail .... VI 20e
Chanvre (Filature de — Fabricant de — Marchand de fils de). Voir *Lin, Fils, Filature.*
Chanvre (Exploitant une fosse à rouir le). Voir *Routoir.*
Chanvre (Exploitant un moulin à battre le). Voir *Battendier.*
Chanvre (Peigneur de). Voir *Peigneur.*
A Chapeaux de feutre, de soie ou de paille (Fabricant de) .... IV 20e
A Chapeaux de feutre, de soie et de paille (Marchand de) en gros .... I 15e
A Chapeaux de feutre, de soie et de paille (Marchand de) en demi-gros .... II 20e
A Chapeaux de paille (Marchand de) en détail .... V 20e
— (Approprieur de). Voir *Approprieur.*
— (Apprêteur de). Voir *Apprêteur.*
— de paille (Blanchisseur de). Voir *Blanchisseur.*
— (Calandreur de). Voir *Calandreur.*
Chapeaux (Fabricant de tissus pour les). Voir *Paille.*
A Chapeaux (Fabricant de coiffes de) .... VIII *40e
A — (Garnisseur de) .... VIII *40e
A — (Marchand de vieux) en boutique ou en magasin .... VIII *40e
A Chapelets (Fabricant et marchand de) .... VII *40e
A Chapelier en fin .... V 20e
A — en grosse chapellerie .... VI 20e
A Chapelier à façon .... VII *40e
A Chapellerie (Marchand de matières premières pour la) .... I 15e
A — (Marchand de fournitures pour la) .... V 20e
Charbon artificiel, dit Charbon de Paris (Fabricant de). *Imposable comme exploitant de moulin ou autre usine à battre, etc.*
A Charbon de bois (Marchand de) en gros I
Droit proportionnel — sur la maison d'habitation 15e
— sur les locaux servant à l'exercice de la profession 30e
A Charbon de bois (Marchand de) en demi-gros .... V 20e
A — — en détail .... VIII *40e
A Charbon de terre épuré ou non (Marchand de) en gros. (Celui qui vend habituellement par voiture de 1,000 kilogr. et au-dessus.) II
Droit proportionnel — sur la maison d'habitation 20e
— sur les locaux servant à l'exercice de la profession 30e
A Charbon de terre épuré ou non (Marchand de) en demi-gros. (Celui qui vend habituellement aux détaillants et aux consommateurs par quantités inférieures à 1,000 kilog .... V 20e

A Charbon de terre épuré ou non (Marchand de) en détail........ VIII *40e
A Charbonnier-cuiseur. Celui qui, pour le compte des exploitants, entreprend de transformer le bois en charbon................ VII *40e
A Charbonnier (Voiturier)...................................... VIII *40e

Celui qui achète sur les ventes ou dans les mines de charbon qu'il vend aux consommateurs (D. ad.)

A Charcutier.. IV 20e
A Charcutier revendeur.. VI 20e
Charcutier. Voir *Jambons* (*Marchand expéditeur de*).
A Chardons pour le cardage (Marchand de) en gros.............. III 20e
A Chargement et déchargement des bateaux (Entrepreneur du).... VI 20e
A Charnières en fer, cuivre ou fer-blanc (Fabricant de), par procédés ordinaires, pour son compte.......................... VII *40e
A Charnières en fer, cuivre ou fer-blanc (Fabricant de) par les procédés ordinaires, à façon.............................. VIII *40e
A Charpentier.. VI 20e
A Charpentier à façon. (Travaillant à la journée pour des maîtres ou pour des particuliers qui lui fournissent la matière)..................................... VII *40e
A Charpentier (Entrepreneur fournisseur).................... IV 20e

Celui qui a un approvisionnement de bois de construction et qui exécute à l'entreprise des travaux de charpente. (Arr. C. 9 mai 1855, no 191.)

C Charpie (Fabrique de) par procédés mécaniques :
5 francs par carde, jusqu'au maximum de 200 francs.
Droit proportionnel — sur la maison d'habitation et sur les magasins de vente complétement séparés de l'établissement.......... ... 20e
— sur l'établissement industriel....... ... 40e
A Charrée (Marchand de)...................................... VI 20e

Celui qui vend des cendres lessivées qu'on emploie à l'amendement des terres. (D. ad.)

A Charrettes (Loueur de)...................................... VIII *40e
— à bras (Remiseur de). Voir *Remiseur*.
Charrettes (Tenant un parc aux). Voir *Parc*.
A Charron.. VI 20e
A — à façon. (Travaillant à la journée pour des maîtres ou pour des particuliers qui lui fournissent la matière).......... VII *40e
Charronnage (Marchand de bois de). Voir *Bois*.
A Chasse (Marchand d'ustensiles de)........................... V 20e
Chasse (Fabricant de filets pour la). Voir *Filets*.
A Châsses de lunettes (Fabricant de), pour son compte........... VI 20e
A — — à façon..................... VIII *40e
A Chasublier (Marchand)....................................... IV 20e
A — à façon.. VII *40e
Châtaignes (Marchand expéditeur de). Voir *Marrons*.
A Chaudières en cuivre (Fabricant de)......................... IV 20e
C Chaudronnerie pour les appareils à vapeur, à distiller, à concentrer, etc. (Fabrique de)............................ 200 fr.
Droit proportionnel — sur la maison d'habitation et sur les magasins de vente complétement séparés de l'établissement......... ... 20e
— sur l'établissement industriel........ ... 40e
A Chaudronnier (Marchand)..................................... V 20e
A — rhabilleur..................................... VII *40e
Chaussées et routes (Entrepreneur de la construction ou de l'entretien des). Voir *Travaux publics* (*Entrepreneur de*)......
A Chaussons autres qu'en lisière (Fabricant de)................. VI 20e
A Chaussons de lisière (Marchand de), en gros.................. IV 20e
A Chaussons en lisière (Fabricant de).......................... VIII *40e
A Chaussons en lisière et autres (Marchand de)................. VII *40e

Chaussures (Tenant un magasin de). Voir *Bottier*.

C Chaussures (Fabricant de), par procédés mécaniques. 15 fr. plus 3 francs par ouvrier, jusqu'au maximum de 500 francs.

Droit proportionnel — sur la maison d'habitation et sur les magasins de vente complétement séparés de l'établissement........ ... 20°

— sur l'établissement industriel....... ... 40°

A Chaux (Marchand de)....................................... VI 20°

C Chaux artificielle (Fabrique de) :

1 fr. 50 cent. par mètre cube de la capacité brute des fours, jusqu'au maximum de 300 francs.

(Le droit sera réduit de moitié pour les fours dans lesquels on cuira moins de huit fois par an.)

Droit proportionnel — sur la maison d'habitation et sur les magasins de vente complétement séparés de l'établissement. .... 20°

— sur l'établissement industriel........ ... 25°

C Chaux naturelle (Fabrique de) :

1 franc par mètre cube de la capacité brute des fours, jusqu'au maximum de 200 francs

(Le droit sera réduit de moitié pour les fours dans lesquels on cuira moins de huit fois par an.)

Droit proportionnel — sur la maison d'habitation et sur les magasins de vente complétement séparés de l'établissement......... ... 20°

— sur l'établissement industriel....... ... 25°

On doit imposer, sous cette dénomination, le fabricant de chaux hydraulique naturelle. (Arr. C. 9 décembre 1857. *Heulard*, Manche.)

Le cultivateur qui fabrique de la chaux, dont une partie est utilisée dans son exploitation et dont le surplus est vendu, est imposable à la patente. (Arr. C. 27 juin 1855, n° 167.)

A Chef de ponts et pertuis.. VI 20°

Celui qui facilite aux bateaux le passage des ponts et autres endroits difficiles. (D. ad.)

D Chef d'institution, maître de pension. (Profession assujettie seulement au droit proportionnel.) Les locaux affectés au logement et à l'instruction des élèves ne seront pas compris dans l'estimation de la valeur locative.......................... ... 15°

Est imposable, comme chef d'institution ou maître de pension :

Un instituteur primaire qui tient un pensionnat. (Arr. C. 16 février 1853, n° 29 ; 17 mai 1854, n° 218.)

Un instituteur communal qui a annexé un pensionnat à l'école primaire qu'il dirige, alors même que le pensionnat serait établi dans des locaux fournis par la commune et que celle-ci percevrait la moitié des rétributions payées par les pensionnaires. (Arr. C. 5 octobre 1857, n° 539.)

Un maître de pension, lors même qu'il recevrait quelques élèves gratuitement (Arr. C. 13 décembre 1855, n° 331.)

Un chef d'institution, même lorsqu'il ne tient qu'un externat. (Arr. C. 10 décembre 1856, n° 447.)

Le directeur d'une école secondaire ecclésiastique, à laquelle est annexée une école primaire avec pensionnat. (Arr. C. 31 juillet 1856, n° 448.)

Le supérieur d'une école secondaire libre, bien qu'une école secondaire ecclésiastique ait été annexée à l'établissement. (Arr. C. 2 janvier 1857, n° 449.)

Une maîtresse de pension. (Arr. C. 27 juillet 1853, n° 28.)

N'est pas imposable :

Le principal d'un collége communal. (Arr. C. 16 février 1853, n° 27.)

Le supérieur d'une école secondaire ecclésiastique. (Arr. C. 6 juin 1856, n° 364.)

La supérieure d'un couvent qui tient un établissement d'instruction primaire et ne prend en pension que quelques élèves pendant la saison d'hiver. (Arr. C. 9 janvier 1856, n° 332.)

A Cheminées dites *économiques* (Fabricant et marchand de)...... V 20e
C Chemins de fer avec péage (Concessionnaire de) : — 200 fr.; plus 20 francs par myriamètre en sus du premier, jusqu'au maximum de 5,000 francs.
Droit proportionnel — sur la maison d'habitation et sur les magasins de vente complétement séparés de l'établissement........ ... 20e
— sur l'établissement industriel........ ... 40e

Doivent être compris dans la valeur locative d'habitation passible du droit proportionnel au 20e, les logements occupés par les chefs de station dans les bâtiments appartenant aux compagnies. (Arr. C. 7 janvier 1857, n° 403; 18 mars 1857, n° 555.)

On entend par établissement industriel passible du droit proportionnel au 40e, les locaux occupés par l'administration, les bureaux de recette, salles d'attente, magasins, ateliers, et tous autres bâtiments servant à l'exploitation. Il n'y a pas lieu de comprendre dans l'estimation de la valeur locative les machines, wagons, rails, plaques tournantes, etc. (D. ad. et Arr. C. 23 juin 1849. *Compagnie du chemin de fer de Montpellier à Nîmes.*)

Une compagnie de chemin de fer exploitant un service d'omnibus pour le transport de ses voyageurs est imposable au droit proportionnel, pour les locaux affectés à ce service, sur le même pied que les entreprises d'omnibus. (Arr. C. 20 décembre 1855, n° 295.)

Chemins vicinaux (Entrepreneur de la construction ou de l'entretien des). Voir *Travaux publics* (*Entrepreneur de*).
A Chenille en soie (Fabricant de), pour son compte............... VII *40e
A — — à façon.......................... VIII *40e
Chevaux (Entrepreneur d'établissement pour les courses de). Voir *Courses*.
A Chevaux (Courtier de)....................................... VII *40e
A — (Loueur de)... V 20e
A — (Marchand de)... IV 20e
A — (Tenant pension de).................................... V 20e

Celui qui loge et nourrit les chevaux qu'il se charge de dresser pour les courses doit être imposé comme tenant une pension de chevaux. (Arr. C. 19 décembre 1855, n° 310.)

Chevaux et autres bêtes de somme (Logeur de). Voir *Logeur de chevaux*.
Cheveux (Artiste en). Voir *Artiste*.
A Cheveux (Marchand de)...................................... V 20e
A Chevilleur.. VIII *40e

Celui qui apprête les soies écrues pour les fabricants et marchands. (D. ad.)

Chèvres et vaches pour le commerce du lait (Nourrisseur de). Voir *Nourrisseur*.
A Chèvres et chevreaux (Marchand de)......................... VII *40e
Chicorée (Marchand de — Fabrique de). Voir *Café*.
A Chiffonnier (Marchand en gros); celui qui a magasin et qui vend habituellement par quantités excédant 2,000 kilogrammes.... I 15e
A Chiffonnier (Marchand en demi-gros); celui qui, avec ou sans magasin, vend habituellement par quantités de 1,000 à 2,000 kilogrammes.. V [illegible]0e
A Chiffonnier en détail (Marchand); celui qui, avec ou sans magasin, vend habituellement par quantités inférieures à 1,000 kilogrammes.. VII *40e
Chiffonnier au crochet. (*Exempt.*)
Chiffons et vieilles étoffes. Voir *Déchireur*.
A Chineur... VII *40e

Celui qui applique les couleurs sur les fils de la chaîne des étoffes. (D. ad.)

Chirurgie (Docteur en). Voir *Docteur*.
D Chirurgien-dentiste. (Profession assujettie seulement au droit proportionnel.).. ... 15e

	Profession	Classe	Droit prop.
A	Chocolat (Fabricant de) avec machine à vapeur ou ouvriers	III	20e
A	— — n'employant ni machine à vapeur, ni ouvriers	VI	20e
A	Chocolat (Marchand de) en gros	III	20e
A	Chocolat (Marchand de) en détail	V	20e
A	Cidre (Marchand de) en gros	III	20e
	— — en détail. Voir *Bière.*		
	— — en détail, ayant billard. Voir *Cabaretier.*		
	Cidre (Débitant au petit détail de). Voir *Vin, Bière, etc.*		
	Cierges (Fabrique de). Voir *Bougies.*		
A	Cimentier (Marchand); celui qui vend des mastics et ciments qu'il n'a point fabriqués, ou qu'il a fabriqués par des procédés ne donnant pas lieu à l'application des droits déterminés au tableau des professions imposées sans égard à la population	VI	20e
A	Cirage ou encaustique (Fabricant de), avec machine à vapeur ou ouvriers	III	20e
A	Cirage ou encaustique (Marchand ou fabricant de), n'employant ni ouvrier, ni machine à vapeur	VII	*40e
C	Cire (Blanchisserie de) : — 15 francs ; plus 3 francs par ouvrier, jusqu'au maximum de 200 francs.		
	Droit proportionnel — sur la maison d'habitation et sur les magasins de vente complétement séparés de l'établissement	...	20e
	— sur l'établissement industriel	...	25e
C	Cire à cacheter (Fabricant de)	IV	20e
	Cire brute (Marchand de). Voir *Miel et Cire brute.*		
A	Cirier (Marchand)	IV	20e
A	Ciseleur	VI	20e
	Citrons (Marchand de). Voir *Oranges et Citrons.*		
	Clavecins (Facteur et Marchand de). Voir *Pianos.*		
	Clefs et autres petits objets pour montres ou pendules (Fabricant de). Voir *Aiguilles et Clefs.*		
A	Clinquant (Fabricant de), pour son compte	VI	20e
A	— — à façon	VIII	*40e
A	Clochettes (Fondeur de)	VI	20e
A	Cloches (Fondeur de), sans boutique ni magasin	VI	20e
A	Cloches de toute dimension (Marchand de)	V	20e
	Clous (Fabrique de). Voir *Pointes.*		
C	Clous et pointes (Fabrique de) par procédés mécaniques : — 5 fr. par métier, jusqu'au maximum de 400 fr.		
	Droit proportionnel — sur la maison d'habitation et sur les magasins de vente complétement séparés de l'établissement	...	20e
	— sur l'établissement industriel	...	40e
	Clous forgés (Fabrique de). Voir *Ferronnerie, Serrurerie et Clous forgés.*		
A	Cloutier (Marchand) en gros	I	15e
A	— — en demi-gros	II	20e
A	— — en détail	V	20e
A	Cloutier au marteau, pour son compte	VII	*40e
A	— — à façon	VIII	*40e

On ne doit pas imposer comme cloutier au marteau, mais comme exploitant une fabrique de clous forgés, celui qui travaille habituellement, non sur commande, mais pour l'approvisionnement de marchands de clous, de menuisiers, de couvreurs, etc., auxquels il expédie les clous par fortes parties. (Arr. C. 22 avril 1857, n° 556.)

	Profession	Classe	Droit prop.
C	Coches d'eau (Entreprise de) 100 fr.	...	15e
A	Cochons (Marchand de)	IV	20e
C	Cocons (Filerie de) : — 1 fr. 50 cent. par bassine ou tour, jusqu'au maximum de 400 francs.		
	Droit proportionnel — sur la maison d'habitation et sur les magasins de vente complétement séparés de l'établissement	...	20e

Droit proportionnel — sur l'établissement industriel....... ... 40c

Cocons (Marchand de débris de). Voir *Déchets.*

Coffres en bois blanc (Fabricant de). Voir *Layetier.*

A Coffretier-malletier en bois.................................. VI 20c

A — en cuir.................................. V 20c

Coiffes de chapeaux. Voir *Chapeaux.*

A Coiffes de femme (Faiseuse et marchande de).................. VII *40c

A Coiffeur.. VI 20c

On ne doit pas qualifier parfumeur le coiffeur qui vend à ses pratiques quelques objets de parfumerie; on ne doit imposer comme parfumeur que celui dont la parfumerie constitue le commerce principal et habituel. (D. ad.)

C Coke (Fabrique de) : — 15 francs; plus 3 francs par four, jusqu'au maximum de 300 francs.

Droit proportionnel — sur la maison d'habitation et sur les magasins de vente complétement séparés de l'établissement......... ... 20c

— sur l'établissement industriel....... ... 25c

Celui qui entreprend à forfait, et à ses risques et périls, la fabrication du coke pour des maîtres de forges qui lui fournissent la houille et les fours, est imposable comme celui qui exploite une fabrique de coke pour son compte. (Arr. C. 11 février 1858.—*Fonbonnat*, Allier.)

C Collage et séchage de chaînes et tissus (Exploitant un établissement de) : — 15 francs; plus 3 francs par ouvrier, jusqu'au maximum de 150 francs.

Droit proportionnel — sur la maison d'habitation et sur les magasins de vente complétement séparés de l'établissement......... ... 20c

— sur l'établissement industriel....... ... 50c

A Colle de pâte, de peau, de graisse, de gélatine (Fabricant ou marchand de).. VII *40c

C Colle forte (Fabrique de) : — 15 francs; plus 3 francs par chaque ouvrier, jusqu'au maximum de 200 francs.

Droit proportionnel — sur la maison d'habitation et sur les magasins de vente complétement séparés de l'établissement......... ... 20c

— sur l'établissement industriel........ ... 25c

A Colle solide ou en poudre pour la clarification des vins et liqueurs (Fabricant de).. V 20c

C Colle végétale pour les papeteries (Fabrique de) : — 15 fr.; plus 3 francs par ouvrier, jusqu'au maximum de 100 francs.

Droit proportionnel — sur la maison d'habitation et sur les magasins de vente complétement séparés de l'établissement......... ... 20c

— sur l'établissement industriel....... ... 25c

Collets (Fabricant de — Marchand de). Voir *Cols.*

A Colleur de chaînes pour fabrication de tissus.................. VII *40c

A Colleur d'étoffes.. V 20c

A Colleur de papiers peints.................................. VIII *40c

A Colliers de chiens (Fabricant et marchand de).................. VII *40c

A Coloriste, enlumineur...................................... VIII *40c

Colporteur. Voir *Marchand forain.*

A Cols, collets et rabats (Fabricant de), pour son compte........ VI 20c

A — — à façon................. VIII *40c

A — (Marchand de).......................... VI 20c

A Combustibles (Marchand de), en boutique......................... VI 20c

Celui qui, ayant boutique, vend au quintal métrique ou par quantités inférieures au stère, mais supérieures à la falourde et au fagot. (D. ad.)

Comestibles (Marchand de menus). Voir *Fromages et autres menus comestibles.*

A Comestibles (Marchand de)................................... III 20c

Commis. (*Exempt.*)

Commis voyageur : s'il transporte et vend des marchandises. Voir *Marchand forain.*

Commis voyageur : s'il se borne à voyager avec des échantillons. (*Exempt.*)

Commis voyageur étranger, imposable sur le même pied que les voyageurs français dans son pays.

D Commissaire-priseur. (Profession assujettie seulement au droit proportionnel.) ... 15e

Ne sont pas assujettis à la patente de directeurs de ventes à l'encan, les commissaires-priseurs à raison des ventes publiques d'objets mobiliers qu'ils font en vertu de leurs attributions. (Arr. C. 22 mars 1849, 31 mai 1855.)

A Commissionnaire accrédité près la douane; celui qui, avec l'autorisation de l'administration, assiste, pour le compte et aux frais des voyageurs, à la vérification de leurs effets dans les bureaux des douanes ... VI 20e

Commissionnaire en grains et farines. Voir *Grains.*

A Commissionnaire au mont-de-piété ... IV 20e

B Commissionnaire de transport par terre et par eau :

A Paris	250 fr.	...	15e
Dans les villes de 50,000 âmes et au-dessus	200	...	15e
Dans les villes de 30,000 à 50,000 âmes, et dans celles de 15,000 à 30,000 âmes qui ont un entrepôt réel	150	...	15e
Dans les villes de 15,000 à 30,000 âmes, et dans les villes d'une population inférieure à 15,000 âmes qui ont un entrepôt réel	100	...	15e
Dans toutes les autres communes	50	...	15e

On ne doit imposer comme tels que ceux qui ont un *bureau* et un *magasin* pour le dépôt des marchandises qu'ils se chargent de transporter ou faire transporter. (D. ad.)

B Commissionnaire en marchandises :

A Paris	400 fr.	...	15e
Dans les villes d'une population de 50,000 âmes et au-dessus	300	...	15e
Dans les villes de 30,000 à 50,000 âmes, et dans celles de 15,000 à 30,000 âmes qui ont un entrepôt réel	200	...	15e
Dans les villes de 15,000 à 30,000 âmes, et dans les villes d'une population inférieure à 15,000 âmes qui ont un entrepôt réel	150	...	15e
Dans toutes les autres communes	75	...	15e

B Commissionnaire entrepositaire :

A Paris	250 fr.	...	15e
Dans les villes de 50,000 âmes et au-dessus	200	...	15e
Dans les villes de 30,000 à 50,000 âmes, et dans celles de 15,000 à 30,000 âmes qui ont un entrepôt réel	150	...	15e
Dans les villes de 15,000 à 30,000 âmes, et dans les villes d'une population inférieure à 15,000 âmes qui ont un entrepôt réel	100	...	15e
Dans toutes les autres communes	50	...	15e

Celui qui se charge de recevoir, de faire entreposer et de réexpédier des marchandises, mais qui ne fait ni achats ni ventes pour ses commettants. (D. ad.)

B Commissionnaire entrepositaire de vins :

A Paris	250 fr.
Dans les villes de 50,000 âmes et au-dessus	200
Dans les villes de 30,000 à 50,000 âmes, et dans celles de 15,000 à 30,000 âmes qui ont un entrepôt réel	150

Dans les villes de 15,000 à 30,000 âmes, et dans

celles d'une population inférieure à 15,000 âmes qui ont un entrepôt réel........................ 100

Dans toutes les autres communes................ 50

Droit proportionnel — sur la maison d'habitation.......... ... 15ᵉ

— sur les locaux servant à l'exercice de la profession.................... ... 30ᵉ

A Commissionnaire porteur pour les fabricants de tissus......... VI 20ᵉ

Celui qui porte au domicile des ouvriers les matières à peigner, à filer, à ourdir, à préparer ou à confectionner, qui en apprécie la façon sous sa responsabilité, et rapporte les matières ouvragées. (D. ad.)

Doit être imposé comme commissionnaire porteur pour les fabricants de tissus, celui qui se charge de faire confectionner des *broderies* pour les maisons de fabrication. (Arr. C. 16 avril 1856, n° 360.)

Comptoir d'avances ou de prêts (Tenant). Voir *Caisse.*

Comptoir d'escompte. Voir *Caisse.*

Comptoir de recettes et de payements (Tenant). Voir *Caisse.*

C Concerts publics (Entrepreneur de) : le quart d'une recette complète, si les concerts ont lieu plus de trois fois par semaine; le huitième, si les concerts n'ont lieu qu'une, deux ou trois fois par semaine.

Droit proportionnel — sur la maison d'habitation seulement. ... 15ᵉ

Concerts (Adjudicataire ou fermier des droits à percevoir au profit des pauvres dans les). Voir *Spectacles.*

Concierge de prison tenant cantine. Voir *Cantinier dans les prisons et hospices.*

A Condition pour les soies (Entrepreneur ou fermier d'une)....... II 20ᵉ

Celui qui tient un établissement où, après avoir constaté le degré d'humidité des soies, on les place, pendant un temps convenable, dans des pièces chauffées à un certain degré pour en connaître le poids réel. (D. ad.)

Confiseries (Revendeur de). Voir *Bonbons.*

A Confiseur... III 20ᵉ

A Confiseur en chambre.................................. VII *40ᵉ

Conservateur de tapis. Voir *Rentrayeur.*

C Conservation du bois, des toiles et des cordages (Etablissement pour la), au moyen des préparations chimiques...... 10 fr.

Plus 25 centimes par mètre cube des bassins, cuves ou fosses renfermant les préparations conservatrices ou servant à l'immersion des objets à conserver, jusqu'au maximum de 400 fr.

Droit proportionnel — sur la maison d'habitation et sur les magasins de vente complétement séparés de l'établissement........ ... 20ᵉ

— sur l'établissement industriel....... ... 40ᵉ

C Conserves alimentaires (Fabrique de).................. 15 fr.

Plus 3 fr. par ouvrier jusqu'au maximum de 300 fr.

Droit proportionnel — sur la maison d'habitation et sur les magasins de vente complétement séparés de l'établissement....................... ... 20ᵉ

— sur l'établissement industriel...... ... 25ᵉ

A Conserves alimentaires (Marchand de)....................... III 20ᵉ

Constructeur de barques, bateaux ou canots. Voir *Barques.*

C Convois militaires :

(Entreprise générale des)..................... 1,000 fr.

(Entreprise particulière des) pour une division militaire.................................. 100

(Entreprise particulière des), pour gîtes d'étapes.. 25

Droit proportionnel — sur la maison d'habitation et sur les magasins de vente complétement séparés de l'établissement......... ... 20ᵉ

— sur l'établissement industriel........ ... 40ᵉ

A Coquetier avec voiture.................................... VI 20ᵉ

A	Coquetier avec bêtes de somme	VII	*40e
A	— sans voiture ni bêtes de somme	VIII	*40e
A	Coraux (Préparateur de)	III	20e
A	Coraux bruts (Marchand de)	III	20e
	Corbeilles en tissus métalliques (Fabricant de). Voir *Bombagiste.*		
	Cordages (Fabricant de). Voir *Cordier.*		
	Cordages (Établissement pour la conservation des). Voir *Conservation.*		
C	Cordes (Fabrique de) par procédés mécaniques : pour cinq cents broches ou fuseaux et au-dessous, 10 fr. ; plus 1 fr. 50 cent. par chaque centaine de broches ou de fuseaux en sus, jusqu'au maximum de 400 fr.		
	Droit proportionnel — sur la maison d'habitation et sur les magasins de vente complétement séparés de l'établissement	...	20e
	— sur l'établissement industriel	...	50e
A	Cordes harmoniques (Fabricant de), pour son compte	VI	20e
A	— — à façon	VII	*40e
A	Cordes métalliques (Fabricant de), pour son compte	VI	20e
A	— — à façon	VII	*40e
	Cordes de boyaux pour les instruments de musique. Voir *Boyaudier.*		
A	Cordes à puits et liens d'écorce (Fabricant de)	VIII	*40e
A	Cordier. (Fabricant de câbles et cordages pour la marine ou la navigation intérieure)	IV	20e
A	Cordier (Fabricant de menus cordages, tels que cordes, ficelles, longes, traits, etc.)	VII	*40e
A	Cordier (Marchand)	VI	20e
	Cordonnet en paille (Fabricant de). Voir *Paille.*		
	Cordonnier (Marchand). Voir *Bottier (Marchand).*		
	Cordonnier travaillant sur commande. Voir *Bottier.*		
	Cordonnier à façon. Voir *Bottier à façon.*		
A	Cordons, lacets, tresses, ganses en fil, soie, laine, coton, etc. (Fabricant de), pour son compte	VII	*40e
A	Cordons, lacets, tresses, ganses en fil, soie, laine, coton, etc. (Fabricant de), à façon	VIII	*40e
A	Corne (Apprêteur de), pour son compte	VI	20e
A	— à façon	VIII	*40e
	Corne (Fabricant de boutons de). Voir *Boutons.*		
A	Corne (Fabricant de feuilles transparentes de), pour son compte	VI	20e
A	— — — à façon	VIII	*40e
A	Cornes brutes (Marchand de)	V	20e
A	Corroyeur (Marchand de)	IV	20e
A	— à façon	VII	*40e
A	Corsets (Fabricant et marchand de)	VI	20e
	Corsets (Couturière en). Voir *Couturière.*		
A	Cosmétiques (Marchand de)	VII	*40e
A	Cosmorama (Directeur de)	VI	20e
A	Costumier	VI	20e
	Coton à coudre, broder, marquer, tricoter (Marchand de). Voir *Mercerie.*		
A	Coton cardé ou gommé (Marchand de)	VII	*40e
A	Coton en laine (Marchand de) en gros	I	15e
A	Coton filé (Marchand de) en gros	I	15e
A	— — en demi-gros	II	20e
A	— — en détail	IV	20e
	Coton (Déchets de). Voir *Déchets.*		
A	Cotrets (Débitant de)	VIII	*40e
	— — Voir *Fagots, Falourdes.*		
A	Cotrets sur bateaux (Marchand de)	IV	20e

	Couleur sur les fils de la chaîne des étoffes (Applicateur de). Voir *Chineur*.			
	Couleur ou matière à colorer les fausses perles (Fabricant de). Voir *Essence d'Orient*.			
A	Couleurs et vernis (Fabricant et marchand de)		IV	20c
A	Coupeur de poils (Marchand), pour son compte		VI	20c
A	— à façon		VII	*40c
	Coupons (Marchand de petits). Voir *Assortisseur*.			
A	Courroies (Apprêteur de), pour son compte		VII	*40c
A	— à façon		VIII	*40c
A	Courses de chevaux (Entrepreneur d'établissement pour les)		IV	
	Droit proportionnel — sur la maison d'habitation		...	20c
	— sur les locaux servant à l'exercice de la profession		...	40c
B	Courtier d'assurances :			
	A Paris	250 fr.	...	15c
	Dans les villes de 50,000 âmes et au-dessus	200	...	15c
	Dans les villes de 30,000 à 50,000 âmes, et dans celles de 15,000 à 30,000 âmes qui ont un entrepôt réel	150	...	15c
	Dans les villes de 15,000 à 30,000 âmes, et dans les villes d'une population inférieure à 15,000 âmes qui ont un entrepôt réel	100	...	15c
	Dans toutes les autres communes	50	...	15c
B	Courtier de navires :			
	A Paris	250	...	15c
	Dans les villes de 50,000 âmes et au-dessus	200	...	15c
	Dans les villes de 30,000 à 50,000 âmes, et dans celles de 15,000 à 30,000 âmes qui ont un entrepôt réel.	150	...	15c
	Dans les villes de 15,000 à 30,000 âmes, et dans les villes d'une population inférieure à 15,000 âmes qui ont un entrepôt réel	100	...	15c
	Dans toutes les autres communes	50	...	15c
A	Courtier de bestiaux		VII	*40c
	Courtier de chevaux. Voir *Chevaux*.			
B	Courtier de marchandises :			
	A Paris	250	...	15c
	Dans les villes de 50,000 âmes et au-dessus	200	...	15c
	Dans les villes de 30,000 à 50,000 âmes, et dans celles de 15,000 à 30,000 âmes qui ont un entrepôt réel	150	...	15c
	Dans les villes de 15,000 à 30,000 âmes, et dans les villes d'une population inférieure à 15,000 âmes qui ont un entrepôt réel	100	...	15c
	Dans toutes les autres communes	50	...	15c
B	Courtier en marchandises domicilié dans une ville de 50,000 âmes et au-dessus, bien que breveté pour une commune de population inférieure	200	...	15c
A	Courtier de mouture (celui qui se charge de faire moudre le grain des particuliers dans les moulins exploités par d'autres)		VII	*40c
A	Courtier-gourmet-piqueur de vins		VI	20c
A	Courtier en soie		VI	20c
A	Coutelier (Marchand) en détail		V	20c
A	Coutelier à façon		VII	*40c
C	Coutellerie (Fabricant expéditeur de) : 5 francs; plus 3 fr. par série d'ouvriers partiellement employés, équivalente à un ouvrier employé complétement, jusqu'au maximum de 100 fr.			
	Droit proportionnel — sur la maison d'habitation et sur les magasins de vente complétement séparés de l'établissement		...	20c
	— sur l'établissement industriel		...	40c
C	Coutellerie (Fabricant de), non expéditeur : 4 francs; plus 2 fr.			

par série d'ouvriers partiellement employés, équivalente à un ouvrier employé complétement, jusqu'au maximum de 75 fr.
Droit proportionnel — sur la maison d'habitation et sur les magasins de vente complétement séparés de l'établissement ... 20ᶜ
— sur l'établissement industriel ... 40ᶜ

A Coutellerie (Marchand de) en gros ... I 15ᶜ
A Coutellerie (Marchand de) en demi-gros ... II 20ᶜ
Coutils (Marchand de). Voir *Tissus de laine, de fil, de coton, etc.*
A Couturière (Marchande) ... VI 20ᶜ
A Couturière en corsets, en robe ou en linge ... VII *40ᶜ

La couturière, imposable à la 7ᵉ classe, est celle qui travaille à façon. (D. ad.)

C Couverts et autres objets de service de table, en argent ou en alliage (Fabrique de), par procédés mécaniques : 15 francs; plus 3 francs par ouvrier, jusqu'au maximum de 300 francs.
Droit proportionnel — sur la maison d'habitation et sur les magasins de vente complétement séparés de l'établissement ... 20ᶜ
— sur l'établissement industriel ... 40ᶜ

A Couverts et autres objets en fer battu ou étamé (Fabricant et marchand de), en gros, par procédés ordinaires ... IV 20ᶜ
A Couverts et autres objets en fer battu ou étamé (Fabricant et marchand de), en détail ... VI 20ᶜ
A Couverts et autres objets en fer battu ou étamé (Fabricant de), à façon ... VIII *40ᶜ
A Couvertures de soie, bourre, laine et coton, etc. (Marchand de) ... IV 20ᶜ
Couvertures de laine et de coton (Conservateur de). Voir *Rentrayeur.*
Couvre-plats en tissus métalliques (Fabricant de). Voir *Bombagiste.*
Couvreur de cylindres. Voir *Cylindres.*
A Couvreur (Entrepreneur) ... IV 20ᶜ
A Couvreur (Maître) ... VI 20ᶜ
A — à façon ... VII *40ᶜ
A Couvreur en paille ou en chaume ... VII *40ᶜ
Cravaches (Fabricant ou marchand de). Voir *Fouets.*
C Crayons (Fabrique de) : — 15 francs; plus 3 francs par ouvrier, jusqu'au maximum de 300 francs.
Droit proportionnel — sur la maison d'habitation et sur les magasins de vente complétement séparés de l'établissement ... 20ᶜ
— sur l'établissement industriel ... 25ᶜ

A Crayons (Marchand de) ... VI 20ᶜ
C Crédit foncier de France (Société du) ... 5,000 fr. ... 15ᶜ
C Crédit mobilier (Société générale du ... 5,000 ... 15ᶜ
A Crémier-glacier ... V 20ᶜ
A Crémier ou laitier ... VII *40ᶜ
Crêpeur d'étoffes. Voir *Etoffes.*
A Crépin en buis (Fabricant d'articles de), pour son compte ... VII *40ᶜ

Celui qui fabrique les outils à l'usage des bottiers et cordonniers. (D. ad.)

A Crépin en buis (Fabricant d'articles de), à façon ... VIII *40ᶜ
A Crépins (Marchand de) ... VI 20ᶜ
C Creusets (Fabrique de) ... 25 fr.
Droit proportionnel — sur la maison d'habitation et sur les magasins de vente complétement séparés de l'établissement ... 20ᶜ
— sur l'établissement industriel ... 25ᶜ

A	Criblier. .... Celui qui fait ou vend des cribles. (D. ad.)	VII	*40c
A	Crics (Fabricant et marchand de)........	V	20c
A	Crin (Apprêteur, crêpeur ou friseur de), à façon........	VIII	*40c
A	Crin frisé (Apprêteur de)........	V	20c
A	Crin frisé (Marchand de), en gros........	I	15c
A	— en demi-gros........	II	20c
A	— en détail........	IV	20c
A	Crin plat (Marchand de). .... Celui qui achète le crin brut tel qu'il a été tiré de l'animal, et le vend aux apprêteurs de crin frisé. (D. ad.)	VI	20c
	Crin (Marchand de tissus de). Voir *Tissus*.		
A	Crinières (Fabricant de), pour son compte........ Celui qui fait des aigrettes, pompons, etc. (D. ad.)	VI	20c
A	— — à façon........	VIII	*40c
C	Cristaux (Manufacture de)........ 300 fr.		
	Droit proportionnel — sur la maison d'habitation et sur les magasins de vente complétement séparés de l'établissement........	...	20c
	— sur l'établissement industriel........	...	40c
A	Cristaux (Marchand de), en gros........	I	15c
A	— — en demi-gros........	II	20c
A	— — en détail........	V	20c
A	Cristaux (Tailleur de)........	VII	*40c
A	Crochets pour les fabriques d'étoffes (Fabricant de), pour son compte........	VII	*40c
A	Crochets pour les fabriques d'étoffes (Fabricant de), à façon....	VIII	*40c
	Crosses de parapluies et cannes (Fabricant de). Voir *Garnitures*.		
A	Cuillers d'étain (Fondeur ambulant de)........	VIII	*40c
	Cuillers en bois. Voir *Vaisselle et ustensiles de bois*.		
	Cuir bouilli (Fabricant de boutons de). Voir *Boutons*.		
A	Cuir bouilli et verni (Fabricant ou marchand d'objets en)......	VI	20c
A	Cuirs et pierres à rasoirs (Fabricant et marchand de)..........	VI	20c
A	Cuirs tannés, corroyés, lissés, vernissés (Marchand de), en gros.	I	15c
A	Cuirs tannés, corroyés, lissés, vernissés (Marchand de), en détail........	IV	20c
A	Cuirs en vert étrangers (Marchand de), en gros........	I	15c
A	— du pays (Marchand de), en gros........	III	20c
	Cuiseur d'abats, abatis, etc. Voir *Tripier*.		
	Cuiseur (Charbonnier-). Voir *Charbonnier*.		
	Cuiseur d'oignons. Voir *Oignons*.		
	Cuiseur de pain. Voir *Fournier*.		
A	Cuivre de navires (Marchand de vieux)........	VI	20c
	Cuivre (Marchand de feuilles de). Voir *Feuilles de cuivre*.		
A	Cuivre vieux (Marchand de)........	VII	*40c
	Cuivre (Fabricant ou marchand de grands vaisseaux en). Voir *Alambics*.		
A	Culottier en peau (Marchand)........	V	20c

Cultivateur. (*Exempt*, mais seulement pour la vente et la manipulation des récoltes et fruits provenant des terrains qui lui appartiennent ou par lui exploités, et pour le bétail qu'il y élève, qu'il y entretient ou qu'il y engraisse. — Toutefois, ne sont point considérées comme donnant lieu à cette exemption, les transformations des récoltes et fruits pratiquées au moyen d'agents chimiques, de machines ou ustensiles autres que ceux servant aux travaux habituels de l'agriculture.)

N'a pas droit à l'exemption :

Le cultivateur qui fréquente habituellement les marchés, et qui revend souvent les animaux qu'il a achetés sans qu'ils aient séjourné sur ses terres. (Arr. C. 11 février 1857, no 426; 21 avril 1858. — Cantal, *Marly*.)

Celui qui ne justifie pas que les moutons par lui vendus ont été exclusivement élevés, entretenus ou engraissés sur les terrains qu'il exploite. (Arr. C. 31 juillet 1856, n° 407.)

Celui qui vend des fromages provenant de troupeaux entretenus au moyen de fourrages qu'il a achetés. (Arr. C. 31 mai 1855, n° 166.)

Celui qui achète des récoltes sur pied et vend tout ou partie des grains qui en proviennent. (Arr. C. 15 mai 1857, n° 514.)

Celui qui fabrique des esprits de fécule et de betterave avec le produit de ses récoltes. (Arr. C. 2 juin et 3 novembre 1853, n° 12; 7 janvier 1857, n° 408; 29 juillet 1857, n° 517.)

	Cureur de puits (Maître). Voir *Puits.*		
A	Curiosité (Marchand en boutique d'objets de)................	V	20^c^
	Curiosité (Tenant un cabinet de). Voir *Cabinet.*		
A	Cylindres pour filature (Garnisseur de)....................	VIII	*40^c^
A	— — (Tourneur et couvreur de)............	V	20^c^
	Cylindres (Graveur sur). Voir *Graveur.*		
	Cylindreur d'étoffes. Voir *Calandreur.*		

D

A	Dalles (Marchand de)..	VI	20^c^
A	Damasquineur...	VI	20^c^
	Débarcadère (Exploitant de). Voir *Ponton.*		
	Débitant au petit détail de vin, bière, etc. Voir *Vin, bière, etc.*		
	Débris de cocons (Marchand de). Voir *Déchets.*		
A	Décatisseur..	V	20^c^
	Déchargement des bateaux (Entrepreneur du). Voir *Chargement.*		
A	Déchets de soie, laine, coton, débris de cocons (Marchand de)....	VII	*40^c^
C	Déchireur de chiffons et vieilles étoffes de laine par procédés mécaniques : — 10 francs par machine, jusqu'au maximum de 100 francs.		
	Droit proportionnel — sur la maison d'habitation et sur les magasins de vente complétement séparés de l'établissement.........	...	20^c^
	— sur l'établissement industriel........	...	40^c^
A	Déchireur ou dépeceur de bateaux............................	V	20^c^
A	Décors et ornements d'architecture (Marchand de).............	IV	20^c^
C	Découpeur d'étoffes par procédés mécaniques : — 5 francs par métier, jusqu'au maximum de 150 francs.		
	Droit proportionnel — sur la maison d'habitation et sur les magasins de vente complétement séparés de l'établissement..........................	...	20^c^
	— sur l'établissement industriel.....	...	40^c^
A	Découpeur d'étoffes ou de papiers................................	VIII	*40^c^
A	Découpeur en marqueterie..	VII	*40^c^
A	Découpoirs (Fabricant de), pour son compte......................	VI	20^c^
A	— — à façon	VIII	*40^c^
A	Décrotteur en boutique..	VIII	*40^c^
A	Décrueur de fil...	VII	*40^c^
	Celui qui blanchit en partie le fil écru de chanvre, lin, etc. (D. ad.)		
C	Défrichement ou desséchement (Compagnie de).......... 300 fr.	...	15^c^
A	Dégraisseur..	VII	*40^c^
	Dégustateur des eaux-de-vie. Voir *Agréeur.*		
A	Déménagements (Entrepreneur de), s'il a plusieurs voitures....	III	20^c^
A	— — s'il a une seule voiture.....	VI	20^c^
A	Denrées coloniales (Marchand de) en gros........................	I	15^c^
	Denrées et marchandises (Facteur de). Voir *Facteur.*		
A	Denteleur de scies...	VII	*40^c^
	Dentelle (Fabricant et marchand de petite). Voir *Bisette.*		
A	Dentelles (Entrepreneur de fabrication de). Celui qui, fournissant		

le fil et moyennant un prix convenu, fait fabriquer pour les maisons qui lui donnent des dessins.) .... III 20e

A Dentelles (Facteur de) .... VI 20e

Celui qui, avant les fils que lui remettent les fabricants, se charge de faire confectionner les dentelles et en garantit la bonne confection. (D. ad.)

A Dentelles (Fabricant de) en gros .... I 15e

Celui qui vend en gros les dentelles qu'il a fabriquées. (D. ad.)

A Dentelles (Fabricant de) en demi-gros .... II 20e

Celui qui vend en demi-gros les dentelles qu'il a fabriquées. (D. ad.)

A Dentelles (Fabricant de) en détail .... IV 20e

Celui qui vend en détail les dentelles qu'il a fabriquées. (D. ad.)

A Dentelles (Marchand) en gros .... I 15e
A — — en demi-gros .... II 20e
A — — en détail .... IV 20e
Dentiste. Voir *Chirurgien.*
A Dentiste non pourvu du diplôme de docteur en médecine, de chirurgien ou d'officier de santé .... VII *40e
A Dents et rateliers artificiels (Fabricant ou marchand de) .... V 20e
Dépeceur de bateaux. Voir *Déchireur.*
A Dépeceur de voitures .... VI 20e
A Dépolisseur de verres .... VII *40e
Dépôts de mendicité (Entrepreneur de fabrication dans les). Voir *Fabrication.*
Dépôts de marchandises. Voir *Emplacement pour.*
A Dés à coudre en métal, autre que l'or et l'argent (Fabricant de), pour son compte .... V 20e
A Dés à coudre en métal, autre que l'or et l'argent (Fabricant de), à façon .... VIII *40e
Desséchement (Compagnie de). Voir *Défrichement.*
C Desséchement (Entrepreneur de travaux de) .... 50 fr.
Droit proportionnel — sur la maison d'habitation seulement ... 15e
Dessinateur artiste, ne vendant que le produit de son art. (*Exempt.*)
Dessinateur de canevas. Voir *Canevas.*
A Dessinateur pour fabrique .... VI 20e
A Dessinateur de parcs et jardins .... VI 20e
Dessinateur-imprimeur de broderies. Voir *Broderies.*
Dessins (Liseur de). Voir *Liseur.*
Dessins (Loueur de). Voir *Loueur de tableaux.*
A Diamants et pierres fines (Marchand de) .... I 15e
A Diamants pour vitriers et miroitiers (Monteur de), pour son compte .... VI 20e
A Diamants pour vitriers et miroitiers (Monteur de), à façon .... VII *40e
C Diligences partant à jours et heures fixes (Entrepreneur de) :
Parcourant une distance de 2 myriamètres et au-dessous, 25 francs ;
Pour chaque myriamètre complet, en sus des deux premiers, 5 francs, jusqu'au maximum de 1,000 fr.
Droit proportionnel — sur la maison d'habitation et sur les magasins de vente complétement séparés de l'établissement industriel (1) 20e
— sur l'établissement industriel 40e

On entend par établissement industriel passible du droit proportionnel au 40e, les locaux occupés par l'administration, les bureaux de recette, salles d'attente, magasins, ateliers et tous autres bâtiments servant à l'exploitation. (D. ad.)

Pour déterminer le droit fixe d'une entreprise de diligences, on tota-

(1) *Voir* la note, page 67.

lise, quel que soit le nombre des routes et des destinations de l'entreprise, les distances parcourues : on impose à 25 francs les deux premiers myriamètres du total, et chacun des subséquents à 5 francs, sans faire aucune distinction en raison des routes et des destinations diverses, et en ne comptant qu'une seule fois les distances parcourues sur la même route par plusieurs voitures. (Décision ministérielle du 23 avril 1851, rendue sur l'avis conforme du comité des finances du conseil d'État.)

Si cependant l'entrepreneur de diligences n'a qu'une même voiture avec laquelle il dessert alternativement plusieurs lignes, il ne doit le droit qu'en raison de la ligne qui a le parcours le plus long. (Arr. C. 5 janvier 1855, n° 209.)

Celui qui transporte des voyageurs et des marchandises avec une voiture suspendue à quatre roues et à deux compartiments, et qui part tous les jours à heure fixe, est imposable comme entrepreneur de diligences et non comme patachier, lors même qu'il serait le conducteur de la voiture et qu'il n'aurait ni bureau, ni relais, ni correspondances. (Arr. C. 31 juillet 1856, n° 440.)

A Diorama (Directeur de)........ II
Droit proportionnel — sur la maison d'habitation seulement........ ... 20ᵉ

A Distillateur d'essences et eaux parfumées et médicinales........ V 20ᵉ

A Distillateur liquoriste........ III 20ᵉ

Distribution d'eau (Entrepreneur de). Voir *Eau.*

Distribution d'imprimés (Entrepreneur d'un bureau de). Voir *Bureau.*

D Docteur en chirurgie. (Profession assujettie seulement au droit proportionnel)........ ... 15ᵉ

D Docteur en médecine (Profession assujettie seulement au droit proportionnel)........ ... 15ᵉ

Le directeur d'un asile public d'aliénés, médecin en chef de cet asile, est un fonctionnaire public non imposable à la patente, s'il n'exerce pas la médecine en dehors de l'établissement qu'il dirige; dans ce dernier cas, il est imposable. (Arr. C. 13 avril 1853, n° 20; 27 décembre 1854, n° 216.)

A Doreur, argenteur et applicateur d'autres métaux que l'or et l'argent........ VI 20ᵉ

A Doreur sur bois........ VI 20ᵉ

A — sur tranches, sur cuir, sur papier........ VII *40ᵉ

— sur verre, cristal ou porcelaine. Voir *Peintre.*

Dorures et argentures sur métaux (Marchand de), en gros et en détail. Voir *Bronzes, etc.*

A Dorures et argentures sur métaux (Fabricant ou Marchand de), en détail........ IV 20ᵉ

A Dorures pour passementerie (Marchand de)........ IV 20ᵉ

Douane (Commissionnaire accrédité près la). Voir *Commissionnaire.*

Doublé d'or et d'argent (Fabricant et marchand d'objets en). Voir *Plaqué.*

C Dragueur (Entrepreneur)........ 50 fr.
Droit proportionnel — sur la maison d'habitation seulement........ ... 15ᵉ

Drap (Marchand de). Voir *Tissus.*

C Drap feutre (Fabricant de) par procédés mécaniques :
1 franc par paire de cylindres des machines à feutrer, jusqu'au maximum de 600 fr.
Droit proportionnel — sur la maison d'habitation et sur les magasins de vente complétement séparés de l'établissement.. ... 20ᵉ
— sur l'établissement industriel...... ... 50ᵉ

Draps (Marchand de petits coupons de). Voir *Assortisseur.*

A Drêche ou marc de l'orge qui a servi à faire la bière (Marchand de)........ VI 20ᵉ

Dresseur (Gantier). Voir *Gantier.*

A Drogues (Pileur de)........ VII *40ᵉ

Droguiste. Voir *Herboriste.*

A Droguiste (Marchand) en gros.. I 15^e
A — — en demi-gros.................... II 20^e
A — — en détail........................ III 20^e
Duvet (Apprêteur de). Voir *Apprêteur de plume, duvet.*
— (Marchand de). Voir *Plume.*

E

B Eau (Entrepreneur de distribution d') :
Fournissant la ville de Paris en tout ou en partie.... 600 fr. ...
— une ville de 50,000 âmes et au-dessus.. 400 ...
— une ville de 30,000 à 50,000 âmes...... 200 ...
— une ville de 15,000 à 30,000 âmes...... 150 ...
— au-dessous de 15,000 âmes............. 75 ...
Droit proportionnel — sur la maison d'habitation......... ... 15^e
— sur les locaux servant à l'exercice de la profession.................... ... 40^e
Eau congelée (Marchand d'), Voir *Glace.*
Eau (Porteur d'). Voir *Porteur.*
A Eau-de-vie (Marchand d') en gros.......................... I 15^e
A — — en demi-gros........................ II 20^e
A — — en détail............................ V 20^e
Eau-de-vie (Brûleur d'). Voir *Bouilleur.*
— (Débitant d'). Voir *Liqueurs.*
— ((Fabricant d'). Voir *Esprit.*
Eau de Cologne, de lavande, de fleurs d'oranger, de mélisse, etc. Voir *Distillateur d'essences.*
A Eau filtrée ou clarifiée et dépurée (Entrepreneur d'un établissement d').. III 20^e
Eau forte, eau de Javelle. Voir *Produits chimiques.*
Eaux (Pièces pour la conduite des). Voir *Pompes en bois.*
C Eaux minérales et thermales (Exploitation d')......... 150 fr.
Droit proportionnel — sur la maison d'habitation et sur les magasins de vente complétement séparés de l'établissement........ ... 20^e
— sur l'établissement industriel....... ... 40^e

Il n'y a pas lieu de faire entrer, dans la valeur locative servant de base au droit proportionnel, le produit de la vente des eaux minérales. (Arr. C.)

On ne doit imposer au droit fixe de 150 francs que les exploitations d'eaux minérales et thermales ayant une certaine importance. Les exploitants de petits établissements doivent être imposés comme entrepreneurs de bains ou comme marchands d'eaux minérales naturelles ou factices. (D. ad.)

Le conseil d'État a rétabli, au droit fixe de 150 fr., la patente d'un exploitant d'eaux thermales que le conseil de préfecture avait réduite à celle de marchand d'eaux minérales (4e classe), bien que son établissement fût pourvu d'une machine à vapeur et de 24 baignoires, au moyen desquelles on pouvait délivrer journellement plusieurs centaines de bains. (Arr. C. 8 août 1855, n° 322.)

L'exploitant d'eaux minérales et thermales qui est propriétaire des sources exploitées n'a pas, à ce titre, droit à l'exemption de patente. (Arr. C. 24 juillet 1852, *Badoit*, Loire.)

A Eaux minérales naturelles ou factices (Marchand d')........... IV 20^e
Eaux parfumées et médicinales. (Voir *Distillateur d'essences et d'*).
A Ébéniste (Fabricant), pour son compte, sans magasin.......... VI 20^e
A — — à façon.................................. VII *40^e
A Ébéniste (Marchand), ayant boutique ou magasin............ V 20^e
Ébénisterie (Marchand de bois d'). Voir *Bois.*
A Ecailles d'ables ou d'ablettes (Marchand d')..................... VII *40^e
A Echalas (Marchand d').. VII *40^e
Echaudeur d'abats, abatis, etc. Voir *Tripier.*
A Echelles, fourches, râteaux et râteliers (Fabricant et marchand d')... VII *40^e

Echoppe (Marchand sous). Passible de la moitié des droits que payent les marchands qui vendent les mêmes objets en boutique, à moins qu'il n'ait un étal permanent ou qu'il n'occupe une place fixe dans les halles et marchés. (Loi du 25 avril 1844, art. 14.)

A Eclairage à l'huile pour le compte des particuliers (Entrepreneur d')........ V 20c

Celui qui se charge de l'éclairage des boutiques, magasins, vestibules, galeries, escaliers, etc., des maisons particulières. (D. ad.)

B Éclairage à l'huile (Entrepreneur d') :

A Paris	300 fr.	...	15c
Dans les villes de 50,000 âmes et au-dessus	150	...	15c
— de 30,000 à 50,000 âmes	100	...	15c
— de 15,000 à 30,000 âmes	50	...	15c
Dans toutes les autres communes	25	...	15c

Eclairage (Fabrique de gaz pour l'). Voir *Gaz.*
Ecole de natation (Tenant une). Voir *Natation.*
Ecorce (Fabricant de cordes et de liens d'). Voir *Cordes.*

C Ecorces pour la fabrication du papier (Déchireurs d'), par procédés mécaniques :
10 francs par machine, jusqu'au maximum de 100 francs.
Droit proportionnel — sur la maison d'habitation et sur les magasins de vente complétement séparés de l'établissement........ ... 20c
— sur l'établissement industriel........ ... 40c

A Ecorces de bois pour tan (Marchand d')........ IV 20c
A Ecorcheur ou équarrisseur d'animaux........ VII *40c
A Ecrans (Fabricant d'), pour son compte........ VI 20c
A — — à façon........ VIII *40c
Ecrivain public. (*Exempt.*)
Editeur de feuilles périodiques. (*Exempt.*)
A Elastiques pour bretelles, jarretières, etc. (Fabricant d')........ VIII *40c
A Emailleur, pour son compte........ VI 20c
— à façon........ VII *40c
Emballage (Fabricant de grosses toiles pour l'). Voir *Toiles.*
A Emballeur non layetier........ VI 20c
— (Layetier). Voir *Layetier.*
— pour les vins. Voir *Vannier emballeur.*
A Embouchoirs (Faiseur d')........ VII *40c
A Emeri et rouge à polir (Marchand d')........ VIII *40c
Emmagasinage (Fermier des droits d'). Voir *Entrepôt.*
Empailleur de chaises. Voir *Chaises.*

A Emplacement pour dépôt de marchandises (Exploitant un). Celui qui, propriétaire ou locataire d'un emplacement, reçoit des marchandises en dépôt moyennant rétribution........ V 20c

Emplacement sur les places publiques. Voir *Halles.*
Emplacement. Voir *Parc aux charrettes.*
Employé salarié soit par l'Etat, soit par les départements ou les communes. (*Exempt*, mais seulement en ce qui concerne l'exercice de son emploi.)
A Encadreur d'estampes........ VIII *40c
Encaustique (Marchand ou fabricant d'). Voir *Cirage.*

C Enclumes, essieux et gros étaux (Manufacture d') :
Par feu 25 francs, jusqu'au maximum de 300 francs.
Droit proportionnel — sur la maison d'habitation et sur les magasins de vente complétement séparés de l'établissement........ ... 20c
— sur l'établissement industriel........ ... 40c

A Encre à écrire (Fabricant et marchand d') en gros........ III 20c
— — — en détail........ VI 20c

C Encre d'impression (Fabricant d') : — 15 francs; plus 3 francs par ouvrier, jusqu'au maximum de 200 francs.

Droit proportionnel— sur la maison d'habitation et sur les magasins de vente complétement séparés de l'établissement........ ... 20ᵉ
— sur l'établissement industriel........ ... 25ᵉ

A Encriers perfectionnés (siphoïde, pompe, inoxydables, etc.) (Fabricant ou marchand d').. IV 20ᵉ
A Enduit contre l'oxydation (Applicateur d')...................... VI 20ᵉ
C Engrais (Marchand d')................................ 25 fr.
Droit proportionnel — sur la maison d'habitation et sur les magasins de vente complétement séparés de l'établissement......... ... 20ᵉ
— sur l'établissement industriel........ ... 25ᵉ
A Enjoliveur (Marchand).. VI 20ᵉ

Celui qui vend des guirlandes, festons, etc. (D. ad.)

A Enjoliveur (Fabricant), pour son compte....................... VII *40ᵉ
A — — à façon.. VIII *40ᵉ
Enlèvement des boues (Entreprise de l'). Voir *Boues.*
Enlumineur. Voir *Coloriste.*
Entrepositaire (Commissionnaire). Voir *Commissionnaire.*
Entrepreneur de barques et bateaux. Voir *Barques.*
— de bâtiments. Voir *Bâtiments.*
— de travaux publics. Voir *Travaux publics.*
A Entrépôt (Concessionnaire, exploitant ou fermier des droits d'emmagasinage dans un).. II
Droit proportionnel — sur la maison d'habitation seulement. ... 20ᵉ
Entreprise générale du balayage, de l'arrosage ou de l'enlèvement des boues. Voir *Arrosage, Balayage, Boues.*
Epaulettes (Apprêteur de fils pour les). Voir *Guimpier.*
A Eperonnier, pour son compte.................................. V 20ᵉ
A — à façon.. VII *40ᵉ
A Epiceries (Marchand d') en gros.............................. I 15ᵉ
A — — en demi-gros............................ II 20ᵉ
A Epicier en détail.. V 20ᵉ
A Epicier-regrattier. S'il ne vend qu'au petit poids et à la petite mesure quelques articles d'épiceries, et joint à ce commerce la vente de quelques autres objets, comme poterie de terre, charbon en détail, bois à la falourde, etc................... VII *40ᵉ
A Epileur.. VIII *40ᵉ
A Epingles (Fabricant d') par les procédés ordinaires............ VI 20ᵉ
C Epingles (Manufacture d') par procédés mécaniques : — 15 fr.; plus 3 francs par ouvrier, jusqu'au maximum de 300 francs.
Droit proportionnel— sur la maison d'habitation et sur les magasins de vente complétement séparés de l'établissement........ ... 20ᵉ
— sur l'établissement industriel........ ... 40ᵉ
A Epingles (Marchand en gros d')............................... I 15ᵉ
A Epingles (Marchand en demi-gros d')........................... II 20ᵉ
A Epinglier-grillageur... VII *40ᵉ

Celui qui fait toute espèce de grillages en fil de fer ou de laiton. (D. ad.)

A Eponges (Marchand d') en gros................................ III 20ᵉ
A — — en détail................................ V 20ᵉ
Equarrisseur d'animaux. Voir *Ecorcheur.*
A Equarrisseur de bois.. VII *40ᵉ
Equerres et règles (Fabricant d'). Voir *Mesures linéaires.*
A Equipage (Maître d')... V 20ᵉ

Celui qui, au moyen de chevaux, se charge du halage des bateaux sur les fleuves, rivières, etc. (D. ad.)

A Equipements militaires (Marchand d'objets d').................. III 20ᵉ

A Equipeur-monteur. .... VII *40e

Celui qui ajuste et monte, pour le compte des armuriers, les différentes pièces des armes à feu. (D. ad.)

A Escompteur. .... I 15e

Celui qui fait l'escompte sur la place où il réside. (D. ad.)

C Esprit ou Eau-de-vie de vin (Fabrique d') : 50 francs.
(Ce droit sera réduit de moitié pour les fabricants qui fabriquent moins de 100 hectolitres.)
Droit proportionnel — sur la maison d'habitation et sur les magasins de vente complétement séparés de l'établissement....... ... 20e
— sur l'établissement industriel...... ... 25e

C Esprit ou Eau-de-vie de marc de raisin, cidre, poiré, fécules et autres substances analogues (Fabrique d') : — 25 fr.
(Ce droit sera réduit de moitié pour les fabricants qui fabriquent moins de 100 hectolitres.)
Droit proportionnel — sur la maison d'habitation et sur les magasins de vente complétement séparés de l'établissement....... ... 20e
— sur l'établissement industriel...... ... 25e

Le propriétaire qui exploite une fabrique d'esprit de fécule ou de betterave est imposable alors même qu'il n'emploie que des pommes de terre ou des betteraves provenant de ses récoltes. (Arr. C. 29 juin 1853, no 12; 7 janvier 1857, no 108; 29 juillet 1857, no 517.)

A Essayeur de soie.......... VI 20e

Celui qui, à l'aide d'un dévidoir mécanique, calcule le nombre de mètres d'étoffe qu'un kilogramme de soie est susceptible de rendre. (D. ad.)

A Essayeur pour le commerce.......... III 20e

Celui qui essaye les matières d'or et d'argent pour en constater le titre. (D. ad.)

Ne sont pas imposables les essayeurs de métaux autorisés par les préfets près les bureaux de garantie, si, du reste, ils ne font point, en dehors de leurs fonctions, des opérations d'essai pour le commerce. (Arr. C. 22 avril 1857, no 512.)

A Essence d'Orient (Fabricant d').......... VII *40e

Celui qui, avec des écailles d'ables, fait la matière qui sert à colorer les fausses perles. (D. ad.)

Essences (Distillateur d'). Voir *Distillateur*.
Essieux (Manufacture d'). Voir *Enclumes*.
A Estaminet (Maître d').......... IV 20e
Estampes (Encadreur d'). Voir *Encadreur*.
A Estampes et gravures (Marchand d').......... VI 20e
A Estampeur en or et en argent.......... IV 20e
A Estampeur ou repousseur en métaux autres que l'or et l'argent.......... VII *40e
A Étain (Fabricant de feuilles d').......... V 20e
C Étain pour glaces (Fabrique d') : —15 fr.; plus 3 fr. par ouvrier, jusqu'au maximum de 300 fr.
Droit proportionnel — sur la maison d'habitation et sur les magasins de vente complétement séparés de l'établissement........ ... 20e
— sur l'établissement industriel...... ... 25e
Etalage (Marchand en). Voir *Echoppe*.
A Etameur ambulant d'ustensiles de cuisine.......... VIII *40e
A Etameur de glaces.......... VI 20e
Etaux (Manufacture de gros). Voir *Enclumes*.
A Etoffes (Crêpeur d'). Celui qui, après le tissage, crêpe les étoffes pour en faire ressortir le duvet.......... VII *40e
Etoffes (Marchand de petits coupons d'). Voir *Assortisseur*.
Etoffes. Voir *Apprêteur*, *Blanchisseur*, *Calandreur*, *Colleur*,

Déchireur, Découpeur, Friseur, Gommeur, Gaufreur, Moireur, Presseur.

A	Etoupes (Marchand d')	VIII	*40[c]

Etranger, imposable comme les nationaux.

Est imposable, non comme représentant de maison de commerce, mais comme faisant le commerce même, l'étranger ayant en France un établissement dans lequel il rassemble ou fait rassembler pour son compte des marchandises qui sont ensuite expédiées et revendues à l'étranger. (Arr. C. 16 février 1853, n° 11; 9 mai 1855, n° 152.)

Il est imposable comme marchand en gros lorsqu'il fait ses achats et expéditions de marchandises dans les conditions du commerce en gros. (Arr. C. 18 février 1856, n° 281.)

A	Étriers (Fabricant d'), pour son compte	V	20[e]
A	— — à façon	VII	*40[e]
A	Étrilles (Fabricant d'), pour son compte	V	20[e]
A	— à façon	VII	*40[e]
A	Étuis et sacs de papier (Fabricant d')	VIII	*40[e]
A	Eventailliste (Marchand fabricant), ayant boutique ou magasin	VI	20[e]
A	Eventailliste (Fabricant), pour son compte	VII	*40[e]
A	— — à façon	VIII	*40[e]
A	Expert visiteur de navires	VII	*40[e]
A	Expert pour le partage et l'estimation des propriétés	VII	*40[e]

Extraction de minerai de fer. Voir *Minières non concessibles.*

F

C Fabricant dont la profession est spécialement dénommée au tableau des commerces, des industries ou professions dont le droit fixe est réglé eu égard à la population et d'après un tarif général, lorsqu'il travaille pour le commerce et qu'il occupe plus de dix ouvriers disséminés ou renfermés dans un même établissement.

Pour les dix premiers ouvriers ... 15 fr.

Plus, pour les ouvriers au-dessus de dix, 3 francs par ouvrier ou par série d'ouvriers momentanément employés, équivalente à un ouvrier employé complétement, jusqu'au maximum de 300 fr.

Les droits ci-dessus seront réduits à la moitié pour les fabricants à façon.

(Dans aucun cas, le droit fixe ne pourra être inférieur à celui qui résulterait de l'application du tarif réglé, en raison de la population, à la profession du fabricant.)

Droit proportionnel — sur la maison d'habitation et sur les magasins de vente complétement séparés de l'établissement ... 20[e]

— sur l'établissement industriel ... 40[e]

C Fabrication dans les dépôts de mendicité (Entrepreneur de) :

Pour un atelier de 25 détenus et au-dessous, 12 fr. 50 c.

Par chaque détenu en sus, 25 centimes, jusqu'au maximum de 250 francs.

Droit proportionnel — sur la maison d'habitation seulement ... 15[e]

C Fabrication dans les prisons (Entrepreneur de) :

Pour un atelier de 25 détenus et au-dessous, 25 francs.

Par chaque détenu en sus, 50 centimes, jusqu'au maximum de 500 francs.

Droit proportionnel — sur la maison d'habitation seulement ... 15[e]

Les fabricants ou entrepreneurs de fabrication qui sous-traitent avec le fournisseur général ne sont point couverts par la patente de ce dernier; chacun doit avoir la sienne. (D. ad.)

Fabrique à métiers. Voir *Métiers.*

B Facteur aux halles de Paris :
Pour les farines, le beurre, les œufs, les fromages et le poisson salé.. 150 fr. ... 15ᵉ
Pour les grains, graines, grenailles, la marée, les huîtres et les cuirs.. 100 fr. ... 15ᵉ
Pour le poisson d'eau douce, la volaille, le gibier, les agneaux, cochons de lait, veaux de rivière et de pré salé, les veaux, les charbons de bois arrivés par eau, les draps, les toiles, les fourrages.. 75 fr. ... 15ᵉ
Pour le charbon de bois arrivé par terre ou pour le charbon de terre.. 50 fr. ... 15ᵉ
Pour les fruits et légumes.. 25 fr. ... 15ᵉ

A Facteur de denrées et marchandises. (Partout ailleurs qu'à Paris.).. IV 20ᵉ

Celui qui, n'ayant ni entrepôt ni magasin, achète ou vend pour le compte des commissionnaires en marchandises, des fabricants et marchands, différentes denrées ou produits, tels que vins, huiles, laines, chanvre, etc. (D. ad.)

A Facteur de fabrique.. VI 20ᵉ

Celui qui, avec les matières premières fournies par les fabricants, se charge de faire confectionner les objets de leur fabrication et en garantit la bonne confection. (D. ad.)

Facteur. Voir *Caisses de tambours, Dentelles, Instruments de musique, Instruments pour les sciences, Orgues, Harmonicas, Harpes, Pianos.*

A Fagots et bourrées (Marchand de), vendant par voiture........ VI 20ᵉ
A — — en détail, vendant au fagot... VIII *40ᵉ
C Faïence (Manufacture de) : 25 fr. par four, jusqu'au maximum de 150 francs.
Droit proportionnel — sur la maison d'habitation et sur les magasins de vente complétement séparés de l'établissement....... ... 20ᵉ
— sur l'établissement industriel....... ... 40ᵉ
A Faïence (Marchand de), en gros.. I 15ᵉ
A Faïence (Marchand de).. VI 20ᵉ
Faillites. Voir *Mandataire salarié par l'administration des.*
A Faines (Marchand de).. VIII *40ᵉ
A Falourdes (Débitant de).. VIII *40ᵉ
A Fanons ou barbes de baleine (Marchand de), en gros........... I 15ᵉ
A — — — en demi-gros....... II 20ᵉ
— — (Apprêteur de). Voir *Barbes ou Fanons de baleine.*
Farines (Commissionnaire en). Voir *Grains.*
A Farines (Marchand de), en gros.. IV 20ᵉ
A — — en détail.. VI 20ᵉ
C Faux et faucilles (Fabrique de) : — 15 francs ; plus 3 francs par ouvrier, jusqu'au maximum de 300 francs.
Droit proportionnel — sur la maison d'habitation et sur les magasins de vente complétement séparés de l'établissement......... ... 20ᵉ
— sur l'établissement industriel....... ... 40ᵉ
C Fécules de pomme de terre (Fabrique de) : 15 francs ; plus 3 fr. par ouvrier, jusqu'au maximum de 200 francs.
Droit proportionnel — sur la maison d'habitation et sur les magasins de vente complétement séparés de l'établissement.. ... 20ᵉ
— sur l'établissement industriel....... ... 25ᵉ
A Fécules (Marchand de) en gros.. IV 20ᵉ
A — — en détail.. VI 20ᵉ
Fécules (Fabrique de sirop de). Voir *Sirop de fécule.*
A Fendeur de brins de baleine ou de jonc.. VII *40ᵉ

A Fendeur en bois.. VII *40^e^

Fer battu ou étamé (Ustensiles en). Voir *Ustensiles en —, Couverts et autres objets en —.*

C Fer-blanc (Fabrique de) : — 50 francs; plus 3 francs par ouvrier, jusqu'au maximum de 400 francs.

Droit proportionnel — sur la maison d'habitation et sur les magasins de vente complétement séparés de l'établissement........................ ... 20^e^

— sur l'établissement industriel..... ... 40^e^

Est imposable comme fabricant de fer-blanc, celui qui exploite, avec des ouvriers choisis et payés par lui, une fabrique de fer-blanc, alors même que les produits seraient exclusivement livrés à une société de maîtres de forges lui fournissant la tôle et les ateliers de travail. (Arr. C. 4 janvier 1855, no 324.)

A Ferblantier-lampiste.................................. V 20^e^

Est imposable comme ferblantier-lampiste, et non comme ferblantier, celui qui, à la vente des objets de ferblanterie par lui fabriqués, ajoute celle de lampes, de lanternes de voiture, de globes et de verres de lampe. (Arr. C. 24 juin 1857, no 542.)

A Ferblantier.. VI 20^e^

A — en chambre.. VII *40^e^

A Fer en barre (Marchand de) en gros. — Celui qui vend habituellement par partie d'au moins 500 kilogrammes.............. I 15^e^

A Fer en barre (Marchand de) en détail. — Celui qui vend habituellement par quantités inférieures à 500 kilogrammes....... IV 20^e^

Fer (Galvanisation du). — Voir *Galvanisation.*

A Fers vieux (Marchand de) en gros........................ IV 20^e^

A Fer en meubles (Marchand de)............................. III 20^e^

Celui qui vend des objets de literie, tels que matelas, plume, duvet, etc. (D. ad.)

A Ferrailleur... VII *40^e^

Celui qui vend de vieux objets en fer. (D. ad.)

Ferreur d'arçons. — Voir *Arçons.*

A Ferreur de lacets..................................... VIII *40^e^

C Ferronnerie, Serrurerie et Clous forgés (Fabrique de) : 5 fr.; plus 3 francs par ouvrier, jusqu'au maximum de 300 fr.

Droit proportionnel — sur la maison d'habitation et sur les magasins de vente complétement séparés de l'établissement......... ... 20^e^

— sur l'établissement industriel....... ... 40^e^

Ceux qui font fabriquer des clous par des ouvriers auxquels ils fournissent la matière sont imposables comme fabricants de clous forgés. (Arr. C. 22 février 1849. — *Laurent Becq et autres.* — Ariége.)

A Ferronnier... V 20^e^

Marchand d'ouvrages en fer et en fonte. (D. ad.)

Festons (Marchand de). Voir *Enjoliveur.*

Feuillard (marchand de bois). Voir *Bois.*

A Feuilles de blé de Turquie (Marchand de)................ VIII *40^e^

A Feuilles de cuivre imitant l'or battu (Marchand de)............ VI 20^e^

Feuilles d'étain (Fabricant de). Voir *Étain.*

Feuilles périodiques (Éditeur de). Voir *Éditeur.*

Feuilles transparentes de corne (Fabricant de). Voir *Corne.*

A Feutre (Fabricant et marchand de), pour la papeterie, le doublage des navires, plateaux vernis, etc...................... VI 20^e^

Fiacres (Entreprise de) Voir *Cabriolets*

Ficelles (Fabricant de). Voir *Cordier*

A Figures en cire (Mouleur de), à façon...................... VIII *40^e^

— (Tenant un cabinet de). Voir *Cabinet.*

Figures en plâtre ou en terre (Mouleur ou marchand de). Voir *Bustes, etc.*

Fil de chanvre, de lin, de coton (Marchand de). Voir *Fils et Coton filé* et *Filotier.*

C Fil de coton, chanvre, lin (Retordeur de) :

Au moyen de moulins : pour chaque moulin, 5 francs, jusqu'au maximum de 400 francs.

Au moyen de broches : pour 500 broches et au-dessous, 10 francs.

Plus 1 fr. 50 c. par chaque centaine de broches en sus, jusqu'au maximum de 400 fr.

Droit proportionnel — sur la maison d'habitation et sur les magasins de vente complétement séparés de l'établissement........ ... 20e

— sur l'établissement industriel....... ... 50e

Fil écru (Blanchisseur de). Voir *Décrueur.*

A Filagraniste.. VI 20e

Celui qui fabrique des ouvrages d'orfévrerie à jour. (D. ad.)

A Filasse de nerfs (Fabricant de), pour son compte............ VI 20e

A — — à façon..................... VIII *40e

C Filature de coton et filature de déchets ou de bourre de soie : 3 fr.; plus 5 fr. par assortiment de machines à peigner ou à carder, et 1 fr. 50 c. par chaque centaine de broches, jusqu'au maximum de 600 fr.

Droit proportionnel — sur la maison d'habitation et sur les magasins de vente complétement séparés de l'établissement........ ... 20e

— sur l'établissement industriel........ ... 50e

C Filature de laine, de chanvre ou de lin : 5 fr.; plus 5 fr. par assortiment de machines à peigner ou à carder, et 3 fr. par chaque centaine de broches, jusqu'au maximum de 600 fr.

Droit proportionnel — sur la maison d'habitation et sur les magasins de vente complétement séparés de l'établissement. 20e

— sur l'établissement industriel........ ... 50e

Filerie de cocons. Voir *Cocons.*

A Filets pour la pêche, la chasse, etc. (Fabricant de)........... VI 20e

A Fileur (Entrepreneur).. VI 20e

Celui qui fait filer, au fuseau ou au rouet, du chanvre, du lin, de la laine ou de la bourre de soie. (D. ad.)

Filigraniste. Voir *Filagraniste.*

Filoselle (Marchand de). Voir *Fleurets et Filoselle.*

Filoselle (Cardeur de). Voir *Cardeur.*

A Filotier.. VI 20e

Celui qui achète dans les marchés du fil propre au tissage des toiles ordinaires et le vend aux fabricants par paquets assortis. (D. ad.)

Fils (Blanchisseur de). Voir *Blanchisseur.*

A Fils de chanvre ou de lin (Marchand de), en détail............ IV 20e

A Finisseur en horlogerie..................................... VII *40e

Flacons (Ajusteur de bouchons de). Voir *Bouchons.*

A Fleurets et filoselle (Marchand de), en gros.................. I 15e

A — — en demi-gros............. II 20e

A — — en détail................ IV 20e

A Fleuriste travaillant pour le compte des marchands........... VII *40e

Fleuriste (Grainetier). Voir *Grainetier-Fleuriste.*

Fleurs (Marchand de). Vendant en ambulance dans les rues, dans les lieux de passage et dans les marchés. (*Exempt.*)

A Fleurs artificielles (Fabricant et marchand de)............... V 20e

A Fleurs artificielles (Marchand d'apprêts et papiers pour)........ VI 20e

A Fleurs d'oranger (Marchand de)............................... VI 20e

C Flottage (Entrepreneur de)........................... 25 fr.
Droit proportionnel — sur la maison d'habitation seulement........................... ... 15e
Fonctionnaire public. (*Exempt*, mais seulement en ce qui concerne l'exercice de ses fonctions.)
C Fonderie de cuivre (Entrepreneur de) :
Ayant plusieurs laminoirs...................... 300 fr.
Un laminoir ou plusieurs martinets............. 200
Se bornant à convertir le cuivre rouge en cuivre jaune.. 100
Droit proportionnel — sur la maison d'habitation et sur les magasins de vente complétement séparés de l'établissement......... ... 20e
— sur l'établissement industriel....... ... 40e
C Fonderie de cuivre et bronze (Entrepreneur de) :
Fondant des objets de grande dimension, tels que cylindres ou rouleaux d'impression pour les manufactures, grandes pièces de mécanique, etc..................... 200 fr.
Ne fondant que des objets d'art ou d'ornementation, ou des pièces de mécanique de petite dimension. 100 fr.
Ne fondant que des objets d'un usage commun et de petite dimension, comme robinets, clochettes, anneaux, etc.............................. 50
Droit proportionnel — sur la maison d'habitation et sur les magasins de vente complétement séparés de l'établissement......... ... 20e
— sur l'établissement industriel....... ... 40e
C Fonderie en fer de seconde fusion (Entrepreneur de) :
Fabriquant des objets de grande dimension, tels que cylindres, grilles, colonnes, pilastres, bornes et grandes pièces de mécanique, etc................................ 200 fr.
Ne fabriquant que des objets de petite dimension pour l'ornementation, ou de petites pièces de mécanique.. 100
Droit proportionnel — sur la maison d'habitation et sur les magasins de vente complétement séparés de l'établissement......... ... 20e
— sur l'établissement industriel........ ... 40e
Fondeur ambulant de cuillers d'étain. Voir *Cuillers*.
Fondeur de caractères d'imprimerie. Voir *Caractères*.
Fondeur de cloches. Voir *Cloches*.
Fondeur de clochettes. Voir *Clochettes*.
A Fondeur en fer, en bronze ou en cuivre (avec des creusets ordinaires)... V 20e
A Fondeur d'étain, de plomb ou fonte de chasse................ VI 20e
A — d'or et d'argent.................................... III 20e
A Fontaines à filtrer (Fabricant et marchand de)................ VI 20e
A Fontaines en grès, à sable (Marchand de).................... VII *40e
C Fontaines publiques (Fermier de) : — 5 fr.; plus 2 fr. par 1,000 fr. du prix de ferme, jusqu'au maximum de 100 fr.
Droit proportionnel — sur la maison d'habitation seulement.. ... 15e
C Fontainier, sondeur et foreur de puits artésiens........ 50 fr.
Droit proportionnel — sur la maison d'habitation.......... ... 20e
— sur l'établissement industriel...... ... 25e
A Fonte ouvragée (Marchand de).............................. IV 20e
Fonte (Marchand d'ouvrages en). Voir *Ferronnier*.
A Force motrice (Loueur de). Celui qui, possesseur d'un établissement qu'il n'emploie pas pour son propre compte à la production industrielle, en loue, à plus ou moins longs termes, la force motrice à tout individu qui se présente................ VI

Droit proportionnel — sur la maison d'habitation........... ... 20°
— sur les locaux servant à l'exercice de la profession.................... ... 40°

A Forces (Fabricant de), pour son compte.................... V 20°
A — — à façon.................................... VII *40°
A Forets (Fabricant de).................................... VII *40°
Foreur de puits artésiens. Voir *Fontainier.*
A Forgeron. Celui qui fait ou répare les instruments et outils aratoires.................................... VI 20°
A Forgeron de petites pièces (canons, platines)................. V 20°
A Forgeron de petites pièces, à façon.......................... VII *40°
C Forges et hauts fourneaux (Maître de) :
Par haut fourneau au coke......................... 200 fr.
Par haut fourneau au bois......................... 100
Par forge dite catalane et par chaufferie, feu, four et fourneau de seconde fusion de toute usine à fer.................................... 25
Jusqu'au maximum de 1,000 francs.

(Ces droits seront réduits de moitié pour les forges dites catalanes, et pour les forges à un ou deux marteaux, lorsqu'elles seront forcées, par manque ou par crue d'eau, de suspendre leur travail, en tout ou en partie, pendant un temps équivalent au moins à quatre mois.)

Droit proportionnel —sur la maison d'habitation et sur les magasins de vente complétement séparés de l'établissement......... ... 20°
— sur l'établissement industriel........ ... 40°

Le maître de forges dont l'établissement renferme des usines à fours ou à feux, telles que fonderies, laminoirs, martinets, etc., pour lesquelles il existe au tarif des bases de cotisation spéciales, ne doit, néanmoins, être imposé pour ces usines que d'après le nombre de leurs feux et de leurs fours; mais si les usines dont il s'agit forment des établissements distincts, ou si l'on y traite d'autres métaux que le fer, le maître de forges doit être imposé d'après les bases qui concernent spécialement ces établissements. (D. ad.)

On doit imposer comme maître de forges, les fabricants d'ancres, chaînes, câbles et autres grosses pièces pour la marine. (D. ad.)

Forgeur de métiers à bas. Voir *Métiers.*
A Formaire pour la fabrication du papier, pour son compte....... VI 20°

Celui qui fait des formes en fil de fer ou de laiton, pour la fabrication du papier. (D. ad.)

A Formaire pour la fabrication du papier, à façon.............. VIII *40°
C Formes à sucre (Fabrique de) : — 15 francs; plus 3 francs par ouvrier, jusqu'au maximum de 100 francs.
Droit proportionnel — sur la maison d'habitation et sur les magasins de vente complétement séparés de l'établissement........ ... 20°
— sur l'établissement industriel....... ... 25°

A Formier.. VII *40°

Celui qui fabrique des formes pour les bottiers, cordonniers, chapeliers, etc. (D. ad.)

A Fosses mobiles inodores (Entrepreneur de).................. IV 20°
A Fouets, cravaches (Fabricant ou marchand de), pour son compte. VII *40°
A Fouets et cravaches (Fabricant de), à façon.................. VIII *40°
Fouets (Fabrique de manches de). Voir *Bâtonnier.*
A Fouleur de bas et autres articles de bonneterie............... VI 20°
A Fouleur de feutre pour les chapeliers........................ VI 20°
C Foulonnier : — 3 francs par pot à fouler ou à laver, jusqu'au maximum de 150 francs.

Droit proportionnel — sur la maison d'habitation et sur les magasins de vente complétement séparés de l'établissement (1).... ... 20e
— sur l'établissement industriel....... ... 40e

C Foulonnier à la mécanique : — 10 francs par machine à fouler ou à laver, jusqu'au maximum de 150 francs.
Droit proportionnel — sur la maison d'habitation et sur les magasins de vente complétement séparés de l'établissement (1).... ... 20e
— sur l'établissement industriel...... ... 40e

A Fourbisseur (Marchand)................................ VI 20e

Fourches (Fabricant et marchand de). Voir *Echelles.*

A Fournaliste.. ... VI 20e

Celui qui fabrique des fourneaux pour les affineurs de métaux. (D. ad.)

A Fourneaux potagers (Fabricant et marchand de)............... VI 20e

A Fournier ou cuiseur (celui qui fait cuire le pain, la viande ou autres aliments pour les particuliers)................ VII *40e

C Fournisseurs généraux de chauffage et de lumière aux troupes............... 1,000 fr. ... 15e

C — d'objets concernant l'habillement, l'armement, la remonte, le harnachement et l'équipement des troupes, etc.............. 1,000 fr. ... 15e

C — de subsistances aux armées. 1,000 fr. ... 15e

C Fournisseur des objets ci-dessus indiqués, par division militaire.. 150 fr. ... 15e

C Fournisseur général dans les prisons et dépôts de mendicité :
A forfait et par tête de détenu, pour une population de 300 détenus et au-dessous........................ 150 fr.
Par 100 détenus en sus, 25 francs, jusqu'au maximum de 500 francs.
Droit proportionnel — sur la maison d'habitation seulement.......................... ... 15e

Doit être imposé comme tel, celui qui s'est rendu adjudicataire de l'entreprise générale des fournitures à faire aux maisons d'arrêt, de justice et de correction, et aux dépôts de sûreté d'un département, alors même qu'il n'aurait pas la fourniture de plusieurs articles restés à la charge de l'Etat, tels que le chauffage et les objets mobiliers de lingerie et de literie. (Arr. C. 21 juin 1858, Aisne, Lebreton.)

C Fournisseurs de chauffage et de lumière aux troupes dans les garnisons.......................... 25 fr. ... 15e

C — de fourrages aux troupes dans les garnisons.............................. 100 fr. ... 15e

C — de vivres aux troupes dans les garnisons. 50 fr. ... 15e

C — de vivres et fourrages aux troupes dans les gîtes d'étape............................ 25 fr. ... 15e

Fournisseurs dans les hospices civils et militaires.

Doivent être imposés comme les fournisseurs dans les prisons et dépôts de mendicité. Il n'y a pas lieu d'imposer comme fournisseur, le marchand qui se borne à fournir les objets de son commerce. (D. ad.)

Fourrages (Fournisseurs de). Voir *Fournisseurs.*

A Fourrages (Marchand de), par bateaux, charrettes ou voitures.. V 20e

Doivent être imposés en cette qualité, les individus qui achètent des herbes pour les revendre, soit sur pied, soit après les avoir fait couper et sécher. (D. ad.)

A Fourrages (Débitant de) à la botte ou en petite partie, au poids.. VI 20e

(1) Voir la note, page 67.

A Fourreaux pour sabres, épées, baïonnettes (Fabricant de), pour son compte........ VII *40c
A — — à façon........ VIII *40c
A Fourreur........ IV 20c
Fourrures (Marchand de). Voir *Pelleteries et Fourrures.*
— (Lustreur de). Voir *Lustreur.*
A Frangier (Marchand)........ V 20c
A Frangier (Fabricant), pour son compte........ VII *40c
A — — à façon........ VIII *40c
A Frappeur de gaze........ VIII *40c

Celui qui donne l'apprêt à la gaze, et y fait des dessins à jour au moyen d'un emporte-pièce. (D. ad.)

A Fretin (Marchand de)........ VII *40c
A Fripier........ VI 20c
A Friseur de draps et autres étoffes de laine........ VII *40c
A Friteur ou Friturier en boutique........ VII *40c
Fromage et autres menus comestibles (Marchand de). Vendant en ambulance dans les rues, dans les lieux de passage et dans les marchés.—(*Exempt.*)
A Fromage de pâte grasse (Marchand de), en gros........ IV 20c
A — — en détail........ VI 20c
C Fromages de Roquefort et autres fromages secs (Fabrique de)........ 50 fr.
Droit proportionnel — sur la maison d'habitation et sur les magasins de vente complétement séparés de l'établissement........ ... 20c
— sur l'établissement industriel........ ... 25c
A Fromages secs (Marchand de), en gros........ I 15c
A — — en demi-gros........ IV 20c
A — — en détail........ VI 20c
A Fruitier oranger........ VI 20c

Celui qui, à la vente habituelle des légumes, joint celle des oranges, des citrons, et surtout des primeurs. (D. ad.)

A Fruitier........ VII *40c
Fruits (Marchand de). Vendant en ambulance dans les rues, dans les lieux de passage et dans les marchés. (*Exempt.*)
C Fruits et légumes (Marchands expéditeurs, par chemin de fer ou bateaux)........ 50 fr.
Droit proportionnel — sur la maison d'habitation seulement. ... 15c
A Fruits secs (Marchand de), en gros........ I 15c
A — — en demi-gros........ III 20c
A — — en détail........ VI 20c
A Fruits secs pour boisson (Marchand de)........ VI 20c
C Fruits sur bateau (Marchand de)........ 50 fr.
Droit proportionnel — sur la maison d'habitation seulement. ... 15c
A Fumiste........ VI 20c
A Fuseaux (Fabricant de))........ VIII *40c

G

A Gabare (Maître de) ou Gabarier........ VII *40c

Celui qui transporte les marchandises du port au navire ou du navire au port. (D. ad.)

A Gaînier (Fabricant), pour son compte........ VII *40c
A Gaînier — à façon........ VIII *40c
A Galettes, Gaufres, Brioches et Gâteaux (Marchand de), en boutique........ VII *40c
Galoches (Faiseur de bois de). Voir *Bois de Galoches.*

A Galochier.. VII *40

A Galonnier (Fabricant), pour son compte.......................... VII *40°

A Galonnier, à façon.. VIII *40°

A Galonnier (Marchand).. V 20°

Galons (Apprêteur de fils pour les). Voir *Guimpier.*

C Galvanisation du fer (Exploitant une usine pour la) : 50 fr. par chaque four de fusion, jusqu'au maximum de 300 fr.

Droit proportionnel —sur la maison d'habitation et sur les magasins de vente complétement séparés de l'établissement......... ... 20°

—sur l'établissement industriel........ ... 40°

Ganses en fil, soie, laine, etc. (Fabricant de). Voir *Cordons.*

A Gantier (Marchand fabricant).. III 20°

Celui qui fabrique et vend aux marchands. (D. ad.)

A Gantier (Marchand).. V 20°

A Gantier dresseur. — Celui qui examine la couture et la qualité des gants reçus de fabrique, les lustre et leur donne le dernier apprêt.. VII *40°

Gants et autres ouvrages à mailles. Voir *Bourses, etc.*

Garance (Marchand de). Voir *Teinture.*

— (Sécheur de). Voir *Sécheur.*

— (Tritureur de). Voir *Moulin ou autre usine, etc.*

Garancine (Fabrique de). — Imposable comme manufacture de produits chimiques.

A Garde du commerce.. IV 20°

Garde-malade. (*Exempte.*)

Garde-manger (Fabricant de) en tissus métalliques. Voir *Bombagiste.*

A Gardes-robes inodores (Fabricant et marchand de)............ VI 20°

C Gare (Entrepreneur de)........................... 100 fr.

Droit proportionnel — sur la maison d'habitation seulement. ... 15°

A Gargotier.. VII *40°

Celui qui donne à manger à très-bas prix. (D. ad.)

Garnisseur de chapeaux. Voir *Chapeaux.*

— de cylindres pour filature. Voir *Cylindres.*

A — d'étuis pour instrument de musique.............. VIII *40°

A Garnitures de parapluies et cannes, telles que bouts, anneaux, crosses, manches, etc. (Fabricant de).................... VIII *40°

Gâteaux (Marchand de) en boutique. Voir *Galette*, etc.

Gaude (Marchand de). Voir *Teinture.*

Gaufres (Marchand de) en boutique. Voir *Galette*, etc.

A Gaufreur d'étoffes, de rubans, etc............................ VII *40°

A Gaules et perches (Marchand de)........................... VII *40°

C Gaz pour l'éclairage (Fabrique de). Pour les fabriques qui fournissent l'éclairage de tout ou partie de la ville de Paris : — 1 centime par hectolitre de la capacité des gazomètres, jusqu'au maximum de............................ 3,000 fr.

Droit proportionnel —sur la maison d'habitation et sur les magasins de vente complétement séparés de l'établissement........ ... 20°

—sur l'établissement industriel....... ... 40°

Les tuyaux de conduite ne doivent pas entrer dans la valeur locative. (D. ad.)

L'exploitant d'une fabrique de gaz située hors de Paris, lorsqu'il fournit l'éclairage d'une gare et d'une partie de chemin de fer située dans Paris, est imposable comme le fabricant de gaz pour l'éclairage de tout ou partie de la ville de Paris. (Arr. C. 18 mars 1857, n° 547.)

B Gaz pour l'éclairage (Fabrique de) :

Pour les fabriques qui fournissent l'éclairage de tout ou partie :

des villes de 50,000 âmes et au-dessus........... 400 fr.

des villes de 30,000 âmes et au-dessus............ 200
des villes de 15,000 à 30,000 âmes................ 150
des villes au-dessous de 15,000 âmes.............. 75
Droit proportionnel — sur la maison d'habitation.......... ... 15e
— sur l'établissement industriel....... ... 40e

Les tuyaux de conduite ne doivent pas entrer dans la valeur locative. (D. ad.)
Lorsqu'une même fabrique de gaz fournit l'éclairage de plusieurs villes, l'exploitant de cette fabrique n'est imposable au droit fixe qu'en raison de la population de la ville donnant lieu au droit le plus élevé (Arr. C. 10 mai 1851, n° 436.)

Gaz (Fabricant d'appareils et ustensiles pour l'éclairage au). Voir *Appareils*.
Gaze (Frappeur de). Voir *Frappeur*.
Gazes (Marchand de). Voir *Tissus de laine, de fil, de coton, etc.*
C Gélatine (Fabrique de) : 15 francs ; plus 3 francs par ouvrier, jusqu'au maximum de 200 francs.
Droit proportionnel — sur la maison d'habitation et sur les magasins de vente complétement séparés de l'établissement....... ... 20e
— sur l'établissement industriel...... ... 25e
Gélatine (Fabricant ou marchand de colle de). Voir *Colle*.
Genièvre (Fabricant d'extrait de). Voir *Eau-de-vie, etc.*
— (Marchand de baies de). Voir *Baies de genièvre.*
Géographie (Marchand de cartes de). Voir *Cartes*.
A Géorama (Directeur de).................................. II
Droit proportionnel — sur la maison d'habitation seulement.......................... ... 20e
A Gibernes (Fabricant de), pour son compte.................. VI 20e
A — — à façon.......................... VIII 40e
Gibier (Marchand de). Voir *Volaille ou Gibier.*
A Glace (eau congelée) (Marchand de)....................... VI 20e
Glaces (Marchand de cadres pour). Voir *Cadres*.
Glaces (Etameur de). Voir *Etameur*.
C Glaces (Manufacture de)........................... 400 fr.
Droit proportionnel — sur la maison d'habitation et sur les magasins de vente complétement séparés de l'établissement....... ... 20e
— sur l'établissement industriel...... ... 40e
A Glaces (Marchand de) (Miroitier)......................... V 20e
A Glacier.. V 20e

Celui qui fait sur commande des glaces et sorbets qu'il envoie au domicile des consommateurs. (D. ad.)

Glacier (Crémier). Voir *Crémier*.
A Glacier-Limonadier.................................... III 20e
C Glacières (Maître de)................................ 50 fr.
Droit proportionnel — sur la maison d'habitation et sur les magasins de vente complétement séparés de l'établissement....... ... 20e
— sur l'établissement industriel...... ... 25e
Glaisière, carrière de terre glaise (Exploitant une). Voir *Carrières*.
A Globes terrestres et célestes (Fabricant et marchand de)........ VI 20e
C Glucose (Fabrique de) : 15 francs ; plus 3 francs par ouvrier, jusqu'au maximum de 200 francs.
Droit proportionnel — sur la maison d'habitation et sur les magasins de vente complétement séparés de l'établissement....... ... 20e
— sur l'établissement industriel...... ... 25e
C Gobeleterie (Manufacture de) : par four de fusion, 50 francs, jusqu'au maximum de 300 francs.

Droit proportionnel — sur la maison d'habitation et sur les magasins de vente complètement séparés de l'établissement 20ᵉ
— sur l'établissement industriel...... ... 40ᵉ

Gobeleterie (Marchand de). Voir *Verroterie.*

Gomme élastique (Fabricant d'instruments en). Voir *Instruments.*

A Gommeur d'étoffes.................................... VI 20ᵉ

Goudron (Fabrique de). Voir *Brais, Goudrons, etc.*

Gourmet, piqueur de vins. Voir *Courtier-gourmet.*

A Graine de moutarde blanche (Marchand de).................. VI 20ᵉ

A Graine de vers à soie (Marchand de)...................... VI 20ᵉ

A Graines fourragères, oléagineuses et autres (Marchand de), en gros. (Celui qui vend habituellement par quantités équivalentes à dix hectolitres et au-dessus.)..................... I 15ᵉ

A Graines fourragères, oléagineuses et autres (Marchand de), en demi-gros.(Celui qui vend habituellement par sacs ou balles.). IV 20ᵉ

A Graines fourragères, oléagineuses et autres (Marchand en détail de)... VII *40ᵉ

A Grainetier-fleuriste (Expéditeur)........................ IV 20ᵉ

A Grainetier-fleuriste en détail.......................... VI 20ᵉ

A Grainier ou grainetier................................... VII *40ᵉ

Celui qui vend à la petite mesure ou au petit poids toute espèce de légumes secs. (D. ad.)

A Grains (Marchand de), en gros............................ IV 20ᵉ

A Grains et graines (Marchand de), en détail............... VI 20ᵉ

A Grains et farines (Commissionnaire en).................... IV 20ᵉ

Graisse (Fabricant ou marchand de colle de). Voir *Colle.*

Gratteur de toiles de coton. Voir *Peigneur.*

A Gravatier... VII *40ᵉ

Celui qui entreprend l'enlèvement des gravats après les démolitions. (D. ad.)

Graveur artiste, ne vendant que le produit de son art. (*Exempt.*)

A Graveur de musique....................................... VIII *40ᵉ

A — en caractères d'imprimerie............................ VII *40ᵉ

A — sur bois... VIII *40ᵉ

A — sur cylindres.. IV 20ᵉ

A Graveur sur métaux (fabriquant les timbres secs et gravant sur bijoux)... VI 20ᵉ

A Graveur sur métaux. (Se bornant à graver des cachets ou des planches pour factures et autres objets dits *de ville.*)........ VII *40ᵉ

Gravures (Marchand de). Voir *Estampes.*

D Greffier (Profession assujettie seulement au droit proportionnel.) ... 15ᵉ

Ne sont point imposables :

Les greffiers près les conseils de guerre. (Arr. C. 27 juillet 1853, n° 19.)

Les commis-greffiers près les cours et tribunaux. (Arr. C. 19 décembre 1855, n° 328.)

Grelots (Faiseur de). Voir *Bosselier.*

Grès (Fabricant de poterie en). Voir *Poterie.*

— (Marchand de). Voir *Pavés.*

Grillageur. Voir *Epinglier.*

Grilleur d'oignons. Voir *Oignons.*

A Grue (Maître de).. VI 20ᵉ

A Grueur.. VII *40ᵉ

Celui qui convertit en gruau de l'avoine, de l'orge ou du froment. (D. ad.)

A Guêtrier... VII *40ᵉ

A Guillocheur....... VII *40ᵉ

C Guimperie (Fabricant de) par procédés mécaniques :

Pour cent bouts ou cordes et au-dessous........... 10 fr.

Plus 10 francs par chaque centaine de bouts ou cordes au-dessus de cent, jusqu'au maximum de 200 francs.
Droit proportionnel — sur la maison d'habitation et sur les magasins de vente complétement séparés de l'établissement....... ... 20ᵉ
— sur l'établissement industriel...... ... 40ᵉ

A Guimpier.. VII *40ᵉ

Celui qui prépare le fil dont on se sert pour faire des galons, des épaulettes, etc. (D. ad.)

Guirlandes (Marchand de). Voir *Enjoliveur.*
Gutta-percha (Fabricant ou marchand d'objets en). Voir *Caoutchouc.*

A Gymnase (Maître de).. V
Droit proportionnel — sur la maison d'habitation......... ... 20ᵉ
— sur les locaux servant à l'exercice de la profession............... ... 40ᵉ

H

Habits neufs (Marchand tailleur d'). Voir *Tailleur.*
Habits vieux (Marchand d'). Voir *Brocanteur d'habits.*
Halage (Loueur de bêtes de trait pour le). Voir *Loueur de bêtes de trait.*
Halage des bateaux sur les fleuves, rivières, etc. (Entrepreneur de). Voir *Equipage (Maître d').*

C Halles, marchés et emplacements sur les places publiques (Fermier ou adjudicataire des droits de)................. 5 fr.
Plus 2 francs par 1,000 francs du prix de ferme, jusqu'au maximum de 300 francs.
Droit proportionnel — sur la maison d'habitation seulement......................... ... 15ᵉ

A Hameçons (Fabricant d')...................................... VII *40ᵉ
A Harmonicas (Facteur d')...................................... VIII *40ᵉ
Harnais à l'usage des ouvriers tisseurs (Marchand de). Voir *Outils.*
A Harpes (Facteur et Marchand de), ayant boutique ou magasin... III 20ᵉ
A Harpes (Facteur de), n'ayant ni boutique ni magasin........... VI 20ᵉ
— (Accordeur de). Voir *Accordeur de pianos.*
Harts pour lier les trains de bois (Marchand de). Voir *Rouettes.*
Haut fourneau (Maître de). Voir *Forges.*
Herbager. Voir *Cultivateur.*
A Herboriste expéditeur.. IV 20ᵉ
A — droguiste.. VI 20ᵉ
A — ne vendant que des plantes médicinales, fraîches ou sèches.. VII *40ᵉ
A Histoire naturelle (Marchand d'objets d')...................... VI 20ᵉ
— (Tenant un cabinet d'). Voir *Cabinet.*
A Hongreur... VII *40ᵉ

Celui qui châtre les chevaux et autres animaux. (D. ad.)

A Hongroyeur ou Hongrieur..................................... IV 20ᵉ

Celui qui prépare les cuirs à la manière de Hongrie. (D. ad.)

A Horloger.. III 20ᵉ
A Horloger repasseur... VII *40ᵉ
A Horloger rhabilleur (Marchand)................................ VI 20ᵉ
A — (Non marchand)........................ VII *40ᵉ
A Horlogerie (Fabricant de pièces d'), pour son compte........... VI 20ᵉ
A — — à façon............................... VII *40ᵉ

C	Horlogerie (Fabrique de pièces d') par procédés mécaniques: — 10 francs; plus 3 francs par ouvrier, jusqu'au maximum de 300 francs.		
	Droit proportionnel — sur la maison d'habitation et sur les magasins de vente complétement séparés de l'établissement	...	20e
	— sur l'établissement industriel	...	40e
	Horlogerie (Finisseur en). Voir *Finisseur.*		
A	— (Marchand de pièces d') en gros	I	15e
A	— (Marchand de fournitures d')	IV	20e
A	Horloges en bois (Fabricant ou marchand d')	VII	*40e
A	Hôtel garni (Maître d')	IV	
	Droit proportionnel — sur la maison d'habitation	...	20e
	— sur les locaux servant à l'exercice de la profession	...	40e
A	Hôtel garni (Maître) tenant un restaurant à la carte	III	
	Droit proportionnel — sur la maison d'habitation	...	20e
	— sur les locaux servant à l'exercice de la profession	...	40e

Les meubles ne doivent pas être compris dans l'évaluation de la valeur locative d'un maître d'hôtel garni. (D. ad.)

	Hottes (Remiseur de). Voir *Remiseur.*		
A	Houblon (Marchand de) en gros	III	20e
A	— — en demi-gros	IV	20e
	Houille (Marchand de). Voir *Charbon de terre.*		
	Huile (Fabricant d'). Voir *Moulin ou autre usine, etc.*		
A	Huiles (Marchand d') en gros	I	
	Droit proportionnel — sur la maison d'habitation	...	15e
	— sur les locaux servant à l'exercice de la profession	...	30e
A	Huiles (Marchand d') en demi-gros	II	20e
A	— — en détail	IV	20e
	Huile de vitriol (Fabricant d'). Voir *Produits chimiques.*		
D	Huissier. Profession assujettie seulement au droit proportionnel.	...	15e
C	Huîtres (Marchand expéditeur d'), expédiant avec voitures servies par des relais ou par les chemins de fer........ 100 francs.		
	Droit proportionnel — sur la maison d'habitation et sur les magasins de vente complétement séparés de l'établissement	...	20e
	— sur l'établissement industriel	...	40e
A	Huîtres (Marchand d')	VI	20e
A	Hydromel (Fabricant et marchand d')	III	20e

I

	Ifs à bouteilles (Fabricant d'). Voir *Planches.*		
A	Images (Fabricant ou marchand d')	VI	20e
A	Imprimerie (Marchand de presses, caractères et ustensiles d')	III	20e
	Imprimés (Bureau de distribution d'). Voir *Bureau.*		
C	Imprimeur d'étoffes et de fils: Pour 25 tables et au-dessous, 50 francs; Plus 3 francs par table en sus, jusqu'au maximum de 400 fr. Un rouleau comptera pour 25 tables, et 4 perrotines pour un rouleau.		
	Droit proportionnel — sur la maison d'habitation et sur les magasins de vente complétement séparés de l'établissement	...	20e
	— sur l'établissement industriel	...	50e

	Imprimeur de broderies. Voir *Broderies.*		
A	Imprimeur en taille-douce pour objets dits *de ville*	VII	*40e
A	— libraire	III	20e
	— lithochrome. Voir *Lithochrome.*		
A	Imprimeur lithographe éditeur	VI	20e
A	— — non éditeur	VII	*40e
A	Imprimeur sur porcelaine, faïence, verre, cristaux, émail, etc.	VII	*40e
A	Imprimeur typographe, employant des presses ordinaires	III	20e
A	— — employant des presses mécaniques	III	
	Droit proportionnel — sur la maison d'habitation	...	20e
	— sur les locaux servant à l'exercice de la profession	...	40e

Un imprimeur n'a pas droit à l'exemption par le motif qu'il n'imprime que le journal dont il est éditeur. (Arr. C. 29 juillet 1857, n° 513.)

	Indication et placement (Bureau d'). Voir *Bureau.*		
	Indiennes (Marchand d'). Voir *Tissus de laine, de fil, de coton, etc.*		
	Indigo (Marchand en gros d'). Voir *Teinture.*		
A	Infirmerie d'animaux (Tenant une)	VI	20e
D	Ingénieur civil. — Profession assujettie seulement au droit proportionnel	...	15e
B	Inhumations et pompes funèbres de Paris (Entreprise des). 1,000 fr.	...	15e
A	Inhumations et pompes funèbres (Entreprise des) dans les villes autres que Paris	I	15e
	Insertions (Entrepreneur d'). Voir *Annonces.*		
	Inspecteur des eaux-de-vie. Voir *Agréeur.*		
	Instituteur primaire. (*Exempt.*)		

Est imposable lorsqu'il tient une pension. (D. ad. Voir au mot *Chef d'institution.*)

	Institution. Voir *Chef d'institution.*		
	Instruments (Accordeur d'). Voir *Accordeur.*		
	Instruments à l'usage des ouvriers tisseurs (Marchand d'). Voir *Outils.*		
A	Instruments aratoires (Fabricant d')	VI	20e
A	Instruments de chirurgie en métal (Fabricant et marchand d')	V	20e
A	— — en gomme élastique (Fabricant d')	VI	20e
C	Instruments de mathématiques, d'optique, de physique, et, en général, de sciences (Fabricant d', par procédés mécaniques) 15 fr. Plus 3 francs par ouvrier, jusqu'au maximum de 100 fr.		
	Droit proportionnel — sur la maison d'habitation et sur les magasins de vente complètement séparés de l'établissement	...	20e
	— sur l'établissement industriel	...	40e
A	Instruments de musique (Marchand expéditeur d')	III	20e
A	— — à vent, en bois ou en cuivre (Facteur d')	VI	20e
A	Instruments de musique en cuivre (Facteur de pièces de), pour son compte	VI	20e
A	Instruments de musique en cuivre (Facteur de pièces d'), à façon	VII	*40e
A	Instruments pour les sciences (Facteur et marchand d'), ayant boutique ou magasin	IV	20e
A	Instruments pour les sciences (Facteur d'), sans boutique ni magasin	VI	20e
A	Instruments pour les sciences (Fabricant d'), à façon	VIII	*40e
	Issues (Cuiseur ou échaudeur d'). Voir *Tripier.*		
	Ivoire brut (Marchand d'). Voir *Tabletterie.*		
A	Ivoire (Fabricant d'objets en), pour son compte	VI	20e
A	— — à façon	VII	*40e
A	Ivoire (Marchand d'objets en)	V	20e

J

A Jais ou Jaïet (Fabricant ou marchand d'objets en)............. VI 20e

A Jambons (Marchand expéditeur de)............................ III 20e

A Jardin public (Tenant un)..................................... IV 20e

Droit proportionnel — sur la maison d'habitation......... ... 20e

— sur les locaux servant à l'exercice de la profession................ ... 40e

Jardinier-pépiniériste. Voir *Plants*.

Jardins (Dessinateur de). Voir *Dessinateur*.

Jarretières (Fabricant ou marchand de). Voir *Bretelles*.

C Jaugeage des liquides (Adjudicataire des droits de)....... 3 fr.

Plus 2 francs par 1,000 francs du prix de ferme, jusqu'au maximum de 100 francs.

Droit proportionnel — sur la maison d'habitation seulement. ... 15e

A Jaugeur juré pour les liquides..................................... V 20e

A Jeu de paume (Maître de).. V 20e

Droit proportionnel — sur la maison d'habitation.......... ... 20e

— sur les locaux servant à l'exercice de la profession.................. ... 40e

A Joaillier (Fabricant et marchand), ayant atelier et magasin..... II 20e

A — (Marchand), n'ayant point d'atelier.................. III 20e

A — (Fabricant), pour son compte...................... V 20e

A — à façon .... VII *40e

Jonc (Fendeur de). Voir *Fendeur de brins de baleine ou de jonc*.

Jouets d'enfants (Fabricant ou marchand de). Voir *Bimbelotier*.

Journaux (Tenant un cabinet de lecture de). Voir *Cabinet*.

Journaux (Editeur de). *Exempt*. Voir *Editeur*.

C Jus de betterave (Fabricant de).

40 francs par chaque presse de première ou de seconde pression, jusqu'au maximum de 400 francs.

Droit proportionnel — sur la maison d'habitation et sur les magasins de vente complétement séparés de l'établissement........ ... 20e

— sur l'établissement industriel...... ... 40e

K

Kaolin. Voir *Moulin ou autre usine, etc.*

A Kaolin, Pétunzé, Manganèse (Marchand de)................... VI 20e

L

Laboureur. Voir *Cultivateur*.

C Lacets et tresses en laine ou coton (Fabrique de), par procédés mécaniques, pour 500 broches ou fuseaux et au-dessous. 10 fr.

Plus 1 fr. 50 centimes par chaque centaine de broches ou de fuseaux en sus, jusqu'au maximum de 400 francs.

Droit proportionnel — sur la maison d'habitation et sur les magasins de vente complétement séparés de l'établissement........ ... 20e

— sur l'établissement industriel...... ... 50e

Lacets (Fabricant de). Voir *Cordons*.

— (Ferreur de). Voir *Ferreur*.

	Profession	Classe	Droit prop.
	Laine. Voir *Apprêteur, Cardeur, Carderie, Chaîne, Déchets, Filature, Laveur, Peigneur, Peignerie, Piquonnier.*		
A	Laine brute ou lavée (Marchand de), en gros	I	15c
A	— — — en détail	IV	20c
A	Laine filée ou peignée (Marchand de), en gros	I	15c
A	— — — en demi-gros	II	20c
A	— — — en détail	IV	20c
A	Laineur	IV	20c
	Celui qui prépare la laine propre à la fabrication des châles et étoffes. (D. ad.)		
A	Lait (Marchand expéditeur de)	I	15c
	Lait (Nourrisseur de vaches et de chèvres pour le commerce du). Voir *Nourrisseur.*		
A	Lait (Marchand de), en gros. (Celui qui vend aux crémiers, laitiers, cafetiers, etc.)	IV	20c
A	Lait d'ânesse (Marchand de)	VII	*40c
	Laitier (Marchand de lait). Voir *Crémier.*		
A	Lamier-Rotier pour son compte	VII	*40c
	Celui qui fait des lames pour les métiers à tisser. (D. ad.)		
A	Lamier-Rotier à façon	VIII	*40c
C	Lamier-Rotier par procédés mécaniques ... 50 fr.		
	Droit proportionnel — sur la maison d'habitation et sur les magasins de vente complétement séparés de l'établissement	...	20c
	— sur l'établissement industriel	...	40c
C	Laminerie (Entrepreneur de).		
	Par paire de cylindres d'un mètre de longueur et au-dessus, 100 fr.		
	Par paire de cylindres au-dessous d'un mètre de longueur, 50 fr., jusqu'au maximum de 300 fr.		
	Droit proportionnel — sur la maison d'habitation et sur les magasins de vente complétement séparés de l'établissement	...	20c
	— sur l'établissement industriel	...	40c
A	Lamineur par les procédés ordinaires	VI	20c
	Lampes (Fabricant de ballons pour). Voir *Ballons.*		
A	Lampiste	V	20c
A	Langueyeur de porcs	VIII	*40c
A	Lanternier	VI	20c
A	Lapidaire en pierres fausses (Fabricant ou marchand), ayant boutique ou magasin	V	20c
A	Lapidaire à façon	VII	*40c
	— Voir *Diamants et pierres fines*; *Metteur en œuvre.*		
A	Lattes (Marchand de), en gros	III	20c
A	— en détail	VI	20c
	Lavande (Fabricant ou marchand d'eau de). Voir *Distillateur d'essences et eaux parfumées.*		
	Laveur de cendres. Voir *Cendres.*		
A	Laveur de laine	V	20c
	Lavoir de minerai. Voir *Patouillet.*		
A	Lavoir public (Tenant un)	VI	
	Droit proportionnel — sur la maison d'habitation	...	20c
	— sur les locaux servant à l'exercice de la profession	...	40c
A	Layetier-Emballeur	V	20c
A	Layetier	VI	20c
	Celui qui fait des coffres, des caisses, etc., en bois blanc. (D. ad.)		
A	Layettes d'enfant (Marchand de)	VII	*40c
	Légumes (Marchand de), vendant en ambulance, dans les rues, dans les lieux de passage et dans les marchés. — (*Exempt.*)		

A	Légumes secs (Marchand de), en gros	IV	20e
A	— — en détail	VII	*40e
	Légumes (Marchand expéditeur de). Voir *Fruits.*		
A	Levure ou Levain (Marchand de)	VI	20e
A	Libraire	V	20e
A	Libraire-éditeur	III	20e
A	Librairie (Agent de)	VII	*40e
A	Lie de vin (Marchand de)	VII	*40e
A	Liége brut (Marchand de), en gros	I	15e
A	— — en détail	V	20e
	Liens d'écorces (Fabricant de). Voir *Cordes à puits.*		
A	Limailles (Marchand de)	VIII	*40e
C	Limes (Fabrique de) : 10 fr.; plus 3 fr. par ouvrier, jusqu'au maximum de 300 fr.		
	Droit proportionnel — sur la maison d'habitation et sur les magasins de vente complétement séparés de l'établissement	...	20e
	— sur l'établissement industriel	...	40e
A	Limes (Tailleur de)	VIII	*40e
	Limonadier-Glacier. Voir *Glacier.*		
A	Limonadier non glacier	IV	20e
	Lin (Fosse à rouir le). Voir *Routoir.*		
A	Lin (Marchand de), en détail	VI	20e
A	Lin ou chanvre (Fabricant de) (celui qui, après avoir roui et battu le lin ou le chanvre, le vend par bottes)	VI	20e
A	Lin ou Chanvre brut ou filé (Marchand de), en gros	I	15e
A	— — en demi-gros	II	20e
	Lin ou Chanvre (Marchand de fils de). Voir *Fils de chanvre ou de lin.*		
	Linge (Blanchisseuse de). Voir *Blanchisseuse.*		
	Linge (Couturière en). Voir *Couturière.*		
A	Linge de table et de ménage (Loueur de)	VI	20e
A	Linge (Marchand de vieux)	VII	*40e
	Linge (Repasseuse de). Voir *Repasseuse.*		
A	Linger fournisseur	III	20e
	Celui qui vend du linge de table, des trousseaux et autres objets de lingerie confectionnés. (D. ad.)		
A	Linger	VI	20e
	Celui qui vend en détail des objets de lingerie. (D. ad.)		
	Linons (Marchand de). Voir *Tissus de laine, de fil, de coton, etc.*		
A	Liqueurs (Fabricant de)	III	20e
A	Liqueurs (Marchand de), en gros	I	15e
A	— — en détail	IV	20e
A	Liqueurs et Eau-de-vie (Débitant de)	VII	*40e
	Liquoriste. Voir *Distillateur-liquoriste.*		
A	Liseur de dessins. (Celui qui fait les dispositions nécessaires pour reproduire, dans les tissus, les dessins donnés par les fabricants.)	VI	20e
	Lisseur de papier. Voir *Satineur.*		
	Literie (Apprêteur d'objets de). Voir *Apprêteur.*		
	Literie (Marchand d'objets de). Voir *Fer en meubles.*		
	Litharge (Fabricant de). Voir *Produits chimiques.*		
A	Lithochromie (Imprimeur)	VI	20e
A	Lithochromies (Marchand de)	VI	20e
	Lithographe (Imprimeur). Voir *Imprimeur.*		
A	Lithographies (Marchand de)	VI	20e
A	Lithophanies pour stores (Fabricant et marchand de)	VI	20e
C	Lits militaires (Entreprise générale des) 1,000 fr.		

Droit proportionnel — sur la maison d'habitation et sur les magasins de vente complétement séparés de l'établissement (1)..... ... 20e
— sur l'établissement industriel....... ... 40e

A Livrets (Fabricant de), pour les batteurs d'or ou d'argent....... VIII *40e

Locataire. Voir *Propriétaire*.

Logement des troupes de passage (Entrepreneur du). Voir *Troupes*.

A Logeur.. VII *40e

Celui qui loge à bas prix, au mois, à la semaine et même à la nuit les ouvriers et autres gens de peine, sans leur fournir à boire ni à manger. (D. ad.)

A Logeur de chevaux et autres bêtes de somme.................. VII *40e

Longes (Fabricant de). Voir *Cordier*.

A Loueur en garni.. VI

Droit proportionnel — sur la maison d'habitation.......... ... 20e
— sur les locaux servant à l'exercice de la profession.................. ... 40e

Est passible du droit fixe de 6e classe, celui qui loue en garni plusieurs chambres, même deux chambres seulement sans communication entre elles. (Arr. C. 3 avril 1856, no 312.)

Est imposable comme loueur en garni :

Celui qui donne habituellement à loyer une maison garnie de meubles. (Arr. C. 20 décembre 1855, no 311.)

Celui qui loue habituellement un appartement meublé indépendant de son habitation personnelle. (Arr. C. 15 avril 1856, no 361.)

Celui qui quitte habituellement sa maison pendant la saison des bains, pour la louer toute meublée. (Arr. C. 20 décembre 1855, no 311.)

Il résulte de ces arrêts que la réunion des conditions de louer en garni avec le linge, les ustensiles de ménage, le service de la domesticité, etc., n'est pas nécessaire pour rendre imposable à la patente de loueur en garni : il suffit, pour que cette patente soit exigible, que la location soit habituelle et qu'elle ait lieu avec des meubles placés en vue de cette location. (D. ad.)

Celui qui loue en garni, chaque année, pendant la saison des bains seulement, une maison ou un appartement, n'a pas droit à l'exemption comme ne louant qu'accidentellement une partie de son habitation personnelle. (Arr. C. 29 juillet 1857, no 519; 15 mai 1857, no 520.)

A Loueur en garni. (S'il ne loue qu'une chambre.)............. VIII *40e

A Loueur d'abris sur les marchés.............................. VIII *40e

— d'alambic. Voir *Alambic*.
— d'ânes. Voir *Anes*.
— de bestiaux.

Les individus dont la profession consiste à placer des bœufs et des vaches chez les cultivateurs, et à recevoir, lors de la vente de ces animaux, une part de la plus-value qu'ils ont acquise depuis leur entrée dans les métairies, ne sont point passibles de la patente. Ces bailleurs de cheptel font avec les cultivateurs une affaire en participation pour laquelle on pourrait d'autant moins les imposer que l'associé principal (le cultivateur) est formellement exempté par l'article 13 de la loi du 25 avril 1844. (D. ad.)

A Loueur de bêtes de trait, pour le halage et pour le renfort, aux voituriers sur les routes de terre......................... VII *40e

Loueur de carrioles. Voir *Carrioles*.
— de chaises à porteur. Voir *Chaises*.
— de charrettes. Voir *Charrettes*.
— de chevaux. Voir *Chevaux*.
— d'établissement de buanderie. Voir *Buanderie*.
— de force motrice. Voir *Force motrice*.
— de linge. Voir *Linge*.

(1) *Voir* la note, page 67.

A Loueur de livres. . . . . VII *40e
— de métiers à tisser. Voir *Métiers à tisser.*
Loueur de pianos. Voir *Pianos.*
A — de tableaux et dessins. . . . . VI 20e
A — de voitures suspendues. . . . . V 20e
A Lunetier (Fabricant). . . . . VI 20e
A — (Marchand). . . . . V 20e
A Lunettes (Fabricant de verres de). . . . . . . VII *40e
— (Montures de). Voir *Châsses de lunettes.*
A Lustres (Fabricant et marchand de). . . . . . IV 20e
A Lustreur de fourrures. . . . . VI 20e
— de gants. Voir *Gantier dresseur.*
A Lutherie (Marchand de fournitures de). . . . . V 20e
A Luthier (Fabricant), pour son compte. . . . . . V 20e
A — — à façon. . . . . VII *40e

M

Macaroni (Marchand de). Voir *Pâtes alimentaires.*

C Machines à vapeur, métiers mécaniques pour la filature et pour le tissage et autres grandes machines (Constructeur de). 25 fr.
Plus 3 fr. par ouvrier, jusqu'au maximum de 500 fr.
Droit proportionnel — sur la maison d'habitation et sur les magasins de vente complétement séparés de l'établissement. 20e
— sur l'établissement industriel. 50e

A Maçon (Maître). . . . . VI 20e
A — à façon. . . . . VII *40e
A Maçonnerie (Entrepreneur de). . . . . IV 20e
C Madragues (Fermier de). . . . . 25 fr.
Droit proportionnel — sur la maison d'habitation seulement. 15e

B Magasin de plusieurs espèces de marchandises (Tenant un), lorsqu'il occupe habituellement plus de cinq personnes préposées à la vente : —25 fr. par personne dans les villes d'une population de plus de 100,000 âmes; 20 fr. dans celles d'une population de 50,000 à 100,000 âmes, et 15 fr. dans les villes d'une population inférieure à 50,000 âmes. Le tout jusqu'au maximum de 2,000 fr. 15e

On ne doit pas compter, pour l'assiette du droit fixe, les chefs de maison, voyageurs, teneurs de livres, caissiers, employés chargés du matériel. (Arr. C. 21 septembre 1853, no 21.)

Mais il faut compter toutes les personnes qui concourent aux ventes en magasin, les apprentis et les simples pensionnaires aussi bien que les employés rétribués. (Arr. C. 19 avril 1854, no 208; 22 mars 1855, no 319; 5 octobre 1857, no 549.)

B Magasin de vêtements (Tenant un), lorsqu'il occupe habituellement plus de cinq personnes préposées à la vente : — 25 fr. par personne dans les villes d'une population de plus de 100,000 âmes; 20 fr. dans celles de 50,000 à 100,000 âmes, et 15 fr. dans les villes d'une population inférieure à 50,000 âmes. Le tout jusqu'au maximum de 2,000 fr. 15e

A Magasinier. V
Droit proportionnel — sur la maison d'habitation. 20e
— sur les locaux servant à l'exercice de la profession. 40e

Celui qui, sans être commissionnaire de marchandises ou entrepositaire, reçoit en magasin, pour le compte des négociants, des marchandises qu'il n'est chargé ni de vendre, ni d'expédier. (D. ad.)

Magmas (Fabricant de). Voir *Produits chimiques.*
Maïs (Marchand de feuilles de). Voir *Feuilles.*
Mail (Maître de jeu de). Voir *Quilles.*
A Maillechort et autres compositions métalliques (Fabricant ou marchand en gros d'objets en)........ IV 20e
A Maillechort et autres compositions métalliques (Marchand d'objets en), en détail........ VI 20e
A Maillechort et autres compositions métalliques (Fabricant d'objets en), à façon........ VIII *40e
Mailles (Fabricant d'ouvrages à). Voir *Bourses.*
Maison d'accouchement (Chef de). Voir *Accouchement.*
A Maison particulière de retraite (Tenant une)........ VI
Droit proportionnel — sur la maison d'habitation........ ... 20e
— sur les locaux servant à l'exercice de la profession........ ... 40e
C Maison particulière de santé (Tenant une)........ 100 fr.
Droit proportionnel — sur la maison d'habitation........ ... 20e
— sur les locaux servant à l'exercice de la profession........ ... 40e
Maître d'apparaux. Voir *Apparaux.*
— de barques et bateaux. Voir *Barques et bateaux.*
— de billard. Voir *Billard.*
— de pension. Voir *Chef d'institution.*
— de station de cabriolets. Voir *Cabriolets.*
Malletier. Voir *Coffretier.*
Manches de brosses, de fouets, de parapluies, etc. Voir *Bâtonnier* et *Garnitures.*
D Mandataire agréé par les tribunaux de commerce (Profession assujettie seulement au droit proportionnel)........ ... 15e
A Mandataire salarié pour l'administration des faillites (S'il en fait sa profession habituelle)........ IV 20e
A Manége d'équitation (Tenant un)........ IV
Droit proportionnel — sur la maison d'habitation........ ... 20e
— sur les locaux servant à l'exercice de la profession........ ... 40e
Manganèse (Marchand de). Voir *Kaolin.*
Marabouts (Fabricant ou marchand de). Voir *Cafetières.*
Marais salants (Propriétaire ou fermier de). (*Exempt.*)
A Marbre (Marchand de), en gros........ II 20e
A Marbre factice (Fabricant et marchand d'objets en)........ VI 20e
A Marbreur sur tranches........ VII *40e
A Marbrier........ VI 20e
Marc d'orge. Voir *Drêche.*
A Marchands en gros, ceux qui vendent habituellement à d'autres marchands.
A Marchands en demi-gros, ceux qui vendent habituellement aux détaillants et aux consommateurs.
A Marchands en détail, ceux qui ne vendent habituellement qu'aux consommateurs.

On doit considérer comme ventes faites à des marchands ou détaillants, et non à des consommateurs, les ventes de quincaillerie à des selliers ou carrossiers, de chanvre à des cordiers, d'huiles à des filateurs et corroyeurs, de cuirs à des cordonniers, et, en général, celles d'objets ou matières faites à des commerçants ou industriels pour être employés dans leur industrie. (Arr. 11 janvier 1853 n° 25; 19 avril 1855, n° 158; 3 avril 1856, n° 307; 14 mai 1856, n° 355; 22 avril 1857, n° 533; 22 juin 1858, Cotes-du-Nord, *Roussin.*)

Lorsque la loi n'admet pas, pour un commerce, la classe du demi-gros, il y a lieu de considérer comme marchand en gros celui qui vend habituellement aux marchands et aux consommateurs. (Arr. 21 février 1855, n° 159; 22 juin 1858, Côtes-du-Nord, *Roussin.*)

C Marchand forain :
Avec voiture à un seul collier........ 60 fr. ... 15e
Avec voiture à deux colliers........ 120 ... 15e

Avec voiture à trois colliers et au-dessus, ou ayant plus d'une voiture........................ 200 ... 15e
Avec bête de somme........................ 40 ... 15e
Avec balle........................ 15 ... 15e
(Les droits ci-dessus sont réduits de moitié lorsque le marchand forain ne vend que des balais, de la boissellerie, des bouteilles, des pierres à aiguiser, de la poterie ou de la vannerie.)

Est imposable comme marchand forain, si cette profession donne lieu au droit fixe le plus élevé :

Le marchand forain ayant une boutique constamment ouverte au lieu de son domicile, alors même qu'il ne ferait le colportage que dans les lieux de foires et marchés, et que les ventes faites au moyen du colportage seraient moins élevées que celles faites en boutique. (Arr. C. 26 mars 1856, n° 321; 16 avril 1856, n° 365; 18 mars 1857, n° 550.)

Le boulanger qui emploie habituellement une voiture attelée d'un âne, non pour desservir *quelques* pratiques dans les communes voisines, mais pour transporter et offrir au public les produits de sa boulangerie dans plusieurs localités importantes, alors même qu'il tiendrait une boutique de boulanger constamment ouverte dans la commune de son domicile. (Arr. C. 27 mai 1857, n° 551.)

Celui qui colporte habituellement de ville en ville des articles de boissellerie, alors même qu'il ferait, de son domicile, des expéditions directes de ces marchandises. (Arr. C. 21 janvier 1857, n° 439.)

Est imposable comme marchand forain, celui qui transporte des marchandises de commune en commune, alors même qu'il vendrait pour le compte de son père, de son frère ou d'un autre marchand dont il ne serait que le commis. (Arr. C. 16 avril 1856, n° 366; 11 février 1857, n° 411; 4 juillet 1857, n° 552.)

Est imposable comme marchand forain avec voiture, celui qui se sert des voitures publiques pour le transport de ses marchandises. (Arr. C. 31 juillet 1856, n° 438.)

Le marchand forain ayant des habitations dans plusieurs communes est imposable au droit fixe dans la commune qui est le centre de son commerce de colporteur, et dans laquelle est située la maison affectée tant à son habitation personnelle qu'à l'entrepôt de ses marchandises. (Arr. C. 22 avril et 6 mai 1857, n° 553; 7 avril 1858, Cantal, *Margery*.)

Un marchand forain est passible du droit proportionnel pour une écurie ou une grange où il remise la voiture servant à l'exercice de sa profession. (Arr. C. 24 juin 1857, n° 504.)

On ne doit pas imposer comme marchands forains, les marchands de bestiaux, les blatiers, les coquetiers, etc. Voir *les explications données à la suite du mot : Bestiaux (Marchand de).*

A Marchande à la toilette........................ VII *40e

Marchandises (Courtier de). Voir *Courtier*.

Marchés (Adjudicataire des droits sur les). Voir *Halles, Marchés, etc.*

A Maréchal expert........................ V 20e

A — ferrant........................ VI 20e

C Mareyeur expéditeur, expédiant avec voitures servies par des relais ou par les chemins de fer........................ 100 fr.

Droit proportionnel — sur la maison d'habitation et sur les magasins de vente complétement séparés de l'établissement......... ... 20e
— sur l'établissement industriel......... ... 40e

Marne (Extracteur de). Voir *Carrières.*

— (Marchand de). Voir *Castine.*

Marine (Marchand de bois de). Voir *Bois.*

C Maroquin (Fabrique de) avec machine à vapeur ou moteur hydraulique........................ 100 fr.

Droit proportionnel — sur la maison d'habitation et sur les magasins de vente complétement séparés de l'établissement......... ... 20e
— sur l'établissement industriel..... ... 40e

A Maroquinier pour son compte........................ V 20e

A — à façon........................ VII *40e

Marqueur de bestiaux sur les foires et marchés. *Ne doit pas être imposé. (Un arrêté d'assimilation qui avait rangé la profession de marqueur de bestiaux sur les foires et mar-*

chés parmi les professions imposables, n'a pas été sanctionné par le pouvoir législatif.)

Marqueterie (Découpeur de). Voir *Découpeur*.

A Marrons et châtaignes (Marchand expéditeur de)............... V 20°

A Marrons (Marchand de) en détail............................. VIII *40°

C Martinets (Maître de) :

Par arbre de camage, 15 francs, jusqu'au maximum de 200 francs.

(Ce droit sera réduit de moitié pour les fabriques qui sont forcées, par manque ou par crue d'eau, de chômer pendant une partie de l'année équivalente au moins à quatre mois.)

Droit proportionnel — sur la maison d'habitation et sur les magasins de vente complétement séparés de l'établissement........ ... 20°

— sur l'établissement industriel...... ... 40°

A Masques (Fabricant et marchand de)......................... VI 20°

Mastics et ciments (Fabrique de). Voir *Cimentier*.

Matelas, plume, duvet et autres objets de literie (Marchand de). Voir *Fer en meubles*.

A Matelassier... VIII *40°

A Matériaux (Marchand de vieux)............................. VI 20°

A Mâts (Constructeur de)................................... IV 20°

A Mécanicien... IV 20°

Celui qui construit de petites machines. (D. ad.) Voir *Serrurier*.

A Mécanicien à façon (travaillant pour des maîtres ou pour des particuliers qui lui fournissent la matière).................. VII *40°

C Mèches pour les mines et les artifices (Fabricant de).... 10 fr.

Plus 3 fr. par ouvrier, jusqu'au maximum de....... 100 fr.

Droit proportionnel — sur la maison d'habitation et sur les magasins de vente complétement séparés de l'établissement...... ... 20°

— sur l'établissement industriel..... ... 25°

A Mèches et veilleuses (Marchand et fabricant de)............... VIII *40°

Médecin. Voir *Docteur en médecine*.

A Mégissier pour son compte.................................. V 20°

A — à façon... VII *40°

Ménage (Marchand de vieux ustensiles de). Voir *Ustensiles*.

A Menuisier (Entrepreneur).................................... IV 20°

A Menuisier... VI 20°

A — à façon (travaillant pour des maîtres ou pour des particuliers qui lui fournissent la matière)..................... VII *40°

A Menuisier mécanicien....................................... V 20°

— parqueteur. Voir *Parqueteur*.

— rampiste. Voir *Rampiste*.

A Merceries (Marchand de) en gros............................. I 15°

A — — en demi-gros......................... II 20°

A — — en détail............................. IV 20°

A Mercerie (Marchand de menue)................................ VI 20°

Mérinos (Marchand de). Voir *Tissus de laine, de fil, de coton*, etc.

Messageries (Entreprise de). Voir *Diligences*.

C Mesurage (Fermier des droits de)........................ 3 fr.

Plus 2 francs par 1,000 francs du prix de ferme, jusqu'au maximum de 100 francs.

Droit proportionnel — sur la maison d'habitation seulement........................ ... 15°

Mesureur juré. Voir *Peseur*.

A Mesures linéaires, règles et équerres (Fabricant de), pour son compte.. VII *40°

A Mesures linéaires, règles et équerres (Fabricant de), à façon..... VIII *40°

Métaux. Voir *Acheveur*, *Affineur*.

A Métaux autres que l'or, l'argent, le fer en barres et la fonte

	(Marchand de), en gros	I	15°
A	Métaux autres que l'or, l'argent, le fer en barres, la fonte (Marchand de), en demi-gros	II	20°
A	Métaux autres que l'or, l'argent, le fer en barres et la fonte (Marchand de), en détail	IV	20°
A	Métiers à bas (Forgeur de), pour son compte	V	20°
A	— — à façon	VII	*40°
C	Métiers (Fabrique à) :		

2 francs 50 centimes par métier, jusqu'au maximum de 600 francs.

Sont exemptés de la patente (loi du 10 juin 1853, art. 13) les fabricants à métiers à façon ayant moins de 10 métiers. Lorsque les fabricants à façon ont 10 métiers ou plus, le droit fixe est pour eux réductible à la moitié.

Droit proportionnel — sur la maison d'habitation et sur les magasins de vente complètement séparés de l'établissement ... 20°

— sur l'établissement industriel ... 50°

Le fabricant à métiers qui fait fouler et apprêter les draps tissés avec les métiers qu'il occupe, est imposable au droit fixe de patente en raison de tous ses moyens de production : métiers, fouleries et ouvriers d'apprêt. (Arr. C. 6 août 1857, n° 529.)

Le fabricant à métiers doit être imposé pour les métiers des fabricants à façon qui travaillent pour lui, alors même que ceux-ci seraient déjà personnellement imposés. (D. ad.)

Métiers mécaniques pour la filature et pour le tissage (Constructeur de). Voir *Machines à vapeur*.

Métiers à tisser (Loueur de). *Ne doit pas être imposé. (Un arrêté d'assimilation qui avait rangé la profession de loueur de métiers à tisser parmi les professions imposables, n'a pas été sanctionné par le pouvoir législatif.)*

Métiers (Monteur de). Voir *Monteur*.

A	Métreur de bâtiments, de bois, de pierres	VII	*40°
	Metteur en bronze. Voir *Bronze*.		
A	Metteur en œuvre, pour son compte	VI	20°

Celui qui monte des pierres fines ou fausses. (D. ad.)

A	Metteur en œuvre, à façon	VII	*40°
A	Meubles (Marchand de)	V	20°
A	Meubles et outils d'occasion (Marchand de)	VI	20°
A	Meules à aiguiser (Fabricant et marchand de)	V	20°
A	Meules de moulin (Fabricant de)	IV	20°
A	— (Marchand de)	V	20°
A	Miel et cire brute (Marchand expéditeur de)	I	15°
A	— (Marchand non expéditeur de)	IV	20°
A	Mine de plomb (Marchand de), en gros	I	15°
A	— — en détail	V	20°
A	Minerai de fer (Marchand de), ayant magasin	V	20°
	— (Extracteur de). Voir *Minières*.		
	Mines (Fabricant de mèches pour les). Voir *Mèches*.		
	Mines (Concessionnaire de). (*Exempt*, mais seulement pour l'extraction et la vente des matières extraites.)		
C	Minières non concessibles et extraction de minerai de fer (Exploitant de) : — 5 francs ; plus 3 fr. par ouvrier, jusqu'au maximum de 100 fr.		

Droit proportionnel — sur la maison d'habitation seulement ... 15°

A	Miroitier	V	20°
	Mitaines (Fabricant de). Voir *Bourses*.		
A	Modes (Marchand de)	III	20°

Celui qui fait des envois dans les départements et à l'étranger. (D. ad.)

On doit imposer comme marchand de modes, celui qui ne se borne pas à confectionner des articles de mode sur commande et à les vendre dans la localité où il réside, mais qui a un magasin où se trouve un assortiment de coiffures dont la plupart sont achetées à Paris, et qui expédie des articles de mode dans d'autres départements. (Arr. C. 22 avril 1857, n° 539.)

	Modes (Fabricant de carcasses pour). Voir *Carcasses*.		
A	Modiste	V	20e
A	— à façon	VIII	*40e
A	Moireur d'étoffes, pour son compte	VI	20e
A	— à façon	VIII	*40e
B	Monnaies (Directeur des) :		
	A Paris ... 1,000 fr.		
	Dans toutes les autres villes ... 500		
	Droit proportionnel — sur la maison d'habitation seulement	...	20e
A	Monteur d'agrès et de manœuvres de navires	V	20e
	— d'aiguilles pour les métiers à faire des bas. Voir *Aiguilles*.		
A	Monteur de boîtes de montres, pour son compte	V	20e
A	— — à façon	VII	*40e
A	Monteur de métiers	VI	20e
A	— en bronze	VII	*40e

Celui qui assemble et ajuste les différentes pièces dont se composent les ouvrages en bronze, tels que candélabres, pendules, flambeaux, etc. (D. ad.)

	Monteur de diamants. Voir *Diamants*.		
	Monteur de pierres fines ou fausses. Voir *Sertisseur*.		
	Montres et pendules (Fabricant d'aiguilles, clefs et autres petits objets pour). Voir *Aiguilles*.		
	Montures de parapluies (Fabricant de). Voir *Carcasses*.		
A	Monuments funèbres (Entrepreneur de)	V	20e
A	Mosaïques (Marchand de)	VI	20e
	Mottes à brûler (Marchand de). Voir *Bûches* et *Briquettes factices*.		
A	Moules de boutons (Fabricant de)	VIII	*40e
	Mouleur. Voir *Bustes* et *Figures en plâtre*.		
C	Moulin ou autre usine à moudre, battre, triturer, broyer, pulvériser, presser.		

5 francs par paire de meules ou de cylindres et par presse, et 1 fr. par pilon, jusqu'au maximum de 300 fr.

Lorsque les meules et les cylindres ne fonctionneront pas par paire, on appliquera le droit fixe afférent à la paire, à la machine ou au jeu des machines qui en tiendra lieu.

Le droit sera réduit de moitié pour les moulins à bras, à manége et à vent, et pour les moulins mus par l'eau, qui sont périodiquement forcés, par manque ou par crue d'eau, de suspendre leur travail, en tout ou en partie, pendant un temps équivalent au moins à quatre mois.

Les exploitants de moulin qui achètent les matières premières pour revendre ensuite les produits de leur usine sont imposables comme marchands, lorsque le droit fixe afférent à cette dernière qualification excède le droit fixe afférent à l'exploitation du moulin.

Les usines à bras seront exemptes du droit proportionnel.

Droit proportionnel — sur la maison d'habitation et sur les magasins de vente complétement séparés de l'établissement	...	20e
— sur l'établissement industriel	...	40e

Les moulins mus par les eaux de la mer ne pouvant fonctionner qu'à la marée descendante, doivent être imposés comme ceux qui, par manque ou par crue d'eau, sont forcés de chômer pendant un temps équivalent au moins à quatre mois. (D. ad.)

Lorsque plusieurs propriétaires possèdent en commun un moulin qu'ils exploitent alternativement pendant un certain temps, il y a lieu d'imposer chacun d'eux à la moitié du droit fixe, par assimilation au meunier dont les usines chôment par manque ou par crue d'eau. Le droit proportionnel doit être établi, pour chacun des exploitants, à raison du vingtième de la valeur locative de la maison d'habitation, et à raison du quarantième de la valeur locative du moulin, calculée pour le temps pendant lequel chacun en a la jouissance. (D. ad. — Arr. C. 19 décembre 1848, *Léger et consorts*, Vienne.)

Moulin à battre le chanvre (Exploitant un). Voir *Battendier*.
Moulin à perler l'orge (Exploitant un). Voir *Orge*.

C Moulinier en soie, soit qu'il travaille pour son compte, soit qu'il travaille à façon .... 5 fr.

Plus 5 francs par centaine de tavelles et 60 centimes par centaine de broches, fuseaux et baguettes ou axes supportant les bobines, roquets ou roquelles de toute nature, jusqu'au maximum de 200 fr.

(Le droit sera réduit de moitié pour le moulinier en soie et coton mélangés.)

	Droit proportionnel — sur la maison d'habitation et sur les magasins de vente complétement séparés de l'établissement.......	...	20e
	— sur l'établissement industriel......	...	40e
	Moulinier en soie. Voir *Cocons* (*Filerie de*).		
A	Moulures (Fabricant de), pour son compte..........	V	20e
A	— — à façon..........	VII	*40e
A	Moulures (Marchand de) en boutique..........	V	20e
	Moutarde blanche (Marchand de graine de). Voir *Graine*.		
A	Moutardier (Marchand) en gros..........	IV	20e
A	— — en détail..........	VII	*40e
A	Moutons et Agneaux (Marchand de)..........	IV	20e
	Mouture (Courtier de). Voir *Courtier*.		
A	Muletier..........	VII	*40e
A	Mulets et mules (Marchand de)..........	IV	20e
A	Mulquinier. — Celui qui prépare le fil pour les chaînes servant à la fabrication des tissus..........	VI	20e
	Musique (Graveur de). Voir *Graveur*.		
A	Musique (Marchand de)..........	V	20e

N

A	Nacre brute (Marchand de)..........	III	20e
A	Nacre de perle (Fabricant d'objets en), pour son compte.......	V	20e
A	— — à façon..........	VII	*40e
A	Nacre de perle (Marchand d'objets en)..........	V	20e
A	Natation (Tenant une école de)..........	V	
	Droit proportionnel — sur la maison d'habitation........	...	20e
	— sur les locaux servant à l'exercice de la profession..........	...	40e
A	Nattier..........	VIII	*40e
	Celui qui fait et vend des nattes de roseaux, joncs, pailles, écorces, etc. (D. ad.)		
A	Naturaliste (Marchand)..........	VI	20e
A	Naturaliste préparateur, à façon..........	VII	*40e
A	Navetier (Fabricant)..........	VII	*40e
A	Navires (Constructeur de)..........	III	20e
	— (Courtier de). Voir *Courtier*.		
	— (Radoubeur de). Voir *Calfat*.		
	— (Visiteur de). Voir *Expert*.		
A	Nécessaires (Fabricant de), pour son compte..........	VI	20e
A	— — à façon..........	VIII	*40e

A Nécessaires (Marchand de)............................ IV 20ᵉ

B Négociant :

Celui qui fait le commerce en gros de plusieurs sortes de marchandises. (D. ad.)

A Paris.. 400 fr. ... 15ᵉ
Dans les villes de 50,000 âmes et au-dessus......... 300 ... 15ᵉ
Dans les villes de 30,000 à 50,000 âmes, et dans celles de 15,000 à 30,000 âmes qui ont un entrepôt réel... 200 fr. ... 15ᵉ
Dans les villes de 15,000 à 30,000 âmes, et dans les villes d'une population inférieure à 15,000 âmes qui ont un entrepôt réel.............................. 150 fr. ... 15ᵉ
Dans toutes les autres communes................. 100 ... 15ᵉ

La vente en gros des vins, eaux-de-vie, liqueurs et vinaigres est considérée, à cause de l'analogie des matières comme ne comprenant qu'une sorte de marchandises. (Arr. C. 9 et 17 mars 1853, n° 72.)

Il en est de même de la vente en gros du café, du savon, des huiles, du sel, attendu que ces marchandises rentrent dans le commerce de l'épicerie. (Arr. C 10 février 1858. *Champonnois*, Saône-et-Loire.)

Est imposable comme négociant :

Celui qui vend en gros tous les objets nécessaires à l'approvisionnement et au gréement des navires, tels qu'épiceries, salaisons, savons, cordages, etc. (D. ad.)

Le gérant d'une société qui a pour objet l'achat et la vente de toutes sortes de valeurs industrielles. (Arr. C. 27 février et 11 novembre 1833.)

Celui qui fait le commerce en gros des vins et des farines ; des vins, des farines, des fers, des laines et autres marchandises. (Arr. C. 23 juillet et 10 décembre 1856, n° 437.)

A Néorama (Directeur de).................................. II
Droit proportionnel — sur la maison d'habitation seulement.......................... ... 20ᵉ

A Nerfs (Batteur de).. VIII *40ᵉ

Celui qui réduit les nerfs de bœuf en filasse. (D. ad.)

Nerfs (Fabricant de filasse de). Voir *Filasse*.
Nitrate (Fabrique de) Voir *Produits chimiques*.
Nitre (Fabrique de). Voir *Produits chimiques*.

C Noir animal (Fabrique de)........................... 50 fr.
Droit proportionnel — sur la maison d'habitation et sur les magasins de vente complétement séparés de l'établissement........ ... 20ᵉ
— sur l'établissement industriel....... ... 25ᵉ

Noir animal (Marchand d'os pour la fabrication du). Voir *Os*.

A Noir de fumée et noir animal (Marchand de).................. VII *40ᵉ

D Notaire. Profession assujettie seulement au droit proportionnel. ... 15ᵉ

A Nougat (Fabricant expéditeur de)......................... IV 20ᵉ

A Nourrisseur de vaches et de chèvres pour le commerce du lait.. VI 20ᵉ

Celui qui entretient, pour le commerce du lait, des vaches qu'il ne nourrit pas seulement avec le produit des terrains qu'il exploite, mais encore avec des fourrages par lui achetés, est imposable, non comme laitier, mais comme nourrisseur de vaches pour le commerce du lait. (Arr. 14 janvier 1858, *Bertheloot — Clay* —Pas-de-Calais)

A Nouveautés (Marchand de), n'occupant pas plus de cinq personnes préposées à la vente.................................. II 20ᵉ

Nouveautés (Marchand de), lorsqu'il occupe habituellement plus de cinq personnes préposées à la vente. Voir *Magasin de plusieurs espèces de marchandises*.

O

Objets d'art (Appréciateur d'). Voir *Appréciateur*.
Objets en fer battu ou étamé. Voir *Couverts*.
Objets d'histoire naturelle ou d'antiquités (Tenant un cabinet d'). Voir *Cabinet*.

C Octroi (Adjudicataire des droits d')..................... 5 fr.
Plus 2 francs par 1,000 francs du prix des adjudications, jusqu'au maximum de 500 francs.
Droit proportionnel — sur la maison d'habitation seulement. ... 15e
A OEillets métalliques (Fabricant d')............................ VIII *40e
OEufs (Marchand d'), vendant en ambulance dans les rues, dans les lieux de passage et dans les marchés. — (*Exempt.*)
A OEufs ou volailles (Marchand expéditeur d')................ I 15e

Est imposable comme tel :
Celui qui fait des expéditions régulières de gibier et de volailles à la halle de Paris. (Arr. C. 18 juin 1856, n° 356.)

OEufs de morue (Marchand d'). Voir *Rogues*.
D Officier de santé. Profession assujettie seulement au droit proportionnel.. ... 15e
A Oignons (Cuiseur ou Grilleur d')............................ VII *40e
A Oiselier.. VII *40e
Olives (Saleur d'). Voir *Saleur*.
B Omnibus (Entreprise d')............................ 10 fr.
Plus 1 franc par place des voitures en circulation dans les villes au-dessus de 100,000 âmes; 75 centimes dans celles de 50,000 à 100,000 âmes, et 50 centimes dans celles au-dessous de 50,000 âmes. Le tout jusqu'au maximum de 1,000 francs.
Le droit par place sera réduit de moitié pour les places dont le prix est au-dessous de 20 centimes.................... ... 15e
A Opticien à façon (travaillant pour des maîtres qui lui fournissent la matière)... VIII *40e
Opticien. Voir, selon les cas, *Instruments pour les sciences*, ou *Lunetier*.
Or (Exploitant d'usine à tirer l'). Voir *Usine*.
Or et argent (Batteur d'). Voir *Batteur*.
A Or et argent (Marchand d')................................ II 20e
A Oranges, citrons (Marchand d'), Expéditeur................ IV 20e
A Orange et citrons (Marchand d'), en boutique et en détail...... VI 20e
A Orfèvre (Marchand fabricant), avec atelier et magasin.......... II 20e
A Orfèvre (Marchand), sans atelier........................... III 20e
A Orfèvre (Fabricant), pour son compte....................... V 20e
A Orfèvre à façon.. VII *40e
Orfèvrerie à jour (Fabricant d'ouvrages d'). Voir *Filigraniste*.
A Orge (Exploitant un moulin à perler l')...................... VII *40e
A Orgues d'église (Facteur d')............................... IV 20e
A Orgues portatives (Facteur d'), pour son compte............... V 20e
A Orgues portatives (Facteur d') à façon....................... VII *40e
A Oribus (Faiseur et marchand d')............................ VIII *40e

Chandelle de résine. (D. ad.)

A Ornemaniste... IV 20e

Celui qui exécute et vend toutes sortes d'ornements d'architecture pour la décoration des bâtiments. (D. ad.)

Ornements d'architecture (Marchand d'). Voir *Décors*.
Ornements en pâte de carton. Voir *Carton*.
Ornements d'église (Fabricant et marchand d'). Voir *Chasublier*.
Orpin ou Orpiment (Fabrique d'). Voir *Produits chimiques*.
Orseille (Fabrique d'). Voir *Produits chimiques*.
C Orthopédie (Tenant un établissement d') : — 10 fr.
Droit proportionnel — sur la maison d'habitation.......... ... 20e
— sur les locaux servant à l'exercice de la profession............ ... 40e
A Os (Fabricant d'objets en), pour son compte.................. VI 20e
A — — à façon................................ VIII *40e
A Os pour la fabrication du noir animal (Marchand d'), en gros.... I 15e
A Osier (Marchand d'), vendant par voiture ou par bateau....... V 20e
A — — vendant à la botte ou par petites quantités. VIII *40e

A	Ouate (Fabricant et marchand d')	VII	*40e
A	Ourdisseur de fils	VIII	*40e

Celui qui dispose les fils pour le tissage (D. ad.)

Ourdisseur de fils. Voir *Mulquinier.*
Outils aratoires (Faiseur ou réparateur d'). Voir *Forgeron.*
Outils à l'usage des cordonniers (Fabricant d'). Voir *Crépin.*
Outils d'occasion (Marchand d'). Voir *Meubles.*

A	Outils, instruments et harnais à l'usage des ouvriers tisseurs (Marchand d')	VII	*40e
A	Outres (Fabricant d'), pour son compte	VI	20e
A	— — à façon	VII	*40e
A	Outres (Marchand d')	VI	20e

Ouvrier. *Exempt*, s'il n'a ni compagnon, ni apprenti, ni enseigne, ni boutique, soit qu'il travaille à la journée ou à façon, soit qu'il travaille pour son compte et avec des matières à lui appartenant.

Ne sont point considérés comme compagnons ou apprentis la femme travaillant avec son mari, ni les enfants non mariés travaillant avec leurs père et mère, ni le simple manœuvre dont le concours est indispensable à l'exercice de la profession.

A	Ovaliste	VII	*40e

Celui qui, au moyen d'un métier ayant la forme ovale, prépare les soies destinées à la fabrication des bas, des tulles et des ouvrages de passementerie. (D. ad.)

P

A	Pacotilleur. (Celui qui expédie par de petites quantités, dans les colonies ou à l'étranger, des marchandises diverses, et qui reçoit en retour, soit de l'argent, soit des marchandises d'une autre nature.)	III	20e
A	Paillassons (Fabricant de)	VIII	*40e
	— — Voir *Nattier.*		
A	Paille (Fabricant de tissus pour les chapeaux de), pour son compte	VI	20e
A	Paille (Fabricant de tissus pour les chapeaux de), à façon	VII	*40e
A	Paille (Fabricant de tresses, cordonnet, etc., en)	VII	*40e
A	Paille coupée pour chaises (Marchand de)	VII	*40e
A	Paille teinte (Fabricant et marchand de)	VII	*40e
A	Paillettes et paillons (Fabricant de), pour son compte	VI	20e
A	— — à façon	VIII	*40e
A	Pain (Marchand de), en boutique	VII	*40e
A	Pain d'épices (Fabricant ou marchand de), en boutique	VI	20e
A	Pains à cacheter et à chanter (Fabricant et marchand de)	VI	20e
A	Panorama (Directeur de)	II	
	Droit proportionnel — sur la maison d'habitation seulement	...	20e
A	Pantoufles (Fabricant de), pour son compte	VII	*40e
A	— — à façon	VIII	*40e
A	Pantoufles (Marchand de)	VI	20e
C	Papeterie à la cuve : — par cuve, 15 francs, jusqu'au maximum de 100 francs.		

Ce droit sera réduit de moitié pour les papeteries à la cuve qui sont forcées, par manque ou par crue d'eau, de chômer pendant une partie de l'année équivalente au moins à quatre mois.

Droit proportionnel — sur la maison d'habitation et sur les magasins de vente complétement séparés de l'établissement ... 20e
— sur l'établissement industriel ... 40e

C Papeterie à la mécanique : 50 francs par machine ne pouvant fabriquer que du papier d'un mètre de largeur et au-dessous, et, lorsque la machine peut fabriquer du papier plus large, 1 fr. 50 cent. en sus par chaque centimètre de largeur excédant le mètre ; plus, par machine servant à la trituration des chiffons et des pâtes, le droit dont elle est passible considérée comme moulin, jusqu'au maximum de 400 francs.

Le droit sera réduit de moitié pour les machines ne séchant pas le papier, et pour celles qui ne servent à fabriquer que du carton ou des papiers gris et d'emballage.

Droit proportionnel — sur la maison d'habitation et sur les magasins de vente complétement séparés de l'établissement ... 20e
— sur l'établissement industriel ... 40e

A Papetier (Marchand), en gros ... I 15e
A — — en détail ... IV 20e

Papier (Déchireur d'écorces pour la fabrication du). Voir *Ecorces*.

Papier pour fleurs artificielles (Marchand de). Voir *Fleurs artificielles*.

A Papiers de fantaisie, papiers déchiquetés, papier végétal (Fabricant de), pour son compte ... VI 20e
A Papiers de fantaisie, papiers déchiquetés, papier végétal (Fabricant de), à façon ... VII *40e
A Papiers imprimés et vieux papiers (Marchand de) ... VII *40e
C Papiers ou taffetas préparés pour usages médicinaux (Fabrique de) ... 50 fr.

Droit proportionnel — sur la maison d'habitation et sur les magasins de vente complétement séparés de l'établissement ... 20e
— sur l'établissement industriel ... 25e

A Papiers ou taffetas préparés pour usages médicinaux (Marchand de) ... V 20e
C Papiers peints pour tenture (Fabrique de) : — pour 15 tables et au-dessous, 40 francs, et 3 francs par table en sus, jusqu'au maximum de 300 francs; un cylindre sera compté pour 25 tables.

Droit proportionnel — sur la maison d'habitation et sur les magasins de vente complétement séparés de l'établissement ... 20e
— sur l'établissement industriel ... 40e

A Papiers peints pour tenture (Marchand de) ... V 20e
A Papiers pour emballage et pour sacs (Marchand de) ... VI 20e
A Papiers verrés ou émerisés (Fabricant de) ... VIII *40e

Paquebots (Entrepreneur de). Voir *Bateaux à vapeur*.

A Parapluies (Fabricant et marchand de) ... VI 20e

— (Fabricant de montures de). Voir *Carcasses* ou *Montures de parapluies*.

Parapluies (Fabricant de manches de). Voir *Bâtonnier*.

A Parc aux charrettes (Tenant un) ... V

Droit proportionnel — sur la maison d'habitation ... 20e
— sur les locaux servant à l'exercice de la profession ... 40e

Parcs et jardins (Dessinateur de). Voir *Dessinateur*.

A Parcheminier, pour son compte ... VI 20e
A — à façon ... VIII *40e
A Parfumeur (Marchand), en gros ... I 15e
A — — en détail ... V 20e

A Parqueteur (Menuisier).. VI 20ᵉ
A Passementier (Marchand).. V 20ᵉ
A Passementier (Fabricant), pour son compte, lorsqu'il fabrique des articles dont la confection n'exige point l'emploi de métiers.. VII *40ᵉ

Le passementier qui emploie des métiers est imposable en raison de leur nombre sur le même pied que les fabricants à métiers. Le passementier qui s'occupe des deux espèces de fabrication est imposable comme le patentable qui a plusieurs établissements.

Passementier (Fabricant), à façon, lorsqu'il fabrique des articles dont la confection n'exige point l'emploi de métiers.......... VIII *40ᵉ

Le passementier à façon qui emploie dix métiers ou au-dessus est imposable à la moitié des droits qu'il devrait payer s'il fabriquait pour son compte. Le passementier qui s'occupe des deux espèces de fabrication est imposable comme le patentable qui a plusieurs établissements.

A Pastel (Marchand de), en gros.................................. I 15ᵉ
A — — en détail.................................. IV 20ᵉ
A Pastilleur. (Celui qui fait en pâte sucrée de petites figures, des fleurs et autres objets)...................................... VII *40ᵉ
A Patachier.. VII *40ᵉ

Celui qui conduit ou fait conduire, pour son compte, une ou plusieurs pataches. (D. ad.)

A Pâte de rose (Fabricant de bijoux en).......................... VIII *40ᵉ
C Pâtes alimentaires (Fabrique de) : — 15 francs ; plus 3 francs par ouvrier, jusqu'au maximum de 300 francs.

Droit proportionnel — sur la maison d'habitation et sur les magasins de vente complètement séparés de l'établissement....... ... 20ᵉ
— sur l'établissement industriel...... ... 25ᵉ

A Pâtes alimentaires (Marchand de)................................ VI 20ᵉ
A Pâtissier expéditeur.. III 20ᵉ
A — non expéditeur.. IV 20ᵉ
A — brioleur... VII *40ᵉ

Celui qui ne fait que de petits gâteaux et autres pâtisseries communes. (D. ad.)

Pâtissier. Voir *Galettes*, *gaufres*, etc.
C Patouillet ou lavoir de minerai : pour chaque usine 15 francs, jusqu'au maximum de 100 francs. (Ce droit sera réduit de moitié pour les patouillets ou lavoirs qui sont forcés de chômer, par crue ou par manque d'eau, pendant une partie de l'année équivalente au moins à quatre mois.)

Droit proportionnel — sur la maison d'habitation et sur les magasins de vente complétement séparés de l'établissement....... ... 20ᵉ
— sur l'établissement industriel....... ... 40ᵉ

Patron de barques et bateaux. Voir *Barques* et *Bateaux*.
Paume (Maître de jeu de) Voir *Jeu de Paume*.
Paume (Fabricant de battoirs de). Voir *Battoirs*.
A Pavage des villes (Entrepreneur de).............................. III 20ᵉ
A Pavés (Marchand de)... V 20ᵉ
A Paveur.. VI 20ᵉ
Péage sur un pont (Fermier ou adjudicataire des droits de). Voir *Pont*.
C Péage sur une route (Concessionnaire des droits de), lorsque la longueur de la route n'excède pas un myriamètre..... 15 fr. ... 15ᵉ
Peaux (Apprêteur de). Voir *Apprêteur*.
Peaux (Marchand de rognures de). Voir *Rognures*.
A Peaussier (Marchand), en gros.................................. I 15ᵉ
A — — en détail.................................. IV 20ᵉ
A Peaux de lièvres et de lapins (Marchand de), en boutique...... VI 20ᵉ

A Peaux en vert ou crues (Marchand de)........................ IV 20e
C Pêche (Adjudicataire ou fermier de)........................ 3 fr.
Plus 2 francs par 1,000 francs du prix de ferme, jusqu'au maximum de 100 francs.
Droit proportionnel — sur la maison d'habitation seulement........................ ... 15e
Pêche (Marchand d'ustensiles de). Voir *Ustensiles.*
Pêche (Fabricant de filets pour la). Voir *Filets.*
Pêcheur (*Exempt*, même lorsque la barque qu'il monte lui appartient.)
A Pédicure........................ VII *40e
C Peignerie ou carderie de coton, de laine ou de bourre de soie, par procédés mécaniques : — 5 francs par assortiment de machines à peigner ou à carder, jusqu'au maximum de 100 francs.
Droit proportionnel — sur la maison d'habitation et sur les magasins de vente complétement séparés de l'établissement........ ... 20e
— sur l'établissement industriel........ ... 40e
C Peignes (Fabricant de) par procédés mécaniques........ 10 fr.
Plus 3 francs par ouvrier, jusqu'au maximum de 300 fr.
Droit proportionnel — sur la maison d'habitation et sur les magasins de vente complétement séparés de l'établissement........ ... 20e
— sur l'établissement industriel........ ... 40e
A Peignes (Marchand de), en boutique........................ VI 20e
A Peignes d'écailles, d'ivoire, de corne, de buis, etc. (Fabricant de), pour son compte........................ VI 20e
A Peignes d'écaille, d'ivoire, de corne, de buis, etc. (Fabricant de), à façon........................ VIII *40e
A Peignes à sérancer (Fabricant de), pour son compte........................ VI 20e
A — — à façon........................ VIII *40e
A Peignes de soie (Marchand de)........................ V 20e

Celui qui fait le commerce des parties de chaînes qui restent attachées aux métiers après la fabrication des étoffes de soie. (D. ad.)

A Peignes en cannes ou roseaux pour le tissage (Fabricant et marchand de)........................ VIII *40e
A Peigneur de chanvre, de lin ou de laine........................ VII *40e
A Peigneur ou gratteur de toiles de coton........................ VII *40e
Peintre artiste, ne vendant que le produit de son art. (*Exempt.*)
A Peintre en armoiries, attributs et décors........................ VII *40e
A Peintre en bâtiments, non entrepreneur........................ VI 20e
A Peintre vernisseur en voitures ou équipages........................ V 20e
A Peintre ou doreur, soit sur verre ou cristal, soit sur porcelaine, etc., pour son compte........................ VII *40e
A Peintre ou doreur, soit sur verre ou cristal, soit sur porcelaine, etc., à façon........................ VIII *40e
A Peinture en bâtiments (Entrepreneur de)........................ IV 20e
C Peinture sur verre (Exploitant un établissement de) : 30 fr. par four, jusqu'au maximum de 300 fr.
Droit proportionnel — sur la maison d'habitation et sur les magasins de vente complétement séparés de l'établissement........ ... 20e
— sur l'établissement industriel...... ... 40e
A Pelles de bois (Fabricant et marchand de)........................ VIII *40e
A Pelleteries et fourrures (Marchand de), en gros, s'il tire habituellement des pelleteries de l'étranger, ou s'il en envoie........ I 15e
A Pelleteries et fourrures (Marchand de), en détail........................ IV 20e
Pendules et montres (Fabricant d'aiguilles, clefs et autres petits objets pour). Voir *Aiguilles.*
Pendules (Fabricant de boîtes de) en zinc doré. Voir *Boîtes.*

A Pendules et bronzes (Marchand de), en gros.................. I 15ᵉ
A — — en détail.................. III 20ᵉ
Pendules (Metteur de) en couleur de bronze. Voir *Bronze.*
Pension (Maître de). Voir *Chef d'institution.*
A Pension bourgeoise (Tenant).. VI 20ᵉ
Pension de chevaux (Tenant). Voir *Chevaux.*
A Pension particulière de vieillards (Tenant).................... VI 20ᵉ
Pépiniériste. Voir *Plants.*
A Perceur de perles.. VIII *40ᵉ
Perches (Marchand de). Voir *Gaules.*
A Perles fausses (Marchand de), pour son compte............... VI 20ᵉ
A — — à façon......................... VIII *40ᵉ
A Perles fausses (Marchand de).................................. V 20ᵉ
A Perruquier... VII *40ᵉ
Pertuis (Maître de) Voir *Chef de ponts et pertuis.*
C Pesage (Fermier des droits de)......................... 3 fr.
Plus 2 fr. par 1,000 fr. du prix de ferme, jusqu'au maximum de 100 fr.
Droit proportionnel — sur la maison d'habitation seulement.. ... 15ᵉ
A Peseur et mesureur juré... VI 20ᵉ

Les peseurs et mesureurs jurés exerçant dans les villes où il existe une régie du poids public formant un établissement municipal, sont imposables à la patente comme ceux qui exercent dans les autres localités. (Arr. C. 20 juin 1855, n° 199.)

Les mesureurs de sel commissionnés par l'administration des douanes doivent être considérés comme des agents de l'administration, ayant droit, comme tels, à l'exemption de la patente; le payement de leur salaire par les vendeurs et les acheteurs n'est pas une circonstance qui leur ôte le caractère d'agents de l'administration. (D. ad.)

Pétunzé (Marchand de). Voir *Kaolin.*
A Pharmacien.. III 20ᵉ
A Photographe... VI 20ᵉ
A Pianos et clavecins (Facteurs et marchands en boutique ou magasin de).. III 20ᵉ
A Pianos et clavecins (Facteur de), n'ayant ni boutique ni magasin.. VI 20ᵉ
A Pianos (Loueur de).. VI 20ᵉ
— (Accordeur de). Voir *Accordeur.*
Piconnier. Voir *Piquonnier.*
A Pierres à brunir. (Fabricant et marchand de).................. VI 20ᵉ
C Pierres à feu (Fabricant expéditeur de)................ 25 fr.
Droit proportionnel — sur la maison d'habitation et sur les magasins de vente complétement séparés de l'établissement......... ... 20ᵉ
— sur l'établissement industriel....... ... 25ᵉ
Pierres à rasoirs. Voir *Cuirs.*
A Pierre artificielle ou factice (Fabricant d'objets en)............ IV 20ᵉ
A Pierres bleues (Marchand de), pour le blanchissage du linge.... VI 20ᵉ
A Pierres brutes (Marchand de).................................. V 20ᵉ
A Pierres de touche (Marchand de)................................ VII *40ᵉ
A Pierres fausses (Fabricant de)................................. VI 20ᵉ
A Pierres fines (Marchand de)..................................... I 15ᵉ
Pierres fines ou fausses (Metteur en œuvre de). Voir *Metteur en œuvre.*
A Pierres lithographiques (Marchand de)........................ V 20ᵉ
A Pierres taillées (Marchand de).................................. VI 20ᵉ
A Pinceaux (Fabricant de), pour son compte...................... VI 20ᵉ
A Pinceaux (Fabricant de), à façon............................... VIII *40ᵉ
C Pipes (Fabrique de) : — 25 francs par four, jusqu'au maximum de 150 fr.

	Droit proportionnel — sur la maison d'habitation et sur les magasins de vente complétement séparés de l'établissement.......	...	20e
	— sur l'établissement industriel......	...	25e
A	Pipes assorties (Marchand de)...........................	VI	20e
A	Pipes de terre (Marchand de), en détail.....................	VIII	*40e
A	Piqueur de cartes à dentelles............................	VIII	*40e
A	Piqueur de cartons. (Celui qui prépare les cartons destinés à reproduire dans les tissus les dessins donnés par les fabricants).	VI	20e
A	Piqueur de grès...............................	VIII	*40e
	Celui qui entreprend la taille des grès. (D. ad.)		
	Piqueur de vins. Voir *Courtier-gourmet.*		
A	Piquonnier...............................	VII	*40e
	Celui qui achète aux fabricants de draps et d'autres lainages fins, des laines de rebut qu'il revend à des fabricants d'étoffes communes. (D. ad.)		
	Placement (Bureau de). Voir *Bureau d'indication.*		
	Places publiques (Fermier ou adjudicataire des droits d'emplacements sur les). Voir *Halles*		
	Plafonneur entrepreneur. Voir *Plâtrier.*		
A	Plafonneur et Plâtrier............................	VI	20e
A	— à façon............................	VII	*40e
A	Planches (Marchand de), en gros..........................	I	15e
A	— — en détail..........................	V	20e
A	Planches ou ifs à bouteilles (Fabricant de)..................	VII	*40e
A	Planeur en métaux............................	VII	*40e
	Celui qui dresse et polit des ouvrages d'or, d'argent, de cuivre, etc. (D. ad.)		
A	Plants, arbres ou arbustes (Marchand de). (Celui qui ne se borne pas à vendre des plants, arbres ou arbustes provenant des terrains par lui cultivés)............................	VI	20e
	Le jardinier pépiniériste qui vend d'autres produits que ceux de sa pépinière est imposable. (Arr. C. 20 novembre 1856, n° 4?1.)		
A	Plaqué ou doublé d'or et d'argent (Fabricant et marchand d'objets en)............................	III	20e
A	Plaqueur............................	VII	*40e
C	Plâtre (Fabrique de). 1 franc par mètre cube de la capacité brute des fours, jusqu'au maximum de 400 francs. Le droit sera réduit de moitié pour les fours dans lesquels on fera moins de huit fournées par an.		
	Droit proportionnel — sur la maison d'habitation et sur les magasins de vente complétement séparés de l'établissement.......	...	20e
	— sur l'établissement industriel......	...	25e
A	Plâtre (Marchand de)............................	VI	20e
A	Plâtrier et Plafonneur, entrepreneur....................	IV	20e
	Plâtrier. Voir *Plafonneur.*		
A	Plieur d'étoffes............................	IV	20e
A	Plieur de fils de soie, à façon..........................	VIII	*40e
	Celui qui, pour le compte des marchands ou fabricants, met la soie en bottes, écheveaux, bobines, etc. (D. ad.)		
A	Plomb de chasse (Fabricant ou marchand de)................	VI	20e
A	Plombier............................	V	20e
A	Plumassier (Fabricant et marchand)....................	V	20e
A	— à façon............................	VIII	*40e
A	Plumeaux (Marchand fabricant de), pour son compte..........	VII	*40e
A	— (Fabricant de), à façon......................	VIII	*40e
A	Plume et Duvet (Marchand de), en gros..................	I	15e
A	— — en détail..................	III	20e

Plume, Duvet, etc. (Marchand de). Voir *Fer en meubles (marchand de).*

Plumes, Laines, Duvet, etc. (Apprêteur de). Voir *Apprêteur.*

A Plumes à écrire (Marchand expéditeur de)........ III 20ᵉ

A — (Marchand non expéditeur de)........ V 20ᵉ

A — (Apprêteur de)........ VIII *40ᵉ

C Plumes métalliques (Fabricant de)........

Par procédés mécaniques........ 15 fr.

Plus 3 fr. par ouvrier, jusqu'au maximum de........ 300

Droit proportionnel — sur la maison d'habitation et sur les magasins de vente complétement séparés de l'établissement........ ... 20ᵉ

— sur l'établissement industriel........ ... 40ᵉ

A Plumes métalliques (Marchand fabricant de)........ VI 20ᵉ

A Poêlier en faïence, fonte, etc........ VI 20ᵉ

Poêlier en tôle. Voir *Tôlier.*

Poils (Marchand coupeur de). Voir *Coupeur.*

C Pointes (Fabrique de) par procédés ordinaires : — 10 francs ; plus 3 fr. par ouvrier, jusqu'au maximum de 300 fr.

Droit proportionnel — sur la maison d'habitation et sur les magasins de vente complétement séparés de l'établissement........ ... 20ᵉ

— sur l'établissement industriel........ ... 25ᵉ

Pointes (Fabrique de) par procédés mécaniques. Voir *Clous* et *Pointes.*

A Poires à poudre (Fabricant de), pour son compte........ VII *40ᵉ

A — à façon........ VIII *40ᵉ

A Pois d'iris (Fabricant de)........ VIII *40ᵉ

Poisson (Marchand de), vendant en ambulance dans les rues, dans les lieux de passage et dans les marchés. (*Exempt.*)

A Poisson frais (Marchand de), expéditeur ou vendant par fortes parties, aux détaillants........ V 20ᵉ

A Poisson (Marchand de), en détail........ VII *40ᵉ

A Poisson salé, mariné, sec et fumé (Marchand de), en gros........ I 15ᵉ

A — — — en demi-gros. III 20ᵉ

Poisson de mer (Presseur de). Voir *Presseur.*

Poix (Fabrique de) Voir *Brais, Goudrons,* etc.

A Polisseur d'objets en or, argent, cuivre, acier, écaille, os, corne, etc........ VI 20ᵉ

C Polisseur ou tourneur par procédés mécaniques........ 15 fr.

Plus 3 fr. par ouvrier, jusqu'au maximum de........ 100

Droit proportionnel — sur la maison d'habitation et sur les magasins de vente complétement séparés de l'établissement........ ... 20ᵉ

— sur l'établissement industriel........ ... 40ᵉ

A Polytypage (Fabricant de)........ IV 20ᵉ

Celui qui fond les vignettes, filets ornés, etc, pour les imprimeurs. (D. ad.)

A Pommes à cidre (Marchand de), en gros........ IV 20ᵉ

A Pommes de pin et d'autres arbres résineux (Marchand de), en gros........ IV 20ᵉ

A Pommes de terre (Marchand de), en gros. (Celui qui vend habituellement par quantité équivalente à vingt hectolitres et au-dessus.)........ IV 20ᵉ

Pompes funèbres (Entrepreneur de). Voir *Inhumations* et *Pompes funèbres.*

A Pompes à incendie (Fabricant de)........ IV 20ᵉ

— (Fabricant de tuyaux pour les). Voir *Tuyaux.*

A Pompes de métal (Fabricant de)........ V 20ᵉ

A Pompes de bois et pièces pour la conduite des eaux (Fabricant de). VII *40ᵉ

Pompons (Fabricant de). Voir *Crinières.*

B Pont (Concessionnaire ou fermier de péage sur un) :
Dans l'intérieur de Paris........................ 200 fr.
— d'une ville de 50,000 âmes et au-dessus................. 100
— d'une ville de 20,000 à 50,000 âmes..................... 75
Dans les autres communes d'une population inférieure à 20,000 âmes, lorsque le pont réunit :
Deux parties d'une route impériale............... 75 fr.
— d'une route départementale........... 50
— d'un chemin vicinal de grande communication........................ 25
— d'un chemin vicinal................. 15
Lorsque le pont réunit deux routes ou chemins de classes différentes, le droit fixe est établi d'après la moyenne des taxes afférentes aux deux classes.
Droit proportionnel — sur la maison d'habitation seulement........................... ... 20e
Ponts et pertuis (Chef de). Voir *Chef de ponts.*
A Ponton-débarcadère (Exploitant de)........................... VI 20e
C Porcelaine (Manufacture de) : 30 francs par four, jusqu'au maximum de 300 francs.
Droit proportionnel— sur la maison d'habitation et sur les magasins de vente complétement séparés de l'établissement......... ... 20e
— sur l'établissement industriel....... ... 40e
A Porcelaine (Marchand de), en gros.......................... I 15e
A — — en détail......................... V 20e
Porcelaine (Peintre sur). Voir *Peintre.*
Porcs (Tueur de). — *Ne doit pas être imposé. (Un arrêté d'assimilation, qui avait rangé la profession de tueur de porcs parmi les professions imposables, n'a pas été sanctionné par le pouvoir législatif.)*
A Porses pour les papetiers (Fabricant de)..................... VI 20e
A Portefeuilles (Fabricant de), pour son compte................. VI 20e
A — — à façon........................... VIII *40e
A Portefeuilles (Marchand de)................................ VI 20e
A Porteur d'eau filtrée ou non filtrée, avec cheval et voiture...... VIII *40e
— à la bretelle ou avec voiture à bras. (*Exempt.*)
Potasse (Fabrique de). Voir *Produits chimiques.*
C Poterie (Fabrique de) : 5 francs; plus 2 francs par ouvrier, jusqu'au maximum de 200 francs.
Droit proportionnel — sur la maison d'habitation et sur les magasins de vente complétement séparés de l'établissement........ ... 20e
— sur l'établissement industriel...... ... 25e

La valeur locative du champ dans lequel le fabricant de poterie prend la terre servant à la fabrication de la poterie ne doit pas être comprise dans celle qui sert de base au droit proportionnel. On ne doit établir ce droit que sur la valeur locative des bâtiments, des fours et des emplacements servant aux manipulations et au dépôt des bois, des ustensiles et des objets fabriqués. (D. ad.)

A Poterie de terre (Marchand de)................................ VII *40e
C Poterie (Marchand forain sur bateau de) :
Pour un bateau............................ 30 fr. ... 15e
— deux bateaux......................... 60 ... 15e
— trois bateaux et au-dessus............... 100 ... 15e
A Poteries (Marchand de), en gros.............................. IV 20e
A Potier d'étain... VI 20e
A Poudre d'or, de bronze et autres métaux (Fabricant et marchand de).. VI 20e
A Poudrette (Marchand de)...................................... V 20e

A Pouliour (Fabricant) .... VI 20c

Celui qui fait des poulies. (D. ad.)

Préparateur de coraux. Voir *Coraux.*
Presses d'imprimerie (Marchand de). Voir *Imprimerie.*
Presses pour l'imprimerie, métiers mécaniques pour la filature et pour le tissage, et autres grandes machines (Constructeur de). Voir *Machines à vapeur, etc.*
Presseur de draps et autres étoffes de laine. Voir *Tondeur.*
A Presseur d'étoffes pour les teinturiers et les dégraisseurs........ VII *40c
A Presseur de poisson de mer.. IV 20e
A — de sardines.. IV 20e
Pressoir (Maître de). Voir *Moulin ou autre usine.*

Le cultivateur qui fait servir son pressoir à l'usage du public n'a pas droit à l'exemption accordée par l'article 13 de la loi du 25 avril 1844; il est imposable comme exploitant de moulin. (Arr. C. 18 mars 1857, no 515.)

A Présurier.. VII *40c

Celui qui vend des acides propres à faire cailler le lait. (D. ad.)

Prisons (Entrepreneur de fabrication dans les). Voir *Fabrication.*
C Produits chimiques (Manufacture de) : 15 francs ; plus 3 fr. par ouvrier, jusqu'au maximum de 500 francs.
Droit proportionnel — sur la maison d'habitation et sur les magasins de vente complétement séparés de l'établissement....... ... 20c
— sur l'établissement industriel....... ... 40c
Professeur de belles-lettres, sciences et arts d'agrément. (*Exempt.*)
Propriétaire.

Celui qui loue accidentellement en garni une partie de son habitation personnelle n'est pas, pour ce fait, passible des droits de patente. Mais celui qui, dans les lieux où il existe des établissements de bains ou d'eaux thermales, garnit de meubles, pour les louer, soit des maisons entières, soit des appartements indépendants de son habitation personnelle; celui qui, ailleurs, loue des appartements meublés, est imposable comme *Loueur en garni.* Voir *à ce mot.* (D. ad.)

Pruneaux et prunes sèches (Marchand de). Voir *Fruits secs.*
A Puits (Maître cureur de).. VIII *40e
Puits artésiens (Foreur de). Voir *Fontainier.*

Q

C Quincaillerie (Fabrique de): 10 francs; plus 3 francs par ouvrier, jusqu'au maximum de 300 francs.
Droit proportionnel — sur la maison d'habitation et sur les magasins de vente complétement séparés de l'établissement....... ... 20e
— sur l'établissement industriel...... ... 40c
A Quincailleries (Marchand de), en gros........................ I 15e
A Quincaillier en demi-gros.. II 20c
A — en détail.. IV 20e
A Queues de billard (Fabricant de), pour son compte............ VI 20c
A — — à façon.. VII *40c
A Quilles ou mail (Maître de jeu de).. VI 20c

R

	Rabats (Fabricant, marchand de). Voir *Cols, Collets.*		
	Racines de buis (Marchand de). Voir *Buis.*		
	Radoubeur de navires. Voir *Calfat.*		
A	Ramonage (Entrepreneur de)..	VI	20e
A	Rampiste..	VI	20e
	Menuisier qui fait spécialement des rampes d'escalier. (D. ad)		
A	Raquettes ou volants (Fabricant de), pour son compte..........	VII	*40e
A	— — à façon..................	VIII	*40e
	Raquettes (Fabricant de cordes pour les). Voir *Boyaudier.*		
A	Raseur de velours..	VII	*40e
	Râteaux (Fabricant et marchand de). Voir *Echelles.*		
	Râteliers (Fabricant et marchand de). Voir *Echelles, Fourches, etc.*		
	Râteliers artificiels et dents (Fabricant ou marchand de). Voir *Dents.*		
	Rebouteur. *Ne doit pas être imposé.* (*Un arrêté d'assimilation, qui avait rangé la profession de Rebouteur parmi les professions imposables, n'a pas été sanctionné par le pouvoir législatif.*)		
A	Receveur de rentes..	IV	20e
	Est imposable en cette qualité celui qui reçoit les loyers de plusieurs maisons, fait exécuter et surveille les travaux d'entretien et de réparation desdites maisons, lorsque cette gestion fait son occupation principale et habituelle. (Arr. C. 13 décembre 1854, no 196.)		
	Est également imposable un ancien notaire qui reçoit, moyennant salaire, les revenus et rentes de plusieurs personnes dont il gère les propriétés, alors même qu'il n'a point de cabinet ouvert au public et qu'il choisit ses clients. (Arr. C. 13 janvier 1858, *Piettre*, Nord.)		
	Rechargeur de broches pour la filature. Voir *Broches.*		
	Recoupe (Marchand de). Voir *Son.*		
D	Référendaire au sceau. Profession assujettie seulement au droit proportionnel...	...	15e
A	Registres (Fabricant de)......................................	IV	20e
A	— — à façon............................	VII	*40e
	Règles et équerres (Fabricant de), pour son compte et à façon. Voir *Mesures linéaires.*		
A	Régleur de papier..	VIII	*40e
C	Réglisse (Fabrique de) : 15 francs ; plus 3 francs par ouvrier, jusqu'au maximum de 200 francs.		
	Droit proportionnel — sur la maison d'habitation et sur les magasins de vente complètement séparés de l'établissement........	...	20e
	— sur l'établissement industriel......	...	25e
A	Regrattier..	VII	*40e
	Voir, pour la définition, *Epicier-regrattier.*		
A	Relais (Entrepreneur de), même lorsqu'il est maître de poste...	V	20e
A	Relieur de livres..	VII	*40e
A	Remiseur de charrettes à bras et de hottes	VIII	*40e
	Remorqueurs (Entreprise de bateaux à vapeur). Voir *Bateaux.*		
	Remoulage (Marchand de). Voir *Son.*		
A	Rémouleur ou repasseur de couteaux........................	VIII	*40e
	Rémouleur ambulant. (*Exempt.*)		
	Remplacements militaires. Voir *Agent d'affaires.*		
	Rentes (Receveur de). Voir *Receveur.*		
A	Rentrayeur ou Conservateur de tapis, de couvertures de laine et de coton...	VII	*40e

	Profession	Classe	Droit
	Repasseur de couteaux. Voir *Rémouleur.*		
A	Repasseuse de linge, avec ouvrières ou apprenties.............	VII	*40^e
A	Reperceur...	VIII	*40^e
	Celui qui fait des ouvrages à jour pour les bijoutiers, tabletiers, etc. (D. ad.)		
A	Représentant du commerce. (Celui qui, n'étant pas courtier et n'ayant ni boutique ni magasin, achète ou vend pour le compte des marchands, moyennant une remise proportionnelle au prix des achats ou des ventes)..................................	IV	20^e
	Repousseur. Voir *Estampeur.*		
A	Repriseuse de châles..	VIII	*40^e
	Réseaux, gants et autres ouvrages à mailles (Fabricant de). Voir *Bourses.*		
	Résine (Faiseur et marchand de chandelles de). Voir *Oribus.*		
	Résines et autres matières analogues (Fabrique de). Voir *Brais, Goudrons, Poix, etc.*		
A	Résines et autres matières analogues (Marchand de), en gros...	I	15^e
A	— — — en détail..	V	20^e
A	Ressorts de bandages pour les hernies (Fabricant de), pour son compte..	VI	20^e
A	Ressorts de bandages pour les hernies (Fabricant de), à façon...	VII	*40^e
A	Ressorts de montres et de pendules (Fabricant de), pour son compte..	VI	20^e
A	Ressorts de montres et de pendules (Fabricant de), à façon.....	VII	*40^e
A	Restaurateur à la carte.......................................	III	20^e
	— — Voir *Hôtel garni (Maître d').*		
A	Restaurateur et traiteur à la carte et à prix fixe............	IV	20^e
A	— — à prix fixe seulement.................	V	20^e
C	Restaurateur sur coches et bateaux à vapeur........... 50 fr.		
	Droit proportionnel — sur la maison d'habitation seulement....................	...	15^e
	Restaurateur de tableaux. Voir *Tableaux.*		
	Retordeur de fil de coton, chanvre, lin. Voir *Fil de coton, etc.*		
	Retraite (Tenant une maison particulière de). Voir *Maison particulière.*		
A	Revendeuse à la toilette, pour son compte......................	VII	*40^e
	Robes (Couturière en). Voir *Couturière.*		
	Robinets en cuivre (Fabricant de), pour son compte et à façon. Voir *Cannelles et Robinets.*		
A	Rognures de papier (Marchand de).............................	VIII	*40^e
A	Rognures de peaux (Marchand de)..............................	VIII	*40^e
A	Rogues ou œufs de morue (Marchand de), en gros.............	I	15^e
A	— — — en détail............	V	20^e
A	Roseaux (Marchand de)..	VII	*40^e
A	Roseaux préparés pour le tissage (Marchand de)..............	VII	*40^e
	Rotier (Fabricant de rots à tisser). Voir *Lamier-rotier.*		
A	Rôtisseur...	V	20^e
	Rouenneries (Marchand de). Voir *Tissus de laine, de fil, de coton, etc.*		
A	Rouettes ou harts pour lier les trains de bois (Marchand de).....	VII	*40^e
	Rouge à polir (Marchand de). Voir *Emeri.*		
A	Rouge végétal (Marchand de), en gros.........................	I	15^e
A	— — en détail......................	V	20^e
B	Roulage (Entrepreneur de):		
	A Paris.................................... 300 fr.		
	Dans les villes de 50,000 âmes et au-dessus........ 200		
	Dans les villes de 30,000 à 50,000 âmes, et dans celles de 15,000 à 30,000 âmes qui ont un entrepôt réel........ 150		
	Dans les villes de 15,000 à 30,000 âmes, et dans les villes d'une population inférieure à 15,000 âmes qui ont un entrepôt réel........ 100		
	Dans toutes les autres communes................ 75		

	Droit proportionnel — sur la maison d'habitation..........	...	15°
	— sur les locaux servant à l'exercice de la profession........................	...	40°
A	Rouleaux (Tourneur de) pour la filature........................	VIII	*40°
	Roulier. Voir *Voiturier.*		
	Routes (Entrepreneur de la construction ou de l'entretien des). Voir *Travaux publics.*		
A	Routoir ou fosse à rouir le lin où le chanvre (Exploitant de).....	VII	*40°
	Rubans (Gaufreur de). Voir *Gaufreur.*		
A	Rubans pour modes (Marchand de), en gros....................	I	15°
A	— — — en demi-gros.............	II	20°
A	— — — en détail..................	IV	20°
A	Ruches pour les abeilles (Fabricant de), pour son compte.......	VII	*40°
A	— — — à façon................	VIII	*40°

S

	Sable (Extracteur de). Voir *Carrières.*		
A	Sable (Marchand de)..	VIII	*40°
A	Sabotier (Fabricant expéditeur)................................	IV	20°

Est imposable en cette qualité celui qui expédie aux marchands les sabots qu'il fabrique, lors même que les expéditions n'ont lieu que dans les communes voisines de sa résidence. (Arr. C. 14 janvier 1858. *Juston*, Drôme.)

A	Sabotier (Fabricant)..	VIII	*40°
C	Sabots (Fabricant de) par procédés mécaniques : 15 fr.; plus 3 fr. par ouvrier, jusqu'au maximum de 100 fr.		
	Droit proportionnel — sur la maison d'habitation et sur les magasins de vente complétement séparés de l'établissement.........	...	20°
	— sur l'établissement industriel.......	...	40°
A	Sabots (Marchand de), en gros..............................	IV	20°
A	— — en détail..............................	VIII	*40°
A	Sabots garnis (Fabricant ou marchand de) ; celui qui fabrique ou vend des sabots élégants garnis en cuir verni, en velours, en drap, etc..	VI	20°
	Sacs de papier (Fabricant de). Voir *Etuis.*		
A	Sacs de toile (Fabricant et marchand de)......................	VI	20°
	Sage-femme. (*Exempte.*)		

La sage-femme qui reçoit des pensionnaires est imposable comme chef de maison d'accouchement. (Arr. C. 21 février 1855, n° 165.)

Celle qui se borne à recevoir quelquefois dans sa propre chambre des femmes en couche n'est pas imposable, même comme loueuse en garni. (Arr. C. 12 février 1857, n° 405.)

A	Safran (Marchand de), en gros................................	I	15°
A	Safran (Marchand de), en demi-gros..........................	IV	20°
	Saleur d'anchois. Voir *Anchois.*		
A	Saleur d'olives..	V	20°
	— de poisson de mer. Voir *Presseur de poissons de mer.*		
A	Saleur de viandes..	III	20°
	Saline (Exploitant de). *Exempt de patente comme le concessionnaire de mines.* (Loi du 17 juin 1840.)		
	Salon de figures en cire (Tenant un). Voir *Cabinet de figures en cire.*		
A	Salpêtrier..	VI	20°
A	Sang (Marchand de)..	V	20°
A	Sangsues (Marchand de), en gros..............................	I	15°
A	— — en demi-gros..........................	IV	20°
A	— — en détail..............................	VII	*40°

Santé (Tenant une maison particulière de). Voir *Maison particulière de santé.*
Sardines (Presseur de). Voir *Presseur de sardines.*
A Sarraux ou Blouses (Marchand de), en gros.................. III 20°
A — — en détail.................. VI 20°
A Satineur ou lisseur de papier.................................... VIII *40°
Savetier. (*Exempt.*)
C Savon (Fabrique de) : — 20 fr.; plus 50 cent. par hectolitre de capacité des chaudières, jusqu'au maximum de 400 fr.
Droit proportionnel — sur la maison d'habitation et sur les magasins de vente complétement séparés de l'établissement. .... 20°
— sur l'établissement industriel........ ... 25°
Sciage (Marchand de bois de). Voir *Bois.*
C Scierie mécanique :
Pour le sciage des bois de construction, bâtisse et menuiserie, 2 francs par lame.
Pour le sciage des bois de marqueterie et placage, 1 franc par lame.
Pour le sciage des pierres et du marbre, 50 centimes par lame, jusqu'au maximum de 150 francs.
(Ces droits seront réduits de moitié pour les scieries qui, par manque ou par crue d'eau, sont forcées de suspendre leur travail, en tout ou en partie, pendant un temps équivalent au moins à quatre mois.)
Droit proportionnel — sur la maison d'habitation et sur les magasins de vente complétement séparés de l'établissement......... ... 20°
— sur l'établissement industriel....... ... 40°

N'est pas imposable le propriétaire qui se sert de sa scierie mécanique uniquement pour convertir en planches les bois provenant de ses propriétés, si le sciage mécanique est le mode que les propriétaires de la contrée emploient habituellement pour l'exploitation de leurs bois. (Arr. C. 25 juin 1857, n° 516.)

Scies (Denteleur de). Voir *Denteleur.*
C Scies (Fabrique de) : — 10 francs; plus 3 francs par ouvrier, jusqu'au maximum de 300 francs.
Droit proportionnel — sur la maison d'habitation et sur les magasins de vente complétement séparés de l'établissement....... ... 20°
— sur l'établissement industriel...... ... 40°
A Scieur de long.. VII *40°
A Sciure de bois (Marchand de)............................... VIII *40°
Sculpteur artiste ne vendant que le produit de son art. (*Exempt.*)
A Sculpteur en bois, pour son compte....................... VI 20°
A — à façon.................................... VII *40°
C Sculptures (Fabrique de), par procédés mécaniques.... 15 fr.
Plus 3 francs par ouvrier, jusqu'au maximum de 100 fr.
Droit proportionnel — sur la maison d'habitation et sur les magasins de vente complétement séparés de l'établissement....... ... 20°
— sur l'établissement industriel...... ... 40°
A Seaux à incendie (Fabricant de).......................... V 20°
A Seaux ou baquets en sapin (Fabricant de), pour son compte.... VII 40°
A — — à façon............ VIII *40°
A Sécheur de garance. (Celui qui fait sécher la garance récoltée par les propriétaires qui n'ont pas les appareils nécessaires pour la faire sécher eux-mêmes)........................... V 20°
A Sécheur de morue. (Celui qui se charge de laver et faire sécher en plein air la morue apportée en vert du banc de Terre-Neuve.).. IV 20°
A Séchoir à linge (Exploitant un)............................ VII *40°
Sel ammoniac (Fabricant de). Voir *Produits chimiques.*

C Sel (Raffinerie de) : — 25 francs ; plus 3 francs par ouvrier, jusqu'au maximum de 100 francs.
Droit proportionnel — sur la maison d'habitation et sur les magasins de vente complétement séparés de l'établissement........ ... 20^{e}
— sur l'établissement industriel....... ... 25^{e}

La raffinerie qui ne sert que pour l'exploitation de la concession de sources d'eaux salées ne donne pas lieu à l'imposition d'une patente. (Arr. C. 9 mars 1853, n° 22.)

A Sel (Marchand de), en gros.................................... I 15^{e}
A — — en demi-gros.................................... II 20^{e}
A — — en détail.................................... VII *40^{e}
A Sellier-carrossier.................................... III 20^{e}
A Sellier harnacheur.................................... V 20^{e}
A Sellier à façon.................................... VII *40^{e}
Serrurerie (Fabrique de). Voir *Ferronnerie, Serrurerie*, etc...
A Serrurerie (Marchand expéditeur d'objets de).................... II 20^{e}
A Serrurier (entrepreneur).................................... IV 20^{e}
A Serrurier en voitures suspendues.................................... IV 20^{e}
A Serrurier (mécanicien).................................... IV 20^{e}
A Serrurier non entrepreneur.................................... V 20^{e}
A Serrurier à façon (travaillant pour des maîtres qui lui fournissent la matière).................................... VII *40^{e}
A Sertisseur ou monteur (à façon) (celui qui monte des pierres fines ou fausses).................................... VII *40^{e}
Service de table (Fabrique d'objets de). Voir *Couverts.*
B Signaux télégraphiques à l'entrée des ports (Entrepreneur de) :
Dans les villes de 50,000 âmes et au-dessus......... 100 fr. ... 15^{e}
Dans les villes de 30,000 à 50,000 âmes, et dans celles de 15,000 à 30,000 âmes qui ont un entrepôt réel... 75 fr. ... 15^{e}
Dans les villes de 15,000 à 30,000 âmes, et dans les villes au-dessous de 15,000 âmes qui ont un entrepôt réel. 50 fr. ... 15^{e}
Dans toutes les autres communes................ 25 ... 15^{e}
C Sirop de fécule de pommes de terre (Fabrique de) : — 15 fr.; plus 3 francs par ouvrier, jusqu'au maximum de 200 francs.
Droit proportionnel — sur la maison d'habitation et sur les magasins de vente complétement séparés de l'établissement....... ... 20^{e}
— sur l'établissement industriel...... ... 25^{e}
A Socques en bois (Fabricant et marchand de).................... VII *40^{e}
Socques (Faiseur de bois de). Voir *Bois de galoches*, etc.
A Soie (Marchand de), en gros.................................... I 15^{e}
A — — en demi-gros.................................... II 20^{e}
A — — en détail.................................... III 20^{e}
Soie écrue (Apprêteur de). Voir *Chevilleur.*
Soie (Courtier de). Voir *Courtier.*
— (Fabricant de boutons de), Voir *Boutons.*
— (Fabricant de chenille en). Voir *Chenille.*
— (Marchand de bourre de). Voir *Bourre.*
— (Marchand de déchets de). Voir *Déchets.*
Soieries (Marchand de). Voir *Tissus de laine, de fil, de coton*, etc.
Soies (Entrepreneur et fermier d'une condition pour les). Voir *Condition.*
Soies (Préparateur des) pour les bas, les tulles et les ouvrages de passementerie. Voir *Ovaliste.*
A Soies de porc ou de sanglier (Marchand de), en gros........... I 15^{e}
A — — — en demi-gros...... II 20^{e}
A — — — en détail.......... V 20^{e}
A Son, recoupe et remoulage (Marchand de)........................ VI 20^{e}
A Sondes (Fabricant de grandes).................................... IV 20^{e}
Sondeur de puits artésiens. Voir *Fontainier.*
Sorbets (Celui qui fait à domicile et porte les). Voir *Glacier.*

Soude factice (Fabrique de). Voir *Produits chimiques.*
A Soudes végétales indigènes (Marchand de), en gros.......... III 20e
A Soufflets pour les forgerons, bouchers, etc. (Fabricant et marchand de gros).. V 20e
A Soufflets ordinaires (Fabricant et marchand de).............. VII *40e
Soufre (Raffinerie de). Voir *Produits chimiques.*
A Souliers vieux (Marchand de).............................. VIII *40e
Souricières (Fabricant de). Voir *Cages*, etc.
A Sparterie pour modes (Fabricant de)....................... V 20e
A Sparterie (Fabricant et marchand d'objets en)............... VI 20e
C Spectacles (Directeur de) :
1° Le quart d'une représentation complète dans les théâtres où l'on joue tous les jours ;
2° Le huitième si l'on ne joue pas tous les jours et si la troupe est sédentaire ;
3° Si la troupe n'est pas sédentaire, c'est-à-dire si elle ne réside pas quatre mois consécutifs dans la même ville.... 50 fr.
Droit proportionnel — sur la maison d'habitation seulement.............................. ... 15e
C Spectacles, bals, concerts et autres réunions semblables (adjudicataire ou fermier des droits à percevoir au profit des pauvres dans les).. 5 fr.
Plus 2 francs par 1,000 francs des prix de ferme, jusqu'au maximum de 300 francs.
Droit proportionnel — sur la maison d'habitation seulement.............................. ... 15e
A Sphères (Fabricant de)...................................... VI 20e
Station de cabriolets (Maître de). Voir *Cabriolets.*
Statues et figures en plâtre (Marchand de), vendant en ambulance dans les rues, dans les lieux de passage et dans les marchés. (*Exempt.*)
Strass (Fabricant de) Voir *Pierres fausses.*
A Stucateur... VI 20e
C Sucre de betteraves (Fabrique de) :
Pour chaque chaudière à déféquer contenant moins de dix hectolitres, 40 francs;
Pour chaque chaudière à déféquer contenant dix hectolitres et au-dessus, 60 francs, jusqu'au maximum de 400 francs.
Droit proportionnel — sur la maison d'habitation et sur les magasins de vente complétement séparés de l'établissement......... ... 20e
— sur l'établissement industriel........ ... 40e

L'exploitant d'une fabrique de sucre de betteraves est imposable alors même qu'il n'emploie que les betteraves provenant de ses récoltes. (D. ad.)

A Sucre brut et raffiné (Marchand de), en gros.................. I 15e
A — — — en demi-gros............ II 20e
A — — — en détail................ V 20e
C Sucre (Raffinerie de) :
Ayant moins de 25 ouvriers...................... 100 fr.
De 25 à 50 ouvriers.............................. 200
Plus de 50 ouvriers.............................. 300
Droit proportionnel — sur la maison d'habitation et sur les magasins de vente complétement séparés de l'établissement...... ... 20e
— sur l'établissement industriel..... ... 40e
C Suif (Fondeur de) : 10 francs ; plus 3 francs par ouvrier, jusqu'au maximum de 100 francs.
Droit proportionnel — sur la maison d'habitation et sur les magasins de vente complétement séparés de l'établissement......... ... 20e
— sur l'établissement industriel........ ... 25e

A	Suif en branches (Marchand de)	IV	20ᵉ
A	Suif fondu (Marchand de), en gros	I	15ᶜ
A	— — en demi-gros	II	20ᶜ
A	— — en détail	IV	20ᶜ
A	Sumac (Marchand de)	VI	20ᶜ
	Syndic de faillites. Voir *Mandataire.*		

T

Tabac (Débitant de). *Exempt.*

Celui qui tient un assortiment de pipes, tabatières et autres objets analogues, est imposable comme marchand de ces objets. (Arr. C. 22 mars 1854, nº 200.)

A	Tabac (Marchand de) en gros, dans le département de la Corse	I	15ᶜ
A	Tabac (Marchand de) en demi-gros, dans le département de la Corse	III	20ᶜ
A	Tabac (Marchand de) en détail, dans le département de la Corse	VI	20ᶜ
A	Tabac en feuilles (Marchand de)	I	15ᶜ
A	Table d'hôte (Tenant une)	VI	20ᶜ
	Tableaux (Loueur de). Voir *Loueur.*		
A	— Marchand de)	V	20ᶜ
	— (Marchand de cadres pour). Voir *Cadres.*		
A	— (Restaurateur de)	VII	*40ᶜ
	— (Tenant un cabinet particulier de). Voir *Cabinet.*		
A	Tabletier (Marchand)	VI	20ᶜ
A	Tabletterie (Fabricant d'objets en), pour son compte	VI	20ᶜ
A	— — à façon	VII	*40ᶜ
A	Tabletterie (Marchand expéditeur de)	II	20ᶜ
A	Tabletterie (Marchand de matières premières pour la)	III	20ᶜ
C	Taffetas gommés ou cirés (Fabricant de) ... 50 fr.		
	Droit proportionnel — sur la maison d'habitation et sur les magasins de vente complétement séparés de l'établissement	...	20ᶜ
	— sur l'établissement industriel	...	25ᶜ
A	Taffetas gommés ou cirés (Marchand de)	V	20ᶜ
	Taffetas préparés pour usages médicinaux. Voir *Papiers ou Taffetas préparés pour usages médicinaux.*		
A	Taillandier	V	20ᶜ
A	Tailleur (Marchand), avec magasin d'étoffes	III	20ᶜ
A	— — sans magasin d'étoffes, fournissant sur échantillon	V	20ᶜ
A	Tailleur (Marchand d'habits neufs)	V	20ᶜ
A	Tailleur d'habits à façon	VII	*40ᶜ
	— de cristaux. Voir *Cristaux.*		
A	— de pierres	VII	*40ᶜ
	Tambourins (Fabricant de). Voir *Tambours.*		
A	Tambours, grosses caisses, tambourins, etc. (Fabricant de)	VI	20ᶜ
	— (Facteur de caisses de). Voir *Caisses.*		
A	Tamisier (Fabricant et marchand)	VI	20ᶜ

Celui qui fait et vend des tamis. (D. ad.)

	Tan (Fabricant de). Voir *Moulin ou autre usine.*		
A	Tan (Marchand de)	VI	20ᶜ
	Tan (Marchand d'écorces de bois pour). Voir *Écorces.*		
C	Tannerie de cuirs forts et mous : — 10 francs; plus 25 centimes par mètre cube de fosses et de cuves, jusqu'au maximum de 300 francs.		
	Droit proportionnel — sur la maison d'habitation et sur les magasins de vente complétement séparés de l'établissement	...	20ᶜ
	— sur l'établissement industriel	...	40ᶜ

A Tapis de laine et tapisseries (Marchand de)................... III 20ᶜ
C Tapis peints ou vernis (Fabricant de)................. 50 fr.
Droit proportionnel — sur la maison d'habitation et sur les magasins de vente complétement séparés de l'établissement........ ... 20ᶜ
— sur l'établissement industriel....... ... 25ᶜ
A Tapis peints ou vernis (Marchand de)....................... V 20ᶜ
— (Rentrayeur ou conservateur de). Voir *Rentrayeur.*
— (Tondeur de). Voir *Tondeur.*
A Tapisseries à la main (Fabricant de)........................ VII *40ᶜ
Tapisseries (Marchand de). Voir *Tapis de laine.*
A Tapissier (Marchand).. IV 20ᶜ
A — à façon.. VI 20ᶜ
A Tartrier.. VI 20ᶜ
Teinture (Fabricant de boules à). Voir *Boules.*
Teinture (Marchand de bois de). Voir *Bois.*
A Teinture (Marchand en gros de matières premières pour la)..... I 15ᶜ
C Teinturier pour les fabricants et les marchands : — 15 francs ; plus 3 francs par ouvrier, jusqu'au maximum de 300 fr.
Droit proportionnel — sur la maison d'habitation et sur les magasins de vente complétement séparés de l'établissement (1)..................... ... 20ᶜ
— sur l'établissement industriel..... ... 40ᶜ
A Teinturier pour les particuliers............................ VI 20ᶜ
C Télégraphie privée (Entreprise de).................. 100 fr.
Droit proportionnel — sur la maison d'habitation et sur les magasins de vente complétement séparés de l'établissement (1).... ... 20ᶜ
— sur l'établissement industriel...... ... 40ᶜ
Télégraphiques (Entrepreneur de signaux). Voir *Signaux.*
Tentes pour abriter les marchandises. Voir *Voilier emballeur.*
A Terrassier (Maître).. VI 20ᶜ
A Têtes en carton servant aux marchandes de mode (Fabricant de). VIII *40ᶜ
A Thé (Marchand de), en gros.................................. I 15ᶜ
A — en demi-gros............................ II 20ᶜ
A — en détail............................... IV 20ᶜ
Tiges de bottes (Cambreur de). Voir *Cambreur.*
A Tir au pistolet (Maître de)................................. V 20ᶜ
A Tireur d'or et d'argent..................................... VI 20ᶜ
Tissage mécanique. Voir *Métiers (Fabrique à).*
Tisserand. — *Profession comprise sous la dénomination générale : Métiers (Fabrique à).*
Tisseurs (Marchand d'outils à l'usage des ouvriers). Voir *Outils.*
A Tissus de laine, de fil, de coton, de soie ou de crin (Marchand de) en gros................................ I 15ᶜ
A — en demi-gros.................................. II 20ᶜ
A — en détail..................................... III 20ᶜ
A Tissus grossiers et communs (Marchand de), sans assortiment.. VI 20ᶜ
Tissus pour les chapeaux de paille (Fabricant de). Voir *Paille.*
Tissus métalliques (Fabricant de couvre-plats, garde-manger, corbeilles et autres objets en). Voir *Bombagiste.*
Toiles (Blanchisseur de). Voir *Blanchisseur.*
Toiles (Marchand de). Voir *Tissus de laine, de fil, de coton, etc.*
C Toiles cirées ou vernies (Fabricant de)............... 50 fr.
Droit proportionnel — sur la maison d'habitation et sur les magasins de vente complétement séparés de l'établissement........ ... 20ᶜ
— sur l'établissement industriel....... ... 25ᶜ

(1) Voir la note, page 67.

A Toiles cirées et vernies (Marchand de)........................ V 20c
Toiles (Etablissement pour la conservation des). Voir *Conservation*.
A Toiles grasses pour emballage (Fabricant de).................. VII *40c
A Toiles métalliques (Fabricant de), pour son compte........... V 20c
A — — à façon.................... VII *40c
Toiseur. Voir *Métreur*.
A Tôle vernie (Fabricant d'ouvrages en)......................... IV 20c
A — (Marchand d'ouvrages en)........................ V 20c
A Tôlier.. VI 20c

Celui qui fait en tôle des poêles, cheminées, fourneaux, etc. (D. ad.)

A Tôlier à façon.. VIII *40c
A Tondeur ou presseur de draps et autres étoffes de laine........ VII *40c
C Tondeur de tapis par procédés mécaniques : —5 fr. par tondeuse, jusqu'au maximum de 100 fr.
Droit proportionnel — sur la maison d'habitation et sur les magasins de vente complétement séparés de l'établissement........ ... 20c
— sur l'établissement industriel......... ... 40c
A Tonneaux, barriques, etc. (Fabrique de), pour expéditions maritimes ou commerciales.. IV 20c
A Tonneaux (Marchand de)....................................... VII *40c
A Tonnelier (Maître).. VI 20c
A Tonnelier à façon (Celui qui ne travaille qu'à la réparation ou à l'entretien chez les marchands et les fabricants ou chez les particuliers).. VII *40c
C Tontine (Société de)............................ 300 fr. ... 15c
Toques (Fabricant ou marchand de). Voir *Casquettes*.
A Torcher... VII *40c

Celui qui fait des murs et autres constructions en torchis. (D. ad.)

A Tourbe (Marchand de), en gros................................ IV 20c
A — — en détail.............................. VIII *40c
C Tourbes carbonisées (Fabrique de)..................... 25 fr.
Droit proportionnel — sur la maison d'habitation et sur les magasins de vente complétement séparés de l'établissement 20c
— sur l'établissement industriel...... ... 25c
C Tourbières (Exploitant de):—5 francs; plus 3 francs par ouvrier, jusqu'au maximum de 200 francs.
Droit proportionnel — sur la maison d'habitation seulement.. ... 15c

Le droit fixe doit être calculé d'après le nombre des ouvriers occupés pendant la saison de l'extraction de la tourbe, sans réduction pour le temps pendant lequel la tourbière n'est point exploitée. (Arr. C. 31 juillet 1856, n° 443.)

Les propriétaires qui exploitent des tourbières sur leurs propres fonds n'ont pas droit à l'exemption prononcée par l'article 13 (§ 4) de la loi du 25 avril 1844, sauf le cas où l'extraction serait faite exclusivement pour leur propre consommation. (D. ad.)

A Tournerie de St-Claude (Marchand expéditeur d'articles de)..... III 20c
Tournettes (Fabricant de). Voir *Cages*.
Tourneur de cylindres pour filature. Voir *Cylindres*.
— de rouleaux pour la filature. Voir *Rouleaux*.
— d'objets par procédés mécaniques. Voir *Polisseur*.
A Tourneur en bois (Marchand), vendant en boutique divers objets en bois faits au tour.. VII *40c
A Tourneur en bois (Fabricant) sans boutique..................... VIII *40c
A — en marbre ou en pierre........................... VI 20c
A — sur métaux..................................... VI 20c
A Tours et autres ouvrages pour la coiffure, en cheveux, soie, etc. (Fabricant ou marchand de)................................ VI 20c

A Tourteaux (Marchand de)........................ III 20e
A — — en détail........................ VI 20e

Celui qui vend des gâteaux formés du marc du colza, de pavots ou autres graines dont on a extrait l'huile. (D. ad.)

A Traçons (Maître de)........................ V 20e

Celui qui tire le sel des bosses, dans les marais salants, et qui le transporte, à dos de bête de somme, sur les ports où on l'embarque. (D. ad.)

A Traiteur, donnant à manger chez lui, ou portant en ville...... III 20e
— à la carte et à prix fixe. Voir *Restaurateur*.
— à prix fixe seulement. Voir *Restaurateur*.
Traits (Fabricant de). Voir *Cordier*.
Transport du bois avec bêtes de somme (Faisant le). Voir *Baudelier et Brioleur*.
Transport par terre et par eau. Voir *Barques*, *Bateaux*, *Commissionnaire*, *Roulage*, *Voiturier*.

C Transport de la guerre (Entreprise générale du)..... 1,000 fr.
Droit proportionnel — sur la maison d'habitation et sur les magasins de vente complétement séparés de l'établissement (1)........ ... 20e
— sur l'établissement industriel...... ... 40e

C Transport de la guerre (Entreprise particulière de), pour une division militaire........ 100 fr.
Droit proportionnel — sur la maison d'habitation et sur les magasins de vente complétement séparés de l'établissement (1)..... ... 20e
— sur l'établissement industriel........ ... 40e

C Transport de la guerre (Entreprise particulière pour gîtes d'étape)........ 25 fr.
Droit proportionnel — sur la maison d'habitation et sur les magasins de vente complétement séparés de l'établissement (1)..... ... 20e
— sur l'établissement industriel....... ... 40e

C Transport des détenus :
Entreprise générale........ 300 fr.
Entreprise pour le transport des détenus du ressort d'une cour impériale au moins........ 100 fr.
Entreprise pour le transport des détenus d'une circonscription moins étendue que celle d'une cour impériale...... 25 fr.
Droit proportionnel — sur la maison d'habitation et sur les magasins de vente complétement séparés de l'établissement (1)........ ... 20e
— sur l'établissement industriel...... ... 40e

Transport des marchandises du port aux navires, et *vice versâ*. Voir *Gabare* (*Maître de*).

C Transports militaires (Entreprise générale des)...... 1,000 fr.
Droit proportionnel — sur la maison d'habitation et sur les magasins de vente complétement séparés de l'établissement (1)..... ... 20e
— sur l'établissement industriel....... ... 40e

C Transports des tabacs (Entreprise générale des)...... 1,000 fr.
Droit proportionnel — sur la maison d'habitation et sur les magasins de vente complétement séparés de l'établissement (1)..... ... 20e
— sur l'établissement industriel. 40e

C Travaux publics (Entrepreneur de)........ 5 fr.
Plus 1 franc par 1,000 francs du montant annuel des entreprises, jusqu'au maximum de 1,000 francs.

(1) Voir la note, page 67.

Droit proportionnel — sur la maison d'habitation seulement... 15e

Celui qui s'est rendu adjudicataire de la construction d'un pont, moyennant la concession d'un droit de péage, est imposable comme entrepreneur de travaux publics et non comme concessionnaire, pendant la durée de la construction. (Arr. C. 28 novembre 1855, n° 326.)

C Tréfilerie en fer ou laiton : — 25 francs ; plus 2 fr. 50 cent. par bobine, jusqu'au maximum de 400 francs.
Droit proportionnel — sur la maison d'habitation et sur les magasins de vente complétement séparés de l'établissement... 20e
— sur l'établissement industriel... 40e

A Tréfileur par les procédés ordinaires... VI 20e

A Treillageur... VII *40e

Celui qui fait des treillages en fil de fer ou de laiton. (D. ad.)

Tresses en paille (Fabricant de). Voir *Paille*.

Tresses, ganses en fil, soie, laine, etc. (Fabricant de). Voir *Cordons*.

Tresses (Fabrique de). Voir *Lacets*.

A Tricots à l'aiguille (Fabricant ou marchand de)... V 20e

A Tripier, cuiseur ou échaudeur d'abats, abatis et issues... VII *40e

A Troupes de passage (Entrepreneur du logement des)... VI
Droit proportionnel — sur la maison d'habitation... 20e
— sur les locaux servant à l'exercice de la profession... 40e

A Truffes (Marchand de)... IV 20e

On doit imposer comme tel celui qui vend des truffes ne provenant pas exclusivement de terrains qui lui appartiennent ou par lui exploités, mais provenant aussi de terrains où il fait des recherches, après en avoir obtenu la permission du propriétaire, à titre gratuit ou onéreux. (Arr. C. 22 juin 1858. — *Bras, Lompech et autres*, Lot.)

Tueur de porcs. Voir *Porcs*.

C Tuiles (Fabrique de) : — 5 francs ; plus 2 francs par ouvrier, jusqu'au maximum de 100 francs.
Droit proportionnel — sur la maison d'habitation et sur les magasins de vente complétement séparés de l'établissement... 20e
— sur l'établissement industriel... 25e

La valeur locative du champ dans lequel le fabricant de tuiles prend la terre servant à la fabrication des tuiles ne doit pas être comprise dans celle qui sert de base au droit proportionnel. On ne doit établir ce droit que sur la valeur locative des bâtiments, des fours et des emplacements servant aux manipulations et au dépôt des bois, des ustensiles et des objets fabriqués. (D. ad.)

A Tuiles (Marchand de)... VI 20e

Tulle (Marchand de) en gros et demi-gros. Voir *Tissus de laine, de fil, de coton*, etc.

A Tulle (Marchand de) en détail... IV 20e

A Tuyaux en fil de chanvre pour les pompes à incendie et les arrosements (Fabricant de)... IV 20e

Tuyaux pour la conduite des eaux. Voir *Pompes*.

Typographe. Voir *Imprimeur*.

U

C Usine à tirer l'or et l'argent (Exploitant d')... 25 fr.
Plus 2 fr. 50 cent. par bobine, jusqu'au maximum de 400 fr.
Droit proportionnel — sur la maison d'habitation et sur les magasins de vente complétement séparés de l'établissement... 20e
— sur l'établissement industriel... 40e

Usine à moudre, battre, etc. (Exploitant d'). Voir *Moulin*.
Ustensiles de bois (Fabricant et marchand d'). Voir *Vaisselle*.
A Ustensiles de chasse et de pêche (Marchand d') .... V 20c
— de chasse. Voir *Appeaux*, *Filets*.
— de cuisine (Etameur ambulant d'). Voir *Etameur*.
— pour l'éclairage au gaz (Fabricant d'). Voir *Appareils*.
Ustensiles pour la fabrication de l'eau-de-vie (Loueur d'). Voir *Alambic*.
Ustensiles d'imprimerie (Marchand d'). Voir *Imprimerie*.
A Ustensiles de ménage (Marchand de vieux) .... VII *40c
C Ustensiles en fer battu (Fabrique d'), par procédés mécaniques : 15 francs ; plus 3 francs par ouvrier, jusqu'au maximum de 300 francs.
Droit proportionnel — sur la maison d'habitation et sur les magasins de vente complétement séparés de l'établissement 20c
— sur l'établissement industriel 40c

V

A Vaches ou veaux (Marchand de) .... IV 20c
Vaches et chèvres pour le commerce du lait (Nourrisseur de). Voir *Nourrisseur*.
A Vaisselle et ustensiles de bois (Fabricant et marchand de) .... VII *40c
A Vannerie (Marchand expéditeur de) .... IV 20c
A — (Marchand de), en détail .... VI 20c
A Vannier (Fabricant), en vannerie fine .... VI 20c
A Vannier (Fabricant de vannerie commune) .... VIII *40c
A Vannier emballeur pour les vins .... V 20c
A Varech (Marchand de), en gros .... III 20c
Veaux (Marchand de). Voir *Vaches ou Veaux*.
Veilleuses (Fabricant ou marchand de). Voir *Mèches et Veilleuses*.
Velours (Marchand de). Voir *Tissus de laine, de fil, de coton*, etc.
Velours (Raseur de). Voir *Raseur*.
A Ventes à l'encan (Directeur d'un établissement de) .... I 15c
Verdet ou Vert-de-gris (Fabricant de). Voir *Produits chimiques*.

Les cultivateurs qui fabriquent du verdet avec des marques provenant exclusivement de leurs récoltes, sont exempts. (D. ad.)

A Vérificateur de bâtiments .... VI 20c
Vermicellier (Fabricant ou marchand). Voir *Pâtes alimentaires*.
Vernis (Fabricant et marchand de). Voir *Couleurs*, etc.
A Vernisseur sur cuir, feutre, carton et métaux .... VI 20c
A — — — à façon .... VII *40c
Vernisseur en voitures. Voir *Peintre*.
C Verrerie (Exploitant une) :
Pour chaque four de fusion, 50 fr., jusqu'au maximum de 300 francs.
Droit proportionnel — sur la maison d'habitation et sur les magasins de vente complétement séparés de l'établissement 20c
— sur l'établissement industriel 40c
A Verres à vitre (Marchand de) .... IV 20c
A Verres blancs et cristaux (Marchand de), en gros .... I 15c
A — — en demi-gros .... II 20c
A — — en détail .... V 20c
A Verres bombés (Marchand de) .... VI 20c
— (Bombeur de). Voir *Bombeur*.
— (Dépolisseur de). Voir *Dépolisseur*.

	Verres de lunettes (Fabricant de). Voir *Lunettes*.		
A	Verroterie et Gobeleterie (Marchand de), en demi-gros...........	II	20e
A	— — — en détail...............	VI	20e
	Vêtements (Magasin de). Voir *Magasin*.		
D	Vétérinaire (Profession assujettie seulement au droit proportionnel)..	...	15e
	Le vétérinaire attaché à un dépôt impérial d'étalons est imposable, s'il exerce son art en dehors de l'établissement. (Arr. C. 9 janvier 1856, no 330.)		
A	Vidange (Entrepreneur de)..	V	20e
	Vidanges. Voir *Fosses mobiles inodores*.		
A	Vignettes et caractères à jour (Fabricant de), pour son compte...	VI	20e
A	Vignettes et caractères à jour (Fabricant de), à façon..........	VIII	*40e
A	— — (Marchand en boutique de).......	VI	20e
	Vignettes et filets ornés pour l'imprimerie (Fondeur de). Voir *Polytypage*.		
C	Vinaigre (Fabrique de)................................ 25 fr.		
	(Ce droit sera réduit de moitié pour les fabricants qui fabriquent moins de 100 hectolitres.)		
	Droit proportionnel — sur la maison d'habitation et sur les magasins de vente complétement séparés de l'établissement.......	...	20e
	— sur l'établissement industriel......	...	25e
A	Vinaigre (Marchand de), en gros..............................	I	15e
A	Vinaigrier en détail..	IV	20e
	Le vinaigrier ne vendant que les produits de sa fabrication est imposable comme fabricant et non comme marchand. (Arr. C. 29 janvier 1847, circ. no 159.)		
	Vins (Commissionnaire entrepositaire de). Voir *Commissionnaire*.		
A	Vins (Marchand de), en gros. (Vendant habituellement des vins par pièces ou paniers de vins fins, soit aux marchands en détail et aux cabaretiers, soit aux consommateurs............	I	
	Droit proportionnel — sur la maison d'habitation..........	...	15e
	— sur les locaux servant à l'exercice de la profession....................	...	30e
B	Vins (Marchand de) ayant son établissement dans l'entrepôt réel de la ville de Paris.............................. 100 fr.		
	Droit proportionnel — sur la maison d'habitation..........	...	15e
	— sur les locaux servant à l'exercice de la profession..................	...	30e
A	Vin (Marchand de), en détail ; — vendant habituellement, pour être consommés hors de chez lui, des vins au panier ou à la bouteille..	IV	20e
A	— (Marchand de), en détail, donnant à boire chez lui et tenant billard..	V	20e
A	— (Marchand de), en détail, donnant à boire chez lui et ne tenant pas billard..	VI	20e
A	Vin, bière, cidre (Débitant au petit détail). (Celui qui vend au pot et à la bouteille et ne donne pas à boire chez lui.)..........	VII	*40e
	Vin (Marchand de lie de). Voir *Lie*.		
	Vin de teinte (Marchand de). *Ne doit pas être imposé. (Un arrêté d'assimilation, qui avait rangé la profession de marchand de vin de teinte parmi les professions imposables, n'a pas été sanctionné par le pouvoir législatif.)*		
A	Vin (Voiturier marchand de)..................................	IV	20e
A	Vis (Fabricant de), par procédés ordinaires, pour son compte....	VI	20e
A	— — — à façon.............	VIII	*40e
C	Vis (Manufacture de), par procédés mécaniques : — 10 fr.; plus 3 francs par ouvrier, jusqu'au maximum de 300 francs.		

	Droit proportionnel — sur la maison d'habitation et sur les magasins de vente complétement séparés de l'établissement.........	...	20ᵉ
	— sur l'établissement industriel........	...	40ᵉ
	Visiteur de navires. Voir *Expert*.		
A	Vitraux (Faiseur ou ajusteur de), pour son compte..............	VI	20ᵉ
A	— — à façon......................	VII	*40ᵉ
A	Vitrier en boutique..	VI	20ᵉ
	Vivres (Fournisseur de). Voir *Fournisseur*.		
A	Voilier emballeur ; celui qui, au débarquement, ouvre les balles ou sacs de marchandises, les répare ou en confectionne de neufs, ou qui fournit des tentes ou des bâches pour abriter les marchandises déposées sur les quais........................	V	20ᵉ
A	Voilier, pour son compte..	III	20ᵉ
A	— à façon..	VI	20ᵉ
	Voitures publiques. Voir *Diligences*.		
	Voitures (Dépeceur de). Voir *Dépeceur*.		
	Voitures suspendues (Serrurier en). Voir *Serrurier*.		
	— (Loueur de). Voir *Loueur*.		
	Voitures (Tenant bazar de). Voir *Bazar*.		
A	Voiturier marchand de sel..	IV	20ᵉ
A	Voiturier ou roulier (ayant plusieurs équipages)...............	V	20ᵉ
A	— (n'ayant qu'un équipage).................	VIII	*40ᵉ

On doit considérer comme n'ayant qu'un seul équipage et imposer au droit fixe de 8ᵉ classe seulement, le voiturier ou roulier n'ayant qu'un seul train de voitures à un cheval qu'il conduit lui-même ou qu'il fait conduire par un seul charretier. (D. ad.)

Est imposable comme voiturier le cultivateur qui emploie, pendant la plus grande partie de l'année, ses chevaux et voitures à faire pour autrui des transports de matériaux et de marchandises. (Arr. C. 29 novembre 1854, nº 201.)

	Voiturier (Marchand de vins). Voir *Vins*.		
	Voituriers (Loueur de bêtes de trait pour le renfort aux). Voir *Loueur*.		
A	Volailles ou gibier (Marchand de)............................	VI	20ᵉ
	Volailles (Marchand expéditeur de). Voir *Œufs et Volailles (Marchand expéditeur d')*.		
A	Volailles truffées (Marchand de)............................	IV	20ᵉ
	Volants (Fabricant de), à façon. Voir *Raquettes*.		
	Volige (Marchand de bois de). Voir *Bois*.		

Y

A	Yeux artificiels (Fabricant d')............................	VI	20ᵉ

Z

Zinc (Marchand de). Voir *Métaux*.

XXII.

DISPOSITION EXCEPTIONNELLE ET TRANSITOIRE SUR LES PATENTES, APPLICABLE A LA VILLE DE PARIS.

40. (*Extrait de la loi sur l'extension des limites de Paris, du* 16 *juin*-3 *novembre* 1859.)

Art. 8. Les contributions directes dont le taux est déterminé à raison de la population continueront, pendant cinq ans, à partir du 1er janvier 1860, à être établies d'après les tarifs actuels dans les communes ou portions des communes annexées à Paris; après ce délai, ainsi que l'art. 5 de la loi du 25 avril 1844 l'a réglé pour les communes passant d'une catégorie dans une autre, l'augmentation que devront subir les droits fixes de patente pour être portés au niveau de ceux de Paris n'aura lieu que pour moitié, et ne sera complétée qu'après une seconde période de cinq ans.

XXIII.

COMPÉTENCE DES CONSEILS DE PRÉFECTURE EN MATIÈRE DE CONTRIBUTION PUBLIQUE.

41. (*Observation générale.*)

La compétence des conseils de préfecture en matière de contributions directes est restreinte à la connaissance des demandes en décharge ou réduction de cote. Il y a lieu à décharge ou réduction lorsque la loi a été mal ou faussement appliquée. La loi doit être le seul guide des magistrats administratifs. Les considérations de fait échappent à leur appréciation.

C'est, au contraire, en se fondant sur ces considérations que les préfets statuent sur les demandes en remise ou modération. La décision, dans ce cas, est un acte de faveur dicté par un juste sentiment d'équité.

42. (*Renvoi pour la procédure à suivre.*)

Pour ce qui concerne la forme des réclamations, nous renvoyons au chapitre de la quatrième partie, où sont exposées les règles de la procédure en matière de contributions directes.

XXIV.

DES ATTRIBUTIONS DES CONSEILS DE PRÉFECTURE EN MATIÈRE DE TRAVAUX PUBLICS.

43. (*Des difficultés entre les entrepreneurs de travaux publics et l'administration concernant le sens ou l'exécution des clauses de leurs marchés.*)

L'expression de *travaux publics* ne comprend pas seulement ceux faits dans l'intérêt de l'État et des départements; il faut encore ranger dans cette catégorie tous les travaux exécutés dans un intérêt public par les communes, tels que hôtels de mairie, maisons d'école, presbytères, églises, établissements de fontaines publiques, ponts communaux, etc., etc.

Les travaux exécutés par les ingénieurs de l'État sont soumis à des clauses et conditions générales qui ont fait l'objet d'un règlement arrêté par le ministre le 25 août 1833, qui doit trouver ici sa place.

Clauses et conditions générales imposées aux entrepreneurs des ponts et chaussées, du 25 août 1833.

Formalités préalables à l'adjudication.

Art. 1er. Nul ne sera admis à concourir aux adjudications s'il n'a les qualités requises pour entreprendre les travaux et en garantir le succès. A cet effet, chaque concurrent sera tenu de fournir un certificat constatant sa capacité, et de présenter un acte régulier ou au moins une promesse valable de cautionnement. Il ne sera pas exigé de certificat de capacité pour les fournitures de matériaux destinés à l'entretien des routes, ni pour les travaux de terrassement dont l'estimation ne s'élèvera pas à plus de 15,000 fr. (*Art. 9 de l'ordonnance royale du 10 mai* 1829.)

Le certificat devra avoir été délivré dans les trois ans qui précéderont l'adjudication. Il contiendra l'indication des travaux exécutés ou suivis par l'entrepreneur, ainsi que la justification de l'accomplissement des engagements qu'il aurait contractés.

Cautionnement.

2. Le montant du cautionnement n'excédera pas le trentième de l'estimation des travaux, déduction faite de toutes les sommes portées à valoir pour cas imprévus, indemnités de terrains et ouvrages en régie.

Ce cautionnement sera mobilier ou immobilier, à la volonté des soumissionnaires. Les valeurs mobilières ne pourront être que des effets publics ayant cours sur la place. (*Art.* 20 *de la même ordonnance.*)

Homologation de l'adjudication avec changement au projet.

3. Si, en homologuant l'adjudication, l'administration ordonne quelques changements au projet ou au devis, l'entrepreneur devra s'y conformer, et il lui sera fait état de la valeur de ces changements, soit en plus, soit en moins, au prorata des prix de l'adjudication, sans qu'il puisse, en cas de réduction, réclamer aucune indemnité, à raison des prétendus bénéfices qu'il aurait pu faire sur les fournitures et la main-d'œuvre.

Néanmoins, lorsque ces changements dénatureront fortement le projet, en opérant sur le prix total une différence de plus d'un sixième en plus ou en moins, l'entrepreneur sera libre de retirer sa soumission.

Il ne pourra prétendre à aucune indemnité dans le cas où l'adjudication ne serait pas approuvée.

Interdiction de céder tout ou partie de l'entreprise.

4. Pour que les travaux ne soient pas abandonnés à des spéculateurs inconnus ou inhabiles, l'entrepreneur ne pourra céder tout ou partie de son entreprise. Si l'on venait à découvrir que cette clause a été éludée, l'adjudication pourrait être résiliée, et, dans ce cas, il serait procédé à une nouvelle adjudication à la folle enchère de l'entrepreneur.

Résidence de l'entrepreneur sur le lieu des travaux.

5. Pendant la durée entière de l'entreprise, l'adjudicataire ne pourra s'éloigner du lieu des travaux que pour affaires relatives à son marché et qu'après en avoir obtenu l'autorisation. Dans ce cas, il choisira et fera agréer un représentant capable de le remplacer, et auquel il aura donné pouvoir d'agir pour lui, et de faire les payements aux ouvriers, de manière qu'aucune opération ne puisse être retardée ou suspendue pour raison de l'absence de l'entrepreneur.

Commencement des travaux.

6. A l'époque fixée par l'adjudication, l'entrepreneur mettra la main à l'œuvre; il entretiendra constamment un nombre suffisant d'ouvriers; il exécutera tous les ouvrages, en se conformant strictement aux plans, profils, tracés, instructions et ordres de service qui lui seront donnés par les ingénieurs ou leurs préposés.

Il lui sera préalablement délivré par le préfet des expéditions en bonne forme du procès-verbal d'adjudication, du devis et du détail estimatif.

L'entrepreneur ne peut faire aucun changement au projet sans un ordre écrit.

7. Il se conformera, pendant le cours du travail, aux changements qui lui seront ordonnés par écrit, et sous la responsabilité de l'ingénieur, pour des motifs de convenance, d'utilité ou d'économie; il lui en sera fait compte, suivant les dispositions de l'article 3; mais il ne pourra de lui-même, et sous aucun prétexte, apporter le plus léger changement au projet ou au devis.

Rétrocession des matériaux par l'entrepreneur sortant à l'entrepreneur entrant.

8. Dans le cas d'adjudication en continuation d'ouvrages, si l'entrepreneur sortant juge à propos de garder pour compte les matériaux par lui approvisionnés en vertu d'ordres des ingénieurs et non soldés par l'administration, ainsi que ses propres outils et équipages, il sera tenu d'évacuer, dans le délai qui aura été fixé par le devis, tous les chantiers, magasins et emplacements publics. Si, au contraire, il a déclaré vouloir céder tout ou partie des objets ci-dessus indiqués, l'entrepreneur entrant sera tenu d'accepter les matériaux aux prix de la nouvelle adjudication, et sur un état dressé contradictoirement entre les deux entrepreneurs, et en supposant toutefois qu'on ait reconnu à ces matériaux les qualités requises.

Les outils et équipages seront payés de gré à gré ou à dire d'experts.

Exploitation des carrières et indemnités y relatives à la charge de l'entrepreneur.

9. Lorsque le devis n'indiquera pas de carrières ou sablières appartenant à l'Etat, l'entrepreneur en ouvrira à ses frais dans les lieux indiqués par le devis; il sera tenu de prévenir les propriétaires avant de commencer les extractions, et de les dédommager de gré à gré ou à dire d'experts, conformément aux lois et règlements sur la matière; il devra représenter, toutes les fois qu'il en sera requis, le traité qu'il aura fait avec eux.

Il payera, sans recours contre l'administration, tous les dommages que pourront occasionner la prise, le transport ou le dépôt des matériaux.

Il en sera de même des dommages pour établissements de chantiers, chemins de service et autres indemnités temporaires, qui font partie des charges et faux frais de l'entreprise.

L'entrepreneur ne sera entièrement soldé et ne pourra recevoir le montant de la retenue pour garantie dont il est parlé dans l'article 35, qu'après avoir justifié par des quittances en forme qu'il a payé les indemnités et dommages mis à sa charge.

Dans le cas où le devis prescrirait d'extraire les matériaux dans les bois soumis au régime forestier, l'entrepreneur devra se conformer, sans recours en indemnité contre l'administration des ponts et chaussées, aux obligations résultant pour lui de l'article 145 du code forestier, ainsi que des articles 172, 173 et 175 de l'ordonnance royale du 1er août 1827, concernant l'exécution de ce code.

Si, pendant la durée de l'entreprise, il était reconnu indispensable de prescrire à l'entrepreneur d'extraire des matériaux dans des lieux autres que ceux qui auraient été prévus au devis, les ingénieurs établiront de nouveaux prix d'extraction et de transport d'après les éléments de l'adjudication. Ces changements, après avoir été soumis à l'approbation du préfet, seront signifiés à l'entrepreneur, qui, en cas de refus, devra déduire ses motifs dans le délai de dix jours, et il sera statué ensuite par l'administration ce qu'il appartiendra. Dans ce même cas de refus, l'administration aura le droit de considérer l'extraction et le transport desdits matériaux comme ne faisant pas partie de l'entreprise.

Si l'entrepreneur parvenait à découvrir de nouvelles carrières plus rapprochées que celles qui auraient été indiquées au devis, et offrant des matériaux d'une qualité au moins égale, il recevra l'autorisation de les exploiter, et il ne subira sur les prix de l'adjudication aucune déduction pour cause de diminution de frais d'extraction, de transport et de taille des matériaux.

L'entrepreneur ne pourra, en aucun cas, livrer au commerce les matériaux qu'il aura fait extraire dans une carrière qui ne lui appartiendrait pas, attendu que le droit d'exploitation ne lui a été conféré qu'en sa qualité d'entrepreneur de travaux publics, et pour un objet déterminé.

Magasins, équipages et faux frais.

10. L'entrepreneur sera tenu, indépendamment des indemnités mentionnées à l'article précédent, de fournir à ses frais les magasins, équipages, voitures, ustensiles et outils de toute espèce, sauf les exceptions qui seront stipulées au devis.

Seront également à sa charge les frais de tracé d'ouvrages, les cordeaux, piquets et jalons, et généralement tout ce qui constitue les faux frais et menues dépenses dont un entrepreneur n'est pas admis à compter.

Application des prix consentis. — Erreurs de métrés ou de dimensions d'ouvrages.

11. Au moyen des prix consentis et approuvés, l'entrepreneur fera l'achat, la fourniture, le transport à pied d'œuvre, la façon, la pose et l'emploi de tous les matériaux.

Il soldera les salaires et peines d'ouvrier, les commis et autres agents dont il pourra avoir besoin pour assurer la bonne et solide exécution des ouvrages.

Il ne pourra, sous aucun prétexte d'erreur ou d'omission dans la composition des prix de sous-détail, revenir sur les prix par lui consentis, attendu qu'il a dû s'en rendre préalablement un compte exact, et qu'il est censé avoir refait et vérifié tous les calculs d'appréciation.

Mais il pourra réclamer, s'il y a lieu, contre les erreurs de métrés ou de dimensions d'ouvrages.

Origine et qualité des matériaux.

12. Les matériaux proviendront des lieux indiqués aux devis; ils seront de la meilleure qualité, parfaitement travaillés et mis en œuvre conformément aux règles de l'art. On ne pourra les employer qu'après qu'ils auront été visités par l'ingénieur; en cas de surprise, de mauvaise qualité ou de malfaçon, ils seront rebutés et remplacés aux frais de l'entrepreneur; toutefois, si l'entrepreneur conteste les faits, l'ingénieur dressera immédiatement procès-verbal des circonstances de cette contestation : l'entrepreneur pourra consigner, à la suite du procès-verbal qui devra lui être communiqué, les observations qu'il se croira en droit de présenter; il sera statué ensuite par l'administration ce qu'il appartiendra.

Vices d'exécution.

13. Lorsque les ingénieurs présumeront qu'il existe dans les ouvrages des vices d'exécution, ils ordonneront, soit en cours d'exécution, soit avant la réception finale, la démolition et la reconstruction des ouvrages présumés vicieux.

Les dépenses résultant de cette vérification seront à la charge de l'adjudicataire, lorsque les vices de construction auront été constatés et reconnus.

En cas de contestation de l'entrepreneur sur les vices d'exécution, il sera procédé comme il a été dit ci-dessus, art. 12.

Dimensions ou poids des matériaux.

14. En général, tous les matériaux auront les dimensions prescrites par le devis.

Si l'entrepreneur leur donne des dimensions plus fortes, il ne pourra réclamer aucune augmentation de prix; les métrages et les pesées seront basés sur les dimensions du devis, et néanmoins les pièces qui seraient jugées nuisibles ou difformes seraient enlevées et remplacées aux frais de l'entrepreneur.

Dans les cas de dimensions plus faibles, les prix seront réduits en proportion, et néanmoins les pièces dont l'emploi serait reconnu contraire au goût et à la solidité seraient également enlevées et remplacées aux frais de l'entrepreneur.

Dans tous les cas, l'entrepreneur ne pourra employer aucune pièce ni aucune matière qui ne serait pas des dimensions ou des poids prescrits par les devis, sans l'autorisation écrite de l'ingénieur.

A-compte sur les matériaux approvisionnés.

15. Il pourra être accordé des à-compte sur les prix des matériaux approvisionnés jusqu'à concurrence des quatre cinquièmes de leur valeur; on ne regardera comme approvisionnés que les matériaux déposés sur l'atelier, et dès ce moment l'entrepreneur ne pourra les détourner pour un autre service sans une autorisation par écrit.

Démolitions d'anciens ouvrages.

16. Si, aux termes du devis, l'entrepreneur est tenu de démolir d'anciens ouvrages, les matériaux seront déplacés avec attention, pour pouvoir être réparés et remis en place, s'il y a lieu, avec les mêmes précautions que les matériaux neufs. Dans le cas où les démolitions n'auraient pas été prévues, il en sera tenu compte à l'entrepreneur dans les formes prescrites ci-après, art. 22.

Emploi des matériaux de démolition.

17. Toutes les fois que, par des motifs d'économie ou de célérité, on croira devoir employer des matières neuves ou de démolition appartenant à l'Etat, l'entrepreneur ne sera payé que des frais de main-d'œuvre et d'emploi, sans pouvoir répéter de dommages pour manque de gain sur les fournitures supprimées.

Choix des commis, maîtres et chefs d'atelier.

18. L'entrepreneur aura soin de ne choisir pour commis, maîtres et chefs d'atelier, que des gens probes et intelligents, capables de l'aider et même de le remplacer au besoin dans la conduite et le métrage des travaux.

Il choisira également les ouvriers les plus habiles et les plus expérimentés; néanmoins il demeurera responsable, en son propre et privé nom, comme en celui de sa caution, des fraudes ou malfaçons que ses agents pourront commettre sur les fournitures, la qualité et l'emploi des matériaux, sous les peines indiquées à l'art. 12.

Changement ou renvoi des ouvriers de l'entrepreneur.

19. L'ingénieur aura le droit d'exiger le changement ou le renvoi des agents et ouvriers de l'entrepreneur, pour cause d'insubordination, d'incapacité ou de défaut de probité.

Liste nominative des ouvriers.

20. Le nombre des ouvriers, de quelque espèce qu'ils soient, sera tou-

jours proportionné à la quantité d'ouvrages à faire; et pour mettre l'ingénieur à même d'assurer l'accomplissement de cette condition et de reconnaître les individus, il lui en sera remis périodiquement, et aux époques qu'il aura fixées, une liste nominative.

Travaux en retard. — Mise en régie.

21. Lorsqu'un ouvrage languira faute de matériaux, ouvriers, etc., de manière à faire craindre qu'il ne soit pas achevé aux époques prescrites, ou que les fonds crédités ne puissent pas être consommés dans l'année, le préfet, dans un arrêté qu'il notifiera à l'entrepreneur, ordonnera l'établissement d'une régie aux frais dudit entrepreneur, si, après une époque fixée, il n'a pas satisfait aux dispositions qui lui seront prescrites.

A l'expiration du délai, si l'entrepreneur n'a pas satisfait à ces dispositions, la régie sera organisée immédiatement et sans autre formalité. Il en sera aussitôt rendu compte au directeur général, qui, selon les circonstances de l'affaire, pourra ordonner la continuation de la régie aux frais de l'entrepreneur, ou prononcer la résiliation du marché et ordonner une nouvelle adjudication sur folle enchère.

Dans ces divers cas, les excédants de prix et de dépenses seront prélevés sur les sommes qui pourront être dues à l'entrepreneur, sans préjudice des droits à exercer contre lui et sa caution, en cas d'insuffisance.

Si la régie ou l'adjudication sur folle enchère amenait, au contraire, une diminution dans les prix et les frais des ouvrages, l'entrepreneur ou sa caution ne pourra réclamer aucune part de ce bénéfice, qui resterait acquis à l'administration.

Travaux non prévus.

22. Lorsqu'il est jugé nécessaire d'exécuter des parties d'ouvrages non prévues par les devis, les prix en seront réglés d'après ceux de l'adjudication, par assimilation aux ouvrages les plus analogues. Dans le cas d'une impossibilité absolue d'assimilation, les prix seront réglés sur estimation contradictoire, en prenant pour termes de comparaison les prix courants du pays.

Lorsque ces travaux devront être de quelque importance, il en sera fait un avant-métré que l'entrepreneur acceptera, tant pour les prix proposés que pour l'indication des ouvrages par une soumission particulière qui sera présentée à l'approbation de l'administration.

Épuisements.

23. S'il y a lieu de faire des épuisements qui n'auraient pas été mis par le devis à la charge de l'entrepreneur, les dépenses y relatives seront constatées par attachement et sur des contrôles tenus sous la surveillance de l'ingénieur; elles seront acquittées régulièrement par l'entrepreneur, à la fin de chaque semaine, aux conditions portées en l'article suivant.

Payement des ouvrages imputés sur la somme à valoir.

24. Tous les payements pour épuisements, ouvrages par attachement, indemnités et autres articles imputés sur la somme à valoir, seront remboursés à l'entrepreneur avec un quarantième en sus, pour le dédommager de ses avances de fonds; à cet effet, il sera tenu de payer à vue, en présence d'un employé désigné par l'ingénieur, les rôles ou états qui seront dressés pour le compte des travaux, et de les faire quittancer par les parties prenantes avant de pouvoir en demander le remboursement.

Deux quarantièmes lui seront en outre alloués pour ceux desdits articles qui nécessiteront de sa part des outils, soins, frais de conduite des travaux, fournitures et entretien de machines.

Dépenses faites sans avances de fonds de la part de l'entrepreneur.

25. Sont exceptés des dispositions ci-dessus les payements qu'on pourrait être obligé de faire par l'intermédiaire de l'entrepreneur, mais qui n'exigeraient réellement de sa part aucune avance de fonds, et pour lesquels conséquemment il ne serait alloué aucune rétribution.

Refus d'indemnités à l'entrepreneur, excepté pour les cas de force majeure.

26. Il ne sera alloué à l'entrepreneur aucune indemnité à raison des pertes, avaries ou dommages occasionnés par négligence, imprévoyance, défaut de moyens ou fausses manœuvres. Ne sont pas compris toutefois dans la disposition précédente les cas de force majeure qui, dans le délai de dix jours au plus après l'événement, auraient été signalés par l'entrepreneur; dans ce cas, néanmoins, il ne pourra être rien alloué qu'avec l'approbation de l'administration. Passé le délai de dix jours, l'entrepreneur ne sera plus admis à réclamer.

Visite des travaux.

27. L'entrepreneur, soit par lui-même, soit par ses commis, visitera les travaux aussi souvent que pourra le réclamer le bien du service. Il justifiera de ces visites, et accompagnera les ingénieurs dans leurs tournées, toutes les fois qu'il en sera requis.

Contraventions de voirie.

28. Il surveillera, dans l'étendue de son entreprise, les propriétaires riverains et les cultivateurs qui se permettraient de labourer et de planter trop près des routes, canaux et autres propriétés publiques, ou qui détérioreraient les bornes, talus, fossés et plantations. Il avertira sur-le-champ

les ingénieurs des contraventions qu'il apercevrait à cet égard, comme aussi de celles qui consisteraient en des dépôts de bois et de fumier, ou autres encombrements quelconques, ainsi que des anticipations qui seraient faites sur le domaine de la voie publique.

Règlements d'ordre sur les travaux.

29. L'ingénieur en chef fera tous les règlements nécessaires pour le bon ordre des travaux ou pour l'exécution des clauses du devis. Ces règlements seront visés par le préfet, lorsqu'il aura été reconnu par ce magistrat qu'ils n'imposent pas de nouvelles charges à l'entrepreneur, pour lequel, dès lors, ils seront obligatoires.

Difficultés sur l'application des prix. — Exclusion des us et coutumes.

30. S'il survient quelque difficulté entre l'ingénieur ordinaire et l'entrepreneur, au sujet de l'application des prix ou des métrages, il en sera référé à l'ingénieur en chef, qui appliquera les règles admises dans le service des ponts et chaussées; dans aucun cas, l'entrepreneur ne pourra invoquer en sa faveur les us et coutumes, auxquels il est formellement dérogé par le présent article.

Application du système légal des poids et mesures.

31. Toutes les dimensions d'ouvrages, tous les prix, salaires et dépenses, seront calculés d'après le système légal des poids et mesures.

Communication à l'entrepreneur des métrages et pièces de comptabilité. — Délai pour réclamer.

32. Les métrages généraux et partiels, les états d'attachement, les états de dépense, les états de situation et les procès-verbaux de réception devront être communiqués à l'entrepreneur et acceptés par lui; en cas de refus, il déduira par écrit ses motifs dans les dix jours qui suivront la présentation desdites pièces, et, dans ce cas seulement, il sera dressé procès-verbal de l'acte de présentation et des circonstances qui l'auront accompagné. Un plus long délai mettrait souvent dans l'impossibilité de rechercher et de constater les causes d'erreurs qui auraient pu donner lieu à quelques réclamations; en conséquence, il est expressément stipulé que l'entrepreneur ne sera jamais admis à élever des réclamations au sujet des pièces ci-dessus indiquées après le délai de dix jours, et que, passé ce délai, lesdites pièces seront censées acceptées par lui, quand bien même il ne les aurait pas signées; le procès-verbal de présentation devra toujours être joint à l'appui des pièces qui n'auront pas été acceptées.

Expéditions des pièces de comptabilité à l'entrepreneur.

33. Indépendamment de la communication des pièces énoncées dans

l'article précédent, l'entrepreneur sera autorisé à s'en procurer des expéditions, qu'il pourra faire transcrire par ses propres commis dans les bureaux de l'ingénieur en chef ou dans ceux de la préfecture.

Payements pour ouvrages faits.

34. Les payements d'à-compte pour ouvrages faits s'effectueront en raison de l'avancement des travaux, en vertu des mandats du préfet (1), expédiés sur les certificats de l'ingénieur en chef, d'après les états fournis par l'ingénieur ordinaire, jusqu'à concurrence des neuf dixièmes de la dépense, et déduction faite des à-compte qui auront pu être délivrés sur les approvisionnements avant leur emploi.

Les payements ne pouvant être faits qu'au fur et à mesure des ordonnances et des fonds disponibles, il ne sera jamais alloué d'indemnité, sous aucune dénomination, pour retard de payement pendant l'exécution des travaux.

Toutefois, si, les travaux étant définitivement reçus, l'entrepreneur ne pouvait pas être entièrement soldé à l'expiration du délai de garantie, il pourra prétendre à des intérêts pour cause de retard de payement de la somme qui lui restera due à dater de cette époque.

Retenue pour garantie, réception provisoire ou définitive.

35. Le dernier dixième ne sera payé à l'entrepreneur qu'après l'accomplissement du délai fixé pour la garantie des ouvrages, sauf les justifications préalables par le quatrième paragraphe de l'article 9.

Immédiatement après l'achèvement des travaux, il sera procédé à leur réception provisoire ; et la réception définitive n'aura lieu qu'après l'expiration du délai de garantie. Pendant ce délai, l'entrepreneur demeurera responsable de ses ouvrages et sera tenu de les entretenir.

Ce délai de garantie sera de trois mois après la réception pour les travaux d'entretien, de six mois pour les terrassements et les chaussées d'empierrement, d'un ou de deux ans pour les ouvrages d'art, selon les stipulations du devis.

Cessation ou ajournement des travaux.

36. Dans le cas où l'administration ordonnerait la cessation absolue ou l'ajournement indéfini des travaux adjugés, l'entrepreneur pourra requérir qu'il soit procédé de suite à la réception provisoire des ouvrages exécutés, et à leur réception définitive, après l'expiration du délai de garantie ;

(1) Aujourd'hui c'est l'ingénieur en chef qui délivre lui-même les mandats d'à-compte, en exécution d'un règlement spécial du président de la république, du 28 septembre 1849, relatif à la comptabilité des mines et des travaux publics.

après la réception définitive, il sera, ainsi que sa caution, déchargé de toute garantie pour raison de son entreprise.

Maximum de la retenue de garantie.

37. Si le dixième des dépenses est jugé devoir excéder la proportion nécessaire pour la garantie de l'entreprise, il pourra être stipulé au devis que la retenue cessera de croître, lorsqu'elle aura atteint un maximum déterminé.

Mode de réception des ouvrages.

38. Toutes les réceptions d'ouvrages seront faites par l'ingénieur, en présence de l'entrepreneur, ou lui dûment appelé par écrit ; en cas d'absence, il en sera fait mention au procès-verbal.

Augmentation et diminution notable sur les prix ou sur la masse des travaux.

39. Si, pendant le cours de l'entreprise, les prix subissaient une augmentation notable, le marché pourra être résilié, sur la demande qui en sera faite par l'entrepreneur ; en cas de diminution notable, la résiliation du marché pourra être également prononcée, à moins que l'entrepreneur n'accepte les modifications qui lui seraient prescrites par l'administration.

Et dans le cas où, pendant le cours de l'entreprise, et sans changer les charges et les prix, il serait ordonné par l'administration d'augmenter ou de diminuer la masse des travaux, l'entrepreneur sera tenu d'exécuter les nouveaux ordres, sans réclamation, à moins qu'il n'ait été autorisé à faire des approvisionnements de matériaux qui demeureraient sans emploi, et pourvu que les changements en plus ou en moins n'excèdent pas le sixième du montant de l'entreprise, auquel cas il pourra demander la résiliation de son marché.

En cas de résiliation, disposition relative aux outils, ustensiles et matériaux.

40. Dans les cas prévus par l'article 36, et dans celui où, conformément à l'article 39, et par suite d'une diminution notable dans le prix des ouvrages, l'administration aura prononcé la résiliation du marché, les outils et ustensiles indispensables à l'entreprise, que l'entrepreneur ne voudra pas garder pour son compte, seront acquis par l'Etat, sur l'estimation qui en sera réglée de gré à gré ou à dire d'experts, d'après la valeur première desdits outils et ustensiles, et déduction faite de leur degré d'usure, le tout au taux du commerce et sans augmentation de dixième ou de toute autre plus-value, sous prétexte de bénéfice présumé.

Les matériaux approvisionnés par ordre et déposés sur les travaux, s'ils sont de bonne qualité, seront également acquis par l'Etat, aux prix de l'adjudication.

Les matériaux qui ne seraient pas déposés sur les travaux resteront au compte de l'entrepreneur; mais, tant pour cet objet que pour toutes autres réclamations, il pourra lui être alloué une indemnité qui sera fixée par l'administration, et qui, dans aucun cas, ne devra excéder le cinquantième du montant des dépenses restant à faire en vertu de l'adjudication.

Payement des frais d'adjudication.

41. L'entrepreneur payera comptant les frais relatifs à son adjudication, sur un état arrêté par le préfet. Ces frais ne pourront être autres que ceux d'affiches et de publications, ceux de timbre et d'expédition du devis, du détail estimatif et du procès-verbal d'adjudication; enfin le droit d'enregistrement, fixé à un franc par la loi du 7 germinal an VIII, l'arrêté du 15 brumaire an XII et le décret du 25 germinal an XIII.

Jugement des difficultés entre l'administration et l'entrepreneur.

42. Conformément aux dispositions du second paragraphe de l'article 4 de la loi du 17 février 1800 (28 pluviôse an VIII), toutes les difficultés qui pourraient s'élever entre les entrepreneurs de travaux publics et l'administration, concernant le sens ou l'exécution des clauses de leur marché, seront portées devant le conseil de préfecture, qui statuera, sauf recours au conseil d'Etat.

44. (*Observation.*)

Outre les clauses et conditions générales ci-dessus, les adjudications de travaux sont faites ordinairement avec des clauses spéciales, dont les unes dérogent aux conditions générales, et d'autres, au contraire, ajoutent à leurs dispositions.

L'interprétation des clauses générales et spéciales des adjudications doit se faire suivant les règles déterminées par le code Napoléon pour l'interprétation des conventions. La section V du chapitre III du titre des *obligations* doit être consultée par les parties intéressées; elles doivent encore ne pas perdre de vue les dispositions de la section III, intitulée *des devis et marchés*, du chapitre III du titre de louage qui régit les entreprises de travaux faites avec l'État, les départements et les communes, comme avec les simples particuliers, à moins de stipulations contraires insérées dans le sumptum des adjudications publiques. Enfin l'art. 2270 du code Napoléon, qui déclare, après dix ans, l'architecte et les entrepreneurs déchargés des gros ouvrages qu'ils ont entrepris ou dirigés, est aussi applicable dans ces sortes de contestations.

XXV.

SUITE : DES ATTRIBUTIONS DES CONSEILS DE PRÉFECTURE EN MATIÈRE DE TRAVAUX PUBLICS.

45. (*Des réclamations des particuliers qui se plaignent des torts et dommages procédant du fait personnel des entrepreneurs et non du fait de l'administration.*)

Les conseils de préfecture connaissent des réclamations des particuliers qui se plaignent des torts et dommages procédant du fait personnel des entrepreneurs et non du fait de l'administration. Cette dernière disposition est le fait d'une erreur ; c'est ce qui est établi dans l'alinéa suivant.

46. (*Des demandes et contestations concernant les indemnités dues aux particuliers, à raison de terrains pris et fouillés pour la confection des chemins, canaux et autres ouvrages publics.*)

Les obligations de l'État comme celles des particuliers ne dérivent pas seulement des contrats. Les engagements peuvent aussi bien se former par des faits personnels à ses agents. (Art. 1370, 1382, 1383 et 1384 C. Nap.)

Le § 4, art. 4, de la loi du 28 pluviôse an VIII, fournit un exemple d'engagement de cette nature au sujet des *terrains pris et fouillés* pour la confection des travaux publics. Il n'est pas douteux, dans ce cas, que le conseil de préfecture ne soit compétent, puisque ce § 4 n'apporte aucune espèce de distinction entre les actions dirigées contre l'administration ou contre les entrepreneurs ; donc il doit en être de même pour les autres dommages prévus dans le § 3 ; car l'action fondée sur le § 4 est absolument de même nature que celle tirée du § 3. Il s'agit, dans les deux paragraphes de ce titre, de faits dommageables de l'administration ou de ses agents ; l'action naît d'un quasi-contrat, ou, si l'on veut, d'un quasi-délit. Le conseil de préfecture ne peut donc être compétent dans un cas et incompétent dans l'autre.

D'ailleurs il ne s'agit pas de reconnaître une dette de l'État, mais de la faire déclarer et de constater sa quotité litigieuse entre les tiers qui se plaignent de torts et dommages, et l'administration qui nie les torts et conteste les dommages ou leur quotité. On conçoit très-bien que l'on puisse s'adresser *amiablement* au préfet ou au ministre pour obtenir cette indemnité. Ce n'est pas là qu'est la difficulté, elle consiste à savoir si, en cas de contestation, le conseil de préfecture a la juridiction contentieuse. Or la jurisprudence du conseil d'État est constante pour l'affirmative, et avec beaucoup de raison (1), sauf à renvoyer devant le ministre pour le payement de l'indemnité qui sera fixée par le conseil de préfecture.

Ce sont seulement des dommages *temporaires* que connaissent les conseils de préfecture. Les dommages *permanents* échappent à leur juridiction.

Les questions de devis et marchés, d'indemnités, de dommages pour terrains pris et fouillés, donnent souvent lieu à des appréciations par experts.

Toutes les expertises en matière de travaux publics doivent être faites conformément aux règles prescrites par la loi du 16 sept. 1807. Il est traité de ces expertises dans le chapitre de la 4e partie consacré à la procédure administrative en matière de travaux publics.

XXVI.

DES ATTRIBUTIONS DES CONSEILS DE PRÉFECTURE EN MATIÈRE DE GRANDE VOIRIE.

47. (*Étendue de la juridiction administrative en cette matière.*)

Le domaine de la grande voirie comprend :

1° Tout ce qui est relatif à l'administration et à la conservation des grandes routes impériales et départementales : les rues de Paris sont placées dans le domaine de la grande voirie ;

2° L'entretien et la surveillance des fleuves, rivières et canaux navigables, chemins de halage et contre-halage ;

3° Les ports maritimes de commerce et travaux à la mer ; les mers côtières et leurs dépendances, qui sont les côtes et les rivages de la mer ;

4° Les chemins de fer construits ou concédés par l'Etat ;

5° Enfin l'établissement de la télégraphie.

(1) 12 avril 1832, *Massip.*—16 nov. 1832, *préfect. du Doubs.*—27 août 1833, *Quersel.* — 14 nov. 1833, *Danglemont.*—3 février 1835, *Berthier.*—5 déc. 1837, *Coulon.* — 22 fév. 1838, *Bachelé.* — 12 fév. 1838, *Cie du pont de Millau.* — 31 oct. 1838, *Boutillié.*— 19 décemb. 1838, *Ve Hedé.*—27 mai 1839, *Mériel.* — 13 décemb. 1839, *Lamlé.*

XXVII.

DE LA GRANDE VOIRIE DE TERRE OU DES ROUTES IMPÉRIALES ET DÉPARTEMENTALES.

48. (*Des contraventions concernant les grandes routes.*)

La voirie terrestre a deux fins bien distinctes : son administration et la conservation des voies de communication. (*Loi du* 7 *septembre* 1790, *art.* 6.)

La police d'administration s'entend du pouvoir d'ordonner tout ce qui est nécessaire dans l'intérêt public. La police de conservation s'entend du pouvoir de juger les questions contentieuses et de punir les contrevenants.

Ces deux pouvoirs, qui furent longtemps réunis et exercés simultanément, d'abord par le grand voyer du royaume, qui était le roi lui-même, ensuite par les bureaux des finances, furent séparés par la loi précitée du 7 septembre 1790, qui attribuait au corps administratif la police d'*administration*, et aux tribunaux celle de *conservation*.

La législation actuelle n'a point changé la disposition qui attribue aux corps administratifs la police d'*administration :* ce sont les préfets, sous-préfets et maires qui sont aujourd'hui investis de ce droit.

Mais il a été dérogé à la loi de 1790 en ce qui touche les contraventions, dont le jugement appartient aux conseils de préfecture, d'après la loi du 28 pluviôse an VIII.

Les principaux monuments législatifs de l'ancienne monarchie française qu'il est encore utile de connaître sont les suivants :

1° L'édit de décembre 1607 ;

2° L'arrêt du conseil du 17 juin 1721 ;

3° L'ordonnance royale du 4 août 1731 ;

4° L'ordonnance du bureau des finances du 29 mars 1754 ;

5° L'arrêt du conseil d'État du 16 décembre 1759.

On doit rapporter le texte de ces divers monuments de l'ancienne législation, dont les principales dispositions sont encore en vigueur aujourd'hui.

49. (*Extrait de l'édit de décembre* 1607 *sur les attributions du grand voyer, la juridiction en matière de voirie et la police des rues et chemins.*)

Henry, etc., ayant reconnu.....

Art. 3. Voulons aussi et nous plait que, lorsque les rues et chemins seront encombrez ou incommodez, notresdict grand voyer ou ses commis enjoignent aux particuliers le faire oster lesdits empeschemens, et sur l'opposition ou différens qui en pourroient résulter, faire condamner lesdits particuliers qui n'auront obey à ses ordonnances, trois jours après la signification qui leur en sera faite, jusqu'à la somme de dix livres et au-dessous pour lesdites entreprises par eux faites, et pour cet effet, les faire assigner à sa requeste par devant ledit prévost de Paris, auquel nous donnons aussi tout pouvoir et jurisdiction (1).

4. Deffendons à nostre dict grand voyer ou ses commis de permettre qu'il soit fait aucunes saillies, avances et pans de bois ou bâtimens neufs, et meme à ceux où il y en a présent, de contraindre les reédifier, ni faire ouvrages qui les puissent conforter, conserver et soutenir, n'y faire aucun encorbellement en avance pour porter aucun mur, pan de bois ou autres choses en saillie, et porter à faux sur lesdites rues, ains faire le tout continuer a plomb, depuis le rez-de-chaussée tout contremont, et pourvoir a ce que les rues s'embelissent et élargissent au mieux que faire se pourra, et en baillant par luy les allignemens, redressera les murs ou il y aura ply ou coude, et de tout sera tenu de donner par écrit son procès verbal de luy signé ou de son greffier, portant l'alignement desdits édifices de deux toises en deux toises, a ce qu'il n'y soit contrevenu: pour lesquels allignemens nous lui avons ordonné soixante sols parisis par maison, payables par les particuliers qui feront faire lesdites édifications sur ladite voyrie, encore qu'il y eût plusieurs allignemens en icelle, n'estant compté que pour un seul.

5. Comme aussi nous deffendons à tous nosdits sujets de ladite ville, fauxbourgs, prevosté et vicomté de Paris, et autres villes de ce royaume, faire aucun édifice, pan de mur, jambes estriers, encoignures, caves ny caval, forme ronde en saillie, sieges, barrieres, contrefenestre, huis de cave, bornes, pas, marches, siéges montoirs à cheval, auvens, enseignes, establies, cages de menuiserie, chassis à verre et autres avances sur ladite voyrie,

(1) *Voir* ordonnance du bureau des finances, du 18 juin 1765, qui confirme les dispositions des art. 3 et 5 de l'édit.

sans le congé et allignement de nostredict grand voyer ou desdits commis. Pourquoy faire nous lui avons attribué et attribuons la somme de soixnte sols tournois, et après la perfection d'iceux, seront tenus lesdits particuliers d'en avertir ledit grand voyer ou son commis, afin qu'il recolle lesdits allignemens, et reconnaisse si lesdits ouvriers auront travaillé suivant iceux, sans toutesfois payer aucune chose pour ledit recollement et confrontation, et où il se trouveroit qu'ils auroient contrevenu ausdits allignemens, seront lesdits particuliers assignez par devant le prévost de Paris ou son lieutenant, pour voir ordonner que la besogne mal plantée sera abattue, et condamnez à telle amende que de raison, applicable comme dessus.

6. Deffendons au commis de nostredict grand voyer, de prendre aucuns droits pour mettre les treillis aux fenestres sur rues, pourvu qu'ils n'excedent les corps des murs qui seront tirez à plomb, et pour ceux qui sortiront hors des murs, payeront la somme de trente sols tournois.

7. Faisons aussi défenses à toutes personnes de faire et creuser aucunes caves sous les rues, et pour le regard de ceux qui voudront faire degrez pour monter à leurs maisons, par le moyen desquels les rues estrecissent, faire siéges es dites rues, estail ou auvens, clore ou fermer aucunes rues, faire planter bornes au coin d'icelles, es entrées de maisons, poser enseignes nouvelles ou faire le tout réparer, prennent congé dudit grand voyer ou commis. Pour lesquelles choses faites de neuf, et pour la permission première, nous lui avons attribué et attribuons la somme de trente sols tournois pour la visitation d'icelles, et pour celles qu'il conviendra seulement réparer et refaire, la somme de quinze sols tournois; et ou aucuns voudroient faire telles entreprises sans lesdites permissions, les pourra faire condamner en ladite amende de dix livres, payable comme dessus, ou plus grande somme, si le chas y échet, et faire abattre lesdites entreprises; le tout au cas que lesdites entreprises incommodent le public, et pour cet effet, sera tenu le commis dudit grand voyer se transporter sur les lieux auparavant que donner la permission ou congé de faire lesdites entreprises.

8. Pareillement, avons deffendu et deffendons à tous nosdits sujets de jeter dans les rues eaus ny ordures par les fenestres,

de jour ny de nuit, faire preaux ni aucuns jardins en saillies aux hautes fenestres, ni pareillement tenir fiens, terreaux, bois ny autres choses dans les rues et voyes publiques, plus de vingt-quatre heures, et encore sans incommoder les passans; autrement lui avons permis et permettons de les faire condamner en l'amende comme dessus, auquel voyer ou commis nous enjoignons se transporter par toutes les rues, mesmes par les maistresses, de quinze jours en quinze jours, afin de commander qu'elles soient délivrées et nettoyées, et que les passans ne puissent recevoir aucunes incommoditez.

9. Deffendons aussi à toutes personnes de faire des eviez plus haut que rez-de-chaussée, s'ils ne sont couverts jusqu'audit rez-de-chaussée, et mesme sans la permission de nostredit grand voyer, ses lieutenants ou commis, pour laquelle permission luy sera payé trente sols indistinctement, tant pour ceux qui sont au rez-de-chaussée que pour ceux qui ne se trouveront audit rez-de-chaussée.

10. Ordonnons à nostredict grand voyer ou commis de faire crier aux quatre fêtes annuelles de l'an, de par nous et de par luy, à ce que les rues soient nettoyées, et outre, qu'il ait à ordonner aux chartiers conduisant terreaux et gravois et autres immondices, de les porter aux champs, aux lieux destinés aux voyries ordinaires, et au défaut de luy obéir, saisira les chevaux et harnois des contrevenans, pour en faire son rapport, sans qu'il puisse donner main levée qu'il n'en soit ordonné.

11. Enjoindra aux sculpteurs, charrons, marchands de bois et tous autres, de retirer et mettre à couvert, soit dans leurs maisons ou ailleurs, ce qu'ils tiennent d'ordinaire dans les rues, comme pierres, coches, charrettes, chariots, troncs, pièces de bois et autres choses qui peuvent empescher ou incommoder ledit libre passage desdites rues, comme aussi aux teinturiers, foullons, frippiers et tous autres, de ne mettre seicher sur perches de bois, soit es fenestres de leurs greniers ou autrement sur rues et voyes, aucuns draps, toiles et autres choses qui peuvent incommoder ou offusquer la veue desdites rues, sur les peines que dessus; et sur les contraventions qui se feront, lesdites deffenses estant faites par ledit sieur grand voyer ou ses commis, seront les contrevenans condamnez en l'amende comme dessus.

12. Voulons et nous plait que ledit grand voyer et ses commis ayent l'œil et connaissance du pavement desdites rues, voyes, quais et chemins, et ou il se trouvera quelques pavez cassés, rompus ou enlevez, qu'ils les fassent refaire et retablir promptement, mesme faire l'ouverture des maisons des refusans d'icelles, aux dépens des détempteurs desdites maisons, injonction prealablement faite auxdits détempteurs, et prendra garde que le pavé de neuf soit bien fait et qu'il ne se trouve plus haut élevé que celuy de son voisin.

13. Defendons au commis de nostredit grand voyer, de donner aucune permission de faire des marches dans les rues, mais seulement continuer les anciennes es lieux ou elles n'empêchent le passage.

14. Ne pourra aussi nostredit voyer ou commis, donner permission d'auvent plus bas que de dix pieds, a prendre du rez-de-chaussée en amont, et pour ceux qu'il donnera, ensemble pour les enseignes, luy appartiendra pour les permissions nouvelles, trente sols tournois ; et pour le changement des enseignes, réfection et changement d'auvent, n'en prendra que quinze sols tournois.

50. (*Extrait de l'arrêt du conseil d'Etat concernant les alignements des grands chemins et la police pour leur conservation et liberté*, *du* 17 *juin* 1721.)

Louis, etc., etant informé, etc....

« Fait Sa Majesté défense à tous particuliers, meme à tous seigneurs, sous pretexte du droit de justice ou de voirie, de troubler les entrepreneurs dans leurs travaux, combler lesdits fossés, et de labourer et faire labourer en dedans de la largeur bornée par lesdits fossés, d'y mettre aucuns fumiers, décombres et autres immondices, soit en pleine campagne ou dans les villes, bourgs et villages où passent lesdites chaussées, d'y faire aucunes fouilles, ni de planter des arbres ou haies vives, sinon a six pieds de distance des fossés separant les chemins de leurs héritages, et à cinq toises du pavé ou il ne se trouvera pas encore de fossés de faits, le tout a peine d'amende contre les contrevenants, meme de confiscation des fumiers, chevaux et equipages. »

51. (*Extrait de l'ordonnance du Roi qui défend d'enleverles pavés et autres matériaux des routes, et de dégrader les chemins publics, du* 4 *août* 1731.)

Louis, etc., S. M. etant informée, etc....

Sa Majesté a ordonné et ordonne que les reglemens et arrets de son conseil concernant les chaussées, grands chemins et voies publiques, seront exécutés suivant leur forme et teneur; en conséquence, défend à tous particuliers de dépaver les rues de Paris, de meme que les chaussées des faubourgs, banlieue et chemins publics, d'enlever aucun pavé desdites rues, chaussées ou ateliers, non plus que les fers, bois, pierres et autres matériaux destinés aux ouvrages publics ou mis en œuvre, a peine, contre les contrevenants, d'être, pour la première fois, attachés au carcan avec écriteaux sur lesquels sera écrit : *voleur de pavés*, ou de telle autre matiere qu'ils auront prise, et d'être, en cas de recidive, condamnés au galère; a l'effet de quoi leur procès leur sera fait et parfait par tel juge qu'il appartiendra; defend a toutes personnes, de quelle qualité et condition qu'elles puissent être, de recevoir et receler dans leurs maisons, meme d'acheter aucuns desdits pavés ou autres matériaux volés, a peine, contre chacun des contrevenants, de 1,000 livres de dommages et intérêts, applicables, un tiers à l'Hôtel-Dieu, si le délit est commis dans la ville de Paris, et à l'hopital le plus prochain du lieu, quand le vol aura été fait sur des chemins publics; un tiers au denonciateur, et l'autre tiers à l'entrepreneur de l'entretien desdites rues et chaussées; permet auxdits entrepreneurs, sur l'avis qu'ils auront des recelés desdits pavés et autres matériaux, de les faire saisir dans les lieux ou ils pourront être, et a cet effet de faire transporter le premier des commissaires du Chatelet, sur ce requis, ou le plus prochain juge des autres lieux, pour du tout être dressé proces-verbal, sans qu'il soit besoin de permission particulière d'aucuns juges, et lesdits procès-verbaux vus et rapportés au sieur directeur général des ponts et chaussées dans la ville et généralité de Paris, et aux sieurs commissaires départis dans les provinces, être, sur leur avis, ordonné par Sa Majesté ce qu'il appartiendra. Fait Sa Majesté iterative defense à tous gravatiers, laboureurs, vignerons, jardiniers et autres, de combler les fossés et d'abattre les berges qui bornent la largeur des grands chemins, et d'anticiper sur cette largeur par leurs labours ou autrement, de quelque manière que ce soit; de planter aucuns arbres à une moindre distance que celle de six pieds du bord extérieur desdits fossés ou berges, de decharger aucuns gravois, fumiers, immondices et autres empechements au passage public, tant sur les chaussées de pavés et les chemins de terre que sur les ponts et dans les rues des bourgs et villages, d'abattre aucunes bornes mises pour empecher le passage des voitures sur les accotemens des chaussées, celles qui défendent les murs de soutenement et les parapets des ponts, non plus que lesdits parapets; le tout à peine de confiscation des chevaux, voitures et equipages, et de 500 livres de dommages et intérêts contre chacun des contrevenants, applicables comme dessus, et en outre de prison pour ceux qui seroient pris sur le fait; de toutes lesquelles condamnations lesdits maîtres desdites voitures demeureront civilement garants et responsables, de meme que les syndics des paroisses, si la contravention est commise dans le bourg ou village de leur domicile, et qu'ils n'aient duement averti les contrevenants.

Mande, etc.

52. (*Extrait de l'ordonnance du bureau des finances de la généralité de Paris, concernant l'application des précédents règlements sur la police des routes et chemins, du* 29 *mars* 1754.)

Art. 3. Les propriétaires, fermiers ou locataires riverains des chemins, soit dans les faubourgs ou banlieue de Paris, soit dans les villes, bourgs et autres lieux de cette généralité, ne feront aucune entreprise sur iceux. A cet effet, défenses leur sont faites de combler les fossés, d'abattre les berges qui bordent la largeur desdits chemins, ou d'anticiper sur cette largeur par leurs labours ou autrement. Défendons expressément à toutes personnes, même à tous seigneurs, sous prétexte du droit de justice ou de voirie, de faire aucune translation de chemin, sinon en vertu de nos ordonnances rendues sur procés-verbaux qui constatent l'utilité ou les inconvénients desdites translations; le tout sous peine de réparations des dommages causés, et de cinquante livres d'amende, suivant les reglements des 26 mai 1705, 17 juin 1721, 4 août 1731.

4. Faisons défenses à tous habitants, propriétaires, locataires ou autres ayant maisons ou héritage le long des rues, grandes routes et autres grands chemins, de construire ou reconstruire, soit en entier, soit en partie, aucun batiment, sans en avoir pris alignement, ni de poser échoppes ou choses saillantes, sans en avoir obtenu la permission; lesquels alignement et permission seront donnés, tant dans les parties de la banlieue de Paris qui sont hors les limites fixées par les articles 6 et 4 des declarations des 18 juillet 1724 et 29 janvier 1726, que dans les autres chemins de la généralité, par ceux de nous, commissaires du pavé de Paris et des ponts et chaussées, chacun en leur département, ou, en leur absence, par un autre de nous, conformément aux plans levés et arrêtés, et déposés au greffe du bureau, ou qui le seront dans la suite; et lesdits alignements seront donnés sans frais, ainsi qu'il s'est toujours pratiqué, à peine, contre les particuliers contrevenants, de trois cents livres d'amende, de démolition des ouvrages faits et de confiscation des matériaux; et contre les maçons, charpentiers et ouvriers, de pareille amende, et même de plus grande peine en cas de récidive. Défenses expresses sont faites à tous officiers de justice et aux prétendus voyers, si aucuns il y a, de donner aucuns desdits alignements; le tout conformément aux reglements précédents, et notamment aux ordonnances et arrets du conseil confirmatif des 12 et 17 mars 1739; et seront toutes les ordonnances qui auront été données par lesdits sieurs commissaires, déposés au greffe du bureau (1).

. . . .

6. . . . . Faisons défenses à tous propriétaires dont les héritages sont plus bas que le chemin et en reçoivent les eaux, d'en interrompre le cours, soit par l'exhaussement, soit par la clôture de leur terrain; leur enjoignons de rendre libre le passage des eaux qu'ils auront intercepté, si mieux n'aiment construire et entretenir à leurs dépens les aqueducs, gargouilles et fossés

(1) Un arrêt du conseil d'Etat du 27 février 1855 rappelle et confirme la disposition de l'art. 4 de l'ordonnance du 29 mars 1754, et l'étend à tout le royaume. — On peut consulter encore l'ordonnance confirmative du 17 juin 1765.

nécessaires à cet usage; le tout sous peine de cinquante livres d'amende et d'y être mis des ouvriers à leurs frais et dépens, suivant les ordonnances des 3 février 1741 et 22 juin 1751.

7. Faisons défenses à tous gravatiers, laboureurs, vignerons, jardiniers, charrons et autres, de décharger aucuns gravois, terres, fumiers, immondices, pierres, bois ou autres empechements au passage public, tant sur les chaussées du pavé, accotements et chemins de terre, que sur les ponts, aux avenues des ports et dans les rues des faubourgs et banlieue de cette capitale, villes, bourgs et villages de cette généralité, d'y laisser séjourner aucunes voitures, charrettes, bois de charronnages, meules de foin ou paille, ou autres choses généralement quelconques qui puissent embarrasser la voie publique. Défendons à toutes personnes de faire aucuns trous et fouilles sur et à côté des chaussées ou accotements, ni sur les glacis, sous quelque prétexte que ce soit, même d'y prendre du sable, de la pierre, ou autres matériaux. Faisons pareilles défenses à tous bergers, conducteurs de bœufs, vaches, moutons, chèvres et autres animaux, et à toutes autres personnes, d'arracher ou endommager aucuns arbres le long desdits chemins; le tout sous peine de cinquante livres d'amende, de confiscation des bestiaux, et de demeurer responsables du tort qui en pourra résulter aux arbres et plantations, suivant les règlements des 28 mai 1714, 4 août 1731, 17 mars 1739 et 23 août 1743.

8. . . . .

9. Defendons à toutes personnes de troubler les paveurs dans leurs ateliers, d'arracher les pieux mis pour la sureté de leurs ouvrages, les bornes placées pour empecher le passage des voitures sur les accotements de chaussées, celles qui défendent les parapets des ponts, non plus que les parapets et anneaux de fer attachés audit pont, sous peine de trois cents livres d'amende; d'enlever aucuns pavés des rues, chaussées ou ateliers, ou les fers, bois, pierres et autres matériaux destinés aux ouvrages publics ou mis en œuvre, a peine contre les contrevenants d'être, pour la première fois, attachés au carcan, et, en cas de recidive, condamnés au galère. Faisons defenses à toutes personnes, de quelque qualité et conditions qu'elles puissent etre, de recevoir ou receler en leurs maisons, meme d'acheter aucuns desdits pavés

ou autres materiaux volés, a peine de 1,000 livres ; le tout ainsi qu'il est ordonné par le reglement du 4 août 1731.

10. Les carrières de pierre de taille, moellons, glaises, marnes et autres, ne pourront etre ouvertes qu'a trente toises de distance du pied des arbres plantés le long des routes et grands chemins, et a trente-deux toises du bord ou extremité de la largeur des chemins non plantés d'arbres, conformement au reglement du 14 mars 1741. Defendons expressement d'en ouvrir à moindre distance, sans une permission expresse et par écrit desdits sieurs commissaires du pavé de Paris ou des ponts et chaussées, chacun dans leur département, dans le cas où il sera constaté n'en pouvoir resulter aucun inconvenient. Ne pourront les rameaux ou rues de toutes carrières etre poussés du coté des chemins, le tout sous peine de 300 livres d'amende et confiscation des matériaux, outils et équipages. Et pour assurer l'exécution dudit reglement du 14 mars 1741, sera fait un état de toutes les carrières actuellement existantes et contraires à ces dispositions, pour, sur ledit état rapporté et communiqué au procureur du roi, etre statué tout ce qu'il appartiendra.

53. (*Extrait de l'arrêt du conseil d'Etat, qui défend à tous pâtres et conducteurs de bestiaux de les conduire en pâturage, ou de les laisser répandre sur le bord des grands chemins plantés d'arbres, du* 16 *décembre* 1759.)

« Le roi etant informé que quelqu'attention que l'on apporte a l'entretien des haies d'épines et autres, plantées en haut des remblais formés pour l'adoucissement des montagnes, dans les grands chemins, ces plantations ont rarement le succès que l'on doit en attendre, parce qu'elles sont abrouties et détruites par paturage des bestiaux ; que cet abus a lieu principalement dans les parties des grands chemins qui se trouvent dans l'intérieur des forêts ; les bergers et patres, n'osant introduire leurs bestiaux dans les massifs des bois, les conduisent au paturage le long de ces routes, ce qui occasionne la destruction des plantations qui y ont été formées ; et S. M. voulant prevenir de semblables degradations, elle a résolu de faire connaître sur ce ses intentions ; ouï le rapport de M., etc... ; le roi étant en son conseil, a ordonné et ordonne que les reglements faits pour la plantation des grands chemins, seront exécutés selon leur forme et teneur ; en conséquence fait S. M. tres expresses inhibitions et défenses à tous patres et autres gardes et conducteurs de bestiaux, de les conduire en paturage ou de les laisser repandre sur les bords des grands chemins plantés soit d'arbres, soit de haies d'épines ou autres, a peine de confiscation des bestiaux et de 300 livres d'amende, de laquelle amende les maîtres, peres, chefs de famille et propriétaires de bestiaux, seront et demeureront responsables; etc. (1). »

XXVIII.

DES ARBRES PLANTÉS PAR LES RIVERAINS DES ROUTES IMPÉRIALES ET DÉPARTEMENTALES.

Le titre VIII, section III, du décret contenant règlement sur la construction, la réparation et l'entretien des routes, du 16 décembre 1811, contient des dispositions relatives aux arbres plantés par les riverains des routes, qui doivent être rapportées.

54. (*Extrait du décret du 16 décembre 1811.*)

Art. 99. Les arbres plantés sur le terrain de la route et appartenant à l'État, ceux plantés sur les terres riveraines, soit par les communes, soit par les particuliers, en exécution du présent décret ou antérieurement, ne pourront être coupés et arrachés qu'avec l'autorisation du directeur général des ponts et chaussées, accordée sur la demande du préfet, laquelle sera formée seulement lorsque le dépérissement des arbres aura été constaté par les ingénieurs, et toujours à la charge du remplacement immédiat.

. . . .

101. Tout propriétaire qui sera reconnu avoir coupé sans autorisation, arraché ou fait périr les arbres plantés sur son

(1) La jurisprudence du conseil d'Etat décide que si le délit a eu lieu sur une partie de route non plantée, il n'y a pas d'amende à appliquer, mais que le conseil de préfecture doit condamner les contrevenants à la réparation seulement du dommage causé.

terrain, sera condamné à une amende égale à la triple valeur de l'arbre détruit.

. . . .

105. Les particuliers ne pourront procéder à l'élagage des arbres qui leur appartiendraient sur les grandes routes, qu'aux époques et suivant les indications contenues dans l'arrêté du préfet, et toujours sous la surveillance des agents des ponts et chaussées, sous peine de poursuites comme coupables de dommages causés aux plantations des routes.

. . . .

108. Toutes condamnations, aux termes des articles... 101 et 105 du présent, seront poursuivies et prononcées, et les amendes recouvrées comme en matière de grande voirie.

XXIX.

DES RUES DE PARIS.

55. *De leur assimilation aux grandes routes.*

Les rues de Paris sont assimilées, par la législation, aux routes impériales et départementales, et font partie du domaine de la grande voirie pour tout ce qui concerne l'ouverture, la direction, l'alignement et la conservation de ces voies de communication.

Cette assimilation a de nouveau été écrite dans l'art. 1er du décret du 26 mars-6 avril 1852, ainsi conçu : *Les rues de Paris continuent d'être soumises au régime de la grande voirie.*

Ce qui n'intéresse que la commodité de la circulation dans Paris ne relève que de la petite voirie.

XXX.

SUITE DE LA GRANDE VOIRIE. — DE LA VOIRIE FLUVIALE.

56. (*Des contraventions sur les fleuves, rivières et canaux navigables et flottables.*)

L'ordonnance sur les eaux et forêts de 1669 contient les principes généraux sur les contraventions qui peuvent être commises sur les fleuves, rivières et canaux navigables et flottables ; elle fixe également la largeur des chemins de halage, qui est encore la même dans la législation moderne.

57. (*Extrait du titre 27 de l'ordonnance des eaux et forêts du mois d'août 1669.*)

Art. 40. Ne seront tirés terres, sables et autres matériaux à six toises pres des rivieres navigables, a peine de cent livres d'amende.

41. Declarons la propriété de tous les fleuves et rivières portant bateaux de leur fonds, sans artifices et ouvrages de mains dans notre royaume et terres de notre obéissance partie du domaine de notre couronne, nonobstant tous titres et possession contraires, sauf les droits de peche, moulins, bacs et autres usages que les particuliers peuvent y avoir par titres et possessions valables, auxquels ils seront maintenus.

42. Nul, soit propriétaire ou engagiste, ne pourra faire moulins, batardeaux, ecluses, gords, pertuis, murs, plans d'arbres, amas de pierre, de terre et de fascines, ni autres édifices ou empechements nuisibles au cours de l'eau dans les fleuves et rivières navigables et flottables, ni meme y jeter aucunes ordures, immondices, ou les amasser sur les quais et rivages, a peine d'amende arbitraire. Enjoignons à toutes personnes de les oter dans les trois mois du jour de la publication des présentes : et si aucuns se trouvent subsister après ce temps, voulons qu'ils soient incessamment otés et levés à la diligence de nos procureurs des maitrisses, aux frais et dépens de ceux qui les auront faits ou causés, sous peine de cinq cents livres d'amende, tant contre les particuliers que contre le juge et notre procureur qui auront négligé de le faire, et de repondre en leurs privés noms des dommages et intérêts.

43. Ceux qui ont fait batir des moulins, ecluses, vannes, gords et autres édifices dans l'étendue des fleuves et rivieres navigables et flottables, sans en avoir obtenu la permission de nous ou de nos prédécesseurs, seront tenus de les demolir, sinon le seront à leurs frais et dépens.

44. Defendons a toutes personnes de détourner l'eau des rivières navigables et flottables, ou d'en affaiblir et altérer le cours par tranchées, fossés et canaux, a peine contre les contrevenants d'être punis comme usurpateurs, et les choses reparées à leurs dépens.

45. Reglons et fixons le chomage de chacun moulin qui se trouvera établi sur les rivières navigables et flottables, avec droits, titres et concessions, a quarante sous pour le temps de vingt quatre heures, qui seront payés aux propriétaires des moulins, ou leurs fermiers et meuniers, par ceux qui causeront le chomage par leur navigation et flottage, faisant très expresses défenses a toutes personnes d'en exiger davantage, ni de retarder en aucune manière la navigation et le flottage, à peine de mille livres d'amende, outre les dommages et intérêts, frais et dépens, qui seront réglés par nos officiers des maitrisses, sans qu'il puisse y être apporté aucune modération (1).

46. S'il arrive differend pour les droits de chomage des moulins et salaires des maitres des ponts et gardes des pertuis, portes et eccluses des rivières navigables et flottables, ils seront réglés par les grands maitres ou les officiers de la maitrise en leur absence, les marchands trafiquants et les propriétaires et meuniers préalablement ouis, si besoin est; et ce qui sera par eux ordonné, sera exécuté par provision, nonobstant et sans préjudice de l'appel.

58. (*Observations.*)

Les dispositions que l'on vient d'extraire de l'ordonnance du mois d'août 1669 ont été reproduites dans les règlements particuliers sur les principaux cours d'eau navigables et flottables. Le plan que nous avons adopté pour la rédaction du code des conseils de préfecture nous fait un devoir de donner les textes contenant des principes généraux applicables à toute la France; mais nous ne pourrions, sans méconnaître la règle que nous suivons, donner en totalité ou par extrait les règlements spéciaux applicables à tel ou tel fleuve, à telle ou telle rivière navigable. Ces règlements ne sont que des lois particulières pour une partie seulement de l'Empire. Cependant, pour être

(1) Le droit de chômage des usines pour le flottage des bois a été élevé à 4 fr. par 24 heures par la loi du 28 juillet 1824; mais il a été expliqué, lors de la discussion, que l'indemnité de deux francs par 24 heures pour l'approvisionnement de Paris restait toujours en vigueur. — Le chômage des moulins, pour l'exécution des travaux publics, est soumis à d'autres règles; il se paye en entier. Voir arrêt du conseil d'Etat du 6 février 1831. L'évaluation est faite par les conseils de préfecture, dans les formes prescrites de la loi du 16 septembre 1807, sur les travaux publics. Arr. du cons. d'État, 3 juin 1831.

aussi complet que possible, nous allons énumérer ces règlements particuliers, qui doivent être appliqués par chaque conseil de préfecture dans la circonscription où est le siége de sa juridiction.

Pour la Seine, on doit consulter : l'édit de mai 1520 sur la police de cette rivière ; l'édit de décembre 1672, portant confirmation des priviléges, ordonnances et règlements sur la police de l'hôtel de ville de Paris, et règlement sur la juridiction des prévôts et échevins. Le chapitre premier concerne les rivières et bords d'icelles, pour la commodité de la navigation ; le second concerne la conduite des marchandises par eau ; le troisième concerne l'arrivée des bateaux et marchandises aux ports de la ville de Paris, etc., etc. — L'ordonnance du prévôt des marchands et échevins de Paris, du 19 février 1784, concernant la liberté de la navigation de la Seine, de l'Yonne, de la Marne, de l'Oise et du Loing ; — l'ordonnance du bureau de la ville de Paris, du 25 février 1741, concernant la sûreté et la liberté de la navigation de la Seine ; — autre ordonnance du même jour et ayant le même objet pour la rivière de l'Aube, pour celle de l'Yonne ; — l'ordonnance du 11 février 1741, pour la navigation de la Marne.

Voir encore l'arrêt du conseil d'Etat du 1er août 1728, portant règlement pour le flottage de la rivière de la Dordogne ; — autre arrêt du conseil d'Etat du 17 juillet 1782, concernant la navigation de la Garonne ; — autre arrêt du conseil d'Etat du 23 juillet 1783, portant règlement pour la navigation de la Loire et des rivières y affluentes. Ce règlement est l'un des plus complets et des mieux rédigés. Il aurait pu être pris comme pouvant servir de règles générales sur la matière. — Arrêt du conseil d'Etat du 13 janvier 1733, concernant la navigation de toutes les rivières navigables de la généralité d'Auch et du département de Pau.

Pour la Sarthe, consulter l'ordonnance du 3 mars 1770 du maître particulier des eaux et forêts du pays et comté du Maine, concernant la navigation de la Sarthe.

Il existe : pour le Doubs, un arrêt de règlement du parlement de Besançon, du 30 avril 1782, pour la sûreté de la navigation de cette rivière ;

Pour la province de Hainaut, une ordonnance de l'intendant de la province, du 24 décembre 1785, concernant la police du fleuve de l'Escaut entre Valenciennes et Bouchain.

Le même intendant, à la date du 20 juin 1786, rendit une autre ordonnance sur la police de la rivière de Sambre.

En multipliant les recherches, il eût sans doute encore été possible de découvrir d'autres règlements de même nature, applicables à d'autres cours d'eau; mais, quoi qu'il en soit, tous ces actes de l'autorité n'ont qu'une utilité relative, et, dans les lieux où il en existe, ils doivent être aux mains des conseils de préfecture, chargés de les appliquer. A l'égard de tous ces règlements sur les cours d'eaux navigables et flottables, de ceux cités ci-dessus, comme de ceux que nous avons pu passer sous silence, il nous reste une dernière remarque à faire, en ce qui touche les infractions qui peuvent y être commises. Ces infractions constituent des contraventions en matière de grande voirie.

Les anciens règlements spéciaux à chaque cours d'eau ont été maintenus en vigueur par les lois dont nous allons nous occuper, et par suite la compétence des conseils de préfecture trouve dans ces règlements l'une des sources de la juridiction répressive dont elle est investie.

XXXI.

SUITE DE LA GRANDE VOIRIE FLUVIALE. — DES CHEMINS DE HALAGE ET CONTRE-HALAGE.

59. (*Extrait du titre XXVIII de l'ordonnance des eaux et forêts du mois d'août* 1669.)

Art. 7. Les propriétaires des héritages aboutissant aux rivières navigables laisseront le long des bords vingt-quatre pieds au moins de place en largeur pour chemin royal et trait des chevaux, sans qu'ils puissent planter arbres, ni tenir clôture ou haie plus près que trente pieds du côté que les bateaux se tirent, et dix pieds de l'autre bord, à peine de cinq cents livres d'amende, confiscations des arbres, et d'être, les contrevenants, contraints à réparer et remettre les chemins en état à leurs frais.

Cette disposition est encore applicable aujourd'hui, ainsi que l'a décidé le décret qu'on va lire.

60. (*Décret du* 22 *janvier* 1808.)

Art. 1er. Les dispositions de l'article 7 du titre XXVIII de l'ordonnance de 1669 sont applicables à toutes les rivières navigables de l'Empire, soit que la navigation y fût établie à cette époque, soit que le gouvernement se soit déterminé depuis, ou se détermine aujourd'hui et à l'avenir à les rendre navigables.

2. En conséquence, les propriétaires riverains, en quelque temps que la navigation ait été ou soit établie, sont tenus de laisser le passage pour le chemin de halage.

3. Il sera payé aux riverains des fleuves ou rivières où la navigation n'existait pas et où elle s'établira, une indemnité proportionnée au dommage qu'ils éprouveront; et cette indemnité sera évaluée conformément aux dispositions de la loi du 16 septembre dernier (1807) (1).

4. L'administration pourra, lorsque le service n'en souffrira pas, restreindre la largeur des chemins de halage, notamment quand il y aura antérieurement des clôtures en haies vives, murailles ou travaux d'art, ou des maisons à détruire.

XXXII.

DES PORTS MARITIMES DE COMMERCE ET TRAVAUX A LA MER. — DES MERS CÔTIÈRES ET DE LEURS DÉPENDANCES, QUI SONT LES CÔTES OU RIVAGES DE LA MER.

61. *Observation préliminaire.*

« En France, la mer, avec ses rivages, forme, le long des côtes, ainsi que l'explique l'article 538 du code Napoléon, une dépendance du domaine public. Elle tombe dans la classe des choses communes à toute la nation; le droit qui la régit procède de la souveraineté et réside dans les mains du chef de l'Etat, qui la représente. On a pensé avec raison que l'usage de la mer pour la navigation, que la participation aux avantages secondaires qu'on en peut retirer, soit comme profit de pêche, soit pour la récolte des algues, soit au moyen de l'établissement des salines, et qu'enfin l'intérêt de la défense contre les ennemis de l'extérieur et les mesures à prendre pour protéger les terres contre l'envahissement des eaux, commandaient de dégager l'action de l'administration des entraves que suscite la propriété privée, partout où elle parvient à s'établir, et que, pour y parvenir, le seul moyen était de déclarer en principe que les particuliers ne peuvent acquérir aucun droit de propriété *sur les rivages de la mer, les ports, les havres, les rades* (2). »

(1) Le chemin de halage est une servitude qui grève les riverains des cours d'eau navigables. Ce n'est pas le jury d'expropriation qui doit régler les indemnités, mais le conseil de préfecture, conformément à la loi du 16 septembre 1807.

(2) Comme le fait remarquer avec raison M. G. Dufour, auquel nous avons emprunté l'alinéa ci-dessus, l'art. 538 du code Napoléon a classé à tort, parmi les choses du domaine public, les lais et relais de la mer.

Sous l'antique monarchie, le monument de législation le plus remarquable concernant la mer et tout ce qui s'y rapporte, était la célèbre ordonnance du mois d'août 1681. Elle était divisée en cinq livres :

Le premier était consacré aux officiers de l'amirauté et à leur juridiction ;

Le second traitait des gens et des bâtiments de mer ;

Le troisième, des contrats maritimes ;

Le quatrième, de la police des ports, côtes, rades et rivages de la mer ;

Et enfin le cinquième, de la pêche qui se fait en mer.

Les attributions de cette mémorable ordonnance conférées à l'amiral et aux juges de l'amirauté se sont divisées.

La moindre part appartient aux conseils de préfecture, pour le contentieux administratif, dont les textes vont être reproduits.

Les tribunaux de commerce et les prud'hommes pêcheurs, dans les lieux où il en existe, ont obtenu dans ce partage le contentieux commercial. Le livre II du code de commerce, intitulé *Du commerce maritime*, a été copié presque en entier dans les IIe et IIIe livres de l'ordonnance.

Le contentieux des prises, qui touche aux relations internationales, et formait la partie politique de l'ordonnance, a été placé dans les attributions du conseil d'Etat.

Les préfets maritimes et les agents de la marine ont la partie administrative.

La punition des crimes et délits commis en mer est rentrée dans la juridiction ordinaire des cours d'assises et des tribunaux correctionnels.

62. (*Extrait des dispositions de l'ordonnance du mois d'août 1681 pouvant rentrer dans le contentieux administratif.*)

LIV. I, TIT. II. — *De la compétence des juges de l'amirauté.*

Art. 6. Connaîtront pareillement des dommages causés par les bâtiments de mer aux pêcheries construites même dans les rivières navigables, et de ceux que les bâtiments en recevront, *ensemble des chemins destinés pour le halage des vaisseaux venant de la mer*, s'il n'y a règlement, titre ou possession contraire.

7. Connaîtront des dommages faits aux quais, digues, jetées,

palissades et autres ouvrages faits contre la violence de la mer, et veilleront à ce que les ports et rades soient conservés dans leur profondeur et netteté.

LIV. IV, TIT. Ier. — *Des ports et havres.*

Art. 1er. Les ports et havres seront entretenus dans leur profondeur et netteté. Faisons défenses d'y jeter aucunes immondices, à peine de dix livres d'amende, payables par les maîtres pour leurs valets, même par les pères et mères pour leurs enfants.

LIV. IV, TIT. IV. — *Du lestage et delestage.*

Art. 6. Faisons défenses à tous capitaines et maîtres de navire de jeter leur lest dans les ports, canaux, bassins et rades, à peine de 500 livres d'amende pour la première fois, et de saisie et de confiscation de leurs bâtiments en cas de récidive; et aux delesteurs, de porter ailleurs que dans les lieux à ce destinés, à peine de punition corporelle.

TIT. VII. — *Du rivage de la mer.*

Art. 1er. Sera réputé bord et rivage de la mer, tout ce qu'elle couvre et découvre pendant les nouvelles et pleines lunes, et jusqu'où le grand flot de mars se peut étendre sur les grèves.

2. Faisons défenses à toutes personnes de bâtir sur les rivages de la mer, d'y planter aucuns pieux, ni faire aucun ouvrage qui puisse porter préjudice à la navigation, à peine de démolition des ouvrages, de confiscation des matériaux et d'amende arbitraire.

XXXIII.

DE LA CONFIRMATION, PAR LA LÉGISLATION NOUVELLE, DES ANCIENS RÈGLEMENTS CONCERNANT LA VOIRIE.

Le décret relatif à l'organisation d'une police municipale et correctionnelle des 19-22 juillet 1791 a, dans son article 29, une disposition confirmative des anciens règlements sur la voirie.

63. (*Extrait de l'art. 29 du décret précité.*)

Sont également confirmés provisoirement les règlements qui subsistent touchant la voirie, ainsi que ceux actuellement existants à l'égard de la construction des bâtiments et relatifs à leur solidité et sûreté, sans que de la présente disposition il puisse résulter la conservation des attributions ci-devant faites sur cet objet à des tribunaux particuliers.

Observation.

Nous avons consacré, dans la 4e partie de ce code, un chapitre qui a pour titre : *De la procédure en matière de grande voirie et de police du roulage*, à tout ce qui est relatif au mode de constater les contraventions, aux formes de procéder et à leur jugement. Nous prions le lecteur de s'y reporter et d'en rapprocher les dispositions de celles des chapitres qui précèdent et qui vont suivre. Il aura, de cette manière, l'ensemble complet de la législation, concernant les conseils de préfecture, sur la grande voirie.

XXXIV.

DES CHEMINS DE FER.

L'établissement des voies perfectionnées de transport et le développement toujours croissant que prennent les chemins de fer ont ajouté de nouvelles attributions à la juridiction des conseils de préfecture.

64. (*Extrait de la loi sur la police des chemins de fer, des* 15-21 *juillet* 1845.)

TITRE Ier.

Mesures relatives à la conservation des chemins de fer.

Art. 1er. Les chemins de fer construits ou concédés par l'Etat font partie de la grande voirie.

2. Sont applicables aux chemins de fer les lois et règlements sur la grande voirie qui ont pour objet d'assurer la conservation des fossés, talus, levées et ouvrages d'art dépendant des routes, et d'interdire, sur toute leur étendue, le passage des bestiaux et les dépôts de terre et autres objets quelconques.

3. Sont applicables aux propriétés riveraines des chemins de fer, les servitudes imposées par les lois et règlements sur la grande voirie, et qui concernent :

L'alignement ;

L'écoulement des eaux ;

L'occupation temporaire des terrains, en cas de réparation ;

La distance à observer pour les plantations et l'élagage des arbres plantés ;

Le mode d'exploitation des mines, minières, tourbières, carrières et sablières, dans la zone déterminée à cet effet.

Sont également applicables à la confection et à l'entretien des chemins de fer, les lois et règlements sur l'extraction des matériaux nécessaires aux travaux publics.

4. Tout chemin de fer sera clos des deux côtés et sur toute l'étendue de la voie.

L'administration déterminera, pour chaque ligne, le mode de cette clôture, et, pour ceux des chemins qui n'y ont pas été assujettis, l'époque à laquelle elle devra être effectuée.

Partout où les chemins de fer croiseront de niveau les routes de terre, des barrières seront établies et tenues fermées, conformément aux règlements.

5. A l'avenir, aucune construction, autre qu'un mur de clôture, ne pourra être établie dans une distance de deux mètres d'un chemin de fer.

Cette distance sera mesurée soit de l'arête supérieure du déblai, soit de l'arête inférieure du talus du remblai, soit du bord extérieur des fossés du chemin, et, à défaut d'une ligne tracée, à un mètre cinquante centimètres à partir des rails extérieurs de la voie de fer.

Les constructions existantes au moment de la présente loi, ou lors de l'établissement d'un nouveau chemin de fer, pourront être entretenues dans l'état où elles se trouveront à cette époque.

Un règlement d'administration publique déterminera les formalités à remplir par les propriétaires pour faire constater l'état desdites constructions, et fixera le délai dans lequel ces formalités devront être remplies.

6. Dans les localités où le chemin de fer se trouvera en rem-

blai de plus de trois mètres au-dessus du terrain naturel, il est interdit aux riverains de pratiquer, sans autorisation préalable, des excavations dans une zone de longueur égale à la hauteur verticale du remblai, mesuré à partir du pied du talus.

Cette autorisation ne pourra être accordée sans que les concessionnaires ou fermiers de l'exploitation du chemin de fer aient été entendus ou dûment appelés.

7. Il est défendu d'établir, à une distance de moins de vingt mètres d'un chemin de fer desservi par des machines à feu, des couvertures en chaume, des meules de paille, de foin, et aucun autre dépôt de matières inflammables.

Cette prohibition ne s'étend pas aux dépôts de récoltes faits seulement pour le temps de la moisson.

8. Dans une distance de moins de cinq mètres d'un chemin de fer, aucun dépôt de pierres ou objets non inflammables ne peut être établi sans l'autorisation préalable du préfet.

Cette autorisation sera toujours révocable. L'autorisation n'est pas nécessaire :

1° Pour former, dans les localités où le chemin de fer est en remblai, des dépôts de matières non inflammables, dont la hauteur n'excède pas celle du remblai du chemin de fer;

2° Pour former des dépôts temporaires d'engrais et autres objets nécessaires à la culture des terres.

9. Lorsque la sûreté publique, la conservation du chemin et la disposition des lieux le permettront, les distances déterminées par les articles précédents pourront être diminuées en vertu d'ordonnances royales rendues après enquêtes.

10. Si, hors des cas d'urgence prévus par la loi des 16-24 août 1790, la sûreté publique ou la conservation du chemin de fer l'exige, l'administration pourra faire supprimer, moyennant une juste indemnité, les constructions, plantations, excavations, couvertures en chaume, amas de matériaux, combustibles et autres, existant, dans les zones ci-dessus spécifiées, au moment de la promulgation de la présente loi, et, pour l'avenir, lors de l'établissement du chemin de fer. L'indemnité sera réglée pour la suppression des constructions, conformément aux articles 4 et suivants de la loi du 3 mai 1841, et, pour tous les autres cas, conformément à la loi du 16 septembre 1807.

11. Les contraventions aux dispositions du présent titre seront constatées, poursuivies et réprimées comme en matière de grande voirie.

Elles seront punies d'une amende de seize à trois cents francs, sans préjudice, s'il y a lieu, des peines portées au code pénal et au titre III de la présente loi. Les contrevenants seront, en outre, condamnés à supprimer, dans le délai déterminé par l'arrêté du conseil de préfecture, les excavations, couvertures, meules ou dépôts faits contrairement aux dispositions précédentes.

A défaut, par eux, de satisfaire à cette condamnation dans le délai fixé, la suppression aura lieu d'office, et le montant de la dépense sera recouvré contre eux par la voie de contrainte, comme en matière de contributions publiques.

TITRE II.

Des contraventions de voirie commises par les concessionnaires ou fermiers des chemins de fer.

12. Lorsque le concessionnaire ou le fermier de l'exploitation d'un chemin de fer contreviendra aux clauses du cahier des charges ou aux décisions rendues en exécution de ces clauses, en ce qui concerne le service de la navigation, la viabilité des routes royales, départementales et vicinales, ou le libre écoulement des eaux, procès-verbal sera dressé de la contravention, soit par les ingénieurs des ponts et chaussées ou des mines, soit par les conducteurs, gardes-mines et piqueurs, dûment assermentés.

13. Les procès-verbaux, dans les quinze jours de leur date, seront notifiés administrativement au domicile élu par le concessionnaire ou le fermier, à la diligence du préfet, et transmis, dans le même délai, au conseil de préfecture du lieu de la contravention.

14. Les contraventions prévues à l'art. 12 seront punies d'une amende de trois cents francs à trois mille francs.

15. L'administration pourra, d'ailleurs, prendre immédiatement toutes mesures provisoires pour faire cesser le dommage, ainsi qu'il est procédé en matière de grande voirie. Les frais

qu'entraînera l'exécution de ces mesures seront recouvrés, contre le concessionnaire ou fermier, par voie de contrainte, comme en matière de contributions publiques.

TITRE III.

Des mesures relatives à la sûreté de la circulation sur les chemins de fer.

Ce titre est consacré aux crimes et délits commis sur les chemins de fer; mais au milieu de ses dispositions il se trouve deux articles qui lui sont communs avec le titre premier ci-dessus rapporté, et qui doivent être textuellement cités.

Art. 23. Les crimes, délits ou contraventions prévus dans les titres Ier et III de la présente loi pourront être constatés par des procès-verbaux dressés concurremment par les officiers de police judiciaire, les ingénieurs des ponts et chaussées et des mines, les conducteurs, gardes-mines, agents de surveillance et gardes nommés ou agréés par l'administration et dûment assermentés.

Les procès-verbaux des délits et contraventions feront foi jusqu'à preuve contraire.

Au moyen du serment prêté devant le tribunal de première instance de leur domicile, les agents de surveillance de l'administration et des concessionnaires ou fermiers pourront verbaliser sur toute la ligne du chemin de fer auquel ils seront attachés.

24. Les procès-verbaux dressés en vertu de l'article précédent seront visés pour timbre et enregistrés en débet.

Ceux qui auront été dressés par des agents de surveillance et gardes assermentés devront être affirmés dans les trois jours, à peine de nullité, devant le juge de paix ou le maire, soit du lieu du délit ou de la contravention, soit de la résidence de l'agent.

La vapeur n'est pas seule dans le domaine de la grande voirie pour le jugement des contraventions dont il vient d'être parlé; l'électricité par les télégraphes électriques fait aussi partie des attributions des conseils de préfecture.

XXXV.

TÉLÉGRAPHES ET LIGNES TÉLÉGRAPHIQUES.

Les télégraphes font partie du domaine de la grande voirie. Les contraventions sont de la compétence des conseils de préfecture. Les délits et crimes rentrent dans les attributions de la police correctionnelle et des cours d'assises. Nous ne rapporterons que les dispositions du décret sur les lignes télégrapdiques concernant les contraventions et le mode de les constater.

65. (*Décret des* 27 *décembre* 1851 *et* 10 *janvier* 1852.)

Art. 2. Quiconque aura, par imprudence ou involontairement, commis un fait matériel pouvant compromettre le service de la télégraphie électrique ; quiconque aura dégradé ou détérioré, de quelque manière que ce soit, les appareils des lignes de télégraphie électrique ou les machines des télégraphes aériens, sera puni d'une amende de 16 à 300 francs.

La contravention sera poursuivie et jugée comme en matière de grande voirie.

. . . .

6. Lorsque, sur la ligne d'un chemin de fer ou d'un canal concédé ou affermé par l'Etat, l'interruption du service télégraphique aura été occasionnée par l'inexécution soit des clauses du cahier des charges et des décisions rendues en exécution de ces clauses, soit des obligations imposées aux concessionnaires ou fermiers, ou par l'inobservation des règlements ou arrêtés, procès-verbal de la contravention sera dressé par les inspecteurs du télégraphe, par les surveillants des lignes télégraphiques ou par les commissaires et sous-commissaires préposés à la surveillance des chemins de fer.

7. Les procès-verbaux, dans les quinze jours de leur date, seront notifiés administrativement au domicile élu par le concessionnaire ou le fermier, à la diligence du préfet, et transmis, dans le même délai, au conseil de préfecture du lieu de la contravention.

8. Les contraventions prévues en l'article 6 seront punies d'une amende de 300 francs à 3,000 francs.

. . . .

10. Les crimes, délits ou contraventions prévus dans la présente loi pourront être constatés par les procès-verbaux dressés concurremment par les officiers de police judiciaire, les commissaires et sous-commissaires préposés à la surveillance des chemins de fer, les inspecteurs des lignes télégraphiques, les agents de surveillance nommés ou agréés par l'administration et dûment assermentés.

Ces procès-verbaux feront foi jusqu'à preuve contraire.

11. Les procès-verbaux dressés en vertu de l'article précédent seront visés pour timbre et enregistrés en débet.

Ceux qui auront été dressés par des agents de surveillance assermentés devront être affirmés dans les trois jours, à peine de nullité, devant le juge de paix ou le maire soit du lieu du délit ou de la contravention, soit de la résidence de l'agent.

12. L'administration pourra prendre immédiatement toutes les mesures provisoires pour faire cesser les dommages résultant des crimes, délits et contraventions, et le recouvrement des frais qu'entraînera l'exécution de ces mesures sera poursuivi administrativement, le tout ainsi qu'il est procédé en matière de grande voirie.

13. L'article 463 du code pénal est applicable aux condamnations qui seront prononcées en exécution de la présente loi.

14. En cas de conviction de plusieurs crimes ou délits prévus par la présente loi ou par le code pénal, la peine la plus forte sera seule prononcée.

XXXVI.

DE LA POLICE DU ROULAGE.

Les conseils de préfecture ont toujours eu dans leurs attributions la répression d'une partie des contraventions à la police du roulage. Il y a une certaine affinité entre les contraventions relatives à la police de conservation des grandes routes et celles commises par les entrepreneurs de voitures de transport des marchandises et des personnes. Les anciens règlements et les anciennes lois sur la circulation et le poids des voitures ont été abrogés par la loi de 1851, qui a proclamé la liberté de circulation des voitures.

66. (*Loi sur la police du roulage et des voitures de messageries, des 12, 30 avril et 30 mai 1851.*)

TITRE Ier.

Des conditions de la circulation des voitures.

Art. 1er. Les voitures suspendues ou non suspendues, servant au transport des personnes et des marchandises, peuvent circuler sur les routes nationales, départementales et chemins vicinaux de grande communication, sans aucune condition de réglementation de poids ou de largeur de jantes.

2. Des règlements d'administration publique déterminent :

§ 1er. Pour toutes les voitures :

1° La forme des moyeux, le maximum de la longueur des essieux, et le maximum de leur saillie au delà des moyeux ;

2° La forme des bandes des roues ;

3° La forme des clous des bandes ;

4° Les conditions à observer pour l'emplacement et les dimensions de la plaque prescrite par l'article 3 ;

5° Le maximum du nombre des chevaux de l'attelage que peut comporter la police ou la libre circulation des routes ;

6° Les mesures à prendre pour réglementer momentanément la circulation pendant les jours de dégel, et les précautions à prendre pour la protection des ponts suspendus.

§ 2. Pour les voitures ne servant pas au transport des personnes :

1° La largeur du chargement ;

2° La saillie des colliers des chevaux ;

3° Les modes d'enrayage ;

4° Le nombre des voitures qui peuvent être réunies en un même convoi, l'intervalle qui doit rester libre d'un convoi à un autre, et le nombre de conducteurs exigé pour la conduite de chaque convoi ;

5° Les autres mesures de police à oberver par les conducteurs, notamment en ce qui concerne le stationnement sur les routes, et les règles à suivre pour éviter ou dépasser d'autres voitures.

Sont affranchies de toute réglementation de largeur de chargement, les voitures de l'agriculture servant au transport des récoltes de la ferme aux champs et des champs à la ferme ou au marché.

§ 3. Pour les voitures de messageries :

1° Les conditions relatives à la solidité et à la stabilité des voitures ;

2° Le mode de chargement, de conduite et d'enrayage des voitures ;

3° Le nombre des voitures qu'elles peuvent porter ;

4° La police des relais ;

5° Les autres mesures de police à observer par les conducteurs, cochers ou postillons, notamment pour éviter ou dépasser d'autres voitures.

3. Toute voiture circulant sur les routes nationales, départementales et chemins vicinaux de grande communication, doit être munie d'une plaque conforme au modèle prescrit par le règlement d'administration publique rendu en vertu du numéro 4 du premier paragraphe de l'article 2.

Sont exceptés de cette disposition :

1° Les voitures particulières destinées au transport des personnes, mais étrangères à un service public des messageries ;

2° Les malles-postes et autres voitures appartenant à l'administration des postes ;

3° Les voitures d'artillerie, chariots et fourgons appartenant au département de la guerre ou de la marine.

Des décrets du président de la république déterminent les marques distinctives que doivent porter les voitures désignées aux paragraphes 2 et 3, et les titres dont leurs conducteurs doivent être munis.

4° Les voitures employées à la culture des terres, au transport des récoltes, à l'exploitation des fermes, qui se rendent de la ferme aux champs ou des champs à la ferme, ou qui servent au transport des objets récoltés du lieu où ils ont été recueillis jusqu'à celui où, pour les conserver ou les manipuler, le cultivateur les dépose ou les rassemble.

TITRE II.

De la pénalité.

4. Toute contravention aux règlements rendus en exécution des dispositions des numéros 1, 2, 3, 5 et 6 du premier paragraphe de l'article 2, et des numéros 1, 2 et 3 du deuxième paragraphe du même article, est punie d'une amende de 5 à 30 francs.

5. Toute contravention aux règlements rendus en exécution des dispositions des numéros 4 et 5 du deuxième paragraphe de l'article 2 est punie d'une amende de 6 à 10 francs, et d'un emprisonnement de un à trois jours. En cas de récidive, l'amende pourra être portée à 15 francs, et l'emprisonnement à cinq jours.

6. Toute contravention aux règlements rendus en vertu du troisième paragraphe de l'article 2 est punie d'une amende de 16 à 200 francs, et d'un emprisonnement de six à dix jours.

7. Tout propriétaire d'une voiture circulant sur des voies publiques sans qu'elle soit munie de la plaque prescrite par l'article 3 et par les règlements rendus en exécution du numéro 4 du premier paragraphe de l'article 2, sera puni d'une amende de 6 à 15 francs, et le conducteur d'une amende de 1 à 5 francs.

8. Tout propriétaire ou conducteur de voiture qui aura fait usage d'une plaque portant un nom ou domicile faux ou supposé sera puni d'une amende de 50 à 200 francs, et d'un emprisonnement de six jours au moins et de six mois au plus.

La même peine sera applicable à celui qui, conduisant une voiture dépourvue de plaque, aura déclaré un nom ou domicile autre que le sien ou que celui du propriétaire pour le compte duquel la voiture est conduite.

9. Lorsque, par la faute, la négligence ou l'imprudence du conducteur, une voiture aura causé un dommage quelconque à une route ou à ses dépendances, le conducteur sera condamné à une amende de 3 à 50 francs. Il sera, de plus, condamné aux frais de la réparation.

10. Sera puni d'une amende de 16 à 100 francs, indépendamment de celle qu'il pourrait avoir encourue pour toute autre cause, tout voiturier ou conducteur qui, sommé de s'arrêter par l'un des fonctionnaires ou agents chargés de constater les contraventions, refuserait d'obtempérer à cette sommation et de se soumettre aux vérifications prescrites.

11. Les dispositions du livre III, titre Ier, chapitre III, section 4, paragraphe 2 du code pénal, sont applicables en cas d'outrages ou de violences envers les fonctionnaires ou agents chargés de constater les délits et contraventions prévus par la présente loi.

12. Lorsqu'une même contravention ou un même délit prévu aux articles 4, 7 et 8, a été constaté à plusieurs reprises pendant le parcours d'un même relais, il n'est prononcé qu'une seule condamnation.

Sauf les exceptions mentionnées au présent article, lorsqu'il aura été dressé plusieurs procès-verbaux de contravention, il sera prononcé autant de condamnations qu'il y aura eu de contraventions constatées.

13. Tout propriétaire de voiture est responsable des amendes, des dommages-intérêts et des frais de réparation prononcés, en vertu des articles du présent titre, contre toute personne préposée par lui à la conduite de sa voiture.

Si la voiture n'a pas été conduite par ordre et pour le compte du propriétaire, la responsabilité est encourue par celui qui a préposé le conducteur.

14. Les dispositions de l'art. 463 du code pénal sont applicables dans tous les cas où les tribunaux correctionnels ou de simple police prononcent en vertu de la présente loi.

TITRE III.

De la procédure.

15. Sont spécialement chargés de constater les contraventions et délits prévus par la présente loi, les conducteurs, agents voyers, cantonniers chefs et autres employés du service des ponts et chaussées ou des chemins vicinaux de grande com-

munication, commissionnés à cet effet, les gendarmes, les gardes champêtres, les employés des contributions indirectes, agents forestiers ou des douanes, et employés des poids et mesures ayant droit de verbaliser, et les employés des octrois ayant le même droit.

Peuvent également constater les contraventions et les délits prévus par la présente loi, les maires et adjoints, les commissaires et agents assermentés de la police, les ingénieurs des ponts et chaussées, les officiers et les sous-officiers de gendarmerie, et toutes personnes commissionnée, par l'autorité départementale, pour la surveillance de l'entretien des voies de communication.

Les dommages prévus à l'art. 9 sont constatés, pour les routes nationales et départementales, par les ingénieurs, conducteurs et autres employés des ponts et chaussées commissionnés à cet effet, et pour les chemins vicinaux de grande communication, par les agents voyers, sans préjudice du droit réservé à tous les fonctionnaires et agents mentionnés au présent article de dresser procès-verbal du fait de dégradation qui aurait lieu en leur présence.

Les procès-verbaux dressés en vertu du présent article font foi jusqu'à preuve contraire.

16. Les contraventions prévues par les art. 4 et 6 ne peuvent, en ce qui concerne les voitures publiques allant au trot, être constatées qu'au lieu de départ, d'arrivée, de relais et de stations desdites voitures, ou aux barrières d'octroi, sauf toutefois celles qui concernent le nombre des voyageurs, le mode de conduite des voitures, la police des conducteurs, cochers ou postillons, et les modes d'enrayage.

17. Les contraventions prévues par les articles 4 et 9 sont jugées par le conseil de préfecture du département où le procès-verbal a été dressé.

Tous les autres délits et contraventions prévus par la présente loi sont de la compétence des tribunaux.

18. Les procès-verbaux rédigés par les agents mentionnés au paragraphe 1er de l'article 15 ci-dessus doivent être affirmés dans les trois jours, à peine de nullité, devant le juge de paix du canton ou devant le maire de la commune soit du domicile

de l'agent qui a verbalisé, soit du lieu où la contravention a été constatée.

19. Les procès-verbaux doivent être enregistrés en débet dans les trois jours de leur date ou de leur affirmation, à peine de nullité.

20. Toutes les fois que le contrevenant n'est pas domicilié en France, la voiture est provisoirement retenue, et le procès-verbal est immédiatement porté à la connaissance du maire de la commune où il a été dressé, ou de la commune la plus proche sur la route que suit le prévenu.

Le maire arbitre provisoirement le montant de l'amende, et, s'il y a lieu, des frais de réparation, et il en ordonne la consignation immédiate, à moins qu'il ne lui soit présenté une caution solvable.

A défaut de consignation ou de caution, la voiture est retenue jusqu'à ce qu'il ait été statué sur le procès-verbal. Les frais qui en résultent sont à la charge du propriétaire.

Le contrevenant est tenu d'élire domicile dans le département du lieu où la contravention a été constatée; à défaut d'élection de domicile, toute notification lui sera valablement faite au secrétariat de la commune dont le maire aura arbitré l'amende ou les frais de réparation.

21. Lorsqu'une voiture est dépourvue de plaque, et que le propriétaire n'est pas connu, il est procédé conformément aux trois premiers paragraphes de l'article précédent.

Il en est de même dans le cas de procès-verbal dressé à raison de l'un des délits prévus à l'art. 8.

Il sera procédé de la même manière à l'égard de tout conducteur de voiture de roulage ou de messageries inconnu dans le lieu où il serait pris en contravention, et qui ne serait pas régulièrement muni d'un passe-port, d'un livret ou d'une feuille de route, à moins qu'il ne justifie que la voiture appartient à une entreprise de roulage ou de messageries, ou qu'il ne résulte des lettres de voiture ou des autres papiers qu'il aurait en sa possession, que la voiture appartient à celui dont le domicile serait indiqué sur la plaque.

22. Le procès-verbal est adressé, dans les deux jours de l'enregistrement, au sous-préfet de l'arrondissement.

Le sous-préfet le transmet, dans les deux jours de sa réception, au préfet, s'il s'agit d'une contravention de la compétence des conseils de préfecture, ou au procureur de la république, s'il s'agit d'une contravention de la compétence des tribunaux.

23. S'il s'agit d'une contravention de la compétence du conseil de préfecture, copie du procès-verbal, ainsi que de l'affirmation, quand elle est prescrite, est notifiée avec citation, par la voie administrative, au domicile du propriétaire, tel qu'il est indiqué sur la plaque, ou tel qu'il a été déclaré par le contrevenant, et, quand il y a lieu, à celui du conducteur.

Cette notification a lieu dans le mois de l'enregistrement, à peine de déchéance.

Le délai est étendu à deux mois, lorsque le contrevenant n'est pas domicilié dans le département où la contravention a été constatée; il est étendu à un an, lorsque le domicile du contrevenant n'a pas pu être constaté au moment du procès-verbal.

Si le domicile du conducteur est resté inconnu, toute notification qui lui est faite au domicile du propriétaire est valable.

24. Le prévenu est tenu de produire, dans le délai de trente jours, ses moyens de défense devant le conseil de préfecture.

Ce délai court à compter de la date de la notification du procès-verbal; mention en est faite dans ladite notification.

A l'expiration du délai fixé, le conseil de préfecture prononce, lors même que les moyens de défense n'auraient pas été produits.

Son arrêté est notifié au contrevenant, dans la forme administrative, dix jours au moins avant toute exécution. Si la condamnation a été prononcée par défaut, la notification faite au domicile énoncé sur la plaque est valable.

L'opposition à l'arrêté rendu par défaut devra être formée dans le délai de quarante jours, à compter de la date de la notification.

25. Le recours au conseil d'État contre l'arrêté du conseil de préfecture peut avoir lieu par simple mémoire déposé au secrétariat général de la préfecture, ou à la sous-préfecture, et sans l'intervention d'un avocat au conseil d'Etat.

Il sera délivré au déposant récépissé du mémoire, qui devra être immédiatement transmis par le préfet.

Si le recours est formé au nom de l'administration, il devra l'être dans les trois mois de la date de l'arrêté.

26. L'instance à raison des contraventions de la compétence des conseils de préfecture est périmée par six mois, à compter de la date du dernier acte des poursuites, et l'action publique est éteinte, à moins de fausses indications sur la plaque, ou de fausses déclarations, en cas d'absence de plaque.

27. Les amendes se prescrivent par une année, à compter de la date de l'arrêté du conseil de préfecture, ou à compter de la décision du conseil d'État, si le pourvoi a eu lieu.

En cas de fausses indications sur la plaque, ou fausse déclaration de nom ou de domicile, la prescription n'est acquise qu'après cinq années.

28. Lorsque le procès-verbal constatant le délit ou la contravention a été dressé par l'un des agents désignés au paragraphe 1er de l'art. 15, le tiers de l'amende prononcée appartient audit agent, à moins qu'il ne s'agisse d'une contravention ou d'un délit prévu aux articles 10 et 11.

Les deux autres tiers sont attribués soit au trésor public, soit au département, soit aux communes intéressées, selon que la contravention ou le dommage concerne une route nationale, une route départementale ou un chemin vicinal de grande communication. Il en est de même du total des frais de réparation réglés en vertu de l'art. 9, ainsi que du total de l'amende, lorsqu'il n'y a pas lieu d'appliquer les dispositions du paragraphe premier du présent article.

TITRE IV.

29. Sont et demeurent abrogés, à dater de la promulgation de la présente loi : la loi du 29 floréal an X (19 mai 1802), relative à la police du roulage ;

La loi du 7 ventôse an XII (27 février 1804) ;

Le décret du 23 juin 1806 ;

Ainsi que toutes les autres dispositions contraires à celles de la présente loi.

. . . .

. . . .

XXXVII.

SUITE DE LA POLICE DU ROULAGE.

67. (*Règlement d'administration publique, en exécution de la loi du 30 mai 1851 sur la police du roulage et des messageries publiques, du 10 août 1852.*)

TITRE PREMIER.

Dispositions applicables à toutes les voitures.

Art. 1er. Les essieux de voitures ne pourront avoir plus de 2 mètres 50 centimètres de longueur, ni dépasser à leurs extrémités le moyeu de plus de 6 centimètres.

La saillie des moyeux, y compris celle de l'essieu, n'excédera pas de plus de douze centimètres le plan passant par le bord extérieur des bandes. Il est accordé une tolérance de deux centimètres sur cette saillie, pour les roues qui ont déjà fait un certain service.

2. Il est expressément défendu d'employer des clous à tête de diamant. Tout clou de bande sera rivé à plat et ne pourra, lorsqu'il sera posé à neuf, former une saillie de plus de cinq millimètres.

3. Il ne peut être attelé :

1° Aux voitures servant au transport des marchandises, plus de cinq chevaux, si elles sont à deux roues ; plus de huit, si elles sont à quatre roues, sans qu'il puisse y avoir plus de cinq chevaux de file ;

2° Aux voitures servant au transport des personnes, plus de trois chevaux, si elles sont à deux roues ; plus de six, si elles sont à quatre roues.

4. Lorsqu'il y aura lieu de transporter des blocs de pierre, des locomotives ou d'autres objets d'un poids considérable, l'emploi d'un attelage exceptionnel pourra être autorisé, sur l'avis des ingénieurs ou des agents voyers, par les préfets des départements traversés.

5. Les prescriptions de l'art. 3 ne sont pas applicables sur les parties de routes ou de chemins vicinaux de grande communication affectées de rampes ou d'une déclivité ou d'une longueur exceptionnelle.

Les limites de cette partie de routes ou de chemins sur lesquelles l'emploi des chevaux de renfort est autorisé sont déterminées par un arrêté du préfet, sur la proposition de l'ingénieur en chef ou de l'agent voyer en chef du département, et indiquées sur place par des poteaux portant cette inscription : *Chevaux de renfort*.

Pour les voitures marchant avec relais réguliers et servant au transport des personnes ou des marchandises, la faculté d'atteler des chevaux de renfort s'étend à toute la longueur des relais dans lesquels sont placés les poteaux. . . . .

L'emploi des chevaux de renfort peut être autorisé temporairement sur les parties de routes ou de chemins de grande communication, lorsque, par suite de travaux de réparations ou d'autres circonstances accidentelles, cette mesure sera nécessaire. Dans ce cas, le préfet fera placer des poteaux provisoires.

6. En temps de neige ou de verglas, les prescriptions relatives à la limitation du nombre des chevaux demeurent suspendues.

7. Le ministre des travaux publics détermine les départements dans lesquels il pourra être établi, sur les routes nationales et départementales, des barrières pour restreindre la circulation pendant les temps de dégel.

Les préfets, dans chaque département, déterminent les chemins de grande communication sur lesquels ces barrières pourront être établies.

Ces barrières seront fermées et ouvertes en vertu d'arrêtés du sous-préfet, pris sur l'avis de l'ingénieur d'arrondissement ou de l'agent voyer. Ces arrêtés seront affichés et publiés à la diligence des maires.

Dès que la fermeture des barrières aura été ordonnée, aucune voiture ne pourra sortir de la ville, du bourg ou du village dans lequel elle se trouvera. Toutefois les voitures qui seront déjà en marche pourront continuer leur route jusqu'au gîte le plus voisin, où elles seront tenues de rester jusqu'à l'ouverture des barrières. Pour n'être point inquiétés dans leur trajet, les propriétaires ou conducteurs de ces voitures prendront un laissez-passer du maire.

Le jour de l'ouverture des barrières et le lendemain, les voitures ne pourront partir du lieu où elles auront été retenues que deux à la fois et à un quart d'heure d'intervalle. Le maire ou son délégué présidera au départ, qui aura lieu dans l'ordre suivant lequel les voitures se seront fait inscrire à leur arrivée dans la commune.

Le service des barrières sera fait par des agents désignés à ce effet par les ingénieurs ou par les agents voyers.

Toute voiture prise en contravention aux dispositions du présent article sera arrêtée, et les chevaux seront mis en fourrière dans l'auberge la plus rapprochée, le tout sans préjudice de l'amende stipulée à l'art. 4, tit. II de la loi du 30 mai 1851, et des frais de réparation mentionnés dans l'article 9 de ladite loi.

Peuvent circuler pendant la fermeture des barrières de dégel :

1° Les courriers de la malle;

2° Les voitures de voyage suspendues, étrangères à toute entreprise publique de messageries ;

3° Les voitures non chargées ;

4° Sur les chaussées pavées, les voitures chargées, mais attelées seulement d'un cheval, si elles sont à deux roues, et de deux chevaux, si elles sont à quatre roues;

5° Sur les chaussées empierrées, les voitures chargées, mais attelées seulement de deux chevaux, si elles sont à deux roues, et de trois chevaux, si elles sont à quatre roues.

8. Pendant la traversée des ponts suspendus, les chevaux seront mis au pas; les voituriers ou rouliers tiendront les guides ou le cordeau; les conducteurs et postillons resteront sur leurs siéges.

Défense est faite aux rouliers et autres voituriers de dételer aucun de leurs chevaux pour le passage du pont.

Toute voiture attelée de plus de cinq chevaux ne doit pas s'engager sur le tablier d'une travée, quand il y a déjà sur cette travée une voiture d'un attelage supérieur à ce nombre de chevaux.

Pour les ponts suspendus qui n'offriraient pas toutes les garanties nécessaires pour le passage des voitures lourdement chargées, il pourra être adopté par le ministre des travaux publics ou par le ministre de l'intérieur, chacun en ce qui le concerne, telles autres dispositions qui seront jugées nécessaires. Dans des circonstances urgentes, les préfets et les maires pourront prendre telles mesures que leur paraîtra commander la sûreté publique, sauf à en rendre compte à l'autorité supérieure.

Les mesures prescrites pour la protection des ponts suspendus seront, dans tous les cas, placardées à l'entrée et à la sortie de ces ponts.

9. Tout roulier ou conducteur de voiture doit se ranger à sa droite à l'approche de toute autre voiture, de manière à lui laisser libre au moins la moitié de la chaussée.

10. Il est interdit de laisser stationner sans nécessité sur la voie publique aucune voiture, attelée ou non attelée.

TITRE II.

Dispositions applicables aux voitures ne servant pas au transport des personnes.

11. La largeur du chargement des voitures qui ne servent pas au transport des personnes ne peut excéder 2 mètres 50 centimètres. Toutefois les préfets des départements traversés peuvent délivrer des permis de circulation pour les objets d'un grand volume qui ne seraient pas susceptibles d'être chargés dans ces conditions.

Sont affranchies, conformément à la loi du 30 mai 1851, de toute réglementation de largeur de chargement, les voitures d'agriculture, lorsqu'elles sont employées au transport des récoltes de la ferme aux champs et des champs à la ferme ou au marché.

12. La largeur des colliers des chevaux ou autres bêtes de trait ne peut dépasser 90 centimètres, mesurés entre les points les plus saillants des pattes des attelles.

13. Lorsque plusieurs voitures marchent à la suite les unes des autres, elles doivent être distribuées en convois de quatre voitures au plus, si elles sont à quatre roues et attelées d'un seul cheval; de trois voitures au plus,

si elles sont à deux roues et attelées d'un seul cheval, et de deux voitures au plus, si l'une d'elles est attelée de plus d'un cheval.

L'intervalle d'un convoi à l'autre ne peut être moindre de 50 mètres.

14. Tout voiturier ou conducteur doit se tenir à portée de ses chevaux ou bêtes de trait, et en position de les guider.

Il est interdit de faire conduire par un seul conducteur plus de quatre voitures à un cheval, si elles sont à quatre roues, et plus de trois voitures à un cheval, si elles sont à deux roues.

Chaque voiture attelée de plus d'un cheval doit avoir un conducteur. Toutefois une voiture dont le cheval est attaché derrière une voiture attelée de quatre chevaux au plus n'a pas besoin d'un conducteur particulier.

Les règlements de police municipale détermineront, en ce qui concerne la traverse des villes, bourgs et villages, les restrictions qui peuvent être apportées aux dispositions du présent article et de celui qui précède.

15. Aucune voiture marchant isolément ou en tête d'un convoi ne pourra circuler pendant la nuit sans être pourvue d'un falot ou d'une lanterne allumée.

Cette disposition pourra être appliquée aux voitures d'agriculture par des arrêtés des préfets ou des maires.

16. Tout propriétaire de voiture ne servant pas au transport des personnes est tenu de faire placer, en avant des roues et au côté gauche de sa voiture, une plaque métallique portant, en caractères apparents et lisibles, ayant au moins cinq millimètres de hauteur, ses nom, prénoms et profession, le nom de la commune, du canton et du département de son domicile.

Sont exceptés de cette disposition, conformément à la loi du 30 mai 1851 :

1° Les voitures particulières destinées au transport des personnes, mais étrangères à un service public de messageries ;

2° Les malles-postes et autres voitures appartenant à l'administration des postes ;

3° Les voitures d'artillerie, chariots et fourgons appartenant aux départements de la guerre et de la marine.

Des décrets du président de la république déterminent les marques distinctives que doivent porter les voitures désignées aux paragraphes 2 et 3, et les titres dont leurs conducteurs doivent être munis.

4° Les voitures employées à la culture des terres, au transport des récoltes, à l'exploitation des fermes, qui se rendent de la ferme aux champs ou des champs à la ferme, ou qui servent au transport des objets récoltés du lieu où ils ont été recueillis jusqu'à celui où, pour les conserver ou les manipuler, le cultivateur les dépose ou les rassemble.

TITRE III.

Dispositions applicables aux voitures de messageries.

17. Les entrepreneurs de voitures publiques allant à destination fixe déclareront le siége principal de leur établissement, le nombre de leurs voitures, celui des places qu'elles contiennent, le lieu de destination, les jours et heures de départ et d'arrivée. Cette déclaration sera faite, dans le département de la Seine, au préfet de police, et, dans les autres départements, aux préfets ou sous-préfets.

Ces formalités ne seront obligatoires pour les entrepreneurs actuels qu'au renouvellement de leurs voitures, ou lorsqu'ils en modifieront la forme ou la contenance.

Tout changement aux dispositions arrêtées par suite du premier paragraphe du présent article donnera lieu à une déclaration nouvelle.

18. Aussitôt après les déclarations faites en vertu des paragraphes 1 et 2 de l'article précédent, le préfet ou le sous-préfet ordonne la visite des voitures, afin de constater si elles sont entièrement conformes à ce qui est prescrit par les articles ci-après, de 19 à 29 inclusivement, et si elles ne présentent aucun vice de construction qui puisse occasionner des accidents. Cette visite, qui pourra être renouvelée toutes les fois que l'autorité le jugera nécessaire, sera faite, en présence du commissaire de police, par un expert nommé par le préfet ou le sous-préfet.

L'entrepreneur a la faculté de nommer, de son côté, un expert, pour opérer contradictoirement avec celui de l'administration.

La visite des voitures ne peut être faite qu'à l'un des principaux établissements de l'entreprise ; les frais sont à la charge de l'entrepreneur.

Le préfet prononce sur le vu du procès-verbal d'expertise et du rapport du commissaire de police.

Aucune voiture ne peut être mise en circulation avant la délivrance de l'autorisation du préfet.

19. Le préfet transmet au directeur des contributions indirectes copie par extrait des autorisations par lui accordées en vertu de l'article précédent.

L'estampille, prescrite par l'article 117 de la loi du 25 mars 1817, n'est délivrée que sur le vu de cette autorisation, qui doit être inscrite au registre spécial.

20. La largeur de la voie pour les voitures publiques est fixée au minimum à un mètre quatre-vingt-cinq centimètres entre le milieu des jantes de la partie des roues reposant sur le sol.

Toutefois, si les voitures sont à quatre roues, la voie de devant pourra être réduite à un mètre cinquante-cinq centimètres.

En pays de montagnes, les entrepreneurs peuvent être autorisés par les préfets, sur l'avis des ingénieurs et des agents voyers, à employer des largeurs de voies moindres que celles réglées par les paragraphes précédents, mais à la condition que les voies seront au moins égales à la voie la plus large des voitures en usage dans la contrée.

21. La distance entre les axes des deux essieux, dans les voitures publiques à quatre roues, sera égale au moins à la moitié de la longueur des caisses mesurées à la hauteur de leur ceinture, sans pouvoir néanmoins descendre au-dessous de un mètre cinquante-cinq centimètres.

22. Le maximum de la hauteur des voitures publiques, depuis le sol jusqu'à la partie la plus élevée du chargement, est fixée à 3 mètres pour les voitures à quatre roues, et à 2 mètres 60 centimètres pour les voitures à deux roues.

Il est accordé, pour les voitures à quatre roues, une augmentation de 10 centimètres, si elles sont pourvues à l'avant-train de sassoires et contre-sassoires formant chacune au moins un demi-cercle de 1 mètre 15 centimètres de diamètre, ayant la cheville ouvrière pour centre.

Lorsque, par application du troisième paragraphe de l'article 20, on autorisera une réduction dans la largeur de la voie, le rapport de la hauteur de la voiture avec la largeur de la voie sera au maximum d'un trente-quatrième.

Dans tous les cas, la hauteur est réglée par une traverse en fer placée au milieu de la longueur affectée au chargement, et dont les montants, au moment de la visite prescrite par l'article 17, sont marqués d'une estampille constatant qu'ils ne dépassent pas la hauteur voulue ; ils doivent, ainsi que la traverse, être constamment apparents.

La bâche qui recouvre le chargement ne peut déborder ces montants ni la hauteur de la traverse.

Il est défendu d'attacher aucun objet en dehors de la bâche.

23. Les compartiments des voitures publiques seront disposés de manière à satisfaire aux conditions suivantes :

Largeur moyenne des places, 48 centimètres;

Largeur des banquettes, 45 centimètres ;

Distance entre deux banquettes, 45 centimètres;

Distance entre la banquette du coupé et le devant de la voiture, 35 centimètres;

Hauteur du pavillon au-dessus de la voiture, 1 mètre 40 centimètres;

Hauteur des banquettes, y compris le coussin, 40 centimètres.

Pour les voitures parcourant moins de 20 kilomètres et pour les banquettes à plus de trois places, la largeur moyenne des places pourra être réduite à 40 centimètres.

24. Il peut être placé sur l'impériale une banquette destinée au conducteur et à deux voyageurs, ou à trois voyageurs, lorsque le conducteur se placera sur le même siége que le cocher.

Cette banquette, dont la hauteur, y compris le coussin, ne dépassera pas 30 centimètres, ne peut être recouverte que d'une capote flexible.

Aucun paquet ne peut être chargé sur cette banquette.

25. Le coupé et l'intérieur auront une portière de chaque côté. La caisse de derrière ou la rotonde peut n'avoir qu'une portière ouverte à l'arrière.

Chaque portière sera garnie d'un marchepied.

26. Les essieux seront en fer corroyé, de bonne qualité, et arrêtés à chaque extrémité soit par un écrou assujetti au moyen d'une clavette, soit par une boîte à huile fixée par quatre boulons traversant la longueur du moyeu, soit par tout autre système qui serait approuvé par le ministre des travaux publics.

27. Toute voiture publique doit être munie d'une machine à enrayer agissant sur les roues de derrière et disposée de manière à pouvoir être manœuvrée de la place assignée au conducteur.

Les voitures doivent être, en outre, pourvues d'un sabot et d'une chaîne d'enrayage, que le conducteur placera à chaque descente rapide.

Les préfets peuvent dispenser de l'emploi de ces appareils les voitures qui parcourent uniquement les pays de plaine.

28. Pendant la nuit, les voitures publiques seront éclairées par une lanterne à réflecteur placée à droite et à l'avant de la voiture.

29. Chaque voiture porte à l'extérieur, dans un endroit apparent, indépendamment de l'estampille délivrée par l'administration des contributions indirectes, le nom et le domicile de l'entrepreneur, et l'indication du nombre des places de chaque compartiment.

30. Elle porte à l'intérieur des compartiments :

1° Le nombre de chaque place;

2° Le prix de la place depuis le lieu du départ jusqu'à celui de l'arrivée.

L'entrepreneur ne peut admettre dans les compartiments de ses voitures un plus grand nombre de voyageurs que celui indiqué sur les panneaux, conformément à l'article 29.

31. Chaque entrepreneur inscrit, sur un registre coté et paraphé par le maire, le nom des voyageurs qu'il transporte; il y inscrit également les ballots et paquets dont le transport lui est confié.

Il remet au conducteur, pour lui servir de feuille de route, une copie de cet enregistrement, et à chaque voyageur un extrait, en ce qui le concerne, avec le numéro de sa place.

32. Les conducteurs ne peuvent prendre en route aucun voyageur ni recevoir aucun paquet sans en faire mention sur les feuilles de route qui leur ont été remises au point de départ.

33. Toute voiture publique dont l'attelage ne présentera de front que deux rangs de chevaux pourra être conduite par un seul postillon ou un seul cocher.

Elle devra être conduite par deux postillons ou par un cocher et un postillon, lorsque l'attelage comportera plus de deux rangs de chevaux.

34. Les postillons ou cochers ne pourront, sous aucun prétexte, descendre de leurs chevaux ou de leurs siéges.

Il est enjoint d'observer, dans les traversées des villes et des villages, les règlements de police concernant la circulation dans les rues.

Dans les haltes, le conducteur et le postillon ne peuvent quitter en même temps la voiture, tant qu'elle reste attelée.

Avant de remonter sur son siége, le conducteur doit s'assurer que les portières sont exactement fermées.

35. Lorsque, contrairement à l'article 9 du présent décret, un roulier ou conducteur de voiture n'aura pas cédé la moitié de la chaussée à une voiture publique, le conducteur ou le postillon qui aura à se plaindre de cette contravention devra en faire la déclaration à l'officier de police du lieu le plus rapproché, en faisant connaître le nom du voiturier d'après la plaque de sa voiture.

Les procès-verbaux de contravention seront sur-le-champ transmis au procureur de la république, qui fera poursuivre les délinquants.

36. Les entrepreneurs de voitures publiques autres que celles conduites par les maîtres de postes, feront, à Paris, à la préfecture de police, et, dans les départements, à la préfecture ou sous-préfecture du lieu où sont établis leurs relais, la déclaration des lieux où ces relais sont situés et du nom des relayeurs.

Une déclaration semblable sera faite chaque fois que les entrepreneurs traiteront avec un nouveau relayeur.

37. Les relayeurs ou leurs préposés seront présents à l'arrivée et au départ de chaque voiture, et s'assureront par eux-mêmes, et sous leur responsabilité, que les postillons ne sont pas en état d'ivresse.

La tenue des relais, en tout ce qui intéresse la sûreté des voyageurs, est surveillée, à Paris, par le préfet de police, et, dans les départements, par les maires des communes où ces relais se trouvent établis.

38. Nul ne peut être admis comme postillon ou cocher, s'il n'est âgé de seize ans au moins et porteur d'un livret délivré par le maire de la commune de son domicile, attestant ses bonnes vie et mœurs et son aptitude pour le métier qu'il veut exercer.

39. A chaque bureau de départ et d'arrivée et à chaque relais, il y a un registre coté et paraphé par le maire, pour l'inscription des plaintes que les voyageurs peuvent avoir à former contre les conducteurs, postillons ou cochers. Ce registre est présenté aux voyageurs, à toute réquisition, par le chef du bureau ou par le relayeur.

Les maîtres de poste qui conduisent des voitures publiques présentent aux voyageurs qui le requièrent, le registre qu'ils sont obligés de tenir d'après le règlement des postes.

40. Les dispositions qui précèdent ne sont pas applicables aux malles-postes destinées au transport de la correspondance du gouvernement et du public, la forme, les dimensions, le chargement et le mode de conduite de ces voitures étant déterminés par des règlements particuliers.

Les voitures des entrepreneurs qui transportent les dépêches ne sont pas considérées comme malles-postes.

41. Les voitures publiques qui desservent les routes des pays voisins, et qui partent des villes frontière, ou qui y arrivent, ne sont pas soumises aux règles ci-dessus prescrites. Elles doivent toutefois être solidement construites.

42. Les articles ci-dessus, de 16 à 38, seront constamment placardés,

à la diligence des entrepreneurs des voitures publiques, dans le lieu le plus apparent des bureaux et des relais.

Les articles de 28 à 38 inclusivement seront imprimés à part et affichés dans l'intérieur de chacun des compartiments des voitures.

TITRE IV.

Dispositions transitoires.

43. Il est accordé un délai de deux ans, à partir de la promulgation du présent décret, pour l'exécution de l'article 12, relatif à la saillie des colliers.

44. Les contraventions au présent règlement seront constatées, poursuivies et réprimées conformément aux titres II et III de la loi du 30 mai 1851, sans préjudice des mesures spéciales prescrites par les règlements locaux.

45. Les ordonnances des 23 décembre 1816 et 16 juillet 1828 sont et demeurent rapportées.

46. Les ministres des travaux publics, de l'intérieur et des finances sont chargés, chacun en ce qui le concerne, de l'exécution du présent décret, qui sera inséré au Bulletin des lois.

XXXVIII.

SUITE. — POLICE DU ROULAGE.

68. (*Circulaire du ministre de l'intérieur, portant instruction pour l'exécution du règlement d'administration publique sur la police du roulage et des messageries publiques, du* 25 *août* 1852.)

1. Monsieur le préfet, par ma circulaire du 18 juin 1851, en vous envoyant un exemplaire de la nouvelle loi sur la police du roulage, je vous ai fait remarquer que plusieurs de ses dispositions ne deviendraient applicables qu'après la promulgation d'un règlement d'administration publique à rendre en exécution de l'art. 2.

Ce règlement vient d'être homologué par un décret du 10 août 1852.

Je vais passer rapidement en revue les articles de ce décret, en m'arrêtant plus particulièrement sur ceux de ces articles dont l'interprétation ou l'application pourraient présenter quelques difficultés.

ART. 1er, § 1er. — *Longueur et saillie des essieux.*

2. La longueur des essieux et leur saillie sur le moyeu restent telles qu'elles étaient fixées par l'art. 16 du décret du 23 juin 1806. Bien qu'en général la longueur de 2 m. 50 accordée pour l'essieu excède les besoins

de l'industrie, on n'a pas cru devoir la réduire, parce qu'elle est à peine suffisante pour certains transports, qui exigent une largeur de voie considérable. C'est un maximum qu'on ne peut pas dépasser, mais au-dessous duquel on peut se tenir.

ART. 1er, § 2. — *Saillie des moyeux.*

3. Le règlement reproduit également la disposition de l'ordonnance du 20 octobre 1828, qui a limité à 0 m. 12 centimètres la saillie du moyeu sur un plan passant par le bord extérieur des bandes; mais il accorde une tolérance de 92 cent. pour les roues qui ont déjà fait un certain service. Cette tolérance est nécessaire, parce que souvent les moyeux, établis d'abord dans les conditions voulues, présentent, après un laps de temps plus ou moins long, et par suite du redressement des rais, une saillie qui excède d'un ou de deux centimètres la saillie réglementaire. On ne s'est pas dissimulé ce qu'il y a de vague dans les expressions : *qui ont déjà fait un certain service*. Ici, Monsieur le préfet, l'interprétation laissera beaucoup à faire à la sagacité des agents chargés de constater les contraventions ; ils auront à apprécier le plus ou moins long service des roues. Je sais que le degré d'usure des bandes leur sera d'un grand secours pour cette appréciation; cependant, comme les agents pourront rarement acquérir la certitude que les rais ne se sont pas redressés, ils ne devront pas hésiter à accorder la tolérance toutes les fois qu'il leur restera le moindre doute à cet égard. Le doute doit en effet, en matière de simple police, comme en matière criminelle, profiter au prévenu.

ART. 2. — *Clous des bandes.*

4. L'art. 2, qui proscrit l'emploi des clous à tête de diamant, est tiré de l'art. 18 du décret du 23 juin 1806, et demeure applicable comme par le passé.

ART. 3, 4, 5 et 6. — *Maximum du nombre des chevaux.*

5. La limitation des attelages est une disposition nouvelle, rendue nécessaire par l'absence de toute fixation de poids. Du moment où on laisse au voiturier pleine liberté en ce qui concerne le chargement, il devient indispensable d'empêcher que, pour transporter un poids considérable, il n'attelle à un même véhicule un nombre de bêtes de trait qui serait une cause d'embarras et d'accidents pour la circulation.

Les nombres cinq et huit, adoptés respectivement pour les charrettes et les chariots, correspondent au maximum actuellement en usage, et laissent au roulage toute la latitude convenable dans les circonstances ordinaires. Il en est de même des nombres trois et six, fixés pour les diligences à deux ou à quatre roues.

Si, pour les objets indivisibles, pour les côtes rapides et les temps de neige, il devient nécessaire de dépasser ces maximum, les exceptions stipulées par les art. 4, 5 et 6 donnent à cet égard toutes les facilités désirables.

6. Avant de donner leur avis, conformément à l'art. 4, sur l'emploi d'un attelage exceptionnel pour le transport des blocs de pierre, des locomotives ou d'autres objets d'un poids plus considérable, MM. les ingénieurs ou agents voyers exigeront l'indication de l'itinéraire qu'on se proposera de suivre, et s'assureront avec soin qu'on ne rencontre sur cet itinéraire aucun ouvrage dont la solidité puisse être compromise par le passage demandé. Si ce passage faisait naître des craintes contre lesquelles on ne pourrait se prémunir par une consolidation temporaire, il faudrait modifier l'itinéraire. Les ponts, et plus particulièrement les ponts suspendus, doivent, dans ce cas, appeler l'attention de MM. les ingénieurs et agents voyers.

7. Pour l'application de l'art. 5, vous avez, Monsieur le préfet, à demander immédiatement des propositions à M. l'ingénieur en chef, ainsi qu'à M. l'agent voyer en chef, et à prendre un arrêté pour déterminer les parties de routes ou de chemins sur lesquelles l'emploi des chevaux de renfort peut être autorisé. L'utilité des renforts dépend de la raideur, de la fréquence ou de la continuité des pentes, du plus ou moins bon état de viabilité des routes ou chemins, et aussi de la force des animaux qui composent les attelages en usage dans la contrée. Ces diverses circonstances varient à l'infini, et l'administration locale peut seule les apprécier. Il ne m'est donc pas possible, monsieur le préfet, de fixer par voie de disposition générale un minimum de déclivité au-dessus duquel on permettra les renforts. Je vous laisse ce soin, en ce qui concerne votre département. Si cependant vous éprouviez quelques doutes, je vous prie de me les soumettre, et je m'empresserai de vous donner des instructions.

ART. 7. — *Barrières de dégel.*

8. L'art. 7 remplace l'ordonnance de 1816, qui n'a jamais été appliquée que dans quelques départements du nord de la France. D'après cette ordonnance, les barrières de dégel ne pouvaient être établies que sur les chaussées pavées. Le nouveau règlement permet d'en établir sur les chaussées empierrées. Sur les routes nationales où les chaussées d'empierrement sont solidement construites, où les moyens de réparation sont régulièrement et puissamment organisés, où les ressources sont abondantes, on n'usera de cette faculté, si on en use, que dans des circonstances tout à fait exceptionnelles; mais il deviendra plus souvent nécessaire de protéger les chemins vicinaux de grande communication et même certaines routes départementales. C'est donc principalement en vue de ces communications qu'on a étendu aux chaussées d'empierrement des dispositions qui, sous la législation actuelle, ne s'appliquaient qu'aux chaussées pavées. Comme, d'ailleurs, les dommages causés aux chaussées d'empierrement sont plus faciles à réparer que ceux causés aux chaussées pavées, les restrictions imposées à la circulation seront moindres sur les premières que sur les secondes.

9. Vous remarquerez, Monsieur le préfet, qu'en ce qui concerne les routes nationales et départementales, c'est au ministre des travaux publics qu'il appartient de désigner les départements dans lesquels la mesure peut être exécutée. Si donc la nécessité de recourir à cette mesure se fait sentir dans votre département, vous devez m'en référer avant de l'appliquer aux routes nationales et départementales. Vous n'avez d'initiative sur ce point qu'en ce qui touche les chemins de grande communication.

Les principales modifications apportées à cette partie de l'ancienne législation sont la conséquence de la suppression des ponts à bascule. Aux conditions de poids mises à la circulation de certaines voitures pendant le dégel, il a fallu substituer la limitation de l'attelage, l'exécution du règlement en sera plus facile.

Comme il s'agit ici de dispositions qui ne recevront d'application que dans un très-petit nombre de départements, je ne développerai pas davantage ces instructions, me réservant de les compléter, s'il en est besoin, lors de la désignation des départements, conformément au premier paragraphe de l'art. 7.

ART. 8.—*Ponts suspendus.*

10. En ce qui concerne le passage des ponts suspendus, le règlement confirme purement et simplement les dispositions de l'instruction ministérielle du 19 septembre 1851, instruction que j'ai complétée par ma circulaire du 15 mai dernier. Je n'ai rien à ajouter aux prescriptions de cette circulaire dont je vous recommande l'application.

ART. 9. *Règles à suivre pour éviter ou dépasser d'autres voitures.*

11. L'art. 9 ne fait que consacrer l'usage généralement adopté par les cochers et voituriers. Cet usage devient ainsi une obligation pour tous, et la pénalité dont les contrevenants se trouveront frappés assurera l'exécution de la mesure.

ART. 10.—*Stationnement des voitures.*

12. L'art. 10 défend de laisser stationner, sans nécessité, sur la voie publique aucune voiture attelée ou non attelée. En introduisant dans cet article les mots : *sans nécessité*, on ne s'est pas dissimulé, Monsieur le préfet, qu'on laissait beaucoup à l'arbitraire des agents chargés de constater les contraventions, puisqu'ils se trouvent ainsi constitués juges en premier ressort de la nécessité du stationnement. On ne s'est pas dissimulé que certains agents chercheraient, dans l'interprétation plus ou moins large de cette disposition, la justification de leur négligence ou d'une tolérance coupable. Mais on a dû considérer, d'un autre côté, qu'il est des stationnements indispensables, soit pour le repos des personnes et des chevaux, soit enfin en cas d'accidents. Or il est certain qu'en présence d'une disposition réglementaire portant une interdiction absolue, beaucoup d'agents ne tiendraient pas compte des circonstances de force majeure. Les conducteurs et voituriers seraient ainsi exposés à des poursuites pour des

stationnements insignifiants ou inévitables, et souvent le juge, qui se croirait lié par la lettre du règlement, appliquerait indistinctement la pénalité à toutes les contraventions constatées; de sorte que si les mots *sans nécessité* peuvent quelquefois donner ouverture à la fraude, il n'est pas douteux, d'un autre côté, qu'une interdiction générale conduirait à une répression abusive. Dans un sens comme dans l'autre, les abus ne pouvaient être prévenus par une interprétation intelligente et modérée du règlement. C'est à vous, Monsieur le Préfet, c'est aux fonctionnaires chargés de contrôler le service des agents appelés à verbaliser, qu'il appartient de veiller à ce que l'intention du législateur ne soit pas méconnue.

13. Il est encore un autre point sur lequel je dois appeler particulièrement votre attention. Dans l'état actuel de la législation, les stationnements sont assimilés à des dépôts sur la voie publique et tombent sous l'application de l'ordonnance du 4 août 1731, qui prononce une amende de 500 livres, laquelle peut être réduite à 25 fr., en vertu de la loi du 23 mars 1842. Ce minimum est encore trop élevé pour la plupart des stationnements, qui souvent sont de peu de durée et accompagnés de circonstances atténuantes. Aussi l'administration se trouve-t-elle amenée, par la force des choses, à provoquer la modération, par la voie gracieuse, du plus grand nombre des condamnations prononcées pour les délits de l'espèce; la nouvelle pénalité (amende de 6 à 10 francs) sera bien mieux proportionnée avec ces délits. Il est d'ailleurs au moins douteux que l'ordonnance du 4 août 1731, prohibant d'une manière générale tout dépôt de nature à nuire à la circulation, ait eu en vue les stationnements de voitures, et si cependant elle a été appliquée à ce genre de contravention, c'est à défaut d'autres dispositions répressives. La promulgation du nouveau règlement fera cesser cette application.

TITRE II.

Voitures ne servant pas au transport des personnes.

ART. 11. — *Largeur du chargement.*

14. Les dimensions exagérées de certains chargements et les inconvénients, les dangers qui en résultent quelquefois pour la circulation, font, depuis longtemps, sentir la nécessité d'une réglementation. Il était rationnel d'adopter pour limite maximum de la largeur du chargement la limite maximum de la longueur de l'essieu Mais il importe de ne pas perdre de vue que rarement on donne à l'essieu la longueur maximum, de sorte que le plus souvent le chargement pourra saillir sur l'essieu, sans que cependant il y ait contravention. Les agents devront donc se garder de prendre l'essieu pour mesure du chargement; ce dernier devra toujours être l'objet d'un jaugeage spécial.

15. La loi du 31 mai fait une exception en faveur des voitures d'agriculture, lorsqu'elles sont employées au transport des récoltes de la ferme

aux champs et des champs à la ferme ou au marché. Tout le monde sait cependant que l'abus des larges chargements se rencontre surtout dans l'exploitation agricole. Il faut donc, Monsieur le préfet, renfermer rigoureusement l'exception dans les limites tracées par la loi même. Tout chargement, quelle que soit sa nature, dont la largeur excédera 2 m. 50 cent., tombera sous l'application de l'article 11, toutes les fois que la voiture, alors même qu'elle appartiendra à l'agriculture, ne se trouvera pas dans l'un des cas d'exception spécifiés par la loi, c'est-à-dire toutes les fois que le transport ne s'effectuera pas de la ferme aux champs, des champs à la ferme ou au marché. Dans toute autre circonstance, en effet, la voiture appartenant à l'agriculture doit être assimilée à une voiture de roulage. Comme il s'agit d'une disposition nouvelle, il se présentera d'abord des espèces qui feront doute dans l'esprit des agents et des juges ; mais ces doutes disparaîtront à mesure que la jurisprudence se formera.

Du reste, c'est à vous, Monsieur le préfet, qu'il appartiendra de délivrer des permis de circulation pour des objets d'un grand volume, qui ne seraient pas susceptibles d'être chargés dans les conditions du règlement.

ART. 12. — *Saillie des colliers.*

16. Le développement exagéré donné, dans plusieurs provinces, aux pattes d'attelles des colliers de chevaux, appelait une réforme. On entend par pattes d'attelles des colliers les parties supérieures et latérales dans lesquelles sont passés les guides ou cordeaux, soit au moyen d'anneaux, soit au moyen de trous pratiqués dans les planchettes. La grande variété qui existe dans les largeurs adoptées par le roulage pour des attelles de même force démontre suffisamment qu'il importe peu, au fond, que les pattes des atelles soient plus ou moins saillantes. Ainsi, les colliers du roulage flamand sont généralement fort étroits, tandis que ceux du roulage normand sont, au contraire, d'une largeur abusive, sans que rien justifie cette différence.

Le plus ou le moins de largeur est donc ici une affaire d'habitude, de goût, de fantaisie, et l'administration ne s'en serait pas occupée, si certains colliers n'atteignaient pas des dimensions excessives, qui peuvent être une cause d'embarras pour la circulation, surtout quand il y a plusieurs chevaux de front.

17. Les motifs qui ont fait admettre 2 m. 50 cent. comme maximum de la longueur de l'essieu et de la largeur du chargement ont servi de base pour déterminer la largeur des colliers. En effet, le but qu'on s'est proposé ne serait pas atteint si, après avoir circonscrit le chargement dans les limites déterminées, ces limites étaient dépassées par la largeur de certains attelages. Or, en fixant la largeur maximum des colliers à 0 m. 90 cent., on a 1 m. 80 cent. pour les attelages des deux chevaux de front, et en supposant entre les deux colliers un intervalle de 0 m. 70 cent., on atteint les 2 m. 50 cent. assignés comme maximum à l'essieu et au chargement. Cette limitation laisse, d'ailleurs, toute la latitude désirable.

D'un autre côté, le délai de deux années accordé pour user les colliers existant à la date du nouveau règlement sera tout à fait suffisant. Le roulage n'éprouvera donc aucune gêne, ne subira aucune perte, par suite de la nouvelle réglementation dont il s'agit.

ART. 13 ET 14. — *Convois.*

18. J'aurai peu de choses à dire, Monsieur le préfet, des articles 13 et 14, qui sont d'une application facile. Depuis longtemps, le besoin de régler la marche des convois se faisait vivement sentir. Qui n'a été frappé, en effet, des graves inconvénients qui résultent de ces longues files de voitures allant au pas, qui, se succédant sans interruption, sont une cause d'embarras pour la circulation et compromettent quelquefois la sûreté des voyageurs? Les articles 13 et 14 du nouveau règlement viennent donc combler une lacune fâcheuse, et il importe de tenir la main à leur stricte exécution. Le nombre quatre, adopté pour les convois de voitures à quatre roues, n'a pas été fixé arbitrairement; on a pris en considération les habitudes du roulage, notamment du roulage comtois. Ce nombre a été réduit à trois pour les voitures à deux roues. Voici le motif de cette différence: l'articulation de l'avant-train donne au chariot le moyen de se déranger et détourner, sans que le derrière de la voiture se porte en travers de la roue, comme cela a lieu inévitablement pour les charrettes. Une file de chariots embarrasse donc moins la circulation qu'une file semblable de charrettes.

ART. 15. — *Eclairage.*

19. L'article 15, qui rend obligatoire l'éclairage de toute voiture marchant isolément ou en tête d'un convoi, est aussi une disposition nouvelle qui offrira, j'en ai la conviction, de sérieuses garanties pour la facilité et la sécurité de la circulation. Vous aurez à apprécier, Monsieur le préfet, si, pour tout ou partie de votre département, cette disposition doit être rendue applicable aux voitures d'agriculture. Vous pourrez consulter à cet égard, si toutefois vous le jugez convenable, le conseil général et les conseils d'arrondissements.

ART. 16. — *Plaques.*

20. L'article 16, relatif à la plaque, est emprunté au décret du 23 juin 1806 (art. 34). On a ajouté aux prescriptions du décret l'obligation de donner aux lettres cinq millimètres au moins de hauteur. Cette disposition remédiera à un abus assez fréquent à Paris et dans plusieurs autres villes, abus qui consiste dans l'emploi de caractères microscopiques, d'une lecture difficile pour les agents chargés d'assurer la répression des délits. On a complété, en outre, les indications précédemment obligatoires, en exigeant la désignation du canton du domicile. On évitera ainsi les confusions qui se commettent, quand il existe plusieurs communes dans le même département.

21. Aux voitures qui, d'après le décret du 23 juin 1806, étaient affranchies de l'obligation de la plaque, la loi du 30 mai 1851 (art. 3) a ajouté

les voitures employées à la culture des terres, au transport des récoltes, à l'exploitation des fermes, « *qui se rendent de la ferme aux champs et des* » *champs à la ferme, et qui servent au transport des objets récoltés du lieu où* » *ils ont été recueillis jusqu'à celui où, pour les conserver ou les manipuler,* » *le cultivateur les dépose ou les rassemble.* »

22. Ce n'est pas sans beaucoup d'hésitation, Monsieur le Préfet, que le législateur s'est décidé à accorder cette nouvelle exception ; les voitures de la campagne donnent lieu, comme les autres voitures, à des accidents, commettent des délits, pour la constatation desquels on a besoin de recourir à la plaque. Cependant on a considéré que, tant que ces voitures ne sortent pas de la commune ou de la circonscription de l'exploitation, les gens qui les conduisent y sont parfaitement connus. Dans ce cas donc, la plaque n'est pas nécessaire ; mais elle devient indispensable dès que les mêmes voitures sont employées en dehors des limites ci-dessus indiquées, comme, par exemple, lorsqu'elles se rendent aux marchés ou dans les foires. C'est une distinction que les agents ne devront pas perdre de vue. Il ne faut pas que les immunités dont l'agriculture jouit à juste titre tournent au préjudice de la sécurité publique.

TITRE III.

Messageries. — Voitures publiques.

ART. 17 A 42 (*inclusivement*).

23. La plupart des dispositions du titre III ont été empruntées à l'ordonnance du 16 juin 1828, sauf révision de la rédaction. On a dû, d'ailleurs, retrancher tout ce qui se rapportait au service des ponts à bascule, ainsi que plusieurs dispositions tombées depuis longtemps en désuétude. D'un autre côté, de nouvelles prescriptions ont été introduites, qui précisent et complètent les obligations des messageries, et tourneront à l'avantage du public. Il est un certain nombre de modifications ou additions qui se justifient d'elles-mêmes, et auxquelles je ne m'arrêterai pas ; il en est d'autres, au contraire, sur lesquelles j'appellerai votre attention.

ART. 18. — *Vérification des voitures.*

24. Dans les départements autres que celui de la Seine, les hommes de métiers qu'on désigne comme experts pour procéder à la visite des voitures manquent le plus souvent des données qui leur sont indispensables pour faire un travail sérieux : d'abord, parce qu'ils n'ont pas ordinairement une connaissance suffisante des dispositions réglementaires sur lesquelles ils doivent baser leurs opérations ; puis, il faut le dire, parce que, jusqu'à présent, ces dispositions n'étaient ni assez précises, ni assez explicites. Aussi arrive-t-il que les entrepreneurs sont exposés à voir refuser leurs voitures, bien qu'elles soient établies dans de bonnes conditions de stabilité et suivant les règles prescrites, ou que les voitures sont admises,

quoique n'offrant pas toutes les garanties désirables pour la sûreté et la commodité des voyageurs.

25. Il fallait donc, pour remédier à ces inconvénients, d'une part, adjoindre à l'homme du métier un agent de l'administration, qui lui faciliterait l'interprétation des règlements, et, d'autre part, préciser davantage les conditions auxquelles les voitures doivent satisfaire : c'est ce que fait le règlement. Ainsi l'article 18 dispose que l'expert chargé de la visite procédera en présence du commissaire de police. Pour que cette disposition produise toute son efficacité, il ne faut pas que le commissaire de police assiste à la visite en simple spectateur; si certaines conditions prescrites par le règlement peuvent être vérifiées uniquement par un homme du métier, il en est d'autres, et c'est le plus grand nombre, dont l'appréciation est facile pour le commissaire de police. Il doit, avant tout, faire connaître à l'expert les dispositions réglementaires qu'il s'agit d'appliquer; puis suivre de point en point l'opération, afin d'éviter toute erreur ou omission. Il mentionnera dans son rapport toutes les circonstances qui lui paraîtront de nature à influer sur la décision que vous aurez à prendre en vertu de l'article 18 précité.

Du plus ou du moins de soin apporté à la visite peuvent dépendre, vous le comprenez, Monsieur le préfet, la sécurité et la commodité des voyageurs. Il est, dès lors, très-essentiel que cette visite offre toutes les garanties désirables. Le choix des experts auxquels vous confierez ces visites est donc un point important. Vous ne sauriez, d'un autre côté, trop insister pour obtenir des commissaires de police une intervention active, un contrôle sérieux.

ART. 20 ET 21. — *Largeur de la voie. — Distance des essieux.*

26. De légères modifications ont été apportées à la largeur de la voie et à la distance des essieux des voitures publiques. Je ne déduirai pas ici, Monsieur le préfet, les motifs de ces modifications, dont le but principal a été de faire droit aux légitimes réclamations des entrepreneurs de messageries, sans influer d'une manière sensible sur la stabilité des voitures; je constate seulement que la nouvelle réglementation diffère peu de l'ancienne, et qu'on ne devra appliquer cette nouvelle réglementation qu'aux voitures construites après la promulgation du règlement ci-annexé.

ART. 23. — *Dimension des places.*

27. Jusqu'à présent, les dimensions des places, la largeur et la hauteur des banquettes n'avaient été l'objet d'aucune prescription générale; il ne convenait pas d'abandonner plus longtemps le soin de régler, en quelque sorte arbitrairement, un détail qui intéresse à un aussi haut degré la commodité des voyageurs. Tous les chiffres inscrits dans le règlement résultent, d'ailleurs, d'investigations faites avec soin; ils n'imposent pas d'autres conditions que celles dont les bonnes entreprises ont pris l'initiative dans l'intérêt du public. L'expert et le commissaire de police devront, dans ce même

intérêt, s'assurer, lors de la visite prescrite par l'article 18, si toutes ces conditions sont exactement remplies.

ART. 24. — *Banquette de l'impériale.*

28. D'après l'ordonnance de 1828 (art. 14), la banquette de l'impériale était destinée au conducteur et à deux voyageurs.

Plus tard, on a autorisé le conducteur à se placer à côté du cocher : ce qui laisse libres trois places de voyageurs. Depuis, le conducteur a repris son poste sur la banquette, et néanmoins on a continué d'y placer trois voyageurs. Cet état de choses, qui paraît avoir été toléré, constitue une infraction à l'ordonnance de 1828, et constituerait également une contravention à l'article 24 du nouveau règlement, article d'après lequel il n'est permis de placer trois voyageurs sur la banquette que si le conducteur se met à côté du cocher. Les agents devront veiller à ce que cette disposition reçoive son exécution.

Du reste, il est bien entendu que l'art. 24 du nouveau règlement n'est pas applicable aux voitures dites des environs de Paris, ni aux autres voitures publiques parcourant moins de 20 kilomètres de distance. Ces voitures, qui ne transportent point ou peu de messageries, pourront, comme par le passé, en vertu d'autorisations spéciales, recevoir un plus grand nombre de voyageurs sur l'impériale.

Les autres articles du règlement ne renferment que des dispositions depuis longtemps en vigueur, ou qui, si elles sont nouvelles, ne paraissent présenter aucune difficulté dans l'application. Je ne m'y arrêterai donc pas. Je terminerai ces instructions par quelques observations sur les juridictions, la procédure et la pénalité qui résultent de la loi du 30 mai 1851.

Juridiction, procédure, pénalité.

29. Sous l'ancienne législation, les conseils de préfecture connaissaient de toutes les contraventions aux lois, ordonnances et règlements sur la police du roulage. Il faut toutefois en excepter l'ordonnance du 16 juillet 1828, dont l'application a été, de tout temps, dévolue aux tribunaux correctionnels et de simple police.

Aux termes de l'art. 17 de la loi du 30 mai 1851, les conseils de préfecture ne doivent plus connaître que des contraventions prévues par les art. 4 et 9 de la même loi; mais ces contraventions embrassent à peu près toute l'ancienne police du roulage, sauf les contraventions à l'obligation de la plaque, qui passent des attributions des conseils de préfecture dans celles des tribunaux de simple police.

En résumé, l'art. 17 de la loi du 30 mai, combiné avec les art. 2, 4 et 9, place dans la juridiction des conseils de préfecture les dispositions suivantes :

Aux essieux et moyeux (art. 1er du règlement);

Aux clous des bandes (art. 2 *idem*);

Au maximum des attelages (art. 3, 4, 5 et 6 *id.*);

Aux barrières de dégel (art. 7 *id.*);
Aux ponts suspendus (art. 8 *id.*);
A la largeur du chargement (art. 11 *id.*);
A la largeur des colliers des chevaux (art. 12 *id.*).
Le surplus du règlement est placé dans les attributions des tribunaux.

Procédure.

30. La procédure à suivre devant les conseils de préfecture a été nettement définie par le titre III de la loi du 30 mai. Plusieurs points demeurés jusqu'à présent indécis, ou réglés seulement par la jurisprudence, ont été fixés par la loi même. J'appelle particulièrement votre attention sur les délais déterminés par les art. 23, 24, 25 et 26. La plupart de ces délais doivent être observés, sous peine de déchéance. Il importe, dès lors, qu'ils ne soient pas dépassés. Vous veillerez surtout à ce que la notification des procès-verbaux aux contrevenants (art. 23) soit faite en temps utile, et aussi, lorsqu'il y aura lieu de se pourvoir contre l'arrêté du conseil de préfecture (art. 25), à ce que les pièces de l'affaire parviennent à l'administration centrale assez tôt pour que le recours puisse être formé *dans les trois mois de la date de l'arrêté.*

Pénalité.

31. D'après l'ancienne législation, les amendes encourues pour contravention à la police du roulage étaient fixes. Le conseil de préfecture n'avait pas de faculté de se mouvoir entre un maximum et un minimum. Cette faculté a été accordée par la loi du 30 mai 1851. Toutes les contraventions dont le jugement est dévolu au conseil de préfecture sont punies d'une amende de 5 à 30 francs (1). Le conseil pourra donc désormais, entre ces deux chiffres, graduer les peines et les proportionner aux délits. Le juge, en appréciant lui-même les circonstances atténuantes qui résultent soit du peu de gravité de la contravention, soit de la bonne foi ou de la position du contrevenant, rendra beaucoup moins fréquents ces recours en grâce, devenus si nombreux sous la rigoureuse inflexibilité des anciens règlements. Par suite, l'administration devra se montrer plus sévère pour l'admission de ces recours : une trop grande indulgence approcherait de l'impunité, énerverait la loi, et découragerait les agents chargés de l'appliquer.

32. Je ne pousserai pas plus loin, Monsieur le préfet, ces instructions. Quelque détaillée que soit une instruction générale, il se rencontre toujours, dans l'application, des difficultés imprévues. S'il s'en présente dans votre département, veuillez me les soumettre, et je m'empresserai de les résoudre.

Recevez.....

Le Ministre des travaux publics, MAGNE.

(1) Il est cependant un cas où l'amende est plus élevée. Voir les observations suivantes.

69. (*Conclusions.*)

Ces trois documents : loi, règlement et circulaire, partagent entre les conseils de préfecture et les tribunaux de simple police et correctionnels la connaissance des infractions commises à leurs dispositions.

Pour faciliter le travail des conseils de préfecture, nous croyons devoir présenter le résumé de leurs attributions, avec l'indication des peines édictées.

AMENDES *de 5 à 30 fr. à prononcer par les conseils de préfecture, en vertu de l'art. 4 de la loi.*

ATTELAGE de plus de cinq chevaux d'une voiture à deux roues servant au transport des marchandises. Art. 2, § 1, n° 5, art. 3 de la loi ; § 3 du règlement général.

ATTELAGE de plus de huit chevaux d'une voiture à quatre roues servant au transport des marchandises. Mêmes articles de la loi et du règlement.

ATTELAGE de plus de trois chevaux d'une voiture à deux roues servant au transport des personnes. Mêmes articles de la loi et du règlement.

ATTELAGE de plus de six chevaux d'une voiture à quatre roues servant au transport des personnes. Mêmes articles de la loi et du règlement.

BARRIÈRES DE DÉGEL. Voiture en contravention aux prescriptions concernant les barrières de dégel. Art. 2, § 1, n°s 6 et 9, de la loi, et 7 du règlement.

CHARGEMENT d'une voiture ne servant pas au transport des personnes, excédant 2 mètres 50 de large. Art. 2, § 2, n° 1, de la loi, et 11 du règlement.

CLOUS des bandes de roues à tête de diamant. Art. 2, § 1, n° 3, de la loi, et 2 du règlement.

CLOUS des bandes de roues ayant une saillie de plus de 5 millimètres. Art. 2, § 1, n° 3, de la loi, et 2 du règlement.

COLLIERS de bêtes de trait ayant plus de 90 centimètres de large, mesurés entre les points les plus saillants des pattes des attelles. Art. 2, § 2, n° 2, de la loi, et 12 du règlement.

ESSIEUX excédant une longueur de 2 mètres 50 pour toutes voitures. Art. 2, § 1, n° 1, et art. 1 du règlement.

Essieux dépassant le moyeu de plus de 6 centimètres pour toutes voitures. Mêmes articles de la loi et du règlement.

Moyeux de toutes voitures dont la saillie, y compris celle de l'essieu, excède de plus de 12 centimètres. Art. 2, § 1, n° 1, de la loi, et art. 1 du règlement.

Ponts suspendus. Voiture en contravention aux prescriptions concernant le passage des ponts suspendus. Art. 2, § 1, n° 6, de la loi, et 8 du règlement.

Enfin les conseils de préfecture, outre les cas sus-spécifiés, ne prononcent qu'une amende de 3 à 50 fr. dans un seul cas ; c'est celui où il y a *dommages* quelconques à une route ou à ses dépendances, causé par une voiture et par la faute, la négligence ou l'imprudence du conducteur, et ce en vertu de l'art. 9 de la loi.

On voit, par la nomenclature que nous venons de parcourir, combien est restreinte, en ce qui concerne la police du roulage, la compétence des conseils de préfecture.

XXXIX.

DES DEMANDES FAITES PAR LES COMMUNAUTÉS DES VILLES, BOURGS OU VILLAGES, POUR ÊTRE AUTORISÉES A PLAIDER SOIT EN DEMANDANT, SOIT EN DÉFENDANT. — DES CONTRIBUABLES VOULANT EXERCER LES ACTIONS D'UNE COMMUNE OU SECTION DE COMMUNE.

Il ne s'agit point, dans ce chapitre, de matières contentieuses. C'est comme tuteur des communes que les conseils de préfecture sont appelés à leur accorder l'autorisation nécessaire pour qu'elles puissent ester en justice. Cependant, pour suivre exactement l'ordre indiqué par la loi du 28 pluviôse an VIII, nous faisons une exception aux principes que nous nous sommes imposés ; et comme les demandes à l'effet d'être autorisé à plaider sont très-fréquentes, nous croyons devoir rapporter ici et intercaler dans cet ouvrage la législation qui régit une matière qui est d'une application journalière.

70. (*Extrait de la loi du 18 juillet 1837.*)

TITRE V.

Des actions judiciaires.

Art. 49. Nulle commune ou section de commune ne peut introduire une action en justice sans être autorisée par le conseil de préfecture.

Après tout jugement intervenu, la commune ne peut se pourvoir devant un autre degré de juridiction qu'en vertu d'une nouvelle autorisation du conseil de préfecture.

Cependant tout contribuable inscrit au rôle de la commune a le droit d'exercer à ses frais et risques, avec l'autorisation du conseil de préfecture, les actions qu'il croirait appartenir à la commune ou section, et que la commune ou section, préalablement appelée à délibérer, aurait refusé ou négligé d'exercer.

La commune ou section sera mise en cause, et la décision qui interviendra aura effet à son égard.

50. La commune, section de commune ou le contribuable auquel l'autorisation aura été refusée pourra se pourvoir devant le roi en conseil d'État. Le pourvoi sera introduit et jugé en la forme administrative; il devra, à peine de déchéance, avoir lieu dans le délai de trois mois à dater de la notification de l'arrêté du conseil de préfecture.

51. Quiconque voudra intenter une action contre une commune ou section de commune sera tenu d'adresser préalablement au préfet un mémoire exposant les motifs de sa réclamation; il lui en sera donné récépissé.

La présentation interrompra la prescription et toutes déchéances.

Le préfet transmettra le mémoire au maire, avec l'autorisation de convoquer immédiatement le conseil municipal pour en délibérer.

52. La délibération du conseil municipal sera, dans tous les cas, transmise au conseil de préfecture, qui décidera si la commune doit être autorisée à ester en jugement.

La décision du conseil de préfecture devra être rendue dans le délai de deux mois, à partir de la date du récépissé énoncé en l'article précédent.

53. Toute décision du conseil de préfecture portant refus d'autorisation devra être motivée.

En cas de refus de l'autorisation, le maire pourra, en vertu d'une délibération du conseil municipal, se pourvoir devant le roi, en son conseil d'État, conformément à l'art. 50 ci-dessus.

Il devra être statué sur le pourvoi dans le délai de deux mois, à partir du jour de son enregistrement au secrétariat général du conseil d'État.

54. L'action ne pourra être intentée qu'après la décision du conseil de préfecture, et, à défaut de décision dans le délai fixé par l'article 52, qu'après l'expiration de ce délai.

En cas de pourvoi contre la décision du conseil de préfecture, l'instance sera suspendue jusqu'à ce qu'il ait été statué sur le pourvoi, et, à défaut de décision dans le délai fixé par l'article précédent, jusqu'à l'expiration de ce délai.

En aucun cas la commune ne pourra défendre à l'action qu'autant qu'elle y aura été expressément autorisée.

55. Le maire peut toutefois, sans autorisation préalable, intenter toute action possessoire ou y défendre, et faire tous autres actes conservatoires ou interruptifs des déchéances.

56. Lorsqu'une section est dans le cas d'intenter ou de soutenir une action judiciaire contre la commune elle-même, il est formé pour cette section une commission syndicale de trois ou cinq membres, que le préfet choisit parmi les électeurs municipaux, et, à leur défaut, parmi les citoyens les plus imposés.

Les membres du corps municipal qui seraient intéressés à la jouissance des biens ou droits revendiqués par la section ne doivent point participer aux délibérations du conseil municipal relatives au litige.

Ils seront remplacés, dans toutes ces délibérations, par un nombre égal d'électeurs municipaux de la commune, que le préfet choisira parmi les habitants ou propriétaires étrangers à la section.

L'action est suivie par celui de ses membres que la commission syndicale désigne à cet effet.

57. Lorsqu'une section est dans le cas d'intenter ou de soutenir une action judiciaire contre une autre section de la même commune, il sera formé, pour chacune des sections intéressées, une commission syndicale, conformément à l'article précédent.

58. La section qui aura obtenu une condamnation contre la commune, ou contre une autre section, ne sera point passible des charges ou contributions imposées pour l'acquittement des frais et dommages-intérêts qui résulteraient du fait du procès.

Il en sera de même à l'égard de toute partie qui aurait plaidé contre une commune ou section de commune.

XL.

DU CONTENTIEUX DES DOMAINES NATIONAUX.

71. (*Observation.*)

On sait que la loi du 28 pluviôse an VIII a chargé les conseils de préfecture de prononcer d'une manière générale sur le *contentieux des domaines nationaux*. Cette formule fut calculée de manière à faire porter devant la juridiction administrative toutes les questions, même celles de propriété, qui pouvaient s'élever à l'occasion des ventes de biens nationaux. La raison politique avait fait déroger, pour cette matière, aux principes de compétence admis depuis 1789. Avec le temps, l'exception a cédé devant le principe, et il est juste de reconnaître que les conseils de préfecture, et surtout le conseil d'Etat, ont loyalement contribué à ramener, successivement et selon que les circonstances le permettaient, la compétence administrative dans les limites du contentieux administratif. *On peut considérer comme éteinte cette attribution, qui fut certainement la plus importante que les conseils de préfecture reçurent en l'an VIII, et qui donna immédiatement de la consistance à l'institution naissante.* Toutefois, dans l'état de la législation et de la jurisprudence, les conseils de préfecture prononcent, à l'occasion et par interprétation des adjudications administratives, sur les difficultés relatives aux ventes des biens provenant du domaine de l'Etat, en ce qui ne touche pas les questions de propriété et de droit commun (1).

(1) Extrait du *Moniteur*, suppl. D au n° 32 du samedi 1er février 1851, p. XIII, 2e colonne, n° 4.

TROISIÈME PARTIE.

Des attributions des conseils de préfecture résultant de lois particulières.

XLI.

ALIÉNÉS.

Les dépenses du service des aliénés dont le placement a été ordonné par le préfet, et dont les familles n'ont pas demandé l'admission dans un établissement privé, peuvent soulever des contestations qui sont de la compétence du conseil de préfecture. Pour préciser cette compétence, nous allons reproduire les articles composant la section III de la loi du 30 juin 1838.

72. (*Textes des articles* 25, 26, 27 *et* 28 *de la loi précitée.*)

Art. 25. Les aliénés dont le placement aura été ordonné par le préfet, et dont les familles n'auront pas demandé l'admission dans un établissement privé, seront conduits dans l'établissement appartenant au département ou avec lequel il aura traité.

Les aliénés dont l'état mental ne compromettrait point l'ordre public ou la sûreté des personnes y seront également admis, dans les formes, dans les circonstances et aux conditions qui seront réglées par le conseil général, sur la proposition du préfet, et approuvées par le ministre.

26. La dépense du transport des personnes dirigées par l'administration sur les établissements d'aliénés sera arrêtée par le préfet, sur le mémoire des agents préposés à ce transport.

La dépense de l'entretien, du séjour et du traitement des personnes placées dans les hospices ou établissements publics d'aliénés sera réglée d'après un tarif arrêté par le préfet.

La dépense de l'entretien, du séjour et du traitement des personnes placées par les départements dans les établissements privés sera fixée par les traités passés par le département, conformément à l'art. 1er.

27. Les dépenses énoncées en l'article précédent seront à la

charge des personnes placées; à défaut, à la charge de ceux auxquels il peut être demandé des aliments, aux termes des art. 205 et suivants du code civil.

S'il y a contestation sur l'obligation de fournir des aliments, ou sur leur quotité, il sera statué par le tribunal compétent, à la diligence de l'administrateur désigné en exécution des articles 31 et 32.

Le recouvrement des sommes dues sera poursuivi et opéré à la diligence de l'administration de l'enregistrement et des domaines.

28. A défaut, ou en cas d'insuffisance des ressources énoncées en l'article précédent, il y sera pourvu sur les centimes affectés, par la loi des finances, aux dépenses ordinaires du département auquel l'aliéné appartient, sans préjudice du concours de la commune du domicile de l'aliéné, d'après les bases proposées par le conseil général, sur l'avis du préfet, et approuvées par le gouvernement.

Les hospices seront tenus à une indemnité proportionnée au nombre des aliénés dont le traitement ou l'entretien était à leur charge, et qui seraient placés dans un établissement spécial d'aliénés.

En cas de contestation, il sera statué par le conseil de préfecture.

73. (*Observation.*)

Quelles contestations la loi a-t-elle placées dans les attributions du conseil de préfecture? C'est ce qui n'a pas été expliqué d'une manière assez claire et assez précise. Elle dit : que les hospices seront tenus à une indemnité proportionnée au nombre des aliénés dont le traitement ou l'entretien était à leur charge, et qui seraient placés dans un établissement spécial d'aliénés. Cela est incontestable, sans doute, s'il s'agit d'un hospice qui doit son existence à une fondation que lui a imposé l'obligation de consacrer ses ressources et de donner des soins aux malades atteints d'aliénation. Mais tous autres hospices sont-ils tenus au payement d'une indemnité pour venir en aide aux établissements spéciaux créés par les départements? A cet égard, la loi est muette. C'est sans doute aux réclamations faites par des hospices qui prétendent avoir été imposés à tort ou dans une proportion trop forte, que doit s'appliquer la compétence dont parle l'article 28.

Mais, aux termes du même article, on peut demander aux communes du domicile des aliénés de concourir aux dépenses occasionnées pour leur traitement et leur entretien dans les asiles spéciaux. Les communes pourraient-elles saisir de leur demande en décharge ou réduction le conseil de préfecture? Il semble qu'il devrait en être ainsi. Cependant nous devons reconnaître qu'il résulte de la jurisprudence que les réclamations de cette nature sont portées *de plano* devant le conseil d'Etat (1).

XLII.

ATELIERS DANGEREUX, INSALUBRES OU INCOMMODES.

Les manufactures et ateliers qui répandent une odeur insalubre ou incommode sont divisés en trois classes.

Ceux de la première ne pouvaient être autorisés autrefois que par un décret de l'Empereur rendu en conseil d'État. Aujourd'hui, depuis le décret de décentralisation, art. 2, ils le sont par les préfets et avec les recours existant pour les établissements de 2e classe.

Les conseils de préfecture ont donc pour les établissements de 1re classe les mêmes attributions qui leur étaient conférées pour les établissements de 2e classe. Ils sont encore appelés à statuer sur les difficultés que peuvent soulever les établissements de 3e classe. C'est ce qui résulte du décret qui va suivre :

71. (*Extrait du décret du* 15 *octobre* 1810.)

Art. 7. L'autorisation de former des manufactures et ateliers compris dans la seconde classe ne sera accordée qu'après que les formalités suivantes auront été remplies.

L'entrepreneur adressera d'abord sa demande au sous-préfet de son arrondissement, qui la transmettra au maire de la commune dans laquelle on projette de former l'établissement, en le chargeant de procéder à des informations *de commodo et incommodo*.

Ces informations terminées, le sous-préfet prendra sur le tout un arrêté qu'il transmettra au préfet; celui-ci statuera, sauf le recours à notre conseil d'État par toutes parties intéressées.

(1) *Voir* Dufour, t. VI, nos 42, 60 et 64, et les arrêts cités par cet auteur.

S'il y a opposition, il sera statué par le conseil de préfecture, sauf le recours au conseil d'État.

8. Les manufactures et ateliers ou établissements portés dans la troisième classe ne pourront se former que sur la permission du préfet de police à Paris, et sur celle des maires dans les autres villes.

S'il s'élève des réclamations contre la décision prise par le préfet ou les maires sur une demande en formation de manufacture ou d'atelier compris dans la troisième classe, *elles seront jugées au conseil de préfecture.*

XLIII.

BACS.

75. (*Extrait de la loi relative au régime, à la police et à l'administration des bacs et bateaux sur les fleuves, rivières et canaux navigables, du 16 frimaire an VII.*)

§ V.—*De la police.*

Art. 31. Les opérations relatives à l'administration, à la police et à la perception des droits de passage sur les fleuves, rivières et canaux navigables, *appartiendront aux administrations centrales de département* dans l'étendue desquelles se trouvera situé le passage, sans préjudice de la surveillance de l'administration municipale de chaque lieu. La poursuite des délits criminels et de police continuera, conformément au code des délits et des peines, à être de la compétence des tribunaux.

. . . .

35. S'il se trouve des réparations ou des reconstructions à faire auxquelles les adjudicataires soient assujettis, ils y seront contraints par les administrations centrales, ainsi et par les mêmes voies que pour les autres entreprises nationales.

76. (*Observation.*)

On sait que ce sont les conseils de préfecture qui ont hérité des attributions contentieuses appartenant aux anciennes administrations centrales. Ce sont donc eux aujourd'hui qui statuent sur les contestations nées des dispositions des deux articles ci-dessus.

XLIV.

BAUX ADMINISTRATIFS DES EAUX MINÉRALES.

La jurisprudence tient pour constant que l'interprétation des baux passés par l'administration doit, en principe général, être donnée par les tribunaux ordinaires.

Mais il y a des exceptions commandées par la nature de certains services publics, telles que les adjudications des baux faits pour les eaux minérales.

77. (*Extrait de l'arrêté relatif à la location et à l'administration des établissements d'eaux minérales, du* 3 *floréal an VIII.*)

Art. 2. « La durée du bail sera de trois années. A défaut de payement du prix du bail, ou de l'exécution des clauses y contenues, *il pourra être résilié par le conseil de préfecture*, et réadjugé à la folle enchère du fermier (1). »

78. (*Extrait de l'ordonnance royale portant règlement sur la police des eaux minérales, du* 18 *juin* 1823.)

Art. 22. Les cahiers des charges, dont feront nécessairement partie les tarifs exigés par l'article 10, devront être approuvés par les préfets, après avoir entendu les inspecteurs. Les adjudications seront faites publiquement et aux enchères.

Les clauses des baux stipuleront toujours que *la résiliation pourra être prononcée immédiatement par le conseil de préfecture*, en cas de violation du cahier des charges.

Les sources appartenant aux communes sont assimilées, sous le rapport de la compétence, à celles qui appartiennent à l'Etat.

(1) L'*arrêté relatif aux baux à ferme des eaux minérales, du* 6 *nivôse an XI*, portait dans son art. 9 : « Seront, au surplus, les *droits de propriété des communes* sur les sources minérales, discutés et réglés, en cas de contestation des communes avec la république, *par-devant les conseils de préfecture*, le directeur des domaines entendu, et sauf la confirmation du gouvernement. » Cet article de loi a été abrogé par l'art. 20 de la loi des 14-22 juillet 1856.

XLV.

BAUX ADMINISTRATIFS DES HALLES APPARTENANT A DES PARTICULIERS.

79. (*Extrait du décret relatif aux droits féodaux, des* 15-28 *mars* 1790.)

Art. 19. Les droits connus sous le nom de coutume, hallage, havage, cohue, et généralement tous ceux qui étaient perçus en nature ou en argent, à raison de l'apport ou du dépôt des grains, viandes, bestiaux, poissons et autres denrées et marchandises, dans les foires, marchés, places ou halles, de quelque nature qu'ils soient, ainsi que les droits qui en seraient représentatifs, sont aussi supprimés sans indemnités.

Mais les bâtiments et halles continueront d'appartenir à leurs propriétaires, sauf à eux à s'arranger à l'amiable, soit pour le loyer, soit pour l'aliénation, avec les municipalités des lieux ; et les *difficultés qui pourraient s'élever à ce sujet seront soumises à l'arbitrage des assemblées administratives.*

80. (*Extrait de l'instruction de l'assemblée nationale concernant les fonctions des assemblées administratives.*)

Chap. III. — *Droits féodaux.* — Art. 2. — La suppression des droits de havage, de coutume, de cohue et de ceux de *hallage* est devenue l'occasion d'une attribution particulière pour les assemblées administratives. Ce sont les directoires de département qui, aux termes de l'article 19, doivent terminer par voie d'arbitrage toutes les difficultés qui pourraient s'élever entre les municipalités et les ci-devant possesseurs des droits dont on vient de parler, à raison des bâtiments, halles, étaux, bancs et autres objets qui ont servi jusqu'à présent au dépôt, à l'étalage ou au débit des marchandises et denrées au sujet desquelles les droits étaient perçus. Les bâtiments, halles, étaux et bancs continuent d'appartenir à leurs propriétaires ; mais ceux-ci peuvent obliger les municipalités de les acheter ou prendre à loyer ; et réciproquement, ils peuvent être contraints par les municipalités à les vendre, à moins qu'ils n'en préfèrent le louage. Cette faculté réciproque est le principe qui dirigera les directoires de département dans les difficultés qui leur seront soumises.

Si les municipalités et les propriétaires s'accordent, les uns à ne vouloir pas acheter, les autres à ne vouloir ni louer ni vendre, alors le directoire de département, après avoir consulté celui de district, proposerait au corps législatif son avis sur la rétribution qu'il conviendrait d'établir, à titre de loyer, au profit des propriétaires, sur les marchands, pour le dépôt, l'étalage et le débit de leurs denrées et marchandises.

Si les municipalités ont acheté ou pris à loyer les bâtiments, halles, bancs et étaux, elles dresseront le projet d'un tarif des rétributions qui devront être perçues à leur profit sur les marchands, et ce tarif ne sera exécutoire que quand, sur la proposition du directoire du département, il aura été approuvé par un décret de l'assemblée nationale, sanctionné par le roi.....

81. (*Extrait de la circulaire du ministre de l'intérieur, du 8 avril* 1813.)

« Les communes auront un prix de location à payer au pro-
» priétaire des halles, dans le cas où il refuserait de vendre;
» mais ce prix, devant être réglé sur la valeur intrinsèque de
» l'édifice, et non sur la valeur relative, ne peut pas leur être
» onéreux. »

82. (*Avis du conseil d'Etat du* 20 *juillet* 1836 *sur la question de savoir à quelle autorité il appartient, en cas de dissentiment entre les communes et les anciens propriétaires, de statuer sur l'indemnité due aux derniers.*)

« Considérant que cette indemnité peut avoir pour objet soit le prix de l'immeuble, soit le prix de sa location, selon l'option du propriétaire;

» Que, quand le propriétaire opte pour la vente, cette aliénation exercée en vertu de la loi a tous les caractères d'une expropriation pour cause d'utilité publique;

» Qu'elle doit donc être réglée d'après les dispositions de la loi du 7 juillet 1833 (1), qui forme le droit commun en matière d'expropriation;

» Que, quand le propriétaire opte pour la location, la discussion ne porte plus que sur une simple jouissance, dont il s'agit de déterminer la durée, les conditions et le prix;

(1) Aujourd'hui par la loi sur l'expropriation pour cause d'utilité publique du 3 mai 1841.

» Que, d'après la loi des 15-28 mars et 12 et 20 août 1790, ces contestations devaient être envoyées aux assemblées administratives, lesquelles sont remplacées, pour les matières contentieuses, par les conseils de préfecture;

» Que, d'après la loi du 16 septembre 1807, les conseils de préfecture sont compétents pour statuer sur les contestations relatives aux simples jouissances temporaires et aux occupations de terrain pour cause d'utilité publique;

» Qu'ainsi, lorsque le propriétaire opte pour la location, c'est aux conseils de préfecture qu'il appartient de régler les conséquences de cette opération;

» Est d'avis..., etc. »

83. (*Observation.*)

101. Il résulte de tous ces documents que ce sont les conseils de préfecture qui arrêtent dans leur décision, après expertise préalable faite dans la forme prescrite par la loi du 16 septembre 1807, les conditions, la durée et le prix de location des anciennes halles n'appartenant pas aux communes.

C'est une nouvelle exception à signaler au principe rappelé en tête du chapitre précédent, que l'interprétation des baux passés par l'administration est de la compétence des tribunaux ordinaires.

XLVI.

BIENS COMMUNAUX. — USURPATIONS.

Le décret des 28 août-14 septembre 1792 a rétabli les communes dans les propriétés et droits dont elles avaient été dépouillées par l'abus de la puissance féodale, par une disposition ainsi conçue:

84. *(Extrait du décret des* 28 *août*-14 *septembre* 1792.)

Art. 1er. « L'article 4 du titre XXV de l'ordonnance des eaux et forêts, ainsi que tous édits, déclarations, arrêts du conseil et lettres patentes qui, depuis cette époque, ont autorisé le triage, partage, distribution partielle ou concession de bois et de forêts domaniales et seigneuriales, au préjudice des communautés usagères, soit dans les cas, soit hors des cas permis par ladite ordonnance, et tous les jugements rendus ou actes faits en conséquence, sont révoqués, et demeurent, à cet égard, comme non avenus.

» Et pour rentrer en possession des portions de leurs biens

communaux dont elles ont été privées par l'effet de ladite ordonnance et desdits édits et déclarations, arrêts, lettres patentes, jugements et actes, les communautés seront tenues de se pourvoir, dans l'espace de cinq ans, par-devant les tribunaux, sans pouvoir prétendre aucune restitution de fruits perçus, et sans qu'il puisse y avoir lieu contre elles à aucune action en indemnité pour cause d'impenses. »

85. (*Extrait du décret des 10-11 juin 1793 concernant le mode de partage des biens communaux.*)

SECTION II.

Art. 1er. Le partage des biens communaux sera fait par tête d'habitant domicilié de tout âge et de tout sexe, absent ou présent. »

SECTION III.

Art. 1er. Le partage des biens communaux sera facultatif.

86. (*Observation.*)

La section IV définit ce que l'on devait entendre par biens communaux, et la section V réglait les formes du partage par arbitrage.

Si de nombreux partages furent faits en cette forme, il y en eut aussi qui ne furent point constatés par écrit. Faisant en quelque sorte retour sur le passé, le gouvernement, le 29 ventôse an XII, fit rendre une loi qui doit être rapportée par extrait.

87. (*Extrait de la loi du 9 ventôse an XII* (*29 février* 1804), *relative aux partages de biens communaux effectués en vertu de la loi du* 10 *juin* 1793.)

Art. 1er. Les partages de biens communaux effectués en vertu de la loi du 10 juin 1793, et dont il a été dressé acte, seront exécutés.

2. En conséquence, les copartageants ou leurs ayants cause sont définitivement maintenus dans la propriété et jouissance de la portion des biens qui leur est échue, et pourront la vendre, aliéner et en disposer comme ils le jugeront convenable.

3. Dans les communes où des partages ont eu lieu sans qu'il en ait été dressé acte, les détenteurs de biens communaux qui ne pourront justifier d'aucun titre écrit, mais qui auront défriché ou planté le terrain dont ils ont joui, ou qui l'auront clos de murs, fossés ou haies vives, ou enfin qui y auront fait quelques constructions, sont maintenus en possession provisoire, et peuvent devenir propriétaires incommutables, à la charge par eux de remplir, dans les trois mois de la publication de la présente loi, les conditions suivantes.

(Suit l'énumération des formalités à remplir : déclaration devant le sous-préfet du terrain possédé, soumission de payer une redevance annuelle rachetable pour 20 fois la valeur, expertise, etc.)

4. L'aliénation définitive de ces terrains aura lieu, comme toutes les autres aliénations de biens communaux, en vertu d'une loi qui sera rendue d'après l'exécution des dispositions prescrites par les articles précédents, et qui autorisera les maires des communes à passer le contrat de concession aux frais des concessionnaires.

Néanmoins les concessionnaires resteront en possession provisoire jusqu'à l'époque où la loi aura été rendue, à la charge par eux de payer la redevance annuelle, ainsi qu'il est dit ci-dessus.

5. Tous les biens communaux possédés, à l'époque de la publication de la présente loi, sans acte de partage, et qui ne seront pas dans le cas précité par l'article 3, ou pour lesquels les déclarations et soumission de redevance n'auront pas été faites dans le délai et suivant les formes prescrites par le même article, rentreront dans les mains des communautés d'habitants.

En conséquence, les maires et adjoints, les conseils municipaux, les sous-préfets et préfets feront et ordonneront toutes les diligences nécessaires pour faire rentrer les communes en possession.

6. Toutes les contestations relatives à l'occupation desdits biens qui pourront s'élever entre les copartageants, détenteurs ou occupants depuis la loi du 10 juin 1793, et les communes, soit sur les actes et les preuves de partage de biens communaux,

soit sur l'exécution des conditions prescrites par l'article 3 de la présente loi, *seront jugées par le conseil de préfecture.*

7. Etc. . . . .

88. (*Avis interprétatif du conseil d'Etat sur la compétence en matière d'usurpation des biens communaux, du* 18 *juin* 1809.)

« Le conseil d'Etat, qui, d'après le renvoi ordonné par Sa Majesté, a entendu le rapport de la section de l'intérieur sur celui du ministre de ce département, tendant à faire décider si les usurpateurs de biens communaux doivent, comme les détenteurs de ces biens en vertu d'un partage, être poursuivis en éviction devant le conseil de préfecture ;

» Vu le décret du 12 juillet 1808, rendu pour la commune de Quessy, département de l'Aisne ;

» Vu les articles 6 et 8 de la loi du 9 ventôse an XII ;

» Est d'avis que toutes les usurpations de biens communaux, depuis la loi du 10 juin 1793 jusqu'à la loi du 9 ventôse an XII, soit qu'il y ait ou n'y ait pas eu de partage exécuté, doivent être jugées par les conseils de préfecture, lorsqu'il s'agit de l'intérêt de la commune contre les usurpateurs ;

» Et qu'à l'égard des usurpations d'un copartageant vis-à-vis d'un autre, elles sont du ressort des tribunaux. »

89. (*Observation.*)

Le 23 juin 1819, une ordonnance royale, relative à la réintégration des communes dans leurs droits sur les biens communaux usurpés, prescrivit, en accordant un nouveau délai de trois mois, de nouvelles déclarations et soumissions par les détenteurs qui ne s'étaient point conformés aux dispositions de la loi du 9 ventôse an XII.

90. (*Texte des articles* 4 *et suivants de l'ordonnance du* 23 *juin* 1819.)

Art. 4. Tout détenteur qui n'aurait pas rempli, dans les délais déterminés, les obligations et conditions prescrites par les précédentes dispositions sera poursuivi, à la diligence du maire, *devant le conseil de préfecture*, en restitution des terrains usurpés et des fruits exigibles.

Dans le cas où, par l'effet de ces poursuites, il demanderait à se rendre acquéreur desdits biens, l'aliénation ne pourra lui être faite, le vœu et l'intérêt de la commune ne s'y opposant point, que moyennant le payement de la valeur intégrale du fonds, sans aucune remise ni modération, et suivant toute la rigueur du droit commun.

5. Dans aucun cas, l'aliénation définitive des biens communaux usurpés ne pourra être consommée qu'en vertu de notre autorisation, et après que toutes les formalités applicables aux actes translatifs de la propriété communale auront été remplies.

6. Conformément aux dispositions de la loi du 9 ventôse an XII et de l'avis interprétatif du 18 juin 1809, les conseils de préfecture demeureront juges des contestations sur le fait et l'étendue de l'usurpation, sauf le cas où, le détenteur niant l'usurpation et se prétendant propriétaire à tout autre titre qu'en vertu d'un partage, il s'élèverait des questions de propriété pour lesquelles les parties auraient à se pourvoir devant les tribunaux, après s'y être fait autoriser, s'il y a lieu, par les conseils de préfecture.

XLVII.

BIENS COMMUNAUX INDIVIS. — PARTAGE ENTRE COMMUNES. — PARTAGE ENTRE HABITANTS.

L'administration municipale est régie aujourd'hui par l'excellente loi du 18 juillet 1837.

L'article 46 contient la disposition suivante :

91. (*Texte de l'article* 46 *de la loi du* 18 *juillet* 1837.)

Les délibérations des conseils municipaux, ayant pour objet des acquisitions, des ventes ou échanges d'immeubles, *le partage de biens indivis*, sont exécutoires sur arrêté du préfet en conseil de préfecture, quand il s'agit d'une valeur n'excédant pas 3,000 fr. pour les communes dont le revenu est au-dessous de 100,000 fr., et 20,000 fr. pour les autres communes.

S'il s'agit d'une valeur supérieure, il est statué par ordonnance du roi.....

92. (*Décret de décentralisation du* 25 *mars* 1862.)

Le décret de décentralisation du 25 mars a autorisé les préfets à statuer désormais sur toutes les affaires départementales et communales qui, jusqu'à ce jour, exigeaient la décision du chef de l'Etat ou du ministre de l'intérieur, et dont la nomenclature est fixée par le tableau A annexé à ce décret. (Art. 1er.)

Au numéro 41 de ce décret, on voit figurer : les aliénations, acquisitions, échanges, partages de biens de toute nature, quelle qu'en soit la valeur.

93. *Extrait de l'instruction au sujet du décret de décentralisation.*

L'instruction au sujet du décret de décentralisation, en ce qui concerne les communes et les établissements de bienfaisance, s'exprime ainsi au n° 41 ci-dessus rapporté :

« Pour les partages de biens entre les communes, l'administration doit » les favoriser plutôt que les empêcher. L'indivision, en effet, est une » source d'embarras et de difficultés; elle encourage les usurpations et » peut, dès lors, compromettre gravement les intérêts des copropriétaires. » Il importe, d'ailleurs, d'éviter autant que possible, dans la composition » des lots, de trop fortes compensations en argent. Je vous rappellerai à » ce sujet que, suivant la jurisprudence constante de l'administration, le » préfet est exclusivement compétent pour trancher entre les parties les » difficultés relatives aux opérations purement matérielles du partage, » telles que celles qui consistent, par exemple, dans la nomination des » experts, la formation des parts à distribuer et le tirage des lots au sort. » *Lorsqu'il s'agit, au contraire, d'une contestation sur le mode même du par-* » *tage, elle ne peut être vidée que par le conseil de préfecture,* sauf recours » au conseil d'Etat, conformément aux dispositions des articles 1 et 2, » section V de la loi du 10 juin 1793. Quant aux questions de propriété, » elles restent du domaine de l'autorité judiciaire. »

94. (*Extrait de la section V de la loi du* 10 *juin* 1793.)

Les articles 1 et 2 de la section V de la loi du 10 juin 1793 sont ainsi conçus :

Art. 1er. Les contestations qui pourront s'élever à raison du mode de partage entre les communes seront terminées sur simple mémoire par le directoire du département, d'après celui du district.

2. Le directoire du département, sur l'avis de celui du district, prononcera, pareillement sur simple mémoire, sur toutes les réclamations qui pourront s'élever à raison du mode de partage des biens communaux.

95. (*Observation.*)

Il n'est pas besoin de faire remarquer que les conseils de préfecture, pour les affaires contentieuses, ont hérité de toutes les attributions des directoires de département.

XLVIII.

BOIS ET FORÊTS : 1° DES RÉARPENTAGES ET RÉCOLEMENTS ; 2° DES DROITS D'USAGE DANS LES BOIS DE L'ÉTAT ET DES COMMUNES. —PATURAGE. — PANAGE ET GLANDÉE.

96. (*Des réarpentages et récolements.*)

Certains articles du code forestier attribuent, dans des cas déterminés, juridiction aux conseils de préfecture.

Il doit être procédé aux réarpentages et récolements de chaque vente dans les trois mois qui suivront le jour de l'expiration des délais accordés pour la vidange des coupes. Les articles 47, 48 et 49 règlent les formalités à observer ; l'article suivant ajoute :

97. (*Extrait du code forestier.*)

Art. 50. Dans le délai d'un mois après la clôture des opérations, l'administration et l'adjudicataire pourront requérir l'annulation du procès-verbal pour défaut de forme ou pour fausse énonciation. Ils se pourvoiront, à cet effet, *devant le conseil de préfecture*, qui statuera. En cas d'annulation du procès-verbal, l'administration pourra, dans le mois qui suivra, y faire suppléer par un nouveau procès-verbal.

98. (*Des droits d'usage dans les bois de l'État et des communes, pâturage, panage, glandée.*)

L'article 50 est placé dans la section V du titre III des bois et forêts qui font partie du domaine de l'État.

Dans la section VIII du même titre : *Des droits d'usage dans les bois de l'Etat*, on trouve encore les attributions suivantes faites au conseil de préfecture :

Art. 63. Le gouvernement pourra affranchir les forêts de l'Etat de tout droit d'usage en bois, moyennant un cantonnement qui sera réglé de gré à gré, et, en cas de contestation, par les tribunaux.

L'action en affranchissement d'usage par voie de cantonnement n'appartiendra qu'au gouvernement, et non aux usagers.

64. Quant aux autres droits d'usage quelconques et aux pâturage, panage et glandée dans les mêmes forêts, ils ne pourront être convertis en cantonnement; mais ils pourront être rachetés moyennant des indemnités, qui seront réglées de gré à gré, ou, en cas de contestation, par les tribunaux.

Néanmoins le rachat ne pourra être requis par l'administration dans les lieux où l'exercice du droit de pâturage est devenu d'une absolue nécessité pour les habitants d'une ou de plusieurs communes. Si cette nécessité est contestée par l'administration forestière, les parties se pourvoiront *devant le conseil de préfecture*, qui, après une enquête *de commodo et incommodo*, statuera, sauf recours au conseil d'État.

65. Dans toutes les forêts de l'État qui ne se seront pas affranchies au moyen du cantonnement ou de l'indemnité, conformément aux articles 63 et 64 ci-dessus, l'exercice des droits d'usage pourra toujours être réduit par l'administration suivant l'état et la possibilité des forêts, et n'aura lieu que conformément aux dispositions contenues aux articles suivants.

En cas de contestation sur la possibilité et l'état des forêts, il y aura lieu à *recours au conseil de préfecture.*

66. . . . .

67. Quels que soient l'âge ou l'essence des bois, les usagers ne pourront exercer leurs droits de pâturage et de panage que dans les cantons qui auront été déclarés défensables par l'admi-

nistration forestière, sauf *le recours au conseil de préfecture*, et ce nonobstant toutes possessions contraires.

99. (*Autre extrait du code forestier.*)

Au titre VI, consacré *aux bois des communes et des établissements publics*, on trouve l'art. 90, attributif de juridiction aux conseils de préfecture pour le cas suivant :

Art. 90. Sont soumis au régime forestier, d'après l'art. 1er de la présente loi, les bois taillis ou futaies appartenant aux communes et aux établissements publics, qui auront été reconnus susceptibles d'aménagement ou d'une exploitation régulière par l'autorité administrative, sur la proposition de l'administration forestière, et d'après l'avis des conseils municipaux ou des administrateurs des établissements publics.

Il sera procédé dans les mêmes formes à tout changement qui pourrait être demandé, soit de l'aménagement, soit du mode d'exploitation.

En conséquence, toutes les dispositions des six premières sections du titre III sont applicables, sauf les modifications et exceptions portées au présent titre.

Lorsqu'il s'agira de la conversion en bois et de l'aménagement de terrains en pâturages, la proposition de l'administration forestière sera communiquée au maire ou aux administrateurs des établissements publics. Le conseil municipal ou ces administrateurs seront appelés à en délibérer ; *en cas de contestation, il sera statué par le conseil de préfecture*, sauf le pourvoi au conseil d'État.

100. (*Observation.*)

Au titre VIII, intitulé : *Des bois des particuliers*, l'article 118 pose en principe que les particuliers jouiront, de la même manière que le gouvernement, et sous les conditions déterminées par l'art. 63, de la faculté d'affranchir leurs forêts de tous droits d'usage en bois.

L'art. 119 règle comment doivent être exercés, dans les bois des particuliers, les droits de pâturage, parcours, panage et glandée, etc.

L'art. 120 rend applicables aux bois des particuliers certaines dispositions contenues dans divers articles, en tête desquels on voit figurer l'art. 64 ci-dessus rapporté. Cet article 64, attributif de juridiction aux conseils de préfecture dans les cas qu'il prévoit, crée-t-il, pour les mêmes questions concernant les bois des particuliers, une nouvelle attribution au profit de la juridiction administrative ?

L'affirmative est enseignée dans la brochure que vient de publier un avocat au conseil d'Etat et à la cour de cassation, M. Maulde, l'un des membres les plus distingués de son ordre. Cette solution me paraît faire difficulté, en présence des termes de l'art. 121 du C. for., portant :

« En cas de contestation entre le propriétaire et l'usager, il sera statué par les tribunaux. »

XLIX.

BUREAU DES NOURRICES A PARIS.

L'ancienne législation contient des documents précieux sur l'organisation des bureaux de nourrices dans la ville de Paris. Ces documents sont à la date des 29 janvier 1715, 1er mars 1827 et 24 juillet 1769. Voici l'état de la législation actuelle sur cet établissement.

101. (*Décret sur le mode de recouvrement du prix des mois de nourrice des enfants de la ville de Paris, du* 25 *mars* 1806.)

Art. 1er. Le recouvrement du prix des mois de nourrice des enfants de la ville et banlieue de Paris sera fait désormais d'après un rôle qui sera rendu exécutoire par le préfet du département, lequel, en cas de retard de payement, pourra décerner contrainte comme pour les contributions, sans que la voie de contrainte par corps puisse jamais avoir lieu.

2. Il sera statué par le conseil de préfecture, présidé par le préfet du département, sur les oppositions aux rôles et contraintes, et sur les contraventions aux lois et règlements touchant le bureau des nourrices.

102. (*Extrait du décret du* 30 *juin* 1806, *concernant l'administration du bureau des nourrices de la ville de Paris.*)

Art. 4. Conformément à l'art. 7 de la déclaration sus-datée (24 juillet 1769), le directeur arrêtera, chaque mois, le rôle des recouvrements à faire ; il sera vérifié par l'administrateur surveillant, et, à sa réquisition, rendu exécutoire, conformément à la loi du 25 mars dernier, à l'instar des rôles de contributions, par une ordonnance du préfet du département, laquelle sera, nonobstant appel ou opposition, et sans y préjudicier, exécutée sans frais, à la diligence du directeur, par voie de contrainte, la prise de corps exceptée, après néanmoins qu'il aura été délivré deux avertissements d'y satisfaire, à huit jours de distance l'un de l'autre, par les préposés aux recouvrements. En tête du dernier avertissement seront transcrits l'extrait du rôle concernant chaque débiteur en retard et l'ordonnance d'exécution.

5. Il sera statué, conformément à la même loi, tant sur les oppositions formées aux ordonnances d'exécution que sur les contestations ou contraventions qui pourraient s'élever dans l'exécution des lois et règlements non abrogés de l'établissement, par le conseil de préfecture, comme pour les contributions.

L.

CAISSE DE POISSY. — CAISSE DE LA BOULANGERIE A PARIS.

Le décret relatif au commerce de la boucherie dans le département de la Seine, du 6 février 1811, contient un article 32 ainsi conçu :

Art. 32. « En cas de contestation entre le caissier et les bouchers, herbagers, forains, employés et autres agents des marchés ou de la caisse, la difficulté sera soumise au directeur, qui prononcera. Sa décision sera exécutée provisoirement, sauf, de la part des parties, le recours au préfet de la Seine et au conseil de préfecture. »

103. (*Observation.*)

M. de Cormenin, tome I, page 29, pense que ces mots : *au préfet et au conseil de préfecture*, renferment une faute de copiste ou de typographie, et qu'on a voulu saisir le préfet en conseil de préfecture. Mais la rectification que propose M. Serrigny, tome II, p. 299, n° 903, nous semble, dit M. Dufour, tome II, p. 28, plus conforme aux principes. Nous croyons qu'il faut admettre avec lui : « que le » rédacteur du décret a voulu désigner le conseil de préfecture, et qu'il » a employé la locution dont se servent tous les jours ceux qui pré- » sentent des requêtes à ce conseil, et qui les adressent *au préfet et* » *aux membres du conseil de préfecture*. Le préfet figure ici comme » président du conseil dont il fait partie ; cela doit être ainsi, car il » s'agit d'une matière véritablement contentieuse, et le directeur de » la caisse rend une décision provisoire, comme le maire, dans le cas » de l'article 38 du décret du 23 juin 1806. »

Quoi qu'il en soit, cette source de difficulté ne peut plus exister pour les bouchers, puisque le décret du 28 février-4 mars 1858, sur l'exercice de la profession de boucher dans la ville de Paris, dispose, dans son article 8, que *la caisse de Poissy est supprimée.*

Mais elle peut et doit encore revivre pour la caisse de service de la boulangerie de Paris. Le décret impérial des 7 janvier-4 février 1854 pour l'exécution de celui du 27 décembre 1853, qui institue une caisse de service de la boulangerie, rend communes à cette caisse les dispositions existant alors pour la caisse de Poissy.

104. (*Extrait de l'art. 16 du décret précité.*)

Art. 16. La comptabilité de la caisse de service de la boulangerie sera soumise aux formes suivies pour la caisse de Poissy.

LI

CHEMINS VICINAUX. — PRESTATIONS. — SUBVENTIONS EXTRAORDINAIRES. — OCCUPATION TEMPORAIRE DE TERRAINS.

105. (*Loi du* 21 *mai* 1836 *sur les chemins vicinaux* (1).)

SECTION PREMIÈRE.

Art. 1er. Les chemins vicinaux légalement reconnus sont à la charge des communes, sauf les dispositions de l'article 7 ci-après.

2. En cas d'insuffisance des ressources ordinaires des communes, il sera pourvu à l'entretien des chemins vicinaux à l'aide soit de prestations en nature, dont le *maximum* est fixé

(1) Cette loi n'a fait que compléter les principes posés dans la loi du 28 juillet 1824. Cette dernière loi n'a pas été entièrement abrogée par la loi postérieure de 1836. On peut citer comme étant encore en vigueur les articles 6 et 10, qui sont ainsi conçus :

Art. 6. Si des travaux indispensables exigent qu'il soit ajouté par des contributions extraordinaires au produit des prestations, il y sera pourvu, conformément aux lois, par des ordonnances royales.

10. Les acquisitions, aliénations et échanges, ayant pour objet les chemins communaux, seront autorisées par arrêtés des préfets en conseil de préfecture, après délibération des conseils municipaux intéressés et après enquête *de commodo et incommodo*, lorsque la valeur des terrains à acquérir, à vendre ou à échanger, n'excédera pas 3,000 fr.

à trois journées de travail, soit de centimes spéciaux en addition au principal des quatre contributions directes, et dont le *maximum* est fixé à cinq.

Le conseil municipal pourra voter l'une ou l'autre des ces ressources, ou toutes les deux concurremment.

Le concours des plus imposés ne sera pas nécessaire dans les délibérations prises pour l'exécution du présent article.

3. Tout habitant, chef de famille ou d'établissement, à titre de propriétaire, de régisseur, de fermier ou de colon partiaire, porté au rôle des contributions directes, pourra être appelé à fournir chaque année une prestation de trois jours :

1° Pour sa personne et pour chaque individu mâle, valide, âgé de 18 ans au moins, et de 60 ans au plus, membre ou serviteur de la famille, et résidant dans la commune ;

2° Pour chacune des charrettes ou voitures attelées, et, en outre, pour chacune des bêtes de somme, de trait, de selle, au service de la famille ou de l'établissement, dans la commune.

4. La prestation sera appréciée en argent, conformément à la valeur qui aura été attribuée annuellement pour la commune à chaque espèce de journée par le conseil général, sur les propositions des conseils d'arrondissement.

La prestation pourra être acquittée en nature ou en argent, au gré du contribuable. Toutes les fois que le contribuable n'aura pas opté dans les délais prescrits, la prestation sera de droit exigible en argent.

La prestation non rachetée en argent pourra être convertie en tâches, d'après les bases et évaluations de travaux préalablement fixées par le conseil municipal.

5. Si le conseil municipal, mis en demeure, n'a pas voté, dans la session désignée à cet effet, les prestations et centimes nécessaires, ou si la commune n'en a pas fait emploi dans les délais prescrits, le préfet pourra, d'office, soit imposer la commune dans les limites du *maximum*, soit faire exécuter les travaux.

Chaque année, le préfet communiquera au conseil général l'état des impositions établies d'office en vertu du présent article.

6. Lorsqu'un chemin vicinal intéressera plusieurs communes, le préfet, sur l'avis des conseils municipaux, désignera les com-

munes qui devront concourir à sa construction ou à son entretien, et fixera la proportion dans laquelle chacune d'elles y contribuera.

SECTION II.

7. Les chemins vicinaux peuvent, selon leur importance, être déclarés chemins vicinaux de grande communication par le conseil général, sur l'avis des conseils municipaux, des conseils d'arrondissement, et sur la proposition du préfet.

Sur les mêmes avis et propositions, le conseil général détermine la direction de chaque chemin vicinal de grande communication, et désigne les communes qui doivent contribuer à sa construction ou à son entretien.

Le préfet fixe la largeur et les limites du chemin, et détermine annuellement la proportion dans laquelle chaque commune doit concourir à l'entretien de la ligne vicinale dont elle dépend ; il statue sur les offres faites par les particuliers, associations de particuliers ou de communes.

8. Les chemins vicinaux de grande communication, et, dans les cas extraordinaires, les autres chemins vicinaux, pourront recevoir des subventions sur les fonds départementaux.

Il sera pourvu à ces subventions au moyen des centimes facultatifs ordinaires du département, et de centimes spéciaux votés annuellement par le conseil général.

La distribution des subventions sera faite, en ayant égard aux ressources, aux sacrifices et aux besoins des communes, par le préfet, qui en rendra compte chaque année au conseil général.

Les communes acquitteront la portion des dépenses mises à leur charge au moyen de leurs revenus ordinaires, et, en cas d'insuffisance, au moyen de deux journées de prestation sur les trois journées autorisées par l'art. 2, et des deux tiers des centimes votés par le conseil municipal, en vertu du même article.

9. Les chemins vicinaux de grande communication sont placés sous l'autorité du préfet. Les dispositions des art. 4 et 5 de la présente loi leur sont applicables.

DISPOSITIONS GÉNÉRALES.

10. Les chemins vicinaux reconnus et maintenus comme tels sont imprescriptibles.

11. Le préfet pourra nommer des agents voyers.

Leur traitement sera fixé par le conseil général.

Ce traitement sera prélevé sur les fonds affectés aux travaux.

Les agents voyers prêteront serment; ils auront le droit de constater les contraventions et délits, et d'en dresser des procès-verbaux.

12. Le maximum des centimes spéciaux qui pourront être votés par les conseils généraux, en vertu de la présente loi, sera déterminé annuellement par la loi de finances.

13. Les propriétés de l'Etat productives de revenus contribueront aux dépenses des chemins vicinaux dans les mêmes proportions que les propriétés privées, et d'après un rôle spécial dressé par le préfet.

Les propriétés de la Couronne contribueront aux mêmes dépenses, conformément à l'art. 13 de la loi du 2 mars 1833 (1).

14. Toutes les fois qu'un chemin vicinal entretenu à l'état de viabilité par une commune sera habituellement ou temporairement dégradé par des exploitations de mines, de carrières, de forêts, ou de toute entreprise industrielle appartenant à des particuliers, à des établissements publics, à la Couronne ou à l'État, il pourra y avoir lieu à imposer aux entrepreneurs ou propriétaires, suivant que l'exploitation ou les transports auront eu lieu pour les uns ou les autres, des subventions spéciales dont la quotité sera proportionnée à la dégradation extraordinaire qui devra être attribuée aux exploitations.

Ces subventions pourront, au choix des subventionnaires, être acquittées en argent ou en prestations en nature, et seront exclusivement affectées à ceux des chemins qui y auront donné lieu.

Elles seront réglées annuellement, sur la demande des communes, par les conseils de préfecture, après des expertises contradictoires, et recouvrées comme en matière de contributions directes.

(1) Cet article 13 est ainsi conçu : « Les propriétés de la Couronne ne seront pas soumises à l'impôt; elles supporteront néanmoins toutes les charges communales et départementales. Afin de fixer leur portion contributive dans ces charges, elles seront portées sur les rôles pour le revenu estimatif, de la même manière que les propriétés privées. »

Les experts seront nommés suivant le mode déterminé par l'art. 17 ci-après.

Ces subventions pourront aussi être déterminées par abonnement; elles seront réglées, dans ce cas, par le préfet en conseil de préfecture.

15. Les arrêtés du préfet portant reconnaissance et fixation de la largeur d'un chemin vicinal attribuent définitivement au chemin le sol compris dans les limites qu'ils déterminent.

Le droit des propriétaires riverains se résout en une indemnité, qui sera réglée à l'amiable ou par le juge de paix du canton, sur le rapport d'experts nommés conformément à l'article 17.

16. Les travaux d'ouverture et de redressement des chemins vicinaux seront autorisés par arrêté du préfet.

Lorsque, pour l'exécution du présent article, il y aura lieu de recourir à l'expropriation, le jury spécial chargé de régler les indemnités ne sera composé que de quatre jurés. Le tribunal d'arrondissement, en prononçant l'expropriation, désignera, pour présider et diriger le jury, l'un de ses membres ou le juge de paix du canton. Ce magistrat aura voix délibérative, en cas de partage.

Le tribunal choisira, sur la liste générale prescrite par l'article 29 de la loi du 7 juillet 1833, quatre personnes pour former le jury spécial, et trois jurés supplémentaires. L'administration et la partie intéressée auront respectivement le droit d'exercer une récusation péremptoire.

Le juge recevra les acquiescements des parties.

Son procès-verbal emportera translation définitive de propriété.

Le recours en cassation, soit contre le jugement qui prononcera l'expropriation, soit contre la déclaration du jury qui réglera l'indemnité, n'aura lieu que dans les cas prévus et selon les formes déterminées par la loi du 7 juillet 1833.

17. Les extractions de matériaux, les dépôts ou enlèvements de terre, les occupations temporaires de terrains seront autorisés par arrêtés du préfet, lequel désignera les lieux; cet arrêté

sera notifié aux parties intéressées au moins dix jours avant que son exécution puisse être commencée (1).

Si l'indemnité ne peut être fixée à l'amiable, elle sera réglée par le conseil de préfecture, sur le rapport d'experts nommés, l'un par le sous-préfet, et l'autre par le propriétaire.

En cas de discord, le tiers expert sera nommé par le conseil de préfecture.

18. L'action en indemnité des propriétaires pour les terrains qui auront servi à la confection des chemins vicinaux et pour extraction de matériaux sera prescrite par le laps de deux ans.

19. En cas de changement de direction ou d'abandon d'un chemin vicinal, en tout ou partie, les propriétaires riverains de la partie de ce chemin qui cessera de servir de voie de communication pourront faire leur soumission de s'en rendre acquéreurs, et d'en payer la valeur, qui sera fixée par des experts nommés dans la forme déterminée par l'art. 17.

20. Les plans, procès-verbaux, certificats, significations, jugements, contrats, marchés, adjudications de travaux, quittances et autres actes ayant pour objet exclusif la construction, l'entretien et la réparation des chemins vicinaux, seront enregistrés moyennant le droit fixe d'un franc.

Les actions civiles intentées par les communes ou dirigées contre elles, relativement à leurs chemins, seront jugées comme affaires sommaires et urgentes, conformément à l'art. 405 du code de proc. civ.

21. Dans l'année qui suivra la promulgation de la présente loi, chaque préfet fera, pour en assurer l'exécution, un règlement qui sera communiqué au conseil général, et transmis, avec ses observations, au ministre de l'intérieur, pour être approuvé, s'il y a lieu.

Ce règlement fixera, dans chaque département, le maximum de la largeur des chemins vicinaux; il fixera, en outre, les délais nécessaires à l'exécution de chaque mesure, les époques auxquelles les prestations en nature devront être faites, le mode de leur emploi ou de leur conversion en tâches, et statuera, en

(1) *Voyez* la *v*. de la voirie vicinale, ci-après.

même temps, sur tout ce qui est relatif à la confection des rôles, à la comptabilité, aux adjudications et à leur forme, aux alignements, aux autorisations de construire le long des chemins, à l'écoulement des eaux, aux plantations, à l'élagage, aux fossés, à leur curage, et à tous autres détails de surveillance et de conservation.

22. Toutes les dispositions de lois antérieures demeurent abrogées en ce qu'elles auraient de contraire à la présente loi.

LII.

SUITE DES CHEMINS VICINAUX.—PRESTATIONS, SUBVENTIONS EXTRAORDINAIRES. — OCCUPATIONS DE TERRAINS.

Le meilleur commentaire que l'on puisse donner de la nouvelle législation sur les chemins vicinaux est sans contredit l'instruction du ministre de l'intérieur qui suivit de près la loi du 21 mai 1836. Nous croyons devoir la rapporter en entier. Elle intéresse les conseils de préfecture à un double titre : elle les initie d'abord à la confection des rôles, et indique quelles sont les personnes soumises à l'impôt des prestations ; en second lieu, elle pose avec clarté et précision les divers cas dans lesquels ils sont appelés à statuer, et dont il sera parlé dans le chapitre intitulé *De la voirie vicinale*, ci-après.

106. (*Instruction du ministre de l'intérieur pour l'exécution de la loi du* 21 *mai* 1836.)

Paris, 24 juin 1836.

MONSIEUR LE PRÉFET,

La révision de la législation sur les chemins vicinaux était depuis longtemps demandée; la loi du 21 mai 1836 vient de satisfaire à ce besoin.

La longue discussion dont cette loi a été l'objet dans les deux chambres pourrait, au besoin, y servir de commentaire. Vous l'aurez suivie, je n'en doute pas, avec l'intérêt que commandaient des débats où venaient se résoudre les plus importantes questions de l'administration pratique; vous l'aurez suivie avec l'intérêt que pouvait y porter un administrateur chargé d'appliquer bientôt la législation nouvelle, et qui, avant d'en étudier les détails, devait en saisir l'esprit dans son ensemble.

Le caractère principal de la loi dont le pays vient d'être doté, c'est qu'elle n'est pas une loi de théorie; c'est une loi de pratique. Ses dispositions ne sont que le résumé de l'expérience acquise depuis plusieurs années; les changements qu'elle apporte à la législation précédente ne sont pas le fruit de seules études spéculatives; ils avaient tous été réclamés par les administrateurs, dont les efforts étaient trop souvent paralysés par l'inefficacité des moyens mis à leur disposition; ils ne sont pour la plupart, enfin, que la traduction en articles de loi de ce qui se fait depuis longtemps sur tous les points du royaume, de ce que les besoins de l'époque avaient suggéré d'améliorations au zèle des administrateurs, au bon esprit des administrés.

La législation précédente avait fait de la réparation et de l'entretien des chemins vicinaux une charge communale, mais elle l'avait laissée pour ainsi dire au rang des dépenses facultatives, en ne donnant à l'autorité supérieure qu'un droit de surveillance dépouillé de tout pouvoir coercitif: désormais l'entretien des chemins vicinaux est classé au nombre des dépenses ordinaires et obligées des communes; les préfets sont investis du droit de faire suivre le conseil par l'injonction; ils pourront suppléer par l'action directe, s'il le faut, à l'indifférence et à l'inertie, et s'ils doivent n'user de ce pouvoir nouveau qu'avec une sage réserve, ils sauront cependant en faire usage dès que l'intérêt du pays le commandera.

Trop peu de liberté avait, d'un autre côté, été laissée à l'autorité municipale dans le choix des moyens à employer pour la réparation des chemins vicinaux. La prestation en nature devait toujours être employée avant qu'il fût permis aux conseils municipaux de voter des centimes additionnels; il leur sera loisible maintenant de donner la préférence à celle de ces ressources dont l'emploi leur paraîtra le plus conforme aux intérêts de la commune, ou même de les employer simultanément.

L'isolement des efforts des communes n'était pas le moindre obstacle qu'avait laissé subsister l'ancienne législation à l'amélioration des communications vicinales. Si c'est un principe incontestable que l'entretien des chemins vicinaux est d'abord une charge communale, il faut pourtant reconnaître qu'il est de ces voies publiques qui, par les dépenses qu'elles exigent, sont au-dessus des ressources d'une seule commune, et qui, par leur étendue, intéressent plusieurs communes. La nécessité avait donc amené les conseils généraux et les préfets à appliquer des fonds départementaux à des travaux que la loi regardait comme une charge exclusivement communale, et l'administration supérieure avait été contrainte de tolérer cette dérogation à la législation existante. Une faculté légale remplace aujourd'hui une simple tolérance, et l'affectation des fonds départementaux comme fonds de concours est maintenant autorisée par la loi, mais dans de justes limites, avec les précautions et les formes nécessaires pour en assurer l'utile emploi.

L'absence d'agents spéciaux chargés de préparer et de diriger les travaux se faisait vivement sentir, et si, dans quelques départements, leur création avait devancé la loi, les agents que l'administration employait sous divers titres étaient restés sans caractère officiel et légal; il leur manquait surtout le droit de constater les contraventions. La loi nouvelle remplit cette lacune, et partout où le zèle et les lumières des ingénieurs et agents des ponts et chaussées ne pourront être employés au service des communications vicinales, les préfets pourront aujourd'hui choisir et commissionner des agents voyers, qui recevront d'eux un caractère officiel et qui assureront le succès des projets conçus par l'administration.

Les droits de l'administration avaient été incomplétement définis jusqu'à présent, quant à la reconnaissance des chemins vicinaux, à la fixation de leur largeur et à l'occupation des terrains nécessaires à l'élargissement de ces chemins. Il fallait rechercher péniblement quelques articles épars de lois, de décrets et d'ordonnances plus ou moins applicables, et former ainsi une jurisprudence par voie de simple induction. La loi du 21 mai 1836 a réuni et coordonné les principes consacrés déjà; elle les a complétés comme le demandait l'expérience, et l'administration n'aura plus à craindre de tomber dans l'arbitraire en faisant ce que lui commande l'intérêt de la viabilité.

Enfin, monsieur le préfet, et c'est là une des dispositions les plus importantes de la législation nouvelle, la loi du 21 mai 1836, générale dans tout ce qui est du domaine des principes généraux, est devenue aussi une loi locale, si je puis m'exprimer ainsi, par la faculté laissée aux administrateurs de faire des règlements spéciaux pour l'application de ces principes, décentralisant ainsi dans une juste et sage mesure cette portion de l'action administrative qui peut sans inconvénient être reportée du centre aux extrémités.

La loi du 21 mai 1836, si impatiemment attendue et si mûrement délibérée, ne manquera donc pas aux espérances du pays; elle prendra place au rang des travaux législatifs les plus importants de l'époque actuelle; mais si elle doit être pour notre agriculture surtout une source de prospérité, elle est aussi pour l'administration un gage de la confiance du roi et des chambres. Cette confiance, nous la justifierons en nous dévouant à son exécution, en consacrant tous nos efforts à l'amélioration de la branche du service public qui vient d'être régénérée, et dans le compte annuel que j'aurai à rendre au roi de l'emploi des ressources que la loi nouvelle met à notre disposition, je serai heureux de pouvoir lui signaler les administrateurs de tous les rangs qui sauront se distinguer par un zèle éclairé, par une volonté ferme et soutenue, par des succès marqués dans la voie d'amélioration où nous venons d'entrer.

Je vais maintenant, monsieur le préfet, examiner successivement avec vous chacun des articles de la loi du 21 mai 1836, et déterminer quelles sont celles de ses dispositions qui doivent être exécutées partout d'une manière uniforme, et quelles sont celles, au contraire, dont le mode d'exécution peut et doit varier suivant la nature et les besoins des diverses localités.

SECTION PREMIÈRE.

Chemins vicinaux.

Art. 1er. Les chemins vicinaux légalement reconnus sont à la charge des communes, sauf les dispositions de l'article 7 ci-après.

La réparation des chemins est une obligation générale imposée aux communes.

Cet article, monsieur le préfet, ne fait que consacrer de nouveau le principe établi par la loi du 6 octobre 1791, et confirmé depuis par la loi du 28 pluviôse an VIII, l'arrêté des consuls du 4 thermidor an X, et la loi du 28 juillet 1824; c'est que l'entretien et la réparation des chemins nécessaires aux communes sont une charge de la communauté : ce principe est une conséquence trop évidente de l'association communale elle-même pour avoir besoin d'être développé.

Les chemins légalement reconnus prennent tous le nom de chemins vicinaux.

En se reportant aux actes que je viens de citer, ainsi qu'aux instructions données pour leur exécution, on trouve indiqués sous différents noms les chemins dont l'entretien était mis à la charge des communes. Tantôt on leur a donné le nom de *chemins vicinaux*, tantôt on les a nommés *chemins communaux*, quelquefois même on s'est servi indifféremment des deux dénominations dans le même acte. Quoique ces variations pussent paraître d'une faible importance, lorsque les obligations restaient les mêmes, il est certain cependant qu'elles ont quelquefois jeté de l'incertitude sur l'étendue de ces obligations. Dans quelques localités, on a cru que ces dénominations différentes avaient pour objet de désigner des communications d'une importance plus ou moins grande, et cette opinion n'a pas été sans influence sur le plus ou moins de soins donnés à leur entretien. Désormais le nom de *chemins vicinaux* désignera seul les chemins que les communes doivent entretenir, quelle que soit d'ailleurs l'importance de ces chemins. Je vous invite donc à employer exclusivement cette dénomination dans tous vos actes comme dans votre correspondance.

L'obligation d'entretenir les chemins est restreinte aux chemins légalement reconnus.

Les communes ont pour obligation générale d'entretenir et de réparer les chemins vicinaux, mais cette obligation ne peut leur être imposée que par un acte de l'autorité supérieure; elles ne sont tenues d'entretenir que les chemins vicinaux *légalement reconnus*. C'est sur ceux-là seulement que peuvent être appliquées les ressources ordinaires et extraordinaires des communes ; c'est sur ceux-là seulement que les citoyens peuvent être légalement requis de porter le travail personnel, la prestation en nature que la loi leur impose. Appliquer les ressources des communes à la réparation des chemins qui n'auraient pas été classés dans la forme voulue, serait s'exposer au reproche de faire une application irrégulière des revenus communaux, et peut-être même à une accusation de détournement des fonds des communes; requérir les citoyens de porter leurs prestations sur des chemins non classés serait s'exposer à un refus de service qui trouverait sa justification dans le texte formel de la loi.

Un arrêté du préfet opère seul la reconnaissance légale des chemins.

Les formes de la reconnaissance légale des chemins vicinaux n'ont pas été rappelées dans l'article 1er de la loi du 21 mai, parce que cette loi se réfère à la législation existante pour tout ce qu'elle n'a pas modifié ou abrogé. Or, ces formes sont depuis longtemps fixées ; elles consistent dans un arrêté du préfet pris sur une délibération du conseil municipal, et déclarant que tel chemin fait partie des chemins vicinaux de la commune de... Cette attribution, donnée aux préfets, remonte encore à la loi du 6 octobre 1791 et à l'arrêté du directoire du 23 messidor an V; elle a été écrite d'une manière plus explicite dans l'article 1er de la loi du 28 juillet 1824.

Dans presque tous les départements, la reconnaissance légale des chemins vicinaux a été opérée, soit en exécution de l'instruction ministérielle du 7 prairial an XIII, donnée sur la loi du 9 ventôse de la même année, soit en exécution de la loi du 28 juillet 1824 et de l'instruction ministérielle du 30 octobre 1824.

La reconnaissance des chemins doit être faite partout où elle n'a pas eu lieu.

Il est cependant quelques départements où le classement s'est fait d'une manière tout à fait incomplète, et où un grand nombre de communes n'ont pas encore le titre qui donne une existence légale à leurs chemins. Il est indispensable, monsieur le préfet, il est urgent de faire cesser un état de choses qui présente les plus graves inconvénients, et qui, notamment, entrave de la manière la plus fâcheuse la répression des usurpations.

La reconnaissance légale des chemins donne seule attribution aux conseils de préfecture pour la répression des usurpations.

En effet, l'article 8 de la loi du 9 ventôse an XIII, qui attribue aux conseils de préfecture la répression des usurpations commises sur le sol des chemins vicinaux, n'a évidemment entendu parler que des chemins qui auraient préalablement reçu ce caractère dans la forme légale. Cette interprétation de l'attribution donnée aux conseils de préfecture a été confirmée par un grand nombre d'ordonnances royales rendues sur le rapport du comité du contentieux du conseil d'Etat; et toutes les fois que des conseils de préfecture ont ordonné la répression d'usurpations commises sur des chemins non légalement reconnus, les décisions de ces conseils devenues l'objet d'un pourvoi ont été réformées comme incompétemment rendues. Il en résulte donc que jusqu'à ce qu'un chemin ait été déclaré *vicinal* par un arrêté du préfet, la commune ne peut obtenir la répression des usurpations par une décision du conseil de préfecture, décision toujours prompte et sans frais; la commune doit alors subir les lenteurs et supporter les frais qu'entraîne toujours une instance devant les tribunaux ordinaires.

Vous devez donc, monsieur le préfet, rechercher immédiatement si la reconnaissance légale des chemins vicinaux a été opérée pour toutes les communes de votre département, soit par vous, soit par vos prédécesseurs.

Formalités à remplir pour donner à une communication le caractère de chemin vicinal.

Dans le cas où cette opération aurait été négligée jusqu'à présent pour quelques communes, vous vous empresseriez de réparer cette omission. A cet effet, vous chargerez les maires de former sans délai un état des chemins qu'ils regarderont comme nécessaires aux communications, et comme devant, à ce titre, être déclarés vicinaux. Cet état devra indiquer : 1° la direction de chaque chemin, c'est-à-dire le lieu où il commence, celui où il aboutit, et les hameaux ou autres localités principales qu'il traverse; 2° la longueur des chemins sur le territoire de la commune; 3° leur largeur actuelle; le maire fera connaître également les portions de chemins qu'il pourrait être nécessaire d'élargir : je joins ici un modèle de ce tableau (coté A). L'état des chemins ainsi préparé devra être déposé à la mairie pendant un mois; les habitants de la commune seront prévenus de ce dépôt par une publication faite dans la forme ordinaire; ils seront invités à prendre connaissance de l'état des chemins dont le classement est projeté, et avertis que, pendant le délai du dépôt, ils pourront adresser au maire toutes les observations et réclamations dont le projet de classement leur paraîtrait pouvoir être l'objet, soit dans leur intérêt privé, soit dans l'intérêt de la commune.

Après l'expiration du délai d'un mois ci-dessus prescrit, l'état dressé par le maire sera, ainsi que les oppositions aux réclamations auxquelles il aurait donné lieu, soumis au conseil municipal, qui devra donner son avis, tant sur les propositions du maire que sur les réclamations ou oppositions qui auraient été déposées à la mairie.

La délibération du conseil municipal, ainsi que toutes les pièces à l'appui, vous sera transmise par le sous-préfet avec son avis motivé, et, après l'examen de ces divers documents, vous déclarerez, par un arrêté pris dans la forme ordinaire, que *tels chemins de telle largeur font partie des chemins vicinaux de la commune de...*

Le classement des chemins ne doit être ni trop restreint ni trop étendu.

Il est assez difficile, monsieur le préfet, de déterminer par une règle générale quelles sont les circonstances qui doivent faire admettre tel chemin dans la classe des chemins vicinaux, et faire rejeter tel autre dans la catégorie des chemins d'une utilité privée. Dans certaines localités, les maires paraissent croire qu'on ne doit considérer comme *vicinaux* que les chemins communiquant d'une commune à une autre, *de vico ad vicum ;* ailleurs, au contraire, ils ont demandé et souvent obtenu le classement au rang des chemins vicinaux de toutes les communications dont le public était actuellement en jouissance, quel que fût d'ailleurs leur peu d'importance et même leur peu d'utilité réelle. C'est une double erreur que vous devez éviter de consacrer par vos arrêtés de classement. Dans le premier cas, en effet, un classement trop restreint tend à priver les habitants de chemins qui peuvent leur être indispensables, quoiqu'ils n'établissent pas une communication entre les chefs-lieux de deux communes; dans le second cas, et c'est le plus fréquent, le classement d'un trop grand nombre de chemins vicinaux engage la commune dans des dépenses qu'elle ne peut pas supporter. Alors, ou elle néglige l'entretien d'une partie de ces chemins, et les habitants qu'ils intéressent plus particulièrement ont droit de s'en plaindre; ou bien la commune dissémine ses ressources sur tous ses chemins classés, et elle s'épuise en vains efforts, sans pouvoir amener ses communications à un bon état de viabilité.

Il importe donc que toutes les fois que vous aurez à statuer sur la proposition du classement des chemins d'une commune, vous ne vous borniez pas à une simple approbation du travail fait par l'autorité locale. Vous devrez examiner avec soin si, sur le tableau dressé, on n'a pas omis quelque communication essentielle à une des sections de la commune, et votre attention sera probablement appelée sur cette omission par quelques réclamations des parties intéressées. Dans ce cas, vous inviteriez le maire à faire délibérer spécialement le conseil municipal sur l'utilité du chemin qui vous paraîtrait devoir être rétabli sur l'état. Vous examinerez avec non moins de soin si le nombre des chemins dont le classement vous est proposé n'excède pas les besoins de la circulation, et s'il n'est pas hors de proportion avec les ressources que la commune peut appliquer à leur entretien. Si, par exemple, deux ou trois chemins conduisent du même lieu au même lieu, vous rechercherez s'il n'y aurait pas possibilité de réduire cette communication à un seul chemin, dût-il en résulter un léger détour pour quelques habitants. A plus forte raison ne classeriez-vous pas des chemins qui ne serviraient pas de communication publique, dans le vrai sens de ce mot, mais qui ne serviraient qu'à l'exploitation de quelques propriétés privées, ou à la vidange temporaire des récoltes. Dans ces divers cas, les chemins doivent être conservés, sans doute, mais leur entretien doit être à la charge des habitants qui en usent privativement, et cet entretien ne peut sans injustice être imposé à la communauté. Ils ne doivent donc pas être inscrits sur le tableau des chemins mis légalement à la charge des communes.

Il pourrait être utile de reviser les classements précédemment faits, s'ils remontent à une époque déjà ancienne.

Si le classement général des chemins vicinaux a été précédemment fait dans votre département, monsieur le préfet, je vous engagerai à examiner s'il ne pourrait pas être nécessaire, ou au moins utile, de le reviser. S'il a eu lieu à une époque déjà ancienne, il se pourrait que ce classement eût été fait alors un peu légèrement, comme le sont trop souvent les opérations administratives qui ne sont pas encore parfaitement comprises. Il se pourrait surtout, que des communes eussent, à l'époque de ce travail, demandé et obtenu le classement d'un trop grand nombre de chemins ; elles ont pu y être déterminées en effet par le seul désir de conserver tous les chemins existants, et comme d'ailleurs, sous la législation antérieure, le classement d'un chemin n'en rendait pas l'entretien obligatoire, les communes sentaient peu l'inconvénient d'avoir un nombre de chemins plus grand que ne le commandait l'intérêt des communications. Aujourd'hui, au contraire, que les communes pourront être appelées, et au besoin contraintes à entretenir tous leurs chemins légalement reconnus, il est probable que les conseils municipaux sentiront la nécessité de ne conserver le titre de *vicinal* qu'à ceux des chemins qui seront d'une utilité réelle. Il est donc à penser qu'une révision des classements qui auraient été précédemment faits amènerait d'assez nombreuses demandes de déclassement, et je crois que ce sera un bien, en ayant soin cependant de ne les admettre qu'après un mûr examen.

Le déclassement des chemins est dans les attributions de l'autorité qui prononce le classement.

Je n'ai pas besoin de vous dire, monsieur le préfet, que le déclassement d'un chemin précédemment déclaré vicinal est dans les attributions de la même autorité à laquelle appartient le droit de prononcer le classement. Il ne s'agit, en effet, que de rapporter un acte administratif ; et il est de principe général que les préfets peuvent rapporter leurs arrêtés et ceux de leurs prédécesseurs, pris en matière administrative. Il n'y a d'exception à cet égard que lorsque ces arrêtés ont reçu l'approbation ministérielle, ou qu'ils ont servi de base à une décision judiciaire passée en force de chose jugée.

Formalités à remplir avant de prononcer le déclassement d'un chemin.

Vous pouvez donc prononcer, par arrêté, le déclassement d'un chemin, qu'il ait été classé par vous ou par l'un de vos prédécesseurs. Toutefois il est nécessaire, avant de prononcer le déclassement, de remplir une formalité de plus que pour le classement, et vous allez en comprendre la nécessité. Lorsqu'il s'agit d'admettre une communication au rang des chemins vicinaux, une délibération du conseil municipal a suffi pour servir de base à l'autorité du préfet, parce que le public et les communes voisines ne pouvaient trouver que de l'avantage à être mis en jouissance d'une voie de communication. Lorsqu'au contraire il s'agit de déclasser ce chemin, c'est-à-dire de lui ôter le titre de vicinal, et par suite de dispenser la commune de l'obligation de pourvoir à son entretien, le public et les communes voisines peuvent être intéressés à contredire un projet qui tend à les priver d'une communication dont ils jouissaient. Avant donc de prononcer le déclassement d'un chemin vicinal, vous devrez en faire délibérer les conseils municipaux des communes qui peuvent avoir intérêt à la conservation de ce chemin, et s'il n'y a pas unanimité dans les délibérations, vous ferez ouvrir une enquête dans ces mêmes communes. Vous serez ainsi parfaitement éclairé sur les véritables intérêts des localités, et vous prononcerez en parfaite connaissance de cause. Ces formalités entraîneront quelques lenteurs sans doute; mais le déclassement d'un chemin ne peut jamais être une opération urgente, et les explications dans lesquelles je viens d'entrer vous auront fait comprendre qu'en pareille matière l'administration ne doit opérer qu'avec réserve, parce que la commune sur le territoire de laquelle est situé le chemin n'est plus la seule intéressée.

Après le déclassement d'un chemin, il y a lieu d'examiner s'il doit être conservé ou si le sol ne pourrait pas en être rendu à l'agriculture.

Lorsqu'un chemin est déclassé, c'est-à-dire lorsqu'un arrêté du préfet lui a ôté la qualité de chemin vicinal, il reste à examiner ce qu'il convient d'en faire. En effet, le déclassement dispense seulement la commune de pourvoir à l'entretien de ce chemin; mais, malgré ce déclassement, il peut y avoir lieu quelquefois de le conserver au public comme chemin rural ou d'exploitation. Souvent, au contraire, il pourra être entièrement supprimé et rendu à l'agriculture, comme le recommandait l'arrêté du directoire du 23 messidor an V. Toutes les fois donc que vous aurez prononcé le déclassement d'un chemin vicinal, vous devrez appeler l'attention du conseil municipal sur cette question subsidiaire, savoir s'il y a lieu d'en vendre le sol au profit de la commune. Dans ce dernier cas, vous autoriseriez la vente après les formalités voulues par le premier paragraphe de l'article 10 de la loi du 28 juillet 1824, et vous ne perdriez pas de vue les dispositions de l'article 19 de la loi du 21 mai 1836.

Du classement et du déclassement des chemins dans leur rapport avec la propriété privée.

Je ne vous ai jusqu'à présent parlé du classement et du déclassement des chemins que relativement aux rapports que ces actes administratifs peuvent avoir avec l'intérêt général ou avec celui des communes. Il me reste à vous entretenir des rapports que ces actes peuvent avoir avec l'intérêt privé, celui des propriétaires riverains des chemins.

Il arrive assez fréquemment que lorsqu'une commune demande le classement d'une voie de communication au rang des chemins vicinaux, un propriétaire riverain forme opposition à ce classement par le motif qu'il est propriétaire du sol du chemin.

A une autre époque, et alors que la législation sur la vicinalité n'était peut-être pas parfaitement comprise, on avait cru que l'autorité administrative devait s'arrêter devant cette opposition et surseoir au classement du chemin jusqu'à ce que la question de propriété du sol du chemin eût été décidée par les tribunaux ordinaires auxquels la connaissance en appartient. Il en résultait des lenteurs, toujours fâcheuses dans une branche de l'administration où les retards sont nuisibles au public. Les communes se trouvaient souvent entraînées dans des procès dont les frais, même lorsqu'elles triomphaient, leur étaient fort onéreux; enfin il suffisait souvent de la seule menace d'un procès par un propriétaire riverain pour arrêter une commune dans le projet de classement de communications réellement utiles.

L'exception de propriété élevée par un riverain ne fait pas nécessairement obstacle au classement d'un chemin.

Depuis ces dernières années, la question a été mieux comprise; on a senti que si l'intérêt privé devait être respecté, le respect qui lui est dû ne pouvait l'emporter sur des considérations d'un intérêt plus général. On a donc reconnu, et de nombreuses ordonnances royales rendues en matière contentieuse ont admis, que l'exception de propriété du sol sur lequel est établi un chemin ne fait pas obstacle à ce que le chemin soit déclaré vicinal, s'il y a lieu. La question de propriété reste intacte pour être jugée par les tribunaux. Si elle est résolue en faveur du réclamant, le jugement est sans effet quant à la déclaration de vicinalité; il donne seulement droit à une indemnité pour la valeur du chemin.

Ce qui n'était jusqu'à présent qu'une jurisprudence a été consacré comme droit écrit, par les termes de l'article 15 de la loi du 21 mai 1836, sur lequel j'aurai occasion de revenir; mais j'ai dû vous en faire apprécier dès à présent les conséquences, afin que vous compreniez bien que la question de propriété élevée par un propriétaire riverain ne doit pas suspendre la déclaration de vicinalité pour un chemin auquel vous auriez reconnu nécessaire, après toutes les formalités voulues, de donner la qualité de chemin vicinal. Il n'y aurait d'exception à cet égard que dans le cas où la commune reconnaissant, avant jugement, le droit de propriété du réclamant, et ne voulant ou ne pouvant lui payer le prix de son terrain, retirerait sa demande en classement. Encore même pourrait-il y avoir lieu de donner également suite à la demande de classement, si, par exemple, une ou plusieurs communes intéressées à ce que le chemin soit déclaré vicinal offraient de faire ce que ne pourrait faire la commune sur le territoire de laquelle il est établi, c'est-à-dire en payer la valeur.

La prétention à la propriété du sol ne doit pas seule déterminer le déclassement du chemin.

Les mêmes considérations doivent vous servir de guide en matière de déclassement, et lorsqu'un propriétaire riverain demande qu'un chemin déclaré vicinal soit déclassé, par le motif qu'il est propriétaire du sol.

Si la commune admet la prétention du propriétaire riverain; si en même temps elle déclare ne vouloir ou ne pouvoir en payer la valeur, et qu'elle consente au déclassement, nul doute que vous pouvez le prononcer, en supposant du reste que les communes voisines n'y forment pas obstacle.

Si, au contraire, la commune, tout en reconnaissant que le réclamant est propriétaire du sol du chemin, déclare qu'elle consent à en payer la valeur, et qu'elle insiste pour que la déclaration de vicinalité soit maintenue, nul doute que vous pourrez rejeter la demande de déclassement formée par le riverain, puisqu'il est désintéressé, autant que le veut la loi, par le payement du prix du terrain que la commune reconnaît lui appartenir.

Si, enfin, la commune repousse la prétention de propriété du réclamant, et que les parties doivent recourir aux tribunaux pour faire juger cette question, il est évident que vous devrez surseoir jusqu'après le jugement, pour statuer sur le mérite de la demande en déclassement. La solution donnée par les tribunaux à la question de propriété, sans être décisive sans doute, peut cependant exercer quelque influence sur la décision que vous aurez à prendre, car si le réclamant était reconnu propriétaire, la nécessité de lui payer une indemnité pourrait engager la commune à consentir au déclassement; tandis que si la prétention de propriété élevée par le riverain était repoussée, la commune restant propriétaire du sol, il n'y aurait plus de motif fondé pour prononcer le déclassement contre le vœu de la commune.

Distinction à faire entre les rues et les chemins.

Pour terminer ce qui a rapport au classement des chemins vicinaux, il me reste à vous entretenir, monsieur le préfet, d'une distinction entre les diverses catégories de voies publiques, distinction qui a été quelquefois perdue de vue, et qu'il importe cependant d'autant plus de maintenir, qu'elle se rattache à l'ordre des juridictions. Il s'agit de la différence légale qui existe entre les chemins vicinaux et les rues de bourgs et villages.

Les rues des bourgs et villages ne peuvent être classées comme chemins vicinaux.

Il est arrivé quelquefois qu'un préfet, ne considérant ces rues que comme une continuation des chemins vicinaux, ce qui est vrai matériellement, a cru devoir les comprendre dans les tableaux de classement et y appliquer la législation des chemins vicinaux, soit relativement au mode d'entretien, soit relativement au mode de répression des usurpations faites sur le sol des rues. J'apprécie parfaitement les motifs qui avaient porté ces administrateurs à en agir ainsi, et je reconnais qu'il y aurait peut-être avantage à ce que des voies de communication qui ne sont que la prolongation les unes des autres fussent soumises à la même législation ; mais l'utilité n'est pas la seule règle des décisions de l'administration. Au cas dont il s'agit, il ne faut pas perdre de vue que les chemins vicinaux sont, quant à la répression des usurpations, placés par la loi du 9 ventôse an XIII sous la juridiction des conseils de préfecture, tandis que les rues des bourgs et villages font partie de la voirie urbaine ou petite voirie, et que la répression de toutes les contraventions en cette matière est du ressort des tribunaux ordinaires Or, il ne peut appartenir à l'administration de déplacer les juridictions par un simple arrêté de classement des voies de communication.

La distinction entre les rues et les chemins a été consacrée par une ordonnance royale.

La distinction que je viens de faire ici, monsieur le préfet, a été consacrée de la manière la plus formelle par diverses ordonnances royales rendues en matière contentieuse, notamment celles des 30 juillet 1817, 23 janvier et 21 février 1820, et 27 avril 1825, que vous trouverez au recueil des arrêts du conseil d'Etat. Je transcris ici les considérants de la dernière, parce qu'ils sont d'une grande importance :

« Considérant, sur la compétence, que la loi du 19 mai 1802 (29 floréal » an X) ne renvoie au jugement du conseil de préfecture que les contra» ventions en matière de grande voirie, et que la loi du 28 février 1805 » (9 ventôse an XIII) ne concerne que les chemins vicinaux ; considérant » que la maison de la dame veuve Blanchet est située dans la commune du » Trept, le long de la place publique et dans un carrefour formé par plu» sieurs rues qui y aboutissent ; considérant que les anticipations sur la » voie publique dans les rues et places qui ne font pas partie des routes » royales ou départementales appartiennent à la voirie urbaine ; que, dans » ce dernier cas, les alignements doivent être donnés par l'autorité muni» cipale, sauf le recours au préfet, et les infractions poursuivies devant les » tribunaux ordinaires ; que dès lors le conseil de préfecture était incompé» tent pour connaître de la réclamation de la commune du Trept contre la

» dame veuve Blanchet : Art. 1er. L'arrêté du conseil de préfecture du » département de..... est annulé pour cause d'incompétence. »

Vous devez donc, monsieur le préfet, vous abstenir de comprendre les rues des bourgs et villages dans vos arrêtés de déclaration de vicinalité, et par suite vous devez veiller à ce que la répression des usurpations commises sur le sol de ces rues ne soit pas poursuivie devant le conseil de préfecture. Je reconnais qu'il pourra, dans certains cas, y avoir quelque incertitude sur le point précis où finit le chemin vicinal et où il commence; mais vous sentirez qu'il ne peut être question ici d'une interprétation judaïque de la loi, et que c'est surtout son esprit qu'il faut consulter. Il est bien évident que trois ou quatre habitations éparses dans les champs, le long d'un chemin, ne peuvent donner à ce chemin le caractère d'une rue ; mais aussi, toutes les fois qu'il y aura ensemble un certain nombre d'habitations agglomérées, les voies de communication qui servent à leurs habitants sont des rues, et non des chemins vicinaux.

2. En cas d'insuffisance des ressources ordinaires des communes, il sera pourvu à l'entretien des chemins vicinaux à l'aide soit de prestations en nature dont le maximum est fixé à trois journées de travail, soit de centimes spéciaux en addition au principal des quatre contributions directes, et dont le maximum est fixé à cinq.

Le conseil municipal pourra voter l'une ou l'autre de ces ressources, ou toutes les deux concurremment.

Le concours des plus imposés ne sera pas nécessaire dans les délibérations prises pour l'exécution du présent article.

Ressources que les communes peuvent appliquer à la réparation de leurs chemins.

Après avoir consacré de nouveau, dans l'article 1er de la loi, l'obligation pour les communes d'entretenir et de réparer leurs chemins, le législateur s'est occupé, dans l'article 2, de spécifier les ressources au moyen desquelles les communes pourront remplir cette obligation; ces ressources se composent : 1o des revenus ordinaires des communes ; 2o des prestations en nature; et 3o de centimes spéciaux.

La possibilité pour les communes de réparer et d'entretenir leurs chemins vicinaux au moyen de leurs revenus ordinaires est un cas malheureusement si rare qu'il est presque exceptionnel; nous avons donc peu à nous en occuper. Cette nature de dépenses rentrerait d'ailleurs dans la classe des autres travaux communaux qui se font sur les ressources ordinaires, et vous savez quelles règles sont applicables aux travaux communaux.

Les communes ne peuvent donc, en général, recourir, pour les travaux à faire sur les chemins vicinaux, qu'aux deux autres moyens mis à leur disposition, savoir : des prestations en nature, et des centimes additionnels aux quatre contributions directes.

Vous avez suivi avec attention, monsieur le préfet, la discussion de principe qui a eu lieu dans les deux chambres relativement à la contribution demandée à l'habitant, sous forme de travaux. Je n'analyserai pas ici ce qui a été dit à cet égard; mais de la discussion même et des documents sur lesquels elle s'appuyait de part et d'autre, il en est résulté ce fait incontestable : c'est que, dans la plupart des départements, la prestation en nature a passé dans les habitudes de la population, et qu'elle produit d'utiles résultats partout où son emploi est convenablement surveillé.

La prestation en nature devait donc être maintenue au nombre des ressources que les communes pourront employer à l'entretien de leurs chemins; on a même reconnu qu'il convenait de permettre aux communes de donner une plus grande extension à l'emploi de cette ressource, et on a élevé à trois le maximum des journées que les conseils municipaux peuvent imposer chaque année, maximum que la loi du 28 juillet 1824 avait fixé à deux journées. On est tellement pénétré, dans la généralité du royaume, de l'urgence de mettre enfin les communications vicinales en bon état de viabilité, qu'il est à espérer que les conseils municipaux useront fréquemment de la faculté qui leur est donnée.

Mais l'augmentation du nombre de journées de prestation que le conseil municipal pourra imposer annuellement n'est que le moindre des changements que l'article 2 de la loi du 21 mai 1836 apporte à la législation existante, et il en est un surtout dont vous aurez déjà apprécié toute l'importance.

Les conseils ne sont plus astreints à employer la prestation avant de pouvoir voter des centimes.

D'après la loi du 28 juillet 1824, ce n'était qu'en cas d'insuffisance des deux journées de prestation que les conseils municipaux pouvaient voter cinq centimes additionnels. L'interprétation donnée par l'administration était plus restrictive encore, et comme ce n'était réellement que lorsque les journées de prestation avaient été employées qu'on pouvait constater l'insuffisance de ce moyen, on en avait conclu qu'il fallait que les deux journées de prestation eussent été épuisées avant que les conseils municipaux pussent légalement voter des centimes additionnels. Il résultait de ce système des inconvénients que les administrations locales ont promptement reconnus et qu'elles n'ont cessé de signaler.

Dans certains départements, en effet, on préférait l'addition de quelques centimes additionnels à l'emploi de la prestation. Là même où la prestation a passé dans les habitudes du pays, et où cette nature de contribution se vote et s'acquitte tous les ans sans difficulté, son emploi ne peut avoir toute son efficacité, s'il n'est pas accompagné de l'emploi de quelques fonds destinés à payer d'indispensables dépenses. Ainsi, par exemple, les prestataires arrivent souvent sur les chemins, dépourvus des instruments de travail dont ils doivent faire usage, et il serait peut-être difficile de les contraindre à s'en pourvoir. Il n'est pas moins nécessaire de joindre aux prestataires quelques piqueurs ou chefs d'ateliers qui, par une plus grande expérience de cette nature de travaux, puissent donner une plus utile direction aux travaux de prestation : or, il faut pouvoir salarier ces agents. Enfin, il y a souvent à faire quelques travaux d'art, des ponceaux, par exemple, auxquels on ne peut employer le seul travail des prestataires.

Les conseils municipaux peuvent employer les prestations et les centimes, séparément ou concurremment.

Toutes ces considérations ont fait sentir la nécessité de faire disparaître les dispositions restrictives de la loi du 28 juillet 1824, et désormais les conseils municipaux pourront voter soit des journées de prestation jusqu'au maximum de trois, soit des centimes additionnels jusqu'au maximum de cinq, soit enfin ces deux contributions concurremment.

Il est urgent que les conseils municipaux fassent usage, au moins pendant quelques années, du maximum des ressources mises à leur disposition.

Je vous recommande avec instance d'user de toute votre influence pour obtenir des maires et des conseils municipaux qu'ils usent dans toute leur étendue, pendant les premières années surtout, des moyens que la loi met à leur disposition. Des réclamations générales s'élèvent sur le mauvais état des chemins vicinaux en France; les chambres elles-mêmes ont été l'écho des plaintes de l'agriculture et du commerce, qui souffrent également de l'absence de bonne communication. Ces plaintes ont déterminé la législature à permettre aux communes de s'imposer des sacrifices dont la nécessité est si bien appréciée. Il est donc à espérer que les conseils municipaux se montreront animés du même esprit qui a dicté les dispositions de la loi nouvelle, et je compte, je le répète, sur votre influence pour obtenir que partout les votes de prestations et de centimes marchent de front et atteignent leur maximum, au moins jusqu'à ce que les réparations les plus urgentes soient complétement terminées.

Dans un grand nombre de départements, la prestation en nature a donné aux administrateurs la possibilité de faire exécuter des travaux remarquables, et vous devez engager l'autorité locale à voter cette contribution. Il importe d'en introduire l'emploi dans les localités où elle ne serait pas encore en usage. Vous tiendrez exactement note du vote des communes, afin de pouvoir m'en faire connaître le résultat chaque année.

Les plus imposés ne doivent plus être appelés à délibérer avec les conseils municipaux, pour le vote des prestations et des cinq centimes.

Une dernière modification a été faite par la loi nouvelle à la législation;

il s'agit de l'adjonction des plus imposés, commandée par l'article 5 de la loi du 28 juillet 1824, et qui ne devra plus avoir lieu, aux termes du dernier paragraphe de l'article 2 de la loi du 21 mai 1836.

Vous aurez parfaitement compris, monsieur le préfet, les motifs de cette modification.

Le motif de ce changement à la législation, c'est que la réparation des chemins est aujourd'hui une dépense obligatoire et ordinaire.

La loi de 1824 avait considéré la réparation des chemins vicinaux comme à peu près facultative ; ces travaux devaient, à défaut des ressources ordinaires des communes, s'effectuer au moyen de prestations en nature. Les centimes additionnels, auxquels il était permis de recourir en cas d'insuffisance des prestations, étaient donc considérés comme une contribution extraordinaire; dès lors il était conséquent à la législation de l'époque, il était conforme à l'esprit de la loi de finances de 1818, d'appeler à voter ces centimes extraordinaires le conseil municipal composé extraordinairement, c'est-à-dire doublé par l'adjonction des plus imposés.

La loi du 21 mai 1836, au contraire, a rendu l'entretien et la réparation des chemins vicinaux obligatoires, tellement qu'elle a prévu les moyens de vaincre l'inertie ou le refus des conseils municipaux. La dépense est donc devenue obligatoire aussi ; dès lors les cinq centimes qui peuvent y être annuellement affectés ont réellement perdu le caractère de contribution extraordinaire. Il devenait donc superflu d'appeler les plus imposés à délibérer sur le vote de ces centimes; il y aurait même eu contradiction à maintenir la nécessité de leur concours, alors que l'autorité supérieure était investie du droit d'imposer d'office la contribution que le conseil municipal et les plus imposés auraient refusée.

Tels sont, monsieur le préfet, les véritables motifs qui ont déterminé la modification apportée à l'article 5 de la loi du 28 juillet 1824, et je vous engage à le faire bien comprendre aux maires, dans les instructions que vous leur adresserez. Il importe que les conseils municipaux sachent que si l'adjonction des plus imposés n'est plus commandée pour le vote des cinq centimes additionnels, c'est parce que la dépense de la réparation et de l'entretien des chemins vicinaux est considérée par la législation actuelle comme une dépense ordinaire, annuelle et obligatoire. Il n'importe pas moins que les plus imposés comprennent bien que la loi nouvelle ne prononce pas à leur égard une exclusion; qu'elle dispense seulement de recourir à leur vote pour une dépense qui n'est plus au rang des dépenses extraordinaires. Vous direz aux maires, du reste, que de même que, sous l'empire de la loi de 1824, l'adjonction des plus imposés n'était pas seulement facultative mais obligée, que de même que le vote des centimes additionnels sans le concours des plus imposés eût été illégal et nul, de même aussi, sous l'empire de la loi du 21 mai 1836, l'adjonction des plus imposés dans les cas prévus par l'article 2 n'est pas facultative, qu'elle ne doit plus avoir lieu, et que les délibérations seraient viciées par leur présence, parce que leur concours aux délibérations du conseil municipal n'est légal que lorsque la loi l'a formellement ordonné.

Le vote des prestations et centimes ordinaires est sanctionné par le préfet.

Je n'ai pas besoin, je pense, de vous dire que les votes des conseils municipaux, soit pour les journées de prestation jusqu'au maximum de trois, soit pour les centimes additionnels jusqu'au maximum de cinq, sont exécutoires sur votre seule approbation. Cela résulte de l'article 5 de la loi du 28 juillet 1824, dont les dispositions n'ont pas été changées à cet égard.

L'article 6 de la loi du 28 juillet 1824, relatif aux dépenses extraordinaires, reste en vigueur.

Vous comprendrez aussi que l'article 6 de la même loi reste également en vigueur; seulement, comme il s'agirait alors du vote de véritables contributions extraordinaires, le concours des plus imposés serait nécessaire.

3. Tout habitant, chef de famille ou d'établissement, à titre de propriétaire, de régisseur, de fermier ou de colon partiaire, porté au rôle des contributions directes, pourra être appelé à fournir chaque année une prestation de trois jours :

1° Pour sa personne et pour chaque individu mâle valide, âgé de dix-huit ans au moins et de soixante ans au plus, membre ou serviteur de la famille et résidant dans la commune;

2° Pour chacune des charrettes ou voitures attelées, et, en outre, pour chacune des bêtes de somme, de trait, de selle au service de la famille ou de l'établissement dans la commune.

Règles pour l'assiette de la prestation en nature.

La prestation en nature a été rangée par l'article 2 de la loi du 21 mai 1836 au nombre des ressources que les communes pouvaient appliquer à l'entretien et à la réparation des chemins vicinaux. L'article 3 a pour objet de désigner quels sont les citoyens qui doivent être imposés à cette contribution d'une nature toute spéciale.

A l'exception de l'élévation de deux à trois du maximum du nombre de journées qui peuvent être demandées, cet article, monsieur le préfet, n'apporte que peu de modifications aux dispositions de la loi du 28 juillet 1824. Ces changements, qui portent principalement sur la rédaction, ont pour but de mieux préciser les obligations des contribuables, et de lever quelques incertitudes que pouvait laisser dans l'exécution l'ancienne rédaction. J'aurais donc pu peut-être me dispenser d'entrer dans de longs détails sur l'application de l'article 3 de la loi nouvelle; mais j'ai pensé que l'instruction du 30 octobre 1824 pourrait n'être plus aussi facilement saisie, mise en regard d'un texte de loi dont la rédaction est autre que celui qui a servi de base à cette instruction. Il m'a donc paru préférable de donner à l'interprétation de l'article 8 de la loi du 21 mai 1836 les mêmes développements que s'il s'agissait d'en faire l'application pour la première fois. Vous n'aurez pas ainsi à compulser d'anciennes instructions, et à rechercher ce qu'elles ont encore d'applicable sous l'empire d'une législation nouvelle.

L'obligation de fournir la prestation est imposée à deux titres différents.

L'application de l'article dont nous nous occupons est facile, quelque compliquée que puisse paraître sa rédaction, lorsqu'on a bien saisi l'esprit dans lequel il a été conçu, lorsqu'on a bien compris la distinction à faire entre l'obligation imposée à l'habitant, comme habitant et en vue de sa personne seulement, et l'obligation imposée à tout individu en vue de la famille dont il est le chef, ou de l'établissement agricole ou autre dont il est propriétaire ou gérant à quelque titre que ce soit. Dans le premier cas, l'obligation est personnelle et directe, en ce sens qu'elle atteint directement le contribuable pour sa personne seule ; dans le second cas, l'obligation est indirecte, en ce sens qu'elle n'est plus imposée au contribuable pour sa personne, mais bien pour les moyens d'exploitation de son établissement, lesquels se composent des membres de sa famille et de ses serviteurs, et encore de ses instruments de travail, tels que charrettes, voitures, bêtes de somme, de trait et de selle.

Cas où la prestation est due par l'habitant comme habitant et pour sa personne seule.

Ainsi donc, tout habitant peut être imposé à la prestation en nature, directement et pour sa personne, s'il est porté au rôle des contributions, mâle, valide, et âgé de dix-huit ans au moins et soixante ans au plus. Dans ce cas, l'habitant est considéré comme individu, et la prestation en nature lui est demandée seulement comme membre de la communauté, intéressé par conséquent à tout ce qui peut contribuer à sa prospérité, notamment au bon état des chemins. Voilà l'obligation personnelle, l'obligation directe, résultant de la seule qualité d'habitant de la commune, et abstraction faite de toute qualité de propriétaire, de chef de famille ou d'établissement.

Cas où la prestation est due par l'habitant pour sa personne, et encore pour les membres de sa famille, ainsi que pour les moyens d'exploitation de son établissement.

Mais s'il a une famille, s'il est propriétaire, s'il gère une exploitation agricole, comme régisseur, fermier ou colon partiaire, s'il administre un établissement industriel, cet habitant a nécessairement un intérêt plus étendu à la prospérité de la commune et au bon état des communications; d'ailleurs l'exploitation de son établissement, quel qu'il soit, ne peut se faire sans dégrader les chemins de sa commune, et il est juste qu'il contribue à la réparation ordinaire de ces chemins, dans la proportion des moyens d'exploitation qui les dégradent. La loi permet donc de lui demander la prestation en nature pour chaque membre ou serviteur de la famille, mâle, valide, âgé de dix-huit ans au moins et de soixante ans au plus, résidant dans la commune, et encore pour chaque charrette ou voiture attelée, pour chaque bête de somme, de trait et de selle, au service de la famille ou de l'établissement dans la commune. Voilà l'obligation, non plus directe et imposée personnellement, en vue de la seule qualité de membre de la communauté, mais indirecte et imposée en vue de la famille et de l'exploitation agricole ou industrielle. A vrai dire, c'est, dans ce cas, l'exploitation ou l'établissement qui sont imposés en raison de leur importance et de leur intérêt présumé au bon état des chemins et de l'usage qu'ils en font, et c'est le chef de la famille, de l'exploitation agricole ou de l'établissement industriel, qui doit acquitter la contribution assise sur ce qui lui appartient ou sur ce qu'il exploite.

Cas où la prestation est due pour la famille et pour les moyens d'exploitation de l'établissement, mais non plus pour la personne du chef de la famille ou de l'établissement.

Il s'ensuit donc évidemment que pour qu'une exploitation agricole ou industrielle puisse être imposée dans tous ses moyens d'action, dans tous ses instruments de travail, il n'est plus nécessaire que le chef de l'exploitation ou de l'établissement soit mâle, valide, âgé de dix-huit à soixante ans, ni même résidant dans la commune. C'est l'exploitation agricole, c'est l'établissement industriel existant dans la commune, qui doit la prestation, abstraction faite du sexe, de l'âge et de l'état de validité du chef de l'exploitation ou de l'établissement; ce chef, sans doute, ne sera pas imposé personnellement, s'il ne réunit pas les conditions nécessaires pour que sa cote personnelle lui soit demandée, mais il sera, dans tous les cas, tenu d'acquitter la prestation imposée dans les limites de la loi, pour tout ce qui dépend de l'exploitation agricole ou de l'établissement industriel situé dans la commune.

Résumé succinct des trois cas ci-dessus posés.

En résumé,

1° La prestation en nature est due pour sa personne, par tout habitant de la commune, qu'il soit célibataire ou marié, et quelle que soit sa profession, si d'ailleurs il est porté au rôle des contributions directes, mâle, valide, et âgé de dix-huit ans au moins et soixante ans au plus;

2° La prestation en nature est due par tout habitant de la commune, qu'il soit célibataire ou marié, s'il est porté au rôle des contributions directes, mâle, valide, âgé de dix-huit ans au moins et de soixante ans au plus, chef de famille ou d'établissement, à titre de propriétaire, de régisseur, de fermier ou de colon partiaire. Dans ce cas, il doit la prestation pour sa personne d'abord, puisqu'il réunit toutes les conditions nécessaires; il la doit en outre pour chaque individu mâle, valide, âgé de dix-huit ans au moins et de soixante ans au plus, membre ou serviteur de la famille, et résidant dans la commune; il la doit encore pour chaque charrette ou voiture attelée, et pour chaque bête de somme, de trait ou de selle, au service de la famille ou de l'établissement dans la commune;

3° La prestation en nature est due par tout individu, même non porté nominativement au rôle des contributions directes de la commune, même âgé de moins de dix-huit ans et de plus de soixante ans, même invalide, même du sexe féminin, même enfin n'habitant pas la commune, si cet individu est chef d'une famille qui habite la commune, ou si, à titre de propriétaire, de régisseur, de fermier ou de colon partiaire, il est chef d'une exploitation agricole ou d'un établissement situé dans la commune. Dans ce cas toutefois, il ne devra pas la prestation pour sa personne, puisqu'il n'est pas dans les conditions voulues par la loi, mais il la devra pour tout ce qui, personnes ou choses, dans les limites de la loi, dépend de l'établissement dont il est propriétaire ou qu'il gère à quelque titre que ce soit.

Tels sont, monsieur le préfet, les principes qui doivent servir de base à l'assiette de cette nature de contribution. Tous les cas possibles rentrent dans l'un des trois ci-dessus posés, et il ne me paraît pas qu'il puisse rester la moindre incertitude sur les obligations qui résultent de l'article 3 de la loi. Je n'ai plus qu'à appeler votre attention sur quelques-uns des termes de cet article.

Comment doit s'entendre le mot habitant.

Le mot *habitant* a été d'abord l'objet de quelque hésitation. On a demandé à quel caractère positif on peut reconnaître qu'un individu est habitant d'une commune, et on a cité le cas d'un propriétaire qui partage son année entre plusieurs communes où il a des propriétés.

Pour résoudre cette difficulté, il faut d'abord remarquer que le législateur a évité d'employer le mot de *domicile*, parce qu'il aurait pu être la cause de difficultés, en raison de la différence qui peut exister entre le domicile de fait ou réel et le domicile légal ou de droit. On s'est servi à dessein du mot *habitation*, parce que l'habitation est la principale cause qui rend imposable à la prestation en nature; c'est là ce qui constitue en premier ordre l'intérêt au bon état des chemins et l'obligation de contribuer à leur entretien. Lors donc qu'un propriétaire a plusieurs résidences qu'il habite alternativement, et qu'il s'agit de reconnaître dans laquelle il doit être imposé à la prestation en nature pour sa personne, il faut rechercher quelle est celle des résidences où il a son principal établissement, et qu'il habite le plus longtemps; c'est là qu'il devra être imposé. Si, du reste, il y a à cet égard, entre un propriétaire et une commune, une contestation qui ne puisse être résolue à l'amiable, elle devra être jugée dans les mêmes formes et d'après les mêmes règles qui serviraient s'il y avait double emploi dans l'imposition personnelle : la prestation en nature rentre ici, en effet, dans la catégorie de la contribution personnelle, puisque c'est à la personne qu'elle est demandée.

Comment il faut entendre les mots au service de la famille ou de l'établissement dans la commune. — *La prestation pour tout ce qui constitue un établissement permanent est due dans la commune où il se trouve. — Pour ce qui constitue un séjour passager, la prestation n'est pas due dans les deux communes, mais seulement dans celle du principal établissement.*

Cette interprétation nous conduit à expliquer ces mots qui terminent l'article 3 : *au service de la famille ou de l'établissement dans la commune.* En effet, si ce propriétaire a dans chacune de ses résidences un établissement permanent en domestiques, voitures ou bêtes de somme, de trait et de selle, il devra être imposé dans chaque commune, et dans les limites de la loi, pour ce qui lui appartient dans cette commune; si au contraire ses domestiques, ses chevaux et ses voitures passent avec lui temporairement d'une résidence à une autre, il ne devra être imposé pour ses moyens d'exploitation que dans le lieu de son principal établissement, ainsi qu'il a été dit plus haut. Cette règle s'appliquerait au cas où un citoyen exploiterait plusieurs établissements agricoles ou industriels, soit comme propriétaire, soit comme régisseur, fermier ou colon partiaire. Si chacun de ces établissements est garni, d'une manière permanente, de tout ce qui est nécessaire à son exploitation, la prestation est due, dans les limites de la loi, pour tout ce qui sert à l'exploitation dans chaque commune; si, au contraire, ainsi que cela a lieu dans un petit nombre de localités, le propriétaire, fermier ou exploitant, quel qu'il soit, transfère successivement ses moyens d'exploitation d'un établissement dans un autre, il est évident qu'il ne peut être imposé pour ce fait dans chacune des communes où il travaille ou fait travailler temporairement : il y aurait double emploi, puisque la loi ne lui impose que trois journées au plus pour chacun de ses moyens d'exploitation, et qu'il se trouverait imposé pour six ou neuf journées s'il était atteint simultanément dans chacun de ces deux ou trois établissements. Dans ce cas, ce sera donc au lieu de son principal établissement, au lieu de sa résidence habituelle, qu'il sera imposé pour sa personne, s'il y a lieu, et pour ce qui lui appartient.

Limites d'âge posées par la loi.

Vous avez remarqué, monsieur le préfet, que le second paragraphe de l'article qui nous occupe a modifié les limites d'âge posées par la loi du 28 juillet 1824. A dix-huit ans un jeune homme se livre déjà aux travaux de la campagne; il pouvait donc, sans inconvénient, être appelé à prendre part aux travaux faits dans l'intérêt de la commune : d'un autre côté, on a cru devoir limiter cette obligation à l'âge de soixante ans, parce que, bien qu'à cet âge l'homme ne soit pas généralement dans un état d'invalidité habituelle, il est cependant devenu moins propre à des travaux fatigants.

Exemption fondée sur l'invalidité.

Les questions d'âge sont toujours faciles à résoudre, puisqu'en cas de doute il suffit de recourir à l'acte de naissance. Les décisions à prendre sur les cas d'invalidité seront souvent plus délicates, parce que l'état d'invalidité n'est pas toujours évident ; mais dans les communes rurales, les seules généralement où on impose les prestations en nature, presque tous les habitants sont connus de l'autorité, ou se connaissent entre eux. On sait donc d'une manière assez exacte quels sont les individus que leur état habituel de santé doit faire exempter de la prestation en nature.

Exemption fondée sur l'indigence.

L'âge et l'état d'invalidité sont les seuls motifs d'exemption pour cette nature de contribution. Il en est une autre cependant qui a été constamment appliquée et qui doit continuer à l'être : c'est celle qui résulte de l'état d'indigence. Elle est, au surplus, comprise ici implicitement, car, aux termes de l'article 12 de la loi du 21 avril 1832, les indigents sont exempts de toute cotisation. Dès lors, n'étant pas portés au rôle des contributions directes, ils ne peuvent être imposés à la prestation en nature.

Pour l'appréciation de ces divers motifs d'exemption, on ne peut, au surplus, que s'en rapporter avec confiance aux maires et aux conseils municipaux; tout en veillant, dans l'intérêt de la commune, à ce que chaque habitant remplisse les obligations qui peuvent lui être légalement imposées, ces fonctionnaires sauront aussi empreindre leurs décisions de ces ménagements, de ce caractère d'équité, qui conviennent si bien aux fonctions paternelles qu'exerce l'autorité municipale.

Interprétation des mots membres de la famille *et* serviteur.

Au second paragraphe de l'article 3, on a également remplacé par les mots *membres de la famille*, ceux de *ses fils vivants avec lui*, qui se trouvaient dans la loi de 1824. Souvent un chef de famille a avec lui des neveux ou autres parents qui ne pouvaient être atteints; ils le seront aujourd'hui par l'appellation plus étendue dans laquelle ils sont évidemment compris. Il faut pourtant qu'ils résident avec le chef de l'établissement, car s'ils avaient une autre résidence, ils ne pourraient pas être atteints dans la résidence du chef de famille. Le mot de *domestiques* avait aussi donné lieu à quelques difficultés dans son application : il a été remplacé par celui de *serviteur*, qui a une signification moins restreinte et s'étend à tous les individus qui reçoivent du chef de famille un salaire annuel et permanent. Il faut pourtant, pour être imposable, que, de même que pour les membres de la famille, les serviteurs résident dans la commune; s'ils étaient attachés d'une manière permanente à un établissement appartenant au même maître, mais situé dans une autre commune, ce serait dans la commune de la situation de cet établissement qu'ils seraient imposés. Les ouvriers, laboureurs ou artisans, qui travaillent à la journée ou à la tâche, ne sont évidemment pas compris dans la catégorie des *serviteurs*; il n'y a donc pas lieu de les imposer, au moins comme attachés à l'établissement de celui pour le compte duquel ils travaillent. Il restera à examiner si ces ouvriers doivent la prestation comme chefs de famille; mais ce serait alors pour leur propre compte et en qualité d'habitants.

La prestation n'est due que pour les voitures et les charrettes habituellement employées.

Quant aux charrettes et voitures, la loi ne permet de les imposer que si elles sont *attelées*, et par cette expression on doit entendre celles qui sont réellement et effectivement employées au service de la famille ou de l'établissement. Celles qui ne seraient jamais ou presque jamais employées, qui ne seraient enfin qu'un meuble mis en réserve, ne peuvent pas être imposées.

Même distinction pour les bêtes de somme, de trait ou de selle.

Une distinction analogue doit être faite pour les bêtes de somme, de trait ou de selle. Pour être imposables, il faut qu'elles servent au possesseur, ou pour son usage personnel, ou pour celui de sa famille, ou pour l'exploitation de son établissement, soit agricole, soit industriel. Si, au contraire, ces animaux ne sont pas destinés à ces usages, s'ils sont un objet de commerce, ou s'ils sont destinés seulement à la consommation ou à la reproduction, ils ne peuvent donner ouverture à la prestation en nature; car ils ne sont réellement pas, comme le veulent les termes de la loi, employés pour le service de la famille ou de l'établissement. Il en serait de même si ces animaux, même destinés aux travaux de l'exploitation, étaient cependant trop jeunes pour y être encore employés.

4. La prestation en nature sera appréciée en argent, conformément à la valeur qui aura été attribuée annuellement pour la commune, à chaque espèce de journée, par le conseil général, sur les propositions des conseils d'arrondissement.

La prestation pourra être acquittée en nature ou en argent, au gré des contribuables. Toutes les fois que le contribuable n'aura pas opté dans les délais prescrits, la prestation sera de droit exigible en argent.

La prestation non rachetée en argent pourra être convertie en tâches, d'après les bases et évaluations de travaux préalablement fixées par le conseil municipal.

La prestation peut être acquittée en nature ou en argent.

En imposant aux citoyens l'obligation de consacrer, chaque année, jusqu'à trois journées de travail à la réparation des chemins vicinaux, la loi n'a eu pour but que de créer pour les communes une ressource applicable à cet objet d'utilité générale ; mais si une compensation, si un équivalent du sacrifice imposé pouvait être offert à la commune, il était juste que la loi permît aux citoyens de se libérer d'une autre manière que par un travail manuel C'est ce que fait l'article 4 de la loi du 21 mai 1836, en déclarant que la prestation pourra être acquittée en nature ou en argent, au gré du contribuable.

Pour rendre possible cette option, il était nécessaire que le contribuable connût à l'avance le taux du rachat de chacune des espèces de prestations qui lui sont demandées La loi du 28 juillet 1824 avait chargé les conseils municipaux de fixer le taux de la conversion des prestations en nature, mais il en résultait de trop grandes différences dans les tarifs adoptés pour des localités souvent très-rapprochées. Quelquefois le tarif était tellement élevé qu'il y avait un véritable préjudice pour le contribuable à se libérer en argent et dès lors très-peu de conversions avaient lieu ; d'autres fois, au contraire, le tarif était tellement faible que les rôles de prestation ne produisaient que des ressources insuffisantes.

Le tarif de conversion en argent des prestations est arrêté par le conseil général.

Il importait de faire cesser ces inconvénients, surtout alors que les communes allaient avoir à remplir des obligations nouvelles et plus étendues. La loi du 21 mai dispose donc que le tarif de conversion des journées de prestation sera arrêté chaque année pour la commune, par le conseil général, sur les propositions des conseils d'arrondissement. Au point élevé où se trouvent placés, dans l'ordre administratif, les conseils généraux de département, ils sont nécessairement au-dessus des influences locales auxquelles cédaient souvent les conseils municipaux lorsqu'il s'agissait de régler le tarif du taux de conversion. Le changement introduit par l'article 4 de la loi du 21 mai 1836 aura donc pour effet d'établir partout des tarifs de conversion équitablement réglés et moins disparates que les anciens. La loi ne prescrit pas cependant qu'il n'y ait qu'un seul tarif pour tout le département, pas plus qu'elle n'entend qu'il y ait un tarif spécial pour chaque commune. Le conseil général appréciera dans sa sagesse les propositions que feront à cet égard les conseils d'arrondissement, et il décidera si les tarifs doivent être arrêtés, soit pour une certaine étendue de territoire, soit pour certaines catégories de communes, d'après l'importance de leur population ou le plus ou moins d'aisance de cette population. Vous aurez à cet égard, monsieur le préfet, d'utiles indications à donner au conseil général, et vos observations vous permettront de signaler chaque année au conseil général les modifications qu'il conviendrait d'apporter aux tarifs.

Influence qu'exercera sur tout le système le bon établissement des tarifs de conversion en argent des prestations en nature.

Les décisions que les conseils généraux vont avoir à prendre pour l'application de l'article 4 de la loi nouvelle exerceront, je n'hésite pas à le dire, la plus grande influence sur l'exécution de la loi tout entière, et spécialement de la section 2, relative aux chemins de grande communication. Tout en reconnaissant, en effet, que la prestation en nature est une des ressources les plus importantes qui puissent, dans certaines localités, être affectées à la réparation des chemins vicinaux, il faut bien reconnaître aussi ce que ce moyen d'exécution laisse à désirer; partout on obtiendrait certainement bien plus de travail effectif avec une somme inférieure à la valeur d'une journée de travail, qu'on n'en obtient de la présence d'un prestataire pendant un jour sur les ateliers.

Il est donc à désirer, il est du plus haut intérêt que, sans que les tarifs de conversion soient trop inférieurs au taux des journées de travail, ils présentent cependant à cet égard assez d'avantages pour déterminer autant que possible les contribuables à s'acquitter en argent. Les communes y gagneront par la possibilité d'employer des ouvriers salariés, et elles en obtiendront à la fois une plus grande masse de travaux, et des travaux mieux exécutés; les prestataires y gagneront aussi, puisqu'ils pourront, au moyen d'un rachat inférieur au prix réel de leur journée, se dispenser d'aller perdre sur les chemins un temps que réclament des travaux plus directement productifs.

Le contribuable est tenu de déclarer son option dans un délai fixé.

S'il était juste que la loi permît aux contribuables de s'acquitter par des travaux en nature ou par un rachat en argent, à leur choix, il était aussi indispensable que l'autorité locale sût, quelque temps avant l'ouverture des travaux, si elle aura à disposer de journées de prestation ou de ressources en argent. A cet effet, tout contribuable est tenu de déclarer, dans un délai fixé, s'il entend acquitter sa contribution en nature ou en argent. Le délai expiré sans déclaration de sa part, il est censé avoir renoncé à s'acquitter par des travaux en nature, et la loi veut que sa prestation soit alors acquittée en argent. Nous parlerons de la fixation des délais d'option, lorsque nous nous occuperons des formes à suivre pour la rédaction et le recouvrement des rôles.

Les journées de prestation non rachetées peuvent être converties en tâches.

Le troisième paragraphe de l'article 4 autorise l'emploi d'un mode de réalisation des prestations en nature, qui doit évidemment rendre l'emploi de la prestation plus efficace qu'il ne l'était généralement. Ce moyen sera nouveau dans un grand nombre de départements, mais dans les localités où il a été mis en usage, il a produit d'heureux résultats, et les prestataires y ont trouvé de l'avantage, de même que la commune ; il s'agit de la conversion en tâches des journées de différentes espèces que les contribuables auront déclaré vouloir acquitter en nature.

Le tarif de conversion des journées en tâches est arrêté par les conseils municipaux.

C'est aux conseils municipaux que la loi donne le droit de décider d'abord que les prestations non rachetées seront converties en tâches ; c'est encore aux conseils municipaux qu'est laissé le soin d'arrêter le tarif de la conversion en tâches des journées de prestation.

Bases de la rédaction des tarifs de conversion des journées en tâches.

Au premier coup d'œil, la rédaction de ce tarif peut paraître difficile ; mais les explications que vous donnerez aux maires feront bientôt disparaître toute difficulté dans l'emploi de ce moyen nouveau. On sait généralement, en effet, ce que valent, lorsqu'ils sont payés en argent, les travaux de différente espèce qui se font sur les chemins vicinaux ; combien on paye, par exemple, pour faire ramasser, casser ou étendre un mètre cube de pierres, ou pour faire creuser un mètre courant de fossés de telles dimensions ; on sait aussi combien coûte le transport de ces matériaux à une distance donnée. Le conseil municipal n'a donc qu'à arrêter la valeur représentative de ces différentes espèces de travaux dans un tarif qu'il déclarera devoir servir pour la conversion en tâches des prestations non rachetées en argent. Le taux de conversion des prestations ayant été préalablement fixé par le conseil général, chaque contribuable saura ce qui peut lui être demandé soit en argent, soit en tâches. L'habitant imposé à 3 francs, par exemple, pour trois journées de travail manuel, saura que, s'il veut acquitter sa prestation en nature, la commune pourra exiger de lui qu'il fasse telle quantité de telle espèce de travaux ; le cultivateur imposé à 9 francs pour trois journées de charrettes saura que, s'il acquitte sa prestation en nature, il pourra être astreint à transporter telle quantité de matériaux de tel endroit à tel endroit. Je n'ai pas besoin de vous dire que les délibérations des conseils municipaux sur la conversion des journées en tâches ne sont exécutoires qu'après votre approbation ; c'est l'application de la règle générale en semblable matière.

Avantages du mode du travail par tâches pour les communes et pour les prestataires.

L'emploi de ce mode de travail présentera sans doute, comme je vous le disais plus haut, quelques difficultés d'exécution dans le premier essai qu'on en fera; mais l'expérience fera bientôt disparaître ces difficultés, et on en appréciera tous les avantages. Les autorités locales se trouveront ainsi dispensées, en grande partie, de l'obligation fastidieuse et souvent pénible de surveiller le travail des prestataires, et elles n'auront plus, en général, qu'à constater que les tâches ont été exécutées; la communauté y gagnera par une réparation plus efficace des chemins; enfin les prestataires y trouveront aussi un avantage, car, sachant qu'ils seront libérés par l'exécution de la tâche imposée, ils pourront, par un travail actif, se libérer dans la moitié du temps, peut-être, qu'ils étaient, dans l'autre système, astreints à passer sur les chemins.

Je vous engage donc, monsieur le préfet, à conseiller l'adoption de ce mode de travaux, en en développant les avantages dans vos instructions; chargez MM. les sous-préfets d'aplanir par des explications verbales les premières difficultés que rencontreront les maires; invitez les agents voyers à guider les premiers efforts de l'autorité locale dans cette voie nouvelle; et si le système autorisé par l'article 4 de la loi du 21 mai 1836 prend quelque extension, je ne doute pas qu'il n'ait les plus heureux résultats sur l'amélioration de l'ensemble de nos communications vicinales.

Les journées de prestations ne doivent pas être comprises dans les adjudications de travaux.

Mais il est un mode d'emploi des journées de prestation qui a été tenté à différentes époques dans un bien petit nombre de départements, et qui ne doit être admis nulle part: c'est la mise en adjudication des travaux à faire sur un chemin vicinal, en imposant à l'adjudicataire la condition d'employer les travaux de prestation, qui lui sont alors précomptés pour une valeur déterminée.

Ce mode d'emploi, monsieur le préfet, me paraît contraire à l'esprit de la loi du 21 mai 1836, contraire même aux institutions libérales qui nous régissent.

Que dans l'intérêt de la famille communale, chaque citoyen qui fait partie de cette famille puisse être appelé à concourir personnellement à un travail d'utilité générale, telle que la réparation d'un chemin, cela doit être: nul ne peut se plaindre d'obéir au chef de la famille communale ou au fonctionnaire qui le remplace momentanément, et les reproches que le maire adresserait au prestataire négligent n'aurait jamais rien de blessant; le refus de lui donner son certificat de libération ne pourrait exciter le soupçon d'une sévérité intéressée, puisqu'enfin le maire n'agit que dans l'intérêt de la communauté. Mais placer les prestataires à la disposition d'un adjudicataire qui a un intérêt matériel et pécuniaire à ce qu'ils remplissent leur tâche ; les mettre sous la surveillance d'un homme qui a acheté leurs travaux, et qui doit avoir par conséquent le droit de réprimander les négligents, de leur refuser même leur certificat de libération, lorsqu'ils ne lui paraissent pas avoir assez travaillé : c'est là, je le répète, une mesure qui me paraît tout à fait contraire à la libéralité des formes de notre gouvernement; c'est changer la condition des prestataires; c'est ramener le travail de la prestation à l'ancienne corvée.

Je vous invite donc, monsieur le préfet, à ne tolérer ce mode d'emploi sur aucun point de votre département.

Formes à suivre pour l'établissement des rôles de prestation, leur mise en recouvrement, la libération des contribuables, et les comptes à rendre.

Après avoir parlé, en nous occupant des articles 3 et 4, de tout ce qui a rapport à l'assiette de la prestation en nature et à sa conversion en argent ou en tâches, il est nécessaire, monsieur le préfet, de régler ce qui est relatif à l'établissement des rôles et à leur recouvrement, à la libération des contribuables et enfin aux comptes à rendre par les fonctionnaires et comptables.

Ces formes continuent à être régies par l'article 5 de la loi du 28 juillet 1824.

La loi du 21 mai 1836 ne contient aucune disposition nouvelle sur ces différents points, d'où il suit qu'ils continuent à être régis par l'article 6 de la loi du 28 juillet 1824. qui porte que « le recouvrement (des rôles) » sera poursuivi comme pour les contributions directes, les dégrèvements » prononcés sans frais, les comptes rendus comme pour les autres dépenses » communales. » Ainsi donc, les prestations en nature continueront à être portées en recette et en dépense, pour leur évaluation, au budget des communes où il en sera établi.

Toute comptabilité doit être établie d'une manière assez nette pour ne prêter à aucune critique fondée, et cela dans l'intérêt du comptable aussi bien que dans celui du contribuable. La prestation en nature, contribution d'une nature toute spéciale et qui pourrait plus que toute autre donner lieu à des reproches de faveur ou d'arbitraire, cette contribution, dis-je, a besoin d'être réglée, dans tous ses détails. par des dispositions précises dont MM les maires apprécieront bien la nécessité, dans l'intérêt de leur responsabilité. Ils comprendront que lorsqu'ils sont appelés à répartir sur leurs administrés une portion des charges publiques. leur action doit toujours être appuyée sur des bases dont tous puissent apprécier la régularité, et que lorsqu'ils ont à rendre compte de l'emploi des moyens mis à leur disposition, ils doivent entourer ce compte de toutes les garanties, de toutes les formes propres à faire passer dans l'esprit des administrés la conviction de son exactitude.

Il doit être établi dans chaque commune un état-matrice des contribuables qui doivent être imposés à la prestation en nature.

La première chose à faire pour parvenir à une exacte répartition des prestations en nature, c'est de rechercher quelles sont les personnes qui doivent y être soumises. Il est donc indispensable que dans chaque commune où la prestation devra être votée, il soit rédigé un état-matrice de tous les contribuables qui peuvent être tenus à ces prestations, en vertu de l'article 3 de la loi du 21 mai 1836. Cet état-matrice dont le modèle est ci-annexé (coté B), et que vous ferez imprimer en nombre suffisant, devra présenter dans chaque article : 1° le nom de l'individu sur lequel la cote est assise, ainsi que je vous l'ai expliqué plus haut (page 268) ; 2° le nom des membres de la famille et des serviteurs qui doivent également donner lieu à imposition ; 3° le nombre des charrettes ou voitures attelées, et des bêtes de somme, de trait et de selle, qui sont au service de la famille ou de l'établissement dans la commune. Cet état-matrice devra être rédigé par une commission composée du maire et des répartiteurs, assistés du percepteur-receveur municipal ; ce comptable pourra, en raison de son habitude de travaux analogues être fort utile pour celui dont il s'agit. Si les répartiteurs désiraient être dispensés d'y concourir, ils pourraient être suppléés par des commissaires *ad hoc*, que le sous-préfet nommerait sur l'indication du maire. Comme la formation de l'état matrice est un travail assez considérable, il importe de ne pas être obligé de le recommencer tous les ans. Vous disposerez donc votre cadre de manière à ce qu'il puisse servir pour trois années.

L'état-matrice doit être déposé pendant un mois à la maison commune.

Lorsque l'état-matrice sera rédigé, il devra être déposé à la mairie, et le maire fera prévenir ses administrés, par un avis publié dans la forme accoutumée, qu'ils peuvent, pendant un mois, venir en prendre connaissance, afin de présenter, s'il y a lieu, leurs réclamations contre le travail. Ces réclamations ne sont pas encore des demandes en dégrèvement, puisqu'il ne s'agit que des bases de l'imposition ; elles ne doivent donc pas être adressées au conseil de préfecture Elles seront, à l'expiration du mois, soumises à l'examen du conseil municipal, qui les appréciera et rectifiera l'état-matrice, s'il y a lieu. Après cette formalité, l'état-matrice vous sera transmis pour être revêtu de votre approbation ; il devra être revisé tous les ans dans le mois d'août, mais il ne me paraît pas nécessaire que ces révisions périodiques soient soumises à votre visa approbatif, attendu qu'elles ne sont que partielles. Vous vous bornerez donc à faire soumettre les états-matrices à votre approbation, chaque fois qu'ils seront entièrement refondus.

L'état-matrice ainsi établi sera la base légale du rôle de prestation en nature qui devra être rédigé en vertu de la délibération du conseil municipal qui aura voté l'emploi de cette ressource. Vous trouverez ci-annexé le modèle de ce rôle (coté C); je me suis tenu pour le tracer aussi près que possible de la forme adoptée pour les rôles des contributions directes. Il devra présenter, pour chaque article: 1° le nombre des journées d'hommes dues pour la personne du chef de la famille ou de l'établissement, s'il y a lieu; 2° le nombre des journées d'hommes dues pour chacun des membres de sa famille et de ses serviteurs; 3° le nombre des journées dues pour les charrettes et voitures; 4° le nombre des journées dues pour les bêtes de somme, de trait et de selle. L'article du rôle devra également présenter, pour chaque espèce de journée, la valeur en argent d'après le taux de conversion précédemment arrêté par le conseil général; enfin, il sera ménagé une colonne pour inscrire les déclarations d'option. On devra également indiquer en tête du rôle la date de la délibération du conseil municipal en vertu de laquelle il est établi.

Les percepteurs-receveurs municipaux doivent être chargés de la confection des rôles.

Quoique la fourniture de rôles imprimés doive en rendre l'établissement plus facile, il ne faut pas se dissimuler que rarement MM. les maires ou leurs secrétaires auront assez de temps ou assez d'habitude de ce genre de travail pour pouvoir le faire avec toute la régularité nécessaire. Vous devez donc, monsieur le préfet, en charger les percepteurs-receveurs municipaux. Ces comptables, habitués au calcul et à des travaux analogues, seront tous en état de rédiger des rôles sur l'exactitude desquels vous pourrez compter, et vous ne risquerez pas d'être obligé d'en renvoyer un grand nombre lorsqu'ils vous seront adressés pour être rendus exécutoires. Il y aura d'ailleurs un autre avantage à suivre cette marche, celui de l'économie pour les communes. La rédaction du rôle de prestation est un travail trop considérable pour qu'on pût astreindre le secrétaire de la mairie ou tout autre individu à le faire gratuitement; d'un autre côté, le percepteur-receveur municipal, qui sera dans tous les cas chargé des recouvrements de rôle, aurait droit à une remise pour ce recouvrement. En chargeant ce comptable de la rédaction comme du recouvrement, il lui sera alloué une remise unique, qui pourra être moins élevée que celles qu'on diviserait entre le rédacteur du rôle et le comptable.

Il doit être alloué aux percepteurs-receveurs municipaux une remise calculée sur le montant total des rôles.

Je vous invite donc, monsieur le préfet, à adopter cette marche pour votre département, si déjà ce n'était pas celle suivie. En fixant la remise des percepteurs-receveurs municipaux à cinq centimes par franc du montant des rôles évalués en argent, ces comptables me paraissent devoir être suffisamment indemnisés de leur travail, et les communes ne sauraient trouver ce taux trop élevé. La remise accordée aux percepteurs pour le recouvrement des contributions directes est assez généralement fixée à trois centimes, et outre que ce recouvrement est moins difficile que celui des rôles de prestation, ils n'ont pas à rédiger les rôles des contributions directes. Le taux de cinq centimes me paraît donc équitablement réglé. Je dois seulement vous répéter que c'est sur le montant total du rôle que devra être calculée cette remise. Il est quelques localités où l'on a prétendu ne la laisser prélever que sur le montant des cotes recouvrées en argent; c'est une erreur évidemment, car le comptable a autant de travail pour la rédaction et le recouvrement, que les cotes soient acquittées en nature ou en argent; il est donc juste que sa rétribution soit la même. Je m'occupe, au surplus, d'arrêter de nouvelles bases pour le traitement des receveurs municipaux, et ces dispositions lèveront toute difficulté sur ce point.

Les rôles doivent être certifiés par les maires et rendus exécutoires par les préfets.

Lorsque les percepteurs-receveurs municipaux auront rédigé les rôles de prestations en nature, ils les remettront aux maires, qui les viseront et en certifieront l'exactitude. Ces rôles vous seront aussitôt adressés par l'intermédiaire de MM. les sous-préfets pour être revêtus de votre exécutoire. Vous prendrez les mesures nécessaires pour que tous les rôles vous soient soumis dans le courant d'octobre au plus tard, afin qu'ils puissent toujours être renvoyés par vous dans les communes avant le 1er janvier.

Les rôles doivent être publiés comme et en même temps que ceux des contributions directes, et un avertissement doit être remis à chaque contribuable. — Le délai d'option doit être fixé à un mois.

Les rôles de prestations en nature parvenus dans les communes, la publication devra en être faite en même temps et dans la même forme que pour le rôle des contributions directes, et la remise en sera faite au percepteur-receveur municipal. Ce comptable rédigera aussitôt, pour chaque contribuable, un avertissement dont vous trouverez le modèle ci-annexé (coté D) et que vous ferez imprimer en nombre suffisant. Cet avertissement devra indiquer, comme le rôle, la date de la délibération; contenir les détails portés à l'article du rôle, et se terminer par l'invitation au contribuable de déclarer, dans le mois de la publication du rôle, s'il entend se libérer en argent ou en nature. Mention y sera aussi faite qu'aux termes de l'article 4 de la loi du 21 mai 1836, la cote serait de droit exigible en argent, si le contribuable n'avait pas déclaré devant le maire son option, dans le délai d'un mois précédemment fixé. Ces avertissements seront remis par les percepteurs-receveurs municipaux aux maires, qui les feront remettre aux contribuables, sans frais, par l'entremise des gardes champêtres.

Le maire, ou son adjoint, s'il l'a délégué pour recevoir les déclarations d'option, tiendra une note exacte de ces déclarations; il la clôturera à l'expiration du mois, et la transmettra immédiatement au percepteur-receveur municipal, qui en fera mention sur le rôle, en regard du nom du contribuable, dans la colonne à ce destinée.

Le percepteur-receveur municipal doit fournir au maire le bordereau des cotes à recouvrer en argent, et un état détaillé des cotes acquittables en travaux.

Comme il importe que le maire connaisse promptement, et d'une manière précise, le montant des ressources dont il aura à disposer, tant en journées de prestation en nature qu'en argent, le percepteur-receveur municipal devra former un relevé de son rôle en deux parties ; le modèle en est ci-annexé (coté E). La première partie comprendra, pour chaque contribuable nominativement, les journées de prestations d'hommes, de charrois et d'animaux que ce contribuable aura déclaré vouloir acquitter en nature ; la seconde sera seulement le total des cotes qui seront exigibles en argent, soit que le contribuable ait préféré ce mode de libération, soit qu'à défaut de déclaration d'option dans le délai voulu, la cote soit devenue exigible en argent. Cet état sera adressé au maire dans la quinzaine qui suivra le délai d'option.

Vous voyez que par la marche que je viens de vous tracer, monsieur le préfet, presque toutes les écritures seront faites par les percepteurs-receveurs municipaux, et les maires des communes apprécieront cet avantage. D'un autre côté, les maires connaîtront les ressources dont ils peuvent disposer longtemps avant l'ouverture des travaux, puisque les relevés que leur fourniront les comptables devront être entre leurs mains avant la fin de février de chaque année.

Les demandes en dégrèvement sont jugées comme en matière de contributions directes.

Le rôle, quelque exact qu'il soit, peut, pour diverses causes, donner lieu à des demandes en dégrèvement. Ces demandes doivent être présentées, instruites et jugées comme celles relatives aux contributions directes, c'est-à-dire qu'elles doivent être présentées dans les trois mois de la publication des rôles, et soumises au conseil de préfecture. Elles pourront être formées sur papier libre, ainsi que l'indiquent les mots *sans frais*.

Occupons-nous maintenant, monsieur le préfet, du recouvrement des rôles, c'est-à-dire de la perception des cotes acquittables en argent, et de l'emploi en travaux des cotes exigibles en nature.

Les cotes exigibles en argent sont recouvrées comme en matière de contributions directes.

Pour les cotes exigibles en argent, je n'ai que bien peu de mots à vous dire, puisque le recouvrement doit s'en faire comme pour les contributions directes, et que les percepteurs savent tous ce qu'ils ont à faire à cet égard. Ce sera donc par douzième que se fera le recouvrement ; les poursuites seront les mêmes qu'en matière de contributions directes, et s'il y avait lieu, ce qui n'arrivera jamais, j'espère, d'arriver jusqu'à la contrainte, ce serait le receveur des finances qui devrait en autoriser l'emploi ; bien qu'il s'agisse ici d'une contribution rangée en quelque sorte parmi les revenus municipaux, la loi veut que tous les degrés de poursuites aient lieu comme pour les contributions directes. Le percepteur ne devra jamais pousser les poursuites jusqu'à la contrainte, sans qu'il vous en soit préalablement référé ; il vaudrait mieux, en effet, laisser tomber une cote en non-valeur, si elle devait atteindre un contribuable malaisé, que de faire des frais en pure perte. Il n'y aurait lieu de conduire les poursuites jusqu'à leur dernier degré que si elles devaient être dirigées contre un contribuable aisé, mais d'une évidente mauvaise volonté.

Quant aux cotes que les contribuables auront déclaré vouloir acquitter en nature, leur recouvrement, ou, pour parler plus exactement, leur emploi n'est plus dans les attributions du percepteur-receveur municipal ; il rentre dans les attributions de l'autorité municipale, puisqu'il s'agit de faire effectuer des travaux.

Avant l'ouverture des travaux, le maire doit visiter les chemins, afin d'apprécier les travaux à faire.

Dans le règlement général que vous aurez fait en exécution de l'art. 21 de la loi, vous aurez, monsieur le préfet, déterminé les époques auxquelles doivent se faire les travaux de prestation en nature. Quelque temps avant cette époque, les maires devront visiter ou faire visiter les chemins vicinaux de leur commune, afin de reconnaître ceux qui ont le plus besoin de réparaton ; ils en dresseront un devis sommaire qui leur permettra de reconnaître le nombre des journées qu'ils devront faire faire sur chaque chemin, en se basant sur les besoins de ces chemins et sur le nombre total de journées qu'ils ont à employer, d'après le relevé que leur auront fourni les percepteurs-receveurs municipaux.

Le maire doit faire publier la prochaine ouverture des travaux, et adresser une réquisition à chaque contribuable.

Quinze jours avant l'époque fixée pour l'ouverture des travaux, le maire devra faire publier, le dimanche, à l'issue de la messe paroissiale, et afficher à la porte de la maison commune, l'avis que les travaux de prestation en nature vont commencer dans la commune. La publication sera répétée un second dimanche, et en même temps le maire fera remettre à chaque contribuable tenu à la prestation un avis signé, portant réquisition de se trouver tel jour, à telle heure, sur le chemin, pour y faire les travaux qui lui seront indiqués, en acquittement de sa cote ; si la conversion des journées en tâches devait avoir lieu dans la commune, l'avis devrait en faire mention, et indiquer la nature des tâches que le contribuable est requis d'effectuer. Ces avis, dont vous trouverez les modèles ci-annexés (cotés F et F *bis*) et que vous ferez imprimer en nombre suffisant, porteront aussi la mention que si le contribuable négligeait d'obéir à la réquisition qui lui est faite, sa cote deviendrait de droit exigible en argent. Les avis devront être remis sans frais par l'entremise du garde champêtre. Dans les communes fort étendues, les maires devront avoir l'attention de faire travailler leurs administrés le moins loin possible de leur domicile.

Les travaux doivent être surveillés par le maire ou son délégué.

L'exécution des travaux de prestation devra avoir lieu sous la surveillance du maire, de son adjoint ou d'un membre du conseil municipal que le maire aurait spécialement délégué à cet effet. Le fonctionnaire chargé de surveiller les travaux veillera à ce que les heures qui doivent être employées au travail le soient effectivement, et de la manière la plus utile à la réparation des chemins. Le garde champêtre devra être présent sur les travaux pour exécuter les ordres qu'il recevra du fonctionnaire chargé de la surveillance. Dans les communes où la chose sera possible, le maire fera bien, sur l'avis du conseil municipal, de choisir un piqueur qui sera chargé de la direction matérielle des travaux; le salaire de cet agent ferait partie des dépenses des chemins vicinaux.

Quittances à donner aux prestataires, pour constater leur libération.

Pour que la décharge des prestataires puisse être régulièrement opérée, le fonctionnaire chargé de la surveillance des travaux devra être muni du relevé du rôle dont il a été parlé plus haut. A la fin de chaque journée, il émargera sur ce relevé, en regard du nom de chaque prestataire, le nombre de journées que ce prestataire aura acquittées pour son compte. Il déchargera en même temps l'avis ou la réquisition qui avait été envoyée au contribuable. Enfin, lorsque les travaux seront achevés, le relevé du rôle devra être remis au percepteur-receveur municipal, afin que ce comptable puisse émarger sur le rôle les cotes acquittées en nature; il totalisera ces cotes et en inscrira le montant en un seul article sur son journal à souche; il ne détachera pas le bulletin, attendu qu'il n'y a lieu de le remettre à aucune partie versante, mais il aura soin de le biffer en le laissant tenir à la souche. Au moyen de ces différentes formalités, la libération des prestataires se trouvera dûment constatée, et le compte pourra être régulièrement rendu.

Je n'ai pas besoin de vous dire que les frais d'impression des rôles et de toutes les autres pièces qui se rattachent au service des chemins vicinaux doivent être payés, soit sur les fonds affectés dans chaque commune à ce service, soit sur les fonds des cotisations municipales.

Les cotes que les prestataires ne seraient pas venus acquitter en nature le jour où ils en sont requis, sont de droit exigibles en argent.—Des ajournements peuvent être accordés en cas d'empêchement légitime.

Toutes les fois qu'un contribuable ne se rendra pas au jour fixé sur l'atelier qui lui aura été assigné, pour y acquitter ses prestations, ou qu'il n'aura fourni qu'une partie des journées par lui dues, soit en manquant aux heures ou autrement, sa cote ou le restant de sa cote deviendra, ainsi qu'il en a été prévenu, exigible en argent. Dans ce cas, le maire adressera au percepteur-receveur municipal le nom du prestataire récalcitrant ou retardataire, et invitera ce comptable à recouvrer la cote en argent. En cas de maladie ou d'autre empêchement légitime et grave, le maire pourra sans doute accorder au prestataire un ajournement pour l'acquittement de sa cote en nature; mais ces ajournements ne devront pas être très-prolongés, afin de ne pas nuire aux travaux; ils ne devront, dans aucun cas, se prolonger au delà des limites fixées par l'ordonnance royale du 1er mars 1835, pour la clôture de l'exercice. Toute cote qui n'aurait pas été acquittée en nature dans ces limites serait définitivement exigible en argent, et le percepteur-receveur municipal serait tenu d'en effectuer le recouvrement par toutes les voies de droit.

Les prestations en nature ne doivent pas être mises en réserve d'une année sur l'autre. — Les prestations en nature doivent être consommées dans la durée de l'exercice auquel elles s'appliquent.

Je dois ici, monsieur le préfet, appeler votre attention sur un usage qui s'est introduit dans quelques localités, et qui constitue un véritable abus; aussi n'ai-je pas manqué de le réprimer toutes les fois qu'il est parvenu à ma connaissance.

Quelquefois les maires, au lieu de faire effectuer les travaux de prestation aux époques prescrites et dans l'année pour laquelle ils ont été votés, les laissent arriérer, et ensuite, au bout de deux ou trois années, ils requièrent les contribuables d'effectuer les journées qu'ils avaient cru pouvoir laisser en réserve. Il y a ici violation évidente de la lettre comme de l'esprit de la loi.

En effet, la loi permet de demander à chaque contribuable jusqu'à trois journées de son temps pendant le cours de l'année, pour travailler à la réparation des chemins vicinaux. En fixant ce maximum, la loi a eu pour intention évidente qu'il ne pût être exigé du contribuable de faire, dans une année, le sacrifice de plus de trois journées de son temps. Comment, sous le prétexte d'arrérages que le maire aurait irrégulièrement laissés accumuler, pourrait-il être permis de demander ensuite à ce contribuable de venir employer dans la même année six ou neuf journées, tant pour l'arriéré que pour le courant? En matière de contributions directes, le recouvrement par douzième est prescrit plus encore dans l'intérêt du contribuable que dans celui du trésor, et un percepteur serait hautement répréhensible s'il laissait arriérer son recouvrement, et qu'il prétendît le faire ensuite tout d'un coup. En matière de prestations en nature, il doit être procédé d'après les mêmes principes. Les cotes exigibles en argent doivent être recouvrées dans les mêmes délais que les contributions directes; les cotes acquittables en nature doivent être consommées, sinon dans l'année même pour laquelle elles ont été votées, au moins dans les délais fixés pour la clôture de l'exercice auquel ces prestations se rattachent.

L'emploi des cotes recouvrées en argent rentre dans la catégorie des dépenses communales.

Je ne vous ai rien dit jusqu'à présent, monsieur le préfet, des travaux qui pourront se faire à prix d'argent, sur le montant des cotes qui seront exigibles en argent. Ce sont alors des travaux communaux de la même nature que ceux que les communes ont à faire exécuter; ils doivent, selon les cas et selon leur importance, être précédés de devis, d'adjudications, de toutes les formes enfin applicables aux travaux communaux, et dont les règles vous sont trop familières pour que je doive entrer dans aucun détail à cet égard.

L'emploi des ressources communales ne peut, sous peine de responsabilité, avoir lieu que sur les chemins légalement reconnus.

Je ne terminerai cependant pas ce qui a rapport aux travaux, sans vous rappeler encore, et sans vous inviter à bien faire connaître aux maires, qu'aucune partie des fonds communaux ou des prestations en nature ne doit être employée sur des chemins qui n'auraient pas le caractère voulu par l'article 1er de la loi du 21 mai 1836, c'est-à-dire qui n'auraient pas été légalement reconnus par un arrêté du préfet. Tout emploi soit de fonds, soit de prestations, sur un chemin non légalement reconnu, pourrait donner lieu, contre le fonctionnaire qui l'aurait ordonné, à une accusation en détournement des fonds communaux, ou au moins à une action en réintégration des fonds illégalement employés. Il en serait de même de l'emploi à d'autres travaux des fonds destinés à la réparation des chemins vicinaux.

Comptes à rendre du produit des rôles de prestation.

Il ne me reste plus, pour terminer cet article, que quelques mots à vous dire sur les comptes à rendre de l'emploi du produit des rôles de prestation.

Ces rôles, ainsi que cela a été dit plus haut, doivent figurer en recette et en dépense au budget des communes; le compte d'emploi doit donc en être rendu comme pour les autres recettes communales. Le percepteur-receveur municipal devra établir d'une manière précise le montant des recouvrements qu'il a dû faire en argent et le montant de ce qui a dû être exécuté en travaux; cette justification se fera par la représentation du relevé même de son rôle émargé. Les dépenses faites sur le produit des cotes recouvrées en argent seront justifiées par pièces comptables, comme pour les autres travaux communaux. Quant aux cotes qui ont dû être acquittées en nature, le comptable en sera libéré par la représentation du relevé qu'aura émargé le fonctionnaire chargé de la surveillance des travaux, relevé dont nous avons parlé plus haut.

Tous les détails d'exécution qui précèdent sont d'une application générale pour tous les départements.

Je suis entré dans d'assez longs détails sur tout ce qui se rattache à la comptabilité des prestations, parce qu'elle est d'une nature toute spéciale et qu'elle a besoin d'être régie par des règles spéciales aussi. Je terminerai en vous faisant remarquer que rien de ce qui a rapport à cette comptabilité n'est de nature à exiger que les formes en soient modifiées Les époques des travaux et leur mode d'exécution peuvent sans doute varier dans les diverses régions du royaume, et c'est pour cela que la loi charge chaque préfet de faire un règlement spécial pour son département ; mais la rédaction des états-matrices, la confection des rôles, les formes de la libération des contribuables, enfin la reddition des comptes, ce sont là des détails qui peuvent et doivent être réglés uniformément ; vous voudrez donc bien, monsieur le préfet, prendre pour base des arrêtés et règlements que vous aurez à faire les règles que je viens de vous tracer sur ces divers points.

Art. 5. Si le conseil municipal, mis en demeure, n'a pas voté dans la session désignée à cet effet les prestations et centimes nécessaires, ou si la commune n'en a pas fait emploi dans les délais prescrits, le préfet pourra, d'office, soit imposer la commune dans les limites du maximum, soit faire exécuter les travaux.

Chaque année, le préfet communiquera au conseil général l'état des impositions établies d'office en vertu du présent article.

Moyens à employer lorsqu'une commune néglige ou refuse de réparer un chemin.

L'une des principales causes du peu d'efficacité de la loi du 28 juillet 1824 était, sans contredit, l'absence de toute sanction au principe qui met la réparation des chemins à la charge des communes. Trop souvent une inexplicable incurie et l'entier oubli des véritables intérêts de la commune, quelquefois aussi de ces rivalités locales dont on connaît la persistance, portaient un conseil municipal à négliger entièrement la réparation des communications les plus utiles, et l'administration supérieure ne pouvait qu'exhorter, sans que la loi lui donnât le pouvoir de vaincre une force d'inertie qui produisait de si déplorables résultats.

Trop de plaintes s'élevaient contre cet état de choses ; trop de voix demandaient que l'administration supérieure fût enfin armée du droit de donner force et action au principe de la loi ; la législature a compris le vœu du pays, et désormais vous pourrez, monsieur le préfet, suppléer, s'il en est encore besoin, à ce que l'administration locale devrait faire.

Le pouvoir nouveau que vous confie l'article 5 de la loi du 21 mai 1836 vous est donné dans l'intérêt du pays ; vous n'en ferez usage qu'avec sagesse, vous ne l'emploierez que dans le cas où la nécessité est évidente pour tous, et vous serez ainsi toujours préparé à présenter cette partie de vos actes au contrôle auquel la loi les soumet.

Il n'y a lieu à l'application de ces moyens que lorsque l'état des chemins soulève des plaintes fondées et que la commune n'a pas déjà fait emploi de ses ressources.

La base de toute application de la disposition nouvelle est d'abord le mauvais état des chemins ou d'un chemin, et ensuite cette circonstance que la commune n'aurait pas fait usage déjà des moyens que la loi met à sa disposition. En effet, si vous ne receviez de plaintes sur l'état des chemins ni des habitants de la commune, ni d'aucune des communes voisines, il serait bien à présumer que l'état de ces communications ne serait pas tel qu'il dût justifier l'intervention de l'administration supérieure. Si, d'un autre côté, et quel que fût l'état des chemins, la commune avait déjà fait emploi, dans l'année, de la totalité des ressources dont elle peut disposer en prestation et centimes, vous ne pourriez exiger d'elle de plus grands sacrifices, et votre mission se bornerait alors à inviter le conseil municipal à examiner s'il n'y aurait pas lieu de faire usage du moyen autorisé par l'article 6 de la loi du 28 juillet 1824.

Mais si des plaintes vous arrivent et que vous reconnaissiez que la commune n'a pas fait usage des ressources dont elle peut disposer, ce sera le cas d'examiner s'il y a lieu d'user du pouvoir que la loi vous confère.

Le mauvais état des chemins doit d'abord être reconnu et constaté.

A cet effet, vous devrez d'abord faire constater l'état de dégradation des chemins ou du chemin dont il s'agit, car il faut que vous puissiez justifier que vous n'avez agi que dans le cas où votre intervention aura été commandée par la nécessité. Cette visite des lieux devra être faite par un commissaire que vous désignerez, et sans doute vous trouverez MM. les membres du conseil général ou des conseils d'arrondissement disposés à se charger d'une mission qui aura pour objet l'intérêt de la localité ; au besoin, vous en chargeriez un agent voyer dont le rapport aura un caractère d'authenticité inattaquable.

La commune doit être mise en demeure par un arrêté spécial.

Lorsque le procès-verbal de visite des chemins vous aura fait reconnaître l'exactitude des plaintes que vous aurez reçues, vous devrez, aux termes de la loi, mettre le conseil municipal en demeure de pourvoir aux réparations qu'ils exigent. Vous concevez, monsieur le préfet, que cette mise en demeure ne peut pas résulter de l'invitation générale que vous adresserez chaque année aux conseils municipaux de s'occuper, dans leur session de mai, des mesures à prendre pour l'entretien des chemins vicinaux. Une mise en demeure, acte grave, puisqu'il peut être suivi de contrainte, ne peut avoir lieu que par une invitation directe et spéciale. Vous devrez donc, par un arrêté motivé, inviter le maire à convoquer son conseil municipal dans un délai que vous fixerez, à l'effet de délibérer sur la réparation des chemins dont le mauvais état a été constaté par vos ordres. Le droit de fixer le délai pour la réunion du conseil municipal vous appartient, non-seulement en vertu des lois générales, mais encore en vertu de l'article 5 de la loi du 21 mai 1836; car le mot de *session* dont se sert cet article s'entend aussi bien des réunions extraordinaires que des réunions ordinaires.

Si l'invitation n'est pas suivie d'effet, il y a lieu d'imposer d'office.

Si le conseil municipal refusait de voter les prestations et centimes, s'il ne les votait pas en quotité nécessaire, comme le porte l'article dont nous nous occupons, ou si enfin il laissait expirer le délai que vous auriez fixé sans avoir répondu à l'injonction portée dans votre arrêté, vous seriez alors investi du droit d'imposer la commune d'office jusqu'à la quotité nécessaire pour effectuer la réparation des chemins.

L'imposition d'office peut porter sur la totalité des ressources indiquées par la loi.

La reconnaissance de l'état de ces chemins vous aura mis en état d'apprécier, aussi approximativement que possible, la dépense à faire pour les réparer, et vous connaîtrez, d'un autre côté, le produit des trois journées de prestation évaluées en argent, et des cinq centimes, maximum fixé par la loi. Vous pourrez donc reconnaître aussitôt s'il est nécessaire d'imposer la totalité des trois journées et des cinq centimes, ou s'il suffit d'imposer une portion de chacune de ces ressources.

Il convient que l'imposition d'office ne porte pas seulement sur les centimes.

Je dis ici, monsieur le préfet, *une portion de chacune de ces deux ressources*, et ce n'est pas sans une intention que vous allez apprécier. Il serait plus facile de n'imposer que des centimes, dans le cas où leur produit suffirait aux travaux à faire; un arrêté que vous adresseriez au directeur des contributions terminerait cette affaire. Mais si vous n'imposiez que des centimes, il se pourrait que, par la disposition des propriétés dans la commune, ses habitants fussent presque entièrement exonérés de la charge que la loi veut faire peser en partie sur eux, sous forme de prestation en nature. En définitive donc, la résistance qu'aurait apportée le conseil municipal à l'accomplissement d'une obligation légale triompherait dans cette hypothèse, en ce sens que les membres du conseil, comme les autres habitants, auraient évité la charge résultant des prestations en nature, et que la charge résultant des centimes pourrait se trouver peser sur d'autres que les habitants de la commune. L'article 5 de la loi du 21 mai 1836 se trouverait donc éludé dans son texte et encore plus dans son esprit. Au contraire, en imposant la commune en prestations et en centimes jusqu'à due concurrence, les charges se trouveront équitablement réparties entre l'habitant et la propriété, comme le veut la loi, et le refus du conseil municipal n'aura pas eu l'effet qu'il en attendait.

Pour imposer des centimes, il suffira, comme je vous l'ai dit plus haut, d'un arrêté qui chargera le directeur des contributions directes d'établir sur la commune un rôle de tant de centimes par franc. Ce rôle sera rendu exécutoire par vous, et perçu dans la forme accoutumée.

Formes à suivre pour faire rédiger d'office le rôle des prestations, et en assurer le recouvrement.

D'autres formes devront être employées pour faire établir un rôle de prestation en nature et lui donner exécution; mais les obstacles que vous y rencontreriez ne sont pas insurmontables, et vous apprécierez trop bien la nécessité de les vaincre pour ne pas vous en occuper avec suite et fermeté. Voici la marche qui me paraîtrait devoir être suivie :

Après avoir pris l'arrêté qui frapperait la commune d'une imposition d'office de tant de journées de prestations en nature, et avoir notifié cet arrêté au maire, vous chargeriez le percepteur-receveur municipal de rédiger le rôle, comme s'il s'agissait de prestations votées : il y aurait seulement quelques légers changements à faire, soit dans l'intitulé du rôle, soit dans les formules qui le terminent. Vous rendriez aussitôt ce rôle exécutoire; et par un second arrêté que vous feriez publier dans la commune, vous préviendriez les habitants qu'il leur est accordé un délai de tant de jours pour déclarer au receveur municipal leur option de s'acquitter en nature ou en argent. Ce délai expiré, toutes les cotes pour lequelles il n'aurait pas été fait d'option seraient, de droit, exigibles en argent. Vous fixeriez en même temps les époques auxquelles devront être employées les cotes que les contribuables auraient déclaré vouloir acquitter en nature, et, si ce délai était encore dépassé, les cotes seraient également exigibles en argent, et le recouvrement en serait poursuivi par les voies de droit. De cette manière, la résistance la plus opiniâtre qu'il faut prévoir, mais qui n'aura jamais lieu, je l'espère, cette résistance, dis-je, sera sans effet contre l'application de la loi, puisque en définitive les prestations se convertiraient en un recouvrement en argent, comme pour les centimes Vous en appliqueriez alors le produit à solder le prix des travaux que vous feriez faire d'office.

Cas où le conseil municipal aurait voté des prestations et des centimes, et où il n'en serait pas fait emploi.

L'article dont nous nous occupons, monsieur le préfet, prévoit encore le cas où le conseil municipal aurait voté les prestations et centimes nécessaires, mais où il n'en aurait pas été fait emploi dans les délais prescrits par le règlement que vous aurez à faire.

Dans ce cas, vous agiriez d'une manière analogue à ce qui vous a dit plus haut. Vous mettriez par un arrêté la commune en demeure de faire faire, dans un certain délai, les travaux pour lesquels il a été voté soit des centimes, soit des prestations. Le délai par vous fixé étant expiré, vous déclareriez les prestations exigibles en argent; vous feriez faire les travaux à prix d'argent, et vous les solderiez avec le montant soit des centimes votés, soit des prestations recouvrées en argent.

Je pense, monsieur le préfet, que les détails dans lesquels je viens d'entrer suffiront, sinon pour lever toutes les difficultés que présente l'article 5 de la loi, au moins pour rendre cette exécution possible; mais, je ne saurais trop vous le répéter, ne recourez à l'application du pouvoir nouveau qui vous est confié que lorsque vous serez convaincu que son application est indispensable; rappelez-vous qu'il ne vous est donné que pour vaincre de blâmables résistances, et non pour contraindre des communes que leur position mettrait hors d'état de supporter les sacrifices qui leur sont demandés. Entourez surtout vos actes des formes légales qui peuvent seules les rendre inattaquables, et je ne doute pas qu'alors tout ce que vous ferez en vertu de cet article de la loi n'ait l'approbation du conseil général qui aura à en prendre connaissance, et du pays qui verra toujours avec plaisir force rester à une loi dont l'importance est si bien comprise.

Art. 6. Lorsqu'un chemin vicinal intéressera plusieurs communes, le préfet, sur l'avis des conseils municipaux, désignera les communes qui devront concourir à sa construction ou à son entretien, et fixera la proportion dans laquelle chacune d'elles y contribuera.

Lorsqu'un chemin intéresse plusieurs communes, elles doivent concourir à son entretien.

L'article 5 de la loi du 21 mai 1836 vous a donné, monsieur le préfet, le droit de contraindre une commune à la réparation des chemins qui l'intéressent d'une manière particulière et exclusive; l'article 6 a pour objet de vous donner le droit de déterminer la proportion dans laquelle plusieurs communes devront concourir à la construction et à la réparation d'un chemin qui est pour elles d'un intérêt collectif Il arrive assez fréquemment, en effet, qu'une commune sur le territoire de laquelle un chemin est situé se sert beaucoup moins de ce chemin que deux autres communes entre lesquelles il établit une communication. Il est juste, sans doute, que la commune de la situation du chemin concoure à son entretien, mais il est juste aussi d'y faire concourir, dans une équitable proportion, les communes intéressées au bon état de ce chemin.

Ce principe était écrit déjà dans l'article 9 de la loi du 28 juillet 1824 ; mais, soit que la rédaction de cet article fût un peu vague, soit que l'interprétation qui en fut faite laissât elle-même à désirer, toujours est-il que son application resta, sinon impossible, au moins d'une extrême difficulté. Il n'en sera pas de même de l'article 6 de la loi nouvelle, qui devra, au besoin, être combiné avec l'article 5.

Ici encore, monsieur le préfet, votre intervention, pour s'exercer, a besoin d'être provoquée. Mais si une commune prétend qu'elle ne doit pas supporter seule la charge de la réparation d'un chemin situé sur son territoire, elle devra vous le faire connaître et vous désigner les communes qu'elle regarde comme devant concourir avec elle à ces travaux. Vous ferez alors délibérer les conseils municipaux de ces communes ; vous pèserez mûrement les objections qu'ils pourront opposer à la demande; vous recueillerez tous les renseignements propres à bien éclairer votre décision, et, d'après le résultat de toutes ces recherches, vous statuerez par un arrêté motivé sur le degré d'intérêt de chacune des communes à l'entretien du chemin litigieux. Ce degré d'intérêt devra être exprimé, non par un chiffre absolu en francs, mais par un chiffre proportionnel, comme 1/10e, 1/5e, etc., afin que la même base puisse être appliquée tous les ans tant qu'il ne sera pas nécessaire d'y apporter de changements.

Les plus imposés ne sont plus appelés à délibérer sur le cas de concours, et le préfet statue sans l'assistance du conseil de préfecture.

L'article 9 de la loi de 1824 voulait que les plus imposés fussent appelés aux délibérations des conseils municipaux relatives à l'exécution de cet article, et la loi avait été conséquente parce qu'il devait en résulter des charges sur lesquelles ces mêmes plus imposés devaient ensuite voter. La loi nouvelle dispense les conseils municipaux de cette adjonction par des motifs analogues à ceux que je vous ai développés à l'occasion de l'article 2. Vous devez aussi prononcer seul, au lieu de statuer en conseil de préfecture, et ce changement à la législation sera pour vous un motif de mettre plus de soin que jamais à bien éclairer votre décision.

Si une commune refusait le concours légalement demandé, il y aurait lieu à l'application de l'article 5.

Si, lorsque vous aurez prononcé sur la quote-part de chaque commune, l'une d'elles refusait de se soumettre à votre décision, ce serait le cas, monsieur le préfet, de recourir aux mesures autorisées par l'article 5 de la loi. Il y a en effet ici parfaite analogie, et c'est ce que vous aurez déjà reconnu.

Le concours peut être exigé pour la construction comme pour la réparation.

Vous remarquerez aussi que la loi de 1824 ne paraissait donner le droit de faire concourir plusieurs communes qu'à l'entretien des chemins déjà existants, et la jurisprudence de l'administration avait positivement consacré cette interprétation. L'article 6 de la loi nouvelle lève une restriction souvent nuisible, et désormais vous pourrez appeler également les communes intéressées à concourir à la construction d'un chemin nouveau qui leur serait nécessaire.

Toutefois, pour la réparation comme pour la construction des chemins, je vous engage, monsieur le préfet, à ne faire que dans de justes limites l'application de l'article 6 de la loi du 21 mai 1836, car il y aurait de graves inconvénients à se laisser entraîner trop avant dans le système d'entretien collectif. Il est, en effet, bien peu de chemins qui ne servent qu'à la seule commune sur le territoire de laquelle ils sont situés; presque tous servent, plus ou moins, aussi aux communes avoisinantes : si donc on devait toujours les appeler à concourir à la réparation de ces chemins parce qu'elles s'en servent quelquefois, tous les chemins de chaque commune devraient bientôt être entretenus au moyen du concours de deux ou trois communes voisines, et réciproquement; l'administration se trouverait entraînée dans un nombre immense d'enquêtes, de dires, de contredires, et bientôt nous verrions l'article 6 de la loi nouvelle devenir d'une application aussi difficile que l'a été l'article 9 de la loi de 1824.

Pour appliquer la disposition nouvelle, il ne suffit pas qu'une commune se serve quelquefois d'un chemin situé sur le territoire d'une autre commune : il faut que ce chemin soit pour elle un moyen habituel et indispensable de communication, et qu'elle le dégrade assez pour qu'il soit juste de l'appeler à contribuer à son entretien; tel est évidemment l'esprit de l'article dont nous nous occupons, et, en l'appliquant ainsi, vos décisions seront toujours acceptées par les parties intéressées, parce que ces décisions seront fondées sur la plus stricte équité, autant que sur un article de loi.

SECTION II.

Chemins vicinaux de grande communication.

Art. 7. Les chemins vicinaux peuvent, selon leur importance, être déclarés chemins vicinaux de grande communication par le conseil général, sur l'avis des conseils municipaux, des conseils d'arrondissement, et sur la proposition du préfet.

Sur les mêmes avis et proposition, le conseil général détermine la direction de chaque chemin vicinal de grande communication, et désigne les communes qui doivent contribuer à sa construction ou à son entretien.

Le préfet fixe la largeur et les limites du chemin, et détermine annuellement la proportion dans laquelle chaque commune doit concourir à l'entretien de la ligne vicinale dont elle dépend; il statue sur les offres faites par les particuliers, associations de particuliers ou de communes.

La seconde section de la loi a pour objet l'entretien des chemins vicinaux d'un intérêt étendu.

La section dont nous avons maintenant à nous occuper, monsieur le préfet, formerait seule, par son importance, une loi tout entière; les dispositions en sont toutes nouvelles, et les détails dans lesquels nous aurons à entrer seraient immenses, si déjà ces dispositions n'étaient mises en pratique. Le besoin et l'intérêt des localités avaient forcément conduit l'administration à déroger à la législation alors existante, et il ne s'agit aujourd'hui que de soumettre à des règles précises ce que l'expérience avait suggéré d'innovations utiles.

Dans la première section de la loi du 21 mai 1836, nous avons vu l'entretien des chemins vicinaux considéré comme une charge exclusivement communale : c'est le maintien des anciens principes; mais il arrive souvent qu'un chemin vicinal, par son importance, par les dépenses qu'il nécessite, dépasse les limites de l'intérêt communal; ce ne sont plus deux ou trois communes qu'il intéresse; l'application de l'article 6 de la loi devenait donc insuffisante, et il fallait pourvoir aux besoins d'un intérêt plus général. Il était juste qu'alors les communes pussent être aidées sur les fonds destinés aux dépenses d'intérêt départemental. C'est ce que permet la seconde section de la loi.

Ces chemins sont appelés chemins vicinaux de grande communication, *mais ils ne changent pas de caractère.*

Les chemins auxquels cette faveur est accordée prennent le nom de *chemins de grande communication*, et je vous invite, monsieur le préfet, à vous attacher scrupuleusement à cette dénomination légale, dans votre correspondance comme dans tous vos actes relatifs aux voies de communication désignées dans cette section. Toutefois ne perdez pas de vue que l'addition des mots de *grande communication* n'ôte pas aux chemins dont il s'agit le caractère de *chemins vicinaux* qu'ils avaient préalablement reçu de vos arrêtés de reconnaissance. Ils restent *chemins vicinaux*; ils en conservent tous les priviléges, ils sont imprescriptibles; la répression des usurpations reste dévolue à la juridiction des conseils de préfecture; le sol de ces chemins continue d'appartenir aux communes; les communes demeurent chargées de pourvoir à leur entretien, au moins en partie; les fonds départementaux qu'il est permis d'y affecter viennent à la décharge des communes, non pas comme dépenses départementales directes, mais seulement comme secours, comme subvention; les travaux qui se font sur ces chemins sont donc des travaux communaux, et non point des travaux départementaux; seulement il a paru nécessaire de placer ces travaux sous l'autorité immédiate et directe du préfet, parce qu'ils sont faits en vue d'un intérêt plus étendu que le simple intérêt d'une seule commune, et qu'il était indispensable de confier à une autorité centrale l'exécution de mesures qui embrassent plusieurs communes. Le caractère des chemins vicinaux de grande communication ainsi établi, nous verrons que toutes les dispositions de la seconde section de la loi sont en concordance parfaite avec les dispositions de la première section.

Les chemins vicinaux de grande communication sont désignés par le conseil général.

C'est au conseil général que la loi donne le droit de déclarer les chemins vicinaux les plus importants, *chemins de grande communication*, et il était juste de lui confier cette mission : il ne s'agit pas, en effet, d'un acte d'administration, de créer, par exemple, une classe de chemins ; il s'agit seulement de désigner ceux qui, par leur importance, peuvent intéresser le département ou au moins des portions du département : il s'agit de reconnaître une cause de dépenses nouvelles pour le département ; c'est donc bien le conseil général qui devait ici prononcer le classement. Vous aurez soin, monsieur le préfet, d'affecter à chacun des chemins vicinaux de grande communication de votre département un numéro d'ordre sous lequel vous le désignerez dans votre correspondance et dans vos pièces de comptabilité.

La direction de chaque chemin vicinal de grande communication est indiquée par le conseil général.

C'est encore le conseil général qui détermine la direction de chaque chemin vicinal de grande communication, et cela devait être ; car ce n'est que le complément de la déclaration de classement. Un chemin n'a d'existence positive que lorsque l'acte qui le classe détermine qu'il va de tel endroit à tel endroit, en passant par tel autre. Il est bien évident, du reste, que la désignation des points extrêmes de chaque chemin et des principaux points de son parcours est tout ce que la loi exige de la part du conseil général. Il serait impossible, en effet, que ce conseil examinât en détail le parcours de chaque chemin, et prononçât sur toutes les inflexions de ses courbes ou les rectifications de son tracé ; ce sont là des détails d'exécution qui rentrent dans les devoirs de l'administration.

Lorsqu'un chemin vicinal de grande communication peut intéresser deux départements, il y a lieu, pour les deux préfets, de se concerter.

Avant de terminer ce qui a rapport au classement et à la direction des chemins vicinaux de grande communication, je dois appeler votre attention, monsieur le préfet, sur un point d'une haute importance pour l'établissement d'un bon système de vicinalité.

Lorsque vous projetterez le classement d'un chemin de grande communication qui devra aboutir à la limite d'un des départements qui entourent le vôtre, il pourra souvent être extrêmement avantageux aux deux départements que cette voie soit prolongée, et établisse ainsi des moyens de communication d'une utilité plus étendue. Dans ce cas, vous devrez vous concerter, dès l'origine, avec vos collègues, et rechercher avec eux les moyens d'atteindre le but que nous avons ici en vue. Je ne doute pas que ce concert n'ait toujours un entier succès. S'il en était autrement, et que les intérêts de votre département ainsi que ceux du système de vicinalité dussent en souffrir, vous devriez m'en référer, et j'aviserais à ce qu'il convient de faire. La loi confie à MM. les préfets le soin de former le projet des lignes vicinales qu'ils regardent comme utiles; mais sans que la loi ait eu besoin de l'exprimer, ce droit est soumis au même contrôle que tous les autres actes administratifs des préfets, le droit de réformation par le ministre de l'intérieur.

Les communes qui doivent concourir à la construction ou à l'entretien sont désignées par le conseil général.

Enfin c'est le conseil général qui désigne les communes qui doivent contribuer à la construction ou à l'entretien de chaque chemin de grande communication. Il s'agit ici d'imposer aux communes une charge nouvelle, il était conséquent avec notre système administratif et gouvernemental que cette charge fût imposée par le conseil électif qui représente les intérêts du département.

C'est sur la proposition du préfet que le conseil général exerce ces différentes attributions.

Les attributions du conseil général ont donc été sagement réglées par la loi; mais ces attributions, le conseil général ne les exerce que sur votre proposition préalable. Le législateur a formellement réservé le droit d'initiative au préfet, parce que l'administration peut seule recueillir tous les documents nécessaires pour éclairer les délibérations du conseil général. Constamment occupé d'étudier les intérêts du pays sous toutes leurs faces, placé de manière à ce que l'expression de tous les besoins arrive vers lui, et pouvant apprécier avec impartialité les demandes de toutes les localités, le préfet peut seul réunir et coordonner les éléments qui doivent servir de base aux décisions nombreuses que doit prendre le conseil général pendant sa session annuelle.

Importance du bon choix des lignes vicinales. — Nécessité de restreindre le classement dans la proportion des ressources.

C'est donc sur votre proposition seule, monsieur le préfet, que le conseil peut classer les chemins vicinaux de grande communication, et je ne saurais assez appeler votre attention sur l'importance de l'initiative que vous allez exercer. Du bon choix des lignes vicinales dépendra, en grande partie, la prospérité du département dont l'administration vous est confiée, et ce choix sera fait par vous, j'en ai la certitude, avec toute la maturité nécessaire pour concilier tous les besoins et tous les intérêts. Ce qui sera le plus difficile pour vous, je le comprends, ce sera de résister aux demandes de classement qui vous seront faites de tous les points. Chaque localité croira avoir le droit d'être appelée à participer aux avantages que lui promet l'exécution de la législation nouvelle; mais si cette participation devait être immédiate pour tous, les ressources qui seront mises à votre disposition se consommeraient en entreprises qui resteraient toutes inachevées. Tout ce que promet la loi du 21 mai 1836 se fera, mais ce n'est que successivement et par degrés que le bien peut se faire. Dans les propositions de classement de lignes vicinales que vous aurez à soumettre au conseil général, ne perdez donc jamais de vue que disséminer les efforts sur un trop grand nombre de points, c'est rendre ces efforts inefficaces, c'est sacrifier à quelques impatiences locales toutes les espérances de l'avenir.

Dans les départements où un classement provisoire avait été fait avant la loi, il doit être revisé.

J'ai revu tout récemment, et à l'occasion même de cet article de la loi, tous les rapports que m'ont adressés MM. les préfets en réponse à la circulaire de mon prédécesseur du 5 décembre 1835. J'ai reconnu que, dans un très-grand nombre de départements, on avait, depuis plusieurs années, fait le choix des lignes de communication dont le bon état pouvait être pour le pays d'un intérêt plus général. Ces lignes y ont reçu diverses dénominations qui aujourd'hui doivent toutes faire place au nom légal de *chemins vicinaux de grande communication.* Dans les départements où le classement a été ainsi préparé, MM. les préfets n'auront qu'à revoir ce qui a été fait, pour fixer d'une manière définitive les propositions qu'ils auront à soumettre aux conseils généraux. Je leur recommande de procéder à cette révision avec la même maturité, avec la même réserve que s'il s'agissait d'un classement nouveau; car, pour parler plus exactement, c'est un classement nouveau qu'il s'agit de faire, puisqu'il faut donner un caractère légal à ce qui n'avait qu'un caractère provisoire. A d'autres époques et sous l'influence d'autres idées, on a pu se laisser entraîner à classer simultanément un trop grand nombre de lignes; j'en pourrais citer plus d'un exemple, et les conseils généraux, les préfets, qui ont trop facilement cédé aux exigences locales, en ont promptement compris les fâcheux résultats. Si donc dans votre département, monsieur le préfet, les fonds de subvention avaient été jusqu'à présent disséminés sur un trop grand nombre de lignes, vous n'hésiteriez pas à faire rentrer l'application des fonds départementaux dans les limites du véritable intérêt du pays, et vous auriez, j'en suis certain, l'approbation du conseil général Vous proposeriez au conseil le classement des lignes les plus importantes seulement, en en limitant le nombre d'après les ressources qui peuvent être appliquées à cette branche de service. Les lignes dont vous ne proposerez pas le classement actuel auront des droits, sans doute, à être classées ultérieurement, mais seulement à mesure que l'achèvement des premières, ou que des ressources plus étendues permettront de nouveaux classements.

Le classement de toutes les lignes ne doit pas être simultané, mais successif.

Remarquez, en effet, monsieur le préfet, que rien dans la loi n'indique la nécessité ou même l'utilité d'un classement simultané de tous les chemins vicinaux de grande communication. Il ne s'agit pas ici de reconnaître en principe que telle ou telle ligne est importante; il s'agit de déterminer celles de ces lignes qu'il est le plus urgent d'améliorer, et sur lesquelles il sera permis de verser, à titre de concours, quelques portions de fonds départementaux. La limite des fonds à employer doit donc être la base du classement, et il s'ensuit qu'il ne doit être que successif; c'est ainsi qu'il est procédé, au surplus, pour le classement des routes départementales. Aucun conseil général ne demanderait, certainement, le classement, en principe, de dix routes départementales qu'il se proposerait de n'ouvrir que dans plusieurs années. Il en est de même du classement des chemins vicinaux de grande communication : il ne doit se faire qu'autant que les ressources affectées à leur entretien le permettent.

Dans les départements où le classement n'a pas été fait, il doit être préparé dans cet esprit.

Dans les départements, en très-petit nombre, où il n'a été procédé antérieurement à aucun classement provisoire de lignes vicinales, MM. les préfets, en préparant leurs propositions, devront se pénétrer de l'esprit des observations qui précèdent. Leurs idées sont certainement arrêtées sur le choix des chemins vicinaux de grande communication ; la loi qui nous occupe est en discussion depuis plusieurs mois, et déjà celle qui avait été présentée à la dernière session des chambres contenait les mêmes dispositions. L'attention de tous les administrateurs a donc été suffisamment appelée sur le classement qu'ils avaient à préparer, et je ne doute pas qu'il n'ait été de leur part l'objet de mûres études.

Un certain nombre de chemins doivent être classés à la prochaine session des conseils généraux, afin de rendre possible l'emploi des fonds.

Il est indispensable au surplus, monsieur le préfet, que dans tous les départements, les conseils généraux soient mis à la portée de prononcer, dans leur prochaine session, le classement de quelques chemins vicinaux de grande communication. En effet, les fonds qu'ils voteront au budget de 1837, comme fonds de concours pour l'amélioration des communications vicinales, ne pourront être légalement employés que sur les chemins qui auront reçu des conseils généraux, et dans les formes voulues par la loi, le caractère de *chemins vicinaux de grande communication.*

Les propositions du préfet doivent être accompagnées des avis des conseils municipaux et d'arrondissement.

Les propositions que vous aurez à soumettre au conseil général, soit pour le classement d'un chemin de grande communication vicinale et la fixation de sa direction, soit pour la désignation des communes qu'il convient d'appeler à contribuer à sa construction et à son entretien, ces propositions, dis-je, doivent toujours être précédées des avis des conseils municipaux et des conseils d'arrondissement. Vous devrez donc provoquer sur ces différents points, *classement*, *direction et concours des communes*, les délibérations des conseils municipaux intéressés. Je vous engagerai même à provoquer les délibérations d'un plus grand nombre de communes que peut-être vous ne vous proposerez, en définitive, d'en appeler à un concours effectif; les délibérations qui vous parviendront pourraient vous apporter des adhésions sur lesquelles vous comptiez peu ; mais, dans tous les cas, elles contiendront, sur l'importance de telle ou telle ligne, des renseignements dont vous pourrez profiter.

Les avis des conseils municipaux, sans être obligatoires pour vous, monsieur le préfet, devront toujours être pris en mûre considération. S'ils étaient, d'ailleurs, trop fortement empreints de l'esprit de localité, si les vues de ces conseils étaient resserrées dans les limites trop étroites de l'intérêt communal, le conseil d'arrondissement qui aura à discuter les avis des conseils municipaux saura bien indiquer ce qui doit ou ne doit pas être écouté. Embrassant dans leurs vues une fraction importante du département, les conseils d'arrondissement sauront toujours s'élever jusqu'à la hauteur des véritables intérêts du pays, et vous trouverez dans leurs avis, j'aime à l'espérer, la base des propositions que vous aurez à soumettre au conseil général. Toutes les délibérations que vous aurez provoquées devront être déposées avec votre proposition, pour éclairer le conseil général; leur étude sera l'une des bases de la décision que ce conseil aura à prendre. Il pourra arriver, rarement je le pense, que le conseil général n'adopte pas le classement de telle ligne que vous auriez crue utile; c'est son droit : mais si le conseil général croyait trouver dans les délibérations qui lui seront soumises l'indication de la nécessité de telle autre ligne à l'égard de laquelle vous ne lui aurez rien proposé, le conseil ne pourrait qu'appeler votre attention sur ce point, et, de là à la session prochaine, vous étudieriez ce qu'il convient de faire.

Formes à suivre pour le déclassement des chemins vicinaux de grande communication.

La loi du 21 mai 1836 a réglé d'une manière claire et précise les formes à suivre pour le classement des chemins vicinaux de grande communication; elle est restée muette sur le déclassement de ces chemins, et pourtant ce déclassement peut quelquefois être nécessaire. Telle communication, importante lors de son classement, peut, dans un temps donné et en raison de circonstances imprévues, avoir perdu de son importance; telle autre n'aura été classée que sur les offres du concours actif et permanent soit des communes, soit des particuliers, et cependant, après le classement, ces offres ne se réaliseront pas. Il est évident que le département ne peut alors être tenu, par le maintien de la déclaration de classement, de continuer à faire des dépenses devenues peu utiles ou pour lesquelles il ne trouverait plus le concours qui avait motivé le classement.

Si le législateur n'a pas posé dans la loi les règles à suivre en pareil cas, c'est qu'elles découlent tout naturellement de celles prescrites pour le classement. Si donc il y avait lieu, vous proposeriez le déclassement dans les mêmes formes que vous auriez proposé le classement, et le conseil général prononcerait sur votre proposition. S'il la sanctionne, le chemin sera légalement dépouillé de la qualité de chemin de *grande communication*, et il redeviendra un simple chemin vicinal auquel seront applicables les seules dispositions de la section première de la loi.

Il y a surtout lieu de déclasser lorsque des offres de concours faites par des communes ou des particuliers ne se réalisent pas.

Il y aurait sans doute un autre moyen indirect d'arriver au même but: ce serait, tout en laissant subsister la déclaration de classement, de n'affecter aucune subvention départementale au chemin dont il s'agit; mais je ne crois pas que ce fût une manière convenable de procéder. Je ne crois pas qu'il fût bien qu'il y eût dans un département des chemins qui *en droit* pourraient prétendre à des subventions, et qui en seraient privés *en fait* d'une manière permanente. Je crois qu'il convient surtout que les communes et les particuliers qui feront des offres de concours pour obtenir le classement d'un chemin sachent que ces offres doivent toujours être sérieuses, et que s'ils ne remplissent pas leurs promesses, le déclassement sera immanquablement prononcé. Vous comprendrez, monsieur le préfet, tout l'avantage que l'administration peut trouver dans cette marche, et je ne doute pas que le conseil général n'entre pleinement dans un système dont vous lui ferez apprécier l'utilité et la justice.

Bases de la désignation des communes dont le concours doit être demandé.

C'est vous, monsieur le préfet, qui devez proposer au conseil général la désignation des communes qui doivent contribuer à la construction ou à l'entretien de chaque chemin vicinal *de grande communication*. Il serait difficile de vous tracer des règles précises sur l'étendue de ces désignations. Rarement sans doute elles seront restreintes aux seules communes dont le territoire sera traversé par les chemins. Si vous les borniez là, ce serait un indice que la communication ne serait pas d'une utilité bien étendue. En effet, un chemin de grande communication d'une utilité réelle et marquée doit servir de débouché non-seulement aux communes qu'il traverse, mais encore à des communes situées à droite et à gauche, quelquefois même à une assez grande distance, mais qui peuvent pousser des embranchements sur cette ligne principale. C'est ainsi que doit être entendu le système des chemins de grande communication : y donner d'autres bases serait le dénaturer ; ce serait appliquer à des chemins placés dans la catégorie prévue par l'article 6 de la loi les ressources créées pour ceux qu'a en vue l'article 7.

Le préfet fixe la largeur et les limites des chemins de grande communication.

Le chemin de grande communication classé par le conseil général, les communes qui doivent concourir à sa construction et à son entretien désignées, toutes les mesures d'exécution vous sont dévolues par la loi, monsieur le préfet, et la première que vous attribue l'article 7, c'est la fixation de la largeur et des limites du chemin. En ne bornant pas votre action sur ce point, la loi a évidemment levé implicitement les dispositions restrictives de l'article 6 de la loi du 9 ventôse an XIII. Vous vous rappelez que cet article portait que lorsqu'il était nécessaire d'élargir un chemin vicinal au delà de ses anciennes limites, on ne pourrait porter l'augmentation de largeur au delà de six mètres. Cette largeur est en général suffisante pour les simples chemins vicinaux tels que les avait en vue la loi de l'an XIII, mais elle sera souvent au-dessous des besoins de la circulation sur les chemins vicinaux de grande communication. J'ai vu que presque tous ceux qui ont été ouverts l'ont été sur une largeur de huit mètres, non compris les fossés, et cela me paraît une assez juste limite ; s'il ne faut pas perdre de vue que quelques-unes des voies de communication dont il s'agit peuvent être destinées à devenir un jour des routes départementales, il ne faut pas non plus qu'elles soient établies avec luxe, et qu'elles absorbent sans nécessité des ressources qu'on pourrait plus utilement employer.

Il est important d'obtenir la cession gratuite des terrains nécessaires à l'élargissement.—Dans aucun cas, l'achat des terrains ne doit avoir lieu sur les fonds départementaux.

C'est le cas de vous dire, monsieur le préfet, que toute votre influence, que toute l'influence des autorités locales doit être employée pour obtenir des propriétaires riverains la cession gratuite de faibles portions de terrains nécessaires à l'élargissement des chemins de grande communication. Ces propriétaires sentiront combien l'amélioration des communications importe à leurs intérêts, et cela est si bien compris, qu'il est des départements où les élargissements ont eu lieu sur des lignes d'une grande étendue, sans qu'une seule indemnité ait été exigée. Le bon esprit des propriétaires s'est signalé dans ces départements autant que l'influence éclairée des administrateurs, et je n'en attends pas moins de votre zèle et de vos efforts. Si, au surplus, quelques indemnités étaient à payer, ce serait aux communes à y pourvoir : jamais les fonds départementaux ne doivent être appliqués à l'achat des terrains qui restent la propriété des communes. En appliquant cette règle de la manière la plus stricte, les propriétaires riverains n'en seront que plus disposés à abandonner toute prétention à l'indemnité, parce qu'ils sauront que le faible sacrifice auquel ils consentent est fait dans l'intérêt de la famille communale dont ils font partie. Nous parlerons, en nous occupant des articles 15 et 16 de la loi, des formes à suivre lorsque les terrains nécessaires à l'élargissement ou à l'établissement des chemins ne pourront être obtenus à l'amiable.

La proportion du concours des communes dans la dépense de chaque ligne vicinale est réglée par le préfet.

Le conseil général, comme nous l'avons vu plus haut, désigne les communes qui doivent contribuer à la construction ou à l'entretien de chaque chemin vicinal de grande communication. Cette désignation pouvait être faite par le conseil, car il ne s'agit ici que d'un fait permanent facile à reconnaître, savoir que telles communes profitent de tel chemin ; mais le degré d'intérêt de chacune de ces communes et la quotité du concours qui peut leur être demandé, en raison de leurs ressources, ce sont là des circonstances qui ne pouvaient être appréciées que par l'administration ; aussi la loi vous charge-t-elle, monsieur le préfet, du soin de déterminer annuellement la proportion dans laquelle chaque commune doit concourir à l'entretien de la ligne vicinale dont elle dépend. Vous devrez donc entendre annuellement les conseils municipaux de ces communes, et peser les offres de concours qu'elles feront. Vous statuerez ensuite, d'après votre connaissance de l'intérêt dont est le chemin pour la commune. Vous ne perdrez pas de vue, d'ailleurs, les limites qui vous sont tracées par le dernier paragraphe de l'article 8.

Le préfet statue sur les offres de concours lorsqu'elles se rapportent à un chemin déjà classé.

Les offres de concours doivent toujours, pour être acceptées, présenter les garanties nécessaires.

Vous êtes enfin chargé de statuer sur les offres faites par les particuliers, associations de particuliers et de communes, et ici quelques explications sont nécessaires.

Il arrivera souvent que des communes ou des associations de particuliers demanderont que tel chemin vicinal reçoivent des subventions départementales, ou bien que telle direction soit suivie plutôt que telle autre, et ils appuieront leurs demandes d'offres de concours qu'ils croiront suffisantes pour déterminer l'administration à accueillir leurs vœux. Si leurs demandes s'appliquent à un chemin vicinal que le conseil général n'a pas encore déclaré de grande communication, ou bien s'il s'agit de changer une direction déjà arrêtée par le conseil général, il est bien évident que vous ne seriez pas compétent pour accepter définitivement les offres. Vous ne pourriez qu'étudier les projets qui vous sont présentés, et en faire la base d'une proposition au conseil général dans sa plus prochaine session. Mais si, par exemple, le conseil général avait déclaré tel chemin *de grande communication*, sous la réserve que la déclaration n'aurait d'effet que dans le cas où des communes ou des associations de particuliers feraient des offres suffisantes, ou bien encore si le conseil général, tout en fixant la direction de tel chemin, vous avait laissé la faculté de faire varier cette direction sur certains points, d'après le vœu des localités, alors vous pourriez, sans contredit, accepter définitivement les offres qui vous seraient faites, si vous les jugiez suffisantes, et y donner suite. Je vous engage toutefois à exiger toutes les garanties nécessaires pour vous assurer que les offres faites seront réalisées. Si elles sont faites par des communes, veillez à ce que les délibérations des conseils municipaux soient légalement prises, et donnez-leur alors la sanction de votre approbation, pour qu'elles ne puissent pas être légèrement rapportées ; s'il s'agit d'offres faites par des associations de particuliers, faites verser les fonds dans une caisse publique pour être tenus à votre disposition, ou au moins faites souscrire des engagements valables et dont vous puissiez au besoin poursuivre l'exécution. Vous concevez, en effet, combien il serait fâcheux que, sur une offre de concours trop facilement acceptée, vous eussiez fait entreprendre des travaux que vous ne pourriez solder, ou du moins qu'il faudrait suspendre.

Il est quelques départements, et vous avez pu le voir dans les documents que je vous ai envoyés le 29 février 1836, où aucun chemin vicinal n'est déclaré de grande communication, avant que des associations de communes ou de particuliers aient fait et réalisé des offres suffisantes pour couvrir la moitié ou même les deux tiers des dépenses d'ouverture et d'entretien. C'est un excellent système, qu'il est à désirer de voir se propager et que je vous engage à étudier. La meilleure preuve de l'utilité d'un chemin, c'est l'étendue des sacrifices que font volontairement les localités pour obtenir sa création, et, à quelques exceptions près, il ne convient pas que les fonds départementaux soient un moyen d'initiative; ils doivent arriver comme concours, comme moyen d'encouragement, comme récompense des efforts des localités.

Si vous parvenez, monsieur le préfet, à faire naître dans votre département, à exciter l'esprit d'association entre les communes et entre les particuliers, vous y trouverez des ressources inespérées; vous parviendrez à conduire à leur terme, en peu de temps, des entreprises que vous n'auriez pas osé tenter ; mais ce sont là des choses qu'on ne peut réglementer. Le zèle de l'administrateur, son activité, son influence personnelle, l'ardeur avec laquelle il embrasse un système, sont les vrais éléments du succès. Des travaux très-importants ont été faits dans certains départements avec de faibles ressources et sous l'empire d'une législation évidemment insuffisante; que ne devons-nous pas espérer aujourd'hui que nous aurons à mettre en œuvre une législation nouvelle et plus complète !

Art. 8. Les chemins vicinaux de grande communication, et, dans des cas extraordinaires, les autres chemins vicinaux pourront recevoir des subventions sur les fonds départementaux.

Il sera pourvu à ces subventions au moyen des centimes facultatifs ordinaires du département, et de centimes spéciaux votés annuellement par le conseil général.

La distribution des subventions sera faite en ayant égard aux ressources, aux sacrifices et aux besoins des communes, par le préfet, qui en rendra compte chaque année au conseil général.

Les communes acquitteront la portion des dépenses mises à leur charge au moyen de leurs revenus ordinaires, et, en cas d'insuffisance, au moyen de deux journées de prestation sur les trois journées autorisées par l'article 2, et des deux tiers des centimes votés par le conseil municipal en vertu du même article.

Ressources affectées à la construction et à l'entretien des chemins vicinaux de grande communication.

Les formes du classement des chemins *de grande communication* ont été réglées par l'article 7 de la loi du 21 mai 1836. L'article 8 a pour objet de déterminer comment il sera pourvu à la construction et à l'entretien de ces chemins.

Les chemins vicinaux de grande communication peuvent recevoir des subventions sur les fonds départementaux.

Le premier paragraphe pose en principe que les chemins vicinaux de grande communication pourront recevoir des subventions sur les fonds départementaux. Vous comprendrez, et le mot *pourront* l'explique assez, qu'il s'agit ici d'une disposition facultative, et non d'une disposition obligatoire. Les chemins dont il s'agit n'ont pas un droit absolu; le département n'est pas tenu de fournir ces subventions; il le peut si l'intérêt du pays le demande, si les communes y acquièrent des droits par des efforts suffisants, si enfin les ressources départementales le permettent. Ces circonstances n'existant pas, la subvention pourrait évidemment être refusée. Remarquez encore, monsieur le préfet, que les fonds départementaux ne sont accordés qu'à titre de subvention. Comme je vous l'ai dit plus haut, ce n'est pas à titre de dépense départementale directe qu'ils peuvent être employés sur les chemins de grande communication, c'est à titre de secours; seulement leur emploi n'est plus nécessairement borné, comme sous l'ancienne législation, aux travaux neufs et travaux d'art; ils peuvent concourir, avec toutes les ressources que vous aurez à employer, aux travaux de toute espèce qui se feront sur ces chemins.

Les subventions ne peuvent être employées que sur les chemins vicinaux declarés de grande communication. — *Les cas exceptionnels doivent être soumis préalablement au ministre.*

Mais, après avoir vu ce que permet ce paragraphe de l'article 8, ne perdons pas de vue ses dispositions restrictives, bien formelles, quoique exprimées d'une manière implicite : c'est que les chemins vicinaux *de grande communication* sont les seuls auxquels puissent être accordées des subventions sur les fonds départementaux : l'emploi de ces fonds sur d'autres chemins serait donc illégal ; et si vous l'autorisiez, monsieur le préfet, votre responsabilité serait gravement compromise. A la vérité, la loi a excepté de cette règle absolue *les cas extraordinaires* dans lesquels les autres chemins vicinaux pourront aussi recevoir des subventions; mais ces cas extraordinaires, comme celui, par exemple, de la reconstruction d'un pont, seront toujours fort rares, et afin d'être certain qu'il ne sera pas fait des cas exceptionnels un usage trop étendu, je me réserve formellement d'autoriser l'application des subventions départementales sur les chemins vicinaux qui n'auront pas été déclarés de grande communication. Toutes les fois donc qu'il y aura nécessité de faire usage de l'exception dont il s'agit, vous voudrez bien m'en référer par un rapport spécial, et je statuerai sur votre proposition.

Les centimes facultatifs ne doivent être affectés aux subventions que lorsqu'il a été pourvu à toutes les dépenses à la charge de ces centimes.

Le second paragraphe de l'article 8 détermine sur quels fonds seront prises les subventions à accorder aux lignes vicinales de grande communication, et les centimes facultatifs sont indiqués ici en première ligne ; mais vous comprendrez, monsieur le préfet, et le conseil général comprendra parfaitement aussi que cette destination ne peut être donnée au produit des centimes facultatifs qu'autant qu'il aura été préalablement pourvu à toutes les dépenses départementales auxquelles ces centimes sont affectés en premier ordre. Lors donc que vous formerez le projet du budget des centimes facultatifs, vous devrez d'abord vous assurer que tous les services départementaux auxquels il doit faire face pourront être suffisamment dotés ; ce ne sera que lorsque des fonds resteront libres que vous pourrez en proposer l'affectation pour le service des chemins vicinaux de grande communication.

En cas d'insuffisance, des centimes spéciaux peuvent être votés.

En cas d'insuffisance de ces fonds libres, et ce sera probablement toujours le cas, vous proposerez au conseil général le vote d'un certain nombre de centimes spéciaux, dans la limite qui, aux termes de l'article 12, sera annuellement déterminée par la loi de finances. Votre proposition au conseil général devra être basée chaque année sur l'étendue des fonds de subvention que vous croirez pouvoir être utilement employés sur les chemins de grande communication. Vous prendrez en considération la longueur de ces lignes, les travaux qu'elles exigent, les ressources que les communes y apporteront, soit par des offres de concours, soit en vertu des appels que la loi vous donne le droit de leur faire; enfin, vous appuierez vos rapports de tous les documents propres à éclairer le conseil général dans la discussion du vote que vous lui proposerez. Je conçois que la première, et peut-être la seconde année, cette appréciation des dépenses à faire sur les chemins de grande communication sera peut-être difficile à faire; mais bientôt ces dépenses seront classées aussi régulièrement que toutes les autres, et leur budget ne vous présentera guère plus de difficultés que celui des routes départementales.

Afin de rester dans les termes de la loi, jusque dans la dénomination à donner aux fonds dont elle permet une application nouvelle, vous voudrez bien, monsieur le préfet, inscrire ces fonds au budget sous le titre de *Fonds de subvention pour les chemins vicinaux de grande communication.* Vous emploierez la même dénomination dans votre correspondance et toutes vos pièces de dépense.

Le conseil général vote l'ensemble du crédit applicable aux subventions.

Le conseil général, comme nous venons de le voir, est chargé par le second paragraphe de l'article 8 de voter l'ensemble des crédits qu'il juge convenable d'affecter, comme fonds de subvention, aux chemins vicinaux qu'il a préalablement classés. Il exerce ce droit dans toute son étendue, parce qu'il s'agit de créer une dépense, et que cette dépense est purement facultative. L'importance du crédit qu'ouvrira le conseil général dans les limites de la loi dépendra donc absolument de l'opinion qu'il se sera formée de l'utilité des propositions que vous lui ferez.

La répartition du crédit est faite par le préfet.

La répartition de ce crédit n'est plus qu'une mesure d'exécution, et c'est à ce titre que la loi vous la confie. Vous seul, en effet, pouviez faire cette répartition, puisqu'elle doit être basée non-seulement sur la somme que le conseil général mettra à votre disposition, mais encore, et surtout, sur les offres de concours qui vous seront faites pour telle ou telle ligne par des communes ou des particuliers, sur l'étendue des sacrifices que vous croirez pouvoir imposer aux communes, enfin sur les besoins de quelques-unes de ces communes dont la pénurie serait un cas d'exception. Or, tous ces éléments d'une bonne répartition ne pourraient évidemment pas être réunis avant la session du conseil général. Ils le pourraient d'autant moins que quelques-uns de ces éléments peuvent varier, après même que vous aurez formé un premier projet de répartition. Ainsi, par exemple, si les offres de concours qui vous auraient été faites pour telle ligne ne se réalisaient pas, ou que quelque difficulté grave suspendît l'ouverture des travaux sur cette ligne, il en résulterait pour vous la nécessité de modifier votre projet de répartition. Vous voyez donc, monsieur le préfet, que si le conseil général avait été chargé de faire la répartition du crédit, ou bien vous auriez été très-fréquemment dans la fâcheuse nécessité de laisser sans emploi des fonds qui auraient pu être utilement employés sur quelque autre ligne, ou bien, pour ne pas laisser ces fonds sans emploi, vous auriez pu être engagé à les employer à des conditions peu avantageuses pour le département. La loi a donc fait une sage distribution des attributions en chargeant le conseil général de voter l'ensemble du crédit qu'il croit pouvoir affecter aux chemins de grande communication qu'il a préalablement classés, et en laissant au préfet le soin de répartir ce crédit entre les différents chemins classés.

Les fonds votés par le conseil général doivent être portés au budget en un seul article.

De tout ce qui précède il résulte que les fonds que le conseil général croira devoir affecter chaque année au service des chemins vicinaux de grande communication devront être inscrits au budget en masse et sans qu'il soit fait mention du projet de répartition que vous auriez pu former. Cette règle est entièrement conforme à l'esprit du troisième paragraphe le l'article 8 ; vous voudrez bien vous y conformer dans la rédaction du budget que vous soumettez chaque année au conseil général.

Bases de la répartition des subventions.

Quant aux bases de la répartition que vous avez à faire entre les lignes vicinales, elles se trouvent dans les termes mêmes de la loi, *en ayant égard aux ressources, aux sacrifices et aux besoins des communes.* Je ne pourrais rien ajouter à ces mots pour en faire comprendre l'esprit et la portée. Il s'agit ici non-seulement d'une appréciation tirée de chiffres ; il s'agit encore d'une appréciation morale de la bonne volonté, du zèle et des efforts des communes, toutes circonstances qui ne peuvent être appréciées que par l'autorité locale, mais que vous saurez prendre en considération. L'assentiment du pays, l'approbation que le conseil général donnera au compte que vous devrez lui soumettre chaque année, seront pour moi la preuve de la maturité et de la sagesse que vous aurez apportées dans l'exercice des importantes attributions que la loi vous confie.

La proportion du concours des communes est déterminée par le préfet. — Ressources sur lesquelles les communes acquittent leur quote-part.

Vous êtes chargé par le troisième paragraphe de l'article 7, monsieur le préfet, de déterminer annuellement la proportion dans laquelle chaque commune doit concourir à l'entretien de la ligne vicinale dont elle dépend; mais la loi devait fixer les limites dans lesquelles vous pourrez rendre ce concours obligatoire. Les revenus ordinaires des communes sont d'abord affectés à cette dépense, lorsque, bien entendu, il restera des fonds libres après l'acquittement des autres dépenses communales. En cas d'insuffisance de ces revenus, et c'est le cas le plus général, la loi affecte à l'acquittement de l'obligation qui leur est imposée deux des trois journées de prestation autorisées par l'article 2, et les deux tiers des centimes votés par le conseil municipal en vertu du même article. Si le concours demandé à la commune ne devait pas absorber la totalité de ces deux journées de prestation, et des deux tiers du nombre des centimes votés, il est évident que vous n'élèveriez pas vos demandes jusque-là; mais, en cas de nécessité, vous pouvez les porter jusqu'à ce maximum.

En cas de refus d'une commune, il y a lieu d'appliquer les articles 4 et 5 de la loi.

L'obligation imposée aux communes est exprimée d'une manière si formelle, les termes de la loi sont tellement précis, qu'aucun conseil municipal, je pense, ne croira pouvoir se refuser à remplir cette obligation. Si cependant une résistance imprévue se présentait, si une commune refusait soit d'effectuer les travaux de prestation que vous lui demanderiez à la décharge de ses obligations, soit de voter les centimes nécessaires pour parfaire cette obligation, cette résistance ne viendrait pas, comme sous l'ancienne législation, paralyser les plus utiles entreprises. L'article 9 de la loi du 21 mai 1836 vous donne les moyens de surmonter les obstacles que vous rencontreriez de la part d'un conseil municipal qui perdrait de vue à ce point les véritables intérêts de la commune et du pays. Vous feriez usage alors des pouvoirs que vous donne l'article 5 de la loi. Introduites dans la loi pour assurer la construction ou l'entretien d'un chemin qui intéresserait deux communes seulement, les dispositions de cet article ne pouvaient rester sans application lorsqu'il s'agit de travaux plus étendus. Vous n'hésiteriez donc pas, monsieur le préfet, à employer les moyens que vous donnent les articles 4 et 5 de la loi. Je vous ai dit, lorsque nous nous sommes occupés de l'art. 5, comment vous pourriez obliger une commune à remplir les obligations que la loi lui impose, et à fournir son contingent en centimes et en prestations. Les règles que je vous ai tracées sont entièrement applicables au cas présent, et je n'ai besoin d'y rien ajouter.

Art. 9. Les chemins vicinaux de grande communication sont

placés sous l'autorité du préfet. Les dispositions des articles 4 et 5 de la présente loi leur sont applicables.

Cet article ne déroge pas aux principes posés dans la section première.

La réparation et l'entretien des chemins vicinaux sont placés par les lois sous l'autorité des maires, et cela devait être, puisqu'il s'agit de travaux communaux qui n'embrassent que le territoire de la commune. La loi du 21 mai 1836 n'a pas dérogé à ce principe : elle a seulement, par ses articles 5 et 6, donné à l'autorité supérieure le droit d'intervenir en cas de besoin pour assurer l'exécution des obligations des communes.

Les chemins de grande communication sont placés sous l'autorité immédiate du préfet, parce qu'ils s'étendent sur plusieurs communes.

Mais en reconnaissant, dans son article 7, que certains chemins vicinaux pourraient avoir une importance plus que communale, en créant en faveur de ces chemins, par son article 8, une dotation nouvelle, en leur affectant à titre de subvention des fonds départementaux dont l'emploi ne peut jamais être fait que sous la surveillance du préfet, la loi devait évidemment soustraire les chemins vicinaux de *grande communication* à l'action exclusive de l'autorité municipale, qui ne peut s'exercer que dans les limites d'une seule commune; elle devait remettre l'administration de ces chemins à l'autorité qui embrasse le territoire de toutes les communes du département, à l'autorité du préfet; c'est ce que fait la loi par son article 9.

Les travaux qui s'exécutent sur les chemins vicinaux de *grande communication* restent donc travaux communaux, parce que ces chemins n'ont pas changé de caractère et sont vicinaux; parce que ce sont les revenus et les autres ressources des communes qui y sont affectés pour la plus grande partie; parce que les citoyens qui peuvent être requis de fournir un travail personnel sur ces chemins doivent toujours demeurer placés sous l'autorité du chef de la commune; parce qu'enfin le département ne prend pas une part directe aux travaux, et qu'il n'y fournit que des subventions, des secours. Mais, tout en restant communaux, les travaux des chemins vicinaux de grande communication sont placés sous l'autorité, sous l'action immédiate du préfet. C'est ce magistrat qui décide comment ils doivent être faits, à quelles époques ils doivent être effectués, sur quels points ils seront entrepris et successivement portés; c'est le préfet enfin qui règle tous les détails d'exécution qui, pour les autres chemins vicinaux, sont laissés aux maires, et ces fonctionnaires doivent obtempérer aux réquisitions du préfet.

Il importe à l'action de la loi que la nature et l'étendue des pouvoirs qu'elle vous confère par son article 9 soient parfaitement comprises par MM. les maires, et qu'en même temps ils n'y voient pas une atteinte portée à l'autorité municipale. Ils sentiront que lorsqu'il s'agit de régler des travaux qui embrassent à la fois le territoire de plusieurs communes, il fallait nécessairement placer ces travaux sous la surveillance de la direction d'une autorité qui ne fût pas restreinte dans les limites d'une seule commune. Déléguer à un maire une portion d'autorité à exercer sur ses collègues, était chose impossible; il était donc indispensable de faire ce qu'a fait l'article 9 de la loi.

L'emploi des ressources affectées aux chemins vicinaux de grande communication ne doit pas être fait absolument par commune.

Il n'importe pas moins de combattre à l'avance une opinion erronée qui pourrait se former, dans certaines localités, par une fausse interprétation de quelques-uns des termes des articles 7 et 8 de la loi.

Vous avez vu l'article 7, monsieur le préfet, parler de la désignation des communes qui doivent concourir à la construction et à l'entretien de chaque chemin vicinal de grande communication; le même article parle aussi de la proportion dans laquelle chaque commune intéressée doit y contribuer; l'article 8 règle la distribution des subventions à fournir sur les fonds départementaux, et il indique que cette distribution doit être faite en ayant égard aux ressources, aux sacrifices et aux besoins des communes; enfin je vous ai plusieurs fois rappelé que les chemins de grande communication ne cessent pas d'être des chemins vicinaux, quoique placés sous votre autorité immédiate, et que les travaux qui doivent se faire sur les lignes vicinales sont des travaux communaux de la même nature que ceux qui se font sur les chemins vicinaux ordinaires.

Ce serait donner à ces termes de la loi et de l'instruction une fausse interprétation que d'en conclure que les ressources créées par les articles 7 et 8 en faveur des chemins vicinaux de grande communication doivent toujours être *localisées*, si je puis m'exprimer ainsi; que, par exemple, la subvention accordée en considération des sacrifices et des besoins de telle commune doit nécessairement et toujours être employée sur le territoire de cette même commune; que de même le contingent demandé à chaque commune, soit en prestation, soit en centimes, doit également être employé sur son territoire.

Cette interprétation ne serait pas seulement une erreur, elle serait le renversement complet du système créé par la seconde section de la loi.

Les ressources applicables à ces chemins doivent être au contraire centralisées par ligne vicinale.

En effet, dans sa première section, la loi du 21 mai 1836 a considéré les chemins vicinaux comme intéressant chaque commune prise isolément, sauf les rares exceptions de l'article 9; elle a individualisé les ressources et les efforts des communes et en a limité l'application au territoire communal. Dans sa seconde section, au contraire, la loi s'est occupée de chemins vicinaux dont l'importance et l'utilité doivent sortir des étroites limites du territoire communal; elle a permis de considérer comme un seul chemin une ligne qui pourra avoir plusieurs lieues d'étendue, et qui traverse le territoire de quatre, cinq, dix communes peut-être; elle a permis d'appeler à concourir à la dépense de chaque ligne, non-seulement les communes dont elle traverse le territoire, mais encore celles dont le territoire n'étant pas traversé ont cependant un intérêt réel au bon état de cette voie de communication. La loi devait donc permettre de centraliser les sacrifices et les efforts faits par les communes, ou qui peuvent leur être demandés en faveur de chaque ligne.

S'il n'en était pas ainsi, si vous admettiez une prétention que j'ai vu s'élever déjà dans quelques localités, sous l'ancienne législation, les plus graves inconvénients en résulteraient : vous vous trouveriez entraîné à ordonner que les travaux de chaque ligne vicinale s'ouvrissent nécessairement sur le territoire de chaque commune en même temps; vous devriez faire faire sur chacune de ces communes quelques centaines de mètres de ces travaux, qui resteraient sans utilité pour la viabilité, puisque chaque partie achevée se trouverait séparée d'une autre par une lacune, et les travaux faits dépériraient sans profit pour personne en attendant qu'ils puissent être repris l'année suivante. En résumé, l'emploi des ressources sur le territoire de chaque commune qui les fournit, s'il était admis comme principe et comme règle, ne donnerait pour résultat que la consommation presque en pure perte des ressources que la loi assure aux lignes vicinales.

Tout est avantage, au contraire, si, comme l'a évidemment entendu la loi, on considère chaque ligne vicinale comme une unité en faveur de laquelle se centralisent les efforts des communes qu'elle intéresse et les subventions départementales que vous pourrez y affecter; alors vous ordonnerez l'ouverture des travaux sur tel point où ils peuvent être actuellement le plus utiles, en faisant disparaître un obstacle à la viabilité de la ligne; vous ajournerez d'autres travaux moins urgents, pour les effectuer plus tard; vous pourrez user enfin, pour le plus grand avantage de chaque ligne vicinale et par conséquent du pays, de toute la plénitude du pouvoir que vous confie l'art. 9 de la loi.

Le nombre des ateliers à ouvrir sur chaque ligne dépend des circonstances locales.

Je ne prétends certes pas dire que lorsqu'une ligne vicinale aura quelque étendue, plusieurs lieues, par exemple, il faille toujours et nécessairement l'entreprendre par une extrémité et pousser les travaux progressivement le long de la ligne, jusqu'à ce qu'ils soient entièrement achevés. Je conçois qu'il arrivera fréquemment qu'il y aura utilité, nécessité peut-être, à ouvrir à la fois plusieurs ateliers sur différents points assez éloignés l'un de l'autre et situés dans différentes communes. J'ai voulu vous dire seulement, j'ai voulu que vous puissiez démontrer à l'autorité locale que c'est à vous qu'il appartient de régler tout ce qui a rapport au service des chemins vicinaux de grande communication, que si vous ordonnez l'ouverture des travaux sur telle commune, c'est parce que l'intérêt de la ligne l'exige, et non point pour complaire à des exigences de localité.

Tous les fonds applicables à chaque ligne doivent être centralisés avec affectation spéciale à cette ligne.

Vous devrez donc, par application de ces principes, centraliser dans la caisse du receveur général du département, au crédit de chaque ligne vicinale, toutes les ressources en argent applicables à cette ligne, qu'elles proviennent des ressources communales, des souscriptions de particuliers, des ressources éventuelles prévues par les articles 13 et 14 de la loi, ou enfin des subventions départementales. Ces fonds seront déposés sous le titre de *Cotisations municipales applicables au chemin vicinal de grande communication, nº tel..........* Ils seront ainsi à votre disposition pour être employés au fur et à mesure de l'avancement des travaux ; mais vous entendez parfaitement qu'ils auront une affectation spéciale et nécessaire pour la ligne à laquelle ils appartiennent. Ils sont réellement la propriété des communes ou des particuliers qui ont concouru à leur versement : les employer à d'autres lignes vicinales que celle à laquelle ils appartiennent serait s'exposer au reproche de détournement de deniers. J'en excepte pourtant les subventions départementales, qu'en cas de non-emploi vous pourriez reporter sur une autre ligne, si du reste la quotité de ces subventions n'était pas le résultat d'un engagement pris par vous envers des communes ou des souscripteurs, afin d'exciter leur zèle. Dans ce cas, ils auraient une espèce d'hypothèque morale sur la subvention.

Les prestations en nature doivent être employées sur le point de la ligne où elles peuvent être le plus utiles. — Il y a avantage à employer les prestations le plus près possible de la commune qui les fournit.

Quant aux prestations en nature, au moyen desquelles les communes peuvent acquitter une portion, au moins, des dépenses mises à leur charge, il est bien évident qu'elles ne peuvent se centraliser comme les fonds. Vous n'êtes cependant pas tenu, car aucun des termes de la loi ne vous y oblige, à faire consommer ces prestations sur le territoire même de la commune qui les doit. Vous avez évidemment le droit de requérir le maire de faire effectuer les prestations sur tel ou tel point de la ligne vicinale où elles seront le plus utiles, et, s'il y avait refus, vous pourriez avoir recours à l'application de l'art. 5, tel que je l'ai développé. Toutefois vous comprendrez qu'il y aura presque toujours désavantage à entraîner les prestataires sur des ateliers situés à une très-grande distance de la commune de leur résidence ; non-seulement le temps passé pour l'aller et le retour serait consommé en pure perte, mais encore vous pourriez trouver chez eux une répugnance qui, sans dégénérer en résistance, nuirait cependant au succès des travaux. Je ne vous trace donc aucune règle à cet égard ; votre connaissance des localités, le plus ou moins de zèle et d'ardeur qu'on montrera pour l'ouverture ou la réparation d'un chemin, ce sont là les considérations qui devront vous déterminer à ordonner l'emploi des prestations dans la commune ou hors de la commune. Il sera souvent nécessaire, dans ce cas, je le répète, d'ouvrir à la fois plusieurs ateliers sur la même ligne ; je ne puis à cet égard que m'en rapporter à votre prudence.

Compte d'emploi à rendre au conseil général.

Je terminerai ce qui concerne cet article, monsieur le préfet, en vous parlant du compte qu'aux termes du troisième paragraphe de l'article 8 vous devez rendre au conseil général pour justifier la distribution des subventions prises sur le fonds départemental mis à votre disposition.

Ce compte doit embrasser toutes les ressources affectées à chaque ligne vicinale.

Ce serait certainement entendre ce compte d'une manière trop restreinte que de penser que vous auriez satisfait à la loi, en déposant sur le bureau du conseil général un état de distribution du fonds départemental en subventions versées à la caisse du receveur général au crédit de chaque ligne vicinale. Cet état, avec vos mandats, suffira sans doute à l'apurement de la comptabilité départementale ; mais ce n'est pas là le compte que vous voudrez rendre au conseil général pour le bon et sage emploi que vous aurez fait des fonds qu'il aura mis à votre disposition. La loi vous délègue l'emploi, dans un intérêt presque départemental, des fonds provenant de diverses sources ; vous voudrez justifier cet emploi à toutes les parties intéressées, parce qu'il s'agit ici de dépenses faites en famille, encore plus que de dépenses publiques.

Il doit être complet pour chaque ligne vicinale.

Vous devrez donc, monsieur le préfet, former, pour chaque ligne vicinale un compte séparé qui comprendra toutes les ressources affectées à cette ligne, quelle que soit leur origine, et sans en excepter les prestations ; vous justifierez de cet emploi par les adjudications, états d'avancement de travaux et autres pièces produites en pareil cas ; et à l'appui de ce compte, pour ainsi dire matériel, vous direz quels sont les résultats obtenus au moyen des ressources employées, soit prestations, soit argent. De cette manière, le conseil général pourra toujours apprécier l'usage que vous aurez fait des ressources dont vous avez disposé, et j'aime à penser qu'il trouvera toujours dans cette partie de votre administration de nouveaux motifs de confiance. Lorsque ce compte aura été examiné par le conseil général, vous ferez bien, monsieur le préfet, de le faire imprimer pour chaque ligne vicinale séparément, et de l'adresser aux maires et aux associations de souscripteurs. C'est en pareille matière surtout que la publicité est utile : elle est à la fois un hommage au pays, un encouragement à de nouveaux efforts, et la justification d'une bonne, utile et loyale administration.

DISPOSITIONS GÉNÉRALES.

Art. 10. Les chemins vicinaux reconnus et maintenus comme tels sont imprescriptibles.

Cet article ne s'applique qu'aux chemins qui ont été légalement déclarés vicinaux.

Les dispositions de cet article, monsieur le préfet, seront à l'avenir d'une haute importance pour la conservation du sol des chemins vicinaux, puisque désormais il ne sera plus permis aux riverains qui auraient usurpé sur ce sol, de couvrir leurs anticipations de l'exception tirée de la prescription. Bien qu'aux termes de l'article 2227 du code civil, « l'Etat, les établissements publics et les communes soient soumis aux mêmes prescriptions que les particuliers, » cependant on ne pouvait, par application de l'article 2226, prescrire contre l'Etat et contre les communes que pour les propriétés qu'ils possèdent en quelque sorte à titre privé, et la prescription ne pouvait être invoquée contre certaines propriétés du domaine public qui ne sont pas dans le commerce, par exemple les rivières navigables et les grandes routes. Les opinions étaient divisées sur la question de savoir si les chemins des communes jouissent du même privilége ; l'article 10 de la loi du 21 mai 1836 fait cesser toute incertitude. Je dois seulement appeler votre attention sur ce point important, que *les chemins vicinaux reconnus et maintenus comme tels* jouissent seuls de l'avantage de l'imprescriptibilité. C'est un motif de plus de compléter, comme je vous l'ai dit à l'occasion de l'article 1er, la déclaration de vicinalité de tous les chemins qui sont véritablement utiles aux communes.

Les usurpations sur les chemins non déclarés vicinaux ne doivent pas être tolérées.

De ce que l'article dont nous nous occupons n'attribue le privilége de l'imprescriptibilité qu'aux chemins qui sont légalement déclarés *vicinaux*, il ne s'ensuit cependant pas que tous les autres chemins, que les nombreux sentiers qui appartiennent aux communes puissent être usurpés, sans qu'il y ait répression pour ce délit ; les communes peuvent et doivent s'opposer à ces usurpations, mais elles doivent les poursuivre par une voie autre que les usurpations sur les chemins vicinaux. Ceci me conduit, monsieur le préfet, à vous rappeler les différentes juridictions devant lesquelles les communes doivent porter leurs actions pour obtenir la répression des contraventions de différentes espèces qui se commettent sur les chemins et sur les objets qui en dépendent.

La répression des usurpations sur les chemins vicinaux appartient aux conseils de préfecture.

L'article 8 de la loi du 9 ventôse an XIII attribue aux conseils de préfecture la répression des usurpations commises sur les chemins *vicinaux*. Vous devez donc inviter les maires, fonctionnaires et agents qui ont qualité pour constater ces usurpations, à vous adresser leurs procès-verbaux pour être déférés au conseil de préfecture, dont vous êtes président-né ; mais comme il importe que ce tribunal administratif se renferme rigoureusement dans les limites de sa juridiction, toutes les fois qu'un procès-verbal constatant une usurpation sur un chemin sera déféré au conseil, vous veillerez à ce qu'il examine avant tout la question préjudicielle de savoir si le chemin dont il s'agit a été déclaré *vicinal* par un arrêté émané de vous ou de l'un de vos prédécesseurs. Dans le cas de la négative, le conseil de préfecture devrait se déclarer incompétent, et renvoyer à qui de droit la connaissance de la contravention. Le fait d'usurpation est d'ailleurs le seul sur lequel le conseil de préfecture soit appelé à prononcer ; ainsi la déclaration de vicinalité ou l'interprétation de cette déclaration, la fixation de la largeur d'un chemin ou la recherche de ses limites, sont des actes qui vous appartiennent exclusivement, et si les conseils de préfecture prononçaient sur ces matières, leurs décisions seraient entachées d'incompétence.

La répression des usurpations sur les autres chemins appartient aux tribunaux ordinaires.

C'est devant les tribunaux ordinaires que doivent être poursuivies les usurpations commises sur les chemins *qui n'ont pas été déclarés vicinaux*. On a pu s'abstenir de les déclarer vicinaux, parce que, tout utiles qu'ils soient à une partie de la commune, pour l'exploitation des terres par exemple, cette utilité n'était pas assez générale pour que leur entretien fût mis à la charge de la commune, ce qui serait une conséquence nécessaire de la déclaration de vicinalité. La commune a cependant un intérêt réel à conserver intact le sol de ces chemins, et à le défendre contre toute anticipation de la part des riverains. Les maires devront donc constater ou faire constater ces usurpations, et les poursuivre devant les tribunaux ordinaires.

La répression des dégradations sur les chemins vicinaux et autres appartient aux tribunaux de simple police.

Quant à la dégradation des chemins vicinaux ou autres, à l'enlèvement des gazons, terres, pierres, etc., la répression en appartient aux tribunaux de simple police.

La connaissance des questions de propriété appartient exclusivement aux tribunaux ordinaires.

Je n'ai pas besoin de vous rappeler, je pense, que les conseils de préfecture sont toujours incompétents pour prononcer sur les questions de propriété, et que ces questions sont exclusivement du domaine des tribunaux ordinaires, soit que la partie prétende établir son droit par titres ou, le fonder sur une prescription acquise avant la promulgation de la loi du 21 mai 1836. C'est donc devant ces tribunaux que l'action doit être suivie, dès que la question de propriété est soulevée. Il est bon toutefois que vous fassiez connaître aux maires un arrêt fort important sur cette matière, rendu par la cour de cassation le 25 septembre 1835, et duquel il résulte que lorsqu'un particulier se prétend propriétaire d'un terrain qu'il est prévenu d'avoir usurpé sur un chemin, c'est à ce particulier, et non à la commune, que demeure l'obligation d'établir le droit de propriété. Vous concevez tout l'avantage qu'il y a pour les communes à rester défenderesses au lieu de se rendre demanderesses. Au surplus, la question de propriété, même résolue en faveur des riverains, n'a plus depuis longtemps d'importance que sous le rapport pécuniaire, et elle est sans effet quant à la vicinalité. Il était passé en jurisprudence, depuis plusieurs années, que le droit de propriété du sol d'un chemin déclaré vicinal se résolvait en une indemnité. Cette jurisprudence est aujourd'hui formellement consacrée par l'article 15 de la loi du 21 mai 1836.

Art. 11. Le préfet pourra nommer des agents voyers.

Leur traitement sera fixé par le conseil général.

Ce traitement sera prélevé sur les fonds affectés aux travaux.

Les agents voyers prêteront serment; ils auront le droit de constater les contraventions et délits, et d'en dresser des procès-verbaux.

Le zèle et les lumières des ingénieurs des ponts et chaussées doivent être mis à profit partout où ils pourront se charger du service des chemins vicinaux.

Dans un bien petit nombre de départements, MM. les ingénieurs des ponts et chaussées ont trouvé, dans un zèle infatigable, la possibilité de joindre au service spécial dont ils sont chargés, la direction et la surveillance des travaux qui se font sur les chemins vicinaux. Partout où ils pourront continuer à y consacrer leurs soins, partout où ils consentiront à plier les règles précises qu'ils ont l'habitude de suivre à toutes les exigences d'un service qui doit employer des ressources si diverses, dans ces départements, dis-je, le concours des ingénieurs des ponts et chaussées sera éminemment utile, et MM. les préfets feront une chose très-avantageuse au pays en recourant aux lumières de ces fonctionnaires.

Des agents voyers pourront être nommés dans les départements où leur service est nécessaire.

Mais ce ne sont là, il faut bien le reconnaître, que de rares exceptions, et presque généralement le service des routes royales et départementales absorbe tellement tous les soins des ingénieurs des ponts et chaussées, qu'il leur est impossible de prêter leur concours à l'administration locale pour la direction et la surveillance des travaux sur les chemins vicinaux. L'administration a donc été contrainte d'y suppléer, et dans tous les départements où le système des lignes vicinales de grande communication a pris quelques développements, les préfets ont institué, sous différentes dénominations, des agents chargés de remplir pour les chemins vicinaux des fonctions analogues à celles des ingénieurs et conducteurs des ponts et chaussées; mais ces agents avaient besoin d'être légalement reconnus, et surtout de recevoir le droit de constater les contraventions commises sur les chemins vicinaux.

Ils sont nommés par le préfet. — Le conseil général règle leur traitement; il doit être fixe et sans remises sur les travaux.

L'article 11 de la loi du 21 mai 1836 pourvoit à cette nécessité; vous userez de la faculté qu'il vous donne, si la création d'agents voyers vous paraît utile et nécessaire. Vous ne devez cependant pas faire de nominations avant d'être certain que le conseil général consentira à assurer le traitement de ces agents. Dans les propositions que vous ferez au conseil pour la fixation de ce traitement, vous ne perdrez pas de vue qu'il ne s'agit pas d'organiser avec luxe un service dispendieux. Le conseil général comprendra de son côté, j'en suis certain, que les traitements doivent être suffisants pour attacher ces agents à leurs fonctions, soutenir leur zèle et les dispenser de rechercher dans d'autres travaux des moyens d'existence que ne leur offrirait pas un traitement insuffisant. Il convient d'ailleurs que leur traitement se compose d'une somme annuelle fixe, et jamais de remises sur le montant des travaux : ce dernier mode a de nombreux inconvénients.

Le traitement est prélevé sur le fonds de subvention voté par le conseil général.

La dépense de ce service doit, aux termes de la loi, être prélevée sur les fonds affectés aux travaux, et vous comprendrez qu'il s'agit ici du crédit qui sera ouvert par le conseil général pour fonds de subvention. Il serait impossible, en effet, de prélever cette dépense sur les fonds provenant du concours des communes. Beaucoup d'entre elles acquitteront une portion de la quote-part mise à leur charge dans les lignes vicinales au moyen de prestations en nature; vous seriez donc fréquemment embarrassé pour réaliser les fonds nécessaires aux traitements des agents voyers.

Sur le crédit ouvert par le conseil général pour fonds de subventions, vous mettrez donc d'abord en réserve la somme nécessaire pour les traitements des agents voyers tels qu'ils seront fixés par le conseil, et ce sera sur le restant libre que vous combinerez la distribution des subventions pour l'exécution de l'article 8.

Il peut être utile qu'un des agents voyers ait la direction du travail des autres agents.—Les agents voyers doivent, autant que possible, prêter leur concours aux maires pour introduire les bonnes méthodes dans les travaux sur les chemins vicinaux.

Dans quelques départements, on a cru utile d'attribuer à l'agent voyer qui réside au chef-lieu la surveillance et la direction des travaux des agents placés dans les arrondissements. Ce mode peut présenter de l'avantage; mais si vous y avez recours, vous ne perdrez pas de vue que l'agent à qui vous donnerez cette attribution doit, comme les autres, porter le titre d'*agent voyer;* c'est sous cette qualification seulement qu'ils peuvent être admis à prêter serment et que leurs procès-verbaux peuvent être légalement rédigés. L'homme de talent qui voudra consacrer ses services à l'administration dans les fonctions que la loi vient d'instituer ne se laissera pas rebuter par la modestie du titre qui lui est attribué. Vous réglerez donc les attributions et les fonctions des agents voyers selon ce que l'expérience vous aura indiqué, si déjà ces agents existent dans votre département, ou selon ce qui vous paraîtra utile si l'institution en est nouvelle. Vous comprendrez que, quoiqu'ils doivent être plus spécialement chargés de la direction des travaux à faire sur les lignes vicinales de grande communication, il est cependant à désirer qu'ils puissent aussi donner des conseils aux maires pour les travaux à faire sur les chemins vicinaux. Il importe de chercher à introduire partout les bonnes méthodes, car il est constant que l'exécution défectueuse des travaux que font les communes contribue, bien plus que l'insuffisance des ressources, au mauvais état de nos communications vicinales.

Ne perdez pas de vue surtout, monsieur le préfet, que le bon choix des agents voyers doit exercer la plus grande influence sur le succès que nous espérons de l'exécution de la législation nouvelle. Je réglerai ultérieurement les conditions d'aptitude qu'il conviendra d'imposer à ces agents; mais d'ici là n'en nommez aucun qui n'ait les connaissances et les capacités nécessaires pour rendre à l'administration les services qu'elle a droit d'en attendre. Mieux vaudrait laisser un emploi vacant que de le donner à un sujet qui ne pourrait convenablement le remplir, et dont l'incapacité compromettrait à la fois les travaux dont il serait chargé et l'institution que la loi vient de créer.

Des conducteurs, piqueurs et cantonniers pourraient être employés si l'administration disposait de ressources suffisantes.

La loi n'a parlé ni des conducteurs, ni des piqueurs qu'il pourrait être utile d'attacher au service des chemins vicinaux de grande communication, pour y faire exécuter les ordres donnés par les agents voyers. Ce sont là des détails d'exécution que vous réglerez lorsque vous connaîtrez les fonds que le conseil général aura l'intention de consacrer aux travaux d'amélioration à faire sur ces chemins. Il est indispensable qu'avant de rien arrêter à cet égard, vous soyez fixé non-seulement sur ce point, mais encore sur l'ensemble des vues d'après lesquelles le conseil général pensera que le nouveau service devra être dirigé. Vous comprendrez qu'il serait très-fâcheux d'avoir organisé un personnel qu'il faudrait licencier au bout d'un an, si le conseil ne continuait pas à allouer les fonds nécessaires.

Il en est de même du système des cantonniers appliqué à l'entretien des lignes vicinales. Il est des départements où les ressources en argent qui seront affectées à ces lignes seront assez considérables pour que des cantonniers puissent être entretenus au moins une grande partie de l'année; il est d'autres départements, au contraire, où la majeure partie des ressources applicables aux chemins vicinaux de grande communication se composeront de prestations en nature, et où il serait, par conséquent, difficile d'avoir des cantonniers à l'année. Là il sera utile de rechercher s'il ne serait pas possible d'entretenir quelques-uns de ces agents pour les envoyer, sur différents points de la ligne, réparer autant que possible les dégradations qui se feront entre les époques auxquelles seront fournies les journées de prestation. Il serait bon, à cet effet, de garder en réserve, sur les chemins, une certaine portion de matériaux cassés que l'on répandrait en temps opportun, comme cela se fait sur les routes royales et départementales. Ce sont là, je le répète, des détails d'exécution dans lesquels l'expérience vous dirigera successivement, et dont vous trouverez l'exemple, au surplus, dans quelques départements où ce système est suivi avec de grands avantages.

Le règlement spécial que vous ferez sur l'organisation du service des agents voyers devra être soumis à mon approbation.

Art. 12. Le maximum des centimes spéciaux qui pourront être votés par les conseils généraux en vertu de la présente loi sera déterminé annuellement par la loi de finances.

Le maximum annuellement fixé doit servir de base aux propositions du préfet.

Cet article, monsieur le préfet, n'exige aucune explication. Je me borne à vous recommander de vous reporter, chaque année, à la loi de finances pour y reconnaître la limite dans laquelle vous pourrez proposer au conseil général de voter des centimes spéciaux pour le service des chemins vicinaux de grande communication.

Vous savez, du reste, quel est le motif qui a fait préférer la fixation annuelle du maximum des centimes spéciaux que les conseils généraux pourront voter pour ce service, à la fixation d'un maximum permanent, comme pour les centimes facultatifs, le cadastre et l'instruction primaire. Sans craindre que les conseils généraux se laissassent entraîner, par le désir du bien, à faire trop de sacrifices pour améliorer nos communications vicinales, il a paru utile que les chambres conservassent un contrôle sur l'ensemble des dépenses du pays, et qu'elles pussent modérer celles qui se font dans des intérêts de localité, si un jour les intérêts généraux le réclamaient.

Art. 13. Les propriétés de l'État productives de revenus contribueront aux dépenses des chemins vicinaux dans les mêmes proportions que les propriétés privées.

Les propriétés de la couronne contribueront aux mêmes dépenses, conformément à l'article 13 de la loi du 2 mars 1832.

Le principe de cet article, monsieur le préfet, avait été posé dans l'article 8 de la loi du 28 juillet 1824, mais la rédaction en était restée évidemment incomplète. Le droit de régler la proportion dans laquelle les propriétés de l'Etat et de la couronne devaient contribuer aux dépenses des chemins vicinaux avait été donné aux préfets, sans qu'on leur eût indiqué des bases positives pour la fixation de cette proportion. Le préfet ne pouvait donc avoir recours qu'à une appréciation plus ou moins exacte, dont, la plupart du temps, les communes croyaient avoir à se plaindre, autant que l'administration chargée de la régie des domaines de l'Etat. Aussi l'instruction du 30 octobre 1824 et celle plus spéciale du 10 avril 1827 n'avaient-elles pu empêcher de nombreuses contestations.

La rédaction de l'article 13 de la loi du 21 mai 1836, au contraire, est tellement nette, elle est tellement dégagée de tout ce qui pourrait prêter à l'arbitraire, les bases posées à l'action du préfet sont si précises, qu'il y a lieu de croire que désormais toute difficulté sera impossible; les communes y trouveront la limite de leurs droits, comme les agents des administrations financières l'étendue des obligations imposées à l'Etat et à la couronne comme propriétaires.

Les propriétés de la couronne étant déjà portées aux rôles, il n'y a pas de difficulté à leur égard.

Vous remarquerez d'abord, monsieur le préfet, que ce qui est relatif aux propriétés de la couronne a été réglé par un paragraphe spécial, attendu que déjà ces propriétés concourent aux charges communales et départementales. Portées nécessairement sur les rôles, il ne s'agissait donc plus que d'étendre l'obligation qui leur est imposée à l'entretien des chemins vicinaux.

Il n'y a à rédiger un rôle spécial que pour les forêts de l'Etat.

Les forêts de l'Etat, au contraire, ne figurent sur aucun rôle; il devenait nécessaire de déterminer comment elles seraient imposées; ce sera au moyen d'un rôle spécial dressé par le préfet.

Les propriétés de l'État productives de revenus *doivent seules être imposées.*

Les propriétés de l'Etat *productives de revenus,* telles que les forêts et les biens affermés, sont les seules que la loi appelle à contribuer aux dépenses des chemins vicinaux ; les propriétés de l'Etat qui ne produisent aucun revenu, telles que les domaines affectés à des services publics, les casernes, etc., ne doivent pas être imposées. Cette distinction, que vous ne perdrez pas de vue, est parfaitement équitable; car il n'y a que les propriétés d'Etat productives de revenus qui fassent, pour leur exploitation, usage des chemins vicinaux.

Il n'y a pas lieu d'imposer des propriétés de l'État, lorsque le conseil municipal n'a voté que des prestations en nature.

Ces propriétés doivent, aux termes de l'article 13 de la loi, contribuer *dans les mêmes proportions que les propriétés privées.* Il résulte évidemment de ces termes que lorsque les communes pourvoient à l'entretien des chemins sur leurs ressources ordinaires, ou lorsqu'elles votent pour le service des chemins vicinaux des prestations en nature seulement, elles n'ont pas de quote-part à demander à l'Etat. En effet, la prestation en nature n'est pas une contribution assise sur la propriété, c'est une obligation personnelle imposée à l'habitant pour sa personne, pour les personnes qui composent sa famille, et pour les moyens d'exploitation de ses propriétés.

Il y a lieu d'imposer les propriétés de l'État, lorsque le conseil municipal a voté des centimes spéciaux. — Bases à suivre pour l'assiette de cette contribution spéciale.

Le droit des communes à appeler le concours de l'Etat ne peut donc avoir d'effet que lorsque ces communes votent des centimes spéciaux pour la réparation ou l'entretien des chemins vicinaux, en exécution de l'article 2 de la loi. Alors naît pour l'Etat l'obligation qui lui est imposée par l'art. 13. La quotité de sa contribution serait facile à régler si les forêts de l'Etat étaient, comme les biens affermés, portées sur les matrices de rôles de la contribution foncière; il ne s'agirait alors pour le directeur des contributions directes que de faire au revenu imposable pour lequel ces forêts y sont portées, l'application du nombre des centimes votés par le conseil municipal, dans les limites de l'article 2 ; en l'absence de cette base, vous ne pourrez qu'y suppléer par celles qui en approchent le plus. Vous devrez donc rechercher quelle est, dans la commune, ou au besoin dans les communes voisines, la proportion dans laquelle contribuent à la contribution foncière les forêts ou bois des particuliers de même valeur que les forêts ou bois appartenant à l'Etat et qu'il s'agit d'imposer; vous appliquerez alors la proportion à ces propriétés. Le directeur des contributions directes vous donnera d'utiles indications à cet égard, et vous devrez toujours vous concerter avec lui; vous devrez également entendre les officiers supérieurs de l'administration forestière dans la localité.

Vous rédigerez d'après ces bases et ces renseignements le rôle spécial que l'article 13 de la loi vous charge d'établir; vous le rendrez exécutoire, et le remettrez au percepteur; vous donnerez en même temps connaissance du montant de ce rôle, tant au directeur des domaines qu'au conservateur des forêts, afin que ces fonctionnaires puissent prendre les mesures nécessaires pour que la contribution demandée à l'Etat soit acquittée.

Mode de recours contre la fixation de la contribution spéciale.

Si la commune que la rédaction de ce rôle intéresse croit que les propriétés de l'Etat sont trop faiblement imposées comparativement aux propriétés privées, si, au contraire, l'administration forestière croit qu'elle est lésée par le rôle que vous avez rédigé, le recours contre votre arrêté devra être porté devant moi, comme tous les recours contre les arrêtés de préfet, autres que ceux motivés sur l'incompétence. Je statuerai alors ce que de droit, d'après les renseignements que je recueillerai.

Différence qui existe entre l'article 13 de la loi du 21 mai 1836 et l'article 8 de la loi du 28 juillet 1824.

Dans l'exécution des dispositions de l'article qui nous occupe, monsieur le préfet, ne perdez pas de vue qu'il ne s'agit plus, comme sous l'empire de l'article 8 de la loi du 28 juillet 1824, d'imposer à l'Etat une quote-part proportionnée aux travaux que font les communes sur les chemins vicinaux, mode de concours qui était la principale cause des nombreuses contestations auxquelles cet article de la loi de 1824 a donné lieu. Il s'agit aujourd'hui uniquement d'imposer les propriétés de l'Etat dans les mêmes proportions que les propriétés privées, et sans aucune relation avec les travaux à effectuer. Ainsi donc, dans les conférences que vous aurez avec les agents supérieurs des administrations financières pour l'exécution de l'article 13 de la loi du 21 mai 1836, il est évident que ces fonctionnaires n'auront pas à s'enquérir de la quantité ni de l'espèce des travaux à faire sur les chemins, ni du mode d'exécution des travaux. Leur mission près de vous se borne à reconnaître la légalité du vote d'un certain nombre de centimes par le conseil municipal, en vertu de l'article 2 de la loi, et à vous fournir les bases d'après lesquelles les propriétés de l'Etat doivent être frappées d'une contribution équivalente à celle assise sur les propriétés privées.

La contribution spéciale imposée à l'État comme les centimes spéciaux votés par les conseils municipaux ne peuvent être employés qu'aux travaux sur les chemins vicinaux. — La surveillance de cette application n'appartient qu'au préfet.

Il est incontestable toutefois que l'Etat, imposé comme intéressé au bon état des chemins, a bien le droit de demander que les contributions qu'il paye soient réellement appliquées à la réparation des chemins; son droit, à cet égard, est le même que celui de tout particulier. Il est évident, en effet, que si, en exécution de l'article 2 de la loi, un conseil municipal votait une contribution spéciale de cinq centimes pour la réparation des chemins, et qu'ensuite l'autorité locale employât le produit de cette contribution à d'autres dépenses communales, il est évident, dis-je, que chacun des propriétaires qui aurait contribué aurait le droit de se plaindre de ce qui serait un véritable détournement de deniers. Le droit de l'Etat est ici le même, et il n'est pas autre ni dans son étendue ni dans ses moyens d'action. Il est de votre devoir, monsieur le préfet, de veiller à ce que les centimes communaux votés pour les chemins vicinaux, de même que la contribution demandée à l'Etat, reçoivent réellement et effectivement la destination qu'ils doivent avoir; mais c'est à vous seul qu'appartient le droit d'exercer ce contrôle. Nul particulier ne pourrait, sous prétexte qu'il a payé une portion de centimes votés, venir demander à la commune ou à vous la justification de leur emploi; les agents supérieurs des administrations financières sentiront également qu'ils ne peuvent ici que s'en rapporter à la surveillance active et éclairée de l'administrateur du département.

J'ai peu de chose à vous dire relativement à la contribution à demander aux propriétés de la couronne. Déjà, aux termes de l'article 13 de la loi du 2 mars 1832, *ces propriétés doivent être portées sur les rôles, pour le revenu estimatif, de la même manière que les propriétés privées*. Pour régler le contingent à leur demander en vertu de l'article 13 de la loi du 12 mai 1836, le directeur des contributions directes n'aura donc qu'à faire au revenu estimatif des propriétés de la couronne l'application du vote du conseil municipal émis en vertu de l'article 2.

Je dois, en terminant, appeler votre attention, monsieur le préfet, sur un point qui se rattache à l'article 8 de la loi du 21 mai 1836.

La contribution assise sur les propriétés de l'État et de la couronne n'est pas affectée aux seuls chemins vicinaux.

Aux termes du paragraphe 4 de cet article, les communes appelées à concourir à la dépense d'une ligne vicinale peuvent acquitter leur quote-part au moyen d'une portion des centimes qu'elles auront votés en vertu de l'article 2. La contribution proportionnelle demandée aux propriétés de l'Etat et de la couronne en vertu de l'article 13 fait évidemment partie des centimes communaux. Pour la contribution des propriétés de la couronne, cette analogie est incontestable, puisque cette contribution se perçoit sur les mêmes bases, et s'il a fallu recourir à un mode d'assiette différent pour les propriétés de l'Etat, c'est uniquement parce que ces propriétés ne sont pas comprises sur les matrices de la contribution foncière.

Elle doit, selon le cas, être employée en partie sur les chemins vicinaux de grande communication.

Toutes les fois donc qu'en exécution de l'article 8, vous aurez fixé la quotité de centimes que devra verser une commune pour la dépense de la ligne vicinale dont elle dépend, si des propriétés de l'Etat ou de la couronne sont imposées dans cette commune, en vertu de l'article 13, vous aurez soin qu'il soit versé, au profit de la ligne vicinale, une quotité de cette contribution proportionnelle au nombre de centimes que doit verser la commune elle même. Cette disposition est une équitable interprétation des articles 8 et 13 combinés. En effet, l'Etat et la couronne, considérés comme propriétaires, ont un aussi grand intérêt au bon état des chemins vicinaux de grande communication qu'au bon état des chemins vicinaux laissés à la charge des communes. Il serait donc tout à fait injuste, et l'Etat et la couronne auraient droit de s'en plaindre, que les contributions qui leur sont demandées en vertu de l'article 13 fussent appliquées à la réparation des chemins vicinaux seulement, au préjudice des chemins vicinaux de grande communication.

Les propriétés de l'État et de la couronne doivent supporter également les centimes spéciaux votés par les conseils généraux.

Il ne vous échappera pas non plus, monsieur le préfet, que les contributions à fournir par les propriétés de l'Etat et de la couronne ne doivent pas être assises seulement en vue des centimes spéciaux votés par les conseils municipaux en vertu de l'article 2. Lorsqu'un conseil général votera des centimes spéciaux en vertu du second paragraphe de l'article 8, ces centimes devront, comme les centimes communaux, atteindre les propriétés de l'Etat et de la couronne : c'est ce qui résulte évidemment de l'obligation imposée à ces propriétés de contribuer aux travaux des chemins vicinaux dans les mêmes proportions que les propriétés privées.

Art. 14. Toutes les fois qu'un chemin entretenu à l'état de viabilité par une commune sera habituellement ou temporairement dégradé par des exploitations de mines, de carrières, de forêts ou de toute entreprise industrielle appartenant à des particuliers, à des établissements publics, à la couronne ou à l'État, il pourra y avoir lieu à imposer aux entrepreneurs ou propriétaires, suivant que l'exploitation ou les transports auront lieu pour les uns ou pour les autres, des subventions spéciales dont la quotité sera proportionnée à la dégradation extraordinaire qui devra être attribuée aux exploitations.

Ces subventions pourront, au choix des subventionnaires,

être acquittées en argent ou en prestations en nature, et seront exclusivement affectées à ceux des chemins qui y auront donné lieu.

Elles seront réglées annuellement sur la demande des communes, par les conseils de préfecture, après des expertises contradictoires, et recouvrées comme en matière de contributions directes.

Les experts seront nommés suivant le mode déterminé par l'article 17 ci-après.

Ces subventions pourront aussi être déterminées par abonnement; elles seront réglées, dans ce cas, par le préfet en conseil de préfecture.

Formes à suivre pour l'application de cet article.

L'application des dispositions de cet article, monsieur le préfet, est en grande partie en dehors de vos attributions comme administrateur, et elle rentre dans la compétence du conseil de préfecture; c'est donc en votre qualité de président de ce tribunal administratif, que je vais vous adresser les explications que l'article me paraît exiger; vous les reporterez au conseil de préfecture, le cas échéant.

Déjà la loi du 28 juillet 1824 contenait, art. 17, des dispositions analogues à celles dont nous avons à nous occuper; mais leur rédaction, trop peu précise sans doute, avait fait naître des contestations tellement nombreuses qu'il a été reconnu nécessaire de reviser cette rédaction. Les modifications qu'elle a reçues ont pour but d'assurer aux communes les indemnités auxquelles elles peuvent avoir légitimement droit, mais en même temps d'empêcher que les propriétaires ou exploitants d'usines, de carrières, de forêts, ne soient exposés à des demandes exagérées de la part des communes. C'est cette double considération que vous devez toujours avoir en vue, et comme du reste le principe de l'article 7 de la loi du 28 juillet 1824 a été conservé dans l'article 14 de la loi du 21 mai 1836, vous trouverez dans de nombreuses ordonnances royales rendues en matière contentieuse des règles précises pour les cas qui ont été le plus controversés.

Le premier paragraphe de cet article contient l'énumération de toutes les conditions qui peuvent créer des droits aux communes et des obligations aux propriétaires ou exploitants. Bien que ces conditions soient pressées en un petit nombre de lignes, vous les saisirez toutes de la manière la plus nette, si vous suivez la rédaction de l'article pas à pas, en pesant le véritable sens de chacun des mots employés par le législateur.

Pour qu'une commune ait droit de demander une indemnité, il faut que le chemin soit entretenu en état de viabilité.

La première condition exigée par la loi, pour qu'une commune ait le droit de prétendre à une indemnité pour raison de la dégradation extraordinaire d'un chemin vicinal, c'est que ce chemin soit entretenu par la commune à l'état de viabilité Cette condition, omise dans l'article 7 de la loi du 28 juillet 1824, est basée sur la plus rigoureuse équité. Il serait en effet souverainement injuste qu'une commune qui a depuis longtemps négligé de réparer un chemin, et l'a laissé tomber dans un état complet de dégradation, il serait injuste, dis-je, que cette commune vînt exiger que ce chemin fût réparé par un propriétaire ou exploitant d'usine, par ce seul motif qu'il est dans la nécessité de se servir de ce chemin.

Nécessité de faire constater l'état de viabilité du chemin, et forme à suivre à cet effet.

Pour que la commune ait droit à une indemnité, il faut donc que le chemin soit entretenu à l'état de viabilité, et dès lors il y a nécessité pour la commune de faire avant tout reconnaître et constater l'état de viabilité du chemin. Cette reconnaissance doit être faite contradictoirement entre les parties intéressées; elle doit être faite avant le commencement de l'exploitation, s'il s'agit d'une exploitation temporaire; elle doit être faite au commencement de chaque année, s'il s'agit d'une exploitation permanente. A cet effet, le maire de la commune devra inviter par écrit le propriétaire ou l'exploitant, selon le cas, à se rendre tel jour sur tel chemin, pour, contradictoirement avec lui, maire, reconnaître l'état de viabilité de ce chemin. L'invitation du maire devra être portée par le garde champêtre, qui en tirera reçu ou dressera procès-verbal de la remise. S'il s'agit de l'exploitation d'une forêt appartenant à l'Etat ou à la couronne, l'invitation du maire devra être adressée à l'agent forestier local, qui en référera à son chef immédiat, s'il y a lieu.

Le maire et l'autre partie intéressée étant rendus sur les lieux, l'état du chemin sera reconnu, et si les parties sont d'accord, il en sera dressé un procès-verbal en double, lequel sera dûment signé. Cet acte sera la base des droits de la commune pour le règlement ultérieur des indemnités qu'elle pourra réclamer.

Si, dans cette visite des lieux ainsi faite à l'amiable, on ne peut tomber d'accord sur l'état de viabilité du chemin, ou bien si la partie intéressée, dûment convoquée par le maire, ainsi qu'il a été dit plus haut, ne se rend pas à son invitation, il y aura alors nécessité de faire constater l'état du chemin au moyen d'une expertise faite dans toutes les formes légales. A cet effet, le maire rendra compte au sous-préfet du non-succès de ses premières démarches; le sous préfet nommera un expert, aux termes de l'article 17; il invitera le propriétaire ou l'exploitant ou l'officier forestier local, selon le cas, à nommer son expert, et il sera procédé par les deux experts à la reconnaissance contradictoire de l'état des lieux. En cas de discord entre les experts, il vous en serait référé, et vous provoqueriez, près du conseil de préfecture, la nomination d'un tiers expert. Il faut aussi prévoir le cas où la partie intéressée refuserait ou négligerait d'obtempérer à l'invitation du sous-préfet de nommer son expert. Comme alors l'opération se trouverait arrêtée, ce que la loi ne peut vouloir, il y aurait lieu, par le sous-préfet, de nommer le second expert après que le refus ou la négligence aurait été constaté.

Dans tous les cas, le rapport des experts établirait légalement l'état du chemin, et servirait de titre à la commune pour règlement de l'indemnité qu'elle réclamera.

Il est inutile, sans doute, de dire qu'un chemin qui n'aurait pas été légalement déclaré vicinal, ne donnerait pas ouverture à une demande en indemnité.

Distinction à faire entre les dégradations habituelles et les dégradations temporaires.

Après avoir tracé la marche à suivre pour faire constater l'état de viabilité du chemin, nous avons à expliquer la distinction faite par la loi entre les dégradations habituelles et les dégradations temporaires.

Il y a dégradation habituelle, lorsqu'il s'agit d'une exploitation de mines, de carrières, de forêts, ou de toute entreprise industrielle qui continue pendant toute l'année, ou pendant la plus grande partie de l'année, par le même chemin.

Il y a dégradation temporaire, lorsque l'exploitation de mines, de carrières, de forêts ou d'entreprise industrielle, ne continue pas toute l'année, ou la plus grande partie de l'année, mais se fait seulement temporairement.

Si, se continuant toute l'année, l'exploitation empruntait successivement plusieurs chemins, il y aurait lieu de la considérer comme temporaire à l'égard de chacun des chemins dont elle se sert.

Désignation des exploitations astreintes à donner indemnité pour les dégradations qu'elles occasionnent.

Nous avons ensuite à considérer quelles sont les exploitations qui peuvent être tenues à indemnités. Ce sont les exploitations de mines, de carrières, de forêts ou de toute entreprise industrielle, qui les unes ou les autres appartiennent à des particuliers, à des établissements publics, à la couronne ou à l'Etat. Les exploitations agricoles ne sont pas comprises dans cette catégorie : ainsi un domaine, une ferme, quelque vastes que soient ses moyens de culture, ne peut être assujettie à une indemnité extraordinaire pour dégradation de chemins ; le législateur a considéré que l'exploitation agricole avait acquitté sa dette par la prestation en nature, qui n'atteint pas la plupart des autres exploitations.

Cas où la demande en indemnité doit être formée contre le propriétaire ou contre l'entrepreneur exploitant.

Mais les exploitations énumérées plus haut peuvent être régies par leurs propriétaires eux-mêmes ou pour le compte de ces propriétaires; elles peuvent être régies par des entrepreneurs ou fermiers. Il y a lieu dès lors de distinguer contre qui la commune doit diriger sa demande.

Dans l'article 7 de la loi du 28 juillet 1824 se trouvaient également les mots les *entrepreneurs ou propriétaires*, mais sans que rien vînt préciser l'application à en faire ; il s'ensuivait que d'un côté les communes croyaient pouvoir, à leur choix, actionner les propriétaires ou les entrepreneurs ; d'un autre côté, les entrepreneurs et les propriétaires se rejetaient fréquemment l'un à l'autre l'obligation de réparer le chemin, et les droits de la commune en souffraient. Toute incertitude doit cesser par la rédaction précise de l'article 4 de la loi.

Si l'exploitation ou les transports se font pour le compte du propriétaire, c'est au propriétaire que la commune doit s'adresser; c'est le propriétaire qui doit être nominativement appelé à indemniser la commune, s'il y a lieu.

Si l'exploitation ou les transports ne se font pas pour le compte du propriétaire, si la mine ou l'entreprise industrielle est louée à un fermier, si la carrière est exploitée par un entrepreneur permanent, si la forêt est louée par bail, alors ce n'est plus au propriétaire que la commune doit s'adresser, c'est à celui qui exerce les droits du propriétaire d'une manière permanente. Dans ces différents cas donc, c'est aux fermiers ou entrepreneurs pour le compte desquels se font l'exploitation ou les transports que la commune doit adresser sa demande; ce seront ceux-là qui devront être nominativement appelés à indemniser la commune, s'il y a lieu.

Vous comprendrez cependant, monsieur le préfet, que toutes les fois qu'une mine ou une carrière, sans être exploitée directement par son propriétaire, est livrée à l'exploitation d'un grand nombre d'individus qui viennent y prendre successivement un certain nombre de voitures de minerai ou de mètres cubes de pierre, vous comprendrez, dis-je, que ce ne sont pas là des entrepreneurs auxquels la commune puisse être tenue de s'adresser. Dans ce cas, il n'y a évidemment pas exploitation régulière comme l'entend la loi; il y a vente par le propriétaire d'une denrée qu'il permet d'enlever, mais c'est pour lui, à son profit et pour son compte que se font les transports. Je ne doute pas que ce ne soit ainsi que l'entendra le conseil de préfecture, le cas échéant.

Les adjudicataires de coupes de bois ne peuvent être assimilés à des entrepreneurs; c'est au propriétaire de la forêt ainsi exploitée que l'indemnité doit être demandée.

De même, lorsqu'une forêt, quel qu'en soit le propriétaire, est exploitée par voie d'adjudication, les adjudicataires des lots ne peuvent être assimilés à des entrepreneurs. Ils ne portent nulle part le nom d'entrepreneurs, mais bien celui d'adjudicataires. Vouloir que la commune s'adresse à eux au lieu de s'adresser au propriétaire de la forêt, ce serait exposer souvent la commune à perdre l'indemnité à laquelle elle a droit ; ce serait au moins l'obliger à des démarches longues et difficiles, car les adjudications peuvent se faire par lots très-nombreux, et les adjudicataires peuvent souvent résider dans des communes très-éloignées.

Cette interprétation est consacrée par plusieurs ordonnances royales rendues en matière contentieuse.

Cette interprétation n'est au surplus que l'application de ce principe de droit commun qui ne permet pas qu'on contraigne un créancier à souffrir, contre son gré, la substitution de son débiteur, et ici le débiteur naturel de la commune, c'est le propriétaire de la forêt, et non les adjudicataires des lots. C'est ainsi que l'ont décidé des ordonnances royales rendues récemment en matière contentieuse; la dernière est du 8 janvier 1836. « En » ce qui touche (disent ces ordonnances) la question de savoir si c'est à » l'administration des forêts où aux adjudicataires des coupes de bois que » la commune de..... . doit demander l'exécution de l'arrêté du conseil » de préfecture ; considérant que le droit ouvert aux communes par l'ar» ticle 7 de la loi du 28 juillet 1824 doit être exercé par elles contre les » propriétaires de forêts dont l'exploitation dégrade les chemins vicinaux, » sauf, s'il y a lieu, le recours de ces propriétaires contre les adjudica» taires de ces coupes de bois, et qu'ainsi c'est avec raison que la com» mune de... s'est adressée à l'administration des forêts pour demander » l'exécution de l'arrêté du conseil de préfecture. »

Le point litigieux est ici clairement résolu; la difficulté roulait sur la question de savoir si les *adjudicataires des coupes* de bois sont *entrepreneurs*, dans la signification que donnait à ce mot l'article 7 de la loi du 28 juillet 1824. Or, ce même mot d'*entrepreneur* a été conservé dans l'article 14 de la loi du 21 mai 1836, et on n'y a pas ajouté celui d'*adjudicataires;* il n'est donc pas douteux que si de semblables contestations s'élevaient de l'application de la loi nouvelle, le conseil de préfecture, et, en cas de pourvoi, le conseil d'Etat, prononceraient dans le même sens que les ordonnances royales que je viens de citer.

Après avoir clairement établi à qui, du propriétaire ou de l'exploitant, la commune doit s'adresser dans les différents cas, voyons ce qu'elle a droit d'obtenir.

Il pourra, dit la loi, y avoir lieu d'imposer des *subventions spéciales, dont la quotité sera proportionnée à la dégradation extraordinaire qui devra être attribuée aux exploitations.*

Comment doit être entendu le mot de dégradation extraordinaire.

Fixons bien d'abord le sens des mots *dégradation extraordinaire* dont se sert ici la loi, et pour cela n'oublions pas qu'il est en corrélation nécessaire avec ceux de *dégradation habituelle ou temporaire*, employés au commencement de l'article. Un propriétaire ou exploitant d'usine, par exemple, ne pourrait donc pas prétendre qu'il n'y a pas de son fait *dégradation extraordinaire*, parce que son exploitation n'aurait pas dégradé le chemin en 1836 plus qu'elle ne l'avait dégradé en 1835, et qu'ainsi les dégradations qu'il y cause chaque année sont des dégradations ordinaires et non pas extraordinaires. Cette prétention serait facile à repousser, par ce seul fait que l'article 14 de la loi commence par reconnaître des *dégradations habituelles*, c'est-à-dire de celles qui se font chaque année et dans le cours de l'année. La dégradation est donc toujours extraordinaire, comme l'entend la loi, lorsqu'elle est occasionnée par des exploitations de mines, de carrières, de forêts ou d'entreprises industrielles ; elle est extraordinaire en ce sens que les transports auxquels donne lieu l'exploitation dégradent le chemin dans une proportion beaucoup plus forte que l'usage qu'en font les habitants de la commune.

Les subventions doivent être subordonnées aux dégradations causées par l'exploitation.

Ce fait de dégradation extraordinaire ainsi établi, nous voyons que la loi permet d'imposer, comme indemnité, des subventions spéciales *proportionnées* au dommage. Il importe, monsieur le préfet, que cette proportion soit équitablement établie. Il est juste que la commune trouve dans la subvention à imposer dans ce cas une indemnité des dépenses extraordinaires qu'elle peut avoir à faire pour la réparation du chemin emprunté pour l'exploitation ; mais il est juste aussi de ne mettre à la charge de l'exploitation que cette partie de la dégradation qui doit lui être attribuée, qui est de son fait propre, et non pas cette dégradation générale à laquelle contribue aussi l'usage que le reste de la commune fait de ce même chemin. Je comprends que cette appréciation sera quelquefois difficile à faire d'une manière rigoureuse; mais il s'agit d'une opération d'équité, et la forme des expertises était la seule qui pût y être appliquée. Le bon choix des experts contribuera éminemment à prévenir toute contestation.

Les exploitations peuvent être tenues à subvention, même envers des communes autres que celle sur laquelle elles sont situées.

Avant d'aller plus loin, je dois, monsieur le préfet, appeler votre attention sur un point qui a été fort controversé récemment encore, et qui se rattache aux obligations que la loi impose aux propriétaires ou exploitants. Il s'agit de savoir si une exploitation ne peut être tenue à subvention qu'envers la commune sur laquelle elle est située, ou si elle peut y être tenue envers toutes les communes dont elle emprunte et, par conséquent, dont elle dégrade les chemins. On a dit pour les exploitants qu'ils seraient grevés de charges intolérables, s'ils pouvaient être astreints à des subventions à l'égard de six, huit, dix communes dont elles empruntent successivement les chemins. On a dit pour les communes qu'elles ne peuvent être privées du droit de demander la réparation d'un dommage, par ce seul fait que celui qui le cause est établi dans une autre commune.

Ces contestations ne se seraient pas élevées, je crois, si de part et d'autre on n'avait poussé les prétentions à l'extrême, et si surtout on s'était attaché à l'esprit et à la lettre de la loi.

Dès que la loi a reconnu en principe qu'une indemnité était due pour les dégradations causées aux chemins vicinaux par telle et telle nature d'exploitation, la loi a dû entendre que cette indemnité était due, en quelque lieu que fût le siége de l'exploitation. On sait, en effet, qu'il est telle exploitation qui, placée sur un point extrême du territoire d'une commune, dégrade fort peu les chemins de cette commune, et dégrade beaucoup, au contraire, les chemins d'une ou deux communes voisines qu'elle est obligée d'emprunter pour arriver soit à une route royale, soit à une rivière navigable ou flottable. Qu'importe à une de ces communes que l'exploitation qui dégrade son chemin soit située ici ou là? Le fait de la dégradation existe-t-il? Est-il occasionné par une des exploitations désignées dans la loi? Dans ce cas, il y a évidemment ouverture à une indemnité, bien que l'exploitation ne soit pas située sur le territoire de la commune qui réclame. Si telle n'avait pas été l'intention du législateur, il aurait formellement restreint le droit à la commune sur le territoire de laquelle l'exploitation est située.

Cette interprétation a été récemment consacrée par plusieurs ordonnances royales.

Cette interprétation, monsieur le préfet, a été formellement consacrée par plusieurs ordonnances royales rendues en matière contentieuse, notamment celles des 8 janvier et 23 avril 1836. La première est relative à l'exploitation d'une forêt royale, la seconde à l'exploitation d'un four à chaux. Dans les deux cas, des communes autres que celles de la situation des forêts ou de l'usine réclamaient indemnité; et la demande avait été admise par le conseil de préfecture. Il y a eu pourvoi au conseil d'État, et la décision fut maintenue par le motif, disent les ordonnances, que l'article 7 de la loi du 28 juillet 1824 n'a pas restreint l'obligation aux propriétaires de forêts ou d'entreprises situées dans le territoire des communes où se trouvent ces chemins.

Il y a lieu d'appliquer ce principe avec réserve.

Il résulte donc évidemment de ces dispositions, monsieur le préfet, que le droit des communes à une indemnité pour dégradation extraordinaire n'est pas restreint aux exploitations situées sur leur territoire; mais il est certain aussi qu'il y aurait extension excessive du principe de la loi, qu'il y aurait abus à prétendre suivre les exploitations dans toute l'étendue de la ligne que parcourent leurs transports. A mesure que ces transports s'éloignent du siége de l'exploitation, ils occasionnent des dégradations dont la proportion est toujours décroissante, comparée aux autres causes de dégradations, et bientôt elles seraient impossibles à apprécier. C'est ce que les conseils de préfecture ne perdront sans doute pas de vue, toutes les fois qu'ils auront à prononcer sur des demandes d'indemnités formées par des communes contre des exploitations dont le siége est dans une commune éloignée. Je le répète, c'est ici une question d'équité, plus encore que de droit rigoureux.

Voyons maintenant par quelle autorité et comment sont fixées les subventions à imposer aux exploitations pour les dégradations qu'elles causent aux chemins dont elles se servent.

Les subventions sont réglées par les conseils de préfecture.

Ces subventions, dit l'article dont nous nous occupons, seront réglées par les conseils de préfecture; elles seront réglées après des expertises contradictoires; les experts seront nommés dans la forme prescrite par l'article 17, c'est-à-dire l'un par le sous-préfet, l'autre par le propriétaire ou l'exploitant, selon les cas, et le tiers expert par le conseil de préfecture, s'il y a nécessité.

La reconnaissance de l'état de viabilité précédemment ordonnée sera la base de l'expertise à faire pour évaluer les dégradations.

Je vous ai dit plus haut que l'état de viabilité du chemin devait, pour donner ouverture à la demande d'indemnité, être constaté par une reconnaissance faite à l'amiable, ou, en cas de difficultés, par une expertise contradictoire. Le procès-verbal de cette première opération sera la base qui devra servir aux experts, qui auront à établir l'appréciation de la dégradation qu'il est juste d'attribuer à l'exploitation L'expertise dont il s'agit ici doit se faire à la fin de l'exploitation, si cette exploitation est temporaire; elle doit se faire à la fin de l'année, si cette exploitation est habituelle. Comme en toute autre matière, d'ailleurs, les rapports des experts ne lient pas les conseils de préfecture; ils y trouveront d'utiles indications, mais ils ne seront pas tenus de les suivre.

Les subventions ne peuvent être réglées pour plusieurs années; elles doivent l'être annuellement.

Ne perdez pas de vue que les subventions dont il s'agit doivent être réglées *annuellement*. Dans le silence que gardait sur ce point l'article 7 de la loi du 28 juillet 1824, quelques conseils de préfecture avaient cru pouvoir décider que telle exploitation contribuerait *chaque année* dans telle proportion à la réparation d'un chemin. C'était une erreur. Il s'agit ici, en effet, de dégradations dont l'importance peut varier selon le plus ou le moins d'activité de l'exploitation; ces décisions ont été formées par le conseil d'Etat. Toute incertitude cesse, au surplus, devant la prescription formelle de l'article 14 de la loi nouvelle.

La demande doit être formée par le maire pour les chemins vicinaux, et par le préfet pour les chemins vicinaux de grande communication.

C'est sur la demande des communes que doit être commencée l'instruction nécessaire à la fixation des subventions. Elles sont, en effet, la partie la plus diligente, et leur silence serait la preuve qu'elles ne croiraient pas avoir de droits à exercer. Toutefois, lorsqu'il s'agira de dégradations commises sur un chemin vicinal de grande communication, c'est vous, monsieur le préfet, qui devrez former la demande en indemnité. Ces chemins sont placés par l'article 9 de la loi sous votre autorité immédiate. Les maires n'auraient donc plus ni le même intérêt, ni peut-être qualité pour agir à l'égard de ces chemins. Vous devrez donc agir directement et provoquer les expertises nécessaires; seulement, comme vous serez alors demandeur, et en apparence au moins partie intéressée, vous ferez bien de vous abstenir de prendre part aux délibérations du conseil de préfecture.

Le recouvrement des subventions doit se faire comme en matière de contributions directes.

Le recouvrement des subventions doit, aux termes de la loi, avoir lieu comme en matière de contributions directes. Cette forme vous est trop familière pour que j'aie rien à vous dire à cet égard. Une copie de la décision du conseil de préfecture devra donc être remise au percepteur, pour servir de titre à ses poursuites. Si la subvention concerne une forêt royale, vous adresserez également une copie de la décision au conservateur des forêts, pour qu'il avise aux mesures à prendre; vous agiriez d'une manière analogue s'il s'agissait d'une forêt dépendant du domaine de la couronne ou appartenant à des établissements publics.

Les subventionnaires ont le droit de s'acquitter en argent ou par des prestations en nature; ils doivent opter dans un délai fixé.

La subvention étant réglée par l'arrêté du conseil de préfecture, les subventionnaires ont le droit, aux termes du second paragraphe de l'article 14, de l'acquitter en argent ou en prestations en nature, à leur choix. Cette option doit nécessairement être faite dans un délai qui permette à la commune de connaître promptement la nature des ressources dont elle aura à disposer pour la réparation de ses chemins. Ce délai me paraît pouvoir être convenablement fixé à quinze jours : en conséquence, la notification de la décision du conseil de préfecture, qui sera faite à la diligence du maire ou à la vôtre, selon le cas, devra contenir invitation au subventionnaire de déclarer son option dans ce délai; s'il s'écoule sans que l'option soit déclarée, la subvention sera de droit exigible en argent, par application du principe posé dans le second paragraphe de l'article 4 de la loi.

Si le subventionnaire déclare vouloir s'acquitter en argent, la subvention sera versée dans la caisse communale, si elle s'applique à un chemin vicinal; elle sera versée dans la caisse du receveur général, s'il s'agit d'un chemin vicinal de grande communication, et elle augmentera le crédit spécial de cette ligne.

S'ils ont opté pour la prestation en nature, ils sont soumis à toutes les règles relatives à cette espèce de contribution.

Si le subventionnaire déclare vouloir s'acquitter en prestations en nature, il se trouvera de droit soumis au règlement adopté dans la commune pour les travaux de prestations en nature. La subvention, qui ne peut être fixée qu'en argent par le conseil de préfecture, sera convertie en journées de différentes espèces, d'après le tarif de conversion arrêté pour la commune par le conseil général, en exécution de l'article 4 de la loi. Le subventionnaire devra faire effectuer ses travaux par des hommes valides qui devront travailler sous l'inspection de l'autorité locale, comme les prestataires de la commune, et aux époques indiquées par cette autorité. Des quittances régulières seront données au fur et à mesure de l'emploi des journées, afin d'opérer la libération régulière du subventionnaire. Si le système des tâches était appliqué dans les communes, le subventionnaire qui aurait déclaré vouloir s'acquitter en prestations se trouverait naturellement obligé de remplir des tâches. A cet effet, le montant de la subvention serait traduit en tâches d'après le tarif adopté pour la commune. Enfin le subventionnaire deviendrait un prestataire, et il serait agi en tout à son égard comme à l'égard de ceux-ci.

Les subventions ne peuvent être employées que sur les chemins qui y ont donné lieu.

La disposition qui termine le second paragraphe de l'art. 14 est d'une haute importance; elle avait été omise dans la rédaction de l'article 7 de la loi du 28 juillet 1824, et il en était né de fréquentes contestations. Cette disposition veut que les subventions réglées comme il est ci-dessus *soient exclusivement affectées à ceux des chemins qui y auront donné lieu.* Vous comprenez, monsieur le préfet, combien cette condition est conforme à la plus rigoureuse équité. Il serait souverainement injuste, en effet, qu'une commune obtînt une subvention en vue des dégradations faites sur un chemin, et qu'ensuite elle employât cette subvention à réparer des chemins autres que ceux que fréquente l'exploitation. L'obligation imposée à cet égard par la loi est tellement formelle, qu'il y aurait véritablement détournement de deniers si on s'en écartait. Toutes les fois donc qu'une subvention sera réglée par le conseil de préfecture, votre surveillance toute particulière devra se porter sur l'entière exécution de cette disposition de l'article 14.

Je viens de vous tracer toutes les formalités à suivre pour arriver au règlement des subventions spéciales qui peuvent être imposées en vertu de l'article 14; elles sont faciles à accomplir, mais elles sont multipliées et entraîneront des longueurs et quelques frais.

Les subventions peuvent être réglées par abonnement, et ce mode doit être conseillé aux communes.

Le dernier paragraphe de l'article 14 offre un moyen d'éviter toutes ces formalités : c'est la voie d'un abonnement à faire entre les communes et les propriétaires ou exploitants. Ces abonnements seront réglés, non plus par le conseil de préfecture, mais par le préfet en conseil de préfecture. Cette différence de juridiction est parfaitement rationnelle, car ici il n'y a plus matière contentieuse; il n'y a plus qu'un acte d'administration, la sanction d'une convention entre parties intéressées.

La loi ne règle pas avec détail d'après quelles formalités vous aurez à statuer, mais vous comprendrez facilement que ce ne sera qu'après avoir entendu les parties intéressées, c'est-à-dire le conseil municipal de la commune d'une part, et de l'autre le propriétaire ou l'exploitant, selon le cas. Il est bien clair que si l'une des deux parties, et à plus forte raison toutes les deux, se refusaient à consentir à un abonnement, vous ne pourriez les y contraindre. En effet, le mot *abonnement* emporte nécessairement l'idée d'une convention amiable entre les parties, convention que vous êtes seulement appelé à homologuer pour lui donner force exécutoire, comme en matière de contributions directes. A défaut de cet accord, il y aurait lieu à faire régler la subvention par le conseil de préfecture, comme il a été dit plus haut.

Vous comprendrez facilement, monsieur le préfet, tout ce qu'il y aurait d'avantageux à tous égards, pour les communes ainsi que pour les subventionnaires, à ce que le système des abonnements s'adoptât généralement. Je vous engage donc à user à cet égard de toute votre influence. Il est entendu, du reste, que le montant de l'abonnement, comme de la subvention qu'il remplace, doit toujours être employé sur le chemin qui y a donné lieu.

Art. 15. Les arrêtés du préfet portant reconnaissance et fixation de la largeur d'un chemin vicinal attribuent définitivement au chemin le sol compris dans les limites qu'ils déterminent.

Le droit des propriétaires riverains se résout en une indemnité qui sera réglée à l'amiable, ou par le juge de paix du canton, sur le rapport d'experts nommés conformément à l'article 17.

Effets de la déclaration de vicinalité quant au sol des chemins.

Les articles de la loi du 21 mai 1836 que nous avons examinés jusqu'à présent, monsieur le préfet, avaient principalement pour objet de régler tout ce qui a rapport aux moyens de réparation et d'entretien des chemins vicinaux considérés comme existants. Dans cette partie de la loi, les droits et les devoirs de l'administration publique et les obligations des administrés ont été fixés de la manière la plus précise.

Les articles de la loi dont nous allons avoir à nous occuper ont pour objet de régler les droits de l'administration et les obligations des administrés dans tout ce qui a rapport à l'existence légale des chemins, c'est-à-dire l'effet des déclarations de vicinalité sur les propriétés que ces déclarations affectent et les formes à suivre pour assurer au chemin le sol qui lui est nécessaire.

Cet article de la loi s'applique aux chemins vicinaux.

L'article 15 est spécialement applicable aux chemins existants, dont vous avez à déclarer la vicinalité et à fixer la largeur.

Le droit de fixer la largeur des chemins vicinaux remonte à la loi du 9 ventôse an XIII.

Vous vous rappelez, monsieur le préfet, les dispositions de la loi du 9 ventôse an XIII. Dès cette époque, le législateur avait senti la nécessité de faire rechercher les anciennes limites des chemins vicinaux, c'est-à-dire d'autoriser l'administration à reprendre le sol qui appartenait aux chemins. Le législateur avait encore reconnu qu'il pouvait souvent être nécessaire d'augmenter la largeur des chemins existants. L'administration reçut donc le droit d'augmenter au besoin la largeur des chemins jusqu'au maximum de six mètres. De cette faculté il résultait, implicitement sans doute, mais il en résultait bien évidemment que, dès que l'autorité compétente avait déclaré la nécessité de porter un chemin au delà de ses limites, le sol qui se trouvait compris dans les limites nouvellement tracées était, de droit, incorporé au chemin, sauf une indemnité, si elle était exigée par le propriétaire.

Le même principe s'appliquait au sol des chemins qu'il était nécessaire de déclarer vicinaux.

Cette jurisprudence, quoique fondée sur une interprétation toute rationnelle, fut pourtant lente à s'établir. Il resta longtemps des doutes, surtout pour un cas que la loi du 9 ventôse an XIII semblait n'avoir pas eu en vue : c'était celui où il s'agissait de prendre, sur les propriétés riveraines, non plus seulement le terrain nécessaire à des élargissements, mais bien le sol même du chemin dans son intégrité, sol qui, par quelques circonstances, se trouvait être une propriété privée. Depuis surtout que le principe de la nécessité d'une indemnité *préalable* avait été posé dans notre loi fondamentale, on regardait comme difficile de s'en écarter, même dans un intérêt grave, celui de la liberté des communications. Pendant quelque temps, on poussa même le respect pour ce principe jusqu'à surseoir aux déclarations de vicinalité, dans le cas où les droits de propriété étaient seulement contestés. Mais ce système était trop nuisible à l'intérêt public pour qu'il ne fût pas modifié, et, depuis quelques années, il a été admis comme jurisprudence, par l'autorité administrative et par l'autorité judiciaire, que la déclaration de vicinalité mettait le public en jouissance légale du chemin, sauf règlement ultérieur de l'indemnité, s'il y avait lieu.

Cette jurisprudence est consacrée par la loi nouvelle.

Ce principe est aujourd'hui formellement consacré par l'article dont nous nous occupons. En le rédigeant, le législateur a compris qu'il était impossible d'appliquer à ces dépossessions d'un intérêt souvent minime les longues formalités de la loi du 7 juillet 1833 : voyons donc quels droits sont aujourd'hui conférés à l'administration publique.

La déclaration de vicinalité a son effet, quel que soit le propriétaire du sol.

Un chemin existe en nature de chemin; il est fréquenté par le public, soit en vertu d'un droit positif si le sol appartient à la commune, soit en vertu d'un long usage si le sol est la propriété d'un particulier; le chemin n'avait pas été déclaré vicinal, mais vous jugez cette déclaration nécessaire, et je vous ai dit, à propos de l'article 1er, quels étaient les motifs et les considérations qui devaient vous guider à cet égard. Vous prenez alors, après les formalités préalables voulues, un arrêté portant que tel chemin, allant de.........à......... et ayant une largeur de......... mètres, fait partie des chemins vicinaux de la commune de........ Dès cet instant, le public est en jouissance légale du chemin. Il reste sans doute à régler la question de l'indemnité, s'il y a lieu d'en accorder, mais cette circonstance ne saurait suspendre la jouissance du public, et dès que votre arrêté est rendu et notifié, nul ne peut s'opposer à la libre circulation sur le chemin déclaré vicinal. Tout obstacle apporté à la circulation, toute barrière placée, tout fossé pratiqué à l'effet de l'empêcher, seraient une usurpation sur un chemin vicinal; cette usurpation devrait être aussitôt constatée par procès-verbal, et poursuivie devant le conseil de préfecture.

Ce que je viens de dire s'applique, et à bien plus forte raison, au cas où il s'agit seulement d'augmenter la largeur d'un chemin existant, soit que cette augmentation de largeur ait été stipulée dans l'arrêté même par lequel vous déclarez la vicinalité, soit que vous l'ordonniez par un arrêté subséquent. Dans ces deux cas, votre arrêté a pour effet d'attribuer définitivement au chemin le sol compris dans les nouvelles limites que vous avez fixées, sauf règlement ultérieur de l'indemnité. Dès la notification de votre arrêté, le maire est également autorisé à considérer comme faisant partie intégrante du chemin vicinal le sol qui y est incorporé par cet arrêté, et tout obstacle à la jouissance du terrain serait un cas d'usurpation qui devrait être poursuivi devant le conseil de préfecture.

Alors donc que, sur l'avis du maire et du conseil municipal, vous aurez reconnu nécessaire d'élargir un chemin vicinal, vous prendrez un arrêté que tel chemin sera porté à.......... mètres de largeur, et que le sol nécessaire à l'élargissement sera pris en tel endroit sur la rive droite, en tel endroit sur la rive gauche, en tel endroit sur les deux rives, suivant l'exigence des localités, et le plus ou moins d'avantages qui en résultera pour la bonne assiette du chemin.

L'élargissement des chemins n'est plus restreint dans les limites de la loi du 9 ventôse an XIII.

Remarquez, monsieur le préfet, que l'article 15 de la loi du 21 mai 1836 ne contient pas, relativement aux élargissements, la restriction portée dans l'article 6 du 9 ventôse an XIII. Vous n'êtes donc plus tenu de restreindre vos déclarations de largeur dans la limite de 6 mètres fixée par cette loi. L'intérêt d'une bonne viabilité sera désormais votre seule règle ; mais en général, et à moins d'une nécessité constatée, vous ferez bien de n'attribuer aux simples chemins vicinaux qu'une largeur de 6 mètres, non compris les fossés lorsqu'il y aura lieu d'en établir. Cette largeur est presque toujours suffisante pour la circulation à laquelle ils sont habituellement soumis, et il importe de ne pas imposer à la propriété privée, riveraine des chemins vicinaux, des sacrifices qui n'auraient pas pour motif une évidente nécessité.

Quant aux chemins vicinaux de grande communication, la largeur de 6 mètres serait souvent insuffisante ; elle a été dépassée dans presque tous les départements où ces chemins ont été établis déjà sous d'autres noms, et il me semble que la largeur de ces voies publiques sera convenablement fixée à 8 mètres entre les fossés. Je vous engage à ne pas dépasser ces limites, afin de ne pas jeter les communes dans de trop grandes dépenses.

Formes à suivre pour le règlement des indemnités.

Le second paragraphe de l'article 15 trace la marche à suivre pour arriver au règlement des indemnités qui pourraient être dues aux propriétaires.

Lorsqu'il s'agira d'un simple élargissement, je ne mets pas en doute que le terrain sera toujours cédé gratuitement par le propriétaire riverain. Bien rarement voudra-t-il refuser le sacrifice de quelques pieds de terrain d'une mince valeur, en faveur de la famille communale dont il fait partie. Ce que je vous dis ici est le résultat de l'expérience, et il est des départements en grand nombre où des lignes de chemins vicinaux de grande communication fort étendues ont reçu tous les élargissements nécessaires sans que la moindre indemnité ait été exigée. Ce résultat est dû au bon esprit des administrés ; il est dû surtout à l'influence de MM. les maires, dont le zèle et la coopération éclairée ont produit les plus heureux effets dans ces départements. Partout, j'en suis sûr, ils voudront appuyer vos efforts pour l'amélioration des communications vicinales. Je leur recommande particulièrement d'employer toute leur influence à obtenir du patriotisme de leurs administrés l'abandon gratuit des terrains nécessaires à l'élargissement des chemins. C'est dans un intérêt tout communal qu'ils agiront, puisque, comme je vous l'ai dit à l'occasion d'un autre article, les fonds départementaux ne devront jamais être employés en acquisition de terrain.

Il fallait pourtant prévoir le cas où un propriétaire laisserait prévaloir les considérations tirées de son intérêt privé, sur les motifs d'intérêt général qui lui commanderaient l'abandon de la valeur de quelques pieds de terrain ; il fallait prévoir aussi le cas où le chemin que vous auriez déclaré vicinal occuperait en entier un sol appartenant à un particulier, sol dont la valeur serait alors trop considérable peut-être pour qu'on pût en espérer l'abandon.

Les acquisitions peuvent avoir lieu de gré à gré.

Dans l'un comme dans l'autre cas, une voie est d'abord ouverte : c'est le règlement de l'indemnité à l'amiable. Les conditions en seront débattues par le maire et le propriétaire intéressé ; s'il y a accord, elles seront soumises à la délibération du conseil municipal, et vous statuerez dans la forme voulue par l'article 10 de la loi du 28 juillet 1824, article que la loi nouvelle n'a pas abrogé. Vous remarquerez seulement qu'il n'y a plus lieu de faire procéder à l'enquête *de commodo et incommodo*, pour les acquisitions à faire en vertu de l'article 15 de la loi du 21 mai 1836, puisque vos arrêtés ont aujourd'hui pour effet d'attribuer définitivement au chemin le sol compris dans les limites par vous réglées. Par application du même principe, vous n'êtes plus restreint, pour ces acquisitions, ou, pour parler plus exactement, pour ces indemnités, dans la limite de la valeur de 3,000 fr. fixée par la loi de 1824. Dès que la loi de 1836 a donné à vos arrêtés de reconnaissance et de fixation de largeur des chemins le droit d'incorporer au chemin le sol qui est nécessaire à la circulation, il faut que ces arrêtés soient exécutoires dans toute leur étendue.

S'il ne peut y avoir convention à l'amiable, on doit procéder par la voie d'expertise.

Si la voie du règlement de l'indemnité à l'amiable était sans succès, sur le compte que vous en rendrait le maire, vous provoqueriez la nomination d'experts dans la forme prévue par l'article 17, et vous inviteriez M. le juge de paix du canton à remplir les formalités que l'article 15 lui délègue. La décision de ce magistrat, sur le rapport des experts, servira de titre à la commune.

Avant de terminer cet article, monsieur le préfet, je reviens encore sur un point qui se rattache au droit qui vous est conféré par le premier paragraphe de l'article 15, le droit de reconnaissance d'un chemin vicinal, et j'y reviens parce que l'exercice de ce droit est d'une haute importance.

On ne peut déclarer un chemin vicinal que lorsqu'il existe et que le public en a joui.

Je vous ai dit que, pour que vous puissiez déclarer un chemin *vicinal*, il fallait que ce chemin existât, et que le public en fût en jouissance, par droit ou par usage. S'il s'agissait au contraire d'une avenue, par exemple, qui aurait toujours été fermée de barrières, et dont le public n'aurait jamais joui; s'il s'agissait d'un chemin pratiqué dans un terrain privé, pour le seul usage de son propriétaire et sans que le public ait jamais été admis à s'en servir: alors, bien évidemment, il n'y aurait plus lieu à déclaration de vicinalité, car il n'existerait pas de chemin, comme l'entend la loi. Sans doute, cette avenue, ce chemin particulier, ne pourrait prétendre à un privilége d'inviolabilité plus étendu que toute autre partie de la propriété privée; sans doute, si l'administration publique reconnaissait l'indispensable nécessité d'occuper cette avenue ou ce chemin pour en faire un chemin public, l'administration le pourrait, parce que l'intérêt général l'emporte sur toute autre considération; mais ce ne serait plus par une simple déclaration de vicinalité qu'il y aurait alors lieu de procéder. Il s'agirait véritablement, dans ce cas, de l'ouverture d'un chemin nouveau, et il faudrait procéder, non plus conformément à l'article 15, mais conformément à l'article 16 de la loi. Il en résulterait quelques longueurs sans doute, mais le respect dû à la propriété le commande, et ici il n'est plus prédominé par l'urgence. Il peut y avoir, il y a en effet *urgence* à maintenir le public en jouissance d'une voie de communication dont il jouit déjà; il ne peut y avoir *urgence* à mettre le public en possession d'une voie de communication qui ne lui a jamais été ouverte.

Ne perdez jamais cette distinction de vue, monsieur le préfet; plus le pouvoir confié à l'administration est étendu, plus l'administration doit se montrer sage et réservée dans l'exercice de ce pouvoir.

Art. 16. Les travaux d'ouverture et de redressement des chemins vicinaux seront autorisés par arrêté du préfet.

Lorsque, pour l'exécution du présent article, il y aura lieu de recourir à l'expropriation, le jury spécial chargé de régler les indemnités ne sera composé que de quatre jurés. Le tribunal d'arrondissement, en prononçant l'expropriation, désignera, pour présider et diriger le jury, l'un de ses membres ou le juge de paix du canton. Ce magistrat aura voix délibérative, en cas de partage.

Le tribunal choisira, sur la liste prescrite par l'article 29 de la loi du 7 juillet 1833, quatre personnes pour former le jury spécial, et trois jurés supplémentaires. L'administration et la partie intéressée auront respectivement le droit d'exercer une récusation péremptoire.

Le juge recevra les acquiescements des parties.

Son procès-verbal emportera translation définitive de propriété.

Le recours en cassation, soit contre le jugement qui prononcera l'expropriation, soit contre la déclaration du jury qui réglera l'indemnité, n'aura lieu que dans les cas prévus et selon les formes déterminées par la loi du 7 juillet 1833.

Cet article a en vue les chemins à créer.

Nous avons vu que l'article 15 ne s'est occupé que des chemins existants. L'article 16 a pour objet les chemins à créer, c'est-à-dire l'ouverture d'un chemin qui n'existe pas, et les redressements, qui ne sont autre chose que l'ouverture sur une moindre étendue.

Il ne sera presque jamais nécessaire d'y avoir recours pour les chemins vicinaux.

Il est bien évident, monsieur le préfet, que l'article 16 de la loi du 21 mai 1836 ne peut jamais trouver son application relativement aux simples chemins vicinaux : le nombre de ces chemins n'est, en général, que trop considérable, et l'administration ferait une chose préjudiciable aux communes et à l'agriculture, si elle autorisait l'ouverture de nouveaux chemins, sauf quelques cas tout à fait exceptionnels. Quant au redressement des chemins vicinaux, c'est une opération dont les autorités communales s'occupent rarement; et lorsque le besoin s'en fait sentir, il y est pourvu au moyen d'arrangements à l'amiable, le plus souvent par voie d'échanges.

Il sera rarement nécessaire d'y recourir pour les chemins vicinaux de grande communication.

Ce ne sera donc que pour les chemins vicinaux de grande communication que l'article 16 trouvera quelques applications, et alors même ce ne sera jamais ou presque jamais pour le cas d'ouverture ou de création d'un chemin.

En effet, les chemins de grande communication ne sont réellement que des chemins vicinaux dont le conseil général déclare l'importance, mais qui existent déjà, et qui doivent seulement être améliorés et mieux entretenus. Avec le nombre si considérable des chemins vicinaux existants, comme je le disais plus haut, j'aurais peine à concevoir que, le conseil général regardant comme nécessaire de faciliter les communications entre un point et un autre, il n'existât pas déjà un chemin communiquant de l'un à l'autre, et qu'il suffirait de perfectionner.

Ce ne sera donc généralement que pour les redressements que cet article trouvera son application.

Les redressements seront une opération à laquelle il faudra plus fréquemment recourir, parce que souvent le chemin aura été tracé sur un mauvais sol, ou que les pentes en seront trop fortes ; mais, dans ces différents cas, je ne doute pas que vous n'obteniez les terrains nécessaires, soit par voie de cession à l'amiable, soit par voie d'échange lorsque les circonstances le permettront. Vous mettrez en usage, pour obtenir ces transactions, et votre influence propre, et l'influence de MM. les maires. Ces fonctionnaires seront d'autant plus empressés à vous prêter leur concours, que le prix du terrain à acquérir ne devra dans aucun cas, ainsi que je vous l'ai dit plus haut, être payé sur les fonds départementaux. Toutes les économies qui pourront être obtenues sur cette partie des dépenses tourneront donc, en définitive, au profit des ressources communales.

Si cependant il fallait renoncer à obtenir par arrangement à l'amiable les terrains qui seraient nécessaires, s'il fallait recourir à des formalités judiciaires, vous trouveriez ces formalités indiquées dans l'article 16 d'une manière si claire que toute incertitude vous sera impossible.

Le législateur a compris que pour les expropriations peu considérables qui seraient à faire en vue des chemins vicinaux, même de ceux de *grande communication*, il n'était pas indispensable d'exiger l'accomplissement de toutes les formalités tracées par la loi du 7 juillet 1833 en vue de travaux bien plus considérables. On a senti qu'en matière de vicinalité la lenteur des formes pouvait arrêter d'utiles entreprises. Le législateur a donc extrait de la loi du 7 juillet 1833 les seules dispositions qu'il lui a paru nécessaire de conserver pour régulariser les expropriations relatives aux chemins vicinaux, et l'article 16 de la loi du 21 mai 1836 présente l'ensemble complet de ces formalités.

L'arrêté du préfet suffit pour autoriser les travaux, et n'a pas besoin d'être précédé d'enquête.

Un arrêté du préfet suffit pour autoriser les travaux d'ouverture et de redressement des chemins vicinaux : cet arrêté remplace la loi ou l'ordonnance royale exigée pour les grands travaux par l'article 1er de la loi de 1833, et il n'a besoin d'être précédé d'aucune enquête. L'existence du chemin, s'il s'agit d'un chemin existant et qui doive seulement être redressé; la délibération du conseil général portant classement du chemin, s'il s'agit d'un chemin à ouvrir : ce sont là des circonstances qui ont paru pouvoir dispenser de l'enquête préalable. Il faudra seulement que votre arrêté désigne non-seulement les localités ou territoires sur lesquels les travaux doivent avoir lieu, mais encore les propriétés particulières auxquelles l'expropriation est applicable.

Votre arrêté rendu, vous en adresserez expédition à M. le procureur du roi près le tribunal de première instance de l'arrondissement, en lui demandant de provoquer l'accomplissement des formalités voulues par l'article 16 de la loi du 21 mai 1836. Ces formalités sont purement du domaine de l'autorité judiciaire : je n'ai donc pas à vous en entretenir.

Art. 17. Les extractions de matériaux, les dépôts ou enlèvements de terre, les occupations temporaires de terrains seront autorisés par arrêté du préfet, lequel désignera les lieux; cet arrêté sera notifié aux parties intéressées au moins dix jours avant que son exécution puisse être commencée.

Si l'indemnité ne peut être fixée à l'amiable, elle sera réglée par le conseil de préfecture, sur le rapport d'experts nommés, l'un par le sous-préfet et l'autre par le propriétaire.

En cas de discord, le tiers expert sera nommé par le conseil de préfecture.

Les formalités prescrites par cet article sont analogues à celles relatives aux travaux des ponts et chaussées.

Ces dispositions, monsieur le préfet, ne sont que l'application aux travaux des chemins vicinaux des règles prescrites dans les cas analogues pour les travaux des routes royales et départementales. Ces règles vous sont trop familières pour que j'aie besoin de vous les tracer de nouveau.

Il sera excessivement rare, j'en suis certain, qu'il y ait lieu de remplir les formalités prescrites par cet article pour les chemins vicinaux. L'influence des maires obtient toujours des propriétaires la permission d'enlever gratuitement les matériaux nécessaires à la réparation des chemins; tout au plus le propriétaire exige-t-il que la faible valeur de ces matériaux soit précomptée sur la distribution des prestations en nature.

Ce ne sera donc probablement que pour les travaux des chemins vicinaux de grande communication que les propriétaires pourraient exiger une indemnité pour les extractions de matériaux et autres dégradations, surtout si, par quelque circonstance locale, vous êtes obligé de faire faire ces extractions en très-fortes quantités sur une seule propriété. Dans ces cas même, je ne doute pas que vous ne puissiez régler les indemnités par convention à l'amiable, car les propriétaires sentiront l'intérêt qu'ils ont eux-mêmes au prompt achèvement des travaux que vous faites exécuter.

Si cependant un règlement à l'amiable ne peut être obtenu, si les demandes qui vous sont faites sont évidemment exagérées, vous recourrez alors aux formalités prescrites par l'article 17 de la loi; vous désignerez, par un arrêté, les terrains qui devront soit être fouillés pour extraction de matériaux, soit être occupés temporairement; vous ferez notifier cet arrêté par l'intermédiaire du maire, qui devra le faire signifier par son garde champêtre; cet agent devra tirer un reçu de l'arrêté, ou rédiger procès-verbal de la notification par lui faite. Vous provoquerez, en même temps, la nomination des experts dans la forme voulue. Vous ne perdrez pas de vue qu'il est indispensable qu'une première reconnaissance des terrains soit faite par les experts avant l'ouverture des travaux que vous ordonnerez; c'est la seule manière d'arriver à une équitable fixation de l'indemnité lorsque ces travaux sont terminés.

Art. 18. L'action en indemnité des propriétaires pour les terrains qui auront servi à la confection des chemins vicinaux, et pour extraction des matériaux, sera prescrite par le laps de deux ans.

Délai des prescriptions pour les demandes des indemnités.

Vous comprenez, monsieur le préfet, toute l'utilité et toute la nécessité de cette disposition.

Il arrivait souvent, en effet, qu'un propriétaire consentait soit à l'abandon gratuit des terrains nécessaires à l'élargissement d'un chemin, soit à l'extraction sans indemnité des matériaux nécessaires aux travaux. Ces cessions étaient presque toujours verbales, afin d'éviter des formalités et des frais. L'administration faisait travailler avec confiance, et cependant, plusieurs années après, elle pouvait se trouver exposée à des répétitions, soit que le propriétaire eût changé de manière de voir, soit même que ses héritiers vinssent contester la légalité d'une occupation faite sans titre.

L'administration se trouvera désormais à l'abri de ces exigences tardives, puisqu'elle pourra opposer la prescription après un délai de deux ans, en cas d'occupations de terrain en vertu d'un consentement verbal du propriétaire.

Art. 19. En cas de changement de direction ou d'abandon d'un chemin vicinal, en tout ou en partie, les propriétaires riverains de la partie de ce chemin qui cessera de servir de voie de communication, pourront faire leur soumission de s'en rendre acquéreurs et d'en payer la valeur qui sera fixée par des experts nommés dans la forme déterminée par l'article 17.

Les propriétaires riverains d'un chemin abandonné ont le droit d'en acquérir le sol.

Cette disposition nouvelle est fondée en droit comme en équité; déjà elle avait été introduite dans la loi du 20 mai 1836, article 4. Lorsqu'un chemin est bordé des deux côtés par une propriété privée, et que ce chemin vient à être abandonné, on conçoit tout ce qu'il y a de fâcheux à ce qu'un tiers puisse l'acheter et venir s'établir ainsi au centre d'une propriété. Cet inconvénient cesse par le droit que donne la loi au propriétaire d'acquérir ce terrain d'après une valeur qui sera réglée par experts. Si le chemin est bordé sur les deux rives par des propriétaires différents, ils devront s'entendre entre eux pour l'usage de cette faculté, soit que l'un d'eux l'exerce en totalité, soit que le terrain abandonné soit partagé entre eux. Vous comprenez d'ailleurs qu'il ne s'agit dans cet article que de chemins qui n'auraient pas été déclarés vicinaux, ou dont la déclaration de vicinalité aurait été régulièrement rapportée, et dont la suppression définitive aurait été reconnue sans inconvénient pour les communications. Il va sans dire que la valeur de ces terrains doit être versée dans les caisses communales à titre de recette accidentelle.

Art. 20. Les plans, procès-verbaux, certificats, significations, jugements, contrats, marchés, adjudications de travaux, quittances et autres actes ayant pour objet exclusif la construction, l'entretien et la réparation des chemins vicinaux, seront enregistrés moyennant le droit fixe de 1 fr.

Les actions civiles, intentées par les communes ou dirigées contre elles, relativement à leurs chemins, seront jugées comme affaires sommaires et urgentes, conformément à l'article 405 du code de procédure civile.

Les actes relatifs aux chemins vicinaux ne donnent lieu qu'au droit d'enregistrement de 1 fr.

Les communes se trouvent déchargées, par le premier paragraphe de cet article, du payement de droits d'enregistrement qui pouvaient quelquefois s'élever à des sommes considérables. Pour leur assurer la jouissance du privilége qui leur est accordé, il est indispensable que tous les actes pour lesquels l'enregistrement au droit fixe d'un franc sera réclamé contiennent la mention expresse qu'ils sont faits en vue de la construction, de la réparation ou de l'entretien des chemins vicinaux. Vous devrez donner des instructions en ce sens aux maires, et vous conformer vous-même à ces dispositions, en ce qui concernera les chemins vicinaux de grande communication.

Quant au second paragraphe de l'article 20, c'est à l'autorité judiciaire à l'appliquer. Je n'ai donc rien à vous en dire.

Art. 21. Dans l'année qui suivra la promulgation de la présente loi, chaque préfet fera, pour en assurer l'exécution, un règlement qui sera communiqué au conseil général, et transmis avec ses observations au ministre de l'intérieur, pour être approuvé, s'il y a lieu.

Ce règlement fixera, dans chaque département, le maximum de la largeur des chemins vicinaux ; il fixera en outre les délais nécessaires à l'exécution de chaque mesure, les époques auxquelles les prestations en nature devront être faites, le mode de leur emploi ou de leur conversion en tâches, et statuera en même temps sur tout ce qui est relatif aux adjudications et à leur forme, aux alignements, aux autorisations de construire le long des chemins, à l'écoulement des eaux, aux plantations, à l'élagage, aux fossés, à leur curage, et à tous autres détails de surveillance et de conservation.

Règlements généraux à faire par MM. les préfets sur les mesures d'exécution.

Cet article, monsieur le préfet, est le complément des nombreuses améliorations apportées par la loi du 21 mai 1836 à la législation sur les chemins vicinaux. En se bornant à poser les principes généraux de la matière et à préciser les obligations qui doivent être également supportées par tous les Français, en laissant à l'administration de chaque département le droit et le soin de régler soit les détails d'exécution qu'une loi ne doit point régir, soit les mesures locales sur lesquelles doit influer la diversité des contrées où la législation nouvelle s'appliquera, le législateur s'est rendu aux vœux formés par tous les conseils généraux du royaume, à l'époque où ils furent consultés sur les bases d'une nouvelle législation vicinale.

Je m'écarterais de l'esprit dans lequel a été conçu l'article 21 de la loi, si je prescrivais, pour la rédaction des règlements que doivent faire MM. les préfets, des règles précises et uniformes. Je dois au contraire, dans l'intérêt de la branche importante d'administration qui nous occupe, laisser surgir de tous les points les vues utiles, fruits de l'expérience des administrateurs; je dois désirer de les voir formuler en articles réglementaires les mesures qu'ils ont déjà appliquées avec avantage, ou qu'ils pensent pouvoir contribuer à la bonne exécution de la loi nouvelle. La comparaison des règlements, sans doute fort divers, qui seront soumis à mon approbation, permettra par la suite à chacun de MM. les préfets de s'approprier ce qu'il trouvera d'utile dans le travail de ses collègues, et nous arriverons ainsi successivement à régler d'une manière aussi parfaite que possible les nombreux détails d'exécution d'une loi dont l'importance est si bien appréciée.

Mesures qui doivent être réglées d'une manière uniforme pour tous les départements.

Toutefois, monsieur le préfet, parmi les matières sur lesquelles la loi vous donne l'initiative pour la rédaction de votre règlement, il en est un certain nombre à l'égard desquelles la diversité des localités est évidemment sans influence. Ce sont: 1° la confection des rôles; 2° la comptabilité; 3° les adjudications et leur forme; 4° les alignements et autorisations de construire. Le dernier de ces objets n'est que l'application de principes généraux dont l'administration ne saurait s'écarter; les trois autres doivent être soumis à des règles uniformes, afin de permettre l'établissement de comptes réguliers, et de permettre à l'autorité centrale d'exercer le droit de surveillance que la loi n'a pas voulu lui enlever. Je vais donc vous tracer, sur chacune de ces parties du service, des règles dont je vous invite à ne pas vous écarter.

Confection des rôles de prestations en nature.

Je vous ai entretenu, lorsque nous nous sommes occupés de l'article 4 de la loi, de tout ce qui se rapporte à l'établissement des rôles de prestations en nature, et vous trouverez ci-annexés les modèles d'après lesquels devront être imprimés non-seulement ces rôles, mais encore les états-matrices qui en seront la base. Je vous ai invité à charger les percepteurs de la confection matérielle, et je vous ai dit l'avantage que vous y trouveriez. Abandonner la confection des rôles aux soins des maires, c'est s'exposer à ce qu'il n'en soit pas rédigé, ou à ce qu'ils soient rédigés avec si peu d'exactitude que vous ne pourriez souvent les revêtir de votre exécutoire; faire établir les rôles de prestations soit à la préfecture, soit à la direction des contributions directes, ainsi que cela se pratique dans un petit nombre de départements, c'est donner à une imposition toute locale et toute de famille l'apparence d'une contribution publique, et il peut y avoir à cela plus d'un inconvénient. Le percepteur-receveur municipal est, au contraire, placé aussi près que possible de l'autorité locale avec laquelle il a des rapports journaliers; il doit nécessairement être chargé des nombreux détails qu'exigent le recouvrement des rôles et les comptes à rendre, et il serait impossible de lui refuser une remise pour ce travail. Il y a donc tout avantage, il y a économie notable à le charger, moyennant une faible augmentation de cette remise, de la confection des rôles qu'il aura à recouvrer. Je sais que dans quelques localités on a fait des objections contre les remises accordées aux percepteurs pour ce travail; mais ces objections sont évidemment mal fondées; au surplus, comme je vous l'ai déjà dit, je vais m'occuper de régler sur d'autres bases le traitement des receveurs municipaux, et alors cessera la nécessité de leur accorder des remises pour le travail relatif aux prestations en nature. Il est probable que le nouveau règlement sur ces traitements sera en activité dès l'année prochaine. Les maires et les conseils municipaux n'auront donc plus rien à objecter à ce que la rédaction des rôles soit, comme leur recouvrement, confiée aux percepteurs-receveurs municipaux.

Je ne vous dis rien de la confection des rôles relatifs aux centimes spéciaux que les conseils municipaux voteront pour le service des chemins vicinaux. Ces rôles ne peuvent être rédigés que par les directeurs des contributions directes. Je me borne à vous inviter à veiller à ce que ces centimes soient toujours votés de manière à pouvoir être compris dans les rôles généraux des contributions; la rédaction des rôles spéciaux entraîne toujours non-seulement des lenteurs, mais encore des frais qu'il importe d'éviter.

Comptabilité des dépenses relatives aux chemins vicinaux.

L'article 4 de la loi m'a également fourni l'occasion de vous entretenir de la forme à adopter pour la comptabilité des prestations en nature, soit en ce qui concerne la libération des contribuables, soit en ce qui concerne la justification de l'emploi des journées.

La comptabilité relative à l'emploi des ressources en argent que les communes affecteront aux travaux des chemins vicinaux doit être régie par les règles prescrites pour la comptabilité communale, que ces ressources soient prises sur les revenus ordinaires des communes, ou bien qu'elles proviennent des centimes spéciaux votés par les conseils municipaux, des conversions en argent des contributions spéciales établies en vertu de l'article 13, ou enfin de souscriptions volontaires qui pourront être obtenues en faveur des chemins vicinaux. Toutes ces ressources doivent figurer en recette sur les budgets et dans les comptes ; leur emploi doit être justifié de la manière prescrite pour les autres travaux communaux. Il est entendu toutefois que, pour la portion des ressources communales en argent que vous centraliserez pour le service des chemins vicinaux de grande communication, ainsi que je vous l'ai dit à l'occasion de l'article 9, la seule pièce comptable qu'aura à fournir le receveur municipal à l'appui de son compte sera le récépissé constatant son versement à la caisse du receveur général. L'emploi de ces fonds devant être fait sous votre autorité immédiate, la justification de cet emploi ne peut plus rentrer dans la comptabilité communale.

Comptabilité des dépenses des chemins vicinaux de grande communication.

Quant à la comptabilité du service des chemins vicinaux de grande communication, je ne puis, monsieur le préfet, que vous inviter à rester aussi près que possible des règles tracées par l'administration des ponts et chaussées pour le service dont elle est chargée. Il s'agit, en effet, de travaux analogues, à l'exception de l'emploi des journées de prestation ; les mêmes règles peuvent donc être appliquées, et je ne crois pas qu'on puisse en trouver de meilleures. Vous avez entre les mains toutes les formules arrêtées par cette administration ; de légers changements de rédaction les rendront applicables à tous les cas à prévoir pour les travaux sur les chemins vicinaux de grande communication, et vous aurez alors l'ensemble des règles les plus parfaites à prescrire aux agents voyers, soit pour ce qui concerne la rédaction des devis et projets, soit pour ce qui concerne le compte à rendre des fonds appliqués aux travaux. Je recommande cette comptabilité à tous vos soins ; votre responsabilité y est intéressée, non-seulement vis-à-vis l'autorité chargée de régler les comptes, mais encore vis-à-vis du conseil général, qui doit toujours être mis à portée de suivre, jusqu'au dernier centime, l'emploi des fonds qu'il met à votre disposition.

Les adjudications et leurs formes.

Les adjudications doivent également être ramenées, autant que possible, aux formes prescrites soit pour les travaux communaux, soit pour les travaux des ponts et chaussées.

Pour les chemins vicinaux, on peut autoriser l'emploi par voie de régie des sommes trop peu importantes pour qu'il soit possible de faire une adjudication.

Pour ce qui concerne en particulier les chemins vicinaux, je crois que vous pouvez, excepté dans certains cas, dispenser de la forme des adjudications l'emploi des sommes qui ne dépasseraient pas 200 ou 300 francs. On trouve difficilement des adjudicataires pour des travaux d'une aussi faible importance, et ces travaux peuvent facilement être faits par voie de régie, sous la surveillance du maire, avec le concours, s'il est possible, de l'agent voyer. Les maires trouveront même dans ces travaux à faire en régie un moyen d'encouragement pour la bonne exécution des travaux de prestation, en ce qu'ils pourront employer comme ouvriers dans les travaux en régie les ouvriers qui, en acquittant leurs journées ou leurs tâches dans la prestation, se seront distingués par leur zèle et leur intelligence.

Dans les autres cas, les travaux doivent être adjugés.

L'emploi sur les chemins vicinaux des sommes supérieures à 300 francs doit, au contraire, et à moins de motifs exceptionnels dont vous seriez juge, être toujours fait au moyen d'adjudications. Il est à peu près impossible que ces adjudications se fassent partiellement dans chaque commune; il convient donc qu'elles se fassent à la sous-préfecture, en présence du maire, d'un conseiller municipal et du receveur municipal de chaque commune. On devra, autant que possible, réunir dans une même affiche, et par suite adjuger dans une même séance tous les travaux à faire dans l'arrondissement, les travaux de chaque commune formant un lot distinct. Il résultera de ce mode un double avantage : d'abord économie sur l'impression des affiches et autres frais d'adjudication; ensuite une plus grande masse de travaux à adjuger à la fois attirera un plus grand nombre de soumissionnaires, et par conséquent plus de concurrence et plus de chances de rabais. Les adjudications devront être faites soit pour la totalité des travaux à faire dans une commune, et en bloc, soit par nature de travaux et par série de prix, selon que vous le jugerez plus avantageux. Dans tous les cas, l'adjudication devra être soumise à votre approbation, et mention expresse de cette réserve doit être faite tant dans l'affiche que dans le procès-verbal de l'adjudication. La voie des soumissions cachetées pouvant être difficile à employer pour des lots quelquefois peu importants, vous pourrez arrêter que les adjudications se feront au rabais, à la criée et à l'extinction des feux.

Pour les chemins vicinaux de grande communication, il faut faire faire des adjudications, à moins d'impossibilité absolue.

Quant aux travaux à faire sur les chemins vicinaux de grande communication, je vous engage fortement, monsieur le préfet, à n'employer par voie de régie que les sommes pour l'emploi desquelles vous ne pourriez absolument trouver d'adjudicataires. Les travaux en régie ont une foule d'inconvénients depuis longtemps reconnus et qu'il est inutile de vous énumérer ici ; l'administration des ponts et chaussées l'a si bien reconnu, qu'elle évite autant que possible l'emploi de ce mode de travaux. Faites-en de même, et lorsque vous serez forcé d'y recourir, que ce soit avec toutes les précautions nécessaires pour avoir une entière garantie que les fonds seront bien employés. Je suis loin certainement de concevoir la moindre crainte sur l'exacte surveillance que donneront aux travaux en régie les agents voyers et autres fonctionnaires que vous chargerez de les diriger ; mais cette surveillance, pour être effective, doit être exercée avec tant de suite et d'activité, qu'il est bien difficile de l'assurer.

Recourez donc toujours, à moins d'impossibilité, à la voie des adjudications pour l'emploi des fonds centralisés applicables aux chemins vicinaux de grande communication. Vous déciderez, selon ce qui vous paraîtra le plus opportun, que l'adjudication se fera devant vous ou dans chaque arrondissement devant le sous-préfet. Si l'adjudication se fait devant vous pour tout le département, vous devrez être assisté du conseil de préfecture, de deux membres du conseil général et de l'agent voyer du chef-lieu. Si l'adjudication se fait devant le sous-préfet, il devra être assisté d'un membre du conseil général, d'un membre du conseil d'arrondissement et de l'agent voyer. Dans ce cas, l'adjudication devra être soumise à votre approbation, et mention de cette réserve sera faite tant dans l'affiche que dans le procès-verbal d'adjudication.

Les travaux devront être divisés, pour l'adjudication, non plus par commune, mais par ligne vicinale, chaque ligne formant un ou plusieurs lots, suivant l'importance des travaux à faire. L'adjudication en bloc des travaux de toute espèce pouvant présenter des difficultés et des inconvénients lorsqu'il s'agit de sommes de quelque importance, il sera presque toujours préférable de faire les adjudications par nature de travaux et par série de prix, comme cela a lieu pour les travaux des ponts et chaussées. Le mode des soumissions cachetées est le seul qu'il convienne d'adopter pour des travaux qui auront toujours une certaine importance.

Vous voyez, monsieur le préfet, que, pour les adjudications comme pour la comptabilité, j'ai eu pour objet de vous engager, en général, à vous tenir aussi près que possible des formes adoptées pour les travaux des ponts et chaussées. Ne perdez jamais cette invitation de vue.

Alignements et autorisations de construire le long des chemins.

Les alignements ou autorisations de construire le long des chemins vicinaux doivent être réglés par les principes qui régissent la même matière, soit pour la voirie urbaine, soit pour la grande voirie. Le droit donné à l'autorité de régler les alignements, l'obligation imposée aux riverains de demander alignement avant de commencer leurs constructions, ne sont fondés que sur la nécessité de surveiller la conservation du sol qui a été légalement affecté à la voie publique. Il s'ensuit que, lorsque la largeur de cette voie publique a été légalement fixée, chaque propriétaire a droit de construire sur l'extrême limite de sa propriété; il doit demander alignement, afin que l'autorité puisse faire reconnaître cette limite et la faire tracer; mais l'autorité ne pourrait lui prescrire de reculer sa construction au delà de la largeur légale du chemin. Il y aurait exception, bien entendu, si, en dehors de la largeur légale du chemin, le terrain appartenait à la commune : dans ce cas, le propriétaire ne pourrait recevoir autorisation de bâtir le long de la limite légale qu'en devenant, dans les formes voulues, acquéreur de cette portion du sol. De même, si, pour rendre au sol sa largeur légale, un propriétaire était tenu de reculer, il aurait droit d'exiger indemnité pour la valeur du terrain qu'il céderait au chemin.

Pour les chemins vicinaux, vous pourrez laisser aux maires le droit de donner des alignements, sous la réserve de l'approbation du sous-préfet, qui examinera si la largeur légale du chemin a été respectée.

Pour les chemins vicinaux de grande communication, qui sont placés sous votre autorité immédiate, vous ferez bien de donner vous-même les alignements, sur la proposition des maires, le rapport de l'agent voyer et la proposition du sous-préfet. Vous sentirez bientôt le besoin de faire lever les plans de ces chemins; ils seront déposés à la préfecture; c'est donc vous seul qui pouvez tracer les alignements en parfaite connaissance de cause.

Mode de poursuite des contraventions, selon leur nature.

Des contraventions diverses peuvent être commises en matière d'alignement le long des chemins vicinaux, et il importe que vous soyez bien fixé sur le mode de répression à employer.

1° Un propriétaire riverain peut ne pas respecter l'alignement qui lui a été tracé et empiéter sur le sol du chemin.

Dans ce cas, c'est une usurpation commise sur un chemin vicinal, et elle doit être poursuivie devant le conseil de préfecture, qui ordonne la réintégration du sol, et conséquemment la démolition des constructions. Vous savez parfaitement que, dans ces cas, les arrêtés du conseil de préfecture sont, sauf recours au conseil d'Etat, exécutoires de plein droit, et sans avoir besoin d'être revêtus d'aucune approbation ni d'aucun mandement de justice. Les huissiers sont tenus d'en faire la notification, et, cette notification faite, le maire fait exécuter les arrêtés, s'il ne lui a pas été notifié de recours.

2° Un propriétaire construit sans avoir demandé alignement, et il usurpe sur la largeur légale du chemin.

Il y a ici double contravention : usurpation d'une portion du sol du chemin vicinal, et négligence de se pourvoir d'autorisation. La première contravention doit être poursuivie devant le conseil de préfecture, comme je vous l'ai dit plus haut; la seconde doit être poursuivie devant le tribunal de police chargé de punir les contraventions aux règlements faits par les autorités administratives.

3° Un propriétaire construit sans avoir demandé alignement, mais il n'usurpe pas sur la largeur du chemin.

Dans ce cas, il y a seulement contravention à la défense de construire sans avoir demandé alignement, et cette contravention doit se poursuivre devant le tribunal de police, mais il ne peut jamais alors y avoir lieu, pour le ministère public, de requérir la démolition d'une construction qui ne nuit pas au chemin.

Les maires doivent prendre un arrêté pour obliger les propriétaires riverains des chemins à demander alignement.

Vous voyez, monsieur le préfet, que ces divers modes de procéder présupposent que, dans chaque commune, le maire aura publié dans les formes accoutumées un arrêté portant défense de construire aucun bâtiment ou mur le long d'un chemin vicinal, sans avoir demandé alignement; c'est le seul moyen de rendre cette défense obligatoire, et de mettre le tribunal de police à portée d'exercer son action. Vous devrez donc inviter les maires à remplir cette formalité, et vous vous assurerez de son accomplissement. Il sera utile que les maires étendent la défense aux rues des bourgs et villages, ce qui leur permettra d'y exercer aussi cette partie de leurs attributions dans toute son étendue.

Les alignements dans les rues des bourgs et villages restent dans les attributions directes des maires.

Je vous ai dit, à l'occasion de l'article 1er, que les rues des bourgs et villages ne pouvaient jamais être considérées comme faisant partie des chemins vicinaux. L'article 21 de la loi du 21 mai 1836 ne s'applique qu'aux chemins vicinaux; il s'ensuit que les maires restent en possession du droit de donner alignement dans ces rues, en vertu de l'article 3 du titre 11 de la loi du 24 octobre 1790; sauf le droit de réformation qui vous est attribué par l'article 46 du titre 1er de la loi du 22 juillet 1791.

Si donc vous jugiez qu'il vous fût nécessaire d'avoir plus de garanties du bon usage de cette faculté, dans les rues qui seront la prolongation des chemins vicinaux de grande communication, vous ne pourriez que provoquer le règlement de ces *traverses*, par ordonnance du roi, ainsi que cela a lieu pour les plans des villes, en exécution de l'article 52 de la loi du 16 septembre 1807. Les plans ainsi arrêtés, les maires n'éprouveront plus d'embarras pour donner leurs alignements, et vous pourrez y apporter la surveillance nécessaire.

Mesures dont l'exécution peut varier d'après la différence des localités.

Je vais maintenant vous dire quelques mots sur les diverses matières que vous avez à comprendre dans votre règlement, mais à l'égard desquelles la différence des contrées, des besoins et des usages locaux, obligera d'adopter des règles différentes sur ces différents points; je me bornerai donc à vous donner quelques indications générales.

Maximum de la largeur des chemins vicinaux.

Je vous ai parlé déjà du maximum de la largeur à donner aux deux classes de chemins dont nous avons à nous occuper. Six mètres pour les simples chemins vicinaux me paraissent une largeur qu'il convient de ne pas dépasser; il est bien rare que les besoins de la circulation exigent davantage; et aller au delà, c'est augmenter la difficulté d'obtenir des propriétaires riverains l'abandon gratuit des parcelles nécessaires aux élargissements.

Vous ne perdrez pas de vue, monsieur le préfet, que lorsque, par votre règlement général, vous aurez arrêté que le maximum de largeur des chemins vicinaux est fixé à six mètres, par exemple, le terrain compris dans cette limite ne sera pas, par cela seul, incorporé au sol des chemins. Il faudrait pour cela que vous arrêtassiez, en même temps, que partout les chemins vicinaux auront le maximum de la largeur fixée, ce que je ne vous conseille pas de faire. Il est beaucoup plus convenable et plus conforme à l'esprit de la loi que la largeur à donner à chaque chemin vicinal soit fixée par vous sur la proposition du maire et du conseil municipal. C'est ce qui est facile, par la disposition du cadre destiné à reviser la classification des chemins, si vous croyez devoir opérer cette révision. Si, au contraire, le classement a été bien fait à une autre époque, il est indubitable que la largeur de chaque chemin a été arrêtée, et vous n'auriez qu'à tenir la main à l'exécution de ce qui a été prescrit. Il serait éminemment utile que, dans toutes les communes, les chemins vicinaux fussent bornés, afin de prévenir les usurpations des propriétaires riverains. C'est une opération fort vaste, sans doute, et qui ne peut se faire que graduellement, mais, avec de la suite, elle arriverait à son terme, et éviterait plus tard bien des embarras aux administrateurs des communes. Cette opération est facile d'ailleurs, en principe, puisque l'arrêté de fixation de la largeur d'un chemin est aujourd'hui un titre légal qui détermine les limites de ce chemin.

Maximum de la largeur des chemins vicinaux de grande communication.

Quant aux chemins vicinaux de grande communication, le maximum de largeur me paraît convenablement fixé à huit mètres, et je vous engage fortement à ne pas le dépasser; il en résulterait trop de difficultés pour obtenir les terrains nécessaires aux élargissements. Ici, tout en donnant ce maximum comme indication générale, vous devrez pour chaque ligne, et au moment même où elle sera classée, arrêter la largeur précise qu'elle devra avoir. Partout, sur les lignes vicinales, vous devrez ordonner l'abornement des chemins; ce sera un utile préalable à l'établissement des plans que vous parviendrez à faire lever successivement.

Délais nécessaires pour l'exécution de chaque mesure.

J'ai peu de chose à ajouter à ce que je vous ai dit dans le cours de cette instruction, relativement aux délais nécessaires pour l'exécution de chaque mesure. C'est en vous occupant de chacune d'elles en particulier que vous pourrez y assigner des délais convenables : je vous engage seulement à indiquer la session de mai comme celle dans laquelle les conseils municipaux devront s'occuper du vote des ressources, tant en prestations qu'en centimes spéciaux, qui devront être affectées à l'entretien des chemins vicinaux pendant le cours de l'année suivante. La session de mai est celle dans laquelle le conseil municipal s'occupe du règlement du budget, et vous savez que les ressources créées pour le service des chemins doivent figurer au budget en recette et en dépense.

Epoques auxquelles les prestations en nature devront être faites.

Les époques auxquelles les travaux de prestation en nature doivent être faits ne peuvent être fixées d'une manière convenable qu'en les mettant en rapport avec les travaux de l'agriculture. Il importe de profiter, pour faire faire les prestations, des moments où les habitants de la campagne peuvent avoir le moins à souffrir du sacrifice que la loi leur impose. Vous étudierez avec soin, à cet égard, les habitudes locales, et peut-être reconnaîtrez-vous la nécessité d'assigner des époques différentes pour les travaux des différentes parties du département. Cette précaution ne sera pas nécessaire sans doute lorsque partout la culture est à peu près uniforme; mais il est des départements où le sol varie assez d'un arrondissement à un autre pour que des différences notables en résultent dans les travaux; c'est ce que votre connaissance des localités vous fera reconnaître.

Ecoulement des eaux.

L'écoulement des eaux est une matière qui peut difficilement être réglementée par voie de dispositions générales. Le code civil contient à cet égard des principes dont il n'est pas permis de s'écarter et que vous ne devez pas perdre de vue dans tous les cas spéciaux sur lesquels vous aurez à prononcer.

Plantations et élagage.

Les plantations soit d'arbres, soit de haies vives, qui se font le long des chemins vicinaux, sont une des matières que vous trouverez le plus de difficulté à réglementer d'une manière précise, parce qu'il importe de concilier les intérêts des propriétaires riverains avec les intérêts de la viabilité.

Quant aux haies, notamment, il est certain qu'un propriétaire riverain d'un chemin vicinal a un intérêt réel à clore sa propriété, pour la défendre des dégradations qu'y peuvent commettre les voyageurs. Quant aux arbres, il est des départements où certains arbres fruitiers sont d'un produit assez important pour que les propriétaires attachent un grand prix à en planter le long des chemins.

Il est incontestable, d'un autre côté, que les haies, ainsi que les arbres dont la tige n'est pas très-élevée et ne peut être dégagée de branches, sont des causes de dégradation constante pour les chemins qu'ils bordent, surtout lorsque ces voies de communication sont étroites. Les plantations interceptent les rayons du soleil et empêchent la circulation de l'air ; par ce double effet, elles entretiennent le sol dans un état d'humidité permanente qui détruit promptement les matériaux les plus solides ou les fait se perdre dans une terre constamment délayée.

L'administration sentait depuis longtemps le besoin d'atténuer au moins ces obstacles au bon état des chemins vicinaux, et l'application des articles 670 à 673 du code civil avait paru pouvoir y porter remède; mais les tribunaux auxquels il fallut recourir ne crurent pas que ces articles du code fussent applicables à l'espèce.

La loi du 21 mai 1836 lève ces difficultés, et l'article 21 vous donne le droit, monsieur le préfet, de régler la distance à laquelle les propriétaires riverains des chemins vicinaux pourront planter, sur le bord de ces chemins, soit des arbres, soit des haies vives. En réglant ces distances, je vous engage à vous renfermer dans les limites posées par le code civil, pour les plantations entre propriétés voisines ; elles paraissent suffisantes pour faire disparaître une grande partie des inconvénients des plantations sur le bord des chemins.

L'établissement des fossés et leur curage font partie des travaux des chemins.

Je n'ai pas besoin de vous dire, sans doute, que votre règlement ne peut avoir d'effet rétroactif, c'est-à-dire que vous ne pourriez ordonner la destruction des plantations actuellement existantes, par cela seul qu'elles ne seraient pas à la distance voulue. On ne peut, dans ce cas, que veiller à ce que ces plantations ne soient pas renouvelées.

Vous comprendrez aussi que le droit de réglementer les plantations ne pourrait s'étendre jusqu'à contraindre les propriétaires à planter des arbres le long des chemins vicinaux. Le maintien de l'état de viabilité ne peut exiger qu'il soit fait des plantations plus souvent nuisibles qu'utiles aux chemins ; ce ne serait donc plus que comme ornement de la voie publique que l'administration ordonnerait de planter, et sa sollicitude ne me paraît pas devoir aller jusque-là.

Quant à l'élagage des arbres et des haies et au recépage des racines, les droits de l'administration n'ont jamais été mis en question ; il suffit que vous prescriviez les époques auxquelles les maires doivent ordonner ces opérations, et que vous veilliez à leur exécution.

L'établissement de fossés le long des chemins vicinaux est presque partout une condition inséparable de tout système d'entretien de ces chemins. Faute de fossés, les eaux séjournent sans écoulement, le sol se détrempe de plus en plus ; l'empierrement, s'il a été fait, disparaît, et toutes les dépenses faites le sont en pure perte. L'administration avait pourtant été entravée jusqu'à présent pour ordonner l'établissement de fossés ; le silence complet de la législation antérieure sur les chemins vicinaux ne permettait que de recourir encore à l'article 666 du code civil ; mais nous avons vu plus haut combien était difficile l'assimilation des chemins aux propriétés privées, que le code a eues spécialement en vue.

La loi du 21 mai 1836 a comblé une lacune dont le service des chemins vicinaux avait trop à souffrir ; en attribuant aux préfets le droit de donner aux chemins vicinaux toute la largeur qui leur est nécessaire, la loi leur a évidemment permis de comprendre dans les limites de ces voies de communication les terrains nécessaires pour les fossés, partout où il sera nécessaire d'en creuser. Ce n'est donc pas simplement comme annexes, c'est comme parties intégrantes des chemins que les fossés doivent être considérés. Ils font partie du sol, et les anticipations qui tendraient à les rétrécir, à les faire disparaître, doivent être poursuivies de la même manière que les usurpations sur le sol même des chemins.

Mais de ces principes il s'ensuit la conséquence rigoureuse que le premier établissement et le curage des fossés sont des dépenses auxquelles il doit être pourvu par les mêmes moyens que pour l'entretien et la réparation des chemins mêmes. Il ne serait pas légal de prétendre mettre le curage des fossés à la charge des propriétaires riverains. C'est ce qui se pratiquait anciennement pour les fossés le long des routes royales ; mais il a fallu adopter un autre système, et on ne pourrait imposer aux riverains des chemins vicinaux des obligations plus grandes qu'aux riverains des grandes routes. Il n'y aurait d'exception à cet égard que si un propriétaire riverain voulait profiter, comme engrais, du limon qui se déposera dans les fossés. Il ne devra lui être permis de l'enlever qu'à la charge de curer à fond et d'entretenir le fossé dans sa profondeur et sa largeur ; mais ici, comme vous le voyez, il ne s'agit plus d'une obligation à imposer, il ne s'agit que d'une faculté à accorder et d'un arrangement à l'amiable.

Art. 22. Toutes les dispositions des lois antérieures demeurent abrogées, en ce qu'elles auraient de contraire à la présente loi.

Nous avons vu, à l'occasion de chacun des articles de la loi du 21 mai 1836, quelles sont les modifications apportées à la législation antérieure. Rechercher parmi les articles des lois nombreuses qui ont régi la matière quels sont ceux qui sont formellement abrogés, quels sont ceux qui restent en vigueur, ce serait donc en quelque sorte recommencer le travail que nous avons fait.

En examinant avec vous, monsieur le préfet, les dispositions de la loi qui va régir l'une des parties les plus importantes de votre administration, je crois avoir prévu toutes les difficultés que peut faire naître la première application d'une législation nouvelle. J'ai tracé des règles précises pour tout ce qui doit être exécuté d'une manière uniforme; j'ai donné des indications étendues sur toutes les dispositions dont l'exécution doit varier suivant la diversité des localités, et ces indications, je les ai puisées non pas dans la théorie, mais dans l'expérience, dans ce qui se pratique avec succès déjà; je suis entré, sur tous les détails d'exécution, dans des développements peut-être minutieux, mais qui m'ont semblé nécessaires pour prévenir jusqu'à la moindre incertitude. Si pourtant il vous restait encore quelques doutes, n'hésitez pas à me les soumettre, et je m'empresserai de résoudre les questions que vous m'adresserez; mais je dois vous le demander avec instance, monsieur le préfet, que vos doutes ne portent pas sur de simples prévisions. Pour une loi aussi importante dans son ensemble, aussi vaste dans ses détails, le champ des difficultés théoriques serait immense; les difficultés pratiques seront peu nombreuses, j'en ai l'assurance, et l'administrateur habile saura les surmonter par la seule application des principes clairs et précis posés dans la législation nouvelle.

Etudiez donc cette législation, non pour y trouver quelques difficultés éparses, mais pour apprécier les immenses ressources qu'elle met à votre disposition. Etudiez-la pour saisir les moyens d'action qu'elle a créés, pour réaliser tout le bien qu'elle permet de faire, et vous reconnaîtrez, comme je vous le disais en débutant, que la loi du 21 mai 1836 est l'une des plus importantes de l'époque, l'une de celles où le législateur s'est le plus montré juste appréciateur des besoins et des vœux du pays.

Vous serez secondé dans vos efforts, monsieur le préfet, par l'appui que vous prêtera le conseil général dans ses réunions annuelles, par l'expérience et les lumières de chacun des membres de ce conseil et des conseils d'arrondissements, qui voudront, je n'en doute pas, concourir activement au bien qui va se faire ; vous trouverez dans MM. les sous-préfets des coopérateurs zélés qui voudront se créer de nouveaux titres à la confiance du gouvernement ; vous devez surtout compter sur le concours de MM. les maires et membres des conseils municipaux; c'est dans l'intérêt des populations qu'ils représentent qu'ont été conçues les mesures à l'exécution desquelles ils vont avoir à coopérer ; c'est pour ouvrir des voies de communication dont l'absence se fait sentir d'une manière si déplorable ; c'est pour donner aux produits de l'agriculture des débouchés qui lui manquent ; c'est pour faire disparaître l'un des plus graves obstacles qui s'opposent à l'accroissement de la prospérité du pays, que l'administration, dans tous ses degrés, est appelée à redoubler d'efforts. MM. les maires ont prouvé, même sous l'empire d'une législation inefficace, tout ce que le pays pouvait attendre de leur dévoûment ; la reconnaissance du pays leur est acquise à l'avance pour tout ce qu'ils déploieront de zèle dans l'exercice des fonctions honorables qui leur sont déléguées.

Quant à moi, monsieur le préfet, comptez, pour l'exécution de cette importante loi, sur tout mon appui, sur mon concours le plus empressé.

J'accueillerai tous les projets utiles que vous suggéreront votre amour du bien, votre expérience et votre connaissance des besoins et des ressources du pays. Je vous prêterai conseils et autorité lorsque vous croirez devoir y recourir, et je serai heureux de pouvoir, chaque année, signaler au roi les améliorations que le pays devra aux administrateurs que je dirige.

Recevez, je vous prie, monsieur le préfet, l'assurance de ma considération la plus distinguée.

Le Pair de France,
Ministre Secrétaire d'Etat au département de l'intérieur,

Signé : MONTALIVET.

LIII.

CULTURE DU TABAC. — CONTESTATIONS SUR LE DÉCOMPTE.

La culture du tabac est soumise à certaines restrictions ; elle ne peut avoir lieu que dans les départements autorisés ; elle exige une déclaration préalable et l'obtention d'une permission.

Un compte est ouvert à chaque planteur par l'administration des contributions indirectes, faisant connaître la quantité des tabacs qu'il doit produire, et destinés soit à l'approvisionnement des manufactures impériales, soit à l'exportation. Il est tenu note de tous les faits pouvant diminuer la production ou changer les résultats espérés. Toutes les précautions prises pour prévenir les fraudes et l'observation des obligations imposées aux planteurs sont longuement énumérées dans le titre V de la loi du 28 avril 1816. En général, la répression des infractions commises à cette loi appartient aux tribunaux correctionnels. Il n'existe, en faveur des conseils de préfecture, qu'une seule attribution, pour l'intelligence de laquelle nous n'aurons à reproduire qu'un petit nombre d'articles de cette loi.

107. (*Extrait de la loi du* 28 *avril* 1816.)

Art. 198. Le compte du cultivateur de tabac sera déchargé des quantités ou nombres dont la détérioration ou la destruction sur pied aura été constatée, et de ceux du tabac avarié depuis la récolte qu'il aura présenté au bureau et qui aura été détruit, conformément à l'article précédent.

199. Lors de la livraison, le compte du cultivateur de tabac sera balancé. En cas de déficit, il sera tenu de payer la valeur des quantités manquantes, d'après le mode arrêté par le préfet, au taux du tabac de cantine.

200. Les sommes dues par les cultivateurs, en vertu de l'article précédent, seront recouvrées, dans la forme des impositions directes, sur un état dressé par le directeur des contributions indirectes et rendu exécutoire par le préfet.

201. Les cultivateurs seront recevables, pendant un mois, à porter *devant le conseil de préfecture* leurs réclamations contre le résultat de leur décompte. Le conseil de préfecture devra prononcer dans les deux mois.

LIV.

CURES ET MENSES ÉPISCOPALES.

108. (*Extrait du titre* Ier *de la section II du décret du* 6 *novembre* 1813, *intitulé :* De l'administration des biens des cures pendant la vacance.)

Art. 24. Dans tous les cas de vacance d'une cure, les revenus de l'année courante appartiendront à l'ancien titulaire ou à ses héritiers, jusqu'au jour de l'ouverture de la vacance, et au nouveau titulaire, du jour de sa nomination.

Les revenus qui auront eu cours du jour de l'ouverture de la vacance jusqu'au jour de la nomination seront mis en réserve dans la caisse à trois clefs, pour subvenir aux grosses réparations qui surviendront dans les bâtiments appartenant à la dotation, conformément à l'article 13.

25. Le produit des revenus pendant l'année de la vacance sera constaté par les comptes que rendront le trésorier pour le temps de la vacance, et le nouveau titulaire pour le reste de l'année ; ces comptes porteront ce qui aurait été reçu par le précédent titulaire pour la même année, sauf reprise contre la succession, s'il y a lieu.

26. Les contestations sur les comptes ou répartitions de revenus, dans les cas indiqués aux articles précédents, seront décidés par le conseil de préfecture.

109. (*Extrait du titre II du même décret*, *intitulé :* Des biens des menses épiscopales.)

Art. 33. Le droit de régale continuera d'être exercé dans

l'Empire, ainsi qu'il l'a été de tout temps par les souverains nos prédécesseurs.

34. Au décès de chaque archevêque ou évêque, il sera nommé, par notre ministre des cultes, un commissaire pour l'administration des biens de la mense épiscopale.

. . . .

45. Le commissaire régira depuis le jour du décès jusqu'au temps où le successeur nommé par Sa Majesté se sera mis en possession.

Les revenus de la mense sont au profit du successeur, à compter du jour de sa nomination.

. . . .

47. Les poursuites contre les comptables, soit pour rendre les comptes, soit pour faire statuer sur les objets de contestation, seront faites devant les tribunaux compétents (1) par la personne que le ministre aura commise pour recevoir les comptes.

LV.

DESSÉCHEMENT DES MARAIS.

La loi du 16 septembre 1807, qui fait l'objet de ce chapitre et qui porte le titre rappelé ci-dessus, eût été mieux désignée, dans le Bulletin officiel et dans les recueils des lois, sous la dénomination de *loi relative aux grands travaux publics.* Il est vrai que les six premiers titres sont consacrés au desséchement des marais, à l'estimation des terrains avant et après le desséchement, à la fixation de l'étendue du marais à dessécher, à l'indemnité due aux propriétaires, en cas de dépossession, à la conservation des travaux de desséchement pendant le cours des travaux et après le desséchement; mais elle s'occupe aussi d'une manière générale *des travaux de navigation, des routes, des ponts, des rues, places et quais dans les villes, des digues, des travaux de salubrité dans les communes*, et spécialement des travaux de route et de navigation relatifs à *l'exploitation des forêts et minières*, de la *concession des divers objets dépendant du domaine* (public), *de l'organisation et des attributions des commissions spéciales*, et enfin des indemnités dues aux propriétaires *pour occupation*

(1) C'est le conseil de préfecture et le conseil d'Etat qui sont les tribunaux compétents. — Dufour, t. II, p. 34; Serrigny, n° 893.

de terrains. A raison de l'importance de cette loi, nous croyons devoir la donner en entier.

110. (*Loi du 16 septembre 1807.*)

TITRE PREMIER.

Desséchement des marais.

Art. 1er. La propriété des marais est soumise à des règles particulières.

Le gouvernement ordonnera les desséchements qu'il jugera utiles ou nécessaires.

2. Les desséchements seront exécutés par l'État ou par des concessionnaires.

3. Lorsqu'un marais appartiendra à un seul propriétaire, ou lorsque tous les propriétaires seront réunis, la concession du desséchement leur sera toujours accordée, s'ils se soumettent à l'exécuter dans les délais fixés, et conformément aux plans adoptés par le gouvernement.

4. Lorsqu'un marais appartiendra à un propriétaire, ou à une réunion de propriétaires qui ne se soumettront pas à dessécher dans les délais et selon les plans adoptés, ou qui n'exécuteront pas les conditions auxquelles ils se seront soumis; lorsque les propriétaires ne seront pas tous réunis; lorsque, parmi lesdits propriétaires, il y aura une ou plusieurs communes, la concession du desséchement aura lieu en faveur des concessionnaires dont la soumission sera jugée la plus avantageuse pour le gouvernement : celles qui seraient faites par des communes propriétaires, ou par un certain nombre de propriétaires réunis, seront préférées à conditions égales.

5. Les concessions seront faites par des décrets rendus en conseil d'État, sur des plans levés ou sur des plans vérifiés et approuvés par les ingénieurs des ponts et chaussées, aux conditions prescrites par la présente loi, aux conditions qui seront établies par les règlements généraux à intervenir, et aux charges qui seront fixées à raison des circonstances locales.

6. Les plans seront levés, vérifiés et approuvés aux frais des entrepreneurs du desséchement : si ceux qui auront fait la première soumission et fait lever ou vérifier les plans, ne demeu-

rent pas concessionnaires, ils seront remboursés par ceux auxquels la concession sera définitivement accordée.

Le plan général du marais comprendra tous les terrains qui seront présumés devoir profiter du desséchement. Chaque propriété y sera distinguée, et son étendue exactement circonscrite.

Au plan général seront joints tous les profils et nivellements nécessaires ; ils seront, le plus possible, exprimés sur le plan par des cotes particulières.

TITRE II.

Fixation de l'étendue, de l'espèce et de la valeur estimative des marais avant le desséchement.

7. Lorsque le gouvernement fera un desséchement, ou lorsque la concession aura été accordée, il sera formé entre les propriétaires un syndicat, à l'effet de nommer les experts qui devront procéder aux estimations statuées par la présente loi.

Les syndics seront nommés par le préfet; ils seront pris parmi les propriétaires les plus imposés, à raison des marais à dessécher. Les syndics seront au moins au nombre de trois, et au plus au nombre de neuf, ce qui sera déterminé dans l'acte de concession.

8. Les syndics réunis nommeront et présenteront un expert au préfet du département.

Les concessionnaires en présenteront un autre; le préfet nommera un tiers expert.

Si le desséchement est fait par l'État, le préfet nommera le second expert, et le tiers expert sera nommé par le ministre de l'intérieur.

9. Les terrains des marais seront divisés en plusieurs classes, dont le nombre n'excédera pas dix, et ne pourra être au-dessous de cinq : ces classes seront formées d'après les divers degrés d'inondation. Lorsque la valeur des différentes parties du marais éprouvera d'autres variations que celles provenant des divers degrés de submersion, et dans ce cas seulement, les classes seront formées sans égard à ces divers degrés, et toujours de manière à ce que toutes les terres de même valeur présumée soient dans la même classe.

10. Le périmètre des diverses classes sera tracé sur le plan cadastral qui aura servi de base à l'entreprise.

Ce tracé sera fait par les ingénieurs et les experts réunis.

11. Le plan, ainsi préparé, sera soumis à l'approbation du préfet; il restera déposé au secrétariat de la préfecture pendant un mois; les parties intéressées seront invitées, par affiches, à prendre connaissance du plan, à fournir leurs observations sur son exactitude, sur l'étendue donnée aux limites jusques auxquelles se feront sentir les effets du dessèchement, et enfin sur le classement des terres.

12. Le préfet, après avoir reçu ces observations, celles en réponse des entrepreneurs du dessèchement, celles des ingénieurs et des experts, pourra ordonner les vérifications qu'il jugera convenables.

Dans le cas où, après vérification, les parties intéressées persisteraient dans leurs plaintes, les questions seront portées devant la commission constituée par le titre X de la présente loi.

13. Lorsque les plans auront été définitivement arrêtés, les deux experts nommés par les propriétaires et les entrepreneurs du dessèchement se rendront sur les lieux, et, après avoir recueilli tous les renseignements nécessaires, ils procéderont à l'appréciation de chacune des classes composant le marais, eu égard à sa valeur réelle au moment de l'estimation considérée dans son état de marais, et sans pouvoir s'occuper d'une estimation détaillée par propriété.

Les experts procéderont en présence du tiers expert, qui les départagera, s'ils ne peuvent s'accorder.

14. Le procès-verbal d'estimation par classe sera déposé pendant un mois à la préfecture. Les intéressés en seront prévenus par affiches, et s'il survient des réclamations, elles seront jugées par la commission.

Dans tous les cas, l'estimation sera soumise à ladite commission pour être jugée et homologuée par elle; elle pourra décider outre et contre l'avis des experts.

15. Dès que l'estimation aura été définitivement arrêtée, les travaux de dessèchement seront commencés; ils seront poursuivis et terminés dans les délais fixés par l'acte de concession, sous les peines portées audit acte.

TITRE III.

Des marais pendant le cours des travaux de desséchement.

16. Lorsque, d'après l'étendue des marais ou la difficulté des travaux, le desséchement ne pourra être opéré dans trois ans, l'acte de concession pourra attribuer aux entrepreneurs du desséchement une portion en deniers du produit des fonds qui auront les premiers profité des travaux de desséchement.

Les contestations relatives à l'exécution de cette clause de l'acte de concession seront portées devant la commission.

TITRE IV.

Des marais après le desséchement, et de l'estimation de leur valeur.

17. Lorsque les travaux prescrits par l'État ou par l'acte de concession seront terminés, il sera procédé à leur vérification et réception.

En cas de réclamations, elles seront portées devant la commission, qui les jugera.

18. Dès que la reconnaissance des travaux aura été approuvée, les experts respectivement nommés par les propriétaires et par les entrepreneurs du desséchement, et accompagnés du tiers expert, procéderont, de concert avec les ingénieurs, à une classification des fonds desséchés, suivant leur valeur nouvelle et l'espèce de culture dont ils seront devenus susceptibles.

Cette classification sera vérifiée, arrêtée, suivie d'une estimation, le tout dans les mêmes formes ci-dessus prescrites pour la classification et l'estimation des marais avant le desséchement.

TITRE V.

Règles pour le payement des indemnités dues par les propriétaires, en cas de dépossession.

19. Dès que l'estimation des fonds desséchés aura été arrêtée, les entrepreneurs du desséchement présenteront à la commission un rôle contenant :

1° Le nom des propriétaires ;

2° L'étendue de leur propriété ;

3° Les classes dans lesquelles ils se trouvent placés, le tout relevé sur le plan cadastral ;

4° L'énonciation de la première estimation, calculée à raison de l'étendue et des classes ;

5° Le montant de la valeur nouvelle de la propriété depuis le desséchement, réglée par la seconde estimation et le second classement ;

6° Enfin la différence entre les deux estimations.

S'il reste dans le marais des portions qui n'auront pu être desséchées, elles ne donneront lieu à aucune prétention de la part des entrepreneurs du desséchement.

20. Le montant de la plus-value obtenue par le desséchement sera divisé entre le propriétaire et le concessionnaire, dans les proportions qui auront été fixées par l'acte de concession.

Lorsqu'un desséchement sera fait par l'Etat, sa portion dans la plus-value sera fixée de manière à le rembourser de toutes ses dépenses. Le rôle des indemnités sur la plus-value sera arrêté par la commission et rendu exécutoire par le préfet.

21. Les propriétaires auront la faculté de se libérer de l'indemnité par eux due, en délaissant une portion relative de fonds calculée sur le pied de la dernière estimation ; dans ce cas, il n'y aura lieu qu'au droit fixe d'un franc pour l'enregistrement de l'acte de mutation de propriété.

22. Si les propriétaires ne veulent pas délaisser des fonds en nature, ils constitueront une rente sur le pied de quatre pour cent, sans retenue ; le capital de cette rente sera toujours remboursable, même par portions, qui cependant ne pourront être moindres d'un dixième, et moyennant vingt-cinq capitaux.

23. Les indemnités dues aux concessionnaires ou au gouvernement, à raison de la plus-value résultant des desséchements, auront privilége sur toute ladite plus-value, à la charge seulement de faire transcrire l'acte de concession, ou le décret qui ordonnera le desséchement au compte de l'Etat, dans le bureau ou dans les bureaux des hypothèques de l'arrondissement ou des arrondissements de la situation des marais desséchés.

L'hypothèque de tout individu inscrit avant le desséchement sera restreinte, au moyen de la transcription ci-dessus ordonnée, sur une portion de propriété égale en valeur à sa première valeur estimative des terrains desséchés.

24. Dans le cas où le desséchement d'un marais ne pourrait être opéré par les moyens ci-dessus organisés, et où, soit par les obstacles de la nature, soit par des oppositions persévérantes des propriétaires, on ne pourrait parvenir au desséchement, le propriétaire ou les propriétaires de la totalité des marais pourront être contraints à délaisser leur propriété, sur estimation faite dans les formes déjà prescrites.

Cette estimation sera soumise au jugement et à l'homologation d'une commission formée à cet effet, et la cession sera ordonnée, sur le rapport du ministre de l'intérieur, par un règlement d'administration publique.

TITRE VI.

De la conservation des travaux de desséchement.

25. Durant ls cours des travaux de desséchement, les canaux, fossés, rigoles, digues et autres ouvrages, seront entretenus et gardés aux frais des entrepreneurs du desséchement.

26. A compter de la réception des travaux, l'entretien et la garde seront à la charge des propriétaires, tant anciens que nouveaux. Les syndics déjà nommés, auxquels le préfet pourra en adjoindre deux ou quatre pris parmi les nouveaux propriétaires, proposeront au préfet des règlements d'administration publique qui fixeront le genre et l'étendue des contributions nécessaires pour subvenir aux dépenses.

La commission donnera son avis sur ces projets de règlement, et, en les adressant au ministre, proposera aussi la création d'une administration composée de propriétaires, qui devra faire exécuter les travaux ; il sera statué sur le tout en conseil d'Etat.

27. La conservation des travaux de desséchement, celle des digues contre les torrents, rivières et fleuves, et sur les bords des lacs et de la mer, est commise à l'administration publique. Toutes réparations et dommages seront poursuivis par voie administrative, comme pour les objets de grande voirie. Les délits

seront poursuivis par les voies ordinaires, soit devant les tribunaux de police correctionnelle, soit devant les cours criminelles, en raison des cas.

TITRE VII.

Des travaux de navigation, des routes, des ponts, des rues, places et quais dans les villes, des digues, des travaux de salubrité dans les communes.

28. Lorsque, par l'ouverture d'un canal de navigation, par le perfectionnement de la navigation d'une rivière, par l'ouverture d'une grande route, par la construction d'un pont, un ou plusieurs départements, un ou plusieurs arrondissements seront jugés devoir recueillir une amélioration à la valeur de leur territoire, ils seront susceptibles de contribuer aux dépenses des travaux, par voie de centimes additionnels aux contributions; et ce dans les proportions qui seront déterminées par des lois spéciales.

Ces contributions ne pourront s'élever au delà de la moitié de la dépense; le gouvernement fournira l'excédant.

29. Lorsqu'il y aura lieu à l'établissement ou au perfectionnement d'une petite navigation, d'un canal de flottage; à l'ouverture ou à l'entretien de grandes routes d'un intérêt local; à la construction ou à l'entretien de ponts sur lesdites routes ou sur des chemins vicinaux, les départements contribueront dans une proportion; les arrondissements les plus intéressés, dans une autre; les communes les plus intéressées, d'une manière encore différente : le tout selon les degrés d'utilité respective.

Le gouvernement ne fournira de fonds, dans ce cas, que lorsqu'il le jugera convenable; les proportions des diverses contributions seront réglées par des lois spéciales.

30. Lorsque par suite des travaux déjà énoncés dans la présente loi, lorsque par l'ouverture de nouvelles rues, par la formation de places nouvelles, par la construction de quais, ou par tous autres travaux publics généraux, départementaux ou communaux, ordonnés ou approuvés par le gouvernement, des propriétés privées auront acquis une notable augmentation de valeur, ces propriétés pourront être chargées de payer une indemnité qui pourra s'élever jusqu'à la valeur de la moitié des

avantages qu'elles auront acquis : le tout sera réglé par estimation dans les formes déjà établies par la présente loi, jugé et homologué par la commission qui aura été nommée à cet effet.

31. Les indemnités pour payement de plus-value seront acquittées, au choix des débiteurs, en argent ou en rentes constituées à quatre pour cent net, ou en délaissement d'une partie de la propriété, si elle est divisible : ils pourront aussi délaisser en entier les fonds, terrains ou bâtiments dont la plus-value donne lieu à l'indemnité, et ce, sur l'estimation réglée d'après la valeur qu'avait l'objet avant l'exécution des travaux desquels la plus-value aura résulté.

Les articles 21 et 23, relatifs aux droits d'enregistrement et aux hypothèques, sont applicables aux cas spécifiés dans le présent article.

32. Les indemnités ne seront dues par les propriétaires des fonds voisins des travaux effectués que lorsqu'il aura été décidé, par un règlement d'administration publique rendu sur le rapport du ministre de l'intérieur, et après avoir entendu les parties intéressées, qu'il y a lieu à l'application des deux articles précédents.

33. Lorsqu'il s'agira de construire des digues à la mer, ou contre les fleuves, rivières et torrents navigables ou non navigables, la nécessité en sera constatée par le gouvernement, et la dépense supportée par les propriétés protégées, dans la proportion de leur intérêt aux travaux, sauf les cas où le gouvernement croirait utile et juste d'accorder des secours sur les fonds publics.

34. Les formes précédemment établies et l'intervention d'une commission seront appliquées à l'exécution du précédent article.

Lorsqu'il y aura lieu de pourvoir aux dépenses d'entretien ou de réparation des mêmes travaux, au curage des canaux qui sont en même temps de navigation et de desséchement, il sera fait des règlements d'administration publique qui fixeront la part contributive du gouvernement et des propriétaires. Il en sera de même lorsqu'il s'agira de levées, de barrages, de pertuis, d'écluses, auxquels des propriétaires de moulins ou d'usines seraient intéressés.

35. Tous les travaux de salubrité qui intéressent les villes et les communes seront ordonnés par le gouvernement, et les dépenses supportées par les communes intéressées.

36. Tout ce qui est relatif aux travaux de salubrité sera réglé par l'administration publique; elle aura égard, lors de la rédaction du rôle de la contribution spéciale destinée à faire face aux dépenses de ce genre de travaux, aux avantages immédiats qu'acquerraient telles ou telles propriétés privées, pour les faire contribuer à la décharge de la commune dans des proportions variées et justifiées par les circonstances.

37. L'exécution des deux articles précédents restera dans les attributions des préfets et des conseils de préfecture.

TITRE VIII.

Des travaux de route et de navigation relatifs à l'exploitation des forêts et minières.

38. Lorsqu'il y aura lieu d'ouvrir ou de perfectionner une route ou des moyens de navigation dont l'objet sera d'exploiter avec économie des forêts ou bois, des mines ou minières, ou de leur fournir un débouché, toutes les propriétés de cette espèce, générales, communales ou privées, qui devront en profiter, seront appelées à contribuer pour la totalité de la dépense, dans les proportions variées des avantages qu'elles devront en recueillir.

Le gouvernement pourra néanmoins accorder sur les fonds publics les secours qu'il croira nécessaires.

39. Les propriétaires se libéreront dans les formes énoncées aux articles 21, 22 et 23 de la présente loi.

40. Les formes d'estimation et l'intervention de la commission orgnisée par la présente loi seront appliquées à l'exécution des deux précédents articles.

TITRE IX.

De la concession de divers objets dépendant du domaine.

41. Le gouvernement concédera, aux conditions qu'il aura réglées, les marais, lais, relais de la mer, le droit d'endiguage, les accrues, atterrissements et alluvions des fleuves, rivières et

torrents, quant à ceux de ces objets qui forment propriété publique ou domaniale.

TITRE X.

De l'organisation et des attributions des commissions spéciales.

42. Lorsqu'il s'agira d'un desséchement de marais ou d'autres ouvrages déjà énoncés en la présente loi, et pour lesquels l'intervention d'une commission spéciale est indiquée, cette commission sera établie ainsi qu'il suit :

43. Elle sera composée de sept commissaires : leur avis ou leurs décisions seront motivés ; ils devront, pour les prononcer, être au moins au nombre de cinq.

44. Les commissaires seront pris parmi les personnes qui seront présumées avoir le plus de connaissances relatives soit aux localités, soit aux divers objets sur lesquels ils auront à prononcer.

Ils seront nommés par l'Empereur.

45. Les formes de la réunion des membres de la commission, la fixation des époques de ses séances et des lieux où elles seront tenues, les règles pour la présidence, le secrétariat et la garde des papiers, les frais qu'entraîneront ses opérations, et enfin tout ce qui concerne son organisation, seront déterminées, dans chaque cas, par un règlement d'administration publique.

46. Les commissions spéciales connaîtront de tout ce qui est relatif au classement des diverses propriétés avant ou après le desséchement des marais, à leur estimation, à la vérification de l'exactitude des plans cadastraux, à l'exécution des clauses des actes de concession relatifs à la jouissance par les concessionnaires d'une portion des produits, à la vérification et à la réception des travaux de desséchement, à la formation et à la vérification du rôle de plus-value des terres après le desséchement ; elles donneront leur avis sur l'organisation du mode d'entretien des travaux de desséchement ; elles arrêteront les estimations dans le cas prévu par l'article 24, où le gouvernement aurait à déposséder tous les propriétaires d'un marais ; elles connaîtront des mêmes objets, lorsqu'il s'agira de fixer la valeur des propriétés, avant l'exécution de travaux d'un autre genre, comme routes, canaux, quais, digues, ponts, rues, etc., après l'exécution

desdits travaux, et lorsqu'il sera question de fixer la plus-value.

47. Elles ne pourront, en aucun cas, juger les questions de propriété, sur lesquelles il sera prononcé par les tribunaux ordinaires, sans que, dans aucun cas, les opérations relatives aux travaux, ou l'exécution des décisions de la commission, puissent être retardées ou suspendues.

TITRE XI.

Des indemnités aux propriétaires pour occupations de terrains.

48. Lorsque, pour exécuter un desséchement, l'ouverture d'une nouvelle navigation, un pont, il sera question de supprimer des moulins et autres usines, de les déplacer, modifier, ou de réduire l'élévation de leurs eaux, la nécessité en sera constatée par les ingénieurs des ponts et chaussées. Le prix de l'estimation sera payé par l'État, lorsqu'il entreprend les travaux ; lorsqu'ils sont entrepris par des concessionnaires, le prix de l'estimation sera payé avant qu'ils puissent faire cesser le travail des moulins et usines.

Il sera d'abord examiné si l'établissement des moulins et usines est légal, ou si le titre d'établissement ne soumet pas les propriétaires à voir démolir leurs établissements sans indemnité, si l'utilité publique le requiert.

49. Les terrains nécessaires pour l'ouverture des canaux et rigoles de desséchement, des canaux de navigation, de routes, de rues, la formation de places et autres travaux reconnus d'une utilité générale, seront payés à leurs propriétaires, et à dire d'experts, d'après leur valeur avant l'entreprise des travaux, et sans nulle augmentation du prix d'estimation.

50. Lorsqu'un propriétaire fait volontairement démolir sa maison, lorsqu'il est forcé de la démolir pour cause de vétusté, il n'a droit à indemnité que pour la valeur du terrain délaissé, si l'alignement qui lui est donné par les autorités compétentes le force à reculer sa construction.

51. Les maisons et bâtiments dont il serait nécessaire de faire démolir et d'enlever une portion pour cause d'utilité publique légalement reconnue, seront acquis en entier, si le propriétaire

l'exige, sauf à l'administration publique ou aux communes à revendre les portions de bâtiments ainsi acquises, et qui ne seront pas nécessaires pour l'exécution du plan. La cession par le propriétaire à l'administration publique ou à la commune, et la revente, seront effectuées d'après un décret rendu en conseil d'État, sur le rapport du ministre de l'intérieur, dans les formes prescrites par la loi.

52. Dans les villes, les alignements pour l'ouverture des nouvelles rues, pour l'élargissement des anciennes qui ne font point partie d'une grande route, ou pour tout autre objet d'utilité publique, seront donnés par les maires, conformément au plan dont les projets auront été adressés aux préfets, transmis avec leur avis au ministre de l'intérieur, et arrêtés en conseil d'État.

En cas de réclamation de tiers intéressés, il sera de même statué en conseil d'État sur le rapport du ministre de l'intérieur.

53. Au cas où, par les alignements arrêtés, un propriétaire pourrait recevoir la faculté de s'avancer sur la voie publique, il sera tenu de payer la valeur du terrain qui lui sera cédé. Dans la fixation de cette valeur, les experts auront égard à ce que le plus ou le moins de profondeur du terrain cédé, la nature de la propriété, le reculement du reste du terrain bâti ou non bâti loin de la nouvelle voie, peuvent ajouter ou diminuer de valeur relative pour le propriétaire.

Au cas où le propriétaire ne voudrait point acquérir, l'administration publique est autorisée à le déposséder de l'ensemble de sa propriété, en lui payant la valeur telle qu'elle était avant l'entreprise des travaux. La cession et la revente seront faites comme il a été dit en l'article 51 ci-dessus.

54. Lorsqu'il y aura lieu en même temps à payer une indemnité à un propriétaire pour terrains occupés, et à recevoir de lui une plus-value pour des avantages acquis à ses propriétés restantes, il y aura compensation jusqu'à concurrence; et le surplus seulement, selon les résultats, sera payé au propriétaire ou acquitté par lui.

55. Les terrains occupés pour prendre les matériaux nécessaires aux routes ou aux constructions publiques pourront être payés aux propriétaires comme s'ils eussent été pris pour la route même.

Il n'y aura lieu à faire entrer dans l'estimation la valeur des matériaux à extraire, que dans les cas où l'on s'emparerait d'une carrière déjà en exploitation ; alors lesdits matériaux seront évalués d'après leur prix courant, abstraction faite de l'existence et des besoins de la route pour laquelle ils seraient pris, ou des constructions auxquelles on les destine.

56. Les experts, pour l'évaluation des indemnités relatives à une occupation de terrain, dans les cas prévus au présent titre, seront nommés, pour les objets de travaux de grande voirie, l'un par le propriétaire, l'autre par le préfet ; et le tiers expert, s'il en est besoin, sera de droit l'ingénieur en chef du département : lorsqu'il y aura des concessionnaires, un expert sera nommé par le propriétaire, un par le concessionnaire, et le tiers expert par le préfet.

Quant aux travaux des villes, un expert sera nommé par le propriétaire, un par le maire de la ville, ou de l'arrondissement pour Paris, et le tiers expert par le préfet.

57. Le contrôleur et le directeur des contributions donneront leur avis sur le procès-verbal d'expertise, qui sera soumis, par le préfet, à la délibération du conseil de préfecture ; le préfet pourra, dans tous les cas, faire faire une nouvelle expertise.

TITRE XII.

Dispositions générales.

58. Les indemnités pour plus-value, dues à raison des travaux déjà entrepris, et spécialement à raison des travaux de dessèchement, seront réglées d'après les dispositions de la présente loi. Des règlements d'administration publique statueront sur la possibilité et le mode d'application à chaque cas ou entreprise particulière ; et alors l'organisation et l'intervention de la commission spéciale seront toujours nécessaires.

59. Toutes les lois antérieures cesseront d'avoir leur exécution en ce qui serait contraire à la présente.

III. (*Observation.*)

Cette loi confère de nombreuses attributions aux conseils de préfecture :

Ils statuent comme en matière de contributions directes sur les contestations relatives aux réclamations des individus imposés pour la confection des travaux, en vertu des lois des 28 pluviôse an VIII, 14 floréal an XI, et de l'art. 27 du décret du 21 février 1814;

Sur celles soulevées pour le recouvrement de la contribution spéciale destinée à faire face aux travaux de salubrité qui intéressent les villes et les communes. (Articles 35, 36 et 37, loi ci-dessus rapportée.)

Ils prononcent sur les indemnités dues aux propriétaires pour occupations de terrains. (Articles 48 et suivants de la loi précitée.)

Ils veillent à la conservation des travaux de desséchement, etc., etc., et exercent la même juridiction qu'en matière de grande voirie. (Art. 27 même loi.)

Enfin, c'est dans la loi du 16 septembre 1807 que l'on trouve les règles à suivre pour les expertises en matière de travaux publics. (Art. 55 et suivants de ladite loi.)

LVI.

ÉLECTIONS DES CONSEILS GÉNÉRAUX ET DES CONSEILS D'ARRONDISSEMENT.

112. (*Extrait de la loi des* 7-8 *juillet* 1852.)

Art. 3. L'élection des membres des conseils généraux, des conseils d'arrondissement. . . (1). aura lieu par commune, sur les listes dressées pour l'élection des députés au corps législatif, conformément aux dispositions des décrets du 2 février 1852.

Le préfet pourra, par un arrêté, diviser en sections électorales les communes, quelle que soit leur population.

. . (1) . . . .

Dans les communes qui comptent 2,500 âmes et plus, le scrutin durera deux jours : il sera ouvert le samedi et clos le dimanche.

Dans les communes d'une population moindre, le scrutin ne durera qu'un jour : il sera ouvert et clos le dimanche.

Le recensement des votes, pour l'élection des membres des conseils généraux et des conseils d'arrondissement, sera fait au chef-lieu de canton.

(1) Les portions non reproduites de cet article 3 sont désormais sans objet; elles s'appliquaient aux élections des conseils municipaux, régies aujourd'hui par la loi des 5 et 9 mai 1855, rapportée au chapitre LVIII.

4. Nul n'est élu membre desdits conseils au premier tour de scrutin, s'il ne réunit : 1° la majorité des suffrages exprimés; 2° un nombre de suffrages égal au quart de celui des électeurs inscrits.

Au second tour de scrutin, l'élection a lieu à la majorité relative, quel que soit le nombre des votants. Si plusieurs candidats obtiennent le même nombre de suffrages, l'élection est acquise au plus âgé.

5. Le président, le vice-président et les secrétaires sont nommés pour chaque session, et choisis parmi les membres du conseil, par le président de la république pour les conseils généraux, et par le préfet pour les conseils d'arrondissement.

Les séances des conseils généraux ne sont pas publiques.

6. La dissolution des conseils généraux et des conseils d'arrondissement peut être prononcée par le président de la république. En ce cas, il est procédé à une nouvelle élection avant la session annuelle, et, au plus tard, dans le délai de trois mois à partir de la dissolution.

113. (*Extrait du décret du 3 juillet 1848.*) (1).

Art. 14. Sont éligibles aux conseils d'arrondissement, les électeurs âgés de vingt-cinq ans au moins, domiciliés dans l'arrondissement, et les citoyens ayant atteint le même âge, qui, sans y être domiciliés, y payent une contribution directe.

Sont éligibles aux conseils généraux, les électeurs âgés de vingt-cinq ans au moins, domiciliés dans le département, et les citoyens ayant atteint le même âge, qui, sans y être domiciliés, y payent une contribution directe. Néanmoins le nombre de ces derniers ne pourra dépasser le quart desdits conseillers. Les incompatibilités prononcées par l'article 5 de la loi du 22 juin 1833 sont applicables aux conseillers d'arrondissement (2).

(1) Ce décret modifie la loi du 22 juin 1833, dont le texte est ci-après.

(2) Voir cet article 5 ci-après.

114. (*Extrait de la loi du 22 juin 1833 sur l'organisation des conseils généraux de département et des conseils d'arrondissement.*)

Art. 5. Ne pourront être nommés membres des conseils généraux :

1° Les préfets, sous-préfets, secrétaires généraux et conseillers de préfecture;

2° Les agents et comptables employés à la recette, à la perception ou au recouvrement des contributions et au payement des dépenses publiques de toute nature;

3° Les ingénieurs des ponts et chaussées et les architectes actuellement employés par l'administration dans le département;

4° Les agents forestiers en fonctions dans le département et les employés des bureaux de préfecture et sous-préfectures.

6. Nul ne peut être membre de plusieurs conseils généraux.

7. Lorsqu'un membre du conseil général aura manqué à deux sessions consécutives sans excuses légitimes ou empêchement admis par le conseil, il sera considéré comme démissionnaire, et il sera procédé à une nouvelle élection, conformément à l'article 11.

8. Les membres des conseils généraux sont nommés pour *neuf ans;* ils sont renouvelés par *tiers* tous les trois ans, et sont indéfiniment rééligibles.

A la session qui suivra la première élection des conseils généraux, le conseil divisera les cantons et circonscriptions électorales du département en trois séries, en répartissant, autant qu'il sera possible, dans une proportion égale, les cantons ou circonscriptions électorales de chaque arrondissement dans chacune des séries. Il sera procédé à un tirage au sort pour régler l'ordre de renouvellement entre les séries. Ce tirage se fera par le préfet en conseil de préfecture et en séance publique.

9. (Cet article est conforme à l'article 6 de la loi des 7-8 juillet 1852, relatif à la dissolution, par le chef de l'Etat, des conseils généraux.)

10. Le conseiller de département élu dans plusieurs cantons ou circonscriptions électorales sera tenu de déclarer son option

au préfet dans le mois qui suivra les élections entre lesquelles il doit opter. A défaut d'option dans ce délai, le préfet, en conseil de préfecture et en séance publique, décidera par la voie du sort à quel canton ou circonscription électorale le conseiller appartiendra.

Il sera procédé de la même manière, lorsqu'un citoyen aura été élu à la fois membre du conseil général et membre d'un ou plusieurs conseils d'arrondissement.

11. En cas de vacance par option, décès, démission, perte des droits civils ou politiques, l'assemblée électorale qui doit pourvoir à la vacance sera réunie dans le délai de deux mois.

TITRE VI.

De la tenue des assemblées électorales, suivant la même loi du 22 juin 1833. (*Articles non abrogés ni modifiés.*)

48. Le bureau statue provisoirement sur les difficultés qui s'élèvent au sujet des opérations de l'assemblée.

50. Les procès-verbaux des opérations des assemblées remis par les présidents sont, par l'intermédiaire du sous-préfet, transmis au préfet, qui, s'il croit que les conditions et les formalités légalement prescrites n'ont pas été observées, doit, dans le délai de quinze jours à dater de la réception du procès-verbal, déférer le jugement de la nullité au conseil de préfecture, lequel prononcera dans le mois.

51. Tout membre de l'assemblée électorale a le droit d'arguer ses opérations de nullité. Si la réclamation n'a pas été consignée au procès-verbal, elle est déposée dans le délai de cinq jours, à partir du jour de l'élection, au secrétariat de la sous-préfecture, et jugée, sauf recours, par le conseil de préfecture, dans le délai d'un mois à compter de sa réception à la préfecture.

52. Si la réclamation est fondée sur l'incapacité légale d'un ou de plusieurs membres élus, la question est portée devant le tribunal de l'arrondissement, qui statue, sauf l'appel. L'acte d'appel devra, sous peine de nullité, être notifié dans les dix jours à la partie, quelle que soit la distance des lieux. La cause

sera jugée sommairement et conformément au § 4 de l'article 33 de la loi du 19 avril 1831 (1).

53. Le recours au conseil d'État sera exercé par la voie contentieuse, jugé publiquement et sans frais.

54. Le recours devant le conseil d'État sera suspensif lorsqu'il sera exercé par le conseiller élu.

L'appel des jugements des tribunaux ne sera pas suspensif lorsqu'il sera interjeté par le préfet.

LVII.

SUITE : DE L'ÉLECTION DES CONSEILS GÉNÉRAUX ET D'ARRONDISSEMENT.

L'élection des membres du conseil général et des conseils d'arrondissement se fait dans la même forme que celle des députés. Le titre II du décret réglementaire de 1852 leur est applicable dans sa plus grande partie.

115. (*Extrait du décret réglementaire pour l'élection au corps législatif, des* 2-12 *février* 1852.)

TITRE II.—*Des colléges électoraux.*

Art. 9. Les colléges électoraux devront être réunis, autant que possible, un dimanche ou un jour férié.

10. Les colléges électoraux ne peuvent s'occuper que de l'élection pour laquelle ils sont réunis.

Toutes discussions, toutes délibérations leur sont interdites.

11. Le président du collége ou de la section a seul la police de l'assemblée.

Nulle force armée ne peut, sans son autorisation, être placée

(1) Ce § 4 de la loi citée est ainsi conçu : La cause sera jugée sommairement, toutes affaires cessantes, et sans qu'il soit besoin du ministère d'avoué. Les actes judiciaires auxquels elle donnera lieu seront enregistrés *gratis*. L'affaire sera rapportée en audience publique par un des membres de la cour, et l'arrêt sera prononcé après que la partie ou son défenseur et le ministère public auront été entendus.

S'il y a pourvoi en cassation, il sera procédé sommairement, et toutes affaires cessantes, comme devant la cour royale, avec la même exemption du droit d'enregistrement, sans consignation d'amende.

dans la salle des séances, ni aux abords du lieu où se tient l'assemblée.

Les autorités civiles et les commandants militaires sont tenus de déférer à ses réquisitions.

12. Le bureau de chaque collége ou section est composé d'un président, de quatre assesseurs et d'un secrétaire choisi par eux parmi les électeurs.

Dans les délibérations du bureau, le secrétaire n'a que voix consultative.

13. Les colléges ou sections sont présidés par les maires, adjoints et conseillers municipaux de la commune; à défaut, les présidents sont désignés par le maire, parmi les électeurs sachant lire et écrire.

A Paris, les sections sont présidées dans chaque arrondissement par le maire, les adjoints ou les électeurs désignés par eux.

14. Les assesseurs sont pris, suivant l'ordre du tableau, parmi les conseillers municipaux sachant lire et écrire. A leur défaut, les assesseurs sont les deux plus âgés et les deux plus jeunes électeurs présents sachant lire et écrire.

A Paris, les fonctions d'assesseur sont remplies dans chaque section par les deux plus âgés et les deux plus jeunes électeurs sachant lire et écrire.

15. Trois membres du bureau, au moins, doivent être présents pendant tout le cours des opérations du collége.

16. Le bureau prononce provisoirement sur les difficultés qui s'élèvent touchant les opérations du collége ou de la section.

Toutes les réclamations et décisions sont inscrites au procès-verbal; les pièces ou bulletins qui s'y rapportent y sont annexés, après avoir été paraphés par le bureau.

17. Pendant toute la durée des opérations électorales, une copie officielle de la liste des électeurs, contenant les noms, domicile et qualification de chacun des inscrits, reste déposée sur la table autour de laquelle siége le bureau.

18. Tout électeur inscrit sur cette liste a le droit de prendre part au vote.

Néanmoins ce droit est suspendu pour les détenus, pour les accusés contumaces, et pour les personnes non interdites, mais retenues, en vertu de la loi du 30 juin 1838, dans un établissement public d'aliénés.

19. Nul ne peut être admis à voter s'il n'est inscrit sur la liste.

Toutefois, seront admis au vote, quoique non inscrits, les citoyens porteurs d'une décision du juge de paix ordonnant leur inscription, ou d'un arrêt de la cour de cassation annulant un jugement qui aurait prononcé une radiation.

20. Nul électeur ne peut entrer dans le collége électoral s'il est porteur d'armes quelconques.

21. Les électeurs sont appelés successivement par ordre alphabétique.

Ils apportent leur bulletin préparé en dehors de l'assemblée.

Le papier du bulletin doit être blanc et sans signes extérieurs.

22. A l'appel de son nom, l'électeur remet au président son bulletin fermé.

Le président le dépose dans la boîte du scrutin, laquelle doit, avant le commencement du vote, avoir été fermée à deux serrures, dont les clefs restent, l'une entre les mains du président, l'autre entre celles du scrutateur le plus âgé.

23. Le vote de chaque électeur est constaté par la signature ou le paraphe de l'un des membres du bureau, apposé sur la liste, en marge du nom du votant.

24. L'appel étant terminé, il est procédé au réappel de tous ceux qui n'ont pas voté.

25. Le scrutin reste ouvert pendant deux jours : le premier jour, depuis huit heures du matin jusqu'à six heures du soir, et le second jour, depuis huit heures du matin jusqu'à quatre heures du soir.

26. Les boîtes du scrutin sont scellées et déposées pendant la nuit au secrétariat ou dans la salle de la mairie.

Les scellés sont également apposés sur les ouvertures de la salle où les boîtes ont été déposées.

27. Après la clôture du scrutin, il est procédé au dépouillement de la manière suivante :

La boîte du scrutin est ouverte, et le nombre des bulletins vérifié.

Si ce nombre est plus grand ou moindre que celui des votants, il en est fait mention au procès-verbal.

Le bureau désigne parmi les électeurs présents un certain nombre de scrutateurs sachant lire et écrire, lesquels se divisent par table de quatre au moins.

Le président répartit entre les diverses tables les bulletins à vérifier.

A chaque table, l'un des scrutateurs lit chaque bulletin à haute voix et le passe à un autre scrutateur; les noms portés sur les bulletins sont relevés sur des listes préparées à cet effet.

28. Le président et les membres du bureau surveillent les opérations du dépouillement.

Néanmoins, dans les colléges ou sections où il se sera présenté moins de trois cents votants, le bureau pourra procéder lui-même, et sans l'intervention de scrutateurs supplémentaires, au dépouillement du scrutin.

29. Les tables sur lesquelles s'opère le dépouillement du scrutin sont disposées de telle sorte que les électeurs puissent circuler à l'entour.

30. Les bulletins blancs, ceux ne contenant pas une désignation suffisante, ou dans lesquels les votants se font connaître, n'entrent point en compte dans le résultat du dépouillement, mais ils sont annexés au procès-verbal.

31. Immédiatement après le dépouillement, le résultat du scrutin est rendu public, et les bulletins autres que ceux qui, conformément aux articles 16 et 30, doivent être annexés au procès-verbal, sont brûlés en présence des électeurs

32. Pour les colléges divisés en plusieurs sections, le dépouillement du scrutin se fait dans chaque section; le résultat est immédiatement arrêté et signé par le bureau; il est ensuite porté par le président au bureau de la première section, qui, en présence des présidents des autres sections, opère le recensement général des votes et en proclame le résultat.

33. Les procès-verbaux des opérations électorales de chaque commune sont rédigés en double.

L'un de ces doubles reste déposé au secrétariat de la mairie; l'autre double est transmis au sous-préfet de l'arrondissement, qui le fait parvenir au préfet du département.

34. (Cet article et les suivants sont spéciaux pour les élections législatives.)

LVIII.

ÉLECTIONS MUNICIPALES. — DES CONSEILLERS MUNICIPAUX DÉCLARÉS DÉMISSIONNAIRES POUR DÉFAUT D'ASSIDUITÉ AUX SÉANCES DU CONSEIL ET AUTRES CAUSES, ET DE L'OPPOSITION A L'ARRÊTÉ DU PRÉFET.

La loi municipale qui va être rapportée forme un tout complet et ne peut être scindée. Les conseils de préfecture sont investis du droit de prononcer sur la régularité des opérations et de statuer sur les protestations des électeurs qui arguent de nullité les opérations électorales. Ils ont encore une autre attribution : c'est de juger les oppositions formées à l'arrêté du préfet qui a déclaré démissionnaire un conseiller pour manquement à trois séances consécutives sans motifs légitimes.

Le conseiller municipal déclaré démissionnaire par le préfet pour l'une des causes survenues après son élection, en vertu de l'article 12 de la loi, peut exercer un recours devant le conseil de préfecture.

116. (*Loi sur l'organisation municipale*, *des* 5, 9 *mai* 1855.)

SECTION PREMIÈRE.

Composition et mode de nomination du corps municipal.

Art. 1er. Le corps municipal de chaque commune se compose du maire, d'un ou de plusieurs adjoints et des conseillers municipaux.

Les fonctions des maires, des adjoints et des autres membres du corps municipal sont gratuites.

2. Le maire et les adjoints sont nommés par l'Empereur, dans les chefs-lieux de département, d'arrondissement et de canton, et dans les communes de 3,000 habitants et au-dessus. Dans les autres communes, ils sont nommés par le préfet, au nom de l'Empereur.

Ils doivent être âgés de vingt-cinq ans accomplis, et inscrits, dans la commune, au rôle de l'une des quatre contributions directes.

Les adjoints peuvent être pris, comme le maire, en dehors du conseil municipal.

Le maire et les adjoints sont nommés pour cinq ans.

Ils remplissent leurs fonctions, même après l'expiration de ce terme, jusqu'à l'installation de leurs successeurs.

Cet arrêté cessera d'avoir effet, s'il n'est confirmé, dans le délai de deux mois, par le ministre de l'intérieur.

Les maires et les adjoints ne peuvent être révoqués que par décret de l'Empereur.

3. Il y a un adjoint dans les communes de 2,500 habitants et au-dessous; deux, dans celles de 2,501 à 10,000 habitants. Dans les communes d'une population supérieure, il pourra être nommé un adjoint de plus par chaque excédant de 20,000 habitants.

Lorsque la mer ou quelque autre obstacle rend difficiles, dangereuses ou momentanément impossibles les communications entre le chef-lieu et une fraction de commune, un adjoint spécial, pris parmi les habitants de cette fraction, est nommé en sus du nombre ordinaire : cet adjoint spécial remplit les fonctions d'officier de l'état civil, et peut être chargé de l'exécution des lois et règlements de police dans cette partie de la commune.

4. En cas d'absence ou d'empêchement, le maire est remplacé par un de ses adjoints, dans l'ordre des nominations.

En cas d'absence et d'empêchement du maire et des adjoints, le maire est remplacé par un conseiller municipal désigné par le préfet, ou, à défaut de cette désignation, par le conseiller municipal le premier dans l'ordre du tableau.

Ce tableau est dressé d'après le nombre des suffrages obtenus, et en suivant l'ordre des scrutins.

5. Ne peuvent être ni maires ni adjoints : 1° les préfets, sous-préfets, secrétaires généraux et conseillers de préfecture; 2° les membres des cours, des tribunaux de première instance et des justices de paix; 3° les ministres des cultes; 4° les militaires et employés des armées de terre et de mer en activité ou en disponibilité; 5° les ingénieurs des ponts et chaussées et des mines en activité de service, les conducteurs des ponts et chaussées et les agents voyers; 6° les agents et employés des administrations financières et des forêts, ainsi que les gardes des établissements publics et des particuliers; 7° les commissaires et agents de police; 8° les fonctionnaires et employés des colléges communaux

et les instituteurs primaires communaux ou libres ; 9° les comptables et les fermiers des revenus communaux et les agents salariés par la commune.

Néanmoins les juges suppléants aux tribunaux de première instance et les suppléants des juges de paix peuvent être maires ou adjoints.

Les agents salariés du maire ne peuvent être ses adjoints.

Il y a incompatibilité entre les fonctions de maire et d'adjoint et le service de la garde nationale.

6. Chaque commune a un conseil municipal composé de dix membres, dans les communes de 500 habitants et au-dessous;

De 12, dans celles de 501 à 1,500
De 16, dans celles de 1,501 à 2,500
De 21, dans celles de 2,501 à 3,500
De 23, dans celles de 3,501 à 10,000
De 27, dans celles de 10,001 à 30,000
De 30, dans celles de 30,001 à 40,000
De 32, dans celles de 40,001 à 50,000
De 34, dans celles de 50,001 à 60,000
De 36, dans celles de 60,001 et au-dessus.

7. Les membres du conseil municipal sont élus par les électeurs inscrits sur la liste communale dressée en vertu de l'art. 13 du décret du 2 février 1852.

Le préfet peut, par un arrêté pris en conseil de préfecture, diviser les communes en sections électorales.

Il peut, par le même arrêté, répartir entre les sections le nombre des conseillers à élire, en tenant compte des électeurs inscrits.

8. Les conseillers municipaux doivent être âgés de vingt-cinq ans accomplis.

Ils sont élus pour cinq ans.

En cas de vacance dans l'intervalle des élections quinquennales, il est procédé au remplacement quand le conseil municipal se trouve réduit aux trois quarts de ses membres.

9. Ne peuvent être conseillers municipaux :

1° Les comptables de deniers communaux et les agents salariés de la commune; 2° les entrepreneurs de services communaux ; 3° les domestiques attachés à la personne ; 4° les individus dispensés de subvenir aux charges communales, et ceux qui sont secourus par les bureaux de bienfaisance.

10. Les fonctions de conseiller municipal sont incompatibles avec celles : 1° de préfets, sous-préfets, secrétaires généraux, conseillers de préfecture ; 2° de commissaires et d'agents de police ; 3° de militaires ou employés des armées de terre et de mer en activité de service ; 4° de ministres des divers cultes en exercice dans la commune.

Nul ne peut être membre de plusieurs conseils municipaux.

11. Dans les communes de cinq cents âmes et au-dessus, les parents au degré de père, de fils, de frère, et les alliés au même degré, ne peuvent être en même temps membres du conseil municipal.

12. Tout conseiller municipal qui, par une cause survenue postérieurement à sa nomination, se trouve dans un des cas prévus par les articles 9, 10 et 11, est déclaré démissionnaire par le préfet, sauf recours au conseil de préfecture.

13. Les conseils municipaux peuvent être suspendus par le préfet ; la dissolution ne peut être prononcée que par l'Empereur.

La suspension prononcée par le préfet sera de deux mois, et pourra être prolongée par le ministre de l'intérieur jusqu'à une année ; à l'expiration de ce délai, si la dissolution n'a pas été prononcée par un décret, le conseil municipal reprend ses fonctions.

En cas de suspension, le préfet nomme immédiatement une commission pour remplir les fonctions du conseil municipal dont la suspension a été prononcée.

En cas de dissolution, la commission est nommée soit par l'Empereur, soit par le préfet, suivant la distinction établie au paragraphe 1er de l'article 2 de la présente loi.

Le nombre des membres de cette commission ne peut être inférieur à la moitié de celui des conseillers municipaux.

La commission nommée en cas de dissolution peut être maintenue en fonctions jusqu'au renouvellement quinquennal.

14. Dans la ville de Paris, dans les autres communes du département de la Seine et dans la ville de Lyon, le conseil mu-

nicipal est nommé par l'Empereur tous les cinq ans, et présidé par un de ses membres, également désigné par l'Empereur.

Les conseils de Paris et de Lyon sont composés de trente-six membres.

Il n'est pas autrement dérogé aux lois spéciales qui régissent l'organisation municipale dans ces deux villes.

SECTION II.

Assemblée des conseils municipaux.

15. Les conseils municipaux s'assemblent en session ordinaire quatre fois l'année : au commencement de février, mai, août et novembre. Chaque session peut durer dix jours.

Le préfet ou le sous-préfet prescrit la convocation extraordinaire du conseil municipal, ou l'autorise, sur la demande du maire, toutes les fois que les intérêts de la commune l'exigent.

La convocation peut également avoir lieu, pour un objet spécial et déterminé, sur la demande du tiers des membres du conseil municipal, adressée directement au préfet, qui ne peut la refuser que par un arrêté motivé. Cet arrêté est notifié aux réclamants, qui peuvent se pourvoir devant le ministre de l'intérieur.

16. La convocation se fait par écrit et à domicile.

Quand le conseil municipal se réunit en session ordinaire, la convocation se fait trois jours au moins avant celui de la réunion.

Quand le conseil municipal est convoqué extraordinairement, la convocation se fait cinq jours au moins avant celui de la réunion. Elle contient l'indication des objets spéciaux et déterminés pour lesquels le conseil doit s'assembler.

Dans les sessions ordinaires, le conseil peut s'occuper de toutes les matières qui rentrent dans ses attributions.

En cas de réunion extraordinaire, le conseil ne peut s'occuper que des objets pour lesquels il a été spécialement convoqué.

En cas d'urgence, le sous-préfet peut abréger les délais de convocation.

17. Le conseil municipal ne peut délibérer que lorsque la majorité des membres en exercice assiste à la séance.

Lorsque, après deux convocations successives à huit jours d'intervalle et dûment constatées, les membres du conseil municipal ne se sont pas réunis en nombre suffisant, la délibération prise après la troisième convocation, est valable quel que soit le nombre des membres présents.

18. Les conseillers siégent dans l'ordre du tableau.

Les résolutions sont prises à la majorité absolue des suffrages.

Il est voté au scrutin secret toutes les fois que trois des membres présents le réclament.

19. Le maire préside le conseil municipal et a voix prépondérante en cas de partage.

Les mêmes droits appartiennent à l'adjoint qui le remplace.

Dans tout autre cas, les adjoints pris en dehors du conseil ont seulement droit d'y siéger avec voix consultative.

Les fonctions de secrétaire sont remplies par un des membres du conseil, nommé au scrutin secret et à la majorité des membres présents. Le secrétaire est nommé pour chaque session.

20. Tout membre du conseil municipal qui, sans motifs légitimes, a manqué à trois convocations consécutives, peut être déclaré démissionnaire par le préfet, sauf recours, dans les dix jours de la notification, devant le conseil de préfecture.

21. Les membres du conseil municipal ne peuvent prendre part aux délibérations relatives aux affaires dans lesquelles ils ont un intérêt, soit en leur nom personnel, soit comme mandataires.

22. Les séances des conseils municipaux ne sont pas publiques.

Les délibérations sont inscrites, par ordre de date, sur un registre coté et paraphé par le sous-préfet.

Elles sont signées par tous les membres présents à la séance, ou mention est faite de la cause qui les a empêchés de signer.

Copie en est adressée au préfet ou au sous-préfet, dans la huitaine.

Tout habitant ou contribuable de la commune a droit de demander communication, sans déplacement, et de prendre copie des délibérations du conseil municipal de sa commune.

23. Toute délibération d'un conseil municipal portant sur un objet étranger à ses attributions est nulle de plein droit.

Le préfet, en conseil de préfecture, en déclare la nullité. En cas de réclamation du conseil municipal, il est statué par un décret de l'Empereur, le conseil d'Etat entendu.

24. Sont également nulles de plein droit, toutes les délibérations prises par un conseil municipal hors de sa réunion légale.

Le préfet, en conseil de préfecture, déclare l'illégalité de la réunion et la nullité des délibérations.

25. Tout conseil municipal qui se mettrait en correspondance avec un ou plusieurs autres conseils, ou qui publierait des proclamations ou adresses, sera immédiatement suspendu par le préfet.

26. Tout éditeur, imprimeur, journaliste ou autre, qui rendra publics les actes interdits au conseil municipal par les articles 24 et 25 de la présente loi, sera passible des peines portées en l'article 123 du code pénal.

SECTION III.

Assemblée des électeurs municipaux, et voie de recours contre les opérations électorales.

27. L'assemblée des électeurs est convoquée par le préfet aux jours déterminés par l'article 33 de la présente loi.

28. Lorsqu'il y a lieu de remplacer des conseillers municipaux élus par des sections, conformément à l'article 7 de la présente loi, ces remplacements seront faits par les sections auxquelles appartenaient ces conseillers.

29. Les sections sont présidées, savoir : la première par le maire, et les autres, successivement, par les adjoints, dans l'ordre de leurs nominations, et par les conseillers municipaux, dans l'ordre du tableau.

30. Le président a seul la police de l'assemblée.

Ces assemblées ne peuvent s'occuper d'autres objets que des élections qui leur sont attribuées. Toutes discussions, toutes délibérations leur sont interdites.

31. Les deux plus âgés et les deux plus jeunes des électeurs présents à l'ouverture de la séance, sachant lire et écrire, remplissent les fonctions de scrutateurs.

Le secrétaire est désigné par le président et les scrutateurs.

Dans les délibérations du bureau, il n'a que voix consultative. Trois membres du bureau, au moins, doivent être présents pendant tout le cours des opérations.

32. Les assemblées des électeurs communaux procèdent aux élections qui leur sont attribuées au scrutin de liste.

33. Dans les communes de deux mille cinq cents habitants et au-dessus, le scrutin dure deux jours; il est ouvert le samedi et clos le dimanche. Dans les communes d'une population moindre, le scrutin ne dure qu'un jour; il est ouvert et clos le dimanche.

34. Le bureau juge provisoirement les difficultés qui s'élèvent sur les opérations de l'assemblée.

Ses décisions sont motivées.

Toutes les réclamations et décisions sont insérées au procès-verbal; les pièces et les bulletins qui s'y rapportent y sont annexés, après avoir été paraphés par le bureau.

35. Pendant toute la durée des opérations, une copie de la liste des électeurs, certifiée par le maire, contenant les nom, domicile, qualification de chacun des inscrits, reste déposée sur la table autour de laquelle siége le bureau.

36. Nul ne peut être admis à voter, s'il n'est inscrit sur cette liste.

Toutefois, seront admis à voter, quoique non inscrits, les électeurs porteurs d'une décision du juge de paix ordonnant leur inscription, ou d'un arrêt de la cour de cassation annulant un jugement qui aurait prononcé leur radiation.

37. Nul électeur ne peut entrer dans l'assemblée s'il est porteur d'armes quelconques.

38. Les électeurs sont appelés successivement à voter par ordre alphabétique.

Ils apportent leurs bulletins préparés en dehors de l'assemblée.

Le papier du bulletin doit être blanc et sans signe extérieur.

A l'appel de son nom, l'électeur remet au président son bulletin fermé.

Le président le dépose dans la boîte du scrutin, laquelle doit, avant le commencement du vote, avoir été fermée à deux serrures, dont les clefs restent, l'une entre les mains du président, l'autre entre les mains du scrutateur le plus âgé.

Le vote de chaque électeur est constaté sur la liste, en marge de son nom, par la signature ou le paraphe de l'un des membres du bureau.

L'appel étant terminé, il est procédé au réappel, par ordre alphabétique, des électeurs qui n'ont pas voté.

39. Le président doit constater, au commencement, l'heure à laquelle le scrutin est ouvert.

Le scrutin ne peut être fermé qu'après être resté ouvert pendant trois heures au moins.

Le président constate l'heure à laquelle il déclare le scrutin clos, et, après cette déclaration, aucun vote ne peut être reçu.

40. Après la clôture du scrutin, il est procédé au dépouillement de la manière suivante : la boîte du scrutin est ouverte et le nombre des bulletins vérifié.

Si ce nombre est plus grand ou moindre que celui des votants, il en est fait mention au procès-verbal.

Le bureau désigne, parmi les électeurs présents, un certain nombre de scrutateurs.

Le président et les membres du bureau surveillent l'opération du dépouillement. Ils peuvent y procéder eux-mêmes, s'il y a moins de 300 votants.

41. Si le dépouillement du scrutin ne peut avoir lieu le jour même, les boîtes contenant les bulletins sont scellées et déposées pendant la nuit au secrétariat ou dans une des salles de la mairie.

Les scellés sont également apposés sur les ouvertures du lieu où les boîtes ont été déposées.

Le maire prend les autres mesures nécessaires pour la garde des boîtes du scrutin.

42. Les bulletins sont valables, bien qu'ils portent plus ou moins de noms qu'il n'y a de conseillers à élire. Les derniers noms inscrits au delà de ce nombre ne sont pas comptés.

Les bulletins blancs ou illisibles, ceux qui ne contiennent pas une désignation suffisante ou qui contiennent une désignation ou qualification inconstitutionnelle, ou dans lesquels les votants se font connaître, n'entrent pas en compte dans le résultat du dépouillement, mais ils sont annexés au procès-verbal.

43. Immédiatement après le dépouillement, le président prononce le résultat du scrutin.

Le procès-verbal des opérations électorales est dressé par le secrétaire; il est signé par lui et par les autres membres du bureau. Une copie, également signée du secrétaire et des membres du bureau, en est aussitôt envoyée au préfet par l'intermédiaire du sous-préfet.

Les bulletins autres que ceux qui doivent être annexés sont brûlés en présence des électeurs.

44. Nul n'est élu au premier tour de scrutin, s'il n'a réuni : 1° la majorité absolue des suffrages exprimés; 2° un nombre de suffrages égal au quart de celui des électeurs inscrits. Au deuxième tour de scrutin, l'élection a lieu à la majorité relative, quel que soit le nombre des votants. Les deux tours de scrutin peuvent avoir lieu le même jour.

Dans le cas où le deuxième tour de scrutin ne peut avoir lieu le même jour, l'assemblée est de droit convoquée pour le dimanche suivant.

Si plusieurs candidats obtiennent le même nombre de suffrages, l'élection est acquise au plus âgé.

45. Tout électeur a droit d'arguer de nullité les opérations de l'assemblée dont il fait partie.

Les réclamations devront être consignées au procès-verbal, sinon elles doivent être, à peine de nullité, déposées au secrétariat de la mairie, dans le délai de cinq jours à dater du jour de l'élection. Elles sont immédiatement adressées au préfet, par l'intermédiaire du sous-préfet. Elles peuvent aussi être directement déposées à la préfecture ou à la sous-préfecture, dans le même délai de cinq jours.

Il est statué par le conseil de préfecture, sauf recours au conseil d'État.

Si le conseil de préfecture n'a pas prononcé dans le délai d'un mois à compter de la réception des pièces à la préfecture, la réclamation est considérée comme rejetée. Les réclamants peuvent se pourvoir au conseil d'État, dans le délai de trois mois.

En cas de recours au conseil d'État, le pourvoi est jugé sans frais.

46. Le préfet, s'il estime que les conditions et les formes légalement prescrites n'ont pas été remplies, peut également, dans

le délai de quinze jours à dater de la réception du procès-verbal, déférer les opérations électorales au conseil de préfecture.

Le recours au conseil d'Etat contre la décision du conseil de préfecture est ouvert soit au préfet, soit aux parties intéressées, dans les délais et les formes réglés par l'article précédent.

47. Dans tous les cas où une réclamation formée en vertu de la présente loi implique la solution préjudicielle d'une question d'état, le conseil de préfecture renvoie les parties à se pourvoir devant les juges compétents, et fixe un bref délai dans lequel la partie qui aura élevé la question préjudicielle doit justifier de ses diligences.

48. Dans le cas où l'annulation de tout ou partie des élections est devenue définitive, l'assemblée des électeurs est convoquée dans un délai qui ne peut excéder trois mois.

49. Dans les six mois qui suivront la promulgation de la présente loi, il sera procédé au renouvellement intégral des conseils municipaux, ainsi qu'à la nomination des maires et adjoints.

Les membres des conseils municipaux, les maires et adjoints actuellement en exercice continueront leurs fonctions jusqu'à l'installation de leurs prédécesseurs.

SECTION IV.

Dispositions particulières.

50. Dans les communes chefs-lieux de département, dont la population excède 40,000 âmes, le préfet remplit les fonctions de préfet de police, telles qu'elles sont réglées par les dispositions actuellement en vigueur de l'arrêté des consuls du 12 messidor an VIII.

Toutefois les maires desdites communes restent chargés, sous la surveillance du préfet, et sans préjudice des attributions, tant générales que spéciales, qui leur sont conférées par les lois : 1° de tout ce qui concerne l'établissement, l'entretien, la conservation des édifices communaux, cimetières, promenades, places, rues et voies publiques ne dépendant pas de la grande voirie; l'établissement et la réparation des fontaines, aqueducs, pompes et égouts; 2° de la police municipale, en tout ce qui a rapport à la liberté du passage sur la voie publique, à l'éclairage, au balayage, aux arrosements, à la solidité et à la salubrité des constructions privées ; aux mesures propres à prévenir et à arrêter les accidents et fléaux calamiteux, tels que les incendies, les épidémies, les épizocties, les débordements ; aux secours à donner aux noyés ; à l'inspection de la salubrité des denrées, boissons, comestibles et autres marchandises mises en vente publique, et de la fidélité de leur débit ; 3° de la fixation des mercuriales ; 4° des adjudications, marchés et baux.

Les conseils municipaux desdites communes sont appelés, chaque année, à voter, sur la proposition du préfet, les allocations qui doivent être affectées à chacun des services dont les maires cessent d'être chargés. Ces dépenses sont obligatoires.

Si un conseil n'allouait pas les fonds exigés pour ces dépenses, ou n'allouait qu'une somme insuffisante, l'allocation nécessaire serait inscrite au budget par décret impérial, le conseil d'Etat entendu.

51. Sont abrogées la loi du 21 mars 1831 et les dispositions du décret du 3 juillet 1848 et de la loi du 7 juillet 1852 relative à l'organisation des corps municipaux.

LIX.

HONORAIRES ET FRAIS DE DÉPLACEMENT DUS AUX INGÉNIEURS DES PONTS ET CHAUSSÉES POUR LEUR INTERVENTION DANS LES AFFAIRES DÉPARTEMENTALES ET COMMUNALES.

Le décret d'organisation du corps des ingénieurs des ponts et chaussées, du 7 fructidor an XII, énumère dans son article 13 la nomenclature des fonctions dont les ingénieurs en chef de département sont chargés. Après avoir parlé de la mission qu'ils ont à remplir pour le service de l'Etat et du département de leur résidence, l'article précité continue ainsi :

117. (*Extrait du décret organique du 7 fructidor an XII.*)

Art. 13. « Ils exécuteront ou feront exécuter, en outre, ceux des travaux pour lesquels ils auront été commis par les lois, arrêtés du gouvernement, jugements des tribunaux.

» Ils pourront aussi être chargés, sur la demande des préfets et sous l'approbation du directeur général, d'exécuter et faire exécuter des travaux étrangers aux ponts et chaussées, mais dépendant de l'administration publique, de celle des départements et des communes. »

L'article 31 du même décret fixe le montant des sommes allouées pour traitement aux diverses classes d'employés, d'aspirants et d'ingénieurs, et l'article 32 celui des frais de bureau et de voyage. C'est dans l'article 75 que l'on trouve écrit comment ils devront être rétribués pour les travaux étrangers aux ponts et chaussées.

118. (*Texte de l'article* 75 *du décret du* 7 *fructidor an XII.*)

Art. 75. En exécution de l'article 13 du présent règlement, lorsque les ingénieurs des ponts et chaussées auront prêté leur ministère pour l'exécution des lois et décrets impériaux, et des jugements des cours et tribunaux, et lorsqu'ils auront été commis pour des travaux dépendant de l'administration publique, de celle des départements et des communes, ils seront remboursés de leurs frais de voyage et autres dépenses, et ils recevront, en outre, des honoraires proportionnés à leur travail.

Ces honoraires seront déterminés par le temps qu'ils auront employé soit à faire des plans et projets, soit à en suivre l'exécution, sans que la base puisse être établie sur l'étendue des dépenses.

Les ingénieurs fourniront l'état de leurs frais et indemnités, dont ils seront remboursés d'après l'approbation, le règlement et le mandat du préfet.

Ce mandat sera exécutoire contre les particuliers qui, intéressés dans une affaire administrative, contentieuse ou judiciaire, auront été déclarés devoir supporter les frais dus à l'ingénieur, et il sera procédé au recouvrement par voie de contrainte, comme en matière d'administration.

Lorsque l'ingénieur ordinaire et l'ingénieur en chef auront concouru à la même opération, chacun d'eux fournira l'état de ses dépenses respectives. Quant aux honoraires, s'ils ne sont pas susceptibles de distinction, ils seront partagés dans une proportion qui sera concertée entre eux, et qui, à défaut de concert, sera réglée par le directeur général, sur l'avis du conseil des ponts et chaussées.

119. (*Observation.*)

Les principes posés dans cet article sont demeurés en vigueur ; mais, comme les travaux publics ont pris depuis quelques années de très-grands développements, des décrets impériaux, rendus sur la proposition du ministre, ont dû pourvoir aux nécessités d'une situation nouvelle faite aux ingénieurs des ponts et chaussées et des mines. Ces décrets vont faire la matière des deux chapitres suivants.

Le recouvrement des frais et honoraires a lieu par voie administrative, c'est-à-dire comme en matière de contribution directe.

C'est assez dire que les oppositions à contrainte, qui sont des demandes en décharge ou réduction, sont de la compétence des conseils de préfecture.

LX.

SUITE : DES HONORAIRES ET FRAIS DE DÉPLACEMENT DUS AUX INGÉNIEURS DES PONTS ET CHAUSSÉES ET AUX AGENTS PLACÉS SOUS LEURS ORDRES, POUR LEUR INTERVENTION DANS LES AFFAIRES D'INTÉRÊT COMMUNAL OU PRIVÉ.

120. (*Décret impérial réglementaire des 10 mai-1er juin 1854.*)

NAPOLÉON, etc.

Art. 1er. Les ingénieurs des ponts et chaussées et les agents placés sous leurs ordres ne reçoivent aucune rémunération, à titre soit d'honoraires ou de vacations, soit de frais de voyage ou de séjour, à la charge des communes, associations ou parties intéressées, lorsque leur déplacement et leurs opérations ont pour objet les vérifications ou constatations à faire, dans l'intérêt public, pour assurer l'exécution des lois et règlements généraux ou particuliers, et notamment :

1° La vérification, postérieurement au récolement, des points d'eau et ouvrages régulateurs des usines hydrauliques, étangs, barrages et prises d'eau d'irrigation, à moins que la vérification n'ait eu lieu sur la demande d'un intéressé;

2° Les visites, postérieurement à la réception définitive, des rectifications de routes, ponts, canaux, travaux de desséchement et autres ouvrages concédés, à moins de dispositions contraires stipulées au cahier des charges des concessions ;

3° Les vérifications, postérieurement à la réception définitive, des travaux de même nature exécutés par les communes ou les associations territoriales.

2. Les ingénieurs et les agents sous leurs ordres ont droit à l'allocation de frais de voyage et de séjour à la charge des intéressés, sans honoraires ni vacations, lorsque leur déplacement a pour objet:

1° La rédaction d'avant-projets ou rapports préparés, sur la demande des intéressés, pour constater l'utilité de travaux d'endiguement, de curage, de dessèchement, d'irrigation ou autres ouvrages analogues, à l'égard desquels l'intervention des ingénieurs a été régulièrement autorisée pour le compte de communes ou d'associations territoriales; la rédaction d'office des mêmes avant-projets, quand ils sont suivis d'exécution, après avoir été adoptés par les intéressés, ou quand les travaux sont ordonnés par l'administration, dans les cas où les règlements particuliers lui en auraient réservé le droit; la vérification, s'il y a lieu, des projets de même nature présentés par les particuliers, les communes ou les associations territoriales;

2° Le contrôle des travaux, lorsque l'exécution n'est pas confiée à un ingénieur, ainsi qu'il est prévu à l'article 4, et lorsque ce contrôle est expressément réservé ou prescrit par les règlements spéciaux qui autorisent les travaux ou les associations;

3° Le contrôle, en cours d'exécution, et la réception après achèvement des ouvrages exécutés par voie de concession de péage, tels que rectification de route, ponts, canaux ou autres travaux concédés, lorsque l'obligation de payer les frais de cette nature a été stipulée au cahier des charges de la concession;

4° L'instruction de demandes relatives à l'établissement d'usines hydrauliques, d'étangs, de barrages ou de prises d'eau d'irrigation, ou à la modification de règlements déjà existants; la réglementation, s'il y a lieu, des mêmes établissements, lorsqu'ils existent déjà sans être pourvus d'autorisations régulières; le récolement des travaux prescrit par les règlements; la vérification, postérieurement au récolement, des points d'eau et ouvrages régulateurs des usines hydrauliques, étangs, barrages et prises d'eau d'irrigation, lorsque cette vérification a lieu sur la demande d'un intéressé;

5° L'instruction des demandes en concession de dunes ou de lais et relais de mer.

3. Les frais de voyage dus aux ingénieurs ou agents sous leurs ordres sont calculés d'après le nombre de kilomètres parcourus, tant à l'aller qu'au retour, à partir de leur résidence, et à raison de cinquante centimes par kilomètre pour les ingénieurs en chef, trente centimes pour les ingénieurs ordinaires, vingt centimes pour les conducteurs ou piqueurs.

Ce tarif est réduit de moitié pour tous les trajets effectués en chemin de fer.

Les frais de séjour sont réglés, par jour, pour les ingénieurs en chef, à douze francs; pour les ingénieurs ordinaires, à dix francs; pour les conducteurs et employés secondaires, à cinq francs. Lorsque les ingénieurs se sont occupés dans une même tournée de plusieurs affaires donnant lieu à l'allocation de frais de voyage, le montant total de ces frais est calculé d'après la distance effectivement parcourue, et répartie entre les intéressés proportionnellement aux frais qu'eût exigés l'instruction de chaque affaire.

Il est procédé de la même manière pour les frais de séjour.

Il n'est pas alloué de frais pour les déplacements qui n'excèdent pas les limites de la commune où résident les ingénieurs.

4. Les ingénieurs des ponts et chaussées et les agents placés sous leurs ordres ont droit à l'allocation d'honoraires à la charge des intéressés, sans frais de voyage et de séjour ni vacations, lorsqu'ils prennent part, sur la demande des communes et des associations territoriales, et avec l'autorisation de l'administration, à des travaux à l'égard desquels leur intervention n'est pas rendue obligatoire par les lois et règlements généraux, notamment lorsqu'ils sont chargés de la rédaction des projets définitifs et de l'exécution de travaux d'endiguement, de curage, de dessèchement, d'irrigation ou d'autres ouvrages analogues qui s'exécutent aux frais de ces communes ou associations territoriales, avec ou sans subvention du gouvernement.

Ces honoraires sont calculés d'après le chiffre de la dépense effectuée sous leur direction, déduction faite de la part contributive du trésor public, et à raison de quatre pour cent sur les premiers quarante mille francs, et d'un pour cent pour le surplus. Ils sont partagés entre les ingénieurs et les agents dans la proportion qui sera déterminée par un arrêté ministériel.

Les salaires des surveillants spéciaux sont imputés séparément sur les fonds des travaux.

Il n'est pas dû d'honoraires sur les fonds fournis par des tiers pour concourir à des travaux d'intérêt général à la charge de l'Etat.

Dans le cas où les ingénieurs et agents des ponts et chaussées qui ont pris part à la rédaction des projets définitifs ne sont pas chargés de l'exécution des travaux, ils reçoivent seulement la moitié des honoraires stipulés ci-dessus.

5. Dans tous les cas prévus par les art. 1, 2, 4, les frais d'opération et d'épreuve sont supportés par les intéressés.

6. Les frais de voyage et de séjour, dans les cas prévus par l'article 2, font l'objet d'états énonçant la date du déplacement, la distance parcourue et le temps employé hors de leur résidence par chacun des ingénieurs et des agents placés sous leurs ordres.

Lorsqu'il y a lieu d'appliquer l'article 4 du présent règlement, les honoraires sont réglés par des certificats constatant le degré d'avancement des travaux et le montant des dépenses faites.

Les frais d'opération ou d'épreuve sont justifiés dans les formes prescrites pour la justification des dépenses en régie, dans le service des ponts et chaussées.

Le tout est soumis par l'ingénieur en chef à l'approbation du préfet.

7. Après la vérification des pièces, le préfet arrête l'état des frais ou ho-

noraires. Cet état est notifié aux parties, accompagné d'une expédition des pièces justificatives.

Le recouvrement s'opère conformément aux dispositions de l'art. 75 du décret du 7 fructidor an XII.

8. Il n'est pas dérogé par le présent décret aux dispositions spéciales d'après lesquelles sont réglés les frais relatifs au contrôle et à la surveillance des chemins de fer concédés.

9. Dans le cas où les ingénieurs des ponts et chaussées et les agents sous leurs ordres agissent en qualité d'experts commis par les cours et tribunaux, il n'est pas dérogé, à leur égard, aux règles qui établissent la rémunération des experts.

10. Notre ministre de l'agriculture, du commerce et des travaux publics est chargé, etc.

LX.

SUITE : DES HONORAIRES ET FRAIS DE DÉPLACEMENT DUS AUX INGÉNIEURS DES MINES ET AUX AGENTS PLACÉS SOUS LEURS ORDRES, POUR LEUR INTERVENTION DANS LES AFFAIRES D'INTÉRÊT DÉPARTEMENTAL, COMMUNAL OU PRIVÉ.

121. (*Décret réglementaire des 10 mai-1er juin 1854.*)

NAPOLÉON, etc.

Art. 1er. Les ingénieurs des mines et les agents placés sous leurs ordres ne reçoivent aucune rémunération, à titre soit d'honoraires ou de vacations, soit de frais de voyage et de séjour, à la charge des départements, communes, associations ou particuliers intéressés, lorsque leur déplacement et leurs opérations ont pour objet les vérifications ou constatations à faire, dans l'intérêt public, pour assurer l'exécution des lois et règlements généraux et particuliers, des cahiers des charges, des concessions de mines et des actes de permissions d'usines, notamment :

1° L'instruction des demandes en concession de mines ou des permissions d'exploitation des minières, carrières et tourbières ;

2° Le bornage des concessions de mines, la surveillance et la police des appareils à vapeur, le poinçonnage du poids des leviers et des soupapes de sûreté ;

3° La vérification, postérieurement au procès-verbal de récolement, des usines dénommées à l'art. 73 de la loi du 21 avril 1810, et des lavoirs à mines, à moins que la vérification n'ait lieu sur la demande d'un intéressé.

2. Les ingénieurs des mines et les agents placés sous leurs ordres ont droit à l'allocation des frais de voyage et de séjour, à la charge des intéressés, sans honoraires ni vacations, lorsque leur déplacement a pour objet :

1° La rédaction d'avant-projets ou de rapports préparés, sur la demande des intéressés, pour constater l'utilité de l'exploitation des mines, minières ou carrières, tourbières ou usines métallurgiques, ou de toute autre entreprise dont ils auraient été régulièrement autorisés à s'occuper pour le compte des départements, des communes ou d'associations territoriales, sauf l'exception mentionnée au paragraphe 2 de l'article 4 ci-dessous ; la rédaction d'office des mêmes avant-projets, quand ils sont suivis d'exécution, après avoir été adoptés par les intéressés, ou quand les travaux sont ordonnés par l'administration, dans les cas où les règlements particuliers lui en auront réservé le droit ;

2° Les visites des lieux, à la demande des intéressés, en vue de la constatation des faits relatifs à des recherches de mines ou au bornage des concessions de mines;

3° L'instruction de demandes en autorisation d'établissement des usines dénommées dans l'article 73 de la loi du 21 avril 1810 (1), de lavoirs à mines, d'appareils à vapeur ou de toutes autres usines soumises au régime des permissions, ou la modification de règlements déjà existants ; la réglementation, s'il y a lieu, des mêmes établissements, lorsqu'ils existent déjà sans être régulièrement autorisés ; le récolement des travaux prescrit par les décrets ou arrêtés d'autorisation ou les règlements concernant les usines dénommées à l'art. 73 de la loi du 21 avril 1810 (1), et les lavoirs à mines ; la vérification, postérieurement au procès-verbal de récolement, des mêmes établissements, lorsque cette vérification a lieu sur la demande d'un intéressé ;

4° La première épreuve, au moyen de la pompe de pression, des chaudières et autres pièces destinées à contenir la vapeur, lorsque les ingénieurs ne reçoivent pas, soit sur les fonds départementaux, soit sur les fonds communaux, des allocations spéciales pour la surveillance des appareils à vapeur.

3. Les frais de voyage dus aux ingénieurs ou aux agents sous leurs ordres sont calculés d'après le nombre de kilomètres parcourus, tant à l'aller qu'au retour, à partir de leur résidence, à raison de : cinquante centimes par kilomètre pour les ingénieurs en chef, trente centimes pour les ingénieurs ordinaires, vingt centimes pour les gardes-mines ou conducteurs.

Ce tarif est réduit de moitié pour tous les trajets effectués en chemin de fer.

Les frais de séjour sont réglés par jour : pour les ingénieurs en chef, à douze francs; pour les ingénieurs ordinaires, à dix francs ; pour les gardes-mines ou conducteurs, à cinq francs.

(1) Art. 73, l. 21 avril 1810. — Les fourneaux à fondre les minerais de fer et autres substances métalliques, les forges et martinets pour ouvrer le fer et le cuivre, les usines servant de patouillets ou brocards, celles pour le traitement des substances salines et pyriteuses, dans lesquelles on consomme des combustibles, ne pourront être établis que sur une permission accordée par un règlement d'administration publique.

Lorsque les ingénieurs se sont occupés, dans une même tournée, de plusieurs affaires donnant lieu à l'allocation des frais de voyage, le montant total de ces frais de voyage est calculé d'après la distance effectivement parcourue, et réparti entre les intéressés proportionnellement aux frais qu'eût exigés l'instruction isolée de chaque affaire.

Il est procédé de la même manière pour les frais de séjour.

Il n'est pas alloué de frais pour les déplacements qui n'excèdent pas les limites de la commune où résident les ingénieurs.

4. Les ingénieurs des mines et les agents placés sous leurs ordres ont droit à l'allocation d'honoraires à la charge des intéressés, sans frais de voyage et de séjour ni vacations, lorsqu'ils prennent part, sur la demande des départements, des communes ou des associations territoriales, et avec l'autorisation de l'administration, à des travaux à l'égard desquels leur intervention n'est pas rendue obligatoire par les lois et règlements généraux, notamment lorsqu'ils sont chargés de la rédaction de projets définitifs et de la direction de travaux relatifs à des exploitations de mines, minières, carrières, tourbières ou usines métallurgiques, ou de tous autres travaux analogues dont ils auraient été régulièrement autorisés à s'occuper.

Dans le cas où les ingénieurs des mines et les agents placés sous leurs ordres, qui ont pris part à la rédaction des projets définitifs, ne sont pas chargés de la direction des travaux, ils reçoivent seulement la moitié des honoraires stipulés ci-dessus.

5. S'il s'agit de la rédaction de projets définitifs ou de la direction de travaux relatifs à l'exploitation de mines, minières, carrières ou d'usines métallurgiques ou de tous autres travaux analogues, les honoraires sont fixés par le ministre, d'après la proposition du préfet.

6, § 1er. Pour les travaux d'exploitation des tourbières, exécutés pour le compte des communes ou d'associations territoriales, les honoraires sont réglés à raison de cinquante centimes par pile de tourbe sèche de dix mètres cubes.

Ne sont pas comprises dans ces allocations les dépenses en main-d'œuvre nécessitées par la reconnaissance et l'embarquement des terrains tourbeux.

§ 2. Dans le cas où des terrains tourbeux sont vendus par adjudication ou autrement au profit des communes ou d'associations territoriales, sur devis estimatif dressé par les ingénieurs des mines, les ingénieurs qui ont procédé à la reconnaissance, à l'embarquement des terrains et au devis estimatif, reçoivent deux pour cent du produit de la vente, lorsque le montant ne dépasse pas dix mille francs. Si ce produit est plus élevé, il est alloué aux ingénieurs deux pour cent pour les dix premiers mille francs et un pour cent pour le surplus.

§ 3. Ces honoraires sont partagés entre l'ingénieur en chef, l'ingénieur ordinaire, le conducteur ou surveillant des tourbages, par un arrêté du préfet, qui est porté à la connaissance du public.

7. Les honoraires réglés par l'article 6 ci-dessus peuvent être remplacés par des abonnements consentis par les communes ou associations proprié-

taires des marais tourbeux, ou d'après tout autre mode qui serait conforme à des usages locaux.

Ces abonnements ou règlements particuliers ne doivent pas excéder une somme équivalente à la rémunération fixée à l'article précédent, de cinquante centimes par pile de tourbe sèche de dix mètres cubes; ils doivent être approuvés par le ministre.

8. Dans tous les cas prévus par les articles 1, 2, 4, 6 et 7, les frais d'opération et d'épreuve sont supportés par les intéressés.

9. Les frais de voyage et de séjour, dans les cas prévus par l'article 2, font l'objet d'états énonçant la date du déplacement, la distance parcourue et le temps employé hors de leur résidence, pour chacun des ingénieurs et des agents placés sous leurs ordres.

Pour les cas prévus à l'article 5, les états dressés par les ingénieurs sont transmis par le préfet, accompagnés de ses propositions, au ministre, qui statue.

Pour les cas prévus par les articles 6 et 7, l'état des honoraires, calculés d'après les bases ci-dessus indiquées, est dressé par l'ingénieur en chef, et transmis, avec toutes les pièces justificatives, au préfet du département.

10. Après vérification des pièces, ou après la décision ministérielle, pour les cas prévus à l'article 5, le préfet arrête l'état des frais ou honoraires. Cet état est notifié aux parties, accompagné d'une expédition des pièces justificatives.

11. Il n'est pas dérogé par le présent décret aux dispositions spéciales d'après lesquelles sont réglés les frais relatifs au contrôle et à la surveillance des chemins de fer concédés.

12. Dans le cas où les ingénieurs des mines et les agents sous leurs ordres agissent en qualité d'experts commis par les cours et tribunaux, il n'est pas dérogé, à leur égard, aux règles qui établissent la rémunération des experts.

13. Notre ministre de l'agriculture, du commerce et des travaux publics est chargé de..., etc.

LXII.

HYPOTHÈQUES.— MAINLEVÉES ET RÉDUCTIONS D'HYPOTHÈQUES.

122. (*Décret concernant les mainlevées d'oppositions formées pour la conservation des droits des pauvres et hospices, du 11 thermidor an XII.*)

« Les receveurs des établissements de charité ne pourront, dans les cas où elle ne serait point ordonnée par les tribunaux, donner mainlevée des oppositions formées pour la conservation des droits des pauvres et des hospices, ni consentir aucune radiation, changement ou limitation d'inscriptions hypothécaires, qu'en vertu d'une décision spéciale du conseil de préfecture, prise sur une proposition formelle de l'administration et l'avis du comité consultatif établi près de chaque arrondissement communal, en exécution de l'arrêté du 7 messidor an IX (1). »

LXIII.

LISTES ÉLECTORALES. — RÉVISION ANNUELLE. — ANNULATION PAR LE CONSEIL DE PRÉFECTURE.

Le décret organique du 2 février 1852 pour l'élection des députés au corps législatif pose en principe, dans son article 18, que les listes électorales sont permanentes; qu'elles sont l'objet d'une révision annuelle; qu'un règlement du pouvoir exécutif déterminera les règles et les formes de cette opération. Ce règlement, portant la date du même jour, confère une attribution de juridiction aux conseils de préfecture.

123. (*Extrait du décret réglementaire pour l'élection au corps législatif, du 2 février 1852.*)

TITRE PREMIER.

Révision annuelle des listes électorales.

Art. 1er. La révision annuelle des listes électorales s'opère conformément aux règles qui suivent :

Du 1er au 10 janvier de chaque année, le maire de chaque commune ajoute à la liste des citoyens qu'il reconnaît avoir acquis les qualités exigées par la loi, ceux qui acquerront les conditions d'âge et d'habitation avant le 1er avril et ceux qui auront été précédemment omis.

Il en retranche : 1° les individus décédés; 2° ceux dont la radiation a été ordonnée par l'autorité compétente ; 3° ceux qui ont perdu les qualités requises par la loi; 4° ceux qu'il re-

(1) COMMUNES. Le préfet homologue, par des arrêtés en conseil de préfecture, toutes délibérations des conseils municipaux ayant pour objet d'autoriser les maires à donner mainlevée des hypothèques inscrites au profit des communes. (Ord. du 15 juillet 1840.)

FABRIQUES DES ÉGLISES. La radiation des inscriptions hypothécaires prises dans l'intérêt des fabriques doit être autorisée par arrêté du préfet en conseil de préfecture, sur une délibération du conseil de fabrique. (Même ordonnance précitée; lettre ministérielle du 6 septembre 1854.)

connaît avoir été indûment inscrits, quoique leur inscription n'ait point été attaquée. Il tient un registre de toutes ces décisions, et y mentionne les motifs et les pièces à l'appui.

2. Le tableau contenant les additions et retranchements faits par le maire à la liste électorale, est déposé, au plus tard le 15 janvier, au secrétariat de la commune.

Ce tableau sera communiqué à tout requérant, qui pourra le recopier et le reproduire par la voie de l'impression. Le jour même de ce dépôt, avis en sera donné par affiches aux lieux accoutumés.

3. Une copie du tableau et du procès-verbal constatant l'accomplissement des formalités prescrites par l'arrêté précité sera en même temps transmise au sous-préfet de l'arrondissement, qui l'adressera, dans les deux jours, avec ses observations, au préfet du département.

4. Si le préfet estime que les formalités et les délais prescrits par la loi n'ont pas été observés, il devra, dans les deux jours de la réception du tableau, déférer les opérations du maire au conseil de préfecture du département, qui statuera dans les trois jours, et fixera, s'il y a lieu, le délai dans lequel les opérations annulées devront être refaites.

LXIV.

LOGEMENTS INSALUBRES.

124. (*Loi sur l'assainissement des logements insalubres, des 19 janvier, 7 mars, 13 et 22 avril 1850.*)

Art. 1er. Dans toute commune où le conseil municipal l'aura déclaré nécessaire par une délibération spéciale, il nommera une commission chargée de rechercher et indiquer les mesures indispensables d'assainissement des logements et dépendances insalubres mis en location ou occupés par d'autres que le propriétaire, l'usufruitier ou l'usager.

Sont réputés insalubres, les logements qui se trouvent dans des conditions de nature à porter atteinte à la vie ou à la santé de leurs habitants.

2. La commission se composera de neuf membres au plus, et de cinq au moins.

En feront nécessairement partie : un médecin et un architecte, ou tout autre homme de l'art, ainsi qu'un membre du bureau de bienfaisance et du conseil des prud'hommes, si ces institutions existent dans la commune.

La présidence appartient au maire ou à l'adjoint.

Le médecin et l'architecte pourront être choisis hors de la commune.

La commission se renouvelle tous les deux ans par tiers ; les membres sortants sont indéfiniment rééligibles.

A Paris, la commission se compose de douze membres.

3. La commission visitera les lieux signalés comme insalubres. Elle déterminera l'état d'insalubrité et en indiquera les causes, ainsi que les moyens d'y remédier. Elle désignera les logements qui ne seraient pas susceptibles d'assainissement.

4. Les rapports de la commission seront déposés au secrétariat de la mairie, et les parties intéressées mises en demeure d'en prendre communication et de produire leurs observations dans le délai d'un mois.

5. A l'expiration de ce délai, les rapports et observations seront soumis au conseil municipal, qui déterminera : 1° les travaux d'assainissement et les lieux où ils devront être entièrement ou partiellement exécutés, ainsi que les détails de leur achèvement ; 2° les habitations qui ne sont pas susceptibles d'assainissement.

6. Un recours est ouvert aux intéressés contre ces décisions, *devant le conseil de préfecture*, dans le délai d'un mois, à dater de la notification de l'arrêté municipal. Ce recours sera suspensif.

7. En vertu de la décision du conseil municipal, ou du conseil de préfecture en cas de recours, s'il a été reconnu que les causes d'insalubrité sont dépendantes du fait du propriétaire ou de l'usufruitier, l'autorité municipale lui enjoindra, par mesure d'ordre et de police, d'exécuter les travaux jugés nécessaires.

8. Les ouvertures pratiquées pour l'exécution des travaux d'assainissement seront exemptées, pendant trois ans, de la contribution des portes et fenêtres.

9. En cas d'inexécution, dans les délais déterminés, des travaux jugés nécessaires, et si le logement continue d'être occupé

par un tiers, le propriétaire ou l'usufruitier sera passible d'une amende de 16 fr. à 100 fr. Si les travaux n'ont pas été exécutés dans l'année qui aura suivi la condamnation, et si le logement insalubre a continué d'être occupé par un tiers, le propriétaire ou l'usufruitier sera passible d'une amende égale à la valeur des travaux, et pouvant être élevée au double.

10. S'il est reconnu que le logement n'est pas susceptible d'assainissement, et que les causes d'insalubrité sont dépendantes de l'habitation elle-même, l'autorité municipale pourra, dans le délai qu'elle fixera, en interdire provisoirement la location à titre d'habitation.

L'interdiction absolue ne pourra être prononcée que *par le conseil de préfecture*, et, dans ce cas, il y aura recours de sa décision au conseil d'Etat.

Le propriétaire ou l'usufruitier qui aura contrevenu à l'interdiction prononcée sera condamné à une amende de 16 à 100 fr., et, en cas de récidive dans l'année, à une amende du double de la valeur du logement interdit.

11. Lorsque, par suite de l'exécution de la présente loi, il y aura lieu à résiliation des baux, cette résiliation n'emportera, en faveur du locataire, aucuns dommages-intérêts.

12. L'article 463 du code pénal sera applicable à toutes les contraventions ci-dessus indiquées.

13. Lorsque l'insalubrité est le résultat de causes extérieures ou permanentes, ou lorsque ces causes ne peuvent être détruites que par des travaux d'ensemble, la commune pourra acquérir, suivant les formes et après l'accomplissement des formalités prescrites par la loi du 3 mai 1841, la totalité des propriétés comprises dans le périmètre des travaux.

Les portions de ces propriétés qui, après l'assainissement opéré, resteront en dehors des alignements arrêtés pour les nouvelles constructions, pourront être revendues aux enchères publiques, sans que, dans ce cas, les anciens propriétaires ou leurs ayants droit puissent demander l'application des articles 60 et 61 de la loi du 3 mai 1841.

14. Les amendes prononcées en vertu de la présente loi seront attribuées en entier au bureau ou établissement de la localité où

sont situées les habitations à raison desquelles ces amendes auront été encourues.

125. (*Observation.*)

Cette loi confère deux attributions importantes au conseil de préfecture :

Il statue d'abord sur les oppositions formées, en vertu de l'article 6, par les intéressés, à la délibération du conseil municipal qui prescrit certains travaux d'assainissement.

C'est lui ensuite, pour le cas où le conseil municipal a déclaré une maison inhabitable, qui prononce l'interdiction de la louer, sauf recours au conseil d'Etat, et condamne à une amende qui peut varier de 16 fr. à 100 fr., en cas de désobéissance à la défense absolue de location.

La procédure, en cette matière, doit être faite comme en matière répressive ou de grande voirie.

LXV.

MARCHÉS DE FOURNITURES.

Suivant la définition donnée par la Jurisprudence générale de M. Dalloz, on appelle marché de fournitures tout traité passé entre l'Etat et des particuliers ou des sociétés, pour la fourniture d'objets nécessaires aux divers services publics, par exemple pour la fourniture des subsistances de troupes, des lits militaires, des approvisionnements d'hôpitaux, du chauffage et de l'éclairage des administrations publiques. On donne aussi ce nom aux traités qui interviennent, dans le même but, entre un département, une commune ou un établissement public et des particuliers.

Ainsi les marchés publics ont lieu : 1° avec le gouvernement; 2° avec les départements ; 3° avec les communes et les établissements publics, tels que lycées, hospices, bureaux de bienfaisance, etc.

La connaissance des contestations entre l'Etat et ses fournisseurs appartient au conseil d'Etat, et doit y être portée *de plano et omisso medio*. Elle est écrite dans le décret organique du conseil d'Etat du 11 juin 1806.

126. (*Extrait des articles* 13 *et* 14 *de ce décret.*)

Art. 13. Notre conseil d'Etat continuera d'exercer les fonctions qui lui sont attribuées par les constitutions de l'Empire et par nos décrets.

14. Il connaîtra, en outre : 1°. . . . . ; 2° de toutes contestations ou demandes relatives soit aux marchés passés avec nos ministres, avec l'intendant de notre maison, ou en leur nom, soit aux travaux ou fournitures faits pour le service de leurs départements respectifs, pour notre service personnel ou celui de nos maisons ; 3°. . . . .

127. (*Observation.*)

La connaissance des contestations entre un département et des fournisseurs doit-elle être portée de même devant le conseil d'Etat ?

Comme il n'y a en cause qu'un intérêt départemental, n'est-ce pas plutôt devant le conseil de préfecture, sauf, ensuite, par appel, devant le conseil d'Etat ?

C'est ce qui semble résulter d'une ordonnance royale du 27 mai 1816. Il ne s'agissait, dans cette affaire, que d'une contestation particulière entre un sieur *Levacher-Duplessis*, pour des fournitures faites par lui au département de la Seine ; mais l'insertion de cette ordonnance au *Bulletin des lois* indique suffisamment que l'on doit attribuer à cette ordonnance la force d'un règlement fait en matière d'administration publique ; aussi doit-on en rapporter le texte.

128. (*Ordonnance royale du* 27 *mai* 1816.)

Louis, etc.,

Sur le rapport du comité du contentieux ;

Vu le pourvoi formé par le sieur *Levacher-Duplessis*...., etc.;

Vu les conclusions de la requête introductive dudit pourvoi, portant qu'il nous plaise ordonner que le marché passé entre le suppliant et le préfet du département de la Seine, sera exécuté suivant sa forme et teneur ; qu'en conséquence, et attendu qu'il résulte dudit marché que la fourniture de pain devait être payée dans une proportion qui avait pour base le prix moyen du sac de farine première qualité, établi à la halle de Paris, d'après les transactions libres du commerce, et que dès lors, si les transactions libres qui avaient lieu à la halle de Paris avaient été interrompues par le fait du gouvernement, qui a cru s'y constituer le seul vendeur et fixer arbitrairement un prix, il devient indispensable de recourir au prix moyen du blé, tel qu'il était établi par les transactions libres ;

Vu le marché de fourniture de pain, passé le 1er messidor

an X entre le préfet du département de la Seine et le sieur *Levacher-Duplessis*, lequel marché détermine, par son article 9, la base des payements à faire au fournisseur, et règle, par son article 15, que toutes les contestations qui pourraient s'élever sur l'exécution du marché, seront jugées administrativement;

Vu l'arrêté du préfet du département de la Seine en date du 3 septembre 1812, qui dispose que les fournitures faites en pain aux prisons de Paris et de Bicêtre, et à la maison de répression de Saint-Denis, seront réglées et payées, à dater du 13 mai 1812, jusqu'à ce que l'ordonnance de *maximum* alors en vigueur cesse d'avoir son effet, sur le pied de 105 fr. le sac de farine de première qualité;

Vu l'arrêté du 12 novembre 1812, approuvé par le ministre de l'intérieur le 5 décembre suivant, lequel arrêté fait au payement des fournitures du sieur *Levacher-Duplessis* l'application des dispositions d'un arrêté antérieur concernant le pain fourni aux compagnies de réserve; en conséquence, écarte de ses réclamations le service des mois de janvier et février 1812, et le soumet, pour le payement de ses fournitures de mars, avril, et des douze premiers jours de mai de la même année, à prendre pour base un terme moyen composé du prix du sac de blé et de celui du sac de farine vendus à la halle de Paris;

Vu l'arrêté du préfet du département de la Seine du 12 décembre 1812, lequel est exécutoire du précédent, et règle, d'après les bases qu'il a fixées, le décompte des fournitures du sieur *Duplessis* pour les mois de mars, avril et les douze premiers jours de mai 1812;

Vu les observations produites par le préfet du département de la Seine en défense des arrêtés attaqués;

Ensemble toutes les pièces jointes au dossier;

Considérant qu'il s'agissait de prononcer sur une contestation relative à l'exécution d'un marché; que, par conséquent, cette affaire était du ressort du conseil de préfecture; que le préfet avait d'autant moins le droit de la juger, qu'il était partie contractante;

Notre conseil d'Etat entendu;

Nous avons ordonné et ordonnons ce qui suit:

Art. 1er. Les arrêtés du préfet du département de la Seine,

sous les dates des 3 septembre, 12 novembre et 12 décembre 1812, sont annulées *pour cause d'incompétence.*

2. Les parties sont renvoyées à traiter de gré à gré sur le payement de ces fournitures, ou, *en cas de contestation*, *devant le conseil de préfecture.*

3. Notre chancelier de France, chargé par *intérim* du portefeuille du ministre de la justice, est chargé de l'exécution de la présente ordonnance, qui sera insérée au *Bulletin des lois.*

129. (*Conclusion.*)

On peut, d'après ce document, poser en principe que les marchés de fournitures faits avec un département donnent lieu à des contestations qui rentrent dans les attributions des conseils de préfecture.

En sera-t-il de même des marchés de fournitures faits entre un particulier et une commune ou des établissements publics, tels qu'un lycée, un hospice, un bureau de bienfaisance, une fabrique, etc.?

S'il s'agissait d'une fourniture de matériaux pour l'exécution de travaux communaux d'intérêt public communal, la compétence serait certaine.

Mais, dans tous les autres cas, cette compétence devra-t-elle être suivie ?

C'est ce qui paraît douteux, à défaut de textes précis, et surtout en présence de la divergence existant dans la jurisprudence, tant administrative que judiciaire.

LXVI.

MONTS-DE-PIÉTÉ.

On donne le nom de monts-de-piété à des maisons de prêt sur nantissement.

130. (*Extrait de la loi du 16 pluviôse an XII.*)

Art. 1er. Aucune maison de prêt sur nantissement ne pourra être établie qu'au profit des pauvres et avec l'autorisation du gouvernement.

Les monts-de-piété sont des établissements publics reconnus par la loi.

De là les règles prescrites pour leur comptabilité.

131. (*Ordonnance du roi relative à la comptabilité des monts-de-piété, du 18 juin 1823.*)

Art. 1er. A dater de 1823, les budgets et les comptes des monts-de-piété seront réglés comme les budgets et les comptes des hospices, les conseils de charité préalablement entendus, et les conseils municipaux, à défaut des conseils de charité, ou en concurrence avec eux, dans les communes qui auraient fait des fonds pour ces établissements.

2. Seront également applicables aux monts-de-piété, les formes déterminées à l'égard des hospices, en ce qui concerne les constructions, reconstructions, acquisitions, ventes et échanges, ainsi que les prêts et emprunts autres que les opérations ordinaires autorisées par les règlements.

132. (*Observation.*)

« Il faut aussi, dit M. Dufour, t. II, p. 39, n° 30, mentionner comme dépendance de la juridiction des conseils de préfecture les contestations auxquelles donne lieu l'administration des monts-de-piété. »

LXVII.

POIDS ET MESURES.

La taxe des poids et mesures est la seule, de toutes les taxes assimilées aux contributions, qui soit perçue au profit des départements, lesquels, par suite, doivent supporter les frais de traitement et de tournée des vérificateurs des poids et mesures.

133. (*Extrait de l'ordonnance royale du 17 avril 1839.*)

Art. 48. La vérification périodique des poids, mesures et instruments de pesage appartenant aux établissements publics désignés par l'article 24 (*octrois, poids publics, ponts à bascule, hospices, hôpitaux, prisons et établissements de bienfaisance*), est faite gratuitement.

Il en est de même pour les poids, mesures et instruments de pesage présentés volontairement à la vérification par des individus non assujettis.

49. Les droits de la vérification périodique sont payés pour les poids et mesures formant l'assortiment obligatoire de chaque assujetti, et pour les instruments de pesage sujets à la vérification.

Les poids et mesures excédant l'assortiment obligatoire seront vérifiés et poinçonnés gratuitement.

50. Les états matrices des rôles sont dressés par les vérificateurs des poids et mesures d'après le résultat des opérations, qui doivent être consommées avant le 1er août.

Ces états sont remis aux directeurs des contributions directes, à mesure que les opérations sont terminées dans les communes dépendant de la même perception, et, au plus tard, le 1er août de chaque année.

51. Les directeurs des contributions directes, après avoir vérifié et arrêté les états matrices mentionnés à l'article précédent, procèdent à la confection des rôles, lesquels sont rendus exécutoires par le préfet, *pour être mis immédiatement en recouvrement par les mêmes voies et avec les mêmes termes de recours*, en cas de réclamation, que pour les contributions directes.

52. Avant la fin de chaque année, il sera dressé et publié des rôles supplémentaires pour les opérations qui, à raison de circonstances particulières, n'auraient pu être faites que postérieurement au délai fixé par l'article 50.

53. La perception des droits de vérification est faite par les agents du trésor public.

Le montant intégral des rôles est exigible dans la quinzaine de leur publication.

L'article 3 de l'ordonnance du 21 décembre 1832 continuera à être exécuté.

54. Les remises auxquelles ont droit les agents du trésor, pour le recouvrement des contributions, ainsi que les allocations revenant aux directeurs des contributions directes pour les frais de confection des rôles, sont réglées par le ministre des finances.

LXVIII.

DE LA RÉTRIBUTION SCOLAIRE.

Cette rétribution est perçue au profit des communes, qui doivent participer dans une certaine proportion au traitement des instituteurs.

134. (*Extrait de l'article 14 de la loi du* 28 *juin* 1833.)

Art. 14. En sus du traitement fixe, l'instituteur communal recevra une rétribution mensuelle dont le taux sera réglé par le conseil municipal, et qui sera perçue dans la même forme et selon les mêmes règles que les contributions publiques directes (1). Le rôle en sera recouvrable, mois par mois, sur un état des élèves certifié par l'instituteur, visé par le maire et rendu exécutoire par le sous-préfet.

Le recouvrement de la rétribution ne donnera lieu qu'au remboursement des frais par la commune, sans aucune remise au profit des agents de la perception.

Seront admis gratuitement dans l'école communale élémentaire, ceux des élèves de la commune ou des communes réunies que les conseils municipaux auront désignés comme ne pouvant payer aucune rétribution.

Dans les écoles primaires supérieures, un nombre de places gratuites, déterminé par le conseil municipal, pourra être réservé pour les enfants qui, après concours, auront été désignés par le comité d'instruction primaire, dans les familles qui seront hors d'état de payer la contribution.

LXIX.

DES SERVITUDES MILITAIRES.

135. (*Notions préliminaires.*)

La nécessité de mettre à l'abri et de protéger le territoire contre les éventualités de la guerre a fait établir sur nos lignes de frontières les plus exposées aux attaques de l'ennemi, des points fortifiés, destinés à arrêter l'invasion étrangère, à soutenir l'armée de défense et à lui donner le temps de recevoir du renfort.

On donne des dénominations diverses, suivant leur degré d'impor-

(1) Le conseil de préfecture est compétent pour statuer sur les demandes en décharge ou réduction relatives à cette rétribution.

tance, à ces points fortifiés qu'on désigne sous les noms de *places*, *forts* ou *forteresses*, *châteaux*, *citadelles*, *postes militaires*.

Les ouvrages principaux employés dans les fortifications modernes sont :

1° Le *rempart*, qui entoure la place de tous les côtés accessibles ;

2° Le *parapet*, levée de terre de 2 mètres 50 centimètres, qui met le soldat à l'abri du feu ennemi ;

3° La *banquette*, qui est une espèce de degré construit sur le rempart, est destinée à élever le soldat pour lui donner la facilité de diriger ses coups de feu contre l'armée assaillante ;

4° Par *escarpe* et *contrescarpe*, on désigne les deux côtés du fossé creusé au pied du talus extérieur du rempart ; celui du côté de la place est l'*escarpe*, et la *contrescarpe* est le côté opposé ;

5° La *rue du rempart*, ouverte à l'intérieur de la place fortifiée et au pied du talus, établit une voie de communication entre toutes les parties de l'enceinte ;

6° Le *chemin couvert*, protégé par une élévation de terre qui lui sert de parapet, a 10 à 12 mètres de largeur, et contourne, en la longeant, la partie extérieure du fossé appelée contrescarpe ; il va se perdre dans la campagne par une pente douce appelée *glacis ;*

7° La *crête du parapet* est le point d'intersection du parapet et du glacis ;

8° Les *bastions* sont des tours pentagonales formant saillie au corps d'une place et couvrant toutes les parties de l'enceinte ;

9° Les *courtines* sont les parties du rempart comprises entre deux bastions ; deux demi-bastions unis par une courtine forment le *front* ou l'un des côtés symétriques d'un corps de place ;

10° Les *redans* sont une pièce de fortification à angles saillants et rentrants ;

11° Les *dehors* sont le nom général que l'on donne à tous les ouvrages qui se construisent au delà des fossés de la place. Quelques-uns, tels que les ouvrages à *cornes* ou à *couronne*, se placent indifféremment en deçà ou au delà des *chemins couverts ;* d'autres, comme les *tenaillons* et les *contre-gardes*, sont toujours établis en arrière des chemins couverts. Les *flèches*, les *lunettes*, les *redoutes* et les *forts* se placent en avant de ces chemins couverts, et sont considérés comme *ouvrages avancés ou détachés*, suivant qu'ils sont plus ou moins éloignés de la place ;

12° Les *citadelles* sont des ouvrages fortifiés du côté de la ville et de celui de la campagne. Elles sont destinées à maintenir les habitants de la ville dans le devoir, et à donner, en cas de besoin, un refuge à la garnison en cas de prise de la place ;

13° Un grand espace de terrain laissé vide autour des citadelles pour qu'on puisse en approcher sans être vu ; se nomme *esplanade ;*

14° Enfin on désigne sous le nom de *redoutes*, *fortins, batteries*, des ouvrages de fortification isolés de moindre importance. Ils peuvent être considérés comme de petits postes militaires, lorsqu'ils sont revêtus ou formés de tours crénelées, qui ne peuvent être enlevées qu'avec le canon. (Inst. min. 4 déc. 1812.)

Toutes ces définitions peuvent avoir leur utilité pour l'intelligence des textes que nous allons rapporter.

Il ne faut pas confondre la zone des fortifications avec la zone des servitudes.

La zone des fortifications est le terrain militaire, qui comprend : 1° le sol sur lequel reposent les fortifications ; 2° ces fortifications elles-mêmes; et 3° les terrains accessoires indispensables au service de la défense. Cette distinction a toujours été faite dans les lois qui ont régi les places de guerre en France, sous tous les régimes qui se sont succédé depuis 1789.

La première loi que nous rencontrons, et dont certaines parties peuvent rester encore en vigueur, malgré les lois publiées postérieurement, est le décret des 8-10 juillet 1791, concernant la conservation et le classement des places de guerre et postes militaires, la police des fortifications et autres objets y relatifs.

Sous la Restauration, et à la date du 17 juillet 1819, fut promulguée la loi relative aux servitudes imposées à la propriété pour la défense de l'Etat.

Sous la seconde république, en l'année 1851, parut une nouvelle loi relative au classement des places de guerre et aux servitudes militaires. Elle porte les dates des 15 mars 1850, 23 juin, 10 et 20 juillet 1851. Comme celle de 1819, elle contient un article portant que les dispositions des lois existantes non abrogées continueront à être observées. Cependant, plus précise que celle de 1819, l'art. 18 de la loi de 1851 a déclaré formellement que les dispositions relatives au plan de circonscription des zones de servitudes et à l'état descriptif, contenues dans les paragraphes 2 et 3 de l'article 8, et dans l'article 9 de la loi du 17 juillet 1819, sont abrogées. Puis il continue en ces termes : « Un règlement d'administration publique réunira et coor-» donnera dans leur ensemble toutes les dispositions des lois con-

» cernant les servitudes, imposées à la propriété autour des fortifica- » tions, et précisera les mesures d'exécution. »

Ce règlement, promis par cet article de loi, a paru en l'année 1853. Il porte les dates des 10 août et 23 septembre.

C'est donc de tous ces monuments législatifs et décrets réglementaires que nous avons à extraire les dispositions relatives à la juridiction des conseils de préfecture, en ce qui concerne spécialement les servitudes imposées à la propriété privée.

La défense de la patrie est le premier devoir des citoyens; en présence des obligations suprêmes qu'il leur impose, les intérêts et les droits privés, même en ce qu'ils ont de plus légitime, doivent s'effacer.

L'un des effets légaux attachés à l'existence des places de guerre et postes militaires est d'assujettir les terrains qui les avoisinent, dans un rayon déterminé, jugé nécessaire à la libre action des forces défensives, à des servitudes très-rigoureuses, et, par suite, de modifier très-profondément, dans cette même circonscription, l'exercice du droit de propriété.

136. (*Extrait de la loi du 17 juillet 1819, relative aux servitudes imposées à la propriété pour la défense de l'État.*)

Art. 11. Les contraventions à la présente loi seront constatées par les procès-verbaux des gardes des fortifications, et réprimées conformément à la loi du 19 mai 1802 (29 floréal an X), relative aux contraventions en matière de grande voirie.

12. Dans le cas où, nonobstant la notification faite par les gardes des fortifications des procès-verbaux de contravention, les contrevenants ne rétabliraient pas l'ancien état des lieux dans le délai qui leur sera fixé, l'autorité militaire transmettra lesdits procès-verbaux au préfet du département; elle y joindra, avec un fragment du plan dont il est fait mention dans l'article 2 de la présente loi, un extrait de l'état descriptif et un mémoire sommaire de discussion, pour être, sur le tout, statué en conseil de préfecture, sauf les vérifications qui pourront être jugées nécessaires.

Toutefois, si, après la notification faite en vertu du présent article, les contrevenants poursuivaient leur infraction, le conseil de préfecture ordonnerait sur-le-champ la suspension des travaux.

13. Outre la démolition de l'œuvre nouvelle aux frais des

contrevenants, ils encourront, selon les cas, les peines applicables aux contraventions analogues en matière de grande voirie.

137. (*Loi relative au classement des places de guerre et aux servitudes militaires, des 15 mars 1850, 23 juin-10 et 20 juillet 1851.*)

Art. 1er. Nulle construction de nouvelles places de guerre ou de nouvelles enceintes fortifiées, et nulle suppression ou démolition de celles qui existent, ne pourront être ordonnées qu'après l'avis d'une commission de défense, et en vertu d'une loi.

Nul ouvrage nouveau à ajouter à une enceinte fortifiée, nul fort, batterie ou autre ouvrage défensif ayant un caractère permanent, ne pourront être entrepris que lorsqu'un crédit spécial aura été ouvert, à cet effet, à l'un des chapitres du budget.

Les améliorations partielles à faire aux fortifications existantes, lorsqu'elles ne devront apporter aucune extension au tracé du polygone formé par les saillants d'une enceinte fortifiée, pourront être ordonnées par le ministre de la guerre, sur les fonds qui sont portés annuellement au budget pour les réparations et améliorations des places fortes.

2. La loi qui ordonnera la construction d'une nouvelle place de guerre ou d'une nouvelle enceinte fortifiée, spécifiera en même temps la série dans laquelle cette place ou cette enceinte devra être rangée pour l'application des servitudes défensives.

Les ouvrages qui seront ajoutés à une enceinte fortifiée, les forts, batteries ou autres ouvrages défensifs ayant un caractère permanent, ne pourront être classés ou donner lieu à une extension quelconque des servitudes existantes qu'en vertu d'une disposition législative.

3. Le projet de loi ou la demande de fonds à présenter, par suite des dispositions des deux premiers paragraphes de l'article 1er, seront accompagnés de l'état estimatif de la dépense et d'un plan indiquant le tracé de l'enceinte fortifiée et de l'ouvrage projeté.

Ce plan indiquera, en outre, la série à laquelle cette enceinte fortifiée et cet ouvrage devront appartenir, et le tracé des zones de servitudes que le ministre de la guerre proposera de leur appliquer.

4. Le classement d'une place de guerre ou d'un poste militaire s'étendra à tous les ouvrages extérieurs situés à moins de deux cent cinquante mètres des chemins couverts, ou des dehors quand il n'y a pas de chemins couverts.

Les ouvrages détachés, c'est-à-dire ceux qui seront situés à plus de deux cent cinquante mètres, seront classés séparément.

Sont compris sous la dénomination de dehors tous les ouvrages, tels que demi-lunes, contre-gardes, ouvrages à cornes, à couronne ou tous autres qui sont enveloppés par la même contrescarpe que le corps de place.

5. Le tableau des places de guerre et des postes militaires annexé à l'ordonnance du 1er août 1821 sera remplacé par le nouveau tableau joint à la présente loi.

La première série de ce tableau correspond, pour l'application des servitudes, à la première et à la deuxième classe de la loi du 10 juillet 1791; mais elle ne comprend aucun poste; la seconde série correspond à la troisième classe; elle comprend tous les postes.

6. Le classement des places de guerre ne poura être modifié qu'en vertu d'une loi.

Toutefois, lorsqu'il sera possible de réduire l'étendue des zones des servitudes du côté de quelque centre important de population sans compromettre la défense ou porter atteinte aux intérêts du trésor, cette réduction pourra être prononcée par un décret du président de la république.

La largeur de la rue militaire, telle qu'elle est définie par les articles 15 et 16 du titre premier de la loi du 10 juillet 1791, pourra aussi être réduite par un décret du président de la république.

7. Les servitudes défensives résultant du nouveau classement auront leur effet à partir du jour de la promulgation de la présente loi.

8. Les dispositions relatives au plan de circonscription des zones de servitudes et à l'état descriptif, contenues dans les paragraphes 2 et 3 de l'article 8 et dans l'article 9 de la loi du 17 juillet 1819, sont abrogées.

Un règlement d'administration publique réunira et coordonnera dans leur ensemble toutes les dispositions des lois concernant les servitudes imposées à la propriété autour des fortifications, et précisera les mesures d'exécution.

9. Continueront d'être observées, les dispositions des lois existantes non abrogées par la présente loi.

LXX.

SUITE : DES SERVITUDES MILITAIRES.

138. (*Décret impérial sur le classement des places de guerre et des postes militaires, et sur les servitudes imposées à la propriété autour des fortifications, des 10 août-23 septembre 1853.*)

TITRE Ier.

Classement des fortifications.

Art. 1er. Les places de guerre et les postes militaires sont classés, pour l'application des servitudes défensives, conformément au tableau annexé au présent décret.

Ce tableau est divisé en deux séries, dont la première correspond, pour cette application, à la première et à la deuxième classe spécifiées dans la loi du 10 juillet 1791, mais sans comprendre aucun poste, et dont la deuxième correspond à la troisième classe, et comprend tous les postes.

2. Le tableau de classement pour les servitudes défensives ne peut être modifié qu'en vertu d'un décret.

3. Le décret qui ordonne la construction d'une nouvelle place de guerre ou d'une nouvelle enceinte fortifiée classe en même temps cette place ou cette enceinte, et spécifie la série dans laquelle elle doit être rangée pour l'application des servitudes défensives.

Les ouvrages ajoutés à une enceinte fortifiée, les forts, batteries ou autres ouvrages défensifs ayant un caractère permanent, ne peuvent être classés ou donner lieu à une extension quelconque de servitudes qu'en vertu d'un décret.

Les servitudes sont applicables du jour de la publication du décret de classement.

Ce décret de classement est accompagné d'un plan indiquant, avec le tracé de la fortification, les limites des terrains qui doivent être soumis aux servitudes.

4. Les décrets relatifs soit à des constructions nouvelles des places ou postes de guerre, soit à la suppression ou démolition de ceux actuellement existants, soit à des changements dans le classement ou dans l'étendue desdites places ou postes, sont, ainsi que tous ceux qui sont mentionnés dans le présent règlement, insérés au *Bulletin des lois*.

A la réception du *Bulletin des lois*, les préfets les font immédiatement publier dans les communes intéressées.

TITRE II.

Servitudes défensives autour des fortifications.

SECTION PREMIÈRE.

Servitudes relatives aux nouvelles constructions.

5. Les servitudes défensives autour des places et des postes s'exercent sur les propriétés qui sont comprises dans trois zones commençant toutes aux fortifications et s'étendant respectivement aux distances de deux cent cinquante mètres, quatre cent quatre-vingt-sept mètres et neuf cent et soixante-quatorze mètres pour les places, et de deux cent cinquante mètres, quatre cent quatre-vingt-sept mètres, et cinq cent quatre-vingt-quatre mètres pour les postes.

6. Lorsqu'il est possible de réduire l'étendue des zones de servitudes du côté de quelque centre important de population, sans compromettre la défense ou porter atteinte aux intérêts du trésor, cette réduction est prononcée par un décret.

Le mode d'exécution de ce décret a lieu conformément à ce qui est prescrit à l'art. 4 du présent règlement.

7. Dans la première zone de servitudes autour des places et postes classés, il ne peut être fait aucune construction de quelque nature qu'elle puisse être, à l'exception, toutefois, de clôtures de haies sèches ou en planches à claire-voie, sans pans de bois ni maçonnerie, lesquelles peuvent être établies librement.

Les haies vives et les plantations d'arbres ou d'arbustes formant haies sont spécialement interdites dans cette zone.

8. Au delà de la première zone, jusqu'à la limite de la deuxième, il est également interdit, autour des places de la première série, d'exécuter aucune construction quelconque en maçonnerie ou en pisé. Mais il est permis d'élever des constructions en bois et en terre sans y employer de pierres ni de briques, même de chaux ni plâtre, autrement qu'en crépissage, et à la charge de les démolir immédiatement, et d'enlever les décombres et matériaux, sans indemnité, à la première réquisition de l'autorité militaire, dans le cas où la place déclarée en état de guerre serait menacée d'hostilités.

Dans la même étendue, c'est-à-dire entre les limites de la première et de la seconde zone, il est permis, tout autour des places de la deuxième série et des postes militaires, d'élever des constructions quelconques; mais le cas arrivant où ces places et postes sont déclarés en état de guerre, les démolitions qui sont jugées nécessaires n'entraînent aucune indemnité pour les propriétaires.

9. Dans la troisième zone de servitudes des places et des postes, il ne

peut être fait aucun chemin, aucune levée ni chaussée, aucun exhaussement de terrain, aucune fouille ou excavation, aucune exploitation de carrière, aucune construction au-dessous du niveau du sol, avec ou sans maçonnerie, enfin aucun dépôt de matériaux ou autres objets, sans que leur alignement et leur position aient été concertés avec les officiers du génie, et que, d'après ce concert, le ministre de la guerre ait déterminé ou fait déterminer par un décret les conditions auxquelles les travaux doivent être assujettis dans chaque cas particulier, afin de concilier les intérêts de la défense avec ceux de l'industrie, de l'agriculture et du commerce.

Dans la même étendue, les décombres provenant des bâtisses et autres travaux quelconques ne peuvent être déposés que dans les lieux indiqués par les officiers du génie; sont exemptés toutefois de cette disposition ceux des détriments destinés à servir d'engrais aux terres, et pour les dépôts desquels les particuliers n'éprouvent aucune gêne, pourvu qu'ils évitent de les entasser.

Enfin, dans la même zone, il est défendu d'exécuter aucune opération de topographie sans le consentement de l'autorité militaire. Ce consentement ne peut être refusé, lorsqu'il ne s'agit que d'opérations relatives à l'arpentage des propriétés.

SECTION II.

Servitudes concernant les constructions existantes.

10. Les reconstructions totales de maison, clôtures et autres bâtisses sont soumises aux mêmes prohibitions que les constructions neuves, quelle qu'ait pu ou puisse être la cause de la destruction.

Les restaurations de bâtiments, clôtures et autres ouvrages tombant par vétusté ou pour une cause quelconque, constituent des reconstructions totales, lors même qu'on voudrait, dans ces restaurations, conserver quelques parties des anciennes constructions.

Entretien des bâtisses en bois ou en bois et terre.

11. Les bâtisses en bois ou en bois et terre existant dans la limite de quatre cent quatre-vingt-sept mètres ne peuvent être entretenues dans leur état actuel qu'autant qu'il n'est apporté aucun changement dans leurs formes et leurs dimensions, et que sous les restrictions expresses : 1° que les matériaux de réparation et reconstruction partielle sont de même nature que ceux précédemment mis en œuvre; 2° que la masse des constructions existantes n'est point accrue.

Entretien des bâtisses en maçonnerie.

12. La disposition qui précède s'applique aussi, pour les places de la deuxième série et des postes militaires, aux constructions en maçonnerie

situées au delà de la première zone, jusqu'à la limite de quatre cent quatre-vingt-sept mètres.

Les bâtisses en maçonnerie situées dans la zone de deux cent cinquante mètres des places et des postes, ou dans celle de quatre cent quatre-vingt-sept mètres des places de première série, ne peuvent être entretenues librement dans leur état actuel qu'à la charge expresse de les soumettre aux restrictions mentionnées dans l'art. 11, et de ne faire, en outre, aucun des travaux de la nature de ceux qui sont légalement prohibés en matière de voirie, c'est-à-dire de reprises en sous-œuvre, de grosses réparations et autres travaux confortatifs, soit à leur fondation ou à leur rez-de-chaussée, s'il s'agit de bâtiments d'habitation; soit, pour les simples clôtures, jusqu'à moitié de leur hauteur mesurée sur leur parement extérieur; soit, pour les autres constructions, jusqu'à trois mètres au-dessus du sol extérieur.

Ces derniers travaux ne peuvent être exécutés qu'autant que le propriétaire fournit la preuve que la bâtisse existait, dans sa nature et ses dimensions actuelles, antérieurement à l'époque de l'établissement des servitudes dont elle est grevée, ou justifie qu'elle a déjà fait l'objet d'un engagement de démolition sans indemnité, pour le cas prévu à l'art. 8, ou enfin, à défaut de l'une ou de l'autre de ces justifications, souscrit préalablement l'engagement dont il s'agit.

SECTION III.

Exceptions.

13. Peuvent être exécutés dans les zones de servitudes, par exception aux prohibitions des deux premières sections :

1° Au delà de la première zone des places et des postes, les socles en maçonnerie ou en pierre, isolés ou servant de base à d'autres constructions, et ne dépassant pas 50 centimètres en hauteur et en épaisseur ;

2° Les fours de boulangerie et les fourneaux ordinaires de petites dimensions, nécessaires dans les bâtiments d'habitation ;

3° Les cheminées ordinaires en briques ou en moellons dans les pignons et les refends des mêmes bâtiments construits en bois ou en bois et terre, pourvu que la largeur de la maçonnerie n'excède pas 1 m. 50 cent. pour chaque pignon et chaque refend, et qu'on se conforme, en outre, aux usages locaux, tant pour les dimensions que pour la nature des matériaux;

4° Les cloisons légères de distribution : en bois, à l'intérieur des bâtisses construites en bois et terre, couvertes et fermées de tous côtés ; en plâtre ou en briques de champ, dans les mêmes constructions en maçonnerie; dans aucun cas, leur épaisseur ne peut dépasser 8 centimètres, tout compris ;

5° Le remplacement des couvertures en chaume ou en bardeaux par des couvertures légères en ardoises ou en zinc, et même en tuiles, pourvu qu'il ne soit point apporté de changements à la forme de la toiture;

6° Les murs de soutènement adossés au terrain naturel, sur toute la hauteur, sans déblais ni remblais, créant des couverts, ou augmentant ceux qui existent ;

7° Au delà de la première zone, les caves, les citernes et les autres excavations couvertes, pratiquées au-dessous du sol, que le directeur des fortifications juge sans inconvénient pour la défense ;

8° Enfin les puits avec margelle, de 80 centimètres au plus de hauteur, sont également tolérés, à la charge de démolition de la totalité de la construction, sans indemnité, dans les cas prévus à l'article 8 :

1° Les reculements, exigés par le service de la voirie, d'une façade ou d'un pignon dépendant d'une construction couverte, pourvu qu'on emploie, dans cette opération, des matériaux de même nature que ceux précédemment mis en œuvre ;

2° Les ponts en bois sur les fossés ou sur les cours d'eau non navigables ni flottables, quand leur tablier ne s'élève pas plus de 50 centimètres au-dessus du sol sur chaque rive.

Enfin les baraques en bois, mobiles sur roulettes, ayant au plus 2 m. de côté et 2 m. 50 cent. de hauteur de faîtage extérieurement, et susceptibles d'être traînées par deux hommes, sont permises, à condition de n'en établir qu'une seule par propriété et de prendre l'engagement de l'enlever, en toute circonstance, à la première réquisition de l'autorité militaire.

14. Les moulins et autres semblables usines en bois ou en maçonnerie peuvent être exceptionnellement autorisés par le ministre de la guerre dans les zones de prohibition, à la condition de n'être élevés que d'un rez-de-chaussée, et qu'en cas de guerre il ne sera accordé aucune indemnité pour démolition.

La permission ne peut, toutefois, être accordée qu'après que le chef du génie, l'ingénieur des ponts et chaussées et le maire ont reconnu, de concert et par un procès-verbal, que l'usine est d'utilité publique, et que son emplacement est déterminé par quelque circonstance locale qui ne se peut rencontrer ailleurs.

Elle n'est valable qu'en ce qui concerne le service militaire, et ne dispense pas de l'accomplissement des formalités à remplir vis-à-vis des autres administrations publiques et des tiers intéressés.

15. Indépendamment des exonérations résultant des réductions de limites mentionnées à l'article 6, des décrets déterminent, dans l'étendue des zones de servitudes, les terrains pour lesquels, à raison des localités, il est possible, sans nuire à la défense, de tolérer, par exception aux dispositions des articles 7 et 8, l'exécution de bâtiments, clôtures et autres ouvrages.

16. Le ministre de la guerre peut, suivant les localités et les besoins de la défense, autoriser, à condition de démolition sans indemnité, dans le cas prévu à l'article 8, la clôture des cimetières situés dans les zones de prohibition :

1° Par des murs en maçonnerie ou en terre, lesquels, à moins de circonstances particulières, ne devront avoir au maximum que 2 mètres 50 centimètres d'élévation au-dessus du sol et 50 centimètres au plus d'épaisseur à la base;

2° Par des grilles en fer ou des clôtures en bois pleines ou à claire-voie, avec ou sans socles soutenus, de distance en distance, à l'aide de poteaux en bois ou de piliers de maçonnerie de 50 centimètres au plus de côté, lesquels seront espacés d'au moins 4 mètres d'axe en axe; dans les clôtures à claire-voie en bois, les latis seront distants entre eux de manière à laisser au moins autant de vide que de plein.

Le ministre de la guerre peut aussi permettre à l'intérieur des cimetières, aux conditions qu'il juge convenables dans l'intérêt de la défense, et toujours sous la condition précisée de démolition sans indemnité:

1° La construction de bâtiments de service de petite dimension ;

2° L'exécution de monuments, tombeaux et autres signes funéraires.

Ces autorisations particulières ne sont pas d'ailleurs nécessaires lorsqu'il s'agit :

1° De caveaux dont la maçonnerie ne s'élève pas à plus de 50 centimètres au-dessus du sol;

2° De pierres tumulaires horizontales ne dépassant pas cette même hauteur de 50 centimètres;

3° De pierres d'inscriptions verticales ou pyramidales, de colonnes sépulcrales et d'urnes funéraires ou autres petits monuments de toute forme en maçonnerie, n'ayant au maximum que 1 mètre 50 centimètres d'élévation, socle compris, et 50 centimètres d'épaisseur ;

4° De grilles ou de balustrades d'entourage en bois ou en fer, avec ou sans socle, de 1 mètre 50 centimètres au plus d'élévation totale.

Il ne peut être établi de cimetières, dans la zone de servitude de 487 mètres, avant que le ministre de la guerre n'ait été consulté, au point de vue des intérêts de la défense, sur le choix de l'emplacement proposé.

SECTION IV.

Bornage des zones de servitudes et des polygones exceptionnels.

17. Les distances mentionnées à l'article 5, pour la détermination des zones de servitudes, sont comptées à partir de la crête des parapets des chemins couverts les plus avancés, ou des murs de clôture ou d'escarpe, lorsqu'il n'y a pas de chemin couvert, ou enfin, quand il n'y a ni chemin couvert ni mur de clôture ou d'escarpe, à partir du mur de la crête intérieure des parapets des ouvrages.

18. Ces distances sont mesurées sur les capitales de l'enceinte, des dehors et des ouvrages extérieurs; leurs points extrêmes sont fixés par des bornes qui, réunies de proche en proche par des lignes droites, servent de limites extérieures aux zones de servitudes.

Peuvent être considérées comme capitales, suivant les circonstances :

1° Les lignes qui divisent en deux parties égales les angles saillants d'un ouvrage;

2° Celles qui réunissent ces angles saillants aux angles correspondants du chemin couvert ;

3° Celles qui partagent en deux portions égales les angles de la gorge d'une pièce de fortification ou les angles que cette gorge fait avec les parties latérales de l'ouvrage.

Pour les ouvrages curvilignes et autres qui n'ont pas de capitale, les distances peuvent être mesurées sur des perpendiculaires aux escarpes ou aux lignes de feu ou de gorge.

Les capitales et les autres lignes indiquées ci-dessus comme pouvant servir à la délimitation sont choisies de manière que les périmètres des zones forment des polygones les moins irréguliers possibles, et que nulle part les limites des zones ne se trouvent plus rapprochées d'un point quelconque des chemins couverts, murs de clôture ou d'escarpe ou crêtes intérieures de parapet, que ne l'exigent les distances mentionnées à l'article 5.

Ce choix est fait par le ministre de la guerre.

19. Le chef du génie et l'ingénieur des ponts et chaussées, en présence du maire ou de son adjoint, fait procéder sur le terrain, aux frais du gouvernement, contradictoirement avec les propriétaires intéressés dûment appelés par voie d'affiches ou autres moyens de publication en usage, aux bornages des zones de servitudes et des polygones exceptionnels, conformément au plan arrêté par le ministre de la guerre. Les bornes sont rattachées à des points fixes et rapportées sur un plan dit de délimitation.

Ce plan est établi à l'échelle de un cinq millièmes; mais on peut y annexer, pour les polygones exceptionnels, des plans particuliers à une plus grande échelle. Il ne donne, d'ailleurs, ainsi que ces derniers plans, que le tracé des limites et les points de repère.

Les maires, sur l'invitation du chef du génie, sont tenus de prêter appui aux opérations de la délimitation et du bornage, et de fournir aux agents de l'autorité militaire les indications et les documents qui sont réclamés.

20. Il est dressé par le chef du génie et par l'ingénieur des ponts et chaussées un procès-verbal de bornage, sur lequel le maire ou son adjoint peut consigner ses observations. Ce procès-verbal, ainsi que le plan de délimitation et ses annexes, sont déposés pendant trois mois à la mairie de la place ou du poste, pour que chacun puisse en prendre connaissance. Avis de ce dépôt est donné aux parties intéressées par voie d'affiches ou autres moyens de publication en usage.

Les parties intéressées *ont trois mois*, à la date de cet avis, *pour se pourvoir devant le conseil de préfecture* contre l'opération matérielle du bornage.

Le conseil de préfecture statue, sauf recours au conseil d'Etat, après avoir fait faire, au besoin, sur les lieux, les vérifications nécessaires par les ingénieurs civils et militaires.

Les réclamants ont le droit d'être présents à ces vérifications, et doivent y être dûment appelés. Ils peuvent s'y faire assister par un arpenteur, et leurs observations sont consignées au procès-verbal qui constate l'opération.

21. Dès qu'il a été définitivement statué sur les réclamations des parties intéressées, le plan de délimitation, ses annexes et le procès-verbal de bornage sont adressés par le directeur des fortifications au ministre de la guerre, qui les fait homologuer et rendre exécutoires par un décret; aucun changement ne peut être ensuite apporté à ces pièces qu'en se conformant de nouveau à toutes les formalités ci-dessus prescrites.

Une expédition desdites pièces est déposée dans le bureau du génie de la place, et une autre expédition à la sous-préfecture, où chacun peut en prendre connaissance.

Il est défendu, sous les peines portées par les lois et les règlements, aux sous-préfets et à leurs agents de laisser déplacer les plans dont il s'agit, ni d'en laisser prendre copie ou extrait par quelque motif et sous quelque prétexte que ce soit.

En temps de guerre, si le chef-lieu de la sous-préfecture est dans une ville ouverte, les plans sont transportés dans le bureau du génie de la place la plus voisine. Il en est de même, en cas de siége, pour les plans en dépôt dans les chefs-lieux qui sont places de guerre.

TITRE III.

Servitudes relatives au terrain militaire formant la zone des fortifications, et bornage de ce terrain.

22. La zone des fortifications tant des places et des postes que des ouvrages s'étend depuis la limite intérieure de la rue militaire ou du rempart jusqu'aux lignes qui terminent les glacis, et comprend, s'il y a lieu, les terrains extérieurs annexes de la fortification, tels que les esplanades, avant-fossés et autres ayant une destination défensive.

Elle est inaliénable et imprescriptible, et les constructions particulières y sont prohibées.

23. La rue militaire est établie pour assurer intérieurement une libre communication le long des remparts, parapets ou murs de clôture des ouvrages de fortification. Les habitants en ont l'usage, en se conformant aux règlements concernant la police de la place et la voirie urbaine.

Elle est limitée du côté de l'intérieur :

En arrière des courtines, par une ligne tracée parallèlement au pied du talus ou du mur de soutenement du rempart, ou bien du talus de banquette, s'il n'y a qu'un simple parapet, à la distance de 7 m. 79 cent. de ce pied de talus ou de mur; et s'il n'existe qu'une clôture ou un parapet sans banquette, par une parallèle au pied intérieur de cette clôture ou de ce parapet, à la distance de 9 m. 74 cent. ;

En arrière des bastions et des redans, par une ligne distante de 7 mètres 76 centimètres de la gorge de l'ouvrage;

Sur les points où l'intervalle compris entre les lignes précitées et les propriétés particulières bordant la voie publique a une largeur plus grande que celle que prescrit la disposition qui précède, il n'est rien changé aux dimensions actuelles de la rue du rempart.

La rue militaire, telle qu'elle est définie ci-dessus, ne peut être réduite que par un décret rendu sur le rapport du ministre de la guerre.

Les autorités civiles peuvent lui faire assigner des limites plus étendues, par voie d'alignement, dans l'intérêt de la circulation, en se conformant aux prescriptions de la loi du 16 septembre 1807 et du décret du 24 mars 1852.

24. Toute personne qui possède actuellement des maisons, bâtisses ou clôtures débordant la limite intérieure de la rue militaire, continue d'en jouir sans être inquiétée, en se conformant aux dispositions des art. 11 et 12 ci-dessus; mais, dans le cas de démolition desdites maisons, bâtisses ou clôtures, pour une cause quelconque, elle est tenue de se reculer sur l'alignement fixé.

Lorsque la construction n'est comprise qu'en partie dans la limite intérieure de la zone des fortifications, la restriction ci-dessus ne portera que sur les portions qui empiètent sur l'alignement de la rue du rempart.

Au fur et à mesure que les emplacements ainsi occupés par des particuliers cessent d'être bâtis ou clos, ils sont réunis de plein droit à la fortification, sans qu'il soit besoin d'un décret déclaratif d'utilité publique, et les particuliers sont indemnisés de la valeur du sol, s'ils justifient qu'ils en sont possesseurs à titre légitime.

25. Les prescriptions ci-dessus des articles 19, 20 et 21, concernant le bornage et l'homologation du plan de délimitation des zones de servitudes, sont applicables au bornage et à l'homologation du plan spécial de circonscription du terrain militaire formant la zone des fortifications. Ce dernier plan est, au besoin, à l'échelle d'un millième, et ne donne aucun détail sur les constructions existantes, non plus que sur la propriété des terrains; il peut être fait et homologué par parties.

TITRE IV.

Déclarations, demandes, permissions, soumissions et certificats.

26. Les travaux qui sont l'objet d'une autorisation générale (articles 7, 8, 11, 12, 13 et 24) ne peuvent être entrepris, même ceux de simple entretien, qu'après que la déclaration en a été faite au chef du génie.

Cette déclaration est accompagnée d'une soumission de démolition sans indemnité, dans les circonstances prévues à l'art. 8, lorsqu'il s'agit :

1° De bâtisses en bois au delà de la limite de la première zone, pour toutes les places et tous les postes (art. 8);

2° De bâtisses en maçonnerie au delà de la même limite, pour les places de la deuxième série et les postes militaires (art. 8);

3° De travaux confortatifs et de grosses réparations légalement prohibés en matière de grande voirie, aux bâtisses en maçonnerie situées dans la zone de 250 mètres des places et des postes, ou dans celle de 487 mètres des places de la première série, lorsque la construction n'a pas déjà fait l'objet d'une soumission, ou que le propriétaire ne peut prouver qu'elle existe antérieurement à l'établissement des servitudes dont elle est grevée (art. 12);

4° Des mêmes travaux dans les mêmes conditions, pour les constructions ou portions de constructions qui empiètent sur les limites de la rue militaire (art. 24);

5° De reculement de façade ou de pignon par mesure de voirie (art. 13);

6° De ponts en bois sur les fossés et cours d'eau non navigables ni flottables (art. 13).

Par exception, les dépôts d'engrais ainsi que les dépôts de décombres dans les endroits désignés d'avance par le chef du génie, et les caveaux et signes funéraires de petites dimensions énoncés à l'article 16, ne sont soumis à aucune formalité.

Enfin, les baraques mobiles en bois donnent lieu à une soumission de démolition en toutes circonstances et sans indemnité (art. 13).

27. Nuls travaux nécessitant une permission spéciale (art. 9, 14, 15 et 16) ne peuvent être commencés qu'après l'accomplissement des formalités suivantes :

1° Production d'une demande sur papier timbré indiquant l'espèce des travaux, la position et les principales dimensions de la construction, ainsi que la nature des matériaux;

2° Permission du directeur des fortifications énonçant les conditions auxquelles elle est accordée, lorsqu'il s'agit de constructions comprises dans un polygone exceptionnel, et, dans les autres cas, permission du ministre;

3° Soumission par laquelle le propriétaire s'engage à remplir les conditions imposées, et à démolir sa construction sans indemnité, dans le cas prévu à l'article 8.

28. Les soumissions concernant les servitudes défensives sont faites en double, sur papier timbré; elles ne sont assujetties qu'au droit fixe de 1 fr. pour l'enregistrement, décime en sus, et leur effet subsiste indéfiniment, sans qu'il soit besoin de les renouveler.

Lorsqu'il s'agit de travaux à des bâtisses existantes, la soumission s'étend à la totalité de la construction, et non pas seulement à la partie réparée ou améliorée.

Dans tous les cas, la signature du soumissionnaire doit être légalisée par le maire, et celle du maire par le sous-préfet ou le préfet.

Une expédition des soumissions souscrites est envoyée au ministère de la guerre, et l'autre reste déposée au bureau du génie de la place.

29. Dans les vingt-quatre heures qui suivent l'accomplissement des di-

verses formalités ci-dessus prescrites, le chef du génie délivre à la partie intéressée, pour le cas d'une permission spéciale, une copie certifiée de l'autorisation accordée, contenant l'énoncé des clauses et des conditions imposées, et, pour le cas d'autorisation générale, un certificat constatant que toutes les formalités exigées ont été remplies.

Toute permission spéciale dont il n'a point été fait usage dans le délai d'un an, à partir de la date du certificat délivré, est considérée comme nulle et non avenue.

TITRE V.

Registres, plans et états descriptifs concernant les constructions préexistantes.

30. Aussitôt après l'homologation du plan de délimitation des zones de servitudes, ou du plan de circonscription de la zone des fortifications, le chef du génie fait déposer à la mairie de la place un registre coté et paraphé par le directeur des fortifications. Ce registre est destiné à recevoir les déclarations des propriétaires, lesquels doivent affirmer, d'une part, que leurs constructions existaient dans leur nature et leurs dimensions actuelles, avant que le sol sur lequel elles se trouvent ne fût soumis aux servitudes défensives, et, de l'autre, qu'elles n'ont fait, depuis cette époque, l'objet d'aucune soumission de démolition sans indemnité.

Le dépôt de ce registre est porté à la connaissance des propriétaires par trois publications, faites de mois en mois, dans les communes intéressées, à l'aide d'affiches ou autres modes de publication en usage dans la localité.

La signature de chaque propriétaire est légalisée par le maire.

31. Sur les rapports des officiers du génie, dressés d'après les titres produits par les déclarants et les documents que fournissent les archives de la place, le ministre de la guerre fait connaître s'il admet la priorité d'existence de la construction, ou s'il trouve que les pièces fournies sont insuffisantes ou inadmissibles pour établir la preuve de priorité.

La décision du ministre est transcrite sur le registre en regard, ou à la suite des déclarations, et la transcription est certifiée par le chef du génie, qui en informe le propriétaire.

32. Les particuliers à l'égard desquels le ministre déclare les pièces insuffisantes ou inadmissibles conservent le droit de fournir et de faire constater, à toute époque, la preuve de la priorité d'existence, en produisant, à cet effet, leurs titres devant les tribunaux ordinaires.

L'affaire est instruite sommairement comme en matière domaniale; le département de la guerre y est représenté par un avoué, qui opère d'après les documents que lui transmet le directeur des fortifications.

Le conseil de préfecture statue, sauf recours au conseil d'Etat, s'il s'agit de contestations relatives à l'interprétation des titres administratifs.

L'époque à laquelle remonte l'existence d'un ouvrage de fortification est déterminée par une déclaration du ministre de la guerre, et la décision prise à cet égard ne peut être attaquée que devant le conseil d'Etat.

33. Le chef du génie fait indiquer, sur un plan pareil au plan de délimitation et de ses annexes, chacune des propriétés dont les constructions ont fait l'objet de déclarations acceptées par le ministre. Cette indication a lieu sans détail, mais porte un numéro d'ordre.

Ce plan est fait en double expédition, l'une pour la mairie, et l'autre pour le service militaire; il est complété chaque année, et signé tous les ans par le maire et par le chef du génie.

34. Il est fait, en outre, par propriété, un plan parcellaire des constructions reconnues préexistantes et non soumissionnées, avec l'état descriptif de leur nature et de leurs dimensions. Ce plan et cet état sont rapportés, avec le n° d'ordre, sur un registre tenu en double et signé comme il est dit ci-dessus.

Si l'une de ces constructions fait plus tard l'objet d'une soumission de démolition sans indemnité, cette circonstance est annotée sur le registre, et l'annotation est certifiée par le chef du génie et par le maire.

Le conseil de préfecture prononce, d'ailleurs, sauf recours au conseil d'Etat, sur les réclamations auxquelles donnent lieu les plans parcellaires ou les états descriptifs, après avoir fait faire par les ingénieurs civils et militaires les vérifications qu'il juge nécessaires.

TITRE VI.

Dépossessions, démolitions et indemnités.

35. La construction des fortifications et les mesures prises pour la défense des places de guerre et des postes militaires peuvent donner lieu à des indemnités pour cause de dépossession, de privation de jouissance et de destruction ou de démolition, dans les cas et suivant les conditions mentionnés dans les articles suivants.

36. Il y a lieu à allouer des indemnités de dépossession lorsque des constructions nouvelles de places ou des postes de guerre, ou des changements et augmentations à ceux qui existent, mettent le gouvernement dans le cas d'exiger la cession à l'Etat de propriétés privées par la voie d'expropriation pour cause d'utilité publique.

L'indemnité est réglée dans les formes établies par la loi du 3 mai 1841.

37. Il y a lieu à indemnité pour privation de jouissance, pendant l'état de paix, toutes les fois que, par suite de l'exécution de travaux de défense, d'extraction de matériaux ou pour toute autre cause, l'autorité militaire occupe ou fait occuper temporairement une propriété privée, de manière à y porter dommage ou à en diminuer le produit. Cette occupation ne peut avoir lieu que dans les circonstances et dans les formes déterminées par les lois des 16 septembre 1807, 30 mars 1831 et 3 mai 1841, et l'indemnité est réglée en conformité des prescriptions de ces mêmes lois.

L'état de paix a lieu toutes les fois que la place ou le poste n'est point constitué en état de guerre ou de siége par un décret, par une loi ou par l'effet des circonstances prévues aux art. 38 et 39.

38. Lorsqu'une place ou un poste est déclaré en état de guerre, les inondations et les occupations de terrains nécessaires à sa défense ne peuvent avoir lieu qu'en vertu d'un décret, ou, dans le cas d'urgence, des ordres du gouverneur ou du commandant de place, sur l'avis du conseil de défense, après avoir fait constater, autant que possible, l'état des lieux par des procès-verbaux des gardes du génie ou des autorités locales. Il y a urgence dès que les troupes ennemies se rapprochent à moins de trois journées de marche de la place ou du poste.

L'indemnité pour les dommages causés par l'exécution de ces mesures de défense est réglée aussitôt que l'occupation a cessé.

Les dispositions qui précèdent sont applicables, dans les mêmes circonstances, à la détérioration, à la destruction ou à la démolition de maisons, clôtures et autres constructions situées sur le terrain militaire ou dans les zones de servitudes. Seulement il n'est pas dressé d'état de lieux, et il n'est alloué d'indemnité qu'aux particuliers ayant préalablement justifié, sur titres, que ces constructions existaient, dans leur nature et leurs dimensions actuelles, avant que le sol sur lequel elles se trouvaient fût soumis aux servitudes défensives.

L'indemnité pour les démolitions faites dans les zones de servitudes ne se règle que sur la valeur des bâtisses, sans y comprendre l'estimation du sol qui n'est point acquis par l'Etat. Si cependant il s'agit d'un terrain couvert par des constructions ou affecté à leur exploitation, l'indemnité peut exceptionnellement porter sur la valeur du sol, et alors l'Etat en devient propriétaire.

L'état de guerre est déclaré par une loi ou par un décret, toutes les fois que les circonstances obligent à donner à la police militaire plus de force et d'action que pendant l'état de paix.

Il résulte encore de l'une des circonstances suivantes :

1° En temps de guerre, lorsque la place ou le poste est en première ligne ou sur la côte, à moins de cinq journées de marche des places, camps ou positions occupées par l'ennemi ;

2° En tout temps, quand on fait des travaux qui ouvrent une place ou un poste situé sur la côte ou en première ligne ;

3° Lorsque des rassemblements sont formés dans le rayon de cinq journées de marche sans l'autorisation des magistrats.

39. Toute occupation, toute privation de jouissance, toute démolition, destruction ou autre dommage résultant d'un fait de guerre ou d'une mesure de défense prise soit par l'autorité militaire, pendant l'état de siége, soit par un corps d'armée ou un détachement en face de l'ennemi, n'ouvre aucun droit à indemnité.

L'état de siége d'une place ou d'un poste est déclaré par une loi ou par un décret.

Il résulte aussi de l'une des circonstances suivantes :

L'investissement de la place ou du poste par des troupes ennemies qui interceptent les communications du dehors au dedans et du dedans au dehors, à la distance de 3,500 mètres des fortifications ;

Une attaque de vive force ou par surprise ;

Une sédition intérieure ;

Enfin des rassemblements formés dans le rayon d'investissement sans l'autorisation des magistrats.

Dans le cas d'une attaque régulière, l'état de siége ne cesse qu'après que les travaux de l'ennemi ont été détruits et les brèches réparées ou mises en état de défense.

TITRE VII.

Répression des contraventions.

40. Les gardes du génie, dûment assermentés, recherchent les contraventions et les constatent aussitôt qu'elles sont reconnues. A cet effet, ils dressent des procès-verbaux, qui font foi jusqu'à inscription de faux, conformément à la loi du 29 mars 1806. Ces procès-verbaux doivent être affirmés dans les 24 heures devant le juge de paix ou le maire du lieu où la contravention a été commise ; ils sont visés pour timbre et enregistrés en débet dans les quatre jours de leur date.

Les gardes du génie opèrent, dans tous les cas, sous l'autorité des officiers du génie chargés des poursuites.

41. Les procès-verbaux de contravention sont notifiés sans délai aux contrevenants par les gardes du génie dûment assermentés, avec sommation de suspendre sur-le-champ des travaux indûment entrepris, de démolir la partie déjà exécutée, et de rétablir les lieux dans l'état où ils étaient avant la contravention, ou, en cas d'impossibilité, dans un état équivalent : le tout dans un délai déterminé d'après le temps que cette opération réclame.

Une notification et une sommation pareilles sont aussi faites à l'architecte, à l'entrepreneur ou au maître ouvrier qui dirige les travaux.

42. Si le contrevenant n'interrompt pas ses travaux dans les 24 heures de la date de l'acte de notification et de sommation, le chef du génie en informe le directeur des fortifications, en lui envoyant cet acte.

Le directeur vise et transmet cette pièce au préfet du département, et demande que le conseil de préfecture prononce immédiatement la suspension des ouvrages commencés.

Sur le vu de cette demande et de l'acte à l'appui, le conseil de préfecture, convoqué d'urgence par le préfet, ordonne sur-le-champ cette *suspension par provision*, nonobstant toute inscription de faux.

Dans les 24 heures qui suivent le jugement, le préfet fait parvenir au directeur des fortifications une expédition de l'arrêté du conseil de préfecture.

Cet arrêté est notifié au contrevenant par le garde du génie, et, dès le lendemain de la notification, nonobstant et sauf toute opposition et tout recours, les officiers et les gardes du génie en assurent l'exécution, même, au besoin, par l'emploi de la force publique.

43. Dans le cas où, nonobstant l'acte de notification et de sommation prescrit par l'article 41, le contrevenant ne démolit pas les travaux indûment exécutés, et ne met pas les lieux en l'état spécifié audit acte, le directeur des fortifications adresse au préfet un mémoire de discussion avec plan à l'appui, tendant à obtenir que le conseil de préfecture prononce la répression de la contravention, conformément aux dispositions consignées dans la sommation.

Ce mémoire est notifié au contrevenant en la forme administrative, avec citation devant le conseil de préfecture, et sommation de présenter ses moyens de défense dans le délai d'un mois; sauf le cas d'inscription de faux, le conseil de préfecture statue dans le mois suivant.

Toutefois, si le procès-verbal est reconnu incomplet ou irrégulier en tout ou partie, et que le conseil ne trouve pas, dans les autres pièces produites, les renseignements nécessaires, il fait faire préalablement sur les lieux, par les officiers du génie et les ingénieurs des ponts et chaussées, les vérifications qu'il juge convenables, et il prononce sur le tout dans le mois de la remise qui lui est faite du procès-verbal de vérification.

L'arrêté du conseil de préfecture, dans les huit jours au plus tard de sa date, est adressé par le préfet au directeur des fortifications. Cet officier supérieur, si cet arrêté fait droit à ses conclusions, le fait notifier au contrevenant par un garde du génie, avec sommation d'exécuter le jugement dans le délai qui lui est assigné; dans le cas contraire, il en réfère immédiatement au ministre de la guerre.

44. Le conseil de préfecture fixe le délai dans lequel le contrevenant est tenu de démolir les travaux exécutés, et de rétablir à ses frais les lieux dans l'état où ils étaient avant la contravention, ou, en cas d'impossibilité, dans l'état équivalent déterminé par le conseil.

45. A l'expiration du délai fixé, si le jugement n'a pas été exécuté par le contrevenant, le chef du génie se concerte avec le commandant de place sur l'époque de l'exécution du jugement, et, s'il est nécessaire, sur l'intervention de la force armée, et requiert, en outre, par écrit, le maire de la commune d'être présent à l'opération.

Huit jours à l'avance, un garde du génie, dûment assermenté, notifie au contrevenant le jour et l'heure de l'exécution du jugement, avec sommation d'y assister.

L'exécution a lieu, et les démolitions, déblais et remblais sont effectués comme s'il s'agissait de travaux militaires, soit au moyen des ouvriers de l'entrepreneur des fortifications, soit à l'aide de travailleurs militaires ou civils, requis au besoin sur les lieux, en vertu de l'article 24, titre VI de la loi du 10 juillet 1791 (1).

(1) Cet article 24 du titre VI de la loi précitée est ainsi conçu :

« Lorsque des travaux indispensables exigeront la plus grande célérité, après que les troupes en garnison auront fourni toutes les ressources que l'on en peut

Le garde du génie constate par un procès-verbal les résultats de l'opération et les incidents auxquels elle donne lieu.

46. Toutes les dépenses faites pour constater, poursuivre et réprimer une contravention, sont à la charge du contrevenant.

Les officiers du génie tiennent la comptabilité de ces diverses dépenses dans les formes établies pour les travaux de fortification, et si le contrevenant ne les acquitte pas immédiatement, le chef du génie en dresse le compte, y joint les feuilles de dépenses, et envoie le tout, certifié par lui et signé par l'entrepreneur ou par le gérant, au directeur des fortifications, qui le vise et le transmet au préfet du département.

Le préfet arrête le compte de la dépense, le déclare exécutoire et en fait poursuivre le recouvrement, conformément aux dispositions de la loi du 19 mai 1802.

47. Les droits de timbre et d'enregistrement en débet sont payés par le contrevenant, après le jugement définitif de condamnation. La rentrée de ces droits est suivie par les agents de l'enregistrement.

48. Les contrevenants, outre la démolition à leurs frais des ouvrages indûment exécutés, encourent, selon les cas, les peines applicables aux contraventions analogues en matière de grande voirie, conformément à l'article 13 de la loi du 17 juillet 1819 (1).

49. L'action publique, en ce qui concerne la peine de l'amende qui serait prononcée par application de l'arrêt du conseil du 27 février 1765, est prescrite après une année révolue, à compter du jour auquel la contravention a été commise (2).

Mais l'action principale à l'effet de faire prononcer la démolition des travaux indûment entrepris est imprescriptible, dans l'intérêt toujours subsistant de la défense de l'Etat.

TITRE VIII.

Dispositions diverses.

50. Toutes les dispositions antérieures contraires au présent décret, et notamment l'ordonnance du 1er août 1821, sont abrogées.

51. Le ministre secrétaire d'Etat au département de la guerre est chargé de l'exécution du présent décret.

attendre, les corps administratifs, d'après la réquisition des agents militaires, seront tenus d'employer tous les moyens légalement praticables qui seront en leur pouvoir, pour procurer le supplément d'ouvriers nécessaire à l'exécution des travaux ; dans ce cas, le salaire desdits ouvriers sera fixé par les corps administratifs. »

(1) *Voir* cette loi dans le chapitre précédent.

(2) *Voir* cet arrêt dans le chapitre LXXII ci-après.

LXXI.

DES PLACES DE GUERRE ET AUTRES POINTS FORTIFIÉS SOUMIS AUX LOIS SUR LES SERVITUDES DÉFENSIVES.

139. (*Extrait du tableau de classement dressé conformément au décret du 10 août 1853.*)

1re SÉRIE. — *Places.*

Paris (enceinte et ouvrages détachés). La loi du 3 avril 1841 ayant établi que la première zone des servitudes défensives, telle qu'elle est définie par la loi du 17 juillet 1819, serait seule appliquée à l'enceinte continue et aux forts extérieurs de Paris, cette place ne figure donc dans le classement que pour ordre.

Péronne (y compris l'ouvrage détaché), Soissons, Arras (ville, citadelle et ouvrages qui en dépendent), Calais, Saint-Omer, Aire et fort François (y compris les ouvrages détachés), Lille, Gravelines, Dunkerque, Bergues, Condé, Valenciennes (y compris l'ouvrage détaché), le Quesnoy, Maubeuge, Avesnes, Landrecies, Cambrai, Douai et fort de Scarpe (y compris les ouvrages détachés), Mézières, Charlemont-les-Givets et Monts-d'Haurs, Rocroy, Sédan (la place et l'enceinte de Torcy), Montmédy (Médy haut), Verdun, Metz, Belche (château et nouvelles constructions), Thionville, Longwy, Strasbourg, Neubrisach, Belford (la ville et le château seulement), Besançon (y compris les ouvrages détachés), les Rousses, Langres (la citadelle seulement), Grenoble, fort Barrault, Briançon (y compris les ouvrages détachés), Tournoux, Toulon (ville et port), fort Lamalque, Antibes et fort Carré, Perpignan, Bellegarde, Montlouis, Villefranche, Bayonne (ville, citadelle, enceinte et réduit, ouvrage détaché), Saint-Jean-Pied-de-Port, la Rochelle, Saint-Martin (île de Ré), le château de l'île d'Oleron, Bourg, fort Larade, fort Liedot (île d'Aix), Brest, (ville et château seulement), Belle-Isle (la ville et la citadelle seulement), Lorient (la place), Cherbourg (port militaire seulement), Calvi (la place).

2e SÉRIE. — *Places et postes.*

1° *Places.*

Le Havre, Abbeville, la Fère, Boulogne (la ville haute et le château seulement), Montreuil, Béthune, Bouchain (y compris les ouvrages détachés), Montmédy (Médy bas), Vitry-le-Français, Phalsbourg, Marsal, Toul, Schelestadt (y compris les ouvrages détachés), la Petite-Pierre, Hagueneau, Wissembourg, Lauterbourg, Auxonne, Langres (la ville, y compris les branches de jonction), Lyon (ensemble des forts et autres ouvrages défensifs, y compris l'enceinte de Fourvières), Embrun, Mont-Dauphin, Seyne (la ville et la citadelle), Colmar, Entrevaux, fort des îles d'Hyères, fort Brescou, Pont-Saint-Esprit (la citadelle seulement), Aigues-Mortes, Prats-de-Mollo et fort Lagarde, cité de Carcassonne, Narbonne, Bayonne (camp retranché de Mousserolles), Navarreins, Rochefort, Concarneau, Port-Louis (ville et citadelle seulement), Granville (y compris les ouvrages détachés).

2° *Postes.*

Dieppe (le château seulement), batteries de mer, de la douane et du tréport; citadelle d'Amiens, citadelle de Doullens (seulemen)t, Ham (château seulement), Guise (château seulement), Laon (citadelle seulement), Arras (ouvrage détaché), Calais (ouvrages détachés), Saint-Omer (ouvrages détachés), Saint-Venant, Lille (ouvrages détachés), Bergues (ouvrages détachés), fort François, Condé (ouvrages détachés), Maubeuge (ouvrages détachés), Avesnes (ouvrage détaché), Mézières (ouvrage détaché), les Givets (ouvrages détachés), Rocroy (ouvrages détachés), Metz (ouvrage détaché), Licktemberg, fort Mortier, Belford (le camp retranché), Montbéliard (le château seulement), forts de Joux et de Larmont et communication du Chaffaud, Salins (les forts seulement), Pierre-Châtel, fort les Bancs, fort l'Écluse, Queyras, Sisteron (la citadelle seulement, avec les retranchements de la porte de la Saumerie), fort Saint-Vincent, Toulon (ouvrages détachés), Toulon (forts et ouvrages de la rade et de la presqu'île Cepet), fort Sainte-Marguerite, citadelle de Saint-Tropez, fort Bregançon, forts de Marseille, fort de Bouc, citadelle de Montpellier, forts et retranchement de la presqu'île de Cette, tour du Gran-d'Agde, château de Salces, Collioure avec ses ouvrages détachés, forts de Port-Vendres, redoute du Perthus, fort les Bains, tour de la Nouvelle, fort du Sucoa, le Portalet, château de Lourdes, Dax (le château seulement), la Rochelle (ouvrages détachés), forts de l'île de Ré, fort Chapus, forts de Saumonards et de Bogarville (île d'Oleron), fort Boyard, batteries de Coup-de-Pont et de Fougère (île d'Aix), fort d'Enet, forts de la Charente (y compris l'ouvrage détaché du fort Fouras), fort Royan, citadelle de Blaye, fort Pâté, fort Médoc, Pointe-de-Grave, château de Nantes, fortin et batterie de l'île Damet, batterie de Minden, batterie de Saint-Nazaire, fort Saint-Nicolas-des-Sables, fort de l'île Dieu, château de Noirmoutiers, fortin de l'île du Pilier, château d'Angers, château de Saumur, Brest (ouvrages détachés), Brest, forts du goulet et de la rade ; lignes et réduit de la presqu'île de Quelern, fort Berthaume, batterie de Toulinguet, la batterie de Saint-Mathieu, celle des Quinze et les trois redoutes de l'anse des Sablons, fort Céson, château du Taureau, fort Cigogne (îles de Clénaus), fort de l'île d'Houat, fort de l'île d'Hœdic, fort Penthièvre, Lorient (ouvrages détachés), redoute du Poldu, fort de Loch, fort du Talut, batterie de Gavres, batterie de Loqueltas, batterie de Quernevel, fort Lacroix et batterie de l'île de Groix, château et batteries de l'île aux Moines, Saint-Malo (ville, château et ouvrages détachés), fort des Rimains, Cherbourg (ouvrages détachés), Cherbourg (ouvrages de la rade), Mont-Saint-Michel, fort le Hougue, forts de Tatihou, îles Saint-Marcouf, château de Caen, citadelle d'Ajaccio, fort Vizannova, Calvi (ouvrages détachés), tour de Girolata, poste de l'île Rousse, Saint-Florent (la citadelle seulement), citadelle de Bastia (y compris les ouvrages détachés), citadelle de Corte, Ponte-Nuovo, château d'Aleria, Porto-Vecchio.

LXXII.

DES AMENDES ENCOURUES POUR CONTRAVENTIONS AUX LOIS ET RÈGLEMENTS SUR LES SERVITUDES MILITAIRES.

140. (*Extrait de l'arrêté du conseil d'Etat du 27 février* 1765, *déclaré applicable en cette matière par l'art.* 48 *du règlement susrapporté, conformément à l'art.* 13 *de la loi du* 17 *juillet* 1819.)

Le Roi étant informé. . . . , etc.

Fait, Sa Majeté, défenses à tous particuliers, propriétaires ou autres, de construire, reconstruire ou réparer aucuns édifices, poser échoppes ou choses saillantes le long desdites routes, sans en avoir obtenu les alignements ou permissions desdits trésoriers de France, commissaires de Sa Majesté, ou, dans les cas ci-dessus spécifiés, d'un autre trésorier de France dudit bureau des finances, à peine de démolition desdits ouvrages, confiscation des matériaux, et de 300 livres d'amende; et contre les maçons, charpentiers et ouvriers, de pareille amende, et même de plus grande peine en cas de récidive. Fait pareillement, Sa Majesté, défenses à tous autres, sous quelque prétexte et à quel titre que ce soit, de donner lesdits alignements et permissions, à peine de répondre, en leur propre et privé nom, des condamnations prononcées contre les particuliers, propriétaires, locataires et ouvriers qui seront, en cas de contravention, poursuivis, à la requête des procureurs de S. M., auxdits bureaux des finances, et punis suivant l'exigence des cas. Enjoint, Sa Majesté, aux sieurs intendants et commissaires départis dans toutes les généralités, ainsi qu'aux commissaires des ponts et chaussées et aux officiers du bureau des finances, de tenir, chacun en droit soi, la main à l'exécution du présent arrêté, et sera, ledit arrêté lu, publié et affiché partout où besoin sera, et exécuté nonobstant opposition ou appellations quelconques pour lesquelles ne sera différé, et dont, si aucunes interviennent, S. M. s'est réservé la connaissance, et icelle interdit à toutes ses cours et juges.

Fait au conseil, etc.

LXXIII.

TAXE ASSIMILÉE AUX CONTRIBUTIONS POUR ARROSAGES.

141. (*Extrait de la loi du* 23-27 *juin* 1857, *portant fixation du budget de l'exercice* 1858.)

Art. 25. Les taxes d'arrosages autorisées par le gouvernement, lorsqu'elles sont perçues au profit des concessionnaires de canaux d'irrigation, sont recouvrées dans les formes déterminées par les articles 3 et 4 de la loi du 14 floréal an XI, comme dans les cas où lesdites taxes sont perçues au profit d'associations de propriétaires intéressés (1).

142. (*Observations.*)

Les associations pour l'établissement de canaux d'arrosage reconnues par le gouvernement comme entreprises d'utilité publique sont autorisées à percevoir, sur les divers membres qui les composent, des taxes réparties entre eux dans la proportion de l'intérêt de chacun d'eux.

Les lois de finances autorisent chaque année la perception de ces sortes de contributions. C'est ainsi que l'art. 1er de la loi du 21 avril 1832 dispose : « Continuera d'être faite pour 1832... les taxes imposées, avec l'autorisation du gouvernement, pour la conservation et la réparation des digues et autres ouvrages d'art intéressant les communautés de propriétaires et d'habitants. » Le règlement d'administration publique va même quelquefois plus loin que d'obliger les intéressés au payement des taxes établies sur les rôles. On pourrait citer comme exemple le règlement qui régit l'association du canal des Alpines, qui autorise à porter devant le conseil de préfecture les ac-

(1) *Voir* la loi du 14 floréal an XI dans le chapitre LXXX.

tions pour réparations et dommages, conformément à la loi du 29 floréal an X.

La juridiction du conseil de préfecture n'a pas seulement trait, d'après M. Dufour, tome 4, n° 491, *in fine*, à la forme des actes de répartition, elle embrasse toutes les questions d'application des règlements et usages en vertu desquels a lieu la perception; mais il est essentiel de ne point l'étendre jusqu'à l'appréciation. Il n'est point rare que les arrosants, non contents de contester la régularité des rôles, contestent aussi la légalité des bases adoptées, et soutiennent que la disposition qui les appelle à concourir aux dépenses ne peut être suivie sans injustice. Le conseil de préfecture, dans ce cas, est tenu, sous peine d'excès de pouvoir, de se considérer comme chargé d'appliquer, et non de juger pour modifier au besoin le règlement. (Ordon. du 2 nov. 1832; arrosants de St-Chamaus). Il n'appartient qu'au gouvernement d'intervenir pour faire en sorte que la quotité de contribution pour chaque imposé soit toujours proportionnée au degré de son intérêt, et pour introduire, à cet effet, dans les bases de répartition les changements exigés par les circonstances. (Ordon. du 29 janvier 1839 ; com. de Miramas. – Décret du 16 avril 1851 ; Thomassin de St-Paul.)

LXXIV.

TAXES ASSIMILÉES AUX CONTRIBUTIONS, POUR LES DÉPENSES DES BOURSES ET CHAMBRES DE COMMERCE.

143. (*Extrait de la loi du 28 ventôse an IX* (19 *mars* 1801) *sur l'établissement des bourses de commerce.*)

Art. 1er. Le gouvernement pourra établir des bourses de commerce dans tous les lieux où il n'en existe pas, et où il le jugera convenable.

. . . .

4. Les dépenses annuelles relatives à l'entretien et réparations des bourses seront supportées par les banquiers, négociants et marchands : en conséquence, il pourra être levé une contribution proportionnelle sur le total de chaque patente de commerce de 1re et 2e classe, et sur celles d'agents de change et courtiers.

Le montant en sera fixé chaque année, en raison des besoins, par un arrêté du préfet du département.

5. Le gouvernement réglera le mode suivant lequel seront faits la perception et l'emploi et rendu compte des fonds provenant de cette contribution.

144. (*Extrait de l'arrêté concernant la perception et l'emploi des contributions destinées à l'entretien des bâtiments affectés aux bourses de commerce, du 12 brumaire an XI* (3 *novembre* 1802).

Art. 1er. Les contributions qui seront levées, conformément à l'art. 4 de loi du 28 ventôse an IX, pour subvenir aux réparations et à l'entretien des bâtiments affectés à la tenue des bourses de commerce, seront reçues par les percepteurs des communes, de la même manière et aux mêmes termes que le droit total des patentes.

2. Le préfet du département, conformément au § 2 de l'art. 4 de la même loi, rendra exécutoire le rôle de ces contributions.

3. Le percepteur aura, sur la perception qu'il en fera, une remise égale à celle qui lui est attribuée par le rôle des patentes; et le montant de ladite remise sera compris additionnellement dans chaque cote.

145. (*Extrait de l'arrêté portant établissement de chambres de commerce dans plusieurs villes, du 3 nivôse an XI* (24 *décembre* 1802.)

Art. 9. Les chambres de commerce présenteront au ministre de l'intérieur l'état de leurs dépenses et proposeront les moyens de les acquitter.

Le ministre soumettra leurs demandes au gouvernement.

146. (*Décret concernant les dépenses relatives aux chambres de commerce, du* 23 *septembre* 1806.)

Art. 1er. Les dépenses relatives aux chambres de commerce seront assimilées à celles des bourses de commerce, et acquittées, comme elles, conformément à l'art. 4 de la loi du 28 ventôse an IX.

2. Les chambres de commerce auxquelles il a déjà été alloué, d'après notre autorisation, des revenus particuliers, continueront à en jouir comme par le passé.

3. Dans tous les cas, les dépenses des chambres de commerce seront réglées chaque année par notre ministre de l'intérieur,

et il en sera rendu compte conformément aux dispositions prescrites par l'arrêté du 3 nivôse an XI.

147. (*Extrait de la loi des finances du* 23 *juillet* 1820.)

Art. 11. Continueront d'être perçues les contributions spéciales destinées à subvenir aux dépenses des bourses et chambres de commerce, ainsi que les revenus spéciaux accordés auxdits établissements et aux établissements sanitaires.

12. Celles des contributions ci-dessus qui sont à la charge des patentables seront réparties sur ceux de première et deuxième classe, et sur tous ceux qui, étant placés hors de classe, payeront un droit fixe de patente égal ou supérieur à celui desdites classes.

Les associés des maisons de commerce qui, aux termes de l'art. 69 de la loi du 25 mars 1827, ne payent qu'un droit fixe, les associés des fabricants à métier et filateurs de laine et de coton, qui, d'après la même loi, ne sont assujettis qu'à un droit proportionnel, contribueront aux frais des chambres de commerce, lorsque le droit fixe de patente de l'associé principal sera égal ou supérieur à celui de la deuxième classe.

13. Dans un département où il n'y aura qu'une chambre de commerce, le rôle comprendra les patentables de tout le département désignés en l'art. 12 ci-dessus.

S'il y a dans le même département plusieurs chambres de commerce, le rôle de chacune d'elles comprendra les patentables également désignés en l'art. 12 qui font partie de l'arrondissement dans lequel elle est située.

Néanmoins, sur les observations des chambres de commerce, la circonscription de chacune d'elles sera fixée par des ordonnances royales.

Une ordonnance royale déterminera pareillement la circonscription d'une chambre de commerce qui sera commune à des parties de plusieurs départements.

14. Le rôle relatif aux frais d'une bourse de commerce ne comprendra que les patentables de la ville où elle est établie, désignés en l'art. 12 de la présente loi.

15. La taxe pour le payement des frais des chambres et bourses de commerce portera sur le principal de la cote de patente con-

sistant dans le droit fixe et le droit proportionnel. Il sera ajouté cinq centimes à cette taxe pour subvenir aux non-valeurs.

16. Des ordonnances royales fixeront, chaque année, les sommes à imposer pour subvenir aux dépenses des chambres et bourses de commerce.

Cette fixation aura lieu, savoir : sur la proposition des chambres de commerce pour leurs frais, et sur la proposition desdites chambres, ou, à leur défaut, sur la proposition des conseils municipaux, pour les frais des bourses de commerce. Des ordonnances royales régleront la forme de la comptabilité et de la vérification de l'emploi des deniers.

148. (*Extrait de la loi sur les patentes, du* 25 *mars* 1844.)

Art. 33. Les contributions spéciales destinées à subvenir aux dépenses des bourses et chambres de commerce, et dont la perception est autorisée par l'art. 11 de la loi du 23 juillet 1820, seront réparties sur les patentables des trois premières classes du tableau A annexé à la présente loi, et sur ceux désignés dans les tableaux B et C, comme passibles d'un droit fixe égal ou supérieur à celui desdites classes.

Les associés des établissements compris dans les classes et tableaux sus-désignés contribueront aux frais des bourses et chambres de commerce.

LXXV.

TAXE ASSIMILÉE AUX CONTRIBUTIONS POUR LA RÉTRIBUTION DES MÉDECINS INSPECTEURS SOIT DES ÉTABLISSEMENTS D'EAUX MINÉRALES NATURELLES, SOIT DES BAINS, FABRIQUES ET DÉPÔTS D'EAUX MINÉRALES ARTIFICIELLES. — ÉTABLISSEMENT THERMAL DE BARÉGES.

149. (*Extrait de la loi des finances sur les recettes, du* 21 *avril* 1832.)

Art. 2. Pour subvenir au traitement des médecins inspecteurs des bains, des fabriques et dépôts d'eaux minérales, le gouvernement est autorisé à imposer sur lesdits établissements des contributions qui ne pourront excéder 1,000 fr. pour l'établissement de Tivoli à Paris, 250 fr. pour une fabrique, et 150 fr. pour un simple dépôt.

Le recouvrement de ces rétributions sera poursuivi comme celui des contributions directes.

150. (*Extrait de la loi des 14-22 juillet 1856, sur la conservation et l'aménagement des eaux minérales.*)

Art. 18. La somme nécessaire pour couvrir les frais d'inspection médicale et de la surveillance des établissements d'eaux minérales autorisés est perçue sur l'ensemble de ces établissements.

Le montant en est déterminé tous les ans par la loi des finances ; la répartition en est faite entre les établissements, au prorata de leurs revenus.

Le recouvrement a lieu, comme en matière de contributions directes, sur les propriétaires, régisseurs ou fermiers des établissements.

19. Des règlements d'administration publique déterminent... l'organisation de l'inspection médicale et de la surveillance des sources et des établissements d'eaux minérales naturelles ; les bases et le mode de la répartition énoncée en l'art. 18.

151. (*Extrait de l'arrêt du conseil d'Etat du 6 mai 1732, portant règlement sur les constructions à faire à Baréges.*)

« Sa Majesté étant en son conseil..... fait très-expresses inhibitions et défenses à tous particuliers et propriétaires des terrains de construire à l'avenir aucune sorte d'édifices et de bâtiments dans ledit hameau (de Baréges), sans la permission par écrit dudit sieur commissaire départi, et sans l'alignement qui lui en sera donné de son ordre, auquel ils seront obligés de se conformer, à peine de démolition et de 200 livres d'amende ; et aux consuls de la vallée d'en permettre aucune, à peine de 500 livres d'amende, à laquelle ils seront tenus en leur propre et privé nom.

. . . .

» Fait pareillement, S. M., très-expresses inhibitions et défenses à toutes sortes de personnes, de quelques qualités et conditions qu'elles soient, possédant et cultivant des terres ou prés au-dessus du hameau et du grand chemin allant à Bagnères, de mettre ou faire mettre l'eau des torrents dans les prés pour les arroser, à peine de 500 livres d'amende, comme aussi de couper et de dégrader, en quelque manière et sous quelque prétexte que ce soit, les arbres et bois qui sont au-dessus de la muraille en pierres sèches qui couvre ledit hameau et le met à l'abri des ravins, à peine de punition corporelle, dont tous les consuls de ladite vallée seront tenus de dresser des procès-verbaux, pour être aussitôt envoyés au sieur intendant et commissaire départi, faire arrêter et emprisonner les contrevenants trouvés en flagrant délit, et à cet effet, établir des gardes pour y veiller, à peine aussi contre eux de 500 livres d'amende en leur propre et privé nom, et sans espérance de répétitions sur la communauté. »

152. (*Décret qui prescrit des mesures relatives à l'établissement thermal de Baréges, du* 30 *prairial an XII* (19 *juin* 1804).

Art. 1er. Conformément à l'arrêt du conseil d'Etat du 6 mai 1732, il est expressément défendu de faire à l'avenir aucune construction nouvelle dans la commune de Baréges, sans l'autorisation du préfet des Hautes-Pyrénées, et hors l'alignement qui sera donné par lui à cet effet, sous les peines prescrites par ledit arrêt du conseil.

2. En conformité du même arrêt du conseil, il est également défendu à tous propriétaires ou cultivateurs des terres ou prés situés au-dessus de Baréges et du grand chemin allant à Bagnères, de mettre ou faire mettre l'eau des torrents dans les prés pour les arroser, à peine de 500 fr. d'amende; comme aussi de couper ou dégrader, de quelque manière et sous quelque prétexte que ce soit, les arbres et bois qui sont au-dessus de la muraille à pierres sèches qui couvre le village et le met à l'abri des ravins, sans les autorisations prescrites et sous les peines prévues par les lois.

3. Le préfet des Hautes-Pyrénées proposera au gouvernement, pour être approuvées dans les formes voulues par les lois, toutes les mesures qu'il croira utiles pour prescrire et imposer aux communes de la vallée de Baréges, et aux particuliers qui ont défriché les montagnes environnant les bains et le village de Baréges, tous les semis, toutes les replantations d'arbres, toutes les propositions d'arrosements, de dépaissance, de nouveaux défrichements, et tous les travaux et prestations qui seront jugés nécessaires pour empêcher la formation des ravins et des avalanches, et assurer la conservation de l'établissement thermal, après avoir pris l'avis desdites communes.

4. Les contraventions au présent décret seront constatées, dans les formes prescrites par la loi du 29 floréal an X, par les maires ou adjoints, les ingénieurs des ponts et chaussées, leurs conducteurs, le commissaire de police de Baréges, les médecins

inspecteurs des eaux, la gendarmerie et par tous les fonctionnaires dûment assermentés; *il sera statué* définitivement sur lesdites contraventions en conseil de préfecture, conformément à ladite loi, et les arrêtés seront exécutoires, ainsi qu'il est prescrit en l'art. 4 de cette loi.

LXXVI.

TAXE ASSIMILÉE AUX CONTRIBUTIONS POUR PERCEPTION DU DROIT DES PAUVRES SUR LES BILLETS DE SPECTACLE.

L'origine de la perception du droit des pauvres prend sa source dans la loi du 7 frimaire an V, qui dispose :

153. (*Extrait de la loi précitée.*)

Art. 1er. Il sera perçu un dixième par franc (2 sous pour livre) en sus du prix de chaque billet d'entrée, pendant six mois, dans tous les spectacles où se donnent des pièces de théâtre, des bals, des feux d'artifice, des concerts, des courses et exercices de chevaux, pour lesquels les spectateurs payent.

La même perception aura lieu sur le prix des places louées pour un temps déterminé.

2. Le produit de la recette sera employé à secourir les indigents qui ne sont pas dans les hospices.

Cette perception a été successivement prorogée pour six autres mois d'abord, et ensuite pour une année, par les lois des 2 floréal et 8 thermidor an V, 7 fuctidor an VIII, 4 germinal an XI, 18 thermidor an X, 10 thermidor an XI, etc.

L'art. 3 de ce dernier arrêté s'exprime en ces termes au sujet des contestations qui pourraient s'élever :

154. (*Extrait de l'arrêté du 10 thermidor an X, sur les spectacles, bals, concerts, etc.*)

Art. 3. Les contestations qui pourront s'élever dans l'exécution ou l'interprétation du présent arrêté seront décidées par les préfets en conseil de préfecture, sur l'avis motivé des comités consultatifs établis, en exécution de l'arrêté du 7 messidor an IX, dans chaque arrondissement communal, pour le contentieux de l'administration des pauvres et des hospices, sauf, en cas de réclamation, le recours au gouvernement.

Le décret qui proroge cette contribution pour l'an XIV, du 8 fructidor an XIII, contient une disposition qui interprète et explique le sens que l'on doit donner aux mots de l'article sus-rapporté : *par les préfets en conseil de préfecture.*

155. (*Texte de l'article* 3 *du décret du* 8 *fructidor an XIII.*)

Art. 3. Les décisions *rendues par les conseils de préfecture*, dans les cas prévus par l'article 3 de l'arrêté du 10 thermidor an XI, seront, au surplus, exécutées provisoirement, et sauf le recours au gouvernement réservé par cet article.

Ce sont donc les conseils de préfecture, et non le préfet en conseil de préfecture, qui jugent ces contestations.

LXXVII.

TAXE ASSIMILÉE AUX CONTRIBUTIONS POUR DROITS DE VISITE CHEZ LES PHARMACIENS ET DROGUISTES.

156. (*Extrait des lettres patentes du* 10 *février* 1780, *servant de statuts pour le collége de pharmacie.*)

Art. 16. Outre la visite annuelle de la faculté de médecine, accompagnée des quatre prévôts, chez tous les maîtres en pharmacie, lesdits quatre prévôts en feront deux autres, chaque année, dans les laboratoires et officines desdits maîtres et des veuves. Ils dresseront procès-verbal de ces visites, pour être pourvu aux contraventions, si aucune il y a, suivant l'exigence des cas. Chaque maître ou veuve sera tenu de payer 6 livres pour chacune desdites deux visites, dont les prévôts compteront; pourront, au surplus, faire autant de visites qu'ils jugeront nécessaires, sans frais.

157. (*Extrait de l'arrêté contenant règlement sur les écoles de pharmacie, visite et inspection de pharmaciens, du* 25 *thermidor an XI.*)

Art. 42. Il sera fait, au moins une fois par an, conformément à la loi, des visites chez les pharmaciens, les droguistes et les épiciers.

A cet effet, le directeur de l'école de pharmacie s'entendra avec celui de l'école de médecine, pour demander aux préfets des départements, et, à Paris, au préfet de police, d'indiquer le jour où les visites pourront être faites, et de désigner le commissaire qui pourra y assister.

Il sera payé, pour les frais de ces visites, six fr. par chaque pharmacien, et quatre fr. par chaque épicier ou droguiste, conformément à l'art. 6 des lettres patentes du 10 février 1780.

158. (*Observation.*)

La loi des finances, chaque année, maintient la perception de ces droits. (Loi du 15 mai 1818, art. 87.)

L'ordonnance royale du 20 septembre 1820 contient la nomenclature des substances réputées médicinales qui peuvent se trouver chez les épiciers.

L'art. 17 de la loi du 23 juillet 1820 contient une explication qui doit être rapportée :

« Ne seront pas néanmoins soumis au payement du droit de visite, les épiciers non droguistes chez lesquels il ne serait pas trouvé de drogue appartenant à la pharmacie. »

159. (*Décret impérial relatif à l'inspection des officines des pharmaciens et des magasins de droguistes, des* 28 *mars*-13 *avril* 1859.)

Art. 1er. L'inspection des officines des pharmaciens et des magasins des droguistes, précédemment exercée par les jurys médicaux, est attribuée au conseil d'hygiène publique et de salubrité ; la visite en sera faite au moins une fois par année, dans chaque arrondissement, par trois membres de ces conseils désignés spécialement par arrêté du préfet.

2. Les écoles supérieures de pharmacie de Paris, de Strasbourg et de Montpellier, continueront à remplir, en ce qui concerne la visite des officines des pharmaciens et des magasins des droguistes, les attributions qui leur ont été conférées par l'art. 29 de la loi du 21 germinal an XI.

3. Il sera pourvu au payement des frais de ces inspections conformément aux lois et règlements en vigueur.

160. (*Conclusion.*)

Les contestations qui peuvent s'élever relativement au payement de ces droits de visite rentrent dans les attributions des conseils de préfecture, qui statuent comme en matière de contributions directes.

LXXVIII.

TAXE ASSIMILÉE AUX CONTRIBUTIONS POUR LE PAVAGE DES RUES, L'ÉTABLISSEMENT ET L'ENTRETIEN DES TROTTOIRS.

161. (*Extrait de la loi du 11 frimaire an VII.*)

Art. 4. Les dépenses communales, quant aux communes faisant partie d'un canton, sont celles :

1° De l'entretien du pavé pour les parties qui ne sont pas grandes routes ;

2° De la voirie et des chemins vicinaux dans l'étendue de la commune ;

3°. . . . .

162. (*Avis du conseil d'État sur le pavé des villes non grandes routes, du* 25 *mars* 1807.)

Le conseil, qui, d'après le renvoi ordonné par Sa Majesté l'Empereur et Roi, a entendu le rapport de la section de l'intérieur sur celui du ministre de ce département, du 21 janvier dernier, par lequel le ministre demande qu'il soit statué sur la question de savoir si, dans toutes les communes, le pavé des rues non *grandes routes* doit être mis à la charge des maisons qui les bordent, lorsque l'usage l'a ainsi établi, et si l'art. 4 de la loi du 11 frimaire an VII n'y apporte pas d'obstacles,

Estime que la loi du 11 frimaire an VII, en distinguant la partie du pavé des villes à la charge de l'Etat de celle à la charge des villes, n'a point entendu régler de quelle manière cette dépense serait acquittée dans chaque ville, et qu'on doit continuer de suivre à cet égard l'usage établi pour chaque localité, jusqu'à ce qu'il ait été statué par un règlement général sur cette partie de la police publique ;

En conséquence, que, dans les villes où les revenus ordinaires ne suffisent pas à l'établissement, restauration ou entretien du pavé, les préfets peuvent en autoriser la dépense à la charge des propriétaires, ainsi que cela s'est pratiqué avant la loi du 11 frimaire an VII.

163. (*Extrait de la loi du* 18 *juillet* 1837, *sur l'administration municipale.*)

Art. 43. Les tarifs des droits de voirie seront réglés par ordonnance du roi, rendue dans la forme des règlements d'administration publique.

44. Les taxes particulières dues par les habitants ou propriétaires, en vertu des lois et des usages locaux, sont réparties par délibération du conseil municipal, approuvée par le préfet.

Ces taxes sont perçues suivant les formes établies pour le recouvrement des contributions publiques.

164. (*Loi concernant la répartition des frais de construction des trottoirs, des 7-11 juin 1845.*)

Art. 1er. Dans les rues et places dont les plans d'alignement ont été arrêtés par ordonnances royales, et où, sur la demande des conseils municipaux, l'établissement de trottoirs sera reconnu d'utilité publique, la dépense de construction des trottoirs sera répartie entre les communes et les propriétaires riverains, dans les proportions et après l'accomplissement des formalités déterminées par les articles suivants.

2. La délibération du conseil municipal qui provoquera la déclaration d'utilité publique, désignera en même temps les rues et places où les trottoirs seront établis, arrêtera le devis des travaux selon les matériaux entre lesquels les propriétaires auront été autorisés à faire un choix, et répartira la dépense entre la commune et les propriétaires. La portion à la charge de la commune ne pourra être inférieure à la moitié de la dépense totale.

Il sera procédé à une enquête *de commodo et incommodo.*

Une ordonnance du roi statuera définitivement tant sur l'utilité publique que sur les autres objets compris dans la délibération du conseil municipal.

3. La portion de la dépense à la charge des propriétaires sera recouvrée dans la forme déterminée par l'art. 28 de la loi de finances du 25 juin 1841 (1).

4. Il n'est pas dérogé aux usages en vertu desquels les frais de construction des trottoirs seraient à la charge des propriétaires

(1) Cet article est ainsi conçu : « Dans les villes où, conformément aux usages locaux, le pavage de tout ou partie des rues est à la charge des propriétaires riverains, l'obligation qui en résulte pour les frais de premier établissement ou d'entretien pourra, en vertu d'une délibération du conseil municipal et sur un tarif approuvé par ordonnance royale, être convertie en une taxe payable en numéraire et recouvrable comme les cotisations municipales. »

riverains, soit en totalité, soit dans une proportion supérieure à la moitié de la dépense totale.

LXXIX.

TAXE ASSIMILÉE AUX CONTRIBUTIONS, POUR LA REDEVANCE SUR LES MINES, INDEMNITÉS POUR RECHERCHES DE MINES; TAXES POUR LEUR ASSÈCHEMENT.

165. (*Extrait de la loi du 21 avril 1810.*)

SECTION II.

Des obligations des propriétaires de mines.

Art. 32. L'exploitation des mines n'est pas considéré comme un commerce et n'est pas sujette à patente.

33. Les propriétaires de mines sont tenus de payer à l'État une redevance fixe et une redevance proportionnée au produit de l'extraction.

34. La redevance fixe sera annuelle et réglée d'après l'étendue de celle-ci; elle sera de 10 fr. par kilomètre carré.

La redevance proportionnelle sera une contribution annuelle à laquelle les mines seront assujetties par leurs produits.

35. La redevance proportionnelle sera réglée, chaque année, par le budget de l'Etat, comme les autres contributions publiques: toutefois elle ne pourra jamais s'élever au-dessus de cinq pour cent du produit net. Il pourra être fait un abonnement pour ceux des propriétaires de mines qui le demanderont.

36. Il sera imposé en sus un décime pour franc, lequel formera un fonds de non-valeur à la disposition du ministre de l'intérieur, pour dégrèvement en faveur des propriétaires de mines qui éprouveront des pertes ou accidents.

37. La redevance proportionnelle sera imposée et perçue comme la contribution foncière.

Les réclamations à fin de dégrèvement ou de rappel à l'égalité proportionnelle seront jugées par les conseils de préfecture. Le dégrèvement sera de droit, quand l'exploitant justifiera que la redevance excède cinq pour cent du produit net de son exploitation.

. . . .

46. Toutes les questions d'indemnités à payer par les propriétaires des mines, à raison des recherches ou travaux antérieurs à l'acte de concession, seront décidées conformément à l'art. 4 de la loi du 28 pluviôse an VIII.

166. (*Extrait de la loi relative à l'assèchement et à l'exploitation des mines, du 27 avril* 1838.)

Art. 1er. Lorsque plusieurs mines, situées dans des concessions différentes, seront atteintes ou menacées d'une inondation commune qui sera de nature à compromettre leur existence, la sûreté publique ou les besoins des consommateurs, le gouvernement pourra obliger les concessionnaires de ces mines à exécuter en commun et à leurs frais les travaux nécessaires, soit pour assécher tout ou partie des mines inondées, soit pour arrêter les progrès de l'inondation.

L'application de cette mesure sera précédée d'une enquête administrative, à laquelle tous les intéressés seront appelés, et dont les formes seront déterminées par un règlement d'administration publique.

. . . .

Art. 5. Les rôles des recouvrements des taxes réglées en vertu des articles précédents (2, 3 et 4) seront dressés par les syndics et rendus exécutoires par le préfet.

Les réclamations des concessionnaires sur la fixation de leur quote-part dans lesdites taxes seront jugées par le conseil de préfecture sur mémoire des réclamants, communiquées au syndicat, et après avoir pris l'avis de l'ingénieur des mines.

Les réclamations relatives à l'exécution des travaux seront jugées comme en matière de travaux publics.

Le recours, soit au conseil de préfecture, soit au conseil d'Etat, ne sera pas suspensif.

LXXX.

TAXES ASSIMILÉES AUX CONTRIBUTIONS, POUR TRAVAUX RELATIFS AU CURAGE DES CANAUX ET RIVIÈRES NON NAVIGABLES, ET POUR L'ENTRETIEN DES DIGUES ET OUVRAGES D'ART QUI Y CORRESPONDENT.

167. (*Loi relative au curage des canaux et rivières non navigables et à l'entretien des digues qui y correspondent*, *du* 14 *floréal an XI.*)

Art. 1er. Il sera pourvu au curage des canaux et rivières non navigables et à l'entretien des digues et ouvrages d'art qui y correspondent de la manière suivante, prescrite par les anciens règlements ou d'après les usages locaux.

2. Lorsque l'application des règlements ou l'exécution du mode consacré par l'usage éprouvera des difficultés, ou lorsque des changements survenus exigeront des dispositions nouvelles, il y sera pourvu par le gouvernement dans un règlement d'administration publique, rendu sur la proposition du préfet du département, de manière que la quotité de la contribution de chaque imposé soit toujours relative au degré d'intérêt qu'il aura aux travaux qui devront s'effectuer.

3. Les rôles de répartition des sommes nécessaires au payement des travaux d'entretien, réparation ou reconstruction, seront dressés sous la surveillance du préfet, rendus exécutoires par lui, et le recouvrement s'en opérera de la même manière que celui des contributions publiques.

4. Toutes les contestations relatives au recouvrement de ces rôles, aux réclamations des individus imposés et à la confection des travaux, seront portées devant le conseil de préfecture, sauf le recours au gouvernement, qui décidera en conseil d'Etat.

LXXXI.

TAXE MUNICIPALE SUR LES CHIENS.

Cet impôt est perçu dans tout l'Empire. Il profite exclusivement aux communes. Son assiette a donné lieu à de nombreuses difficultés, dont le nombre diminuera chaque jour. La jurisprudence du conseil d'État a éclairé bien des points douteux qui ne sont plus mis en discussion.

168. (*Loi relative à l'établissement d'une taxe municipale sur les chiens, du 2 mai 1855.*)

Art. 1er. A partir du 1er janvier 1856, il sera établi dans toutes les communes et à leur profit une taxe sur les chiens.

2. Cette taxe ne pourra excéder dix francs, ni être inférieure à un franc.

3. Des décrets, rendus en conseil d'État, régleront, sur la proposition des conseils municipaux, et après avis des conseils généraux, les tarifs à appliquer dans chaque commune.

A défaut de présentation de tarifs par la commune, ou d'avis émis par le conseil général, il est statué d'office, sur la proposition du préfet.

4. Les tarifs établis en exécution de l'art. 2 pourront être revisés à la fin de chaque période de trois ans.

5. Un règlement d'administration publique déterminera les formes à suivre pour l'assiette de l'impôt, et les cas où l'infraction à ses dispositions donnera lieu à un accroissement de taxe. Cet accroissement ne pourra s'élever à plus du quadruple de la taxe fixée par les tarifs.

6. Le recouvrement des taxes autorisées par la présente loi aura lieu comme en matière de contributions directes.

169. (*Décret du 4 août 1855 portant règlement d'administration publique relatif à une nouvelle taxe sur les chiens.*)

TITRE 1er.

De l'assiette de la taxe.

Art. 1er. Les tarifs pour l'établissement de l'impôt qui doit être perçu, au profit des communes, sur les chiens, ne peuvent comprendre que deux taxes dans les limites de l'art. 2 de la loi du 2 mai 1855.

La taxe la plus élevée porte sur les chiens d'agrément ou servant à la chasse.

La taxe la moins élevée porte sur les chiens de garde, comprenant ceux qui servent à guider les aveugles, à garder les troupeaux, les habitations, magasins, ateliers, etc., et, en général, tous ceux qui ne sont pas compris dans la catégorie précédente.

Les chiens qui peuvent être classés dans la première ou dans la seconde catégorie sont rangés dans celle dont la taxe est la plus élevée.

2. La taxe est due pour les chiens possédés au 1er janvier, à l'exception de ceux qui, à cette époque, sont encore nourris par la mère.

La taxe est due pour l'année entière.

3. Lorsque le contribuable décède dans le courant de l'année, ses héritiers sont redevables de la portion de taxe non encore acquittée.

4. En cas de déménagement du contribuable hors du ressort de la perception, la taxe est immédiatement exigible pour la totalité de l'année courante.

5. Du premier octobre de chaque année au 15 janvier de l'année suivante, les possesseurs de chiens devront faire à la mairie une déclaration indiquant le nombre de leurs chiens et les usages auxquels ils sont destinés, en se conformant aux distinctions établies en l'art. 1er du présent décret.

Ceux qui auront fait cette déclaration avant le 1er janvier doivent la rectifier, s'il est survenu quelque changement dans le nombre et la destination de leurs chiens.

6. Les déclarations prescrites par l'article précédent sont inscrites sur un registre spécial. Il en est donné reçu aux déclarants : les récépissés font mention des nom et prénoms du déclarant, de la date de la déclaration, du nombre et de l'usage des chiens déclarés.

7. Du 15 au 31 janvier, le maire et les répartiteurs, assistés du percepteur des contributions directes, rédigent un état matrice des personnes imposables.

8. L'état matrice présente les noms, prénoms et demeures des imposables, le nombre de chiens qu'ils possèdent et la catégorie à laquelle chaque animal appartient.

L'état matrice relate, en outre, les déclarations faites par les possesseurs de chiens, avec les détails nécessaires pour permettre d'apprécier les différences entre les déclarations et les faits constatés.

9. Du 1er au 15 février, le percepteur adresse au directeur des contributions directes les états matrices rédigés conformément aux prescriptions ci-dessus, pour servir de base à la confection des rôles.

Il est procédé pour cette confection, pour la mise à exécution et la publication des rôles, la distribution des avertissements et le recouvrement des taxes, comme en matière de contributions directes, conformément à l'art. 6 de la loi du 2 mai 1855 et aux art. 2, 3 et 4 du présent décret. Les imposés acquitteront d'ailleurs leurs taxes, par portions égales, en autant de termes qu'il restera de mois à courir, à dater de la publication des rôles, ainsi que cela est prescrit pour les patentés par l'article 24 de la loi du 25 avril 1844.

TITRE II.

Des infractions au présent règlement.

10. Sont passibles d'un accroissement de taxe : 1° celui qui, possédant un ou plusieurs chiens, n'a pas fait de déclaration; 2° celui qui a fait une déclaration incomplète ou inexacte.

Dans le premier cas, la taxe sera triplée, et, dans le second, elle sera doublée pour les chiens non déclarés ou portés avec une fausse désignation.

Lorsqu'un contribuable aura été soumis à un accroissement de taxe et que, pour l'année suivante, il ne fera pas la déclaration exigée, ou fera une déclaration incomplète ou inexacte, la taxe sera quadruplée dans le premier cas, et triplée dans le second.

11. Lorsque les faits pouvant donner lieu à des accroissements de taxe n'ont pas été constatés en temps utile pour entrer dans la formation du rôle primitif, il est dressé, dans le cours de l'année, un rôle supplémentaire, conformément aux dispositions du présent règlement.

TITRE III.

Des frais de la confection des rôles et des avertissements.

12. Les frais d'impression relatifs à l'assiette de la taxe sur les chiens, ceux de la confection des rôles, de la confection et de la distribution des avertissements, sont à la charge des communes.

170. (*Décret impérial qui modifie les articles* 5 *et* 10 *du décret du* 4 *août* 1855, *relatif à la taxe municipale sur les chiens*, *des* 3-7 *août* 1861.)

Art. 1er. Les possesseurs de chiens qui, dans les délais fixés par l'article 5 du décret réglementaire du 4 août 1855, auront fait à la mairie une déclaration indiquant le nombre de leurs chiens et les usages auxquels ils sont destinés, en se conformant aux distinctions établies par l'article 1er du même décret, ne seront plus tenus de la renouveler annuellement. En conséquence, la taxe à laquelle ils auront été soumis continuera à être payée jusqu'à déclaration contraire.

Le changement de résidence du contribuable hors de la commune ou du ressort de la perception, ainsi que toute modification dans le nombre et la destination des chiens entraînant une aggravation de taxe, rendra une nouvelle déclaration obligatoire.

2. Les articles 5 et 10 de notre décret précité sont modifiés dans les dispositions qui seraient contraires au présent décret.

LXXXII.

VOIRIE VICINALE.—ANTICIPATIONS.—EXTRACTIONS DE MATÉRIAUX ET OCCUPATIONS DE TERRAINS POUR LA CONFECTION DES CHEMINS VICINAUX.—DROIT DE PRÉEMPTION. — EXPERTISE.

171. (*Observation préliminaire.*)

La compétence des conseils de préfecture, en matière de voirie vicinale, est réduite à trois cas : 1° les anticipations ; 2° les extractions de matériaux et occupations temporaires de terrains pour la confection des chemins vicinaux ; 3° la nomination d'experts pour fixer la valeur du terrain à céder au propriétaire riverain usant de son droit de préemption. La première résulte de la loi du 9 ventôse an XIII ; la seconde, de l'article 17 de la loi du 21 mai 1836, et la troisième de l'article 19 de la même loi.

172. (*Extrait de la loi du* 9 *ventôse an XIII.*)

Art. 6. L'administration publique fera rechercher et reconnaître les anciennes limites des chemins vicinaux, et fixera, d'après cette reconnaissance, leur largeur suivant les localités, sans pouvoir cependant, lorsqu'il sera nécessaire de l'augmenter, la porter au delà de six mètres, ni faire aucun changement aux chemins vicinaux qui excèdent actuellement cette dimension.

8. Les poursuites en contravention aux dispositions de la présente loi seront portées devant les conseils de préfecture, sauf le recours au conseil d'État.

173. (*Conclusion.*)

Mais que l'on veuille bien remarquer que la compétence des conseils de préfecture se borne seulement à réprimer les usurpations, à prescrire que la portion usurpée sera rendue à la voie publique, et que le préfet renvoie ensuite le dossier au juge de paix pour prononcer l'amende comme juge de simple police, en vertu de l'art. 479, n° 11, du code pénal.

Les conseils de préfecture sont encore appelés, en matière de voirie vicinale, à prononcer sur les indemnités réclamées pour extractions de matériaux, dépôt et enlèvement de terre, occupations temporaires de terrains, etc., etc. (*Voir* l'article 17 de la loi du 21 mai 1836, rapporté au chapitre LI ci-dessus.)

Si l'indemnité ne peut être fixée à l'amiable, elle est réglée par le conseil de préfecture, sur le rapport d'experts nommés, l'un par le sous-préfet, et l'autre par le propriétaire.

En cas de discord, le tiers expert est nommé par le conseil de préfecture (1).

En cas de changement de direction ou d'abandon d'un chemin vicinal en tout ou partie, les propriétaires riverains de la partie de ce chemin qui cessera de servir de voie de communication pourront

(1) L'action en indemnité pour cession de terrain est de la compétence du juge de paix (art. 18, l. précitée).

faire leur soumission de s'en rendre acquéreurs et d'en payer la valeur, qui sera fixée par des experts nommés dans la forme déterminée par l'article 17. C'est donc le conseil de préfecture qui prononce encore dans ce cas.

LXXXIII.

VOITURES ET CHEVAUX IMPOSABLES.

L'impôt sur les voitures et sur les chevaux d'attelage et de selle est perçu au profit de l'Etat, moins un dixième accordé aux communes, déduction faite des cotes ou portions de cotes dont le dégrèvement a été accordé.

174. (*Extrait de la loi des finances des* 2-3 *juillet* 1862.

Art. 4. A partir du 1er janvier 1863, il sera perçu une contribution annuelle, par chaque voiture attelée et pour chaque cheval affecté au service personnel du propriétaire ou au service de sa famille.

5. Cette contribution sera établie d'après le tarif suivant :

VILLES, COMMUNES OU LOCALITÉS dans lesquelles LE TARIF EST APPLICABLE.	SOMME A PAYER, non compris LE FONDS DE NON-VALEUR, par chaque voiture		cheval de selle ou d'attelage.
	à 4 roues.	à 2 roues.	
Paris	60 fr.	40 fr.	25 fr.
Les communes autres que Paris ayant plus de 40,000 âmes de population	50	25	20
Les communes de 20,001 âmes à 40,000 âmes	40	20	15
Les communes de 3,001 âmes à 20,000 âmes	25	10	10
Les communes de 3,000 âmes et au-dessous	10	5	5

6. Les voitures et les chevaux qui seront employés en partie pour le service du propriétaire ou de la famille, et en partie pour le service de l'agriculture ou d'une profession quelconque donnant lieu à l'imposition d'une patente, ne seront point passibles de la taxe.

7. Ne donnent pas lieu au payement de la taxe :

1° Les chevaux et voitures possédés en conformité des réglements du service militaire ou administratif, et par les ministres des différents cultes;

2° Les juments et étalons exclusivement consacrés à la reproduction;

3° Les chevaux et voitures exclusivement employés aux travaux de l'agriculture ou d'une profession quelconque donnant lieu à l'application de la patente.

8. Il sera attribué aux communes un dixième du produit de l'impôt établi par l'art. 4 qui précède, déduction faite des cotes ou portions de cotes dont le dégrèvement aura été accordé.

9. La contribution établie par l'art. 4 précité est due pour l'année entière, en ce qui concerne les faits existants au 1er janvier.

Dans le cas où, à raison d'une résidence nouvelle, le contribuable devient passible d'une taxe supérieure à celle à laquelle il a été assujetti au 1er janvier, il ne doit qu'un droit complémentaire égal au montant de la différence.

10. Si le contribuable a plusieurs résidences, il sera, pour les chevaux et les voitures qui le suivent habituellement, imposé dans la commune où il est soumis à la contribution personnelle, conformément à l'art. 13 de la loi du 21 avril 1832, mais la contribution sera établie suivant la taxe de la commune dont la population est la plus élevée. Pour les chevaux et les voitures qui restent habituellement attachés à l'une de ces résidences, le contribuable sera imposé dans la commune de cette résidence et suivant la taxe afférente à la population de cette commune.

11. Les contribuables sont tenus de faire la déclaration des voitures et des chevaux à raison desquels ils sont imposables, et d'indiquer les différentes communes où ils ont des éléments de cotisation en permanence.

Les déclarations sont valables pour toute la durée des faits qui y ont donné lieu; elles doivent être modifiées dans le cas de changement de résidence hors de la commune ou du ressort de la perception, et dans le cas de modifications survenues dans les bases de cotisation.

Les déclarations seront faites ou modifiées, s'il y a lieu, le 15 janvier, au plus tard, de chaque année, à la mairie de l'une des communes où les contribuables ont leur résidence.

Si les déclarations ne sont pas faites dans le délai ci-dessus, ou si elles sont inexactes ou incomplètes, il y sera suppléé d'office par le contrôleur des contributions directes, qui est chargé de rédiger, de concert avec le maire et les répartiteurs, l'état matrice destiné à servir de base à la confection du rôle.

En cas de contestation entre le contrôleur et le maire et les répartiteurs, il sera, sur le rapport du directeur des contributions directes, statué par le préfet, sauf référé au ministre des finances, si la décision était contraire à la proposition du directeur, et, dans tous les cas, sans préjudice pour le contribuable du droit de réclamer après la mise en recouvrement du rôle.

12. Les taxes seront doublées pour les voitures et les chevaux qui n'auront pas été déclarés ou qui auront été déclarés d'une manière inexacte.

13. Il est ajouté à l'impôt cinq centimes par franc pour couvrir les décharges, réductions, remises ou modérations, ainsi que les frais de l'assiette de l'impôt et ceux de la confection des rôles, qui seront établis, arrêtés, publiés et recouvrés comme en matière de contributions directes.

En cas d'insuffisance, il sera pourvu au déficit par un prélèvement sur le montant de l'impôt.

LXXXIV.

SUITE DE L'IMPÔT SUR LES VOITURES ET CHEVAUX.

175. (*Instruction pour l'exécution des dispositions de la loi du 2 juillet* 1862 *relatives à l'établissement d'une contribution annuelle sur les voitures et les chevaux affectés au service personnel du propriétaire ou de sa famille.* (*Novembre* 1862.)

§ Ier. — *Définition de la matière imposable.*

Art. 1er. La matière imposable qui doit servir de base à la contribution nouvelle créée par l'article 4 de la loi du 2 juillet 1862 ne comprend pas toutes les voitures ou tous les chevaux dont on peut avoir la possession ou la libre disposition. Elle ne consiste que dans les voitures et les chevaux dont le possesseur fait usage pour son service personnel, c'est-à-dire pour sa commodité, son plaisir ou son agrément, ou pour le service personnel de sa famille. Elle doit, dès lors, être envisagée, non sous un aspect d'objet de luxe, mais comme un signe nouveau qui complète, avec les portes et fenêtres et le loyer d'habitation, l'expression des facultés mobilières des contribuables, et fait de la taxe sur les voitures et les chevaux un supplément de la contribution personnelle et mobilière bien plutôt qu'une contribution somptuaire qui sortirait du caractère général de nos impôts.

2. La contribution dont il s'agit ne peut être établie sur les voitures et les chevaux exclusivement employés au service de l'agriculture ou d'une profession donnant lieu à l'application de la patente (*n*° 3 *de l'article* 7 *de la loi*), ni même sur les voitures et les chevaux qui, servant à l'usage personnel du propriétaire, seraient aussi employés en partie pour le service de l'agriculture ou de la profession sujette à patente (*article* 6 *de la loi*). Ainsi le cultivateur et le propriétaire faisant valoir son bien ne seront point imposés pour les voitures et les chevaux qu'ils emploient à leur usage personnel, s'ils s'en servent aussi pour l'exploitation agricole ou seulement pour se transporter aux foires et aux marchés ou dans la ville voisine pour les affaires de l'agriculture. Il en sera de même du cheval et de la voiture d'un boulanger, d'un boucher, d'un meunier, d'un colporteur, etc., lorsque ce cheval et cette voiture seront employés pour le commerce et quelquefois pour le plaisir ou l'agrément du possesseur ou de sa famille; du cheval et de la voiture d'un médecin, d'un notaire, d'un huissier, lorsque le propriétaire les utilisera pour l'exercice de sa profession et pour son service personnel.

3. Si cependant une profession sujette à patente n'exigeait pas réellement, soit par sa nature, soit par la manière dont elle serait exercée, l'emploi d'un cheval ou d'une voiture, comme, par exemple, la profession des banquiers, des avocats, des notaires de ville dont les fonctions s'exercent principalement en l'étude, etc., les voitures et les chevaux dont ces personnes font usage pour leur service personnel devraient être imposés bien que les possesseurs payassent une patente. A plus forte raison, il en serait de même pour les voitures et les chevaux que la personne sujette à patente posséderait au delà du nombre de ceux que peut exiger l'exercice de la profession, en admettant, bien entendu, qu'ils soient employés au service personnel du possesseur, car, en dehors de cette condition, aucune voiture et aucun cheval ne sont imposables.

4. Ne donnent pas lieu non plus au payement de l'impôt, les chevaux et les voitures possédés en conformité des règlements du service militaire ou administratif et par les ministres des différents cultes (*n*° 1 *de l'article* 7 *de la loi*). L'application de cette exemption ne peut présenter de difficultés. Elle est absolue en ce qui concerne les prêtres, les évêques, archevêques et, en général, les ministres des différents cultes; ils ne sont imposables pour aucun des chevaux ou des voitures qu'ils peuvent employer. Quant aux fonctionnaires, les règlements déterminent avec précision l'étendue de l'exemption dont ils doivent jouir, et elle ne peut, pour aucun d'eux, être portée au delà des limites légales; ils seraient donc imposables pour les chevaux et les voitures qu'ils auraient au-dessus des nombres réglementaires.

5. Sont également exempts de la taxe les juments et les étalons exclu-

sivement consacrés à la reproduction (*n° 2 de l'article 7 de la loi*). Si ces animaux étaient employés comme chevaux de selle ou d'attelage pour le service personnel du possesseur, celui-ci serait mal fondé à prétendre qu'ils doivent jouir de l'exemption, puisqu'ils ne serviraient pas *exclusivement* à la reproduction, ainsi que le veut la loi; toutefois, si les mêmes animaux étaient aussi employés pour les travaux de l'agriculture ou d'une profession donnant lieu à l'imposition d'une patente, cette circonstance, qui entraîne toujours l'exemption, les ferait rentrer dans les exceptions prévues par l'article 6.

6. La loi ne parlant point de l'âge des chevaux imposables, on doit assujettir à la taxe tous les chevaux, jeunes ou vieux, qui, en dehors des cas d'exception, sont employés au service personnel du maître ou de sa famille; cependant le propriétaire qui ne monterait ou n'attellerait de jeunes chevaux destinés à la vente que dans le but de développer leurs forces et de les dresser ne serait point imposable à raison de ces faits.

Les agents ne perdront pas de vue que les faits à prendre en considération, soit pour l'imposition, soit pour l'exemption, doivent avoir, pour être valables, une certaine permanence ou fréquence de répétition qui les rende notoires, leur donne le caractère de *fait habituel* et les fasse ainsi sortir de la catégorie des faits purement accidentels dont il n'y a jamais à tenir compte.

7. L'application de la loi demande, en ce qui concerne les voitures, quelques explications particulières. On ne doit les imposer, même lorsqu'elles ont le caractère incontestable de voitures de luxe, qu'autant qu'on peut les considérer comme *voitures attelées*, c'est-à-dire, ainsi qu'on doit l'entendre d'après l'exposé des motifs et la discussion de la loi, celles que le même propriétaire peut atteler *simultanément*. On n'imposerait donc qu'une seule voiture à celui qui n'aurait qu'un cheval, alors même qu'il aurait deux ou un plus grand nombre de voitures qu'il attellerait alternativement; on n'imposerait également au propriétaire de deux chevaux qu'une voiture, bien qu'il en eût plusieurs, si chacune de ces voitures ne pouvait être attelée qu'au moyen de deux chevaux. Cependant, tout en respectant l'intention qu'a eue le législateur de ne faire imposer que les voitures pouvant être attelées simultanément, on devra toujours imposer la taxe la plus élevée dans les cas d'emploi de nombres différents de voitures avec le même nombre de chevaux. Ainsi, le propriétaire ayant deux chevaux et trois voitures serait imposé pour deux voitures et deux chevaux, et non pour une voiture et deux chevaux, s'il attelait tantôt ses deux chevaux à une seule voiture et tantôt deux de ses voitures avec un seul cheval chacune.

8. Enfin, bien que les voitures attelées soient seules imposables, on fera remarquer que les taxes énoncées au tarif comme applicables aux voitures comprennent, non une somme indivisible due pour l'équipage entier, mais la somme particulière qui est afférente à la voiture prise isolément. Il faut par conséquent, pour établir l'impôt dû par un contribuable chez qui l'on trouverait les deux éléments de cotisation, faire deux applications

de tarif, l'une aux voitures, l'autre aux chevaux, et réunir ensuite les deux produits.

9. Il résulte de ce qui précède qu'un contribuable possesseur de voitures qu'il n'attellerait qu'avec des chevaux non passibles de la taxe, tels que les chevaux employés exclusivement ou en partie à l'agriculture, à l'exercice d'une profession sujette à patente, etc., devrait cependant être imposé, s'il faisait usage de ces voitures pour son service personnel ou celui de sa famille; mais on ne lui appliquerait que la taxe afférente aux voitures.

10. Dans aucun cas, on ne doit imposer ni les voitures ni les chevaux qui sont pris en location chez les loueurs, bien que ces voitures et ces chevaux soient affectés au service personnel de celui qui les emploie; mais on devrait imposer, au nom de la personne qui en ferait usage, s'ils avaient la même affectation, les chevaux et les voitures que des parents, des amis ou des particuliers auraient mis, même à titre gratuit, à la disposition de cette personne pour en jouir comme le propriétaire, ainsi qu'on jouit, par exemple, des meubles d'une maison louée en garni.

§ II. — *Indication de la durée de l'imposition et du lieu où elle doit être établie.*

11. La contribution sur les voitures et les chevaux ne doit être assise qu'à partir du 1er janvier 1863 (*article 4 de la loi*).

Elle est annuelle (*même article*).

Elle est due pour l'année entière et doit être établie à raison des faits existants au 1er janvier de chaque année (*article 9 de la loi*). Par conséquent, elle n'est point due pour les chevaux et les voitures dont on ne commencerait à se servir que dans le courant de l'année : ces chevaux et ces voitures ne seront imposables, si la possession en est continuée, qu'à partir du 1er janvier de l'année suivante.

12. Mais, en cas de changement de résidence, il y a un supplément de taxe à percevoir pour les chevaux et les voitures possédés à la date du 1er janvier, si la population de la commune de la nouvelle résidence rend le possesseur passible d'une taxe supérieure à celle pour laquelle il a été imposé au 1er janvier (2e *alinéa de l'article 9 de la loi*).

13. L'assiette et le recouvrement de l'impôt sur les chevaux et les voitures devant avoir lieu, d'après l'article 13 de la loi, comme en matière de contributions directes, le supplément devra, de même que pour les patentes, être calculé à partir du 1er du mois dans lequel le changement de domicile aura eu lieu.

14. Lorsqu'un propriétaire n'a qu'une résidence, sa cotisation doit être établie, quelles que soient les communes qu'il fréquente avec ses chevaux et ses voitures, d'après le tarif de la commune de sa résidence, et elle doit être inscrite au rôle de la même commune.

15. Si le propriétaire a plusieurs résidences et s'il a des chevaux ou voi-

tures restant habituellement attachés à chacune ou à quelques-unes de ses résidences, ils doivent être imposés distinctement dans les communes des résidences auxquelles ils sont attachés, suivant les taxes afférentes à ces communes.

16. Si le même propriétaire avait des voitures et des chevaux qui le suivissent habituellement dans plusieurs de ses résidences, on leur appliquerait les taxes afférentes à celles des communes des résidences fréquentées dont la population serait la plus élevée, et on inscrirait les taxes ainsi établies dans le rôle de la commune où le propriétaire serait imposé ou imposable à la contribution personnelle, conformément à l'article 13 de la loi du 21 avril 1832, c'est-à-dire dans celle où il aurait son domicile réel (*article* 10 *de la loi*).

17. S'il arrivait que le contribuable se trouvât imposé par erreur à la taxe personnelle dans plusieurs communes, ou s'il était imposé à cette taxe dans une commune et à la contribution mobilière dans une autre commune dont une partie du contingent serait acquittée par la caisse municipale, conformément à l'article 20 de la loi du 21 avril 1832, ce qui permettrait de considérer la taxe personnelle comme étant aussi payée dans cette commune, on rechercherait avec soin les faits et circonstances constituant le domicile réel, et on imposerait, dans la seule commune de ce domicile, les chevaux et les voitures qui ne seraient point attachés à une résidence fixe. Il conviendrait toutefois, avant de rien arrêter, de prendre des informations dans les différentes communes et même auprès du contribuable, au moyen de communications opérées dans la forme prescrite par les articles 31, 89, 90, 91 et 109 de l'instruction générale sur les patentes, du 31 juillet 1858 ; si ces communications devaient trop retarder la confection du rôle, on pourrait ajourner le règlement de la taxe qui en serait l'objet, et l'inscrire plus tard sur un rôle supplémentaire.

18. Pour l'établissement des taxes supplémentaires prévues par l'art. 9 de la loi (12 et 13), on suivra les règles ci-après :

Les taxes ne porteront que sur la différence des tarifs de la nouvelle et de l'ancienne résidence, et elles ne seront calculées que pour le nombre de mois de l'année restant à courir à partir du commencement du mois dans lequel la nouvelle résidence aura été prise.

Si le contribuable transfère sa résidence d'une commune où il avait des voitures ou des chevaux en permanence dans une commune d'une catégorie de population plus élevée, et dans laquelle il transporte, pour y rester aussi en permanence, les objets pour lesquels il était imposé dans l'ancienne résidence, le supplément de taxe, calculé à raison de la population de la commune de la nouvelle résidence, sera imposé dans cette dernière commune.

Si le contribuable, sans abandonner son ancienne ou ses anciennes résidences, en prend une nouvelle dans une commune d'une population donnant lieu à augmentation de taxe, et s'il s'y fait suivre par des chevaux ou des voitures déjà imposés, qui n'y demeureront point en permanence, mais qui feront alternativement leur service dans les anciennes et dans la nouvelle résidence, le supplément de taxe, bien que calculé d'après la population de cette dernière résidence, sera imposé dans la commune du domicile réel, quelle qu'elle soit. (*Voir, à la suite de la présente instruction, des exemples fictifs pour l'application des dispositions ci-dessus.*)

§ III. — *Constatation de la matière imposable et rédaction des états-matrices de rôle.*

19. Les contribuables sont tenus de faire la déclaration des voitures et des chevaux en raison desquels ils sont imposables, et d'indiquer les différentes communes où ils ont des habitations, en désignant celles où ils ont des éléments de cotisation en permanence (*1er alinéa de l'article 11 de la loi*). L'accomplissement de cette obligation donnera à l'administration le moyen le plus efficace de connaître la matière imposable et d'établir avec exactitude les états-matrices destinés à servir de base à la confection des rôles.

20. Les déclarations sont valables pour toute la durée des faits qui y ont donné lieu (*2e alinéa du même article*); mais elles doivent être modifiées dans le cas de changement de résidence hors de la commune ou du ressort de la perception, et dans le cas de modifications survenues dans les bases de cotisation (*suite du même alinéa*). Les déclarations seront faites ou modifiées, s'il y a lieu, *le 15 janvier*, au plus tard, de chaque année, à la mairie de l'une des communes où les contribuables ont une résidence (*3e alinéa du même article*).

21. Il résulte de ces dispositions que les déclarations peuvent être faites à toute époque de l'année, et dans une commune au choix de l'imposable, pourvu qu'il y ait une résidence. Il en résulte également que les déclarations ayant pour objet l'assiette des taxes annuelles (celles qui sont établies sur la matière imposable existant au 1er janvier), ne sont utilement faites pour les déclarants qu'avant le 16 janvier de l'année dont il s'agit d'établir l'impôt. Les déclarations faites postérieurement ne dispenseraient point ceux qui les auraient faites des peines prononcées par la loi contre les contribuables qui n'ont point fait de déclarations, ou qui n'ont fait de déclarations qu'après les délais fixés (22, 25, 39).

22. Quant aux déclarations motivées par l'acquisition d'une matière imposable faite après le 1er janvier, par des modifications survenues dans la matière imposable ancienne ou par des changements de résidence, ces déclarations, faites dans le courant de l'année, sont valables pour l'assiette des taxes de l'année suivante et pour l'assiette des suppléments de taxe à établir dans l'année courante. Toutefois les déclarations des faits entraînant des suppléments de l'espèce doivent avoir lieu dans les quinze jours de la date des faits, sous peine, en cas d'omission ou de retard, du doublement des taxes, comme pour l'omission ou le retard des déclarations relatives à l'assiette des taxes primitives (25, 39). En effet, si le législateur a voulu que les déclarations relatives à ces dernières taxes ne fussent pas retardées au delà de quinze jours après l'époque qui sert de point de départ

pour l'assiette de l'impôt, on doit en conclure qu'il n'a pas voulu accorder, pour la déclaration des faits entraînant des suppléments de taxes, plus de quinze jours après l'accomplissement de ces faits.

23. L'impôt devant être, dans certains cas de résidences multiples, établi d'après des faits étrangers à la commune où il sera perçu, les propriétaires de chevaux et de voitures imposables devront comprendre dans une même déclaration tous les éléments de cotisation qu'ils posséderont dans différentes communes, en donnant d'ailleurs toutes les indications prescrites par l'article 11 de la loi (19, 20). L'unité de déclaration, qui est ici recommandée aux contribuables, réduit leurs démarches autant que possible, et elle a pour eux l'avantage de prévenir les méprises qui pourraient être commises, s'ils étaient tenus de faire une déclaration spéciale dans chaque commune où ils se croiraient imposables.

24. Les déclarations seront faites sur des formules conformes au modèle n° 1. Il sera mis à la disposition des maires et des contrôleurs des contributions directes un nombre suffisant de ces formules, pour qu'ils puissent en remettre gratuitement un exemplaire à tout propriétaire imposable qui leur en fera la demande.

Les déclarations seront déposées par les déclarants à la mairie de l'une des communes, à leur choix, où ils ont une résidence. Le maire constatera la date du dépôt, et détachera de la formule sur laquelle la déclaration aura été faite un coupon qu'il remettra au déclarant, à titre de récépissé, après y avoir inscrit le contenu de la déclaration. Il conservera les talons des déclarations pour en faire l'usage qui sera indiqué ci-après.

25. Chaque année, à partir de 1862, le préfet rappellera aux contribuables, dans le mois de novembre ou dans les premiers jours de décembre, au plus tard, par un avis inséré au Recueil des actes de la préfecture et par des affiches qui seront apposées et publiées dans toutes les communes, les obligations que la loi leur impose. Il sera fait, dans l'avis et dans les affiches, une mention spéciale des époques auxquelles doivent avoir lieu les déclarations, et de l'application d'une double taxe dans les cas où elles auraient été omises, faites hors des délais ou seulement faites d'une manière inexacte ou incomplète.

Le préfet prescrira en même temps aux maires les autres dispositions à faire pour l'exécution de la loi.

26. Le 16 janvier 1863, les maires adresseront aux directeurs des contributions directes les déclarations qu'ils auront reçues (24).

Chaque année, à partir de 1864, et à la même date, ils leur adresseront les déclarations reçues depuis le 15 janvier de l'année précédente.

Les maires des communes où il n'aura point été fait de déclaration enverront au directeur un certificat négatif. Lorsqu'il y aura lieu, ils joindront à leurs envois un bordereau indiquant le nom de chacun des déclarants et le numéro de sa déclaration. Ils garderont copie de ce bordereau, afin de pouvoir continuer, sur les déclarations qu'ils recevraient, pendant que celles qui auraient été envoyées aux directeurs seraient encore entre les mains de ces fonctionnaires, la série continue des numéros d'ordre que devront présenter toutes les déclarations déposées dans une même mairie.

27. Le directeur des contributions directes fera immédiatement le dépouillement des déclarations qui lui auront été transmises. Il en extraira, sur des bulletins conformes au modèle n° 2, les renseignements qui pourront être utiles, pour l'assiette ou pour la vérification de l'assiette de l'impôt, dans d'autres communes que celles où les déclarations auront été reçues. Il transmettra à ses collègues les extraits se rapportant à des communes étrangères au département.

Après ces opérations, le directeur classera, par contrôle : 1° les déclarations envoyées par les maires, en les considérant comme ne concernant que la commune où elles ont été déposées (24) ; 2° les extraits qu'il aura rédigés pour des communes de son département ; 3° ceux qu'il aura reçus des autres départements. Il dressera un itinéraire pour les contrôleurs, et leur prescrira, après avoir donné aux maires connaissance de l'itinéraire, de se rendre immédiatement dans les communes, afin d'y rédiger les états-matrices devant servir de base à la confection des rôles.

28. L'itinéraire sera réglé de manière que les rôles puissent être confectionnés et mis en recouvrement dans les premiers jours du second trimestre. L'itinéraire ne comprendra que les communes pour lesquelles il aura été déclaré de la matière imposable. Le contrôleur procédera, s'il y a lieu, à la rédaction d'états-matrices supplémentaires dans les autres communes, pendant la tournée des mutations.

29. Le directeur enverra à chaque contrôleur les déclarations et les extraits qui le concernent. Il y joindra, après 1863, les états-matrices de l'année antérieure, et il comprendra, dans l'itinéraire rédigé conformément au n° 27, les communes auxquelles ces états se rapportent.

Le contrôleur se transportera dans les communes, muni de ces pièces ; il y vérifiera les déclarations ; il les confrontera avec les renseignements qu'il aura pu recueillir et avec ceux qui lui seront fournis par l'autorité municipale ; il suppléera d'office aux déclarations qui n'auraient pas été faites ou qui seraient inexactes ou incomplètes, en se conformant d'ailleurs aux recommandations contenues dans le n° 17 de la présente instruction ; enfin il rédigera l'état-matrice conformément au modèle n° 3, de concert avec le maire et les répartiteurs (4° *alinéa de l'article 11 de la loi*). Le contrôleur mentionnera sur les déclarations et sur les extraits n° 2 les rectifications qu'il aura été dans le cas d'y opérer d'office et l'usage qu'il aura fait de ces pièces pour la rédaction des états-matrices.

30. Le contrôleur enverra immédiatement à la direction son travail, accompagné des états-matrices de l'année précédente, et des pièces justificatives qu'il jugerait utile d'y joindre (33). Avant de quitter la commune, il remettra au maire, après les avoir classées dans l'ordre de leurs numéros et enliassées dans la forme du talon des registres à souche, les déclarations qui avaient été communiquées au directeur des contributions directes. Il recommandera au maire de veiller avec beaucoup de soin à la conservation de ces pièces.

31. Le contrôleur ne négligera aucune occasion de recueillir des renseignements sur la matière imposable, afin de découvrir et de constater les éléments des cotisations qu'il pourrait y avoir lieu d'imposer dans les communes pour lesquelles il n'aurait point été fait de déclarations. Il rédigera, pendant la tournée ordinaire des mutations, en se conformant d'ailleurs à toutes les prescriptions et recommandations ci-dessus, les états-matrices nécessaires pour la confection des rôles supplémentaires.

32. Le contrôleur profitera, en outre, de tous les voyages qu'il aura à faire dans les communes (tournées spéciales de patentes, vérifications de pertes, instruction de réclamations, etc.) pour dresser les états-matrices supplémentaires nécessaires à la réparation des omissions et à l'assiette des compléments de taxe résultant des changements de résidence, dans les cas énoncés aux n°s 12 à 18 de la présente instruction. On rappelle encore ici, toutefois, que la simple augmentation dans le nombre des chevaux et des voitures, survenue après le 1er janvier, ne donne lieu à cotisation qu'à partir de l'année suivante (11).

Les états-matrices supplémentaires seront dressés sur des cadres conformes au modèle n° 4.

33. Il est recommandé d'une manière particulière au contrôleur de consigner dans les colonnes des états-matrices à ce destinées toutes les indications, observations et explications nécessaires pour justifier ses propositions, notamment en ce qui concerne les doubles taxes, et pour mettre le directeur à portée de donner un avis bien motivé en cas de contestation par les répartiteurs. Il devrait même, s'il prévoyait quelques difficultés sérieuses, joindre à l'état-matrice les notes, rapports et renseignements détachés qui lui paraîtraient propres à faciliter la solution des difficultés.

34. Le contrôleur adressera au directeur des certificats ou des états négatifs pour les communes dans lesquelles il n'y aurait eu, en définitive, aucune taxe à établir.

35. Toutes les fois que le contrôleur trouvera, dans les communes où il aura à s'occuper de l'assiette de l'impôt sur les voitures et les chevaux, des déclarations faites postérieurement au 15 janvier qui lui paraîtraient susceptibles de donner lieu à établissement de taxes pour l'année courante, il en fera lui-même, pour les communes étrangères à son contrôle, des extraits conformes au modèle n° 2, qu'il enverra immédiatement au directeur, pour que celui-ci leur donne la destination indiquée au n° 27 ci-dessus.

Il inscrira également sur des bulletins semblables les voitures et les chevaux non déclarés par les contribuables, qu'il aurait pu porter d'office sur les états-matrices, lorsque ces voitures et ces chevaux existeront en permanence ou suivront seulement le propriétaire dans des résidences qui ne dépendront point de la division de contrôle. L'accomplissement de ces dispositions mettra tous les agents à même de connaître et de suivre, dans toute l'étendue de leur circonscription, les éléments de la contribution nouvelle, alors même que ces éléments n'y seraient point imposés;

ils se trouveront ainsi à portée de prévenir ou de réprimer les fraudes et les dissimulations.

Pour faciliter l'accomplissement de ces dispositions, les maires donneront avis aux contrôleurs de celles des déclarations faites après le 15 janvier qui donneraient lieu à l'établissement de rôles supplémentaires. Cet avis sera adressé aux contrôleurs immédiatement après le dépôt des *déclarations à la mairie.*

36. L'inspecteur des contributions directes surveillera le travail des contrôleurs.

Il vérifiera les états-matrices dans les communes où il aura à se transporter pour la vérification du travail des mutations. Il constatera les résultats de ses vérifications dans des rapports spéciaux qui seront rédigés dans la forme prescrite par la circulaire du 16 février 1854, n° 317. Ces rapports seront transmis à l'administration aux mêmes époques que les rapports relatifs à la tournée des mutations.

37. Indépendamment des vérifications ci-dessus mentionnées, l'inspecteur profitera de ses tournées et de toute occasion opportune pour recueillir les faits et renseignements qui lui paraîtront propres à contribuer à l'amélioration de l'assiette de l'impôt sur les voitures et les chevaux. Il classera ces renseignements par commune, et les transmettra, au moyen de bulletins, au directeur des contributions directes, qui les fera parvenir, avec ses observations, s'il y a lieu, aux contrôleurs chargés de les utiliser. Dans tous les cas, ces derniers agents rendront compte au directeur de la suite qu'ils auront donnée aux renseignements recueillis par l'inspecteur.

§ IV. — *Confection et émission des rôles. — Réclamations et mesures d'ordre diverses.*

38. Le directeur des contributions directes vérifiera les états-matrices aussitôt qu'ils lui auront été transmis. Il les fera régulariser, s'il y a lieu. En cas de contestation entre le contrôleur, le maire et les répartiteurs, il examinera attentivement les observations consignées sur les états, ainsi que les pièces et renseignements qui pourront y avoir été annexés pour éclaircir les difficultés (33). Après avoir entendu le contrôleur et, au besoin, fait recueillir de nouveaux renseignements par l'inspecteur, il adressera au préfet son avis motivé sur les points en contestation. Cet avis sera rédigé en forme de tableau (modèle n° 5).

Lorsque le préfet ne croira pas devoir adopter les propositions du directeur, il en référera au ministre des finances, et en informera le directeur, qui sursoira à l'établissement des taxes pour les articles contestés. Si la décision du ministre n'était pas connue avant l'époque où il serait nécessaire de confectionner les rôles, le directeur s'abstiendrait d'y porter les articles contestés, sauf à les comprendre ultérieurement dans un rôle supplémentaire.

39. Lorsque ces opérations seront terminées, le directeur appliquera

aux bases de cotisation arrêtées le tarif légal, en ayant soin de tenir compte des dispositions de l'article 12 de la loi, qui veut que les taxes soient doublées pour les voitures et les chevaux qui n'auraient pas été déclarés ou qui auraient été déclarés d'une manière inexacte.

Une liste alphabétique des communes au-dessus de 3,000 âmes, placée à la suite de la présente instruction, fera connaître aux agents le tarif applicable aux éléments de cotisation provenant de communes étrangères à leurs circonscriptions. Ils ne perdront pas de vue que le même tarif est applicable à toutes les parties de la même commune, sans distinction de la ville et de la banlieue. Il n'y a d'exception à cet égard que pour les communes annexées depuis 1852 aux villes de Lyon, de Lille et de Paris, ces communes devant, aux termes des lois et décrets d'annexion, conserver les tarifs applicables à leur population pendant un temps qui est indéterminé pour les deux premières villes, et qui doit expirer pour la troisième en 1865. Les localités jouissant de ces exceptions sont indiquées à la suite de la liste des communes au-dessus de 3,000 âmes.

40. Le directeur ajoutera aux taxes établies d'après le tarif les centimes additionnels pour fonds de non-valeurs (1) et, à chaque cote, les frais d'avertissement ; puis il procédera à l'expédition des rôles, en se servant, s'il s'agit d'un rôle primitif, d'imprimés conformes au modèle n° 6, et, s'il s'agit d'un rôle supplémentaire, d'imprimés conformes au modèle n° 7.

Les avertissements seront rédigés sur des imprimés modèle n° 8, lorsqu'ils se rapporteront à un rôle primitif, et sur des imprimés modèle n° 9, lorsqu'ils se rapporteront à un rôle supplémentaire.

41. Le directeur présentera les rôles, certifiés par lui, à l'homologation du préfet, et lorsqu'ils auront été arrêtés par ce magistrat, il les transmettra, avec les avertissements, aux agents du recouvrement, en suivant la marche tracée par les instructions relatives aux contributions directes.

42. Le directeur se conformera aux mêmes instructions pour la rédaction et la transmission des avis d'émission et des états du montant des rôles, tant primitifs que supplémentaires.

Ces pièces seront établies sur des imprimés conformes aux modèles nos 10 et 11.

43. Chaque année, en transmettant à l'administration le résumé définitif des rôles, le directeur rendra compte de l'application de la loi du 2 juillet 1862, en ce qui concerne l'impôt objet de la présente instruction. Il signalera dans son rapport les faits les plus remarquables qui se seront présentés, les difficultés rencontrées, les moyens par lesquels elles auront été surmontées, ainsi que le degré de zèle et d'intelligence dont les agents auront fait preuve. Enfin il fera ressortir, en donnant à ce sujet toutes les explications convenables, la comparaison des produits de l'impôt de l'année précédente avec ceux de l'année courante. Les résultats obtenus seront en outre mentionnés au compte administratif, dans un chapitre auquel on donnera le n° III *bis*.

(1) 5 centimes en 1863.

44. Les rôles seront publiés et recouvrés et les réclamations seront présentées, instruites et jugées comme en matière de contributions directes. Les règles concernant les patentes seront, toutefois, plus particulièrement appliquées à la contribution sur les voitures et les chevaux.

45. On remarquera que l'attribution d'une partie de l'impôt aux communes, qui n'est que de 8 p. 0[0 en ce qui concerne les patentes, est porté à 10 p. 0[0 pour la contribution nouvelle; mais cette dernière attribution n'est due que pour le principal des cotes qui rentrent au Trésor : l'article 8 de la loi ne veut point qu'elle soit prélevée sur le principal des sommes qui seront allouées en dégrèvement, soit à titre de décharges et de réductions, soit à titre de remises et de modérations.

Pour remplir le but de cette disposition, sans tomber dans l'inconvénient que le retard du jugement des réclamations pourrait amener dans le règlement de la somme revenant définitivement aux communes, on fera d'abord compte à celles-ci de la totalité de leurs attributions, de la même manière que pour les patentes, et on leur fera ensuite restituer sur les produits de la caisse municipale, au lieu de l'imputer sur le fonds de non-valeurs, la portion des dégrèvements représentant le dixième du principal revenant à la commune. A cet effet, il sera fait sur les ordonnances de dégrèvement une division des cotes ou portions de cotes accordées en décharge, réduction, remise ou modération, indiquant d'une manière distincte la somme imputable sur le fonds de non-valeurs et celle qui devra être restituée par la caisse communale. (*Les agents recevront ultérieurement les modèles des ordonnances.*)

§ V. — *Règlement des indemnités.*

46. Les indemnités accordées aux agents par l'article 13 de la loi, pour les couvrir des frais de l'assiette de l'impôt et de ceux de la confection des rôles et des avertissements, sont réglées ainsi qu'il suit :

Contrôleurs, six francs par commune dans laquelle il aura été fait des rôles, et dix centimes par article de rôle ;

Directeurs, un franc par commune dans laquelle il aura été fait des rôles, et quinze centimes par article de rôle.

47. Tous les imprimés relatifs à l'assiette de l'impôt sur les voitures et les chevaux sont à la charge du directeur.

§ VI. — *Dispositions transitoires.*

48. L'administration a besoin, pour être complétement édifiée sur les effets et la portée des dispositions de la loi du 2 juillet 1862 relatives à la contribution nouvelle établie sur les voitures et les chevaux, de quelques renseignements statistiques. Elle prie MM. les directeurs de rechercher ces renseignements, ou de les faire recueillir par leurs collaborateurs, et de les lui transmettre aux époques ci-dessous indiquées.

1° *Aussitôt après le dépouillement des déclarations des propriétaires* (27), *et, au plus tard, le 5 mars prochain*, un état indiquant le nombre des déclarations faites en exécution de l'article 11 de la loi, et l'impôt qu'elles seront jugées devoir produire. Cet état sera conforme au modèle n° 12.

2° *Après la tournée des mutations, et, au plus tard, le 15 octobre 1863*, un état approximatif du nombre des voitures et des chevaux employés au service personnel du propriétaire, mais exemptés de l'impôt pour les causes énoncées aux articles 6 et 7 de la loi. Cet état, dont les éléments seront recueillis par les contrôleurs dans leurs tournées, sera rédigé conformément au modèle n° 13, et devra présenter l'évaluation, par aperçu, de l'impôt auquel auraient donné lieu les voitures et les chevaux exemptés, s'ils avaient été assujettis à la contribution.

3° *Au moment de l'envoi du résumé général des rôles de 1863*, un tableau présentant, par département et par commune, le montant en principal de la contribution afférente à des éléments de cotisation qui ont été transférés, pour la confection du rôle de la commune où ils étaient passibles de la taxe la plus élevée en raison de la population, dans la commune du domicile réel du contribuable. Ce tableau, dont tous les éléments se trouvent dans les états-matrices, sera formé par le directeur et rédigé conformément au modèle n° 14.

Le premier renseignement est destiné à faire connaître les produits probables de l'impôt; le second est destiné à faire apprécier l'importance des exemptions, et le troisième donnera le moyen de juger quelle est, dans le produit de l'impôt, la part réelle des communes, bien qu'elle soit quelquefois disséminée dans un grand nombre de rôles. L'utilité de ces renseignements est facile à comprendre, et l'administration doit compter qu'ils seront recueillis avec soin et transmis avec exactitude.

49. S'il arrivait que les contrôleurs rencontrassent quelques cas où ils seraient incertains sur la manière d'appliquer la loi ou la présente instruction, ils en référeraient au directeur, qui leur ferait parvenir ses solutions dont il donnerait connaissance à l'administration; au besoin, le directeur la consulterait lui-même.

Les consultations de l'espèce seront faites sous forme de questions écrites à mi-marge et transmises en double expédition; l'un des doubles sera renvoyé avec la solution à l'agent qui aura soumis la difficulté.

Le Directeur général des Contributions directes,

Signé N.-H. DE JANVRY.

APPROUVÉ :

Paris, le 31 octobre 1862.

Le Ministre des finances,

Signé ACHILLE FOULD.

EXEMPLES FICTIFS

Pour l'application des dispositions contenues dans les nos 11 à 18 de l'instruction du 31 octobre 1862.

M. X a dans la commune A, d'une population de 2,000 âmes, son domicile réel. Il a, dans la même commune, une voiture à deux roues et deux chevaux y restant en permanence.

Il a une seconde résidence dans la commune B, de 4,000 âmes, avec une voiture à quatre roues et deux chevaux restant habituellement attachés à la résidence.

Il a une troisième résidence dans la commune C, de 21,000 âmes, avec une voiture à quatre roues en permanence. Il a dans la même commune une autre voiture à quatre roues et quatre chevaux qui le suivent habituellement dans plusieurs de ses autres résidences.

M. X est imposé au 1er janvier ainsi qu'il suit :

1° Dans la commune A, lieu de son domicile réel, à 115 francs, savoir :

Pour la voiture à deux roues restant en permanence dans cette commune, ci	5 fr.	15 fr.
Pour les deux chevaux qui y restent également en permanence, à raison de 5 francs par cheval, ci	10	

Pour la voiture à quatre roues et pour les quatre chevaux qui le suivent habituellement dans plusieurs résidences, dont l'une est dans la commune C, de 21,000 âmes, à 100 francs, qui se décomposent ainsi :

Une voiture (tarif des communes de 20,001 à 40,000 âmes), ci	40 fr.	100 fr.
Quatre chevaux (15 francs par cheval d'après le même tarif), ci	60	
TOTAL		115

2° Dans la commune B, à raison de la voiture à quatre roues et des deux chevaux qui y restent en permanence, à 45 francs, qui se décomposent ainsi :

Une voiture (tarif des communes de 3,001 à 20,000 âmes), ci.	25 fr.	45 fr.
Deux chevaux (10 francs par cheval d'après le même tarif), ci	20	

3° Dans la commune C, à raison de la voiture à quatre roues qui y est en permanence, ci .... 40 fr.

Ces taxes seraient, dans les cas qui vont être indiqués, susceptibles d'être accrues des suppléments ci-après :

1er CAS.

M. X transfère, le 15 avril, sa résidence et son domicile réel de la commune A dans la commune B, et il s'y fait suivre par la voiture à deux roues et les deux chevaux qu'il avait dans la commune A, et qui resteront désormais attachés à la résidence B.

M. X est passible, à raison de ce changement, d'un supplément de taxe de 11 fr. 25 c. calculé ainsi qu'il suit :

Taxe primitive de la voiture à deux roues et des deux chevaux dans la commune A.......... 15 f. » c.

Si cette taxe avait été établie dans la commune B, elle aurait été de 30 fr., savoir :

Pour la voiture à deux roues..........	10 fr.	30	»
Pour les deux chevaux (10 fr. chacun)..........	20		
Différence..........		15	»
Dont les 9/12es (9 mois de l'année restant à courir à partir du 1er du mois dans lequel le changement a eu lieu) sont de..........		11	25

Cette dernière somme est le montant du complément de taxe à payer. Elle doit être imposée dans un rôle supplémentaire de la commune B, qui donne lieu à l'augmentation et dans laquelle est maintenant le domicile réel de M. X.

2e CAS.

M. X, à partir du 1er juillet, cesse d'avoir une résidence dans la commune B. Il transfère sa voiture à quatre roues de cette commune dans sa résidence de la commune C, où la voiture restera en permanence. Il conserve ses deux chevaux de la commune B, mais ces chevaux le suivront désormais dans ces diverses résidences.

M. X est passible, à raison de ces changements, d'un supplément de taxe de 12 fr. 50 c. calculé de la manière suivante :

Taxe primitive de la voiture à quatre roues et des deux chevaux dans la commune B.......... 45 f. » c.

Si cette taxe avait été établie à raison de la population de la commune C, elle aurait été de 70 fr., ainsi qu'il suit :

Pour la voiture à quatre roues..........	40 fr.	70	»
Pour les deux chevaux (15 fr. par cheval)..........	30		
Différence..........		25	»
Dont les 6/12es sont de..........		12	50

Cette somme est le montant du complément de taxe à payer, mais elle doit être divisée en deux parties :

L'une, de 7 fr. 50 cent., afférente à la voiture à quatre roues, imposable dans la commune C, où cette voiture restera en permanence ;

L'autre, de 5 francs, afférente aux deux chevaux qui avaient été placés en permanence dans la commune B, et qui suivront désormais le propriétaire dans ses diverses résidences. Ces 5 francs sont imposables dans la commune A, où M. X a son domicile réel.

3e CAS.

M. X supprime, le 1er novembre, sa résidence dans la commune B ; il vend la voiture à quatre roues et les deux chevaux qui y étaient attachés. Il prend, à la même date, une résidence nouvelle dans la commune D, de 50,000 âmes, et il se fait suivre dans cette résidence par la voiture à quatre roues et les quatre chevaux qui le suivaient déjà dans ses anciennes résidences.

Par application du principe de l'annualité de l'impôt (*n° 11 de l'instruction*), M. X n'a droit à aucune diminution pour la vente de la voiture et des chevaux qu'il avait en permanence dans la commune B ; mais il est passible d'un supplément de taxe, à raison du tarif de la commune D, devenu applicable, pour deux mois, à la voiture à quatre roues et aux quatre chevaux par lesquels il s'est fait suivre dans cette dernière commune.

Ce supplément doit être ainsi calculé :

Taxe primitive de la voiture et des chevaux établie dans la commune A.. 100 fr.

Si cette taxe avait été établie à raison de la population de la commune D, elle se serait élevée :

Pour une voiture à quatre roues, à........................	50 fr.	130
Pour quatre chevaux (20 fr. par cheval), à................	80	
Différence....................		30

Donnant lieu, pour deux mois, à un supplément de 5 fr., somme égale aux 2|12es de la différence 30 fr.

Ce supplément est imposable dans la commune A, où est le domicile réel de M. X.

Si M. X, au lieu de vendre une partie de ses voitures et de ses chevaux, en avait augmenté le nombre, il n'aurait été susceptible d'aucun accroissement de axe pour l'augmentation (*no* 11 *de l'instruction*).

LXXXV.

SUITE : DES VOITURES ET CHEVAUX EXEMPTS DE L'IMPÔT.

176. (*Tableau des grades et emplois dont les titulaires ont droit à l'exemption de la taxe, pour les chevaux et voitures qu'ils possèdent, en conformité des règlements du service militaire ou administratif.* (Art. 7, § 1er, de la loi du 2 juillet 1862.)

MINISTÈRE DE LA MAISON DE L'EMPEREUR.

1° *Forêts et domaines de la Couronne.*

	Voit.	Chev.
Inspecteurs forestiers..................................	»	2
Directeur du service des eaux...........................	»	2
Ingénieur de la machine de Marly........................	»	1
Sous-inspecteurs forestiers.............................	»	1
Gardes généraux...	»	1
Gardes généraux adjoints................................	»	1
Gardes à cheval...	»	1
Brigadiers montés.......................................	»	1
Préposé principal des domaines de Versailles............	»	1

2° *Domaines impériaux de Sologne.*

Directeur...	»	2
Architecte..	»	1
Régisseur...	»	1
Sous-régisseurs...	»	1
Agent comptable...	»	1

3° *Bergeries impériales de Rambouillet.*

	Voit.	Chev.
Directeur	»	2

4° *Fermes impériales de la Champagne.*

	Voit.	Chev.
Régisseur	»	1
Agent comptable	»	1

5° *Ferme impériale de Vincennes.*

	Voit.	Chev.
Régisseur	»	1

6° *Domaine impérial de Pompadour.*

	Voit.	Chev.
Régisseur	»	1

7° *Domaine impérial des Landes.*

	Voit.	Chev.
Directeur	»	1
Régisseur	»	1

MINISTÈRE DES FINANCES.

1° *Direction générale des douanes et des contributions indirectes.*

Douanes.

	Voit.	Chev.
Inspecteurs divisionnaires	»	1
Sous-inspecteurs divisionnaires	»	1
Employés des brigades à cheval	»	1
Préposés d'ordonnance	»	1

Contributions indirectes.

	Voit.	Chev.
Inspecteurs divisionnaires	»	1
Sous-inspecteurs divisionnaires	»	1
Receveurs ambulants à cheval	»	1
Commis principaux adjoints aux receveurs à cheval	»	1

2° *Direction générale des forêts.*

	Voit.	Chev.
Inspecteurs	»	1
Sous-inspecteurs	»	1
Gardes généraux	»	1
Gardes généraux adjoints	»	1

MINISTÈRE DE LA GUERRE.

		Voit.	Chev.
Maréchaux de France		»	10
Généraux de division		»	6
Généraux de brigade		»	4
Corps impérial d'état-major.	Colonel ou lieutenant-colonel, chef d'état-major d'une division	»	2
	Colonel ou lieutenant-colonel chargé de la partie topographique	»	2
	Colonel ou lieutenant-colonel d'état-major	»	2
	Chef d'escadron	»	1
	Capitaine	»	1
	Lieutenant	»	1

			Voit.	Chev.
Intendance militaire.	Intendant général		»	4
	Intendant		»	3
	Sous-intendant		»	2
	Adjoint		»	1
État-major des places.	Commandants de place.	Colonel à Lyon, Marseille, Metz, Strasbourg	»	1
		Lieutenant-colonel	»	»
		Chef de bataillon	»	»
		Capitaine	»	»
	Majors de place, adjudants et secrétaires de place, commandants de postes militaires.	Chef de bataillon à Lyon et à Marseille	»	1
		Capitaine à Lyon et à Marseille	»	1
		Lieutenant	»	»
		Sous-lieutenant	»	»
		Sous-officier	»	»
	Aumônier		»	»
État-major particulier de l'artillerie.	Colonel		»	2
	Lieutenant-colonel		»	2
	Chef d'escadron		»	1
	Capitaine		»	»
État-major particulier du génie.	Colonel		»	2
	Lieutenant-colonel		»	2
	Chef de bataillon		»	1
	Capitaine		»	»
	Lieutenant		»	»
État-major des parcs de construction des équipages militaires.	Colonel		»	2
	Lieutenant-colonel		»	2
	Chef d'escadron		»	1
	Capitaine (autre que celui en résidence fixe)		»	1
	Lieutenant et sous-lieutenant		»	1

Corps de troupes.

		Voit.	Chev.
Colonels et lieutenants-colonels d'infanterie		»	2
Colonels et lieutenants-colonels du génie		»	2
Colonels de cavalerie et d'artillerie		»	3
Colonel du régiment de pontonniers		»	3
Lieutenants-colonels de cavalerie et d'artillerie		»	3
Lieutenants-colonels du régiment de pontonniers		»	3
Chefs de bataillon et majors d'infanterie		»	1
Chefs d'escadron et majors de cavalerie, artillerie et trains		»	2
Chefs de bataillon ou d'escadron et majors du régiment de pontonniers et des régiments du génie		»	2
Trésoriers et officiers d'habillement des troupes à cheval et des régiments d'artillerie		»	2
Adjoints aux trésoriers dans les corps de toutes armes		»	»
Officiers payeurs	d'infanterie	»	»
	de cavalerie	»	1
Adjudants majors	d'infanterie	»	»
	du génie et du régiment de pontonniers	»	1
	de cavalerie, artillerie et trains	»	2
Lieutenants d'état-major détachés	dans les troupes à pied	»	»
	dans les troupes à cheval	»	1
Capitaines	d'infanterie	»	»
	du génie, du régiment de pontonniers et des compagnies d'ouvriers	»	»
	de cavalerie, artillerie et trains	»	2

		Voit.	Chev.
Lieutenants et sous-lieutenants	d'infanterie	»	»
	du génie, du régiment de pontonniers et des compagnies d'ouvriers	»	»
	de cavalerie, artillerie et trains	»	1
Bataillons de chass. à pied et d'ouv. d'adm.	Chefs de bataillon	»	1
	Capitaines	»	»
	Lieutenants et sous-lieutenants	»	»
Vétérinaire en chef principal		»	2
Vétérinaires en premier		»	2
Vétérinaires en second		»	1
Aides-vétérinaires		»	1

Service de santé.

		Voit.	Chev.
Médecin inspecteur		»	»
Médecin, chirurgien ou pharmacien principal		»	»
Chirurgiens-majors des corps de troupes à pied		»	1
Chirurgien-major des corps de troupes à cheval.	Cavalerie	»	2
	Artillerie	»	2
	Trains	»	2
Chirurgien aide-major des corps de troupes à pied		»	»
Chirurgien-aide-major des corps de troupes à cheval.	Cavalerie	»	1
	Artillerie	»	1
	Trains	»	1
Médecin ordinaire et médecin-adjoint, chirurgien ou pharmacien-major, ainsi que leurs aides et sous-aides attachés aux hôpitaux et ambulances		»	»
Garde nationale en activité (comme l'infanterie)			
Gendarmerie (comme les troupes à cheval)			

Administration militaire.

(Aucun agent de l'administration militaire n'est obligé, en temps de paix, d'avoir des chevaux.)

NOTA. — Les officiers employés soit comme aides de camp ou officiers d'ordonnance de l'Empereur et de S. A. I. le prince Napoléon, soit à l'état-major du ministre de la guerre, ou à ceux de la 1re division et de la place de Paris, sont tenus d'avoir un cheval de plus que les officiers de leur grade.

MINISTÈRE DE LA MARINE ET DES COLONIES.

				Voit.	Chev.
Etat-major général.	Général de division			»	6
	Général de brigade			»	4
Etats-majors et régiments d'infanterie et d'artillerie de marine.	Colonel			»	2
	Lieutenant-colonel			»	2
	Chef de bataillon et major			»	1
	Officiers d'ordonnance.	Infanterie		»	1
		Artillerie	Capitaine	»	1
			Lieutenant	»	1

MINISTÈRE DE L'AGRICULTURE, DU COMMERCE ET DES TRAVAUX PUBLICS.

	Voit.	Chev.
Ingénieur des ponts et chaussées	»	1

Paris, le 1er février 1863.

Le Directeur général des Contributions directes,
Signé : N.-H. DE JANVRY.

APPROUVÉ :

Ce 4 février 1863.

Le Ministre des finances,
Signé : ACH. FOULD.

QUATRIÈME PARTIE.

De la procédure devant les conseils de préfecture.

LXXXVI.

DES RÈGLES DE PROCÉDURE A SUIVRE POUR LES RÉCLAMATIONS EN MATIÈRES DE CONTRIBUTIONS DIRECTES.

177. (*Extrait de la loi du* 21 *avril* 1832.)

Pour présenter l'ensemble complet de la législation sur la matière objet de ce chapitre, nous croyons devoir reproduire le texte des articles 28 et 29 de la loi précitée qui se trouvent déjà rapportés pages 46 et 47 ci-dessus.

Forme de la demande.

Art. 28. Tout contribuable qui se croira surtaxé adressera au préfet ou au sous-préfet, dans les trois premiers mois de l'émission des rôles, sa demande en décharge ou réduction. Il y joindra la quittance des termes échus de sa cotisation, sans pouvoir, sous prétexte de réclamation, différer le payement des termes qui viendront à échoir pendant les trois mois qui suivront la réclamation, dans lesquels elle devra être jugée définitivement.

Le même délai est accordé au contribuable qui réclamera contre son omission au rôle. Le montant des cotisations extraordinaires qui seront établies par suite de ces dernières réclamations, soit en contribution personnelle et mobilière, soit en portes et fenêtres, viendra en déduction du contingent de la commune pour l'année suivante.

Ne sont point assujetties au droit de timbre les réclamations ayant pour objet une cote moindre de 30 fr.

29. La pétition sera renvoyée au contrôleur des contributions directes, qui vérifiera les faits, et donnera son avis après avoir pris celui des répartiteurs.

Si le directeur des contributions directes est d'avis qu'il y a lieu d'admettre la demande, il fera son rapport, et le conseil de préfecture statuera. Dans le cas contraire, le directeur exprimera les motifs de son opinion, transmettra le dossier à la sous-préfecture, et invitera le réclamant à en prendre communication, et à faire connaître dans les dix jours s'il veut fournir de nouvelles observations, ou recourir à la vérification par voie d'experts. Si l'expertise est demandée, les deux experts seront nommés, l'un par le sous-préfet, l'autre par le réclamant, et il sera procédé à la vérification dans les formes prescrites par l'arrêté du gouvernement du 24 floréal an VIII.

Expertise.

Les principes posés dans les deux articles de la loi du 20 avril 1832 ne sont que la reproduction de ceux déjà admis par la législation antérieure. L'arrêté suivant est le code de procédure en matière de contributions et taxes assimilées aux contributions.

178. (*Arrêté des consuls, relatif aux réclamations en matière de contributions, du 24 floréal an VIII.*)

TITRE Ier.

Décharges et réductions.

Contribution foncière.

Art. 1er. Tout citoyen imposé dans une commune pour un bien situé dans une autre remettra sa pétition au sous-préfet, qui la renverra au contrôleur de l'arrondissement, lequel vérifiera le fait et donnera son avis.

Le sous-préfet, après avoir donné aussi son avis, fera passer les pièces au préfet, qui les communiquera au directeur des contributions. Celui-ci remettra son avis au préfet, et le conseil de préfecture prononcera, s'il y a lieu, la décharge, dont le montant sera réimposé sur toutes les autres propriétés de la commune où le réclamant aura été mal à propos imposé.

2. Lorsqu'une propriété aura été cotisée sous un autre nom que celui du véritable propriétaire, les mêmes formes seront observées, et le conseil de préfecture statuera sur la mutation de cote.

3. Lorsqu'un contribuable se croira taxé dans une proportion plus forte qu'un ou plusieurs autres propriétaires de la commune

où sont situés ses biens, il se pourvoira devant le sous-préfet de l'arrondissement; il joindra à sa réclamation une déclaration de ses propriétés et de leurs revenus.

4. Le sous-préfet enverra la réclamation au contrôleur : ce dernier prendra l'avis des répartiteurs de la commune, lesquels le donneront dans la décade. S'ils conviennent de la justice de la réclamation, il en dressera un procès-verbal, qu'il fera passer au sous-préfet; celui-ci, après avoir donné son avis, enverra le tout au préfet, qui prendra l'avis du directeur, et le conseil de préfecture prononcera la réduction de la cote. Le montant de la réduction sera réimposé sur les autres propriétaires.

5. Si les répartiteurs ne conviennent pas de la surtaxe, deux experts seront nommés, l'un par le sous-préfet et l'autre par le réclamant. Les experts se rendront sur les lieux avec le contrôleur; et en présence de deux répartiteurs et du réclamant ou de son fondé de pouvoir, ils vérifieront les revenus, objets de la cote du réclamant, et des autres cotes prises ou indiquées par le réclamant pour comparaison dans le rôle de la contribution foncière de la même commune.

6. Le contrôleur rédigera un procès-verbal des dires des experts, et y joindra son avis.

Le sous-préfet, après avoir donné lui-même son avis, enverra le tout au préfet.

S'il en résulte que les cotes prises pour comparaison sont dans une proportion plus faible que celle du réclamant, le conseil de préfecture, toujours sur l'avis du directeur des contributions, prononcera la réduction, à raison du taux commun des autres cotes.

Le montant de cette réduction sera réimposé sur les autres contribuables de la commune.

Contribution personnelle.

7. Tout citoyen qui aura été taxé à la contribution personnelle dans une commune où il n'a point de domicile se pourvoira devant le sous-préfet. La marche réglée par l'article 1er sera suivie; et sur l'avis du directeur des contributions, le conseil de préfecture prononcera la décharge, dont le montant sera réimposé sur tous les autres habitants.

8. Lorsqu'un citoyen se croira surtaxé à raison de ses facultés, il se pourvoira devant le sous-préfet; il joindra à sa réclamation une déclaration de ses facultés.

9. La marche tracée ci-dessus pour la contribution foncière sera également suivie dans l'instruction de l'affaire; et si les répartiteurs de la commune conviennent de la justice de la réclamation, le conseil de préfecture prononcera la réduction de la cote, dont le montant sera réimposé sur les autres contribuables de la commune.

10. Si les répartiteurs ne conviennent pas de la surtaxe, le sous-préfet nommera deux commissaires, qui se rendront sur les lieux avec le contrôleur de l'arrondissement; et en présence de deux répartiteurs et du réclamant ou de son fondé de pouvoir, ils vérifieront les faits, s'il s'agit d'objets compris mal à propos dans les facultés du réclamant.

11. Si le contribuable ne conteste pas les objets compris dans l'évaluation de ses facultés, mais qu'il croie cette évaluation trop forte comparativement à celles des autres contribuables, le contrôleur et les deux commissaires vérifieront les évaluations servant de base à la cote du réclamant, et celles des autres cotes prises ou indiquées par celui-ci pour comparaison dans le rôle de la contribution personnelle de la même année.

12. Le contrôleur rédigera son procès-verbal et le remettra au sous-préfet, qui le fera passer, avec son avis, au préfet. S'il en résulte qu'il y a surtaxe, le conseil de préfecture, sur l'avis du directeur des contributions, prononcera la réduction, dont le montant sera réimposé sur les autres habitants de la commune.

Dispositions générales.

13. La réduction d'une cote en principal entraînera toujours la réduction proportionnelle des centimes additionnels.

14. Le montant de toutes les ordonnances de décharge ou de réduction sera réimposé, au profit de ceux qui les auront obtenues, par addition au rôle de l'année suivante.

15. A cet effet, le directeur des contributions tiendra registre de toutes les décharges ou réductions prononcées, pour que, chaque année, le préfet du département indique aux communes la somme que chacune d'elles aura à réimposer.

16. Le percepteur remboursera, sur les deniers de la recette, les contribuables au profit de qui ces réimpositions auront été faites, en commençant par les ordonnances les plus anciennes en date.

17. Les frais de vérification et d'experts seront réglés par le préfet, sur l'avis du sous-préfet.

18. Ils seront supportés, savoir :

Par la commune, lorsque la réclamation aura été reconnue juste;

Par le réclamant, lorsque la réclamation aura été rejetée.

19. Les frais à la charge de la commune seront imposés sur le rôle de l'année suivante, avec les centimes additionnels, et comme charge locale.

Ceux à la charge des contribuables seront acquittés par eux, en vertu de l'ordonnance du préfet, entre les mains du percepteur.

21. Le percepteur fera néanmoins, dans tous les cas, l'avance de ces frais aux experts, sur le produit des centimes additionnels de la commune.

22. Les ordonnances de décharge ou réduction seront rendues par le préfet : elles énonceront les motifs de la pétition, l'avis du directeur et le prononcé du conseil de préfecture.

23. Les ordonnances seront remises au directeur, et par celui-ci au receveur particulier, qui les transmettra au percepteur. Le directeur en préviendra, par une lettre d'avis, la partie intéressée, qui se rendra chez le percepteur pour quittancer l'ordonnance, après en avoir reçu le montant.

TITRE II.

Remises et modérations.

24. Lorsque, par des événements extraordinaires, un contribuable aura éprouvé des pertes, il remettra sa pétition au sous-préfet, qui la renverra au contrôleur de l'arrondissement.

25. Le contrôleur se transportera sur les lieux, vérifiera, en présence du maire, les faits, et constatera la quotité de la perte, des revenus fonciers ou des facultés mobilières du réclamant, et en dressera un procès-verbal qu'il enverra au sous-préfet; celui-ci

le fera parvenir, avec son avis, au préfet, qui prendra l'avis du directeur des contributions.

26. Lorsqu'une commune aura éprouvé des pertes de revenus par des événements extraordinaires, elle remettra aussi sa pétition au sous-préfet, lequel nommera deux commissaires pour vérifier, en présence du maire, conjointement avec le contrôleur de l'arrondissement, les faits et la quotité des pertes.

27. Le contrôleur dressera un procès-verbal de la vérification, l'enverra au sous-préfet, qui le fera passer, avec son avis, au préfet, lequel prendra l'avis du directeur des contributions.

28. Le préfet réunira les différentes demandes qui lui auront été faites, dans le cours de l'année, en remises ou modérations; et, l'année expirée, il fera, entre les contribuables ou les communes dont les réclamations auront été reconnues justes et fondées, la distribution des sommes qu'il pourra accorder, d'après la portion des fonds de non-valeur mise à sa disposition pour cet objet.

Cet état de distribution sera communiqué par le préfet au conseil général du département.

29. Sur les cinq centimes imposés additionnellement aux deux contributions foncière et personnelle, moitié est à la disposition du préfet de chaque département, pour être employée aux remises et modérations, conformément à l'article précédent.

L'autre moitié restera à la disposition du gouvernement, et est destinée : 1° à accorder des suppléments de fonds à ceux des départements auxquels le *maximum* des centimes additionnels ne suffirait pas pour faire face à leur dépense; 2° à accorder des remises et modérations aux arrondissements et aux départements qui éprouveraient des accidents majeurs.

179. (*Observation générale.*)

On ne saurait trop insister sur certaines dispositions qui sont comme des phares propres à éclairer les parties intéressées. C'est le but des observations suivantes :

180. 1° *Publication des rôles.*

Les rôles de toute contribution sont rendus obligatoires par la publication qui en est faite conformément à la loi.

Le maire, le dimanche qui suit la réception des rôles, doit faire apposer à la porte principale de la mairie et autres endroits accoutumés une affiche sur papier blanc non timbré, pour prévenir les contribuables que le rôle, revêtu des formalités prescrites, est entre les mains du percepteur, et que chaque contribuable doit acquitter la somme pour laquelle il est porté audit rôle, dans les délais fixés par la loi, sous peine d'y être contraint. (*Loi du 4 messidor an VII.*)

Les percepteurs, avant de faire distribuer les bulletins d'avertissement, devront y mentionner la date de cette publication.

C'est cette date qui doit servir de point de départ pour la présentation des demandes en décharge ou réduction, et non l'arrêté préfectoral qui annonce chaque année la mise en recouvrement des rôles.

181. 2° *Délai des réclamations* (1).

Toute demande en décharge ou réduction doit, à peine de déchéance, être formée dans les trois mois de la date de la publication du rôle par le maire.

Ce n'est pas la date de la pétition qui doit être consultée pour l'application de la déchéance, c'est uniquement celle du dépôt de la pétition à la préfecture ou à la sous-préfecture. (*Arrêt du conseil d'État du* 1er *février* 1844.)

Le jour de la publication du rôle et celui de l'échéance ne sont pas compris dans les trois mois fixés par les lois précitées des 21 avril 1832 et 4 août 1844. (*Arrêt du conseil d'État du* 9 *juillet* 1846.)

Si, par suite d'absence ou de changement de domicile, il était justifié que le contribuable en retard a été dans l'impossibilité de fournir sa réclamation dans les trois mois prescrits, le conseil de préfecture pourrait, par exception, admettre que le délai de trois mois n'a pu courir qu'à partir du jour où le bulletin d'avertissement a été remis au contribuable; mais, hors ce cas fort rare, les conseils de préfecture ne peuvent, sans excès de pouvoir, relever les contribuables d'une déchéance encourue par eux. (*Arrêts du conseil d'État* 23 *décembre et* 12 *janvier* 1844.)

Les rôles de prestation sont ordinairement publiés dans les derniers mois de l'année qui précède celle où l'impôt doit être acquitté. Par une faveur qui est à remarquer, le délai des réclamations pour

(1) *Voir* art. 28, loi du 21 avril 1832 ci-dessus, et art. 8, loi du 4-7 août 1844, page 47 aussi ci-dessus.

cette sorte de contribution ne court néanmoins qu'à partir du 1er janvier de l'année où il doit être payé. (*Circulaire du* 12 *décembre* 1846. — *Arrêt du conseil d'État du* 18 *avril* 1845.)

182. 3° *Qualité des réclamants.*

Le contribuable porté sur les rôles a seul qualité pour réclamer. S'il est illettré, il fait rédiger par une main étrangère sa pétition, et doit avoir le soin de faire certifier par le maire que cette pétition émane bien de lui et qu'elle est l'œuvre de sa volonté.

On pourrait encore réclamer par un mandataire, mais, dans ce cas, il faut que le mandat soit joint à la pétition, pour constater le droit exercé par un tiers au nom d'un individu.

Un père n'a pas qualité pour réclamer au nom de ses enfants majeurs. (*Arrêt du conseil d'État du* 31 *juillet* 1833.) Il en serait autrement si les enfants étaient mineurs ou interdits. L'administrateur des biens du mineur, son tuteur, comme le tuteur de l'interdit, a qualité pour réclamer au nom et dans l'intérêt de celui qui est placé sous sa tutelle.

Un principal locataire n'a pas qualité pour agir au nom du propriétaire, et réciproquement le propriétaire est sans qualité pour réclamer au nom de son fermier.

Le maire et les répartiteurs d'une commune sont, au même titre, sans qualité pour réclamer dans l'intérêt des habitants de leur commune, afin d'obtenir une réduction ou décharge d'impôts.

183. 4° *Des pétitions tendant à obtenir décharge ou réduction de contributions, et des pièces à y joindre.*

Chaque nature de contributions doit faire l'objet d'une demande spéciale.

La pétition peut être écrite sur papier libre, lorsque chaque cote objet de la réclamation est inférieure à 30 fr.; au-dessus de cette somme, la pétition doit être écrite sur timbre. Les réclamations relatives aux prestations sont toujours dispensées du timbre, quel que soit le montant de la taxe.

Quand la pétition est présentée après la fin de janvier, elle doit être accompagnée de la quittance des termes échus. On ne peut, sous prétexte de réclamation, différer le payement des termes qui viendront à échéance pendant les trois mois qui suivront la réclamation et dans lesquels elle devra être jugée définitivement. (*Loi du* 21 *avril* 1832, *article* 28.)

Mais le percepteur n'est pas fondé à exercer des poursuites pour le payement des douzièmes ultérieurs, s'il n'a pas été statué sur la réclamation dans les trois mois de sa présentation ; les frais qu'il ferait seraient à sa charge. (*Arrêt du conseil d'État du* 30 *octobre* 1848.)

184. 5° *De l'instruction.*

La pétition présentée ou relevée de la déchéance est renvoyée au directeur des contributions directes ; celui-ci la remet au contrôleur, qui la communique aux répartiteurs, s'il s'agit des contributions foncière, personnelle et mobilière, des portes et fenêtres et de la prestation en nature, et au maire seulement, s'il s'agit de l'impôt des patentes. Les autorités locales doivent donner leur avis dans les dix jours et retourner les pièces au contrôleur, qui donne aussi le sien et fait passer le dossier au directeur.

Si le directeur des contributions directes est d'avis qu'il y a lieu d'admettre la demande, il fait son rapport et le conseil de préfecture statue ; dans le cas contraire, il exprime les motifs de son opinion, transmet le dossier à la sous-préfecture, et invite le réclamant à en prendre communication et à faire connaître dans les dix jours s'il veut fournir de nouvelles observations ou recourir à la vérification par voie d'expertise.

Si le réclamant ne fournit pas de nouvelles observations ou ne requiert pas l'expertise, le dossier est envoyé par le préfet au conseil de préfecture, qui rend sa décision.

Si de nouvelles observations sont présentées sans requérir l'expertise, le directeur fait un nouveau rapport pour modifier ses premières conclusions, s'il y a lieu, ou déclare qu'il persiste dans celles du premier rapport.

La pétition rétablie avec les pièces au secrétariat du conseil de préfecture reçoit une solution. Quelquefois les nouvelles observations du réclamant sont adressées par le directeur au contrôleur pour nouvel avis. Dans ce cas, la pétition revient au conseil de préfecture avec les nouveaux rapports du contrôleur et du directeur, et il est statué ce que de droit par le conseil de préfecture.

185. 6° *Des formes de l'expertise faite en matière de contributions directes.*

Si l'expertise est demandée, les deux experts sont nommés, l'un par le sous-préfet, l'autre par le réclamant. (*Arrêté des consuls du* 24 *floréal an VIII. — Lois des* 21 *avril* 1832, 21 *mai* 1836.)

L'expertise peut être demandée pour toutes les natures de contributions, même pour le droit fixe de patente. (*Arrêt du conseil d'État du 13 juin 1845.*)

Si l'expertise est demandée, le directeur renvoie toutes les pièces au contrôleur, pour qu'il soit procédé à cette opération.

Aussitôt que le contrôleur a reçu le dossier, il s'assure que le réclamant a désigné son expert, et il invite le sous-préfet à nommer celui qui doit représenter l'administration. Le choix de ce magistrat doit porter, autant que possible, sur un homme domicilié dans l'arrondissement et réunissant les conditions de capacité et d'indépendance qui garantissent la justice distributive et les intérêts légitimes du trésor.

Le contrôleur fournit au sous-préfet les renseignements propres à éclairer son choix.

Cet agent fixe le jour où la vérification doit avoir lieu, en informe les deux experts, le maire, le réclamant, et, s'il y a lieu, les contribuables dont les cotes auront été indiquées comme point de comparaison.

Les experts se rendent sur les lieux avec le contrôleur et en présence des deux parties, s'il s'agit des contributions foncière, personnelle et mobilière, des portes et fenêtres ou des prestations, et du maire ou de l'adjoint, s'il s'agit de l'impôt des patentes. (*Arrêté des consuls du 24 floréal an VIII, et loi du 21 mai 1836.*)

Si le maire ou les répartiteurs, le réclamant ou son fondé de pouvoirs, ne se présentent pas, il est fait mention dans le procès-verbal de leur convocation et de leur absence, et il est passé outre. (*Loi du 2 messidor an VII, art. 26, 33 et 107.*)

Les experts doivent s'attacher à vérifier exactement les bases des cotisations contestées ; ils ne rempliraient pas leur mission, s'ils se bornaient à émettre une simple opinion sur le mérite de la réclamation. Cette opinion doit être appuyée sur la constatation des faits.

Dans aucun cas les experts ne peuvent, quels que soient les notions et les documents qu'ils possèdent, se dispenser d'aller sur les lieux et de visiter les objets soumis à leur appréciation.

Les experts ne doivent pas se renfermer dans les points de comparaison cités par le pétitionnaire. Son habitation doit être comparée à la masse des autres habitations de la commune, et non pas à quelques maisons isolées imposées au-dessous de leur valeur.

Le contrôleur rédige le procès-verbal des dires des experts, y joint son avis, et transmet le tout au directeur, qui fait un second rapport, et le conseil de préfecture statue. Le contrôleur n'est pas tenu de se ranger à l'avis des experts ou de l'un d'entre eux.

Le conseil de préfecture n'est pas lié par les avis donnés dans l'instruction, ni par les estimations de l'expertise; il n'est pas non plus obligé de rejeter les réclamations par cela seul que les réclamants n'auraient pas jugé à propos de recourir à l'expertise ou de fournir de nouvelles observations; il adopte la base de cotisation qui lui paraît la plus juste. Il doit, dans tous les cas, exprimer les motifs par lesquels il s'est déterminé. (*Arrêt du conseil d'État du* 19 *décembre* 1834.)

186. 7° *De la contre-expertise.*

Si le conseil de préfecture ne se trouve pas suffisamment éclairé par l'instruction, il peut ordonner une contre-vérification en indiquant les points à éclaircir.

La contre-vérification est faite par l'inspecteur, ou, à son défaut, par un contrôleur autre que celui qui a procédé à la première instruction; elle a lieu en présence du réclamant ou de son fondé de pouvoirs, et, suivant les cas, en présence du maire ou des répartiteurs. (*Loi du* 26 *mars* 1831, *art.* 29.)

Mais il ne peut, à peine de nullité, faire procéder à une contre-vérification en dehors de l'action des agents des contributions directes. (*Arrêt du conseil d'État du* 24 *juin* 1846.)

187. 8° *Des frais d'expertise.*

Il n'appartient point au conseil de préfecture de statuer sur les frais d'expertise. C'est le préfet qui doit régler ces frais, sur l'avis du sous-préfet et du directeur des contributions directes. (*Arrêté des consuls du* 24 *floréal an VIII, art.* 17.)

Ils sont supportés par le réclamant lorsque la demande a été rejetée, et acquittés entre les mains du percepteur en vertu d'une ordonnance du préfet. (*Arrêté des consuls du* 24 *floréal an VIII, art.* 18 *et* 20.)

Si la demande a été reconnue fondée en tout ou en partie, les frais d'expertise sont supportés par la commune, s'il s'agit de contributions foncière, personnelle et mobilière, et réimposés comme charge locale. Ils sont imputés, suivant les cas, sur les fonds de non-valeurs des portes et fenêtres ou des patentes, s'il s'agit de l'une ou de l'autre de ces contributions. Si la réclamation a pour objet la prestation en nature, ils sont prélevés sur la caisse municipale. (*Arrêté des consuls du* 24 *floréal an VIII, art.* 18 *et* 19.)

188. 9° *Des mutations de cote.*

Lorsqu'une propriété aura été cotisée sous un autre nom que celui du véritable propriétaire, le conseil de préfecture, soit sur la demande du propriétaire, soit de celui sous le nom duquel elle aura été mal à propos imposée, et après avoir pris l'avis des répartiteurs, du contrôleur et du directeur, prononcera la mutation de cote demandée. (*Arrêté des consuls du 24 floréal an VIII, art. 2.*)

Si les mutations de cote sont admises pour la contribution foncière, elles le sont aussi pour la contribution des portes et fenêtres, depuis la loi de finances du 8 juillet 1852, art. 13.

Ces demandes doivent être instruites et jugées dans les mêmes formes et délais que les demandes ordinaires en décharge ou réduction.

Pour les autres natures de contributions, il n'y a pas lieu à mutation de cote; le conseil de préfecture doit se borner à prononcer le dégrèvement.

189. 10° *Des cotes indûment imposées.*

On entend par cotes indûment imposées celles qui résultent d'erreurs matérielles commises au rôle, telles que faux ou doubles emplois, ou qui, pour la contribution personnelle et mobilière et celle des patentes, portent sur des individus qui, étant décédés, absents ou notoirement indigents avant le 1er janvier, n'étaient pas à cette époque imposables.

Enfin les cotes indûment imposées sont généralement celles qui n'existeraient pas s'il était possible de rédiger les matrices à la date précise du 1er janvier.

Dans les trois mois de la publication des rôles, les percepteurs forment, s'il y a lieu, pour chacune des communes de leur perception, des états présentant, par nature de contributions, les cotes qui leur paraissent avoir été indûment imposées, et adressent ces états au préfet ou au sous-préfet par l'intermédiaire des receveurs des finances.

Les états dont il s'agit sont renvoyés aux contrôleurs des contributions directes, qui vérifient les faits et les motifs allégués par les percepteurs, et donnent leur avis, après avoir pris celui des maires et des répartiteurs. Le directeur des contributions directes fait son rapport, et le conseil de préfecture statue. Le montant des décharges prononcées sur les contributions foncière, personnelle et mobilière est réimposé au rôle de l'année suivante. (*Loi du 3 juillet 1846, art. 6.*)

Les percepteurs ne doivent demander la décharge de la contribution personnelle et mobilière relative aux contribuables qui ont quitté la commune, que lorsqu'ils sont certains que ceux-ci sont imposés à leur nouveau domicile.

Sur les états des cotes indûment imposées, comme sur ceux des cotes irrecouvrables, les percepteurs sont tenus d'indiquer les dates précises des décès et des départs, ainsi que les époques auxquelles remonte l'indigence.

Ces comptables doivent présenter leurs états en double expédition, et il leur est formellement interdit de les communiquer aux maires et répartiteurs avant d'en effectuer le dépôt.

190. 11° *Des cotes irrecouvrables.*

Les percepteurs forment aussi des états pour les cotes irrecouvrables, c'est-à-dire pour les cotes dont le recouvrement n'a pu être effectué, soit en totalité, soit en partie, pour des causes postérieures à la mise en recouvrement du rôle. Ces états doivent être présentés dans les deux mois faisant suite à l'exercice écoulé.

Lorsqu'un percepteur entre en fonctions dans les deux premiers mois de l'année, l'époque de la présentation des états de cotes irrecouvrables de son arrondissement de perception est reculée de deux mois, à partir du jour de son installation, sans qu'il soit besoin d'une autorisation spéciale, et sans que, cependant, la présentation de ces états puisse jamais être retardée au delà du 1er mai. Si le percepteur sorti de fonctions a négligé de les établir, son successeur peut les présenter, en se renfermant dans les délais ci-dessus prescrits; mais celui-ci les forme d'office et pour le compte de son prédécesseur, qui demeure chargé de toute la responsabilité qui s'y rattache.

Les cotes admissibles en non-valeurs sont :

Pour les *contributions foncière et des portes et fenêtres*, celles relatives à des maisons occupées par des indigents, ou à des maisons vacantes appartenant à des indigents;

Pour la *contribution personnelle et mobilière*, celles des individus décédés dont le reste de la cote ne peut être acquitté par des héritiers indigents; celles restant dues par des absents qui n'ont laissé aucun mobilier saisissable, et dont le nouveau domicile est inconnu; celles des indigents qui ont perdu nouvellement leurs moyens d'existence;

Et pour la *contribution des patentes*, celles restant dues depuis le jour du décès jusqu'au 31 décembre; celles restant dues par des absents qui n'ont laissé aucun mobilier saisissable et dont le domicile est inconnu; enfin, celles des indigents qui ont perdu nouvellement leurs moyens d'existence.

Les percepteurs comprennent quelquefois dans les états des cotes irrecouvrables, *des cotes indûment imposées*, qui auraient dû figurer sur les états qui sont présentés dans les trois mois de la mise en recouvrement des rôles. Malgré ce défaut de forme, les cotes dont il s'agit doivent être allouées en décharge et réimposées, si l'instruction fait reconnaître qu'elles étaient réellement mal assises en principe.

Aux états des cotes irrecouvrables sont joints les certificats d'indigence, les procès-verbaux de carence, ainsi que les états de règlements des frais de poursuites non recouvrés.

Toutefois il ne doit être fait usage des procès-verbaux de carence qu'à l'égard des retardataires qui auraient été primitivement réputés solvables, et contre lesquels aurait été intentée une saisie précédée de commandement.

Quant aux contribuables dont l'insolvabilité serait notoire, la formalité des procès-verbaux n'aura pas lieu; les percepteurs devront seulement, au moment où ils reconnaissent cette insolvabilité, obtenir des maires des certificats attestant l'indigence des contribuables.

Les percepteurs doivent porter d'office sur les listes des cotes irrecouvrables les cotes ou portions de cotes afférentes aux ouvertures des bâtiments loués pour un service public.

C'est le préfet qui statue seul sur les états des cotes irrecouvrables, pour les remises ou modérations dont l'imputation a lieu sur le fonds de non-valeurs.

Le conseil de préfecture n'intervient que lorsque les états dont il s'agit comprennent des cotes indûment imposées, et, dans les villes de 20,000 âmes et au-dessus, des dégrèvements pour vacances de maisons excédant les ressources du fonds de non-valeurs. (*Arrêté des consuls du* 24 *floréal an VIII; loi du* 28 *juin* 1833, *art.* 5.)

Bien que les préfets statuent seuls, et à l'exclusion des conseils de préfecture, sur toutes les demandes en remise ou modération, soit individuelles, soit collectives, ou faisant l'objet d'états présentés par les percepteurs (*Arrêté des consuls du* 24 *floréal an VIII*, *art.* 28 *et* 29), néanmoins il n'appartient qu'au ministre de relever de la déchéance celles de ces demandes qui sont formées après les délais.

191. 12°. *Cotes irrecouvrables relatives aux prestations.*

Les prestations en nature constituant un service purement communal, dont les receveurs ont à rendre compte comme de toute autre recette municipale, il a été décidé que les agents des contributions directes n'auraient pas à intervenir dans l'instruction des états de cotes irrecouvrables relatives à cet impôt.

La même solution devrait être adoptée en ce qui concerne les taxes irrecouvrables relatives à l'impôt des chiens.

Si, à l'époque de la clôture de l'exercice, il existe des taxes dont le recouvrement ne puisse être effectué, les percepteurs doivent se pourvoir auprès des conseils municipaux, sur l'avis desquels le conseil de préfecture statue selon les règles prescrites pour le jugement des comptes communaux.

LXXXVI.

SUITE : DE LA PROCÉDURE ADMINISTRATIVE EN MATIÈRE DE CONTRIBUTIONS DIRECTES. — DU RECOURS AU CONSEIL D'ÉTAT.

192. (*Extrait de la loi du* 21 *avril* 1832, *art.* 30.)

Art. 30. Le recours contre les arrêtés du conseil de préfecture ne sera soumis qu'au droit du timbre. Il pourra être transmis au gouvernement par l'intermédiaire du préfet, sans frais.

193. (*Observation sur les formes et délais du pourvoi.*)

Toutes les décisions des conseils de préfecture en matière de contributions sont sujettes à l'appel devant le conseil d'État.

Cette voie de recours n'est soumise qu'au droit de timbre. Elle doit être formée dans les trois mois de la notification de la décision, faite par le directeur des contributions directes par lettre d'avis adressée par lui aux contribuables réclamants.

La copie de la décision et des rapports est délivrée au contribuable, s'il en fait la demande, pour joindre cette pièce à son pourvoi. Il est perçu 75 cent. par rôle pour frais d'expédition, non compris le papier timbré, conformément à la loi du 2 messidor an VII. (*Arrêt du conseil d'État du* 26 *avril* 1851.)

Le délai de trois mois accordé pour se pourvoir est augmenté des délais fixés par l'art. 73 du C. de proc. civ., pour les parties qui habitent hors de la France continentale. (*Décret impérial du* 22 *juillet* 1805.)

Le recours au conseil d'Etat, en matière de contributions, peut être transmis au gouvernement par l'intermédiaire du préfet, sans frais, comme le décide l'*art.* 30 *de la loi du* 21 *avril* 1832.

Mais il pourrait également être formé par le ministère d'un avocat au conseil, par le dépôt fait au greffe d'un acte de recours, dans les délais ci-dessus indiqués.

LXXXVII.

DE LA PROCÉDURE ADMINISTRATIVE EN MATIÈRE DE TRAVAUX PUBLICS.

194. (*De la forme des expertises.*)

L'instruction et le jugement des contestations en matière de travaux publics exige presque toujours une expertise ; le législateur a posé les principes suivis en cette matière dans la loi du 16 septembre 1807, qui fait l'objet du chapitre LV ci-dessus. Pour éviter les redites, nous prions le lecteur de s'y reporter et de se pénétrer surtout de toutes les dispositions qui forment le titre XI. Nous n'en extrayons que les deux articles spéciaux à la forme des expertises.

195. (*Extrait de la loi du 16 septembre 1807.*)

Art. 56. Les experts, pour l'évaluation des indemnités relatives à une occupation de terrain, dans les cas prévus au présent titre, seront nommés, pour les objets de travaux de grande voirie, l'un par le propriétaire, l'autre par le préfet, et le tiers expert, s'il en est besoin, sera de droit l'ingénieur en chef du département. Lorsqu'il y aura des concessionnaires, un expert sera nommé par le propriétaire, un par le concessionnaire, et le tiers expert par le préfet.

Quant aux travaux des villes, un expert sera nommé par le propriétaire, un par le maire de la ville ou de l'arrondissement pour Paris, et le tiers expert par le préfet.

57. Le contrôleur et le directeur des contributions donneront leur avis sur le procès-verbal d'expertise, qui sera soumis, par le préfet, à la délibération du conseil de préfecture ; le préfet pourra, dans tous les cas, faire faire une nouvelle expertise.

196. (*Observation extraite de la jurisprudence du conseil d'État.*)

Expertises non obligatoires, impossibilité de nommer d'office. Serment. Lorsque, dans le cours d'une instance, une expertise est reconnue nécessaire, *bien qu'aucune loi ne la rende obligatoire*, les conseils de préfecture peuvent-ils s'affranchir des prescriptions légales, soit pour la nomination, soit pour la prestation de serment des experts ? Rés. nég.

Ce n'est qu'après que les parties ont été mises en demeure de nommer leur expert, et sur leur refus, que le conseil de préfecture peut procéder d'office à leur nomination.

Les experts doivent, à peine de nullité, prêter serment avant de procéder à leurs opérations. (Recueil de jurisprudence des arrêts du conseil d'État, année 1850, p. 304.)

Décisions analogues. Il en est ainsi notamment dans les contestations entre l'État et les entrepreneurs de travaux publics ou architectes. (Même recueil, année 1852, p. 425, 580 ; année 1853, p. 593.)

Expertise non demandée. Il en est ainsi même dans le cas où l'expertise n'a pas été demandée par les parties. (Même recueil, année 1850, p. 921.)

Irrégularité couverte. L'irrégularité d'une nomination d'experts faite d'office par le conseil de préfecture est-elle couverte par l'assistance et le concours des parties aux opérations faites par les experts ainsi nommés ? Rés. aff. (*Eod. loc.*, année 1850, p. 654.)

Frais et honoraires d'experts. Le tarif des frais et dépens en matière civile, contenu au décret du 16 février 1807, a-t-il été rendu commun aux conseils de préfecture ? Rés. nég. — En conséquence, les frais et honoraires dus à des experts nommés par le conseil de préfecture doivent être réglés par appréciation des circonstances. (*Eod. loc.*, année 1855, p. 695.)

Honoraires d'experts. Arrêté contradictoire. Un arrêté contradictoire sur le fond du litige l'est également dans la disposition qui fixe les honoraires dus aux experts, bien que le chiffre de ces honoraires, qui avait été précisé dans le rapport déposé par ces derniers, n'ait pas été discuté par les parties. En conséquence, l'opposition formée sur ce chef à l'arrêté devant le conseil de préfecture est non recevable. (*Eod. loc.*, année 1854, p. 535.)

197. (*Du recours devant le conseil d'État en matière de travaux publics.*)

Ce recours doit être exercé, dans les formes et les délais prescrits par le décret du 22 juillet 1805, par le ministère d'un avocat au conseil. Il n'existe pas, pour les décisions rendues par les conseils de préfecture sur les contestations en matière de travaux publics, d'exception aux règles ordinaires de procéder, comme pour les contributions directes ou taxes assimilées à ces contributions.

LXXXVIII.

DE LA PROCÉDURE ADMINISTRATIVE EN MATIÈRE RÉPRESSIVE OU DE CONTRAVENTIONS DE GRANDE VOIRIE ET DE POLICE DU ROULAGE.

Pour mettre de l'ordre dans cette matière et y apporter la lumière, il me paraît indispensable de faire trois divisions :

La première comprendra les textes applicables aux anciennes contraventions de grande voirie commises sur les routes impériales et départementales, les fleuves et canaux navigables et flottables, et les ports maritimes et travaux à la mer;

La seconde, ceux spéciaux aux chemins de fer et aux télégraphes et fils télégraphiques ;

La troisième devra relater la procédure qui doit être suivie pour la répression des infractions à la police du roulage de la compétence des conseils de préfecture.

§ 1er. — *Des contraventions de grande voirie commises sur les routes de terre, sur les fleuves et canaux navigables et leurs dépendances, ainsi que sur les ports maritimes et travaux à la mer.*

198. (*Loi du 29 floréal an X.*)

Art. 1er. Les contraventions en matière de grande voirie, telles qu'anticipations, dépôts de fumiers ou d'autres objets, et toutes espèces de détérioration commise sur les grandes routes, sur les arbres qui les bordent, sur les fossés, ouvrages d'art et matériaux destinés à leur entretien, sur les canaux, fleuves et rivières navigables, leurs chmins de halage, francs-bords, fossés et ouvrages d'art, seront constatées, réprimées et poursuivies par voie administrative.

2. Les contraventions seront constatées concurremment par les maires ou adjoints, les ingénieurs des ponts et chaussées, leurs conducteurs, les agents de la navigation, les commissaires de police, et par la gendarmerie : à cet effet, ceux des fonctionnaires publics ci-dessus désignés qui n'ont pas prêté serment en justice, le prêteront devant le préfet.

3. Les procès-verbaux sur les contraventions seront adressés au sous-préfet, qui ordonnera par provision, et sauf le recours au préfet, ce que de droit, pour faire cesser les dommages.

4. Il sera statué définitivement en conseil de préfecture : les

arrêtés seront exécutés sans visa ni mandement des tribunaux, nonobstant et sauf tout recours; et les individus condamnés seront contraints par l'envoi de garnisaires et saisie de meubles, en vertu desdits arrêtés, qui seront exécutoires et emporteront hypothèque.

199. (*Extrait du décret du 16 décembre 1811, titre IX, intitulé : Répression des délits de grande voirie.*)

Art. 112. A dater de la publication du présent décret, les cantonniers, gendarmes, gardes champêtres, conducteurs des ponts et chaussées et autres agents appelés à la surveillance de la police des routes, pourront affirmer leurs procès-verbaux de contraventions ou de délits devant le maire ou l'adjoint du lieu.

113. Ces procès-verbaux seront adressés au sous-préfet, qui ordonnera sur-le-champ, aux termes des art. 3 et 4 de la loi du 29 floréal an X, la réparation des délits par les délinquants, ou à leur charge, s'il s'agit de dégradations, dépôts de fumiers, immondices ou autres substances, et en rendra compte au préfet en lui adressant les procès-verbaux.

114. Il sera statué sans délai par les conseils de préfecture, tant sur les oppositions qui auraient été formées par les délinquants, que sur les amendes encourues par eux, nonobstant la réparation du dommage.

Seront, en outre, renvoyés à la connaissance des tribunaux, les violences, vols de matériaux, voies de fait ou réparations de dommages réclamés par les particuliers.

Ce titre IX a été rendu applicable aux canaux, rivières navigables, ports maritimes de commerce et travaux à la mer, par un décret du 10 avril 1812.

200. (*Décret du 10 avril 1812.*)

Napoléon......, sur le rapport de notre ministre de l'intérieur,

Vu la loi du 29 floréal an X, relative aux contraventions en matière de grande voirie;

Vu le titre IX de notre décret du 16 décembre 1811, prescrivant des mesures répressives des délits de grande voirie et complétant la loi du 29 floréal ;

Notre conseil d'État entendu ;

Nous avons décrété et décrétons ce qui suit :

Le titre IX de notre décret précité est applicable aux canaux, rivières navigables, ports maritimes de commerce et travaux à la mer, sans préjudice de tous les autres moyens de surveillance ordonnés par les lois et décrets, et des fonctions des agents qu'ils instituent.

Disposition particulière à la rédaction des procès-verbaux en matière de grande voirie, dressés par les gendarmes.

201. (*Loi des* 17-23 *juillet* 1856.)

Art. unique. A l'avenir, les procès-verbaux dressés par les brigadiers de gendarmerie et les gendarmes ne seront, dans aucun cas, assujettis à la formalité de l'affirmation (1).

202. (*Observation sur les peines applicables pour contravention aux lois et décrets sus-rapportés.*)

La loi du 29 floréal an X et les décrets des 16 décembre 1811 et 10 avril 1812 ne prononcent aucune peine pour la répression des contraventions de grande voirie, à l'exception, toutefois, des cas relatifs à l'abatage ou détérioration des arbres plantés sur le sol ou le long des routes. Aussi doit-on recourir aux anciens règlements conservés par l'article 29 de la loi des 19-22 juillet 1791, dont le texte a été rapporté pages 186 et 187 ci-dessus, pour faire l'application aux contraventions constatées des amendes édictées par ces monuments de législation.

Nous croyons opportun de résumer le plus succinctement possible ces anciens règlements, et d'indiquer la peine prononcée pour chaque contravention.

Edit de 1607. — Encombrement des rues et chemins, *articles* 3 et 5. — Saillies sur les alignements, *article* 4. — Caves creusées sous les rues, escaliers établis sur la voie publique, *article* 7. — Eviers, *article* 9. — Dépôts de matériaux, articles 11, etc., etc. — Pour l'encombrement des rues, amendes de 10 livres; pour les autres cas, amendes arbitraires.

(1) Cet article de loi doit recevoir son application dans tous les cas, en matière de grande voirie comme en celle de la police du roulage.

Règlement des 17 juin 1721 et 4 août 1731. — Dépôts non autorisés de matériaux et autres empêchements au passage public, tant sur les chaussées que sur les accotements et talus et dans les fossés. — Barrage ou comblement des fossés. — Dépôts prolongés au delà des délais d'autorisation ou excédant les limites autorisées. — Dégradations des chaussées, accotements, trottoirs, talus, fossés, ouvrages d'art. — Anticipations sur les berges, talus et fossés par labours ou autrement. — Plantations non autorisées d'arbres le long de la route, à une distance moindre que 2 mètres du bord du fossé. — Amende de 500 fr.

Ordonnance du bureau des finances du 29 mars 1754. — Défenses de combler les fossés, d'abattre les berges, anticipations par labours, *article* 3. — Nécessité de prendre l'alignement, *article* 4. — Défenses d'interrompre les cours des eaux naturelles, *article* 6. — Dépôts de toutes sortes, trous et fouilles sur et à côté des chaussées ou accotements, enlèvement de sable et autres matériaux, dommages aux arbres, *article* 7. — Enlèvement de pavés et autres matériaux, *article* 9. — Ouvertures de carrières à moins de 32 toises, *article* 10. (Pour contraventions à l'*article* 3, amende de 50 livres; à l'*article* 4, amende de 300 livres; à l'*article* 6, amende de 50 livres; à l'*article* 7, amende de 50 livres; à l'*article* 9, amende de 1,000 livres; à l'*article* 10, amende de 300 livres.)

Règlement du 16 décembre 1759. — Pâturage ou divagation de bestiaux sur les accotements, talus et dans les fossés des routes, aux points où elles sont plantées d'arbres ou de haies vives. (*Amende* de 300 livres, lorsque la route est plantée; autrement, condamnation seulement à la réparation du dommage causé.)

Parmi les monuments de la législation nouvelle, il faut encore, pour être complet, citer les suivants :

Loi des 28 septembre et 6 octobre 1791, titre II, art. 43. — Abatage ou détérioration des arbres plantés sur le sol des routes. (*Amende* égale à la triple valeur de l'arbre, et condamnation à une détention qui ne pourra excéder six mois; *article précité.*)

Décret du 16 décembre 1811. — Abatage ou détérioration des arbres plantés le long des routes. — Elagage non autorisé. (*Amende* triple de la valeur de l'arbre; *article* 101.)

Des circonstances atténuantes.

Les conseils de préfecture, avant la loi qui va être rapportée, ne pouvaient pas réduire les *amendes* au-dessous du taux fixé par les règlements. Mais ce qu'avaient de trop rigoureux ces pénalités édictées par l'ancienne législation, en matière de contraventions et de délits de grande voirie, a été tempéré par la loi ci-après.

203. (*Loi du* 23-30 *mars* 1842, *relative à la police de la grande voirie.*)

Art. 1er. A dater de la promulgation de la présente loi, les amendes fixes établies par les règlements de grande voirie antérieurs à la loi des 19-22 juillet 1791 pourront être modérées, eu égard au degré d'importance ou aux circonstances atténuantes des délits, jusqu'au vingtième desdites amendes, sans toutefois que ce minimum puisse descendre au-dessous de 16 fr.

A dater de la même époque, les amendes dont le taux, d'après ces règlements, était laissé à l'arbitraire du juge, pourront varier entre un minimum de 16 fr. et un maximum de 300 fr.

2. Les piqueurs des ponts et chaussées, et les cantonniers-chefs commissionnés et assermentés à cet effet, constateront tous les délits de grande voirie, concurremment avec les fonctionnaires et agents dénommés dans les lois et décrets antérieurs sur la matière.

§ II. — *Des contraventions de grande voirie résultant des infractions commises aux lois sur les chemins de fer et les lignes télégraphiques.*

La loi sur la police des chemins de fer des 15-21 juillet 1845 et le décret des 27 décembre 1851 et 10 janvier 1852 sur les télégraphes et lignes télégraphiques, ont été imprimés pages 187 et suivantes, et pages 192 et suivantes. La première forme la matière du chapitre XXXIV, et la seconde, celle du chapitre XXXV. Pour éviter les longueurs inutiles, nous n'imprimerons pas de nouveau celles des dispositions de ces lois qui se rapportent à la procédure administrative, c'est-à-dire à la rédaction des procès-verbaux, à la qualification des délits et contraventions, et à la nomenclature des peines à appliquer. Nous résumons tout ce que nous aurons à dire à cet égard par une réflexion générale.

204. (*Observation.*)

Les contraventions à la police des chemins de fer et à celle des établissements de télégraphie sont poursuivies comme en matière de grande voirie, c'est-à-dire qu'elles sont constatées par des procès-verbaux dressés par les agents énumérés dans les articles qui précèdent, enregistrés en débet, et rentrent dans la juridiction répressive des conseils de préfecture.

Le recouvrement des amendes et frais se fait, comme pour les autres contraventions, par les soins de l'administration des domaines et de l'enregistrement. Elles sont punies des amendes édictées par les lois précitées, et non par l'application des anciens règlements, comme pour les autres contraventions de grande voirie commises sur les routes de terre, les fleuves et canaux, et sur les ports maritimes et travaux à la mer. L'article 463 du code pénal est toujours applicable, et elles ne sont point régies par la loi du 23 mars 1842.

§ III. — *De la procédure à suivre pour la répression des contraventions à la police du roulage de la compétence des conseils de préfecture.*

205. (*Loi du* 30 *mai* 1851, *titre III.*)

La loi du 30 mai 1851 a consacré un titre complet à la procédure à suivre pour la répression des contraventions en matière de police du roulage. Une partie seulement de ces contraventions rentre dans les attributions du conseil de préfecture. La loi se trouve rapportée en entier page 194 ci-dessus. Elle forme la matière du chapitre XXXVI. Le titre III, intitulé *de la procédure*, ne sera pas reproduit ici. Nous prions le lecteur de s'y reporter, et surtout encore de jeter les yeux sur le tableau par ordre alphabétique que l'on trouve à la page 221 ci-dessus. Par ce moyen, il s'initiera très-vite à tout ce qui constitue, en cette matière, les contraventions de police du roulage de la compétence des conseils de préfecture, et aux pénalités qu'elles encourent. Nous résumerons par une simple observation toute cette législation.

206. (*Observation.*)

Il serait difficile de rencontrer un titre plus complet. Il énumère quels sont les agents qui peuvent constater les contraventions et délits, les formalités que les procès-verbaux doivent contenir, la foi qui leur est due, les voies par lesquelles ils doivent être transmis au préfet et au conseil de préfecture, l'époque de leur notification aux contrevenants, sous peine de déchéance, le temps accordé pour fournir les moyens de défense, et après lequel la décision peut être prononcée, le délai de l'opposition, celui du recours au conseil d'Etat, avec les formalités à observer, la péremption d'instance, la prescription de l'action publique et celle de l'amende après condamnation, enfin les moyens d'exécution et la répartition des amendes entre les agents rédacteurs du procès-verbal et l'État, le département ou les communes intéressées. On peut donc le dire avec assurance : il existe, pour les contraventions à la police du roulage, un code très-complet de procédure administrative.

Quant aux peines à appliquer, nous renvoyons à ce qui a été dit ci-dessus, page 221, où l'on trouvera le tableau par lettre alphabétique des amendes que peuvent prononcer les conseils de préfecture pour les contraventions placées dans leurs attributions.

LXXXIX.

DU RECOURS AU CONSEIL D'ÉTAT CONTRE LES ARRÊTÉS RENDUS PAR LES CONSEILS DE PRÉFECTURE EN MATIÈRE DE GRANDE VOIRIE ET DE POLICE DU ROULAGE.

207. (*Formes à suivre.*)

Dans les affaires de grande voirie, ce recours doit, à défaut d'exception écrite dans la loi, être formé, dans le délai ordinaire, par le ministère d'un avocat au conseil d'Etat et à la cour de cassation. *Voir* ci-après les lois et règlements concernant le conseil d'Etat.

Mais il en est autrement en matière de police du roulage.

Le recours au conseil d'Etat contre l'arrêté du conseil de préfecture peut avoir lieu par simple mémoire déposé au secrétariat général de la préfecture ou à la sous-préfecture, et sans l'intervention d'un avocat au conseil d'Etat. (Art. 25, loi du 30 mai 1851.) Il sera délivré au déposant, s'il le requiert, bien entendu, un récépissé du mémoire, qui devra être immédiatement transmis par le préfet. (Même article.)

Si le recours est formé au nom de l'administration, il devra l'être dans les trois mois de l'arrêté. Le délai de trois mois pour la partie condamnée court du jour de la notification qui lui a été faite de cet arrêté.

Ici, comme on le voit, ce sont les principes admis pour le recours au conseil d'Etat, en matière de contributions publiques, qui sont suivis.

XC.

DE LA PROCÉDURE ADMINISTRATIVE DANS LES AFFAIRES QUI SONT ÉTRANGÈRES AUX MATIÈRES DE CONTRIBUTIONS, DE TRAVAUX PUBLICS, DE GRANDE VOIRIE OU POLICE DU ROULAGE.

208. (*Transition. Procédures diverses, spécialement procédure en matière électorale.*)

Presque toujours la loi attributive de juridiction au conseil de préfecture a le soin de renvoyer, pour la forme de procédure à suivre, à l'une des trois catégories rappelées dans le titre de ce chapitre. Ces trois catégories ont des règles de procédure distinctes et bien tracées, que l'on trouve rapportées dans les chapitres précédents ; mais quand la loi de compétence ne renvoie pas à l'une des lois de procédure existantes, elle contient elle-même les règles de procédure que l'on devra observer.

Ainsi, comme exemple du principe qui vient d'être posé, on peut citer les lois électorales pour la nomination des membres des conseils généraux, d'arrondissement ou des conseils municipaux. Une protestation insérée dans le procès-verbal d'élection, ou déposée, *dans les cinq jours*, à la sous-préfecture ou au secrétariat de la préfecture, est le premier acte qui engage l'instance. Il n'y a point de formes essentielles pour la rédaction de la protestation : il suffit qu'elle soit présentée dans les cinq jours, à peine de déchéance. Les lois de procédure administratives sont si peu rigoureuses pour la rédaction des actes, que l'on renvoie souvent aux parties leurs pétitions ou réclamations, pour les compléter et préciser leurs conclusions. Sous le rapport de l'observation des délais, les lois administratives sont plus exigeantes. Ils doivent, en général, être observés dans un délai déterminé, à peine, pour la partie, d'être déchue du droit qu'elle avait à exercer.

En matière électorale, la décision du conseil de préfecture doit être prononcée dans le mois, du jour où les pièces lui ont été remises par le préfet, ou lui ont été adressées par les parties, si elles ont usé de la voie directe pour saisir la juridiction administrative, par exemple, par le dépôt de la protestation au greffe du conseil de préfecture.

Quant aux actes d'instruction que le jugement d'une protestation en matière électorale peut nécessiter, il faut s'en rapporter au conseil de préfecture, qui peut ordonner une enquête sur les faits articulés, ou ordonner telle vérification qui pourrait être demandée, ou le rapport de toutes pièces utiles pour éclairer sa religion. La loi à cet égard, il faut le reconnaître, est d'un mutisme désespérant.

Dans toutes affaires autres que les matières électorales, où la loi d'attribution ne renverrait pas, pour l'instruction et le jugement, à l'une des lois de procédure sus-indiquées, et ne contiendrait elle-même aucune règle de procédure, l'instruction serait faite en appliquant par comparaison les formes suivies, pour les autres matières analogues, d'après les usages établis.

XCI.

DE LA PROCÉDURE SUIVIE DEVANT LE CONSEIL D'ÉTAT.

209. (*Extrait du décret du* 22 *juillet* 1805.)

TITRE PREMIER.

SECTION PREMIÈRE.

Des instances introduites au conseil d'Etat à la requête des parties.

Art. 1er. Le recours des parties au conseil d'Etat en matière contentieuse sera formé par requête signée d'un avocat au conseil; elle contiendra l'exposé sommaire des faits et demeures des parties, l'énonciation des pièces dont on entend se servir et qui y seront jointes.

. . . .

3. Le recours au conseil d'Etat n'aura point d'effet suspensif, s'il n'en est autrement ordonné.

. . . .

11. Le recours au conseil contre la décision d'une autorité qui y ressortit ne sera pas recevable après trois mois du jour où cette décision aura été notifiée.

12. Lorsque, sur un semblable pourvoi fait dans le délai ci-dessus prescrit, il aura été rendu une ordonnance de *soit communiqué*, cette ordonnance devra être signifiée dans le délai de trois mois, sous peine de déchéance.

13. Ceux qui demeureront hors de la France continentale auront, outre le délai de trois mois énoncé dans les deux articles ci-dessus, celui qui est réglé par l'art. 73 du code de procédure civile (1).

. . . .

(1) L'article 13, qui augmentait le délai de 3 mois pour les parties demeurant hors de la France continentale, a été abrogé par le décret du 11 juin 1859 en ce qui concerne seulement l'île de Corse et l'Algérie. Pour les autres parties domiciliées hors de la France continentale, *voir* l'art. 73 rectifié par la loi du 2 juin 1862.

TITRE II.

Des incidents qui peuvent survenir pendant l'instruction d'une affaire.

§ Ier. — *Des demandes incidentes.*

18. Les demandes incidentes seront formées par une requête sommaire déposée au secrétariat du conseil : le grand juge en ordonnera, s'il y a lieu, la communication à la partie intéressée, pour y répondre dans les trois jours de la signification, ou autre bref délai qui sera déterminé.

19. Les demandes incidentes seront jointes au principal, pour y être statué par la même décision.

S'il y avait lieu néanmoins à quelque disposition provisoire et urgente, le rapport en sera fait par l'auditeur à la prochaine séance de la commission, pour y être pourvu par le conseil, ainsi qu'il appartiendra.

§ II. — *De l'inscription de faux.*

20. Dans les cas de demande en inscription de faux contre une pièce produite, le grand juge fixera le délai dans lequel la partie qui l'a produite sera tenue de déclarer si elle entend s'en servir.

Si la partie ne satisfait pas à cette ordonnance, ou si elle déclare qu'elle n'entend pas se servir de la pièce, cette pièce sera rejetée.

Si la partie fait la déclaration qu'elle entend se servir de la pièce, le conseil d'Etat statuera sur l'avis de la commission, soit en ordonnant qu'il sera sursis à la décision de l'instance principale jusqu'après le jugement du faux par le tribunal compétent, soit en prononçant la décision définitive, si elle ne dépend pas de la pièce arguée de faux.

§ III. — *De l'intervention.*

21. L'intervention sera formée par requête; le grand juge ordonnera, s'il y a lieu, que cette requête soit communiquée aux parties, pour y répondre dans le délai qui sera fixé par l'ordonnance : néanmoins la décision de l'affaire principale qui serait instruite ne pourra être retardée par une intervention.

§ IV. — *Des reprises d'instances et constitution de nouvel avocat.*

22. Dans les affaires qui ne seront point en état d'être jugées, la procédure sera suspendue par la notification du décès de l'une des parties, ou par le seul fait du décès, de la démission, de l'interdiction ou de la destitution de son avocat.

Cette suspension durera jusqu'à la mise en demeure pour reprendre l'instance ou constituer avocat.

23. Dans aucun des cas énoncés en l'article précédent, la décision d'une affaire en état ne sera différée.

24. L'acte de révocation d'un avocat par sa partie est sans effet pour la partie adverse, s'il ne contient pas la constitution d'un autre avocat.

§ V. — *Du désaveu.*

25. Si une partie veut former un désaveu relativement à des actes ou procédures faits en son nom ailleurs qu'au conseil d'État, et qui peuvent influer sur la décision de la cause qui y est portée, sa demande devra être communiquée aux autres parties. Si le grand juge estime que le désaveu mérite d'être instruit, il renverra l'instruction et le jugement devant les juges compétents, pour y être statué dans le délai qui sera réglé.

A l'expiration de ce délai, il sera passé outre au rapport de l'affaire principale sur le vu du jugement du désaveu, ou faute de le rapporter.

26. Si le désaveu est relatif à des actes ou procédures faits au conseil d'État, il sera procédé contre l'avocat sommairement, et dans les délais fixés par le grand juge.

TITRE III.

§ Ier. *Des décisions du conseil d'État.*

27. Les décisions du conseil d'État contiendront les noms et qualités des parties, leurs conclusions et le vu des pièces principales.

28. Elles ne seront mises à exécution contre une partie qu'après avoir été préalablement signifiées à l'avocat au conseil qui aura occupé pour elle.

§ II. — *De l'opposition aux décisions rendues par défaut.*

29. Les décisions du conseil d'État rendues par défaut sont susceptibles d'opposition. Cette opposition ne sera point suspensive, à moins qu'il n'en soit autrement ordonné.

Elle devra être formée dans le délai de trois mois, à compter du jour où la décision par défaut aura été notifiée ; après ce délai, l'opposition ne sera plus recevable.

30. Si la commission est d'avis que l'opposition doive être reçue, elle fera son rapport au conseil, qui remettra, s'il y a lieu, les parties dans le même état où elles étaient auparavant.

La décision qui aura admis l'opposition sera signifiée dans la huitaine, à compter du jour de cette décision, à l'avocat de l'autre partie.

31. L'opposition d'une partie défaillante à une décision rendue contradictoirement avec une autre partie ayant le même intérêt ne sera pas recevable.

210. (*Extrait de l'ordonnance du roi, du 2 février 1831, concernant les affaires contentieuses portées au conseil d'État.*)

Art. 1er. L'examen préalable des affaires contentieuses actuellement attribuées à notre conseil d'État continuera d'être fait par le comité de justice administrative.

2. Le rapport en sera fait en assemblée générale de notre conseil d'Etat et en séance publique par l'un des conseillers ou par l'un des maîtres des requêtes et des auditeurs attachés à ce comité. Le rapporteur résumera les faits, les moyens et les conclusions des parties, et soumettra le projet d'ordonnance proposé par le comité.

3. Immédiatement après le rapport, les avocats des parties pourront présenter des observations orales, après quoi l'affaire sera mise en délibéré.

4. La décision sera prononcée à une autre assemblée générale et en séance publique.

5. Ceux des conseillers d'État qui n'auront point assisté aux rapports et observations ci-dessus énoncées ne pourront concourir au délibéré. En conséquence, il sera tenu un registre de présence.

211. (*Extrait du décret organique sur le conseil d'État, du 25 janvier-18 février 1852.*)

TITRE II.

§ II. — *Matières contentieuses.*

Art. 17. La section du contentieux est chargée de diriger l'instruction écrite et de préparer le rapport de toutes les affaires contentieuses ainsi que des conflits d'attributions entre l'autorité administrative et l'autorité judiciaire.

Elle est composée de six conseillers d'État, y compris le président, et du nombre de maîtres des requêtes et d'auditeurs déterminé par le règlement.

Elle ne peut délibérer, si quatre au moins de ses membres ayant voix délibérative ne sont présents.

Les maîtres des requêtes ont voix consultative dans toutes les affaires, et voix délibérative dans celles dont ils sont rapporteurs.

Les auditeurs ont voix consultative dans les affaires dont ils font le rapport.

18. Trois maîtres des requêtes sont désignés par le président de la république pour remplir au contentieux administratif les fonctions de commissaires du gouvernement.

Ils assistent aux délibérations de la section du contentieux.

19. Le rapport des affaires est fait au nom de la section, en séance publique de l'assemblée du conseil d'Etat délibérant au contentieux.

Cette assemblée se compose : 1° des membres de la section ; 2° de dix conseillers d'Etat désignés par le président de la république, et pris en nombre égal dans chacune des autres sections. Ils sont tous les deux ans renouvelés par moitié.

Cette assemblée est présidée par le président de la section du contentieux.

20. Après le rapport, les avocats des parties sont admis à présenter des observations orales.

Le commissaire du gouvernement donne ses conclusions dans chaque affaire.

21. Les affaires pour lesquelles il n'y a pas eu constitution

d'avocat ne sont portées en séance publique que si ce renvoi est demandé par l'un des conseillers d'Etat de la section ou par le commissaire du gouvernement, auquel elles sont préalablement communiquées, et qui donne ses conclusions.

22. Les membres du conseil d'Etat ne peuvent participer aux délibérations relatives aux recours dirigés contre la décision d'un ministre, lorsque cette décision a été préparée par une délibération de la section à laquelle ils ont pris part.

23. Le conseil d'Etat ne peut délibérer au contentieux, si onze membres au moins, ayant voix délibérative, ne sont présents. En cas de partage, la voix du président est prépondérante.

24. La délibération n'est pas publique.

Le projet de décret est transcrit sur le procès-verbal des délibérations, qui fait mention des noms des membres présents ayant délibéré.

L'expédition du projet est signé par le président de la section du contentieux, et remise par le vice-président du conseil d'Etat au président de la république.

Le décret qui intervient est contre-signé par le garde des sceaux, ministre de la justice.

Si ce décret n'est pas conforme au projet proposé par le conseil d'Etat, il est inséré au *Moniteur* et au *Bulletin des lois.*

Dans tous les cas, le décret est lu en séance publique.

XCII.

DE LA PROCÉDURE DES CONSEILS DE PRÉFECTURE DEPUIS LE DÉCRET DU 30 DÉCEMBRE 1862.

Publicité des audiences. — Ministère public. — Débats oraux. — Institution d'un greffier.

Sans changer au fond les formes précédemment suivies pour l'instruction des affaires contentieuses administratives devant les conseils de préfecture, le décret du 30 décembre 1862, en proclamant la publicité de leurs audiences, l'admission des débats oraux, la création d'un ministère public et d'un greffier, a dû nécessairement introduire des changements dans les formalités suivies jusqu'alors. Aussi le ministre de l'intérieur a-t-il demandé à chaque préfet un règlement pour organiser le service des conseils de préfecture, en leur indiquant que chaque règlement devait s'occuper de l'*introduction de l'instance*, de l'*instruction des affaires* et de la *tenue des séances*. Pour accomplir cette œuvre, les préfets ont été invités à s'inspirer de la procédure suivie devant le conseil d'Etat pour les affaires contentieuses et des principes posés par la jurisprudence de ce conseil.

De tous ces règlements, celui qui me paraît le plus complet et mieux répondre aux vues de Son Excellence le ministre de l'intérieur, manifestées dans ses circulaires, est, sans contredit, le règlement fait par la préfecture de la Seine. Aussi, par cette raison, nous lui accordons la préférence pour lui donner place dans le code des conseils de préfecture. C'est, de tous les règlements, celui qui a le mieux approprié à la procédure des conseils de préfecture celle suivie devant le conseil d'Etat.

CONSEIL DE PRÉFECTURE DE LA SEINE.

212. (*Règlement du* 20 *avril* 1863.)

Le sénateur, préfet de la Seine, grand-croix de l'ordre impérial de la Légion-d'Honneur,

Vu la loi du 28 pluviôse an VIII et l'arrêté du gouvernement du 19 fructidor an IX;

Vu les décrets impériaux des 30 décembre 1862 et 17 mars 1863;

Vu la lettre en date du 18 avril présent mois, dans laquelle M. le ministre de l'intérieur approuve la mise à exécution du règlement proposé pour le conseil de préfecture de la Seine;

Arrête :

Le règlement dont la teneur suit est rendu exécutoire à compter de la publication qui en sera faite dans la forme indiquée en l'article 60.

CHAPITRE Ier.

De l'organisation du conseil de préfecture de la Seine.

Art. 1er. Indépendamment de ses séances générales, le conseil de préfecture de la Seine se réunira en sections pour l'expédition des affaires.

Il y aura, quant à présent, deux sections, composées chacune de trois conseillers.

2. Lorsque le préfet ne pourra pas assister aux séances générales du conseil de préfecture, si le président se trouve absent ou empêché, il sera remplacé par le conseiller qui aura été désigné à cet effet, en exécution de l'art. 2 du décret du 17 mars 1863.

Lorsque le président siégera dans l'une ou l'autre des sections, il la présidera, sans préjudice du droit général réservé au préfet par l'art. 5 de la loi du 28 pluviôse an VIII.

A son défaut, la section sera présidée par un conseiller désigné conformément à l'art. 3, § 2, du décret du 17 mars 1863.

3. Le secrétaire général sera assisté dans les fonctions de commissaire du gouvernement, que lui a conférées l'art. 3 du décret du 30 décembre 1862, par tous les auditeurs au conseil d'Etat qui sont attachés à la préfecture.

En cas d'absence ou d'empêchement, il sera remplacé, dans la direction du parquet du conseil de préfecture, par un des auditeurs que le préfet désignera.

Les auditeurs auront place au siége du ministère public dans les séances générales. Ils y porteront la parole sur les affaires dont l'examen leur aura été confié par le secrétaire général ou son remplaçant.

Deux d'entre eux seront spécialement chargés, sous son autorité, du service de chaque section.

4. Le rôle des séances générales sera dressé par le commissaire du gouvernement ou son remplaçant, et soumis au préfet ou, à son défaut, au président du conseil de préfecture.

Ce rôle comprendra :

1° Les affaires d'ordre intérieur ;

2° Les affaires réservées à l'examen du conseil entier ;

3° Celles au sujet desquelles il y aura eu partage dans l'une des sections ;

4° Celles sur lesquelles les sections auront demandé, après examen, qu'il fût statué en séance générale.

Lorsqu'il s'agira d'affaires contentieuses, les séances générales seront publiques.

5. La première section du conseil de préfecture sera principalement chargée : 1° des affaires purement administratives, telles que les autorisations de plaider, les mainlevées d'inscriptions hypothécaires prises au profit de l'Etat, les décisions du préfet en conseil de préfecture, les avis demandés par le préfet ; 2° du règlement des comptes des receveurs municipaux et des receveurs des établissements publics.

Toutefois des affaires contentieuses pourront lui être distribuées par le président, quand les besoins du service l'exigeront. Elle jugera ces affaires en séance publique.

Dans tous les autres cas, elle siégera en chambre du conseil.

Les auditeurs au conseil d'Etat, attachés à cette section, pourront être chargés concurremment avec les conseillers de rapporter les affaires administratives ou en règlement de comptes.

6. La deuxième section sera principalement chargée des affaires contentieuses.

Toutefois des affaires administratives ou en règlement de comptes pourront lui être distribuées par le président, quand les besoins du service l'exigeront. Pour l'examen de ces affaires, elle siégera en chambre du conseil.

Dans tous les autres cas, ses audiences seront publiques.

7. Chaque année, le préfet désignera, en séance générale, les con-

seillers appelés à composer les sections, et ceux qui en auront la présidence.

Il répartira les auditeurs entre les sections.

Il fixera les jours et heures des séances générales et des séances des sections.

L'indication des audiences publiques sera affichée à l'entrée de la salle où se tiendront ces audiences.

8. Le greffe du conseil sera dirigé par l'employé de la préfecture qui aura été chargé, en exécution de l'article 5 du décret du 30 décembre 1862, des fonctions du secrétaire-greffier.

Cet employé aura rang de chef de bureau.

Il tiendra la plume aux séances générales.

Le personnel du greffe comprendra, en outre :

1° Deux sous chefs, dont l'un assistera le secrétaire greffier dans la direction du greffe, et le remplacera, au besoin, dans les séances générales, et l'autre sera spécialement attaché au cabinet du président;

2° Trois commis principaux, dont deux rempliront les fonctions de commis-greffiers auprès des deux sections du conseil, et le troisième, celles de secrétaire du parquet ;

3° Des commis, expéditionnaires et auxiliaires, en nombre suffisant pour les besoins du service.

CHAPITRE II.

Des affaires administratives et en règlement des comptes.

9. Le conseil de préfecture sera saisi des affaires administratives et de celles qui ont pour objet le règlement des comptes des receveurs municipaux et des établissements de bienfaisance, par la remise du dossier au greffe.

10. Dans les trois jours au plus tard, et sur-le-champ, en cas d'urgence, le président ordonnera le renvoi de l'affaire au conseiller de préfecture ou à l'auditeur qu'il chargera du rapport. Il décidera si le rapport sera fait verbalement ou par écrit, et le délai dans lequel il devra être présenté, quand il y aura urgence. Pour tous les autres cas, le rapport devra être fait dans la quinzaine, à moins d'une prorogation de délai accordée par le président.

11. Le rapporteur préparera un projet de décision ou d'avis motivé. Quand il s'agira d'un arrêté du préfet en conseil de préfecture, il indiquera les modifications que le projet de l'administration lui paraîtra devoir subir, quant au fond ou quant à la forme.

12. L'ampliation de la décision ou de l'avis du conseil sera déposée par les soins du greffe, avec toutes les pièces du dossier, au bureau de l'enregistrement général de la préfecture, qui en fera la transmission, en la forme ordinaire, au service administratif compétent.

CHAPITRE III.

Des affaires contentieuses.

13. Les instances seront introduites et suivies devant le conseil de préfecture, dans les formes déterminées par les lois et règlements sur chaque matière.

Lorsqu'il n'en aura pas été autrement ordonné par une disposition spéciale, la procédure sera réglée par les dispositions qui suivent :

§ 1er. — *Des instances.*

14. Le recours au conseil de préfecture contre la décision qui peut donner ouverture à une instance au contentieux ne sera pas recevable lorsque la partie aura laissé expirer les délais déterminés par la loi ou la jurisprudence.

Ces délais courront à partir du jour où la décision aura été notifiée à la partie intéressée, soit par une lettre officielle, soit par un acte administratif, soit par le ministère d'un huissier.

15. Toute personne qui voudra introduire une instance devant le conseil de préfecture pourra le faire, soit en déposant au greffe du conseil, soit en adressant au préfet ou au président, par lettre chargée, une requête en double exemplaire, dont un sur papier timbré, contenant : 1° ses nom, profession et demeure ; 2° l'élection d'un domicile à Paris ; 3° l'exposé sommaire des faits et des moyens ; 4° ses conclusions.

Elle y joindra les pièces dont elle entend se servir, accompagnées d'un bordereau.

Elle déclarera, en même temps, si elle désire présenter des observations à l'audience, soit en personne, soit par un mandataire, en vertu de la faculté que lui confère, à cet égard, l'article 2 du décret du 30 décembre 1862.

S'il s'agit d'une commune ou d'un établissement public, la délibération qui aura autorisé l'instance sera jointe aux pièces.

16. Les demandes en décharge ou en réduction des contributions directes, lorsqu'elles ont pour objet une cote moindre de 30 francs, et les réclamations en matière électorale, seront affranchies, conformément à la loi, de la condition du timbre.

17. Les avocats à la cour de cassation et au conseil d'État et les avoués près la cour impériale de Paris ou près le tribunal civil de la Seine seront dispensés de toute justification de mandat, et seront considérés comme régulièrement constitués par leur signature apposée au bas de la requête. Dans ce cas, l'élection de domicile aura lieu de plein droit en leur étude.

La constitution de tout autre mandataire devra être faite par une procuration notariée ou par une procuration sous seing privé, dûment légalisée et enregistrée, qui accompagnera la requête.

18. Dans les trois jours du dépôt d'une requête introductive d'instance au greffe du conseil de préfecture, le président rendra une ordonnance de *soit communiqué*, qui sera notifiée aux tiers intéressés, à la suite d'un des deux exemplaires de la requête, avec invitation d'y répondre dans le délai de 15 jours.

Le président désignera en même temps le conseiller rapporteur.

19. Le délai pour la production de la requête en défense courra du jour de la notification de l'ordonnance de *soit communiqué* à personne ou à domicile, constatée par procès-verbaux ou documents administratifs, pièces de correspondance, récépissés, ou par actes d'huissier, lorsque le cas y échera.

20. La requête en défense sera produite en la même forme et accompagnée, selon les cas, des mêmes justifications que la requête introductive d'instance.

Elle contiendra également une élection de domicile à Paris, sauf le cas prévu en l'article 17.

Elle sera notifiée de la même manière.

21. Le secrétaire-greffier donnera récépissé de toute requête et des pièces y jointes, après avoir vérifié l'exactitude du bordereau de ces pièces.

Lorsque la requête aura été reçue par la voie de la poste, le récépissé sera envoyé au domicile élu.

22. Si une requête ne paraît pas régulièrement établie suivant les dispositions qui précèdent, la partie sera officieusement avertie des irrégularités présumées, et invitée à les rectifier, si elle le juge convenable.

La requête n'en prendra pas moins date du jour du dépôt, et il sera passé outre, avec ou sans la rectification.

23. Dans les affaires engagées entre l'Etat, le département de la Seine ou la ville de Paris et des tiers, si l'instance est poursuivie par l'administration, la demande ne pourra être introduite qu'en vertu d'un arrêté ou d'une décision de renvoi du préfet, qui sera déposée au greffe avec les rapports ou mémoires et les conclusions des chefs de service compétents, accompagnés, quand il y aura lieu, de pièces à l'appui.

24. Si l'instance est introduite par les tiers, le dépôt qui sera fait au greffe soit de leur requête, soit de toute autre production, vaudra notification au préfet.

Le greffier transmettra sur-le-champ les pièces au bureau de l'enregistrement général de la préfecture, qui, après enregistrement, les fera parvenir, dans la forme ordinaire, soit au bureau du domaine de l'Etat, soit à tout autre bureau compétent de l'administration préfectorale ou de l'administration de la ville.

Dans ces circonstances, il n'y aura pas lieu de rendre d'ordonnance de *soit communiqué*, et les délais courront du jour de l'enregistrement à la préfecture.

25. Les défenses de l'administration seront produites dans la même forme que ses demandes.

26. Il ne sera pas admis plus d'une requête de la part de chaque partie, y compris l'acte introductif d'instance.

Toutefois, le conseil, s'il le juge nécessaire, invitera les parties à s'expliquer, par des productions ou des conclusions complémentaires, sur certains points du débat.

27. Lorsque les parties auront eu recours au ministère d'huissiers pour saisir le conseil de préfecture de requêtes en demande ou en défense, de productions ou de conclusions complémentaires, elles en supporteront les frais.

28. Le président, sur l'avis du conseiller rapporteur, accordera des prorogations de délais aux parties, s'il estime qu'elles en aient besoin, à raison de l'importance ou de la difficulté de l'affaire.

29. Les parties ou leurs mandataires auront le droit de prendre communication des productions de l'instance, au greffe, sans frais.

Les pièces ne pourront être déplacées que par les officiers ministériels qui se seront constitués comme mandataires des parties, et sur une autorisation spéciale et écrite du président.

Les délais pour fournir ou signifier requête ne seront pas prolongés par l'effet des communications.

30. Le rapport du conseiller rapporteur sera écrit et signé. Il indiquera les questions à résoudre. Il sera déposé au greffe du conseil, où une copie de ces questions sera faite immédiatement.

Le dossier de l'affaire, y compris le rapport, sera communiqué sans délai au commissaire du gouvernement.

Les parties ou leurs mandataires pourront prendre communication, sans déplacement, de la copie des questions à résoudre.

31. Le conseiller rapporteur préparera un projet de décision motivée, qui sera remis d'avance au président.

32. Lorsque l'affaire, par sa nature, ne paraîtra pas exiger un rapport écrit, l'ordonnance du président, qui commettra le conseiller rapporteur, l'autorisera à faire seulement un rapport oral à l'audience. Dans ce cas, le conseiller rapporteur n'en devra pas moins poser par écrit les questions à résoudre et émettre son avis en forme de décision motivée.

33. Les demandes incidentes, interventions, inscriptions de faux, suspensions et reprises d'instances, désaveux, oppositions et toutes actions extraordinaires, seront introduites et suivies d'après les règles observées pour ces cas devant le conseil d'Etat.

§ II. — *Des audiences publiques.*

34. Dans les audiences publiques, le conseil de préfecture siégera en costume.

35. Sont applicables aux audiences publiques du conseil de préfecture,

les art. 85 et suivants du code de procédure civile relatifs à la police des audiences des tribunaux.

Les huissiers attachés au conseil de préfecture seront chargés, sous l'autorité du président, d'assurer l'ordre et la police de l'audience.

36. Indépendamment des audiences réglées annuellement par le préfet, le président pourra indiquer des audiences extraordinaires lorsque la nature, le nombre ou l'urgence des affaires l'exigera.

37. Le rôle de chaque audience publique sera proposé par le commissaire du gouvernement. Il sera arrêté par le président. Ce rôle, qui contiendra, sur chaque affaire, une notice sommaire rédigée par le conseiller rapporteur, sera placardé, huit jours avant la séance, à la porte d'entrée de la salle d'audience du conseil de préfecture. Un avis officieux sera, en outre, adressé aux parties ou à leurs mandataires par les soins du secrétaire-greffier et par la voie de la poste, pour les informer de l'audience à laquelle les causes seront appelées.

38. Les affaires seront appelées dans l'ordre du rôle.

Après la lecture du rapport du conseiller rapporteur, les parties ou leurs mandataires seront admis à présenter oralement des observations sommaires à l'appui de leurs conclusions écrites.

Le commissaire du gouvernement sera ensuite entendu et donnera ses conclusions.

39. L'instruction écrite formant la base de la procédure devant le conseil de préfecture, toutes les fois que les parties ou leurs mandataires auront, dans leurs observations orales, modifié les conclusions des mémoires produits, elles seront tenues de consigner ces modifications dans de nouvelles conclusions écrites et signées.

Le conseil décidera s'il sera passé outre à la continuation de l'affaire, ou si elle sera renvoyée pour un complément d'instruction.

40. Les parties qui n'auront pas produit de défense écrite seront considérées comme faisant défaut, alors même qu'elles se présenteraient à l'audience en personne ou par mandataire, et le conseil prononcera sur les pièces du dossier.

Si elles justifient, devant le conseil, d'une cause légitime qui les ait empêchées de produire leur défense écrite, elles pourront obtenir le renvoi de l'affaire pour effectuer cette production.

§ III. — *Des contraventions.*

41. En matière de contraventions, le conseil de préfecture pourra être valablement saisi par le dépôt au greffe des procès-verbaux, accompagnés d'une décision de renvoi signée du préfet, avec ou sans autre production, selon les cas.

42 Lorsqu'un procès-verbal n'aura pas été notifié au prévenu, le président en ordonnera sans délai la notification.

Dans tous les cas, il fera inviter le prévenu à fournir, s'il le juge à propos, une requête en défense dans un délai de huitaine, et il désignera le conseiller rapporteur.

43. Le prévenu pourra constituer un mandataire dans la forme indiquée en l'art. 17.

44. Lorsqu'il n'y aura pas eu production de requête en défense dans le délai de la huitaine, il n'y aura pas lieu à prononcer défaut contre le prévenu s'il se présente à l'audience.

Le prévenu sera averti, tant par voie d'affiche à la porte de la salle des séances publiques, que par l'avis officieux mentionné à l'art. 32, de l'audience à laquelle son affaire devra être appelée, et il sera admis en personne à présenter oralement sa défense.

§ IV. — *Des décisions du conseil de préfecture.*

45. Les affaires dont la décision ne pourra pas être rendue séance tenante seront mises en délibéré.

A moins de circonstances exceptionnelles nécessitant un renvoi, l'audience sera suspendue après la clôture des débats, et le conseil se retirera dans la salle de ses délibérations. A la reprise de l'audience, la décision sera rendue immédiatement, ou ajournée à une audience ultérieure qui sera publiquement indiquée.

46. Chaque décision contiendra les nom, professions et demeures des parties, les noms de leurs mandataires, le résumé de leurs conclusions et le visa des pièces principales, le visa de la loi ou du règlement dont il sera fait application, les noms du conseiller rapporteur, du commissaire du gouvernement et des membres du conseil qui auront siégé, les motifs et le dispositif, enfin la liquidation des dépens, quand elle pourra être faite immédiatement.

47. Toute décision préparatoire ou interlocutoire ordonnant la comparution des parties devant le conseil ou devant le conseiller rapporteur, ou une visite des lieux, soit par le conseil entier, soit par l'un des membres à ce commis, indiquera le jour et l'heure, ainsi que l'objet de la comparution ou de la visite des lieux.

Celle qui ordonnera une enquête, une expertise ou la production d'une pièce, fixera le délai dans lequel cette enquête, cette expertise ou cette production de pièce devra être opérée. Elle nommera le commissaire enquêteur ou les experts, et indiquera les questions sur lesquelles portera l'enquête ou l'expertise.

48. Le conseil de préfecture ne pourra accorder de délai pour l'exécution d'une décision que dans cette décision même.

49. Le greffier transmettra ampliation des décisions rendues, dans le plus bref délai, et, au plus tard, dans les trois jours, s'il s'agit d'une décision préparatoire ou interlocutoire, et dans la huitaine, s'il s'agit d'une décision définitive, au bureau d'enregistrement général de la préfecture, qui les fera parvenir, après enregistrement, aux bureaux intéressés, ainsi qu'il est dit en l'art. 23.

L'enregistrement vaudra notification au préfet.

50. Les parties ou leurs mandataires peuvent prendre connaissance au greffe des décisions rendues.

Si elles y adhèrent, elles auront un délai de trois jours pour le déclarer dans un acte d'acquiescement, qui sera immédiatement dressé par le greffier, à leur demande, afin d'éviter les retards et les frais d'une notification.

Durant le délai de trois jours, la notification ne pourra être faite, à moins d'urgence constatée dans la décision.

Toute notification aura lieu, au domicile élu, par ministère d'huissier.

51. Les décisions du conseil de préfecture seront rendues au nom de l'Empereur, et les ampliations porteront en tête le même intitulé que les lois, et seront terminées par la formule exécutoire du mandement aux officiers de justice.

Elles seront délivrées sur papier timbré, lorsqu'il y aura lieu d'en faire notification par ministère d'huissier ou d'en procurer l'exécution par contrainte.

52. Les ampliations ou expéditions seront signées par le secrétaire-greffier et certifiées par le secrétaire général de la préfecture, ou par un conseiller de préfecture délégué à cet effet pour le suppléer.

Elles seront revêtues d'un timbre sec aux armes de l'Empire, portant en exergue : *Conseil de préfecture du département de la Seine.*

§ V. — *Des dépens.*

53. En attendant qu'il soit dressé un tarif spécial des dépens, la taxe en sera faite d'après le tarif des dépens devant le tribunal civil de première instance de la Seine.

54. L'état des frais dont la liquidation n'aura pas été comprise dans la décision définitive, sera délivré par le greffier, taxé par le conseiller rapporteur, et rendu exécutoire par le préfet.

CHAPITRE IV.

Du greffe du conseil de préfecture.

55. Il sera tenu au greffe du conseil de préfecture :

1° Un registre des affaires purement administratives, divisé en dix colonnes, où seront inscrits : 1° un numéro d'ordre ; 2° le numéro de l'enregistrement général de l'affaire dans les bureaux de la préfecture ; 3° la date de la réception du dossier au greffe ; 4° la nature de l'affaire ; 5° le nom de l'arrondissement, de la commune ou de l'établissement public intéressé ; 6° le nom du conseiller ou de l'auditeur chargé du rapport ; 7° la date de la remise qui lui aura été faite du dossier ; 8° la date et l'analyse sommaire de la décision ou de l'avis ; 9° la date de la remise du dossier au bureau de l'enregistrement général ; 10° les observations et annotations jugées utiles ;

2° Trois registres analogues pour les affaires en règlement de comptes, pour les réclamations en matière de contributions, et pour les contraventions en matière de grande voirie et de police du roulage ;

3° Un registre des affaires contentieuses, lequel sera divisé en douze colonnes, où seront inscrits : 1° un numéro d'ordre, qui devra être reproduit sur toutes les pièces de l'affaire ; 2° la date de la réception de la requête au greffe ; 3° les noms des parties et de leurs mandataires ; 4° l'analyse sommaire de l'affaire ; 5° le nom du conseiller rapporteur ; 6° la date de la remise qui lui aura été faite du dossier ; 7° les actes successifs de l'instruction avec leurs dates, tels qu'avertissements, significations, communications ou demandes de pièces, interventions, arrêtés interlocutoires ou préparatoires, oppositions, etc. ; 8° la date et l'analyse sommaire des décisions ; 9° la date de la délivrance des ampliations ou expéditions, et de la remise qui en aura été faite, soit au bureau de l'enregistrement général de la préfecture, soit aux parties ; 10° la date des actes d'acquiescement, et, quand elle sera connue, celle des notifications par huissier ; 11° la date et la mention des récépissés des pièces remises aux parties ; 12° les pourvois que les décisions auront pu motiver et les résultats de ces pourvois ;

4° Enfin, des registres où seront inscrits les procès-verbaux des séances tant des assemblées générales que des réunions des sections.

56. La correspondance qui pourra être nécessaire pour assurer la marche d'une instruction sera rédigée au greffe, d'après les notes du conseiller rapporteur ou du ministère public, et signée, selon les cas, par le président ou par le commissaire du gouvernement.

57. Les procès-verbaux des séances relateront, pour chaque affaire appelée, le numéro d'enregistrement et le texte de la décision prise.

Ils seront signés par tous les membres qui auront siégé.

58. Les décisions relatives aux comptes des receveurs des communes et des établissements publics ne seront portées aux registres que par mention sommaire, lorsqu'elles ne contiendront ni injonction ni mesure de contrainte ou de responsabilité contre le comptable. Dans le cas contraire, les dispositions de la décision, ajoutées à la formule ordinaire du jugement du compte, y seront transcrites.

Les minutes de tous les règlements de comptes seront signées par les conseillers et réunies en un registre spécial, à la fin de chaque année.

59. Les décisions concernant les demandes en décharge ou réduction des contributions directes, des prestations en nature ou des taxes assimilées aux contributions, ne seront portées au registre que par mention sommaire, dans le cas où il sera statué en fait, et dans le cas où il aura été pris une décision conforme à la demande du réclamant et à l'avis de l'administration des contributions directes. Elles y seront transcrites littéralement, lorsque l'arrêté rejettera la demande, en tout ou en partie, par application d'une dispostion de la loi, ou lorsqu'elle sera contraire en principe à l'avis du directeur des contributions directes.

60. Le présent règlement sera inséré au *Recueil des actes administratifs* de la préfecture, et publié par voie d'affiches dans toutes les communes du département de la Seine.

Fait en l'hôtel de ville de Paris, le 20 avril 1863.

G.-E. HAUSSMANN.

XCIII.

MODÈLE D'ARRÊTÉ AFIN DE POURVOIR AU REMPLACEMENT DES CONSEILLERS DE PRÉFECTURE EN EXERCICE, EN CAS D'INSUFFISANCE DE MEMBRES DU CONSEIL, OU LORSQU'IL S'AGIT DE VIDER UN PARTAGE.

Le conseil de préfecture du département de

Vu l'arrêté du 19 fructidor an IX, dont l'art. 3 est ainsi conçu :

Art. 3. Les membres restant au conseil de préfecture désignent, à la pluralité des voix, un membre du conseil général de département, qui siégera avec ceux du conseil de préfecture, soit qu'il faille compléter le nombre nécessaire pour délibérer, ou vider un partage. Le choix ne pourra jamais tomber sur les membres des tribunaux qui font partie des conseils généraux de département;

Et attendu, en fait, que MM. (*indiquer les noms des conseillers en exercice et les motifs qui les empêchent de siéger, ou la nécessité d'appeler un membre du conseil général pour vider un partage*);

ARRÊTE :

Art. 1er.

M. ou MM. , membres du conseil général du département de...., sont désignés à l'effet de compléter le conseil de préfecture de.... pendant l'absence ou l'empêchement des membres titulaires sus-désignés (*ou à l'effet de vider le partage existant dans l'affaire sus-indiquée*).

Art. 2.

Expédition sera adressée à M. (*nom du membre ou des membres du conseil général désignés*), pour lui servir de titre, et qu'il ait à s'y conformer.

En conseil de préfecture, à (*nom de la ville*), les jour, mois et année, où étaient présents MM. , lesquels ont signé le présent arrêté.

(*Suivent les signatures.*)

XCIV.

MODÈLE D'ARRÊTÉ EN MATIÈRE DE CONTRIBUTIONS OU TAXES RECOUVRABLES COMME LES CONTRIBUTIONS.

Audience publique du (jour, mois et an).

Le conseil de préfecture du département de....

Vu la demande du sieur (*indiquer le nom et la demeure du réclamant*), tendant à obtenir décharge (*ou réduction*) de sa cote (*indiquer la nature de la demande*) ;

Vu l'avis du maire et des répartiteurs de la commune (*rayer le mot répartiteur, s'il s'agit de patente ; le maire donne seul son avis*) ;

Vu les rapports de M. le contrôleur et de M. le directeur des contributions directes ;

Ouï le rapport, en audience publique, de M.   , l'un des conseillers ;

Ouï le sieur (*réclamant*), comparaissant en personne, assisté de (*nom de l'assistant*), ou comparaissant par le sieur   , son mandataire, lequel a développé les moyens de la demande ;

(*Effacer la mention relative à la comparution, si le réclamant fait défaut, et la remplacer par la mention suivante*) :

Le sieur (*nom du réclamant*), invité par lettre et appelé par l'huissier, n'a pas comparu ;

Ouï les conclusions de M. (*nom du fonctionnaire occupant le parquet*), commissaire du gouvernement ;

Vu la loi du 28 pluviôse an VIII et celle du (*indiquer la loi spéciale à la matière mise en discussion, citée dans la nomenclature mise à la suite de ce projet d'arrêté*) ;

Considérant.....;

Et adoptant les motifs du rapport de M. le directeur des contributions directes ;

Ou sans s'arrêter ni avoir égard aux motifs du rapport de M. le directeur,

Considérant.....,

(*Au cas d'admission de la demande.*)

Arrête :

Il est accordé au réclamant décharge (*ou réduction*) de

(*En cas de rejet de la demande.*)

Arrête :

La demande est rejetée.

(*Dans l'un et l'autre cas, terminer ainsi*) :

Ainsi jugé et prononcé, les jour, mois et an ci-dessus, en séance publique, par MM. (*noms des membres composant le conseil de préfecture*), en présence de M. (*nom*), commissaire du gouvernement, et assistance de (*nom du secrétaire-greffier*), tenant la plume.

Ainsi signé au registre par les membres du conseil de préfecture et le greffier.

(*Signatures.*)

XCV.

NOMENCLATURE DES LOIS, DÉCRETS ET ARRÊTÉS A VISER DANS CHAQUE ARRÊTÉ RENDU EN MATIÈRE DE CONTRIBUTIONS OU TAXES ASSIMILÉES.

En matière de cote foncière, la loi du 3 frimaire an VII;

En matière de cote personnelle et mobilière, la loi du 21 avril 1832 ;

En matière de portes et fenêtres, la loi du 21 avril 1832 ;

En matière de patentes, les lois du 25 avril 1844, 18 mai 1850, 10 juin 1853, 4 juin 1858, 2-3 juillet 1862 ;

En matière d'impôt sur les voitures, la loi des 2-3 juillet 1862 ;

En matière de prestations, la loi du 21 mai 1836 ;

En matière d'impôt sur les chiens, la loi du 2 mai 1855, décret 4 août 1855 ; 3-7 août 1861 ;

En matière d'impôt de vérification de poids et mesures, ordonnance du 17 avril 1839 ;

En matière de rétribution scolaire, loi du 28 juin 1833.

S'il s'agit de taxes assimilées, pour leur recouvrement, aux contributions directes, il faut viser :

Pour les taxes d'arrosages, les lois des 14 floréal an XI, — 23-27 juin 1857;

Pour la taxe pour les dépenses des chambres et bourses de commerce, la loi du 28 ventôse an IX, le décret du 23 septembre 1806, la loi des finances du 23 juillet 1820[1], et l'article 33 de la loi du 25 avril 1844 sur les patentes ;

Pour la taxe mise pour la rétribution des médecins inspecteurs des eaux minérales, loi du 21 avril 1832 ;

Pour la taxe relative à l'établissement thermal de Baréges, l'arrêt du conseil d'Etat du 6 mai 1732, et le décret du 30 prairial an XII ;

Pour la taxe relative au droit des pauvres, loi 7 frimaire an V, 10 thermidor an XI, décret du 8 fructidor an XIII ;

Pour les droits de visite chez les pharmaciens et droguistes, lettres patentes du 10 février 1780, arrêté sur les écoles de pharmacie du 25 thermidor an XI, la loi du 23 juillet 1820 ;

Pour la taxe sur le pavage des rues, loi 11 frimaire an VII, avis du conseil d'Etat 25 mars 1807, et lois 18 juillet 1837, 7-11 juin 1845 ;

Pour la taxe relative à la redevance des mines, lois des 21 avril 1810 et 27 avril 1838 ;

Pour la taxe relative aux travaux de curage des canaux et rivières non navigables, et pour l'entretien des digues et ouvrages d'art, loi du 14 floréal an XI.

XCVI.

MODÈLE D'UN ARRÊTÉ CONCERNANT UNE DEMANDE EN DÉCHARGE OU RÉDUCTION DE CONTRIBUTION TARDIVEMENT PRODUITE.

Audience publique du (jour, mois, année).

Le conseil de préfecture du département de....

Vu la demande du sieur (*nom du réclamant et demeure*), parvenue seulement à la préfecture le (*jour mois et an*) (*ou à la sous-préfecture de, pour les parties domiciliées dans un arrondissement autre que celui du chef-lieu*), tendant à obtenir décharge (*ou réduction*) de la cote de (*indiquer la nature de la contribution*) ;

Vu le rapport de M. le directeur proposant la déchéance ;

Ouï le rapport en séance publique de M.   conseiller de préfecture ;

Ouï les observations contre la déchéance proposées par le réclamant en personne, ou par son mandataire le sieur

Si le demandeur ne comparaît pas, ni personne pour lui, effacer la mention de sa comparution et mettre :

Le réclamant, invité par lettre à se présenter, n'a pas répondu à l'appel de son nom fait à tour de rôle par l'huissier.

Ouï les conclusions de M. (*nom du fonctionnaire occupant le parquet*), commissaire du gouvernement;

Vu l'article 28 de la loi du 21 avril 1832 et l'art. 8 de celle du 4 août 1844;

Adoptant les motifs du rapport de M. le directeur des contributions directes;

ARRÊTE:

La demande est rejetée.

Ainsi jugé et prononcé en séance publique du conseil de préfecture, les jour, mois et an ci-dessus, par MM. (*noms des membres composant le conseil de préfecture*), en présence de M. (*nom du fonctionnaire tenant le parquet*), et assistance de (*nom du secrétaire-greffier*), tenant la plume.

Ainsi signé au registre par les membres du conseil de préfecture et par le greffier.

(*Signatures.*)

XCVII.

MODÈLE D'ARRÊTÉ EN MATIÈRE DE TRAVAUX PUBLICS.

Audience publique du (jour, mois et année).

Le conseil de préfecture du département de....

Vu la requête en date du   par laquelle le sieur expose (*résumer les faits exposés*);

Pourquoi le requérant conclut à (*rapporter le dispositif des conclusions de la demande*);

Vu le mémoire en défense par lequel le sieur (*résumer les moyens de défense*);

Pourquoi ledit défendeur conclut à (*rapporter le dispositif des conclusions prises*);

Vu le rapport de MM. les ingénieurs tendant à (*indiquer le sens des conclusions*);

Vu les devis et marchés, le détail estimatif, l'analyse des prix, le cahier des charges, le procès-verbal d'adjudication dans lequel on lit (*citer les passages utiles*);

Ouï le rapport fait à l'audience par M.   conseiller de préfecture;

Ouï les observations présentées oralement par

(*Si les parties ne comparaissent pas, l'arrêté en fait mention, et la ligne qui précède est supprimée*);

Ouï les conclusions du (*nom du fonctionnaire tenant le parquet*), commissaire du gouvernement ;

Vu la loi du 28 pluviôse an VIII, les clauses et conditions générales des adjudications ;

Après en avoir délibéré conformément à la loi ;

Considérant (*résumer les motifs qui justifient ou font repousser la demande*) ;

ARRÊTE :

(*Au cas où la demande est justifiée.*)

Art. 1er.

La demande en indemnité est admise pour la somme de....

En conséquence, le défendeur est condamné à payer ladite somme.... avec intérêts à cinq pour cent à partir du jour où la demande en a été faite expressément.

Art. 2.

Le défendeur est condamné aux dépens taxés à....

Art. 3.

Expédition du présent arrêté sera notifiée administrativement à

Fait et jugé en audience publique, les jour, mois et an ci-dessus, par MM. (*noms des membres qui ont connu de l'affaire*), en présence de M. (*nom du fonctionnaire tenant le parquet*), et assistance (*nom du greffier*), secrétaire-greffier.

Ainsi signé au registre par les membres du conseil de préfecture et le greffier.

(*Signatures.*)

(*Au cas de rejet de la demande.*)

Arrête :

Art. 1er.

La demande du sieur est rejetée.

Art. 2.

Ledit sieur est condamné aux dépens, taxés à....

Art. 3.

Expédition du présent arrêté sera notifiée administrativement à

Fait et jugé en audience publique (*la fin comme dans le modèle précédent*).

XCVIII.

PROJET D'ARRÊTÉ INTERLOCUTOIRE EN MATIÈRE DE TRAVAUX PUBLICS, ORDONNANT UNE EXPERTISE.

Mêmes visas de pièces, mêmes mentions de la comparution ou du défaut des parties.

Ouï le rapport fait à l'audience par M. , l'un des conseillers ;

Ouï les conclusions de M. le commissaire du gouvernement ;

Vu la loi du 28 pluviôse an VIII, les clauses et conditions générales des adjudications, et la loi du 16 septembre 1807, art. 56 ;

Après en avoir délibéré conformément à la loi ;

Considérant (*indiquer la nécessité des points à faire constater par experts*) ;

Arrête :

Art. 1er.

Dans les trois jours de la notification du présent arrêté, chacune des parties fera connaître l'expert par elle choisi.

Art. 2.

Avant d'opérer, lesdits experts prêteront serment de bien et fidèlement remplir la mission qui leur est confiée, en audience publique du conseil de préfecture (*ou entre les mains d'un fonctionnaire expressément indiqué pour recevoir ce serment.*)

Art. 3.

Les experts devront rechercher et constater dans leur rapport : 1°, 2°, 3°, etc. (*indiquer tous les points sur lesquels doit porter la vérification*).

Art. 4.

Les droits et moyens des parties, ainsi que les dépens, sont réservés en définitive.

Ainsi jugé et prononcé en audience publique, le par MM. (*noms des membres du conseil*) (1), en présence de M. , commissaire du gouvernement, et assistance de M. (*nom du greffier*), secrétaire-greffier, tenant la plume.

Ainsi signé au registre par les membres du conseil de préfecture et par le secrétaire-greffier.

(*Signatures.*)

XCIX.

MODÈLE D'ARRÊTÉ EN MATIÈRE DE GRANDE VOIRIE.

Audience publique du (jour, mois et an).

Le conseil de préfecture du département de

Vu le procès-verbal rédigé le du mois d
18 par le sieur
et affirmé devant M.
constatant qu'il a remarqué sur la route
n° et sur la commune d
(*rappeler le fait constaté dans le procès-verbal*)
et que ce délit est du fait du sieur
demeurant à

Vu la notification de ce procès-verbal faite au sus-nommé (*jour, mois, an*), par M. (*indiquer le nom et la qualité du fonctionnaire qui a fait la notification*) ;

(1) Les deux modèles d'arrêtés en matière de travaux publics sont faits spécialement pour le cas où il s'agirait d'une indemnité réclamée à un entrepreneur par le propriétaire de terrains pris et fouillés ou de terrains occupés temporairement. Il sera facile, pour tous les autres cas, de se servir des mêmes modèles, en ayant soin de faire les suppressions et additions exigées pour toute autre espèce. Les visas de lois seront toujours les mêmes.

Vu les moyens de défense (*s'il en a été produit, les analyser*, *ou indiquer qu'il n'a pas été produit de moyens écrits*) ;

Vu les rapports de MM. les ingénieurs des ponts et chaussées, tendant à (*rapporter les conclusions de ces rapports*) ;

Ouï le rapport en audience publique de M. (*nom*), l'un des conseillers ;

Ouï les observations du contrevenant (*s'il ne comparaît pas, faire mention de son défaut de comparution*) ;

Ouï les conclusions de M. (*nom*), commissaire du gouvernement ;

Vu la loi du 29 floréal an X (19 mai 1802) et l'art. 112 du décret du 16 décembre 1811 ;

Vu (*viser l'ancienne législation qui détermine la peine à appliquer au fait constaté*) ;

Vu l'article 29 de la loi du 19-22 juillet 1791, qui maintient les anciens règlements sur la voirie ;

Vu la loi du 23 mars 1842 ;

Considérant que les anciens règlements ci-dessus visés prononcent des amendes contre ceux qui font des anticipations, des dégradations et des dépôts sur les routes ;

Considérant que la contravention est régulièrement constatée ;

Dans le cas contraire, dire : mais considérant que la contravention n'est pas suffisamment constatée ;

Considérant....

Considérant que la loi du 23 mars 1842 autorise à modérer l'amende encourue ;

ARRÊTE :

Art. 1er.

Dans les (*indiquer le nombre de jours accordés*) de la notification du présent arrêté, le sieur (*noms du contrevenant*) sera tenu de faire disparaître (*indiquer l'objet de la contravention : dépôt ou dégradation*), et de rétablir les lieux dans leur premier état.

Faute par lui de se conformer aux dispositions du précédent paragraphe, M. l'ingénieur en chef est autorisé à faire exécuter les travaux (*ou à faire disparaître l'obstacle apporté à la circulation*), sous l'inspection des agents des ponts et chaussées, aux frais du contrevenant, qui devra solder la dépense sur le vu de l'état arrêté par le préfet et quittancé par les ouvriers.

Art. 2.

Le sieur est condamné à l'amende francs, en outre aux dépens liquidés à la somme de ainsi qu'au coût de la notification et mise à exécution du présent, s'il devient nécessaire de recourir au ministère d'huissier : le tout par application de (*indiquer la loi ou règlement appliqué*).

Art. 3.

Expédition du présent arrêté sera notifiée administrativement au sieur demeurant commune d , département d , par les soins de M. l'ingénieur en chef; extraits seront transmis à M. le directeur de l'enregistrement et des domaines et à M. l'ingénieur en chef du département.

Ainsi jugé et prononcé en audience publique, les jour, mois et an ci-dessus indiqués, après avoir délibéré conformément à la loi, par MM. (*indiquer le nom des membres qui ont pris part à la délibération*), en présence de M. (*nom du fonctionnaire tenant le parquet*), commissaire du gouvernement, et assistance de M. secrétaire-greffier, tenant la plume.

Ainsi signé au registre par MM. les membres du conseil de préfecture et par le secrétaire-greffier.

(*Signatures.*)

213. (*Observation.*)

Pour la peine à appliquer, on trouvera, page 498 et suivantes ci-dessus, le résumé des anciens règlements à appliquer. L'exactitude veut que l'on vise et cite seulement l'article du règlement applicable. Ce ne serait pas remplir le vœu de la loi que de viser tous les textes de lois et règlements qui peuvent être appliqués à toutes les contraventions de grande voirie indistinctement. Il faut encore dire à la partie condamnée quel est le texte précis auquel elle a contrevenu.

C.

PROJET D'ARRÊTÉ EN MATIÈRE DE VOIRIE FLUVIALE OU MARITIME.

La formule est la même que celle adoptée pour la voirie terrestre, sauf la différence à établir dans les visas de lois.

Pour les contraventions en matière de voirie fluviale, il faut avoir le soin de viser :

1° L'ordonnance du mois d'août 1669 sur les eaux et forêts ;

2° L'arrêt du conseil d'Etat du 23 juillet 1783 ;

3° Le décret du 10 avril 1812.

Pour les contraventions en matière de voirie maritime, on devra viser :

1° L'ordonnance du mois d'août 1681 sur la marine ;

2° Le décret du 10 avril 1812.

Ces visas devront remplacer les visas applicables seulement aux anciens règlements spéciaux pour les grandes routes.

CI.

MODÈLE D'ARRÊTÉ EN MATIÈRE DE CONTRAVENTION A LA LOI SUR LA POLICE DES CHEMINS DE FER.

Même formule d'arrêté que pour la grande voirie de terre, page 527. Avoir soin seulement de remplacer les visas relatifs aux anciens règlements et lois cités par le visa de la loi des 15 et 21 juillet 1845 sur la police des chemins de fer.

CII.

MODÈLE D'ARRÊTÉ EN MATIÈRE DE CONTRAVENTION RELATIVE AUX LIGNES TÉLÉGRAPHIQUES.

Même formule d'arrêté que pour la grande voirie de terre, p. 527. Avoir la précaution de remplacer les visas relatifs aux anciens règlements et autres lois par le visa du décret des 27 décembre 1851 et 10 janvier 1852.

L'esprit suppléera facilement les autres modifications à faire subir à la formule qui devra servir de modèle.

CIII.

MODÈLE D'ARRÊTÉ EN MATIÈRE DE POLICE DU ROULAGE.

Audience publique du (jour, mois et an).

Le conseil de préfecture du département d

Vu le procès-verbal dressé le du mois d 186 par le sieur et affirmé devant M. le lequel procès-verbal constate qu'il rencontré sur la route n° de à et sur la commune de une voiture attelée de conduite par demeurant à appartenant à demeurant laquelle voiture

Vu la notification dudit procès-verbal faite au contrevenant le 186 par M. le maire de

Vu les moyens de défense présentés par le contrevenant (*ou mention du défaut de production de moyens, s'il n'en a pas été produit*);

Vu les rapports de MM. les ingénieurs tendant à

Ouï le rapport fait en audience publique par M. (*nom du fonctionnaire*), l'un des conseillers ;

Ouï les observations orales du contrevenant (*s'il ne comparaît pas, faire mention de son défaut*);

Ouï (*nom du fonctionnaire tenant le parquet*), commissaire du gouvernement, dans ses conclusions;

Vu la loi du 30 mai 1851, le règlement d'administration publique du 10 août 1852, fait pour l'exécution de cette loi, ensemble la circulaire du ministre de l'intérieur du 25 août 1852;

Considérant (*indiquer le motif de condamnation ou d'acquittement*) ;

Considérant

ARRÊTE :

Art. 1er.

Le sieur
demeurant commune d
département d est condamné à l'amende de francs, conformément à l'article (*citer les articles de loi et du règlement appliqués*) (1); en outre, aux dépens liquidés à la somme de ainsi qu'au coût de la signification et mise à exécution du présent, s'il devient nécessaire de recourir au ministère d'huissier.

Art. 2.

Expédition du présent arrêté sera notifiée administrativement au sus-nommé.

Expédition sera aussi transmise à M. le directeur de l'enregistrement et des domaines du département.

Ainsi jugé et prononcé en audience publique (*jour, mois et an*), après avoir délibéré conformément à la loi, par MM. (*noms et qualités des fonctionnaires ayant pris part à la délibération*), lesquels ont signé le présent arrêté, en présence de M.
commissaire du gouvernement, et assistance de M.
secrétaire-greffier.

(*En cas d'acquittement.*)

Art. 1er.

Le sieur (*nom de la partie poursuivie*) est renvoyé des fins du procès-verbal, sans dépens.

Art. 2.

(Comme à l'article 2 ci-dessus.)

CIV.

MODÈLE D'ARRÊTÉ A L'EFFET D'AUTORISER UNE COMMUNE A ESTER EN JUSTICE EN DEMANDANT (2).

Vu la délibération du conseil municipal de la commune de

(1) Aux pages 221 et 222 ci-dessus, on trouve, par lettre alphabétique, la nomenclature des contraventions de police du roulage de la compétence des conseils de préfecture, et l'indication des articles de loi, règlement et circulaire à citer.

(2) L'arrêté, en cas de refus d'autorisation, doit être motivé (art 53, loi du 18 juillet 1837.)

dans laquelle il est exposé que (*rappeler sommairement les faits*);

Pourquoi le conseil municipal de la commune sus-désignée conclut à ce que M. le maire soit autorisé à former en justice, devant juges compétents, une action tendant à (*rappeler le dispositif de la demande projetée*);

Vu les pièces produites (*les analyser*);

Ouï le rapport fait par M. l'un des conseillers;

Ouï M. (*nom du fonctionnaire tenant le parquet*), commissaire du gouvernement, dans ses conclusions;

Vu la loi du 18 juillet 1837, l'art. 1032 du Code de pr. civ., et enfin la loi du 28 pluviôse an VIII;

ARRÊTE :

Art. 1er.

M. le maire de la commune de est autorisé à former devant juges compétents, au nom de sa commune, l'action sus-énoncée.

Art. 2.

Expédition du présent arrêté sera adressée à M. le maire de la commune sus-indiquée, chargé de veiller à son exécution.

Délibéré en conseil de préfecture, les jour, mois et an ci-dessus, par les membres du conseil de préfecture du département de lesquels ont signé le présent arrêté, en présence de M. commissaire du gouvernement.

Ainsi signé au registre par les membres du conseil de préfecture et le secrétaire-greffier.

CV.

MODÈLE D'ARRÊTÉ A L'EFFET D'AUTORISER UNE COMMUNE A ESTER EN JUSTICE EN DÉFENDANT (1).

Vu le mémoire déposé à la préfecture le (*jour, mois et an*), par le sieur (*indiquer les nom, prénoms et qualités du demandeur*), lequel expose (*analyser l'objet de la demande*);

Pourquoi ledit sieur exposant conclut à ce que la commune de (*désignation de la commune*) soit autorisée à défendre à l'action que ledit demandeur annonce l'intention d'introduire devant juges com-

(1) L'arrêté, en cas de refus, doit être motivé (art. 53, loi du 18 juillet 1837).

pétents, à l'effet de faire décider que (*rappeler* (1) *les conclusions du demandeur*);

Vu la délibération du conseil municipal de la commune de (*désignation de la commune*), lequel à émis l'avis qu'il y avait lieu à résister à la prétention du demandeur ;

Vu les titres (*s'il en est produit, les analyser*) ;

Ouï le rapport fait par M.
l'un des conseillers ;

Ouï M. (*nom du fonctionnaire occupant le parquet*), commissaire du gouvernement ;

Vu les lois du 18 juillet 1837, l'art. 1032 du Code de pr. civ., et la loi du 28 pluviôse an VIII ;

ARRÊTE :

Art. 1er.

La commune de (*indiquer la dénomination de cette commune*) est autorisée, en la personne de son maire, à défendre à l'action que le demandeur annonce l'intention d'introduire en justice pour les causes sus-déduites.

Art. 2.

Expédition sera adressée à M. le maire de la commune de
chargé d'en suivre et surveiller l'exécution.

Délibéré en conseil de préfecture le (*jour, mois et an*), par MM. (*noms des conseillers*), en présence de M. (*nom*), commissaire du gouvernement.

Ainsi signé au registre par les membres du conseil de préfecture et le secrétaire-greffier.

214. (*Observation sur les autorisations de plaider.*)

Ces autorisations sont des actes de tutelle des conseils de préfecture, qui sont chargés par la loi de veiller à la conservation des droits des communes. Elles ne donnent pas lieu à un débat d'audience. Elles doivent être réglées en chambre du conseil, en présence du commissaire du gouvernement, mais sans assistance du secrétaire-greffier, qui signe seulement la délibération transcrite par lui sur le registre, pour certifier que la délibération est conforme à celle qui lui a été remise pour la transcrire sur son registre.

(1) Quand c'est un contribuable qui sollicite l'autorisation de plaider à ses risques et périls, pour le compte d'une commune, l'arrêté est pris dans la même forme. On vise d'abord la requête et les faits et conclusions de la demande, et ensuite la délibération du conseil municipal qui refuse d'intenter l'action au nom de la commune.

CINQUIÈME PARTIE.

De la comptabilité des communes, des établissements charitables, des écoles normales primaires et associations syndicales.

CVI.

DES COMPTES DES COMMUNES, HOSPICES ET BUREAUX DE BIENFAISANCE. — COMPTABILITÉ OCCULTE.

215. (*Titre VI de la loi du 18 juillet 1837 sur l'administration municipale, intitulé : Comptabilité des communes.*)

Art. 60. Les comptes du maire, pour l'exercice clos, sont présentés au conseil municipal avant la délibération du budget. Ils sont définitivement approuvés par les préfets, pour les communes dont le revenu est inférieur à 100,000 fr., et par le ministre compétent, pour les autres communes (1).

61. Le maire peut seul délivrer des mandats. S'il refusait d'ordonnancer une dépense régulièrement autorisée et liquide, il serait prononcé par le préfet en conseil de préfecture.

L'arrêté du préfet tiendrait lieu du mandat du maire.

62. Les recettes et dépenses communales s'effectuent par un comptable chargé seul, et sous sa responsabilité, de poursuivre la rentrée de tous revenus de la commune et de toutes sommes qui lui seraient dues, ainsi que d'acquitter les dépenses ordon-

(1) Le compte présenté par le maire n'est pas un compte de deniers, mais un compte moral, qui, par conséquent, n'est pas sujet à règlement, mais à une simple approbation.

nancées par le maire, jusqu'à concurrence des crédits régulièrement accordés.

Tous les rôles de taxe, de sous-répartitions et de prestations locales, devront être remis à ce comptable.

63. Toutes les recettes municipales pour lesquelles les lois et règlements n'ont pas prescrit un mode spécial de recouvrement, s'effectuent sur des états dressés par le maire. Ces états sont exécutoires après qu'ils ont été visés par le sous-préfet.

Les oppositions, lorsque la matière est de la compétence des tribunaux ordinaires, sont jugées comme affaires sommaires, et la commune peut y défendre, sans autorisation du conseil de préfecture.

64. Toute personne, autre que le receveur municipal, qui, sans autorisation légale, se serait ingérée dans le maniement des deniers de la commune, sera, par ce seul fait, constituée comptable; elle pourra en outre être poursuivie en vertu de l'article 258 du code pénal, comme s'étant immiscée sans titre dans des fonctions publiques.

65. Le percepteur remplit les fonctions de receveur municipal.

Néanmoins, dans les communes dont le revenu excède 30,000 fr., ces fonctions sont confiées, si le conseil municipal le demande, à un receveur municipal spécial. Il est nommé par le roi, sur trois candidats que le conseil municipal présente.

Les dispositions du premier paragraphe ci-dessus ne seront applicables aux communes ayant actuellement un receveur municipal que sur la demande du conseil municipal, ou en cas de vacance.

66. Les comptes du receveur municipal sont définitivement apurés par le conseil de préfecture, pour les communes dont le revenu n'excède pas trente mille francs, sauf recours à la cour des comptes.

Les comptes des receveurs des communes dont le revenu excède 30,000 fr. sont réglés et apurés par ladite cour.

Les dispositions ci-dessus, concernant la juridiction des conseils de préfecture et de la cour des comptes sur les comptes des receveurs municipaux, sont applicables aux comptes des trésoriers des hôpitaux et autres établissements de bienfaisance.

67. La responsabilité des receveurs municipaux et les formes de la comptabilité des communes seront déterminées par des règlements d'administration publique. Les receveurs municipaux seront assujettis, pour l'exécution de ces règlements, à la surveillance des receveurs des finances.

Dans les communes où les fonctions de receveur municipal et de percepteur sont réunies, la gestion du comptable est placée sous la responsabilité du receveur des finances de l'arrondissement.

68. Les comptables qui n'auront pas présenté leurs comptes dans les délais prescrits par les règlements pourront être condamnés, par l'autorité chargée de les juger, à une amende de 10 francs à 100 fr., par chaque mois de retard, pour les receveurs et trésoriers justiciables des conseils de préfecture, et de 50 fr. à 500 fr., également par mois de retard, pour ceux qui sont justiciables de la cour des comptes.

Ces amendes seront attribuées aux communes et établissements que concernent les comptes en retard.

Elles seront assimilées aux débets de comptables, et le recouvrement pourra en être suivi par corps, conformément aux articles 8 et 9 de la loi du 17 avril 1832.

69. Les budgets et les comptes des communes restent déposés à la mairie, où toute personne imposée au rôle de la commune a droit d'en prendre connaissance.

Ils sont rendus publics par la voie de l'impression, dans les communes dont le revenu est de 100,000 fr. ou plus, et dans les autres, quand le conseil municipal a voté la dépense de l'impression.

CVII.

PRINCIPES GÉNÉRAUX SUR LA COMPTABILITÉ.

216. (*Extrait du décret impérial portant règlement général sur la comptabilité publique, du 31 mai-11 août 1862.*)

PREMIÈRE PARTIE.

Comptabilité des deniers publics.

Art. 1er. Les deniers publics sont les deniers de l'Etat, des départements, des communes et des établissements publics ou de bienfaisance.

Le service et la comptabilité des deniers publics sont et demeurent soumis aux dispositions législatives et réglementaires dont la teneur suit.

TITRE PREMIER.

Dispositions générales applicables aux divers services.

2. Les services financiers s'exécutent dans des périodes de temps dites *de gestion et d'exercice.*

3. La gestion embrasse l'ensemble des actes d'un comptable, soit pendant l'année, soit pendant la durée de ses fonctions; elle comprend, en même temps que les opérations qui se règlent par exercice, celles qui s'effectuent pour des services de trésorerie ou pour des services spéciaux.

4. L'exercice est la période d'exécution des services d'un budget.

5. Le budget est l'acte par lequel sont prévues et autorisées les recettes et les dépenses annuelles de l'Etat ou des autres services que les lois assujettissent aux mêmes règles.

6. Sont seuls considérés comme appartenant à un exercice, les services faits et les droits acquis du 1er janvier au 31 décembre de l'année qui lui donne son nom.

7. Les délais nécessaires, soit pour achever certains services du matériel, soit pour compléter le recouvrement des produits ainsi que la liquidation, l'ordonnancement et le payement des dépenses, sont déterminés par des dispositions spéciales du présent décret.

8. Les crédits ouverts pour les dépenses de chaque exercice ne peuvent être employés à l'acquittement des dépenses d'un autre exercice.

9. Les services du personnel et du matériel doivent être présentés d'une manière distincte et séparée.

10. Aucun payement ne peut être effectué qu'au véritable créancier justifiant de ses droits et pour l'acquittement d'un service fait.

Toutefois, pour les services régis par *économie*, c'est-à-dire confiés à des agents intermédiaires, des avances peuvent être faites exceptionnellement aux agents de ces services, aux conditions et dans les limites prévues par l'article 94 du présent décret.

11. Toute ordonnance ou tout mandat énonce l'exercice, le crédit, ainsi que les chapitres, et, s'il y a lieu, les articles auxquels la dépense s'applique.

12. Aucune stipulation d'intérêts ou de commission de banque ne peut être consentie au profit d'un entrepreneur, fournisseur ou régisseur, en raison d'emprunts temporaires ou d'avances de fonds pour l'exécution et le payement des services publics.

13. Aucun marché, aucune convention pour travaux et fournitures ne doit stipuler d'à-compte que pour un service fait.

Les à-compte ne doivent pas excéder les cinq sixièmes des droits constatés par pièces régulières présentant le décompte du service fait, à moins que des règlements spéciaux n'aient exceptionnellement déterminé une autre limite.

14. Les administrateurs et les ordonnateurs sont chargés de l'établissement et de la mise en recouvrement des droits et produits, ainsi que de la liquidation et de l'ordonnancement des dépenses.

Des comptables responsables sont préposés à la réalisation des recouvrements et des payements.

15. Les administrateurs sont responsables de l'exactitude des certifications qu'ils délivrent.

16. Il doit être fait recette du montant intégral des produits.

Les frais de perception et de régie, ainsi que les autres frais accessoires, sont portés en dépense.

17. Les fonctions d'administrateur et d'ordonnateur sont incompatibles avec celles de comptable.

18. L'emploi de comptable est incompatible avec l'exercice d'une profession, d'un commerce ou d'une industrie quelconque.

Les incompatibilités spéciales propres à chaque nature de fonctions sont déterminées par les règlements particuliers des différents services.

19. Il est interdit au comptable de prendre intérêt dans les adjudications, marchés, fournitures et travaux concernant les services de recettes ou de dépenses qu'ils effectuent.

20. Aucun titulaire d'un emploi de comptable de deniers

publics ne peut être installé, ni entrer en exercice, qu'après avoir justifié, dans les formes et devant les autorités déterminées par les lois et règlements, de l'acte de sa nomination, de sa prestation de serment et de la réalisation de son cautionnement.

21. Chaque comptable ne doit avoir qu'une seule caisse, dans laquelle sont réunis tous les fonds appartenant à ses divers services. Il est responsable des deniers publics qui y sont déposés. En cas de vol ou de perte de fonds résultant de force majeure, il est statué sur sa demande en décharge par une décision ministérielle, sauf recours au conseil d'Etat.

22. Les écritures et les livres des comptables des deniers publics sont arrêtés le 31 décembre de chaque année, ou à l'époque de la cessation des fonctions, par les agents administratifs désignés à cet effet.

La situation de leur caisse et de leur portefeuille est vérifiée aux mêmes époques et constatée par un procès-verbal.

23. Les comptes sont rendus et jugés par gestion, avec la distinction, pour les opérations budgétaires, des exercices auxquels ces opérations se rattachent.

Ils présentent : 1° la situation des comptables au commencement de la gestion ; 2° les recettes et dépenses de toute nature effectuées dans le cours de cette gestion ; 3° la situation des comptables à la fin de la gestion, avec l'indication des valeurs en caisse et en portefeuille composant leur reliquat.

Lorsque les comptes de gestion sont présentés en plusieurs parties, la dernière doit résumer l'ensemble de la gestion.

24. Chaque comptable n'est responsable que de sa gestion personnelle.

En cas de mutation, le compte de l'année est divisé suivant la durée de la gestion des différents titulaires, et chacun d'eux rend séparément, à l'autorité chargée de le juger, le compte des opérations qui le concernent.

Toutefois, lorsqu'il y a lieu, soit de la part des comptables inférieurs, soit pour des gestions intérimaires, de rendre des comptes de clerc à maître, ces comptes engagent la responsabilité des comptables qui les ont reçus.

25. Toute personne autre que le comptable qui, sans autorisation légale, se serait ingérée dans le maniement des deniers

publics, est, par ce seul fait, constitué comptable, sans préjudice des poursuites prévues par l'article 248 du code pénal, comme s'étant immiscée sans titre dans des fonctions publiques.

Les gestions occultes sont soumises aux mêmes juridictions et entraînent la même responsabilité que les gestions patentes et régulièrement décrites.

Peut, néanmoins, le juge, à défaut de justifications suffisantes, lorsqu'aucune infidélité ne sera révélée à la charge du comptable, suppléer, par des considérations d'équité, à l'insuffisance des justifications produites.

26. Nul ne peut compter pour autrui, si ce n'est à titre d'héritier ou d'ayant cause, de mandataire ou de commis d'office nommé par l'administration.

Le compte est toujours rendu au nom du titulaire de l'emploi.

27. Les comptes affirmés sincères et véritables, sous les peines de droit, datés et signés par les comptables, sont présentés à l'autorité chargée du jugement, dans les formes et dans les délais prescrits par les règlements.

Ces comptes doivent être en état d'examen et appuyés de pièces justificatives classées dans l'ordre méthodique des opérations.

Après la présentation d'un compte, il ne peut y être fait aucun changement.

28. Les comptables en retard de fournir leurs comptes sont passibles des peines prononcées par les lois et règlements.

Les mêmes peines sont applicables aux retards apportés par les comptables dans la production des justifications complémentaires exigées par l'autorité chargée du jugement des comptes.

29. La loi confère une hypothèque légale à l'Etat, aux communes et aux établissements publics sur les biens des comptables, pour la conservation des droits et créances à exercer contre eux.

CVIII.

SUITE DES ATTRIBUTIONS DES CONSEILS DE PRÉFECTURE EN MATIÈRE DE COMPTABILITÉ.

212. (*Extrait du chapitre XIX du même décret.*)

Art. 427. Les conseils de préfecture, dans chaque département, sont chargés de l'apurement des comptes des revenus des communes, des hospices et des autres établissements de bienfaisance, des associations syndicales et des économes des écoles normales primaires, dont le jugement n'est pas déféré à la cour des comptes; ils jugent aussi tous autres comptes qui leur sont régulièrement attribués.

428. Les membres des conseils de préfecture sont nommés par l'Empereur.

429. Les conseils de préfecture ne peuvent délibérer s'ils ne comptent au moins trois membres présents. Le préfet, quand il assiste à la séance, compte pour compléter les membres nécessaires à la validité des délibérations. En cas d'absence du préfet, celui qui le remplace a le même droit.

430. Les comptes doivent être présentés avant le 1er juillet de l'année qui suit celle pour laquelle le compte est rendu.

En cas de défaut ou de retard des comptables, les conseils de préfecture peuvent les condamner aux amendes et aux peines prononcées par les lois et règlements.

Les comptes doivent être jugés avant l'époque fixée pour la présentation des comptes de l'année suivante.

431. Les arrêtés de comptes rendus par les conseils de préfecture sont provisoires ou définitifs.

432. Les communes et établissements dont les comptabilités sont soumises au jugement des conseils de préfecture peuvent, ainsi que les comptables, se pourvoir par appel devant la cour des comptes, comme il est dit aux art. 530 et 535 du présent décret.

Ils peuvent également former devant le même conseil de préfecture des demandes en révision des arrêtés définitifs, dans les cas spéciaux et suivant les formes déterminées par l'art. 420 du présent décret (1).

Le ministre des finances ou tout autre ministre, pour ce qui concerne son département, peut aussi, dans les mêmes formes, requérir devant les conseils de préfecture la révision des arrêtés définitifs.

433. Les règles de procédure déterminées pour la cour des comptes sont suivies par les conseils de préfecture, en tant qu'elles n'ont rien d'inconciliable avec l'organisation spéciale de ces conseils.

434. Les expéditions exécutoires des arrêtés des conseils de préfecture sont rédigées ainsi qu'il suit :

« Napoléon,
» Par la grâce de Dieu et la volonté nationale,
» Empereur des Français, à tous présents et à venir, salut :
» Le conseil de préfecture du département d
» a rendu l'arrêté suivant :
(*Ici copier l'arrêté.*)
» Mandons et ordonnons, etc.
» En foi de quoi, le présent arrêté a été signé par les membres du
» conseil de préfecture. »

Le secrétaire général de la préfecture signe et délivre les expéditions des arrêtés du conseil de préfecture.

. . . .

CIX.

COMPTABILITÉ DES COMMUNES.

218. (*Extrait du chapitre XXII du même décret.*)

§ Ier. — *Ressources communales.*

Art. 484. Les recettes des communes sont ordinaires ou extraordinaires.

(1) *Voir* le texte de l'art. 420, rapporté dans le chapitre consacré à la procédure à suivre en matière de comptabilité publique.

Les recettes ordinaires des communes se composent :

1° Des revenus de tous les biens dont les habitants n'ont pas la jouissance en nature ;

2° Des cotisations imposées annuellement sur les ayants droit aux fruits qui se perçoivent en nature ;

3° Du produit des centimes ordinaires affectés aux communes par les lois des finances ;

4° De la part accordée aux communes dans l'impôt des patentes ;

5° De la part revenant aux communes dans les droits de permis de chasse ;

6° Du produit des octrois municipaux ;

7° Du produit des droits de place perçus dans les halles, foires, marchés, abattoirs, d'après les tarifs dûment autorisés ;

8° Du produit des permis de stationnement et des locations sur la voie publique, sur les ports et rivières et autres lieux publics ;

9° Du produit des péages communaux, des droits de pesage, mesurage et jaugeage ; des droits de voirie et autres droits légalement établis ;

10° Du prix des concessions dans les cimetières ;

11° Du produit des concessions d'eau, de l'enlèvement des boues et immondices de la voie publique, et autres concessions autorisées pour les services communaux ;

12° Du produit des expéditions des actes administratifs et des actes de l'état civil ;

13° De la portion que les lois accordent aux communes dans le produit des amendes prononcées par les tribunaux de simple police, par ceux de police correctionnelle, et par les conseils de discipline de la garde nationale ;

14° Des intérêts des fonds placés au trésor ;

15° D'une portion des droits à percevoir dans les écoles préparatoires à l'enseignement des lettres et des sciences, et dans les écoles préparatoires de médecine et de pharmacie ;

16° Du bénéfice résultant de l'administration des colléges ;

17° Des ressources affectées au traitement de l'instituteur et de l'institutrice primaires ;

18° Des indemnités pour enrôlements volontaires ;

19° Du produit de la taxe municipale sur les chiens, et généralement du produit de toutes les taxes de ville et de police dont la perception est autorisée par la loi.

485. Les recettes extraordinaires se composent :

1° Des contributions extraordinaires dûment autorisées;

2° Du prix des biens aliénés ;

3° Du prix d'aliénation des rentes sur l'Etat ;

4° Des dons et legs ;

5° Du remboursement des capitaux exigibles et des rentes rachetées ;

6° Du produit des coupes extraordinaires de bois ;

7° Du produit des emprunts, et de toutes autres recettes accidentelles.

§ II. — *Charges communales.*

486. Les dépenses des communes sont obligatoires ou facultatives.

Sont obligatoires, les dépenses suivantes :

1° L'entretien de l'hôtel de ville ou, s'il y a lieu, du local affecté à la mairie ;

2° Les frais de bureau et d'impression pour le service de la commune ;

3° L'abonnement au *Bulletin des Lois* ou au *Moniteur des communes* ;

4° Les frais de recensement de la population ;

5° Les frais des registres de l'état civil et la portion des tables décennales à la charge des communes ;

6° Le traitement du receveur municipal, du préposé en chef de l'octroi, et les frais de perception ;

7° Le traitement des gardes des bois de la commune et des gardes champêtres ;

8° Le traitement et les frais de bureau des commissaires de police, tels qu'ils sont déterminés par les lois et décrets ;

9° Les pensions des employés municipaux et des commissaires de police, régulièrement liquidées et approuvées ;

10° Les frais de loyer et de réparation du local de la justice de paix, ainsi que ceux d'achat et d'entretien de son mobilier, dans les communes chefs-lieux de canton ;

11° Les dépenses de la garde nationale, telles qu'elles sont déterminées par les lois;

12° Les dépenses relatives à l'instruction publique, conformément aux lois;

13° L'indemnité de logement aux curés et desservants, et autres ministres des cultes salariés par l'Etat, lorsqu'il n'existe pas de bâtiment affecté à leur logement;

14° Les secours aux fabriques des églises et autres administrations préposées aux cultes dont les ministres sont salariés par l'Etat, en cas d'insuffisance de leurs revenus, justifiée par leurs budgets et leurs comptes appuyés de pièces;

15° Le contingent assigné à la commune, conformément aux lois, dans la dépense des enfants assistés;

16° Les grosses réparations aux édifices communaux, sauf l'exécution des lois spéciales concernant les bâtiments militaires et les édifices consacrés aux cultes;

17° La clôture des cimetières, leur entretien et leur translation, dans les cas déterminés par les lois et règlements d'administration publique;

18° Les frais des plans d'alignements;

19° Les frais et dépenses des conseils des prud'hommes, pour les communes où ils siégent; les menus frais des chambres consultatives des arts et manufactures, pour les communes où elles existent, ainsi que des sociétés de secours mutuels;

20° Les contributions et prélèvements établis par les lois sur les biens et revenus communaux;

21° Les secours et pensions accordés aux sapeurs-pompiers, à leurs veuves et à leurs orphelins;

22° La part contributive de la commune dans la dépense des travaux de défense contre les inondations;

23° Les frais de tenue des assemblées électorales pour l'élection : 1° des députés au corps législatif, des conseils généraux, des conseils d'arrondissement et des conseils municipaux; 2° des membres des tribunaux de commerce et des conseils de prud'hommes; 3° des chambres consultatives des arts et manufactures, et des chambres de commerce;

24° L'acquittement des dettes exigibles;

Et généralement toutes les autres dépenses mises à la charge des communes par une disposition législative.

Toutes dépenses autres que les précédentes sont facultatives.

§ III. — *Budget des communes.*

487. Les recettes et les dépenses des communes ne peuvent être faites que conformément au budget de chaque exercice ou aux autorisations extraordinaires données par qui de droit et dans les mêmes formes.

488. L'époque de la clôture de l'exercice, pour les recouvrements et les payements qui s'y rattachent, est fixée au 31 mars de la deuxième année de l'exercice.

489. Le conseil municipal délibère sur le budget de la commune, et en général sur toutes les recettes et dépenses, soit ordinaires, soit extraordinaires.

490. Le budget de chaque commune, proposé par le maire et voté par le conseil municipal, est définitivement réglé par arrêté du préfet.

Toutefois, pour les villes dont les revenus sont de cent mille francs ou plus, le budget est réglé par un décret impérial, lorsqu'il présente des impositions extraordinaires proprement dites, mais seulement pour l'exercice qui donne lieu à la demande de ces impositions.

Le revenu d'une commune est réputé atteindre cent mille francs, lorsque les recettes ordinaires, constatées dans les comptes, se sont élevées à cette somme pendant les trois derniers exercices.

Il n'est réputé être descendu au-dessous de cent mille francs que lorsque, pendant les trois derniers exercices, les recettes ordinaires sont restées inférieures à cette somme.

491. Les crédits qui pourraient être reconnus nécessaires après le règlement du budget sont délibérés par le conseil municipal et autorisés par le préfet.

492. Dans le cas où, par une cause quelconque, le budget d'une commune n'aurait pas été approuvé avant le commencement de l'exercice, les recettes et dépenses ordinaires continuent,

jusqu'à l'approbation de ce budget, à être faites conformément à celui de l'année précédente.

493. Dans le cas où le maire négligerait de dresser et de soumettre au conseil municipal le budget de la commune, le préfet, après l'en avoir requis, peut y procéder d'office par lui-même ou par un délégué spécial.

494. Les dépenses proposées au budget d'une commune peuvent être rejetées ou réduites par l'autorité qui règle le budget.

495. Les conseils municipaux peuvent porter au budget un crédit pour les dépenses imprévues.

La somme inscrite pour ce crédit ne peut être réduite ou rejetée qu'autant que les revenus ordinaires, après avoir satisfait à toutes les dépenses obligatoires, ne permettraient pas d'y faire face, ou qu'elle excéderait le dixième des recettes ordinaires.

Le crédit pour les dépenses imprévues est employé par le maire, avec l'approbation du préfet, pour les communes de l'arrondissement chef-lieu, et du sous-préfet, pour les communes des autres arrondissements.

Dans les communes autres que les chefs-lieux de département ou d'arrondissement, le maire peut employer le montant de ce crédit aux dépenses urgentes, sans approbation préalable, à la charge d'en informer immédiatement le sous-préfet, et d'en rendre compte au conseil municipal dans la première session ordinaire qui suit la dépense effectuée.

496. Les dépenses proposées au budget ne peuvent être augmentées, et il ne peut y en être introduit de nouvelles par l'autorité qui règle le budget qu'autant qu'elles sont obligatoires.

497. Si un conseil municipal n'alloue pas les fonds exigés pour une dépense obligatoire, ou n'alloue qu'une somme insuffisante, l'allocation nécessaire est inscrite au budget, par arrêté du préfet, en conseil de préfecture, et, dans le cas prévu au deuxième alinéa de l'art. 490, par le décret portant règlement du budget.

Dans tous les cas, le conseil municipal est préalablement appelé à en délibérer.

S'il s'agit d'une dépense annuelle et variable, elle est inscrite pour sa quotité moyenne pendant les trois derniers exercices; s'il s'agit d'une dépense annuelle et fixe de sa nature, ou d'une dépense extraordinaire, elle est inscrite pour sa quotité réelle.

Si les ressources de la commune sont insuffisantes pour subvenir aux dépenses obligatoires inscrites d'office en vertu du présent article, il y est pourvu par le conseil municipal, ou, en cas de refus de sa part, au moyen d'une contribution extraordinaire établie par un décret, dans les limites du maximum qui est fixé annuellement par la loi des finances, et par une loi spéciale, si la contribution doit excéder le maximum.

498. Les délibérations du conseil municipal concernant une contribution extraordinaire destinée à subvenir aux dépenses obligatoires ne sont exécutoires qu'en vertu d'un arrêté du préfet, s'il s'agit d'une commune ayant moins de cent mille francs de revenus, et d'un décret, s'il s'agit d'une commune ayant un revenu supérieur.

Dans le cas où la contribution extraordinaire aurait pour but de subvenir à d'autres dépenses que les dépenses obligatoires, elle ne peut être autorisée que par un décret, s'il s'agit d'une commune ayant moins de cent mille francs de revenus, et par une loi spéciale, s'il s'agit d'une commune ayant un revenu supérieur.

499. Les préfets statuent sur l'acceptation ou le refus des dons et legs de toutes sortes de biens, lorsqu'il n'y a pas réclamation des familles.

500. Aucun emprunt ne peut être autorisé que par décret rendu dans la forme des règlements d'administration publique, pour les communes ayant moins de cent mille francs de revenus, et par une loi spéciale, s'il s'agit d'une commune ayant un revenu supérieur.

Néanmoins, en cas d'urgence, et dans l'intervalle des sessions législatives, un décret, rendu dans les formes des règlements d'administration publique, peut autoriser les communes dont le revenu est de cent mille francs et au-dessus, à contracter un emprunt jusqu'à concurrence du quart de leurs revenus.

§ IV. — *Administration du maire, ordonnancement et acquittement des dépenses.*

501. Le maire est chargé, sous la surveillance de l'administration supérieure, — de la gestion des revenus ainsi que de la

surveillance des établissements communaux et de la comptabilité municipale; — de la proposition du budget et de l'ordonnancement des dépenses.

502. Les dépenses ne peuvent être acquittées que sur les crédits ouverts à chacune d'elles, ni ces crédits être employés par les maires à d'autres dépenses.

503. Aucune dépense ne peut être acquittée, si elle n'a été préalablement ordonnancée par le maire sur un crédit régulièrement ouvert. Tout mandat ou ordonnance doit énoncer l'exercice et le crédit auxquels la dépense s'applique, et être accompagné, pour la constatation de la dette et la régularité du payement, des pièces indiquées par les règlements.

504. Les maires demeurent chargés, sous leur responsabilité, de la remise aux ayants droit des mandats qu'ils délivrent sur la caisse municipale.

505. Le maire peut seul délivrer des mandats; s'il refusait d'ordonnancer une dépense régulièrement autorisée et liquide, il serait prononcé par le préfet, en conseil de préfecture.

L'arrêté du préfet tiendrait lieu du mandat du maire.

§ V. — *Clôture de l'exercice.*

506. Les crédits restent à la disposition du maire ordonnateur jusqu'au 15 mars de l'année suivante, mais seulement pour compléter les dépenses auxquelles ils ont été affectés.

507. Après le 31 mars, l'exercice est clos; les crédits demeurés sans emploi sont annulés, et les restes à recouvrer et à payer sont reportés de droit, et sous un titre spécial, au budget de l'exercice pendant lequel la clôture a lieu. Il en est de même de l'excédant final que présenterait le compte de l'exercice clos.

508. Aucune dépense ne peut être ordonnancée après le 15 du mois de la clôture de l'exercice, et les mandats non payés dans les quinze jours suivants sont annulés, sauf réordonnancement, s'il y a lieu, avec imputation sur les restes libres de l'exercice clos reportés au budget de l'exercice courant.

§ VI. — *Ecritures et compte du maire.*

509. Au fur et à mesure de chaque opération d'ordonnance-

ment, il doit en être tenu écriture sur des registres ouverts dans chaque mairie.

Dans les grandes administrations municipales, les maires doivent faire tenir un journal et un grand-livre, pour y consigner sommairement toutes les opérations financières concernant la fixation des crédits, la liquidation, l'ordonnancement et le payement; ces mêmes opérations doivent être décrites avec détail dans les livres ou registres auxiliaires, dans la forme déterminée par les préfets, suivant la nature et l'importance des diverses parties du service.

510. Chaque année, le maire soumet au conseil municipal, avant la délibération sur le budget, le compte de l'exercice clos.

Ce compte, sur lequel le conseil municipal est appelé à délibérer, doit présenter, par colonnes distinctes et dans l'ordre des chapitres et des articles du budget :

En recette :

1° La nature des recettes;

2° Les évaluations du budget ;

3° La fixation définitive des sommes à recouvrer d'après les titres justificatifs ;

4° Les sommes recouvrées pendant la première année de l'exercice et pendant les trois premiers mois de la seconde année ;

5° Les sommes restant à recouvrer et à reporter au budget de l'exercice suivant.

En dépense :

1° Les articles de dépenses du budget ;

2° Le montant des crédits ;

3° Le montant des sommes payées sur ces crédits, soit dans la première année, soit dans les trois premiers mois de la deuxième;

4° Les recettes à payer, à reporter au budget de l'exercice suivant ;

5° Les crédits ou portions de crédit à annuler faute d'emploi dans les délais prescrits.

Le maire joint d'ailleurs à ce compte les développements et explications nécessaires pour éclairer le conseil municipal, ainsi que l'autorité supérieure, et leur permettre d'apprécier ses actes administratifs pendant l'exercice qui vient de se terminer.

Les comptes des maires sont définitivement approuvés par les préfets.

511. Une copie conforme du compte d'administration, tel qu'il a été vérifié par le conseil municipal et examiné par le préfet, doit être transmise par le comptable à la juridiction compétente, comme élément de contrôle du compte de sa gestion.

§ VII. — *Gestion du receveur.*

512. Les recettes et les dépenses communales s'effectuent par un comptable chargé seul, et sous sa responsabilité, de poursuivre la rentrée de tous les revenus de la commune et de toutes les sommes qui lui seraient dues, ainsi que d'acquitter les dépenses ordonnancées par le maire jusqu'à concurrence des crédits régulièrement accordés.

Tous les rôles de taxe, de sous-répartitions et de prestations locales doivent être remis à ce comptable par l'entremise des receveurs des finances.

Ce comptable doit également recevoir de l'administration locale, par l'entremise des receveurs des finances, une expédition en forme de tous les baux, contrats, jugements, déclarations, titres nouvels et autres, concernant les revenus dont la perception lui est confiée, et il est autorisé à demander, au besoin, que les originaux de ces divers actes lui soient remis sur son récépissé.

513. Les taxes particulières dues par les habitants ou propriétaires, en vertu des lois et des usages locaux, sont réparties par délibérations du conseil municipal approuvées par le préfet. Ces taxes sont perçues suivant les formes établies pour le recouvrement des contributions publiques.

514. Toutes les recettes municipales pour lesquelles les lois et règlements n'ont pas prescrit un mode spécial de recouvrement s'effectuent sur des états dressés par le maire. Ces états sont exécutoires après qu'ils ont été visés par le sous-préfet.

515. Le percepteur remplit les fonctions de receveur muni-

cipal. Néanmoins, dans les communes dont le revenu excède trente mille francs, ces fonctions sont confiées, si le conseil municipal le demande, à un receveur municipal spécial.

Le receveur spécial est nommé, savoir : par le préfet, si le revenu ne dépasse pas trois cent mille francs, et par décret, si le chiffre du revenu est supérieur à cette somme.

La nomination a lieu sur une liste de trois candidats présentés par le conseil municipal.

516. Le receveur municipal recouvre les divers produits aux échéances déterminées par les titres de perception ou par l'administration.

517. Il délivre immédiatement quittance de toutes les sommes versées à sa caisse.

Ces quittances sont détachées d'un journal à souche.

518. Les receveurs municipaux sont tenus de faire, sous leur responsabilité personnelle, toutes les diligences nécessaires pour la perception des revenus, legs et donations, et autres ressources affectées au service des communes; de faire faire, contre les débiteurs en retard de payer, et à la requête des maires, les exploits, significations, poursuites et commandements nécessaires; d'avertir les administrateurs de l'expiration des baux; d'empêcher les prescriptions; de veiller à la conservation des domaines, des droits, priviléges et hypothèques; de requérir, à cet effet, l'inscription au bureau des hypothèques de tous les titres qui en sont susceptibles; enfin, de tenir registre de ces inscriptions et autres poursuites et diligences.

519. Les receveurs des communes doivent, en conséquence, joindre à leurs comptes, comme pièces justificatives, un état des propriétés foncières, des rentes et des créances mobilières composant l'actif de ces communes. Cet état doit indiquer la nature des titres, leur date et celle des inscriptions hypothécaires prises pour leur conservation, et, s'il y a des procédures entamées, la situation où elles se trouvent.

Cet état, certifié conforme par le receveur, doit être visé par le maire, qui y joint des observations, s'il y a lieu. Les certificats de quitus ne sont délivrés au comptable, à l'effet de remboursement de cautionnement, qu'après qu'il a été reconnu, par l'autorité qui juge les comptes, qu'ils ont satisfait aux obligations imposées par l'arrêté du 29 vendémiaire an XII pour la conservation des biens et des créances appartenant aux communes.

520. Les receveurs municipaux ne peuvent se refuser à acquitter les mandats ou ordonnances, ni en retarder le payement, que dans les seuls cas :

Où la somme ordonnancée ne porterait pas sur un crédit ouvert ou l'excéderait ;

Où les pièces produites seraient insuffisantes ou irrégulières ;

Où il y aurait eu opposition dûment signifiée, contre le payement réclamé, entre les mains du comptable.

Tout refus, tout retard doit être motivé dans une déclaration immédiatement délivrée par le receveur au porteur du mandat, lequel se retire devant le maire, pour que celui-ci avise aux mesures à prendre ou à provoquer.

Tout receveur qui aurait indûment refusé ou retardé un payement régulier, ou qui n'aurait pas délivré au porteur du mandat la déclaration motivée de son refus, est responsable des dommages qui pourraient en résulter, et encourt en outre, selon la gravité des cas, la perte de son emploi.

§ VIII. — *Ecritures du receveur.*

521. Les écritures des receveurs municipaux sont tenues en *partie simple ;* elles nécessitent l'emploi des livres ci-après, savoir :

1° Un *journal à souche*, pour l'enregistrement de toutes les recettes et pour la délivrance des quittances aux parties versantes ;

2° Des *livres de détail*, dans lesquels les recettes et les dépenses sont classées par nature ;

3° Un *journal général* présentant toutes les opérations décrites sur *les livres de détail*, et la situation journalière de la caisse ;

4° Et un *grand-livre*, contenant le rapport, à chacun des comptes qui y sont ouverts, des recettes et des dépenses inscrites au *journal général.*

Le journal général et le grand-livre sont remplacés, chez les percepteurs-receveurs, par un *livre des comptes divers par ser-*

vice, destiné à ouvrir un compte distinct pour les recettes et les dépenses propres à chacun des services dont ces comptables sont chargés concurremment, et par un livre récapitulatif destiné à présenter la situation complète de chaque percepteur sur tous les services qui lui sont confiés.

§ IX. — *Comptes du receveur.*

522. Les comptes annuels des receveurs, rendus avec la distinction des exercices, sont soumis aux délibérations des conseils municipaux, dans leur session ordinaire du mois de mai.

523. Les comptes des receveurs sont soumis, pour les divisions principales qu'ils doivent présenter, aux dispositions de l'art. 23 du présent décret (1).

524. Dans la première quinzaine d'avril, les receveurs dressent, d'après leurs écritures, un état de situation de l'exercice clos, qui doit présenter les recouvrements effectués et les restes à recouvrer, les dépenses faites et les restes à payer, ainsi que les crédits annulés, et enfin l'excédant définitif des recettes. Cet état est remis par eux aux maires, pour être joint, comme pièce justificative, au compte d'administration, et pour servir au règlement définitif des recettes et des dépenses de l'exercice clos.

525. Le conseil municipal entend, débat et arrête les comptes des receveurs, sauf règlement définitif.

526. Les comptes des receveurs des communes doivent être présentés à l'autorité chargée de les juger, avant le 1er juillet de l'année qui suit celle pour laquelle ils sont rendus.

Ceux de ces comptes qui doivent être jugés par la cour des comptes lui sont transmis directement, avec les pièces à l'appui et avec les observations dont les receveurs des finances les ont reconnus susceptibles, deux mois, au plus tard, après l'examen des conseils municipaux. Les autres doivent être jugés dans l'année, conformément aux règlements.

527. Les comptables qui n'auraient pas présenté leurs comptes

(1) *Voir* ci-dessus, art. 23.

dans les délais prescrits par les règlements peuvent être condamnés, par l'autorité chargée de les juger, à une amende de dix francs à cent francs par chaque mois de retard, pour les receveurs justiciables des conseils de préfecture, et de cinquante francs à cinq cents francs, également par mois de retard, pour ceux qui sont justiciables de la cour des comptes.

Ces amendes sont attribuées aux communes que concernent les comptes en retard.

Elles sont assimilées au débet de comptables, et le recouvrement peut en être suivi par corps, conformément aux art. 8 et 9 de la loi du 17 avril 1832.

528. Les comptes du receveur municipal sont définitivement apurés par le conseil de préfecture, pour les communes dont les revenus ordinaires n'excèdent pas trente mille francs, sauf recours à la cour des comptes.

Les comptes des receveurs des communes dont les revenus ordinaires excèdent trente mille francs, sont jugés et apurés par ladite cour.

529. Les comptes des communes dont les revenus ordinaires, précédemment inférieurs à trente mille francs, se seront élevés à cette somme pendant trois exercices consécutifs, sont mis, par les préfets, sous la juridiction de la cour des comptes. Les arrêtés pris à cet effet doivent être immédiatement transmis aux ministres de l'intérieur et des finances, ainsi qu'au procureur général de la cour des comptes, chargé de requérir cette cour de prononcer un arrêt attributif de juridiction.

§ X. — *Appels contre les arrêtés de comptes.*

530. Les communes et les comptables peuvent se pourvoir par appel devant la cour des comptes, contre tout arrêté de compte définitif rendu par les conseils de préfecture.

531. Les arrêtés des conseils de préfecture statuant sur les comptes présentés par les receveurs des communes sont adressés, en double expédition, aux maires des communes par les préfets, dans les quinze jours qui suivent la date de ces arrêtés.

532. Avant l'expiration des huit jours qui suivent la récep-

tion de l'arrêté, il est notifié par le maire au receveur. Cette notification est constatée par le récépissé du comptable et par une déclaration signée et datée par le maire, au bas de l'expédition de l'arrêté.

Pareille déclaration est faite sur la deuxième expédition, qui reste déposée à la mairie avec le récépissé du comptable.

533. En cas d'absence du receveur, ou sur son refus de délivrer le récépissé, la notification est faite, aux frais du comptable, par le ministère d'un huissier. L'original de l'exploit est déposé aux archives de la mairie.

534. Si la notification prescrite par les articles précédents n'a pas été faite dans le délai fixé, toute partie intéressée peut requérir expédition de l'arrêté de compte et la signifier par huissier.

535. Dans les trois mois de la notification, la partie qui veut se pourvoir rédige sa requête en double original. L'un des doubles est remis à la partie adverse, qui en donne récépissé; si elle refuse, ou si elle est absente, la signification est faite par huissier.

L'appelant adresse l'original, sur papier timbré, à la cour des comptes, et y joint l'expédition de l'arrêté qui lui a été notifié. Ces pièces doivent parvenir à la cour, au plus tard, dans le mois qui suit l'expiration du *délai* de l'appel.

536. Si la cour admet la requête, la partie poursuivante a, pour faire la production des pièces à l'appui, un délai de deux mois, à partir de la notification de l'arrêt d'admission.

537. Faute de productions suffisantes de la part de la partie poursuivante, dans le délai dont il est parlé à l'art. 535, la requête est rayée du rôle, à moins que, sur la demande des parties intéressées, la cour ne consente à accorder un second délai, dont elle détermine la durée.

La requête rayée du rôle ne peut être reproduite.

538. Toute requête rejetée pour défaut d'accomplissement des formalités prescrites peut néanmoins être reproduite, si le délai de trois mois accordé pour l'appel n'est pas expiré.

§ XI. — *Pourvois et révisions.*

539. Il ne peut être formé de pourvoi devant le conseil d'Etat,

contre les arrêts de la cour des comptes, que pour violation des formes ou de la loi. Ce pourvoi doit être introduit dans les trois mois de la notification de l'arrêt, et conformément au règlement sur le contentieux du conseil d'État.

540. Les comptables, les administrations locales et les ministres de l'intérieur et des finances peuvent demander, devant les premiers juges, la révision des arrêts ou arrêtés définitifs, pour erreurs, omissions, double ou faux emploi reconnus par la vérification d'autres comptes, et à raison de pièces justificatives recouvrées depuis l'arrêt ou l'arrêté.

541. La cour des comptes, soit d'office, soit sur la réquisition du procureur général, et le conseil de préfecture, sur la réquisition des préfets, peuvent aussi procéder, dans les mêmes cas, à la révision des arrêts ou arrêtés définitifs qu'ils ont rendus.

§ XII. — *Publication des budgets et des comptes.*

542. Les budgets et les comptes des communes restent déposés à la mairie, où toute personne imposée aux rôles de la commune a droit d'en prendre connaissance.

Ils sont rendus publics par la voie de l'impression, dans les communes dont le revenu est de cent mille francs ou plus, et, dans les autres, quand le conseil municipal a voté la dépense de l'impression.

§ XIII. — *Surveillance et responsabilité.*

543. La responsabilité des receveurs municipaux et les formes de la comptabilité des communes sont déterminées par des règlements administratifs. Les receveurs municipaux sont assujettis, pour l'exécution de ces règlements, à la surveillance des receveurs des finances.

Dans les communes où les fonctions de receveur municipal et de percepteur sont réunies, la gestion du comptable est placée sous la responsabilité du receveur des finances de l'arrondissement.

544. Le receveur des finances reçoit directement du préfet les rôles d'impositions, taxes et cotisations locales, après qu'ils

ont été rendus exécutoires, et il les transmet aux comptables chargés d'en effectuer le recouvrement.

La même marche est suivie pour la transmission aux receveurs des communes des budgets et autorisations supplémentaires de dépenses, ainsi que des baux, actes et autres titres de perception.

Le receveur des finances vérifie les comptes annuels des receveurs des communes avant leur transmission aux conseils municipaux, et tient la main à l'exécution des arrêts de la cour des comptes et des arrêtés des conseils de préfecture intervenus sur ces comptes, dont le préfet doit lui adresser des copies ou extraits.

545. En cas de déficit ou de débet de la part d'un receveur municipal réunissant à ses fonctions celles de percepteur de l'impôt direct, et constaté soit par des vérifications de caisse, soit par des arrêtés d'apurement de compte, le receveur des finances de l'arrondissement est tenu d'en couvrir immédiatement le montant avec ses fonds personnels, suivant la marche prescrite pour le déficit sur contributions directes. Il demeure alors subrogé à tous les droits des communes sur les cautionnements, la personne et les biens du comptable débiteur.

Néanmoins, si le déficit provient de force majeure ou de circonstances indépendantes de la surveillance, le receveur des finances peut obtenir la décharge de sa responsabilité; dans ce cas, il a droit au remboursement, en capital et intérêts, des sommes dont il a fait l'avance.

Le ministre des finances prononce sur les demandes en décharge de responsabilité, après avoir pris l'avis du ministre de l'intérieur et celui de la section des finances du conseil d'État, sauf appel au conseil d'État jugeant au contentieux.

546. En cas de déficit ou de débet de la part d'un receveur municipal spécial, les communes exercent leur recours sur le cautionnement, la personne et les biens du comptable débiteur.

L'application du cautionnement au remboursement du déficit ou du débet du comptable doit être autorisée par le ministre des finances, sur la demande du receveur général et sur le vu du procès-verbal de vérification ou de la décision judiciaire qui constitue le comptable en déficit ou en débet.

CX.

COMPTABILITÉ DES ÉTABLISSEMENTS DE BIENFAISANCE.

219. (*Extrait du chapitre XXIII du même décret du 31 mai-11 août 1862.*)

§ Ier. — *Mode de comptabilité.*

Art. 547. Les règles de la comptabilité des communes s'appliquent aux établissements de bienfaisance, en ce qui concerne la division et la durée des exercices, la spécialité et la clôture des crédits, la perception des revenus, l'ordonnancement et le payement des dépenses, le mode d'écritures et des comptes, ainsi que la formation et le règlement des budgets.

Néanmoins, en ce qui concerne les budgets et les comptes des bureaux de bienfaisance, les sous-préfets statuent directement pour les établissements de leur arrondissement respectif, en conformité des articles 490 à 498 et 509 à 511 du présent règlement,

Les sous-préfets statuent également sur l'acceptation par les bureaux de bienfaisance des dons et legs d'objets mobiliers ou de sommes d'argent, lorsque leur valeur n'excède pas trois mille francs et qu'il n'y a pas réclamation des héritiers.

Les présidents des commissions administratives des hospices et hôpitaux peuvent toujours, à titre conservatoire, accepter, en vertu de la délibération des commissions, les dons et legs faits aux établissements charitables; les décrets impériaux à intervenir ont leur effet du jour de cette acceptation.

§ II. — *Ressources.*

548. Les recettes des hospices et autres établissements de bienfaisance sont divisées, comme celles des communes, en recettes ordinaires et en recettes extraordinaires.

Les produits dont elles se composent sont généralement ceux ci-après, savoir :

Recettes ordinaires.

Loyer des maisons et prix de ferme des biens ruraux;
Produit des coupes ordinaires de bois;
Rentes sur l'État;
Rentes sur particuliers;
Intérêts des fonds placés au trésor public;
Subventions annuelles accordées sur les ressources municipales;
Part attribuée aux pauvres dans les prix des concessions dans les cimetières;
Produit des droits sur les spectacles, bals, concerts, etc.;
Journées de militaires et des malades admis dans les hospices;
Prix de vente des objets fabriqués par les individus admis dans chaque établissement;
Valeur des effets mobiliers apportés par les malades décédés dans les hospices, après y avoir été admis gratuitement;
Dons, aumônes et collectes;
Fonds alloués pour le service des enfants assistés;
Produit de la succession des enfants assistés;
Produit des monts-de-piété;
Amendes et confiscations;
Revenus en nature;
Prix de vente des denrées ou grains récoltés par l'établissement et excédant les besoins.

Recettes extraordinaires.

Prix des coupes extraordinaires de bois;
Legs et donations;
Remboursement des capitaux;
Prix des biens aliénés;
Prix d'aliénation de rentes sur l'État;
Emprunts;
Recettes accidentelles.

549. Les établissements de bienfaisance possèdent, en outre, des revenus propres à chaque localité et qui, suivant les titres homologués par l'autorité compétente, se rattachent aux deux classes de produits qui viennent d'être établies.

§ III. — *Dépenses.*

550. Les dépenses des hospices et autres établissements de bienfaisance sont divisées également en dépenses ordinaires et extraordinaires.

Les dépenses ordinaires consistent principalement dans les articles suivants, savoir :

Frais du culte; traitements divers; gages des employés et servants; réparation et entretien des bâtiments; contributions assises sur ces bâtiments; entretien du mobilier et des ustensiles; dépenses du coucher; linge et habillement; achat de grains et denrées; blanchissage; chauffage; éclairage; achat de médicaments; pensions ou rentes à la charge de l'établissement; entretien et menues réparations des propriétés rurales; contributions assises sur ces propriétés; dépenses des mois de nourrice et pensions des enfants assistés; frais de layettes et vêtures de ces enfants; dépenses des aliénés indigents dans la proportion déterminée par le préfet, sur la proposition du conseil général.

Sont également rangées dans la classe des dépenses ordinaires, les consommations de grains et denrées.

Les dépenses extraordinaires ont en général pour objet : les constructions et grosses réparations; les achats de terrains et bâtiments; les frais de procédure; les achats de rentes sur l'État.

§ IV. — *Budget de l'exercice; vote des recettes et des dépenses.*

551. Le budget des recettes et des dépenses à effectuer pour chaque exercice est délibéré par les commissions administratives, dans leur session annuelle du mois d'avril, afin que les budgets des établissements auxquels les communes fournissent des subventions puissent être soumis aux conseils municipaux dont la session a lieu du 1er au 15 mai, et que ces conseils puissent délibérer sur les subventions à accorder par les communes.

552. Le conseil municipal est toujours appelé à donner son avis sur les budgets et les comptes des établissements de charité et de bienfaisance.

553. Les budgets des hospices sont fixés par les préfets, quelle que soit la quotité des revenus de ces établissements.

Les budgets des bureaux de bienfaisance sont fixés par les sous-préfets, pour leur arrondissement respectif.

554. Lorsque les crédits ouverts par le budget d'un exercice sont reconnus insuffisants, ou s'il doit être pourvu à des dépenses non prévues lors de la formation de ce budget, des crédits supplémentaires peuvent être ouverts, après délibération de la commission administrative, par des décisions spéciales de l'autorité investie du droit de régler le budget, sauf pour la ville de Paris.

§ V. — *Fonctions et compte de l'ordonnateur.*

555. Les commissions administratives des établissements de bienfaisance désignent un de leurs membres, lequel, sous le titre d'ordonnateur, est exclusivement chargé de la délivrance des mandats aux créanciers de l'établissement, pour des dépenses régulièrement autorisées.

556. Les comptes d'administration de l'établissement, dressés par l'ordonnateur, sont présentés aux commissions administratives des hospices et bureaux de bienfaisance, qui s'assemblent en session ordinaire du 1er au 15 avril de chaque année.

557. Les comptes d'administration, accompagnés des pièces justificatives et de la délibération du conseil municipal auquel ils sont soumis, sont adressés au sous-préfet de l'arrondissement, immédiatement après l'examen fait par ce conseil.

Le sous-préfet transmet au préfet du département, qui les arrête, les comptes des hospices, avec les pièces à l'appui ; il arrête les comptes des bureaux de bienfaisance.

§ VI. — *Gestion et compte du receveur.*

558. La gestion financière des hospices et des bureaux de bienfaisance, dont les revenus n'excèdent pas trente mille francs, est confiée de droit au receveur municipal.

Au-dessus de cette limite, le receveur municipal peut être appelé à la gestion des établissements de bienfaisance, en vertu du consentement des administrations respectives.

559. Lorsque les recettes de l'hospice, réunies à celles du bureau de bienfaisance de la même ville, excèdent trente mille francs, la gestion peut en être confiée à un receveur spécial.

560. Les comptes des receveurs sont soumis à l'examen de

la commission administrative et aux délibérations du conseil municipal.

561. Les dispositions concernant la juridiction des conseils de préfecture et de la cour des comptes sur les comptes des receveurs municipaux sont applicables aux comptes des receveurs des hospices et autres établissements de bienfaisance.

562. Les dispositions de l'article 526 du présent décret sont applicables aux comptes des hospices et des établissements de bienfaisance.

563. Les préfets adressent, dans les trois premiers mois de chaque année, au ministre de l'intérieur, un relevé sommaire des budgets et des comptes qu'ils ont réglés pour les hospices et établissements de bienfaisance dont les revenus atteignent cent mille francs.

Quant aux hospices et établissements dont les revenus sont au-dessous de cent mille francs, les copies de leur budget et de leur compte doivent être transmises immédiatement après l'approbation préfectorale.

564. Sont applicables aux receveurs des établissements de bienfaisance, les dispositions relatives à la surveillance et à la responsabilité des receveurs des finances, rappelées au paragraphe 13 du chapitre XXIII, sur la comptabilité des communes.

§ VII. — *Administration de l'assistance publique à Paris.*

565. L'administration générale de l'assistance publique, à Paris, comprend le service des secours à domicile et le service des hôpitaux et hospices civils.

Cette administration est placée sous l'autorité du préfet de la Seine et du ministre de l'intérieur ; elle est confiée à un directeur responsable, sous la surveillance d'un conseil.

566. Le directeur exerce son autorité sur les services intérieurs et extérieurs ; il prépare les budgets, ordonnance toutes les dépenses et présente le compte de son administration.

567. Un comptable spécial effectue les recettes et les dépenses.

568. Les règles de comptabilité prescrites dans le présent chapitre lui sont applicables, à moins qu'il n'en ait été autrement ordonné par des décrets spéciaux.

CXI.

DES PIÈCES A JOINDRE AUX COMPTES DE GESTION ANNUELLE POUR LES METTRE EN ÉTAT DE JUGEMENT.

220. (*Extrait de l'instruction générale du* 20 *juin* 1859.)

TABLEAU des justifications à produire par les receveurs des communes et des établissements de bienfaisance *à l'appui des comptes de gestion annuelle* (1).

RECETTE.

1° SERVICE DES COMMUNES.

RECETTES ORDINAIRES.

1° Centimes additionnels ordinaires ajoutés aux contributions directes, et attributions sur la contribution des patentes. (Art. 13 à 17 et 120 de la présente instruction. *Tous les articles cités sous chaque numéro du budget sont ceux de l'instruction.*)

Justifications.—Un extrait des rôles, certifié par le receveur des finances ou par le percepteur, quand il n'est pas receveur municipal, et visé par le maire.

(1) Il y a lieu d'appeler l'attention sur les points suivants :

1° Les pièces qui doivent être timbrées sont indiquées par l'initiale (T); celles qui n'ont pas cette indication ne sont pas soumises au timbre. — Voir, en outre, les articles 631, 843 à 847 et 1000 à 1016 de la présente instruction.

2° Les copies ou extraits d'actes produits par les receveurs de communes et d'établissements publics, pour la justification des recettes ou des dépenses, sont soumis à formalité de timbre, à moins qu'il ne s'agisse de justifier une opération de recette ou de dépense avant que le titre puisse être produit, auquel cas les copies ou extraits sont exempts du timbre, mais à la condition qu'ils portent la mention expresse que *l'expédition en forme est retenue par le receveur afin de suivre l'opération*, et qu'*elle sera jointe au compte de l'année pendant laquelle l'opération sera terminée.* (*Décisions ministérielles des* 8 *octobre* 1843 *et* 18 *avril* 1846; *instruction de l'administration de l'enregistrement, du* 30 *avril* 1846; *circulaire de la comptabilité générale, des* 24 *juillet* 1846 *et* 12 *juillet* 1853.—Voir aussi l'article 1543 ci-après.)

3° En cas de décès du titulaire d'une créance, la somme due est payée aux héritiers sur la production soit d'un certificat de propriété (*loi du* 20 *floréal an VII et décret du* 18 *septembre* 1806), soit des pièces d'hérédité, d'après les règles du droit commun. Pour les sommes de 50 fr. et au-dessous, il suffit d'un certificat du maire (*instructions de la caisse des dépôts, du* 1er *décembre* 1851, *notamment l'instruction sur les pensions de retraite, art.* 86). Chaque ayant droit peut toucher séparément la somme qui lui revient. (*Circ aux payeurs, du* 30 *déc.* 1854.)

4° Les ratures et surcharges sur les pièces justificatives doivent être approuvées et exigent toujours une seconde signature (*circulaire aux payeurs, du* 30 *juillet* 1852.)

5° L'usage des griffes pour les signatures est interdit (*circulaire du ministre de l'intérieur, des* 6 *juillet et* 1er *août* 1843.)

6° Les opérations non prévues dans la nomenclature ci-dessus doivent être justifiées d'après les mêmes règles que celles avec lesquelles elles ont le plus d'analogie.

2° Portion revenant à la commune sur les droits de permis de chasse. (Art. 591, 913 et 914.)

Justifications. — Un état détaillé des droits perçus, certifié par le percepteur et visé par le maire.

3° Amendes pour divers délits. (Art. 627 à 629 et 929 à 938.)

Justifications. — *Pour les amendes de police rurale et municipale*, un état, certifié par le préfet, des amendes dont le produit a dû être versé au receveur municipal par le receveur de l'enregistrement, ou la copie, certifiée par le maire, du mandat délivré au nom du receveur municipal, ou, enfin, l'avis indiquant le montant des amendes à percevoir.

Pour les amendes de police correctionnelle et de *grande voirie*, un extrait de l'état de distribution, certifié par le préfet.

Pour les amendes et confiscations relatives à l'octroi. (Voir les indications du § 39.)

Pour les amendes relatives au service de la garde nationale, un état, certifié par le maire, des amendes prononcées en exécution des articles 1?, 72 et 73 de la loi du 13 juin 1851.

4° Prix de ferme des maisons, usines et biens ruraux, et location des droits de chasse et de pêche. (Art. 854 à 858.)

Justifications.—Des copies ou extraits, non timbrés, des baux, pour les prix de ferme dont il est compté pour la première fois, et des baux renouvelés pendant l'année, et, s'il y a lieu, la justification de la réalisation des cautionnements prévus par le cahier des charges. A l'expiration des baux, les expéditions elles-mêmes (T).

Pour les propriétés indivises entre plusieurs communes, les pièces justificatives doivent être produites par le comptable centralisateur. Quant à chacune des autres communes, il doit être produit un certificat du maire indiquant la date du titre, la somme totale à recouvrer et la part revenant à la commune.

5° Produits de l'établissement d'eaux minérales. (Art. 859.)

Justifications.—Si l'établissement *est affermé*, copie (T) du bail.

Si l'établissement *est en régie simple*, arrêté du préfet qui autorise la régie; copie du compte du régisseur comptable faisant ressortir le produit net revenant à la commune.

6° Rentes foncières dues par des particuliers. (Art. 860.)

Justifications. — Des copies ou extraits des titres de rentes dont il est compté pour la première fois.

7° Rentes sur l'Etat. (Art. 861.)

Justifications.—Certificat du maire indiquant la date et le montant des inscriptions nouvelles.

8° L'état des propriétés, créances et rentes, mentionné à l'article 849 de la présente instruction générale, et dont le *modèle* est donné *sous le* n° 223, doit être produit, avec le compte de la deuxième année de l'exercice, à l'appui des recettes désignées aux §§ 4, 5, 6 et 7.

9° Droits d'octroi, *produit brut.* (Art. 915 à 920, et 936 à 938.)

Justifications. — Si le receveur compte *pour la première fois* des droits d'octroi, il doit produire le décret impérial qui autorise l'octroi et qui fixe le tarif. Il produit ensuite, chaque année, les pièces indiquées ci-après, savoir :

Pour l'octroi en régie simple : 1° le bordereau récapitulatif (*modèle Q*), arrêté à la fin de l'année par le directeur des contributions indirectes, et accompagné d'un *relevé sommaire par bureau de perception*, que l'agent chargé du contrôle administratif doit former et remettre au receveur municipal pour les recettes constatées par les états que cet agent reçoit chaque mois des receveurs d'octroi ; 2° un bordereau formé par le receveur municipal, certifié par le maire, et présentant le montant, *par bureau de perception*, des bulletins de versements faits à la caisse du comptable (*circulaire du* 31 *janvier* 1828).

Pour l'octroi en régie intéressée, les mêmes pièces, auxquelles sont ajoutés : 1° avec le premier compte, la copie, non timbrée, du bail ou traité ; 2° à la fin de chaque année, le compte provisoire des bénéfices partagés avec le régisseur ; 3° en fin de bail, le compte définitif de ces bénéfices et l'expédition (T) du bail.

Pour l'octroi en ferme, avec le premier compte, une copie, non timbrée, du bail, et, en fin de bail, l'expédition (T).

Pour l'octroi perçu par abonnement avec la régie des contributions indirectes : 1° avec le premier compte, l'acte d'abonnement et la convention faite avec la régie pour les traitements fixes ou éventuels des préposés ; 2° les bordereaux constatant les versements effectués à la caisse municipale, et le bordereau récapitulatif arrêté, à la fin de l'année, par le directeur des contributions indirectes ou le chef de service de l'arrondissement, contradictoirement avec le maire.

Pour les recettes accessoires, les extraits, dûment certifiés, des règlements de l'octroi, et les actes qui ont fixé les recettes accidentelles (*circulaire du* 12 *décembre* 1828.)

Pour les recettes d'ordre, voir § 39.

10° Droits de pesage, mesurage et jaugeage, *produit brut*. (Art. 926.)

Justifications. — Pour les produits *dont il est compté pour la première fois*, l'arrêté du préfet autorisant la perception des droits.

Pour les droits perçus en vertu d'un bail à ferme, une expédition de ce bail, non timbrée pour la première année, et (T) lorsqu'elle est jointe au compte final.

Pour les droits perçus en régie simple, un état des produits bruts, divisé par mois, et présentant les bases et le décompte de la perception ; cet état, certifié par l'agent de la recette et arrêté par le maire.

Pour les droits perçus en régie intéressée : 1° le bail ou traité, non timbré avec le premier compte, (T) quand il est joint au compte final ; 2° les bordereaux constatant les versements effectués à la caisse municipale ; 3° le compte des bénéfices partagés avec le régisseur.

11° Droits de location des places dans les halles, foires, marchés et abattoirs. (Art. 925.)

Justifications. — Mêmes justifications qu'à l'article précédent.

12° Droit de stationnement sur la voie publique et sur les ports et rivières. (Art. 925.)

Justifications. — Pour la première fois, copie certifiée de l'arrêté du préfet qui a établi les droits.

Du reste, mêmes justifications que pour les droits de pesage, etc. (§ 10.)

13° Droits de voirie. (Art. 925.)

Justifications. — Pour la première fois, copie certifiée de l'arrêté du préfet qui a déterminé les droits à percevoir.

États détaillés et certifiés des permissions accordées par le maire, et des droits qui en sont résultés.

14° Taxe pour travaux d'art, de salubrité, etc.

Justifications. — Pour la première fois, copie certifiée de l'arrêté du préfet qui a établi les taxes.

Du reste, mêmes justifications que pour les droits de pesage (§ 10).

15° Concession d'eau et autres dûment autorisées. (Art. 927.)

Justifications. — Lorsque le produit paraît pour la première fois au compte, copie certifiée du tarif des droits; pour les concessions faites dans l'année, copie certifiée des actes; pour les concessions faites pendant les années précédentes, état certifié par le maire.

16° Concessions de terrains dans les cimetières. (Art. 927.)

Justifications. — Lorsque le produit paraît pour la première fois au compte, copie certifiée de l'arrêté du préfet qui autorise les concessions et en a fixé le tarif.

Expéditions (T) des actes de concessions.

17° Produits des expéditions des actes de l'état civil et des actes administratifs. (Art. 928.)

Justifications. — État certifié par le maire, indiquant la nature et le nombre d'actes dont il a été délivré des expéditions, ainsi que le produit des droits, ou certificat négatif.

18° Coupes ordinaires de bois. (Art. 862 à 868.)

Justifications. — Le procès-verbal d'adjudication (T) et bordereau récapitulatif à l'appui.

19° Coupes de bois d'affouage. (Art. 870 à 873.)

Justifications. — Le rôle arrêté par le préfet (T).

20° Produits accessoires des bois communaux. (Art. 875 à 878.)

Justifications. — Les titres de perception, tels qu'ils sont prescrits par les articles ci-contre.

21° Droits perçus dans les écoles préparatoires à l'enseignement des lettres et des sciences et dans les écoles préparatoires de médecine et de pharmacie. (Art. 879.)

Justifications. — État des droits perçus conforme au *modèle* n° 102.

22° Produits du collége communal. (Art. 880.)

Justifications. — Copie, dûment certifiée, du compte rendu par le principal et faisant ressortir le bénéfice de la gestion annuelle du collége, et, lorsque la rétribution payée par les élèves est perçue au profit de la commune, états nominatifs trimestriels portant décompte de cette rétribution.

23° Cotisations particulières pour le pâturage, le pavage, etc. (Art. 851 et 881.)

Justifications. — Pour la première fois, l'arrêté du préfet qui a réglé les droits de pâturage, pavage, etc.

Le rôle arrêté par le préfet (T).

24° Prestations pour les chemins vicinaux. (Art. 833 à 888.)

Justifications. —Copie, certifiée par le maire, de l'exécutoire du rôle des prestations; ordonnances de dégrèvement qui justifient la réduction de ce rôle.

25° Subvention, abonnement et souscription volontaires pour le même service. (Art. 889.)

Justifications. — Les ampliations, également certifiées, des actes qui ont réglé ou accepté les subventions, abonnements ou souscriptions.

26° Taxe municipale sur les chiens. (Art. 893 à 912.)

Justifications. — Ampliation ou extrait certifié du décret qui a fixé le tarif de la taxe; copie, certifiée par le maire, de l'exécutoire du rôle de la taxe; ordonnances de dégrèvement qui justifient la réduction de ce rôle.

27° Intérêts des fonds placés au Trésor public. (Art. 766, 774 et 940.)

Justifications. — Ampliation des décomptes annuels, certifiée par le receveur des finances.

28° Produits des enrôlements volontaires. (Art. 941.)

Justifications. — Copie, certifiée, des mandats délivrés par les intendants militaires.

RECETTES EXTRAORDINAIRES.

29° Impositions locales extraordinaires de toutes natures. (Art. 13 à 17, 942 et 943.)

Justifications. — Les ampliations ou extraits, certifiés par le maire, des lois, décrets ou arrêtés préfectoraux qui autorisent les impositions.

L'extrait des rôles, certifié par le receveur des finances et visé par le maire.

30° Produit des ventes de meubles et d'immeubles. (Art. 944 et 945.)

Justifications. — Ampliation de l'arrêté du préfet qui a autorisé la vente, en vertu du décret du 25 mars 1852 (§ 41 du tableau A).

Copie des procès-verbaux d'adjudication ou autres actes qui ont déterminé le prix et les conditions des ventes, (T) quand elle est produite avec le compte final, et non timbrée lorsqu'il s'agit d'une justification provisoire. S'il s'agit d'un prix productif d'intérêts, décompte de la recette en capital et intérêts (*modèle* n° 315).

31° Legs et donations. (Art. 946 à 952.)

Justifications. — Ampliation des décrets ou des arrêtés du préfet qui ont autorisé l'acceptation des dons et legs, en vertu de la loi du 18 juillet 1837 (article 48) et du décret du 25 mars 1852 (§§ 42 et *v* du tableau A); extrait certifié des inventaires, partages ou actes de ventes établissant les droits de la commune, quand ce n'est pas une somme fixe qui a été léguée (T).

32° Produit de l'amortissement des rentes sur particuliers. (Art. 953.)

Justifications. — Décompte, dûment arrêté, indiquant la rente annuelle, le taux, l'échéance, le capital et la date de l'amortissement (T).

Ampliation de l'arrêté préfectoral d'autorisation, lorsque les remboursements ont été faits sous la déduction d'un cinquième du capital, en vertu de l'instruction du ministère de l'intérieur, du 24 septembre 1825.

33° Coupes extraordinaires de bois. (Art. 954 à 965.)

Justifications. — Copie ou date des décrets qui ont autorisé les ventes ; procès-verbaux d'adjudications (T) récapitulés dans un bordereau.

34° Emprunts. (Art. 967 à 970.)

Justifications.—Date de la loi ou ampliation du décret d'autorisation, en vertu de la loi du 18 juillet 1837 (article 45) et du décret du 25 mars 1852 (§§ 37 et *t* du tableau A) ; copie, certifiée par le maire, des actes qui ont réglé les conditions de l'emprunt (T), si c'est la copie qui a été délivrée à la commune pour lui servir de titre.

35° Produit de la vente d'inscriptions de rentes sur l'Etat. (Art. 972 et 973.)

Justifications. — Ampliation des arrêtés du préfet qui ont autorisé les ventes ; bordereaux de l'agent de change qui en établit le prix (T).

36° Rétribution scolaire. (Art. 978, 979, 1038 à 1040, 1042 et 1043.)

Justifications.—Les rôles trimestriels certifiés par les instituteurs, visés par le maire, et rendus exécutoires par le sous-préfet ; les ordonnances de dégrèvements qui en justifient la réduction.

37° Recettes accidentelles et imprévues. (Art. 971.)

Justifications.— Titres (timbrés ou non timbrés, suivant le cas) qui constituent les produits, et états, dûment arrêtés, qui en déterminent le montant.

SERVICES HORS BUDGET. (Recettes.)

38° Fonds de retraite :

Retenues sur traitements et part dans les saisies et amendes d'octroi. (Art. 1007, 1096, 1097, 1100, 1462 et 1485.)

Justifications. — Pour la première fois, ampliation ou extrait des décisions qui déterminent les retenues ; état nominatif annuel, arrêté par le maire, des employés qui ont subi les retenues, et indiquant, avec le chiffre des traitements, le montant et la nature de ces retenues. Pour la part revenant au fonds de retraites dans le produit des saisies et amendes d'octroi, les états de répartition mentionnés au § 72.

Semestres de rentes. (Art. 1099 et 1485.)

Justifications.—État, certifié par le maire, indiquant les numéros et le montant des inscriptions.

Recettes accidentelles. (Art. 1096 et 1485.)

Justifications. — Titres qui constituent les produits, timbrés ou non timbrés, suivant le cas (voir le § 31 quand il s'agit de legs et donations), et états, dûment arrêtés, qui en déterminent le montant.

Copie du compte remis par la caisse des dépôts.

39° Recettes d'ordre de l'octroi :

Consignations pour saisies et amendes. (Art. 1102, 1462 et 1540.)

Justifications.—Bulletins de versements à la caisse municipale ; procès-verbaux constatant les contraventions, les transactions ou les jugements intervenus ; actes de ventes, s'il y a lieu.

Consignations sur passe-debout. (Art. 1102 et 1463.)

Justifications.—Bulletins de versements, déjà cités, et relevés mensuels des recettes et des dépenses sur passe-debout.

Remises allouées aux employés par l'administration des contributions indirectes. (Art. 1102 et 1464.)

Justifications.—Bulletins de versements, déjà cités, appuyés des décomptes de remises revenant aux employés.

Produit net des ventes faites dans les entrepôts. (Art. 1102 et 1465.)

Justifications.—Procès-verbaux constatant le produit des ventes, et pièces justificatives des déductions à opérer sur ce produit.

40° Coupe affouagère distribuée en nature. (Art. 874 et 1103.)

Justifications.—Certificat du maire constatant l'estimation de la coupe, détaillée par quantité, par nature de produits et par contenance.

41° Dépôts de garantie et cautionnements pour adjudications et marchés. (Art. 1026 à 1028, 1104 et 1480.)

Justifications. — État, certifié par le maire, des dépôts et des cautionnements qui ont dû être reçus, et présentant, dans des colonnes distinctes, les dépôts et les cautionnements en *numéraire* et en *rentes sur l'État.*

42° Excédants de versements sur les produits communaux. (Art. 888 (§8°), 910, 1038 et 1105.)

Justifications. — Relevé, dressé par le receveur et certifié par le maire, des excédants par nature de produits.

43° Retenues pour le service des pensions civiles et en vertu d'oppositions. (Art. 346, 360, 363, 364, 367, 369, 371, 1007, 1106 et 1473.)

Justifications.—État, certifié par le maire, des retenues opérées.

44° Rétribution scolaire à recouvrer pour le compte particulier de l'institutrice. (Art. 979, 1107 et 1482.)

Justifications. — État, certifié par le maire, des rôles émis, et ordonnances de dégrèvements qui réduisent le montant de ces rôles.

45° Cotisations particulières. (Art. 1108 et 1476.)

Justifications.—Rôles et états établissant les taxes, dûment approuvés.

46° Part allouée aux pauvres ou aux hospices dans le produit des concessions de terrain dans les cimetières. (Art. 927.)

Justifications.—Relevé, certifié par le maire, des actes de concessions indiqués au § 16.

47° Recettes faites avant l'ouverture de l'exercice. (Art. 1109 et 1492.)

Justifications.—État détaillé des recettes, certifié par le maire.

DÉPENSE.

DÉPENSES DU PERSONNEL.

48° Remises du receveur municipal. (Art. 1041 et 1239 à 1245.)

Justifications.—Pour la première fois, copie dûment certifiée de la décision qui a fixé le taux des remises, et relatant la délibération préalable du conseil municipal.

Décompte définitif des remises prélevées sur les recettes et dépenses qui en sont passibles, suivant les articles 1240 et 1241 de l'instruction, et suivant le *modèle n° 254*; quittances du receveur municipal (T, *si le traitement annuel excède* 300 *francs*).

49° Traitements des instituteurs et des institutrices primaires et des directrices des salles d'asile. (Art. 979, 1010, 1032 à 1040 et 1042 à 1045.)

Justifications. — Quittances des parties prenantes (T, *si le traitement fixe fourni par la commune excède* 300 *francs*).

Le mandat doit faire ressortir les retenues pour pensions à supporter par les instituteurs et institutrices autres que les membres des congrégations religieuses.

50° Appointements, gages et salaires des agents et préposés de l'administration municipale. (Art. 993 et 1011.)

Justifications. — La quittance ou l'état émargé des parties prenantes, énonçant leurs noms, leur grade ou leur emploi; le montant de leurs traitements, gages ou salaire, par année et par mois ou par trimestre; les retenues pour pensions de retraites ou pensions civiles et le restant net à payer.

(Les quittances pour *traitements* des employés ou agents *attachés au service de la commune* avec un *traitement annuel* doivent être timbrées, si ce traitement excède 300 fr.; toutes autres quittances pour *salaires* doivent être timbrées, s'il s'agit de sommes excédant 10 francs; les états d'émargements doivent être timbrés, à moins qu'ils ne comprennent aucun traitement excédant 300 francs.)

51° Taxations du receveur général sur le produit des coupes extraordinaires de bois. (Art. 357 et 965.)

Justifications. — Extrait du décompte (*modèle n°* 89), certifié par le préfet; quittance, non timbrée, du receveur général.

NOTA. Les mandats délivrés au profit du receveur général doivent contenir la mention relative aux retenues prescrites par l'article 344 de l'Instruction générale.

52° Dépenses des collèges communaux. (Art. 880 et 996.)

Justifications. — Copie, dûment certifiée, du compte rendu par le principal et faisant ressortir la perte de la gestion annuelle du collège; états de traitements certifiés par le principal, dûment émargés par les régents, et portant mention des retenues pour le service des pensions civiles (art. 344).

53° Pensions et secours. (Art. 980.)

Justifications. — Mandat quittancé; certificat de vie lorsque la quittance n'est pas donnée par le titulaire, ou que le secours est payé dans une autre commune.

DÉPENSES DU MATÉRIEL.

54° Dépenses ordinaires pour achats d'objets mobiliers, denrées, matières et marchandises. (Art. 1021 à 1024.)

Justifications. — Factures ou mémoires réglés des fournitures (T) et relatant, lorsqu'il y a lieu, les numéros sous lesquels les objets sont inscrits au catalogue ou à l'inventaire; copie, dûment certifiée et (T) lorsqu'elle est produite avec le compte final, du procès-verbal d'adjudication ; soumissions, conventions et marchés, dans tous les cas où ces voies ont dû être employées, aux termes de l'ordonnance royale du 14 novembre 1837, du décret du 25 mars 1852 (§ 48 du tableau A), et des instructions du ministère de l'intérieur, des 9 juin 1838 et 5 mai 1852; certificats de réception, décompte des livraisons (T). (Voir, *pour le timbre des mémoires ou factures, les articles* 1012 *et* 1013.)

55° Echanges et acquisitions de propriétés immobilières, par voie d'amiable composition et de consentement volontaire, *d'après les règles du droit commun.* (Art. 1018.)

Justifications. — 1° Ampliation de l'arrêté du préfet autorisant l'acquisition ou l'échange, en vertu de la loi du 18 juillet 1837 (article 46) et du décret du 25 mars 1852 (§ 41 du tableau A);

2° Copie certifiée du contrat, (T) lorsqu'il est produit avec le compte final, non timbrée lorsqu'il s'agit d'une justification provisoire; ladite copie portant mention de la transcription ;

3° Certificat (T) du conservateur, délivré après la transcription et constatant la non-existence d'inscription ou la radiation de celles qui existaient;

4° Décompte, en principal et intérêts, du prix d'acquisition (*modèle n°* 316).

Et pour établir la purge des hypothèques légales :

1° Certificat du greffier du tribunal civil constatant le dépôt et l'affiche du contrat au greffe pendant deux mois (T).

2° Copie de la signification de ce dépôt au procureur impérial et aux parties désignées en l'article 2194 du code Napoléon (T).

3° Journal, ou feuilles d'annonces, dans lequel a été publiée la signification faite au procureur impérial;

4° Certificat du conservateur constatant que, dans le délai de deux mois, il n'a été pris aucune inscription sur les immeubles vendus (T);

Le maire de la commune, autorisé à cet effet par délibération du conseil municipal approuvée par le préfet, peut se dispenser de remplir les formalités de la transcription et de la purge, lorsqu'il s'agit d'acquisitions d'immeubles faites de gré à gré et dont le prix n'excède pas 100 francs. Toutefois il doit être produit, dans ce cas, une copie ou un extrait (T) de l'état, présentant, avec la situation et la contenance des immeubles, les noms et prénoms des vendeurs, et sur lequel le conservateur aura porté la mention qu'il existe ou non des inscriptions —Il est dû au conservateur le salaire d'un franc pour chaque article. (*Circulaires du ministre de l'intérieur, des* 28 *octobre* 1830 *et* 30 *avril* 1842; *ordonnance royale du* 18 *avril* 1842.)

NOTA. Les receveurs doivent se reporter en outre au § 58 ci-après et à l'article 1018 de la présente Instruction, surtout quand il s'agit de *biens dotaux.*

56° Acquisitions d'immeubles *par application de la loi du* 3 *mai* 1841, sur l'expropriation pour cause d'utilité publique. (Art. 1018 et 1019.)

Justifications.—En cas de *convention amiable* : 1° extrait du décret qui a déterminé les propriétés particulières auxquelles l'expropriation était applicable; 2° certificat du maire constatant que les publications et affiches prescrites par l'article 6 de la loi du 3 mai 1841 ont eu lieu, et le numéro du journal où l'insertion a été faite; 3° copie de l'acte de vente mentionnant les déclarations et annotations du conservateur des hypothèques qui a opéré la transcription; 4° certificat du maire, délivré huit jours au moins après les publications ci-dessus mentionnées, et constatant qu'aucun tiers ne s'est fait connaître comme intéressé au règlement de l'indemnité ; 5° certificat du conservateur, délivré quinze jours après la transcription, et indiquant s'il existe, ou non, des inscriptions sur les propriétaires ou usufruitiers désignés au contrat d'acquisition.

En cas *d'expropriation* : 1° copie ou extrait du jugement d'expropriation mentionnant textuellement la transcription en énonçant la date de la notification; 2° extrait de la feuille d'annonces, et certificat du maire constatant que les publications et affiches prescrites par l'article 6 de la loi du 3 mai 1841 ont eu lieu; 3° certificat du conservateur des hypothèques constatant qu'après la transcription du jugement il n'existait aucune inscription sur les immeubles expropriés, et, dans le cas contraire, l'état des inscriptions ou le certificat qui en tient lieu; 4° certificat du maire, délivré huit jours au moins après les publications ci-dessus mentionnées, et constatant qu'aucun tiers ne s'est fait connaître comme intéressé au règlement de l'indemnité; 5° si les offres faites par l'administration municipale, conformément à l'article 23 de la loi du 3 mai 1841, ont été acceptées, copie du contrat contenant règlement de l'indemnité; dans le cas contraire, copie ou extrait de la décision du jury portant fixation de l'indemnité d'expropriation; 6° si, conformément à l'article 53 de la même loi (1), il a été fait des offres réelles, une expédition de l'arrêté du maire ordonnant et motivant lesdites offres, ainsi que la consignation qui doit les suivre à défaut d'acceptation régulière; le procès-verbal d'offres constatant le refus de l'ayant droit, ou, dans le cas d'acceptation, le payement de la somme due, indépendamment de l'acquit mis, pour ordre, au bas du mandat du maire, et, lorsque la consignation a eu lieu, le procès-verbal de consignation et le récépissé du receveur des finances. (Voir l'article 1019 de l'Instruction.)

A l'égard de la purge, voir l'avant-dernier alinéa du § 55 précédent, sauf que la limite de dispense est portée à 500 francs, quand il s'agit d'acquisitions faites en vertu de la loi du 3 mai 1841 sur l'expropriation pour cause d'utilité publique. (Voir, en outre, le § 58 ci-après.)

NOTA. Toutes les pièces sont exemptes du droit du timbre; mais celles qui, dans les cas ordinaires, y seraient sujettes, doivent être visées pour timbre *gratis*.

57° Acquisitions d'immeubles par application des articles 15 et 16 de la loi du 21 *mai* 1836 *sur les chemins vicinaux*. (Art. 892, 1018 et 1019.)

Justifications.—Ampliation de l'arrêté préfectoral qui prescrit l'élargissement, l'ouverture ou le redressement des chemins, et, en outre, selon le cas, les pièces suivantes : 1° l'acte de cession amiable ou la décision du juge de paix ou du tribunal

(1) La faculté donnée par cet article d'offrir un mandat au lieu de numéraire n'existe pas pour les communes.

civil, en matière d'*élargissement* (art. 15 de la loi); et, en matière d'*ouverture* et de *redressement*, extrait du jugement d'expropriation et de la décision du jury fixant le chiffre de l'indemnité (art. 16 de la loi); 2° quant à la purge des hypothèques, les pièces prescrites par le § 55, si l'on a procédé suivant le droit commun, et par le § 56 pour les autres cas d'expropriation, ou délibération du conseil municipal, dûment approuvée, qui dispense de la purge si le prix n'excède pas 100 francs en matière d'*élargissement*, et 500 francs en matière d'*ouverture* et de *redressement*. (*Ordonnance royale du 18 avril 1842; circulaire du ministre de l'intérieur, du 30 du même mois; règlement sur les chemins vicinaux, du 21 juillet 1854, art. 215.*)

(Consulter en outre le § 58 ci-après.)

58° Nota concernant les §§ 55, 56 et 57.—Si la propriété vendue appartient en totalité ou en partie à des mineurs, interdits, absents ou incapables, le contrat doit rappeler l'autorisation donnée par le tribunal d'accepter les offres de la commune. Il en est de même pour les immeubles dotaux. Dans tous les cas, fournir la justification du remploi, lorsqu'il est ordonné.

Toutes les formalités hypothécaires doivent être accomplies dans l'ordre indiqué par l'article 1818 de l'Instruction.

S'il existe des inscriptions hypothécaires ou oppositions qui empêchent que le payement puisse être fait au vendeur, le prix de vente est versé à la caisse des dépôts et consignations en vertu d'un arrêté du maire qui est produit avec le récépissé (T) du préposé de ladite caisse, et toutes les pièces énoncées ci-dessus, à l'exception d'un certificat ou de l'état des inscriptions délivré par le conservateur. Cette pièce est remplacée par le reçu du préposé de la caisse des dépôts à qui elle est remise.

59° Constructions et grosses réparations. (Art. 1020 à 1022.)

Justifications. — A l'appui du premier à-compte, décision approbative des travaux, procès-verbal d'adjudication publique (T); justifications, s'il y a lieu, de la réalisation du cautionnement; certificat de l'architecte ou du surveillant des travaux, visé par le maire, constatant l'avancement des travaux et le montant de la somme à payer (T), Pour les à-compte subséquents, certificat de l'architecte, visé par le maire, rappelant les à-compte payés antérieurement et indiquant la nouvelle somme à payer (T), quant au solde des travaux, décompte général et procès-verbal de réception définitive (T); cahier des charges et devis estimatif ou série de prix (T); dans le cas d'adjudication à prix ferme, le procès-verbal de réception seulement (T). — Lorsque, après procès-verbal de réception définitive, les payements doivent être faits en plusieurs années, décompte de la dépense (*modèle no* 317.)

S'il n'y a pas eu d'adjudication, dans les cas prévus par l'ordonnance du 14 novembre 1837 et l'instruction du ministère de l'intérieur, du 9 juin 1838 (art. 1022 de la présente Instruction), autorisation du préfet, marchés de gré à gré, mémoires réglés et visés, états de journées.

60° Réparations de simple entretien n'excédant pas 300 francs. (*Idem.*)

Justifications. — Soumission de l'entrepreneur acceptée par le maire, ou mémoire des réparations exécutées par économie, dûment réglé et visé par le maire (T).

61° Travaux en régie. (Art. 993 et 1014.)

Justifications. — Mandat d'avances quittancé par le régisseur; relevé des payements certifié par lui et appuyé des rôles de journées dûment quittancés (T), quand ils comprennent des sommes excédant 10 francs; pour les fournitures, mémoires dûment certifiés et visés (T).

62° Dépenses des octrois. (*Circulaires du 30 septembre et du 12 décembre* 1828. (Art. 915, 916 et 923.)

Justifications. — 1° Pour les *dépenses du personnel* et du *matériel*, les pièces indiquées ci-dessus (§§ 50 et 54), en ce qui concerne les dépenses classées sous ces deux désignations;

2° Pour les *dépenses accessoires*, les extraits dûment certifiés du règlement de l'octroi, déjà demandés pour les recettes accessoires, et les actes qui ont fixé lesdites dépenses;

3° Pour les *dépenses imprévues*, les mémoires, factures, conventions et marchés, dans les cas où ces voies sont employées (T); les décomptes de livraisons et les quittances des parties prenantes (T);

4° Pour l'*indemnité d'exercice due à l'administration des contributions indirectes*, le décompte dûment arrêté de l'indemnité; les quittances du receveur des contributions indirectes (T);

5° Pour l'*ensemble des frais de perception*, la copie, dûment certifiée, de la décision du ministre des finances, ou du préfet du département, qui a fixé ces frais, en vertu de l'article 10 de l'ordonnance royale du 9 décembre 1814, ou la mention de cette décision sur le bordereau de décembre;

6° Pour les dépenses d'*ordre*, se reporter au § 73.

> Nota. Les quittances délivrées aux receveurs municipaux par les receveurs principaux des contributions indirectes, pour le remboursement des traitements des préposés des octrois, sont assujetties au timbre de dimension.

63° Prélèvements pour frais de casernement et d'occupation des lits militaires. (Art. 993.)

Justifications. — 1° Les extraits des décomptes dressés par les intendants militaires et les administrations locales, lesquels doivent être certifiés par le directeur des contributions indirectes ou le chef de service dans l'arrondissement; 2° les quittances des receveurs des contributions indirectes (voir le Nota à la suite du § précédent); 3° ampliation du décret impérial qui peut avoir réglé un abonnement fixe, conformément à l'article 10 de l'ordonnance du 5 août 1818.

64° Dépenses des chemins vicinaux. (Art. 888, §§ 4 et 10; art. 890 et 892, 1018 à 1023.)

Justifications.—1° Pour les *travaux exécutés en vertu du rôle des prestations en nature*, l'extrait de ce rôle, signé du comptable, revêtu des émargements du surveillant des travaux constatant la libération des prestataires, et dûment certifié par le maire de la commune; quittance à souche du comptable;

2° Pour les *travaux payés en argent*, les mêmes justifications que pour les autres travaux de construction, réparation et entretien;

3° Pour les *indemnités relatives aux extractions de matériaux, dépôts ou enlèvements de terre*, *occupations temporaires de terrains* (*loi sur les chemins vicinaux du* 21 *mai* 1836, *art.* 17), l'arrêté préfectoral qui autorise les extractions de matériaux ou les occupations temporaires de terrains; le traité passé entre le maire et le propriétaire, accepté par le conseil municipal et approuvé par le préfet, si l'indemnité a été réglée à l'amiable (T); dans le cas contraire, l'arrêté du conseil de préfecture qui a fixé l'indemnité (*Règl. sur les chem. vicin. du* 21 *juillet* 1854, *art.* 215).

4° Pour les *acquisitions*, voir le § 56 ci-dessus.

65° Contributions directes.—Taxe des biens de mainmorte. (Art. 993.)

Justifications.—Avertissements et quittances à souche des percepteurs.

66° Remplacement de la contribution mobilière. (Art. 6 et 993.)

Justifications.—Décret qui autorise le remplacement, extrait de l'état de répartition des contributions, et récépissé du receveur des finances.

67° Subventions aux hospices et autres établissements. (Art. 994.)

Justifications.—Les quittances à souche des receveurs ou trésoriers.

68° Remboursements d'emprunts. (Art. 970.)

Justifications.—*Pour les remboursements*, quittances des ayants droit (T), ou, s'il y a lieu, les obligations timbrées et dûment quittancées; récépissés de la caisse des dépôts et consignations; état présentant la situation à la fin de l'année.

Pour le payement des intérêts, quittances des parties prenantes (T), lorsqu'elles n'ont pas été détachées d'obligations timbrées.

NOTA. Tout titre original au porteur doit être frappé d'un timbre d'annulation.

69° Dépense relative à la coupe affouagère. (Art. 1030.)

Justifications.—Voir les §§ 50 et 54.

70° Dépenses imprévues. (Art. 819.)

Justifications.—Les autorisations du préfet ou du sous-préfet, conformément à l'art. 37 de la loi du 18 juillet 1837, indépendamment des justifications d'emploi ou de payement. (*Voir en outre l'article* 1533.)

71° Cotisations municipales. (Art. 613.)

Justifications.—Extrait, certifié par le maire, des arrêtés du préfet qui fixent le montant des cotisations à la charge de la commune; récépissés du receveur des finances constatant le versement des cotisations. Pour les communes dont les comptes sont jugés par les conseils de préfecture, il peut n'être fourni que des extraits des récépissés. (*Voir* l'article 613.)

(*Ces cotisations figurent aux budgets et aux comptes sous le titre des divers services qu'elles concernent.*)

SERVICES HORS BUDGET. (Dépenses.)

72° Fonds de retraites.

Payement de retraites ou pensions. (Art. 1099 et 1485.)

Justifications. — Quittances des parties prenantes (T quand la pension excède 300 francs).

73° Dépenses d'ordre de l'octroi.

Consignations pour saisies et amendes. (Art. 1102 et 1462.)

Justifications.—Pour les *remboursements*, décisions qui les autorisent et quittances des parties prenantes (T); pour les *frais divers*, pièces justificatives de ces frais; pour *les droits fraudés*, déclaration de recette du receveur du bureau central au bas de l'état de répartition; pour la *part revenant aux saisissants*, ledit état (T) émargé par les parties prenantes, ou, s'il s'agit de saisies mixtes, par le receveur principal des contributions indirectes; pour la *part revenant à la commune* et pour la *part affectée au fonds de retraites*, le même état et quittances du receveur municipal. — États mensuels des consignations restituées ou réparties.

Consignations sur passe-debout. (Art. 1102 et 1463.)

Justifications.— Relevés mensuels (déjà cités au § 39) indiquant, d'une part, les remboursements, justifiés par les quittances des parties prenantes (T), et, d'autre part, les sommes converties en *perception définitive*; certificat de sortie des objets qui ont donné lieu aux consignations.

Remises allouées aux employés par l'administration des contributions indirectes. (Art. 1102 et 1464.)

Justifications. — État de répartition (T) dressé par le maire et dûment émargé par les parties prenantes.

Produits des ventes faites dans les entrepôts. (Art. 1102 et 1465.)

Justifications.—Quittances des ayants droit (T).

74° Coupe affouagère distribuée en nature. (Art. 874 et 1103.)

Justifications. — État nominatif certifié par le maire, et présentant, par contenance de chaque lot ou par nature de produit, la part afférente à chacun des habitants et émargement de ceux-ci.

75° Remboursement et emploi en cautionnement des dépôts de garantie pour adjudications et marchés. (Art. 1026 à 1029, 1104 et 1480.)

Justifications.—Pour les *dépôts restitués*, certificat (T) du président de l'adjudication, constatant que les parties prenantes n'ont pas été déclarées adjudicataires; décharge au verso des quittances à souche (T) du receveur municipal ou des récépissés (T) du receveur des finances. Pour *les dépôts en numéraire convertis en cautionnements*, déclarations du receveur des finances constatant le versement à sa caisse. Pour les *inscriptions de rentes affectées aux cautionnements définitifs*, reçu ou accusé de réception du directeur de l'enregistrement ou de l'agent judiciaire du trésor.

76° Excédants de versements sur les produits communaux. (Art. 1105.)

Justifications. — Quittances des parties intéressées ou quittances à souche des receveurs municipaux constatant l'application aux comptes des communes des sommes non réclamées.

77° Versements des retenues pour le service des pensions civiles et en vertu d'oppositions. (Art. 346, 360, 363, 364, 369, 371, 1007, 1106 et 1473.)

Justifications.— Récépissés ou extraits des récépissés du receveur des finances.

78° Emploi de la rétribution scolaire recouvrée pour le compte de l'institutrice. (Art. 979 et 1107.)

Justifications.— Quittances de l'institutrice; quittances du receveur municipal pour ses remises sur les sommes recouvrées.

79° Cotisations particulières. (Art. 1108 et 1476.)

Justifications.—Mémoires et états de fournitures et travaux (T); quittances des parties prenantes (T).

80° Part allouée aux pauvres ou aux hospices dans le produit des concessions de terrains dans les cimetières. (Art. 927.)

Justifications.—Quittances à souche du receveur des hospices.

81° Application au compte de la commune des recettes faites avant l'ouverture de l'exercice. (Art. 1109 et 1492.)

Justifications. — État, certifié par le maire, des sommes précédemment recouvrées, avec indication des articles du compte auquel ces sommes ont été appliquées.

2° SERVICE DES ETABLISSEMENTS DE BIENFAISANCE.

RECETTES ORDINAIRES (en deniers.)

82° Loyers des maisons et terrains. (Art. 1056.)

83° Fermage en argent des biens ruraux. (Art. 1056.)

84° Rentes sur l'Etat. (Art. 1058.)

85° Rentes sur particuliers et sur les communes. (Art. 1058.)

Justifications. — Mêmes justifications que pour les recettes de pareille nature concernant les communes (*Voir* les §§ 4, 6, 7, 18 et 27 du présent tableau.)

86° Coupes ordinaires de bois. (Art. 1057.)

87° Intérêts des fonds placés au trésor.

Justifications. — Mêmes justifications que pour les recettes de pareille nature concernant les communes. (*Voir* les §§ 4, 6, 7, 18 et 27 du présent tableau.)

88° Fonds alloués sur l'octroi et sur les autres fonds communaux. (Art. 1065 à 1074.)

Justifications. — Extrait du budget de la commune et, s'il y a lieu, des autorisations supplémentaires.

89° Produits des droits sur les spectacles, bals, concerts. (Art. 1066.)

Justifications.—États certifiés des droits perçus en régie simple ; actes d'abonnement ou de mise en ferme, quand il y a lieu (T).

90° Journées de militaires. (Art. 1867.)

Justifications. — Décomptes arrêtés contradictoirement entre la commission administrative et l'intendance militaire, ou certificat du président de la commission administrative relatant, avec leurs numéros et leurs dates, les mandats de remboursements émis sur la caisse du payeur.

91° Pensions à prix de journées. (Art. 1068.)

Justifications — Lorsque ce produit paraît pour la première fois au compte, copie de l'arrêté qui a fixé le prix des pensions.

État nominatif trimestriel portant décompte.

92° Pensions annuelles. (Art. 1069.)

Justifications. — Pour la première année, copie ou extrait du titre constitutif approuvé par le préfet.

Pour chaque année, états nominatifs trimestriels, rappelant les conditions d'admission et portant décompte des sommes dues.

93° Produit de la pharmacie.

94° Produit du travail de la maison. (Art. 1070.)

Justifications.—États détaillés des livraisons faites ou des objets confectionnés, avec leur évaluation en deniers, certifiés par l'économe et visés par le président de la commission administrative.

95° Produit de la vente des effets des décédés. (Art. 1070.)

Justifications.—Procès-verbaux d'adjudication (T).

96° Dons, aumônes et collectes. (Art. 1071 à 1073.)

Justifications.—État certifié des produits.

97° Remboursements des dépenses des enfants assistés. (Art. 1074 à 1076.)

Justifications.— État, certifié par le préfet, des mandats délivrés par ce magistrat au profit de l'établissement, avec les numéros et les dates de ces mandats; états de rapprochement, par exercice, entre la recette et la dépense des enfants assistés, relatant la part de la dépense qui pourrait incomber à l'hospice.

98° Amendes et confiscations. (Art. 1077.)

Justifications.—Ampliations des états de distribution des amendes, arrêtés par le préfet, ou certificat du président de la commission administrative relatant les allocations faites à l'établissement.

99° Produit de la vente des denrées ou grains excédant les besoins de l'établissement. (Art. 1080 et 1460.)

Justifications. — Procès-verbaux d'adjudication (T) ou états détaillés des produits, et, s'il y a lieu, les mercuriales; en outre, certificat du président de la commission administrative établissant l'origine des produits vendus. (*Certificat nécessaire pour la liquidation des remises du receveur.*)

100° Attributions aux hospices sur les concessions de terrains dans les cimetières. (Art. 927.)

Justifications.—État détaillé certifié par le maire.

RECETTES EXTRAORDINAIRES (en deniers).

101° Coupes extraordinaires de bois.

Justifications indiquées au § 33 du tableau.

102° Legs et donations.

Justifications indiquées au § 31.

103° Rachats de rentes.

Justifications indiquées au § 32.

104° Remboursements de capitaux.

Justifications. — Ampliation des actes constitutifs des créances de l'établissement (T).

105° Vente de meubles et d'immeubles.

Justifications indiquées à l'article 30.

RECETTES DES PRODUITS EN NATURE.

106° Fermages et rentes en grains, denrées et autres produits. (Art. 1078, 1079, 1460 et 1576.)

Justifications. — Mêmes justifications qu'au § 4 de la nomenclature : de plus, relevé détaillé établissant l'évaluation en argent, et appuyé, s'il y a lieu, des mercuriales.

107° Produits des domaines et jardins exploités par l'administration. (Art. 1078, 1079, 1460 et 1576.)

Justifications.—Un état, dûment certifié, des produits et de leur évaluation en deniers.

SERVICES HORS BUDGET. (Recettes.)

108° Fonds de retraites.

Justifications indiquées au § 38, sauf ce qui est relatif aux amendes d'octroi.

109° Dépôts de garantie et cautionnements pour adjudications et marchés.

Justifications indiquées au § 41.

110° Retenues en vertu d'oppositions.

Justifications indiquées au § 43.

111° Fonds appartenant aux enfants assistés ou deniers pupillaires. (Art. 1070 et 1110.)

Justifications.—État des sommes reçues pour le compte de chaque enfant, certifié par le président de la commission administrative.

112° Dépôts d'argent et d'objets précieux. (Art. 1111.)

Justifications.—État certifié par un membre de la commission administrative, présentant le détail des objets existant à la fin de l'année précédente et de ceux qui ont été déposés depuis cette époque.

113° Recettes faites avant l'ouverture de l'exercice. (Art. 1109 et 1492.)

Justifications. — État détaillé des recettes, certifié par le président de la commission administrative.

DÉPENSES DU PERSONNEL.

114° Remises du receveur.

Justifications.—Mêmes justifications que pour les remises des receveurs municipaux (§ 48).

115° Appointements, gages et salaires des agents et préposés.

Justifications. — Mêmes justifications que pour les dépenses semblables à la charge des communes (§ 50).

116° Dépenses des mois de nourrices et pensions des enfants assistés. (Art. 1088 et 1175.)

Justifications. — États nominatifs appuyés des certificats de vie des enfants, délivrés par les maires, ou les actes de décès, avec les quittances des nourrices, ou les certificats de payement délivrés par les maires.

DÉPENSES DU MATÉRIEL.

117° Dépenses ordinaires pour achats d'objets mobiliers, denrées, matières et marchandises. (Art. 1091 et 1094.)

Justifications indiquées au § 54. Toutefois, s'il s'agit de fournitures d'aliments et d'objets de consommation, produire l'arrêté du préfet qui aurait autorisé les traités de gré à gré. (*Voir*, en outre, l'article 1499 pour les menues dépenses.)

118° Echanges et acquisitions de propriétés immobilières.

Justifications. — Mêmes justifications que pour les acquisitions et échanges effectués pour les communes, d'après les règles du droit commun. (*Voir* § 55.)

119° Constructions et grosses réparations.

Justifications indiquées au § 59, sauf que le visa du *maire* est remplacé par celui de l'*ordonnateur*.

120° Réparation de simple entretien et n'excédant pas 300 francs.

Idem (§ 60).

DÉPENSES EN NATURE.

121° Livraisons à l'économe des produits de fermages ou rentes en denrées. (Art. 1078 à 1080, 1460 et 1576.)

Justifications.—Les procès-verbaux d'entrée en magasin, dressés conformément à l'instruction du 20 novembre 1836.

122° Livraisons à l'économe des produits des domaines et jardins exploités par l'administration. (*Idem.*)

Justifications.—Un état, dûment certifié, des produits et de leur évaluation en argent.

SERVICES HORS BUDGET. (Dépenses.)

123° Payement de retraites et pensions.

Justifications indiquées au § 72.

124° Remboursements et emploi en cautionnements des dépôts de garantie pour adjudications et marchés.

Justifications indiquées au § 75.

125° Versements des retenues en vertu d'oppositions. (Art. 1106.)

Justifications indiquées au § 77.

126° Versements ou emploi des deniers pupillaires. (Art. 1070 et 1110.)

Justifications. — Pour les placements de fonds, la preuve des versements, et, dans le cas où, à la majorité de l'enfant, une somme lui aurait été remise, quittance de l'enfant et compte de tutelle.

127° Dépôts d'argent et d'objets précieux. (Art. 1111.)

Justifications.—Quittances des ayants droit pour les objets restitués et qui doivent être estimés en argent; état des objets qui auraient été vendus au profit de l'établissement (art. 1070); état des objets restant en dépôt. Ces deux états certifiés par un membre de la commission administrative.

128° Application des recettes faites avant l'ouverture de l'exercice.

Justifications indiquées au § 81.

Indépendamment des justifications indiquées dans le tableau qui précède, les receveurs joignent à leur compte divers documents énumérés dans l'article 1551 de l'instruction générale du 20 juin 1859.

221. (*Texte de cet article* 1551.)

1551. Il ne peut être présenté aucun compte devant l'autorité chargée de le juger, s'il n'est en état d'examen et appuyé de pièces justificatives.

Pour que le compte d'un receveur de communes ou d'établissements de bienfaisance soit en état d'examen, il faut qu'après avoir été revêtu des formalités qui viennent d'être prescrites, il soit accompagné d'une expédition du budget primitif et du budget supplémentaire de chacun des deux exercices, ainsi que des décrets ou arrêtés approbatifs de ces budgets; de la délibération du conseil municipal ou de la commission administrative sur le compte présenté; d'une copie certifiée du compte d'administration, qui doit être délivrée par le maire; de l'état de l'actif de la commune ou de l'établissement (art. 849) (1); du procès-verbal de la situation de caisse

(1) Les maires sont tenus, sur la demande des receveurs, de leur délivrer cette copie. Dans les villes qui ont plus de 100,000 fr. de revenus, où les comptes administratifs doivent être rendus publics par la voie de l'impression, rien ne saurait s'opposer à ce qu'il en soit même remis, en cas de besoin, plusieurs

au 31 décembre, et du bordereau de situation ou de la balance offrant la division, entre chaque service, des valeurs qui représentent l'excédant total des recettes (art. 1541); enfin d'un inventaire des pièces justificatives, classées par chapitres et articles, cotées et numérotées, comme il est dit aux articles 1531 à 1542. S'il s'agit d'un compte d'hospice ou d'établissement de bienfaisance, la délibération de la commission administrative sur ce compte doit être accompagnée de la délibération prise par le conseil municipal sur le budget et le compte. Quand la gestion a cessé dans le courant de l'année, le bordereau de situation est remplacé par une copie de la première partie du procès-verbal de remise de service, auquel est joint l'état (*modèle n° 311*) présentant le développement des comptes relatifs aux services hors budgets.

CXII.

MODÈLE D'ARRÊTÉ DE COMPTE DE COMMUNES.

NAPOLÉON, par la grâce de Dieu et la volonté nationale, Empereur des Français,

A TOUS PRÉSENTS ET A VENIR, SALUT :

Le conseil de préfecture du département de
à la séance du a rendu l'arrêté suivant :

Le conseil,

Vu le compte des recettes et dépenses faites par le sieur , receveur municipal de la commune d pour la gestion de l'année 18 , affirmé véritable et adressé par lui à la préfecture le

Vu la vérification qui en a été faite par le receveur particulier des finances de

Vu les budgets de ladite commune pour les exercices 18 et 18 , les mandats, quittances et autres pièces justificatives des recettes et dépenses transmises par le comptable ;

exemplaires à ces comptables. C'est ce que fait observer une circulaire du ministère de l'intérieur, du 16 juillet 1855 (*Mém.* de 1856, p. 114).

Vu la délibération du conseil municipal en date du qui approuve le compte ci-dessus ;

Vu le procès-verbal de vérification de caisse du comptable, dressé par le maire et un membre du conseil municipal le 31 décembre 18 , et constatant qu'il existait dans sa caisse la somme de

Vu les lois et règlements sur la comptabilité municipale, notamment l'ordonnance du 23 avril 1823 et les instructions ministérielles du 30 novembre suivant ;

Vu également la loi du 18 juillet 1837 sur l'administration municipale, l'ordonnance royale du 31 mai 1838 et les intructions générales du ministre des finances en date des 17 juin 1840 et 20 juin 1859 ;

Vu le décret impérial du 31 mai 1862, portant règlement général sur la comptabilité publique ;

Ouï M. conseiller-rapporteur ;

Le conseil de préfecture, statuant sur le compte de gestion de l'année 18 (*lève ou maintient*) les injonctions faites au comptable par l'arrêté pris sur le précédent, de se charger en recette au compte de 18 (1)

(1) Indiquer sommairement les injonctions levées ou maintenues.

Ordonne ce qui suit :

La recette, divisée en deux parties, la première concernant l'exercice 18 , qui est définitivement clos, et la seconde, concernant l'exercice 18 , qui est dans sa première année, est fixée définitivement, *comme au compte*, à la somme de

SAVOIR :

Sur la première partie, à. . . . . .
Sur la seconde partie, à. . . . . .

Ensemble. . . . .

La dépense, divisée en deux parties ainsi que la recette, est fixée définitivement, *comme au compte*, à la somme de

SAVOIR :

Sur la première partie, à
Sur la seconde partie, à

Ensemble. . . ci

Partant, la recette de l'année 18 excède la dépense de la somme de. . . . .

Ce résultat étant rapproché de la situation du comptable au 31 décembre 18 , telle qu'elle est établie par le compte de l'année 18 et par l'arrêt rendu sur ce compte, ci. . . . . .
le comptable est déclaré définitivement débiteur, sur son compte de l'année 18 , de la somme de
formant l'excédant total de ses recettes au 31 décembre 18

Lequel excédant de recette sera porté, comme premier article, au compte de gestion de l'année 18 , à l'effet d'être réuni au résultat des opérations dudit compte, et servir à déterminer la situation du comptable à la fin de l'année 18

Mais, attendu

Il est enjoint au comptable de se charger en recette, dans son compte de gestion de l'année 18 , des sommes qui restent à recouvrer, au 31 décembre 18 , sur les produits de l'exercice 18 , lesquels doivent être entièrement soldés à la fin de l'année 18

Quant à l'exercice 18 , dont les recettes et dépenses complétées en 18 sont récapitulées à la fin de la première partie du compte de l'année 18 , il est fait ici *mention par ordre :*

Que les *recettes propres audit exercice* 18 , et effectuées soit en 18 , soit en 18 , s'élevant à. . .

Et les *dépenses* à. . . . .

L'excédant des recettes est de. . .

Et que cet excédant étant augmenté du *reliquat de l'exercice* 18 , tel qu'il a été établi au compte rendu par le receveur municipal et jugé par le conseil de préfecture, le 18 , ci. . . . .

Le *reliquat de l'exercice* 18 s'élève à la somme de. . . . .

Et attendu que le comptable s'est chargé en recette de tous les restes à recouvrer qui existaient sur cet exercice au 31 décembre 18 , et qu'il a satisfait à toutes les injonctions qui s'y rapportent, il est définitivement quitte et déchargé sur l'*ensemble dudit exercice* 18

Fait et arrêté en conseil de préfecture, le 18 , où étaient présents MM. (*noms du préfet et des conseillers de préfecture, du commissaire du gouvernement et du secrétaire-greffier, tenant la plume*).

(*Signatures des membres du conseil de préfecture.*)

Mandons et ordonnons à tous huissiers sur ce requis de mettre le présent arrêté à exécution, et à tous commandants de la force publique de prêter main-forte, lorsqu'ils en seront légalement requis.

En foi de quoi ce présent arrêté a été signé par les membres du conseil de préfecture.

CXIII.

MODÈLE D'ARRÊTÉ DE COMPTE DES ÉTABLISSEMENTS CHARITABLES.

La formule en matière de compte des établissements charitables est la même que celle ci-dessus pour les comptes communaux, sauf quelques variantes de rédaction, pour indiquer la qualité du comptable et préciser la nature de l'établissement charitable dont la gestion lui était confiée. Il ne faut pas perdre de vue seulement que ce compte doit être accompagné d'une délibération de la commission administrative de l'hospice ou du bureau de bienfaisance; ce qui ne dispense pas de produire la délibération que le conseil municipal a dû prendre sur le compte soumis au jugement du conseil de préfecture.

CXIV.

DES COMPTES DES RECEVEURS REMPLACÉS OU INSTALLÉS DANS LE COURS DE L'ANNÉE. — DES PIÈCES A PRODUIRE PAR LE RECEVEUR REMPLACÉ, POUR OBTENIR DÉCHARGE IMMÉDIATE DE SA GESTION.

222. (*Extrait de l'instruction générale du* 20 *juin* 1859.)

Art. 1545. Chaque receveur, n'étant comptable que des actes de sa gestion personnelle, doit, en cas de mutation, rendre compte séparément des faits qui le concernent; en conséquence, lorsque la mutation s'opère dans le cours d'une année, le compte de cette année doit être divisé suivant la durée de la gestion de chacun des titulaires (1).

1546. Le compte du receveur remplacé doit avoir, pour *premier article*, l'excédant des recettes de son compte de l'année précédente, et, pour dernier *résultat*, le montant des valeurs qui représentent l'excédant des recettes au jour de la cessation de ses fonctions. Il comprend toutes les opérations faites par lui, pendant ce laps de temps, sur les deux *exercices* ouverts. Le nouveau receveur, comme on l'a dit à l'art. 1335, doit rester dépositaire des divers titres nécessaires pour suivre la rentrée des restes à recouvrer; l'ex-rece-

(1) Voir art. 1330 de l'instruction générale, pour les gestions intérimaires.

veur n'est tenu de produire que les justifications indiquées par le 5e alinéa de l'art. 1543 (1), sauf à fournir ultérieurement les autres justifications qui seraient exigées.

Quant aux justifications de la dépense, le receveur se conforme aux règles tracées plus haut au sujet des comptes de gestion annuelle.

Les comptes d'un receveur remplacé doivent être rendus dans les trois mois qui suivent la cessation de ses fonctions, conformément aux dispositions de l'article 1er du chapitre 11 de la loi du 28 pluviôse an III, et sous les peines dont il est parlé à l'article 1556 (2).

1547. Le premier compte à rendre par le nouveau receveur doit avoir pour *premier article* le solde ou excédant de recette résultant de la gestion de son prédécesseur, et justifié par le procès-verbal qui a constaté la remise du service; solde qui sera reporté à la fin du compte, pour faire ressortir l'excédant total de recettes au 31 décembre de l'année pour lequel le compte sera rendu.

Le receveur n'est tenu de se charger en recette et en dépense, dans son compte, que des sommes qu'il a lui-même reçues et dépensées; mais il ne doit pas moins y rappeler toutes les opérations antérieures, afin de pouvoir présenter la situation complète des deux exercices au 31 décembre.

Les modifications à faire au modèle de compte par les receveurs *remplacés* et par les receveurs *installés* dans le cours d'une année sont indiquées dans le modèle no 314 (de l'instruction générale).

. . . .

1453. Lorsqu'un comptable a été remplacé dans l'année qui donne son nom au compte qu'il présente, et qu'il désire obtenir, par l'arrêt ou l'arrêté à intervenir, sur cette portion de gestion sa décharge, et, par suite, le remboursement de son cautionnement, il doit produire :

1o Une copie en forme du procès-verbal de la remise du service à son successeur, et une déclaration de ce dernier qu'il consent à demeurer chargé de la suite des recettes et dépenses, ainsi que du reliquat qui lui aurait été versé;

2o Un certificat en bonne forme du maire de la commune ou des administrateurs de l'établissement, constatant qu'ils n'ont pas de reprise à exercer contre lui, notamment à l'égard des obligations que lui imposait l'art. 1er de l'arrêté du gouvernement du 19 vendémiaire an XII, concernant la conservation des biens de la commune ou établissements, et les poursuites à exercer pour la perception des revenus.

Si le comptable n'a été remplacé que dans l'année qui suit celle dont il rend compte, et s'il allègue n'avoir fait aucune opération de recette ni de

(1) Les expéditions en forme des minutes des baux, procès-verbaux d'adjudication et autres contrats dont les minutes doivent rester déposées dans les archives des mairies ou établissements charitables.

(2) Dix francs à cent francs par chaque mois de retard pour les receveurs justiciables des conseils de préfecture.

dépense entre la clôture de son compte et la date de son remplacement, il doit produire, indépendamment des pièces mentionnées ci-dessus, un certificat négatif des autorités locales, visé par le préfet, et un semblable certificat du receveur des finances de l'arrondissement, visé par le receveur général.

CXV.

COMPTES DES ÉCONOMES DES ÉCOLES NORMALES PRIMAIRES.

223. (*Ordonnance du roi relative aux comptes des recettes et dépenses des écoles normales primaires, du 7 juillet 1844.*)

Art. 1er. Les comptes des économes des écoles normales primaires seront définitivement apurés par le conseil de préfecture pour les écoles dont les recettes n'excèdent pas 30,000 fr., sauf recours à la cour des comptes.

Les comptes des économes des écoles dont les recettes excèdent 30,000 fr. seront réglés et apurés par ladite cour (1).

224. (*Extrait du décret impérial portant règlement pour l'administration et la comptabilité intérieure des écoles normales primaires, des 26 décembre 1855-24 janvier 1856.*)

TITRE II.

De la comptabilité intérieure.

SECTION PREMIÈRE.

Forme et rédaction du budget économique.

Art. 28. La comptabilité intérieure des écoles normales est confiée au directeur de ces établissements, sous le contrôle de la commission de surveillance, des inspecteurs d'académie, des recteurs et des inspecteurs généraux. Il est établi à cet effet, dans chaque école normale, un budget particulier des recettes et des dépenses intérieures, appelé budget économique.

29. Les recettes du budget économique se composent : 1° des restes disponibles ; 2° des reports des années antérieures, destinées à solder des dépenses constatées ; 3° du produit des

(1) *V.* ordonnance du 15 décembre 1842.

bourses entretenues en faveur des élèves-maîtres par l'État, le département, les départements réunis, les communes, les associations charitables et les particuliers ; 4° des compléments de bourses à la charge des familles; 5° de la pension des pensionnaires libres; 6° de la rétribution annuelle des pensionnaires libres pour fournitures de livres classiques, papier, plumes, etc.; 7° de la pension des maîtres admis à la table commune; 8° de l'évaluation en argent des fruits et légumes du jardin et des propriétés de l'école, consommés à la table des élèves et des maîtres; 9° du produit de la vente des fruits et légumes récoltés par l'école et non consommés dans l'établissement ; 10° des remboursements pour dégradations et objets perdus; 11° du produit de la vente du mobilier réformé; 12° des sommes payées par les anciens pensionnaires libres qui ne remplissent pas les conditions de leur engagement scolaire; 13° du fermage des propriétés de l'école; 14° de la rétribution scolaire payée par les élèves de l'école annexe, quand cette école n'est pas gratuite.

Ces recettes sont réparties en six chapitres.

30. Les dépenses du budget économique comprennent : 1° les dépenses de nourriture : pain, viande, boisson, comestibles, combustibles et ustensiles pour la cuisine, vaisselle pour le réfectoire, produit du jardin et des propriétés de l'école consommés à la table des élèves et des maîtres; 2° les dépenses de blanchissage du linge et de menu raccommodage du linge et des effets d'habillement ; 3° les frais de service intérieur : honoraires du médecin, frais d'infirmerie et médicaments, chauffage, éclairage, gages des gens de service, menues dépenses intérieures ; 4° les fournitures faites aux pensionnaires libres pour les besoins journaliers de l'enseignement (livres classiques, plumes, papier, encre) ; 5° les dépenses diverses : frais de culte, remboursements aux familles des élèves malades, décédés ou promus à des bourses; menues dépenses imprévues ; entretien du jardin ; dépenses non soldées des années antérieures; 6° les dépenses de l'école annexe : traitement des maîtres adjoints chargés de ladite école, fournitures faites aux élèves qui la fréquentent. Ces dépenses sont réparties en six chapitres.

31. Tous les ans, dans les quinze premiers jours du mois d'octobre, la commission de surveillance dresse, de concert avec

le directeur, le projet du budget économique pour l'année suivante. Elle reproduit dans la première colonne du cadre de ce budget les allocations de l'année précédente pour la recette et la dépense. Ses propositions de recettes et de dépenses sont divisées par chapitres et par articles, s'il y a lieu.

Les dépenses de nourriture sont évaluées par tête d'élève et de maître payant pension; il n'est pas tenu compte, dans cette évaluation, des maîtres et des gens de service nourris gratuitement. Les dépenses de blanchissage sont évaluées par tête d'élève.

Le 10 novembre, au plus tard, le président de la commission de surveillance adresse au recteur de l'académie, en triple expédition, le projet de budget arrêté par ladite commission, avec un extrait de sa délibération et les pièces à l'appui.

32. Avant le 20 novembre, le recteur envoie au préfet du département deux des trois expéditions du budget économique et joint à cet envoi ses observations et son avis sur les propositions de la commission de surveillance. La troisième expédition du budget est adressée par le recteur au ministre de l'instruction publique, avec ses propositions personnelles et ses observations, s'il y a lieu.

33. Le préfet, après avoir inscrit ses propositions dans la colonne qui lui est réservée, transmet au ministre, avant le 1er décembre, les deux expéditions du budget qui lui ont été envoyées par le recteur.

34. Le budget économique est réglé définitivement par le ministre de l'instruction publique, qui en transmet une ampliation au recteur de l'académie, et une autre au préfet pour la commission de surveillance de l'école.

SECTION II.

Recettes du budget économique.

35. Toutes les sommes provenant des fonds de l'État et du département, et celles qui sont centralisées au trésor par l'intermédiaire des receveurs généraux, sont versées dans la caisse de l'école sur mandat du préfet, délivré au nom du directeur.

Les pièces à produire par le directeur à l'appui de chaque mandat sont : en ce qui concerne les recettes des restes disponibles et des reports des années antérieures, les états des dépenses que ces restes et ces reports sont destinés à solder; en ce qui concerne les termes échus des bourses, compléments de bourses, pensions et rétributions annuelles des pensionnaires libres, l'état nominatif des élèves-maîtres présents à l'école : cet état, qui concorde avec les échéances fixées par l'art. 7 pour le payement des bourses et pensions, est dressé aux époques ci-après indiquées : en janvier, pour les deux dixièmes échus le 31 décembre; en mars, pour les deux dixièmes échus le 28 février; en mai, pour les deux dixièmes échus le 30 avril; en juillet, pour les deux dixièmes échus le 30 juin; en octobre, pour les deux dixièmes échus le 30 septembre; en ce qui concerne le produit de la vente du mobilier réformé, la liste des objets hors d'usage dont le ministre a autorisé la vente, sur la demande de la commission de surveillance et l'avis du préfet; en ce qui concerne les sommes payées par les anciens pensionnaires libres qui ne remplissent pas les conditions de leur engagement scolaire, l'état nominatif des débiteurs qui se sont libérés, ledit état extrait du registre matricule mentionné en l'art. 56; en ce qui concerne le fermage des propriétés de l'école, le bail à ferme desdites propriétés : cette pièce est réintégrée dans la caisse de l'école aussitôt que la somme dont elle justifie le versement a été payée; en ce qui concerne la rétribution scolaire de l'école annexe, l'état nominatif de présence des élèves qui ont fréquenté ladite école : cet état, dressé à la fin de chaque mois, pour le mois échu, par le maître adjoint chargé de l'école annexe, est revêtu du visa du directeur de l'école normale.

36. Les recettes énumérées aux paragraphes 7, 8, 9 et 10 de l'art. 29 sont les seules qui soient perçues directement par la caisse de l'école.

La pension des maîtres admis à la table commune est acquittée par douzièmes. Le directeur prélève chaque douzième sur le montant du traitement mensuel de ces maîtres, qu'il touche en leur nom, d'après l'état collectif émargé par chacun des fonctionnaires de l'école.

La valeur des produits du jardin et des propriétés de l'école consommés à la table des élèves et des maîtres est établie d'après le cours des denrées au marché de la ville, et le directeur fait recette de cette valeur dans ses livres de comptabilité.

Le montant de la vente des produits du jardin non consommés pour les besoins de l'établissement et celui des remboursements pour dégradations ou objets perdus, sont perçus par la caisse au fur et à mesure qu'ils ont lieu, sur des états dressés par le directeur et approuvés par le président de la commission de surveillance.

37. Le directeur délivre, pour toutes les sommes qu'il reçoit directement ou sur mandat, une quittance détachée d'un livre-souche timbré.

SECTION III.

Dépenses du budget économique.

38. Les dépenses du budget économique ne peuvent être soldées que sur un mandat de payement délivré par un des membres de la commission de surveillance spécialement désigné comme ordonnateur des dépenses par le recteur de l'académie.

Cet ordonnateur ne délivre aucun mandat sans avoir préalablement apprécié l'opportunité de la dépense et s'être assuré que le payement s'applique à des fournitures faites.

39. Les mandats de payement mentionnent le chapitre du budget sur lequel ils sont imputables. Ils portent le même numéro d'ordre que celui des registres de comptabilité. Les pièces justificatives à produire par la partie prenante y sont indiquées.

40. Un seul et même mandat ne peut comprendre des dépenses imputables sur deux chapitres différents.

41. Les mandats de payement sont accompagnés du mémoire des fournitures faites à l'école. Chaque mémoire, rédigé en triple expédition, dont une sur papier timbré, est certifié exact et véritable par le fournisseur et acquitté par lui. Le directeur certifie de plus que les fournitures qui sont portées au mémoire ont été reçues par lui et sont entrées dans les magasins de l'école.

42. Sont exceptées de la formalité préalable du mandat de payement les dépenses qui, par leur nature, doivent être payées

au comptant pour les besoins journaliers de l'école. L'ordonnateur des dépenses met tous les quinze jours à la disposition du directeur, pour ces achats au comptant, une somme dont il détermine la quotité, à charge, par le directeur, d'en justifier l'emploi par un bordereau récapitulatif des achats de chaque quinzaine. La dépense est passée en écriture après approbation du bordereau par l'ordonnateur.

43. La valeur des produits du jardin et des propriétés de l'école consommés à la table des élèves et des maîtres, portée en recettes aux termes de l'article 36, est aussi portée en dépense au fur et à mesure de la consommation, et mandatée comme les autres dépenses.

44. Les mandats pour les honoraires du médecin, pour les gages des gens de service et pour le traitement du maître adjoint chargé de l'école annexe, lorsque ce traitement est prélevé sur les fonds du budget économique, sont accompagnés d'états émargés distincts, dressés tous les mois.

45. Les remboursements dont il est parlé aux articles 11 et 12 sont effectués par le directeur sur les fonds de la caisse, au moyen d'un mandat de payement, et portés en dépense dans les livres de comptabilité. La décision ministérielle qui a autorisé le remboursement est mentionnée, s'il y a lieu, sur le mandat.

46. Les dépenses ne peuvent être faites que dans les limites des crédits spéciaux inscrits à chaque chapitre et à chaque article. En cas d'insuffisance de crédit, le préfet, sur la proposition de la commission de surveillance, adresse au ministre une demande spéciale de crédit supplémentaire ou de virement de crédit, selon les cas. Lorsque le ministre a statué, il notifie sa décision au préfet, qui en transmet une copie certifiée au président de la commission de surveillance, et une autre au payeur du département. Cette décision est mentionnée sur les mandats de payement.

SECTION IV.

Gestion économique, tenue et vérification des écritures.

47. La gestion économique des écoles normales est établie par année et par exercice.

L'état de situation de la caisse et l'état de situation du magasin font connaître le mouvement des fonds et celui des approvisionnements du 1er janvier au 31 décembre.

Le compte des recettes et des dépenses du budget économique ou compte de l'exercice présente le résumé de toutes les opérations de l'exercice, qui s'étend du 1er janvier au 31 mai de l'année suivante.

48. Toutes les dépenses d'un exercice, constatées le 31 mai, à la clôture de cet exercice, et non acquittées le 30 juin, sont soldées sur les sommes reportées à l'exercice en cours d'exécution.

49. Le directeur de l'école est tenu de relever, à la recette générale, à la fin de chaque exercice, le montant de toutes les sommes restant à recouvrer après le 31 mai au compte des fonds centralisés. Il dresse un état nominatif des divers débiteurs de l'école, portant indication des sommes dues par chacun d'eux.

Lesdites sommes sont cumulées, au fur et à mesure des recouvrements, avec les ressources de l'année pendant laquelle elles sont recouvrées.

50. Le directeur tient six registres, savoir : le livre-souche, le journal de caisse, le sommier, le livre du magasin, le livre d'inventaire général du mobilier, le registre matricule de l'école.

Tous ces registres sont cotés et paraphés par l'inspecteur d'académie ou par son délégué. Chaque article y a son numéro d'ordre et sa date d'inscription. Il ne peut y avoir aucune interversion dans la série des numéros ni dans les dates. Toute rature ou surcharge est approuvée par l'ordonnateur des dépenses.

Le livre du magasin est le seul excepté de la prescription ci-dessus, en ce qui concerne le numéro d'ordre des articles.

La commission de surveillance, et particulièrement l'ordonnateur des dépenses, vérifient ces divers registres toutes les fois qu'ils le jugent convenable, et y consignent le résultat de leur vérification.

La même vérification est faite par l'inspecteur d'académie, le recteur et les inspecteurs généraux en tournée.

51. Le livre-souche ne comprend que le nombre de feuillets nécessaires pour les besoins présumés de l'année. Le directeur y inscrit, en toutes lettres et en chiffres, toutes les sommes qu'il reçoit, au fur et à mesure qu'elles sont versées dans la caisse de l'école, avec le numéro d'ordre, la date du jour et la nature de la recette. Il remplit en même temps la quittance placée à côté du talon, en y reproduisant la date et le numéro indiqué au talon. Cette quittance est immédiatement détachée du livre-souche.

52. Le journal de caisse est divisé en deux parties, placées en regard l'une de l'autre; les recettes y sont inscrites sur le folio de gauche, les dépenses sur celui de droite. Le directeur indique dans le libellé de l'enregistrement la nature de chaque recette et de chaque dépense; il en inscrit le montant séparément et par article, en toutes lettres et en chiffres, avec la date et dans l'ordre de la recette et de la dépense.

Les articles du journal de caisse, pour la recette comme pour la dépense, forment deux séries de numéros d'ordre non interrompus. Les numéros des recettes et les dates d'inscription concordent avec ceux du livre-souche.

Lorsqu'il y a, au 1er janvier, un reliquat ou solde en caisse de l'année précédente, ce reliquat forme le premier article de la recette sur le journal de caisse; mais il n'y est pas donné de numéro d'ordre. Il est inscrit simplement sous la rubrique : *Solde en caisse au* 31 *décembre* 18 .

53. Le sommier présente le dépouillement et sert au contrôle des recettes et des dépenses inscrites au journal de caisse. Le directeur y inscrit ces recettes et ces dépenses immédiatement après les avoir portées sur le journal de caisse.

Chaque recette et chaque dépense, libellée comme au journal, est classée dans chacun des six chapitres du budget économique auquel elle est afférente, et dans chaque chapitre, à la colonne de l'exercice auquel elle appartient. Les numéros et les dates d'inscription des articles pour la recette et pour la dépense concordent avec ceux du journal de caisse.

Les recettes et les dépenses sont totalisées pour chaque chapitre dans la troisième colonne. Elles sont récapitulées pour chaque exercice, et ensuite totalisées dans les trois dernières colonnes de la feuille.

A la fin de chaque trimestre, le directeur additionne les sommes portées dans chaque colonne, en ayant soin de comprendre dans son addition, lorsqu'il y a lieu, les totaux des trimestres antérieurs.

54. Le livre du magasin comprend tous les approvisionnements de l'école. Les denrées achetées pour le compte de l'établissement y sont inscrites avec la date de leur entrée dans le magasin, l'indication de la quantité et de la valeur. Au fur et à mesure qu'elles sont livrées à la consommation, le directeur en inscrit la sortie avec la date du jour où il fait la livraison, l'indication de la quantité livrée et de sa valeur.

Le registre est divisé en comptes particuliers, selon la nature et la destination des différentes positions. Un seul compte général comprend les produits du jardin et des propriétés de l'école consommés dans l'établissement.

Pour les consommations journalières du pain et de la viande et pour les achats au comptant, le directeur tient une main courante d'inscription quotidienne, et en porte le relevé sur le livre du magasin tous les quinze jours seulement, en indiquant avec exactitude les entrées et les sorties.

A la fin de chaque trimestre, il fait la balance des entrées et des sorties pour chaque compte du registre, et dresse un inventaire de tous les approvisionnements qui existent dans le magasin.

Le détail des approvisionnements en magasin au 31 décembre, tel qu'il résulte de l'inventaire dressé à la fin du quatrième trimestre, est porté en tête de chacun des comptes particuliers du livre pour l'année suivante.

55. Le livre d'inventaire général du mobilier présente, avec un numéro d'ordre général et chacune à sa date, toutes les acquisitions faites pour le mobilier de l'école, le matériel d'enseignement, la bibliothèque, le cabinet de physique, les ustensiles de ménage, etc.

Les objets hors d'usage, réformés avec l'autorisation du ministre, sont maintenus sur le livre d'inventaire ; mais la décision ministérielle qui en autorise la réforme est mentionnée en regard dans la colonne d'observation.

Le directeur fait dresser par les maîtres adjoints qui le secondent deux registres particuliers, extraits du livre d'inventaire et contenant, l'un le catalogue raisonné et la classification méthodique de tous les livres de la bibliothèque de l'école, l'autre le catalogue raisonné de tous les instruments de physique, chimie, arpentage, dessin, etc. Un troisième catalogue semblable est établi, par les soins d'un de ces maîtres, pour les livres classiques à l'usage journalier des élèves.

Chacun de ces catalogues particuliers a sa série spéciale de numéros pour chaque classification d'objets; une colonne de renvoi au livre d'inventaire indique, en regard de l'objet le numéro qu'il porte sur ce livre. Ils sont soumis, comme les autres registres, au contrôle des autorités qui ont mission d'inspecter l'établissement.

56. Le registre matricule de l'école est destiné à constater l'entrée et la sortie des élèves-maîtres, la qualité en laquelle ils ont été admis et les fonctions auxquelles ils ont été appelés en sortant.

Tous les ans, dans la première quinzaine de décembre, le directeur adresse à l'inspecteur d'académie un extrait certifié de ce registre, indiquant les noms des anciens élèves-maîtres qui n'ont pas encore accompli la période décennale de leur service dans l'instruction publique.

Sur le vu de cette liste, l'inspecteur d'académie dresse deux états nominatifs, l'un des anciens élèves-maîtres boursiers, l'autre des anciens pensionnaires libres qui sont passibles de remboursements aux termes de l'article 19 du décret du 24 mars 1851, ou de l'article 10 du présent règlement, et les transmet au préfet avec l'indication de la somme dont chacun d'eux est redevable. Le préfet rend ces états exécutoires et les adresse au receveur général pour qu'il opère le recouvrement des sommes qui y sont mentionnées.

57. L'ordonnateur des dépenses vérifie et arrête la caisse de l'école au moins une fois par mois. Il inscrit le résultat de sa vérification sur le livre-souche, le journal de caisse et le sommier.

58. A la fin de chaque trimestre, l'inspecteur d'académie, et, en cas d'absence ou d'empêchement, son délégué, procède, de concert avec un délégué du préfet, et en présence de l'ordonnateur des dépenses et du directeur, à la vérification trimestrielle de la caisse et de la comptabilité.

Ils constatent d'abord l'état de la caisse, puis se font représenter le livre-souche, le journal de caisse, le sommier; et après s'être assurés de la parfaite identité et exactitude des sommes, des dates et des numéros d'ordre qui y ont été consignés, ils en arrêtent les totaux et indiquent le résultat de leur vérification.

Ils procèdent ensuite à la vérification de l'inventaire des approvisionnements en magasin dressé par le directeur, visé et approuvé par l'ordonnateur des dépenses, et le comparent avec la balance des entrées et des sorties, établie sur le livre du magasin. Ils vérifient également les quantités portées en balance sur le livre du magasin avec les approvisionnements existants. Le résultat de cette vérification est constaté par la signature qu'ils apposent au bas de l'inventaire dressé par le directeur.

Immédiatement après, ils dressent un procès-verbal de la vérification trimestrielle à laquelle ils ont procédé. Ce procès-verbal est établi en double expédition, dont une reste déposée à l'école.

59. A la suite de la vérification trimestrielle de la caisse et du magasin, le directeur adresse à l'inspecteur d'académie, pour être transmise au ministre par l'entremise du préfet, l'une des deux expéditions du procès-verbal ci-dessus mentionné et un bordereau récapitulatif des recettes et des dépenses.

Ce bordereau est visé par l'ordonnateur des dépenses; il indique séparément les recettes et les dépenses faites antérieurement au trimestre, et pendant le trimestre avec distinction, s'il y a lieu, des deux exercices auxquels elles sont afférentes. Il fait ressortir le solde en caisse à la fin du trimestre, dont le directeur demeure comptable. Le directeur joint à ce bordereau l'état des créances et l'état des dettes de l'école.

60. Le directeur est tenu de verser à la caisse des dépôts et consignations les sommes qui ne sont pas jugées nécessaires aux besoins du service courant, lorsqu'à la suite d'une vérification

mensuelle, trimestrielle ou extraordinaire de la comptabilité, l'ordonnateur des dépenses, l'inspecteur d'académie et le délégué du préfet, le recteur ou un inspecteur général ont constaté que les fonds en caisse étaient trop considérables.

Ces dépôts, dont il est donné récépissé au directeur, peuvent être retirés selon les besoins de l'école. Les ordres de dépôt et les demandes de retrait émanent du président de la commission de surveillance.

61. En cas de changement du directeur, un membre de la commission de surveillance, désigné par le recteur, arrête, conjointement avec l'ancien directeur ou son représentant légitime et le nouveau directeur, tous les registres de comptabilité, et constate par un procès-verbal que les écritures sont au courant.

Ce procès-verbal indique le montant des valeurs trouvées en caisse, celui des créances et des dettes, la valeur et la quantité des approvisionnements existant en magasin. Le nouveau directeur prend ces objets en charge et en devient responsable.

Il est procédé de la même manière pour la constatation et la prise en charge du mobilier de l'établissement.

Une copie des procès-verbaux dressés à cette occasion, certifiée par le membre de la commission de surveillance délégué, est envoyée au recteur pour être transmise au ministre.

62. Tous les ans, dans les cinq derniers jours du quatrième trimestre, il est procédé, en présence d'un délégué du préfet, d'un membre de la commission de surveillance désigné par le recteur et du directeur de l'école, au récolement du mobilier et du matériel de l'établissement. Le procès-verbal de cette opération est adressé en double expédition au préfet, qui transmet une de ces expéditions au ministre.

SECTION V.

Rédaction des états de situation et du compte de l'exercice. — Apurement du compte.

63. Tous les ans, dans les dix premiers jours de janvier, le directeur soumet à la commission de surveillance, en triple expédition, l'état de la situation de la caisse et l'état de situation du magasin pour l'année précédente.

Le président de la commission adresse les trois expéditions de ces deux états au recteur de l'académie avant le 20 janvier, avec un extrait de la délibération qui a été prise à ce sujet.

Avant le 1er février, le recteur en envoie une expédition au ministre, et une autre au préfet, avec ses observations personnelles. La troisième reste déposée dans les archives de l'académie.

64. L'état de situation de la caisse présente le résumé de toutes les opérations de caisse de l'année qui ont été inscrites au journal de caisse; il constate les valeurs qui se trouvaient en caisse au 31 décembre de l'année précédente, le montant par chapitre de toutes les sommes reçues et payées pendant le cours de l'année, et les valeurs restant en caisse à la fin de l'année.

65. L'état de situation du magasin présente le résumé du mouvement des approvisionnements de l'année qui ont été inscrits au livre du magasin; il constate la valeur totale des approvisionnements qui se trouvaient en magasin au 31 décembre de l'année précédente, la valeur par chapitres des denrées qui sont entrées dans le magasin et qui en sont sorties pendant le cours de l'année, la valeur totale des approvisionnements restant en magasin à la fin de l'année.

Les produits du jardin et des propriétés consommés à la table des élèves et des maîtres forment un article spécial de l'état de situation du magasin.

66. Tous les ans, dans la 1re quinzaine de juin, le directeur présente à l'ordonnateur des dépenses le compte de l'exercice qui vient de se clore le 31 mai, et y joint les pièces justificatives des dépenses; ce compte est dressé en triple expédition. Il présente le détail des opérations de l'exercice seulement; il établit, par le relevé des états de présence, les droits acquis au profit de l'école; il présente par chapitres les sommes à recouvrer et les sommes à payer, et dans chaque chapitre, par année distincte, les recouvrements et les payements effectués, ainsi que les sommes restant à recouvrer ou à payer en fin d'exercice. Les diverses opérations de caisse y sont résumées dans des tableaux récapitulatifs, dont le dernier présente la dépense nette de l'exercice. La balance de l'exercice, en excédant ou en déficit, est établie par la comparaison de la recette et de la dépense nette.

Deux tableaux complémentaires, placés, l'un au commencement, l'autre à la fin du compte, offrent le résumé général de la situation financière de l'école au 31 mai de l'année précédente et au 31 mai de l'année courante. Cette situation est établie en actif et en passif.

L'actif se compose : 1° de l'excédant des recouvrements sur les payements tant de l'exercice auquel s'applique le compte que des exercices antérieurs; 2° du montant des créances; 3° de la valeur des approvisionnements en magasin; 4° du solde en caisse. Les capitaux placés en rentes sur l'Etat, ou employés à des acquisitions ou des réparations extraordinaires, ne sont rappelés que pour mémoire; ils ne font pas partie de l'actif.

Le passif se compose du montant des dettes de l'école.

67. L'ordonnateur des dépenses soumet le compte de l'exercice à l'approbation de la commission de surveillance, le 30 juin au plus tard, et l'accompagne d'un rapport détaillé sur les diverses parties du service. Il constate dans ce rapport l'exactitude et la régularité des recettes, et fournit des explications sur les sommes restant à recouvrer et sur les causes du retard dans le recouvrement. Il examine successivement les diverses consommations, les compare avec celles de l'exercice précédent; il en explique les différences et indique les améliorations introduites ou à introduire.

68. La commission de surveillance prend une délibération sur le compte qui lui est soumis par l'ordonnateur des dépenses; elle donne spécialement son avis sur les créances mentionnées en l'article 49, et propose au ministre, s'il y a lieu, d'accorder des dispenses de payement aux débiteurs qui sont hors d'état de s'acquitter. Le résultat de sa délibération est adresée par le président, le 3 juillet au plus tard, au recteur de l'académie, avec trois expéditions du compte et les pièces à l'appui.

69. Le recteur transmet, avant le 15 juillet, une de ces expéditions au préfet et l'autre au ministre; il y joint ses observations personnelles.

70. Dans la seconde quinzaine de juillet, le préfet soumet au conseil de préfecture, selon les cas prévus par l'ordonnance royale du 7 juillet 1844, le compte des recettes et des dépenses du budget économique pour l'exercice clos.

Le conseil de préfecture apure ce compte avant le 31 juillet, et dans les dix premiers jours d'août le préfet adresse au ministre de l'instruction publique l'arrêté d'apurement.

71. Sur le rapport du recteur et du préfet, et si la situation financière de l'école le permet, les familles qui sont hors d'état de payer leurs dettes arriérées pour complément de bourse et pension à leur charge peuvent obtenir du ministre des dispenses de payement. Les sommes qui constituent les créances annulées par décision ministérielle sont passées en non-valeurs et rayées de l'actif.

72. L'emploi du boni résultant de chaque exercice est réglé par le ministre, dans les limites fixées par l'art. 3 de l'ordonnance royale du 15 décembre 1842.

CXVI.

COMPTABILITÉ DES ÉTABLISSEMENTS D'INSTRUCTION PUBLIQUE.

225. (*Extrait du chapitre XXVII, § 2, du décret du 31 mai-11 août 1862, sur la comptabilité intérieure des écoles normales primaires.*)

Art. 697. La comptabilité intérieure des écoles normales est confiée, dans chaque établissement, au directeur, sous le contrôle d'une commission de surveillance, des inspecteurs d'académie, des recteurs et des inspecteurs généraux.

698. Elle est établie par gestion et divisée par exercice.

L'époque de la clôture de l'exercice, pour les recouvrements et les payements qui s'y rattachent, est fixée au 31 mai de la deuxième année de l'exercice.

1° *Recettes.*

699. Les recettes du budget se composent :

1° Des restes disponibles des exercices précédents ;

2° Du produit des bourses entretenues en faveur des élèves-maîtres par l'Etat, les départements, les communes, les associations charitables et les particuliers ;

3° Des compléments de bourses à la charge des familles ;

4° De la pension des pensionnaires libres ;

5° De la rétribution annuelle des pensionnaires libres pour fournitures de livres classiques, papier, plumes, etc. ;

6° De la pension des maîtres admis à la table commune ;

7° De l'évaluation en argent des produits du jardin et des propriétés de l'école, consommés à la table des élèves et des maîtres ;

8° du prix de vente de ces produits non consommés dans l'établissement ;

9° Des remboursements pour dégradations et objets perdus ;

10° Du produit de la vente du mobilier réformé ;

11° Des sommes payées par les anciens pensionnaires libres qui ne remplissent pas les conditions de leur engagement scolaire ;

12° Du fermage des propriétés de l'école ;

13° De la rétribution scolaire payée par les élèves de l'école annexe, quand cette école n'est pas gratuite.

2° *Dépenses.*

700. Les dépenses du budget comprennent :

1° Les dépenses relatives à la nourriture ;

2° Les dépenses relatives à l'entretien du linge et de l'habillement ;

3° Les frais du service intérieur ;

4° Les fournitures faites aux pensionnaires libres pour les besoins journaliers de l'enseignement ;

5° Les dépenses diverses ;

6° Les dépenses de l'école annexe : traitement des maîtres adjoints chargés de ladite école ; fournitures faites aux élèves qui la fréquentent.

3° *Budget de l'exercice.*

701. Les budgets des écoles normales primaires sont arrêtés par le ministre de l'instruction publique, sur la proposition de la commission de surveillance de l'école, et après avis du préfet du département et du recteur de l'académie.

4° Ordonnancement des dépenses.

702. Les dépenses prévues au budget sont effectuées sur un mandat délivré par un des membres de la commission de surveillance, spécialemant désigné comme ordonnateur des dépenses par le recteur de l'académie.

703. Les mandats de payement indiquent le chapitre du budget sur lequel ils sont imputables et les pièces justificatives à produire par les parties prenantes.

5° Écritures.

704. Pour la comptabilité en deniers, le directeur est tenu d'avoir un registre à souche, un journal de caisse, un sommier.

705. Pour la comptabilité des matières, le directeur est tenu d'avoir :

1° Un registre de magasin où toutes les denrées sont inscrites avec leur date d'entrée et de sortie;

2° Un registre spécial d'inventaire du mobilier et des objets d'enseignement.

6° Contrôle et surveillance.

706. L'ordonnateur des dépenses vérifie et arrête la caisse de l'école au moins une fois par mois.

707. A la fin de chaque trimestre, l'inspecteur d'académie ou son délégué procède, de concert avec un délégué du préfet, en présence de l'ordonnateur et du directeur, à la vérification de la caisse, des écritures et des approvisionnements.

708. Tous les ans, dans les cinq derniers jours du quatrième trimestre, il est procédé, en présence du délégué du préfet, d'un membre de la commission de surveillance désigné par le recteur et du directeur, au récolement du mobilier et du matériel de l'établissement.

7° Comptes à rendre.

709. Avant le 1er juillet, l'ordonnateur des dépenses soumet à l'approbation de la commission de surveillance le compte de l'exercice expiré. Une copie de ce compte est transmise à l'autorité chargée de juger le compte de gestion.

710. Les comptes des agents comptables des écoles dont les recettes n'excèdent pas trente mille francs sont soumis au conseil de préfecture, qui les apure, sauf appel à la cour des comptes. Les comptes des agents comptables des recettes excédant trente mille francs sont réglés et apurés par la cour des comptes. Ces comptes doivent être adressés avant le 1er août de la seconde année de l'exercice.

CXVII.

FORMES DE LA VÉRIFICATION DES COMPTES DEVANT LA COUR DES COMPTES, LESQUELLES DOIVENT ÊTRE SUIVIES PAR LES CONSEILS DE PRÉFECTURE, EN TANT QU'ELLES N'ONT RIEN D'INCONCILIABLE AVEC L'ORGANISATION SPÉCIALE DE CES CONSEILS.

226. (*Extrait du décret portant règlement sur la comptabilité publique, du* 31 *mai*-11 *août* 1862.)

§ IV. — *Formes de la vérification des comptes devant la cour des Comptes.*

Art. 405. Le premier président fait entre les référendaires la distribution des comptes, et indique la chambre à laquelle le rapport doit être fait.

406. Un référendaire ne peut être chargé deux fois de suite de la vérification des comptes du même comptable.

407. Les référendaires sont tenus de vérifier par eux-mêmes tous les comptes qui leur sont distribués.

408. Ils rédigent sur chaque compte un rapport raisonné contenant des observations de deux natures : les premières, concernant la ligne de compte seulement, c'est-à-dire les charges et souffrances dont chaque article du compte leur a paru susceptible, relativement au comptable qui le présente ; les deuxièmes, résultant de la comparaison de la nature des recettes avec les lois, et de la nature des dépenses avec les crédits.

409. Les référendaires peuvent entendre les comptables ou leurs fondés de pouvoir, pour l'instruction des comptes ; la correspondance est préparée par eux et remise au président de la chambre qui doit entendre le rapport.

410. Lorsque la vérification d'un compte exige le concours de plusieurs référendaires, le premier président désigne un référendaire de première classe, qui est chargé de présider à ce tra-

vail, de recueillir les observations de chaque référendaire et de faire le rapport à la chambre.

Les référendaires qui ont pris part à la vérification assistent aux séances de la chambre pendant le rapport.

411. Le compte, le rapport et les pièces sont mis sur le bureau, pour y avoir recours au besoin.

412. Le président de la chambre fait la distribution du rapport du référendaire à un maître, qui est tenu :

1° De vérifier si le référendaire a fait lui-même le travail et si les difficultés élevées dans le rapport sont fondées ;

2° D'examiner par lui-même les pièces au soutien de quelques chapitres du compte, pour s'assurer que le référendaire en a soigneusement vérifié toutes les parties.

413. Un maître des comptes ne peut être nommé deux fois de suite rapporteur des comptes du même comptable.

§ V. — *Formes du jugement des comptes.*

414. Le maître présente à la chambre son opinion motivée sur tout ce qui est relatif à la ligne de compte et aux autres observations du référendaire.

La chambre prononce ses décisions sur la première partie, et renvoie, s'il y a lieu, les propositions contenues dans la seconde à la chambre du conseil chargée de statuer sur ces propositions, dans les formes déterminées.

415. Le référendaire rapporteur donne son avis, qui n'est que consultatif, le maître rapporteur opine, et chaque maître successivement, dans l'ordre de sa nomination. Le président inscrit chaque décision en marge du rapport et prononce l'arrêt.

416. La minute des arrêts est rédigée par le référendaire rapporteur et signée de lui et du président de la chambre ; elle est remise, avec les pièces, au greffier en chef ; celui-ci la présente à la signature du premier président, et ensuite en fait et signe les expéditions.

417. Les arrêts de la cour sont provisoires ou définitifs.

418. Après que les arrêts sur chaque compte sont rendus et les minutes signées, le compte et les pièces seront remis par le référendaire rapporteur au greffier en chef, qui fait mention des arrêts sur la minute du compte, et dépose le tout aux archives,

419. La cour règle et apure les comptes qui lui sont présentés ; elle établit, par ses arrêts définitifs, si les comptables sont quittes ou en avance, ou en débet.

Dans les deux premiers cas, elle prononce leur décharge définitive, et, si les comptables ont cessé leurs fonctions, ordonne mainlevée et radiation des oppositions et inscriptions hypothécaires mises ou prises sur leurs biens à raison de la gestion dont le compte est jugé.

Dans le troisième cas, elle les condamne à solder leur débet dans le délai prescrit par la loi.

Une expédition de ses arrêts sur les comptes des agents du trésor est adressée au ministre des finances pour en faire suivre l'exécution.

420. La cour, nonobstant l'arrêt qui aurait jugé définitivement un compte, peut procéder à sa révision, soit sur la demande du comptable, appuyée de pièces justificatives recouvrées depuis l'arrêt, soit d'office, soit à la réquisition du procureur général, pour erreurs, omissions, doubles ou faux emplois reconnus par la vérification d'autres comptes.

Les demandes en révision sont soumises aux mêmes règles que les pourvois, en ce qui concerne la notification de la demande à la partie adverse et la reddition de deux arrêts ou arrêtés statuant, l'un sur l'admission de cette demande, l'autre sur le fond.

421. La cour prononce sur les demandes en réduction et translation d'hypothèques formées par des comptables encore en exercice, ou par ceux hors d'exercice dont les comptes ne sont pas définitivement apurés, en exigeant les sûretés suffisantes pour la conservation des droits du trésor.

422. Si, dans l'examen des comptes, la cour trouve des faux ou des concussions, il en est rendu compte au ministre des finances et référé au ministre de la justice, qui fait poursuivre les auteurs devant les tribunaux ordinaires.

423. Les arrêts de la cour contre les comptables sont exécutoires, et dans le cas où un comptable se croit fondé à attaquer un arrêt pour violation des formes ou de la loi, il se pourvoit dans les trois mois, pour tout délai, à compter de la notification

de l'arrêt, au conseil d'Etat, conformément au règlement sur le contentieux.

Le ministre des finances et tout autre ministre, pour ce qui concerne son département, peut, dans le même délai, faire son rapport à l'Empereur et proposer le renvoi au conseil d'Etat de sa demande en cassation des arrêts qu'il croira devoir être cassés pour violation des formes ou de la loi.

424. Lorsqu'après cassation d'un arrêt de la cour des comptes, dans l'un des cas prévus par l'article précédent, le jugement du fond a été renvoyé à ladite Cour, l'affaire est portée devant l'une des chambres qui n'en ont pas connu.

425. Dans le cas où un ou plusieurs membres de la chambre qui a rendu le premier arrêt sont passés à la chambre nouvellement saisie de l'affaire, ils s'abstiennent d'en connaître, et ils sont, si besoin est, remplacés par d'autres conseillers maîtres, en suivant l'ordre de leur nomination.

426. La cour ne peut, en aucun cas, s'attribuer de juridiction sur les ordonnateurs, ni refuser aux payeurs l'allocation des payements par eux faits sur des ordonnances revêtues des formalités prescrites et accompagnées des pièces déterminées par les lois et règlements.

CXVIII.

DE LA COMPTABILITÉ DES ASSOCIATIONS SYNDICALES FORMÉES EN EXÉCUTION DE LA LOI DU 16 SEPTEMBRE 1807.

De nombreux décrets ou ordonnances ont été rendus en exécution de la loi du 16 septembre 1807, à l'effet d'autoriser ou de concéder des travaux de dessèchement. On trouve à la page 361 de ce code le texte de cette loi, et dans le Répertoire de M. Dalloz, au mot *Marais,* tome 31, page 61, la nomenclature des principales associations formées pour l'exécution de grands travaux d'utilité publique. Ces associations peuvent confier les recettes et les dépenses à faire pour conduire à un bon résultat leur entreprise aux receveurs des communes. Quand ces fonctionnaires sont chargés de cette mission, ils sont soumis à la surveillance des receveurs particuliers et généraux des finances, et ils doivent rendre compte de leur gestion dans les formes indiquées par le décret ou l'ordonnance qui a autorisé la formation d'une association syndicale. Ces décrets ou ordonnances reproduisent tous les mêmes dispositions et sont conçus en termes presque identiques. Nous empruntons à l'un de ces décrets les règles suivantes de comptabilité.

227. (*Extrait du décret du* 21 *février* 1814 *prescrivant des mesures pour l'achèvement, l'entretien et la conservation des travaux de desséchement des marais des Flamands, situés dans la commune de Parempuyre, arrondissement de Bordeaux.*)

TITRE IV.

De la rédaction des rôles et de leur recouvrement.

Art. 19. Le recouvrement des taxes délibérées par la commission et approuvées par le préfet, sera fait par le percepteur de la commune, s'il est nommé par la commission ou par tout autre percepteur choisi par elle : cette nomination devra être autorisée par le préfet.

Le percepteur prêtera le serment voulu par la loi.

20. Le percepteur fournira un cautionnement en immeuble proportionné au montant du rôle.

Il lui sera alloué une remise proposée par la commission et déterminée par le préfet.

21. Le percepteur, au moyen de cette remise, dressera les rôles sur les documents qui lui seront fournis par la commission, conformément au § 1er de l'article 7 du présent décret (1). Les rôles seront visés par la commission et rendus exécutoires par le préfet.

La perception en sera faite dans l'année, savoir : le premier tiers, dans les quatre mois de la mise en recouvrement des rôles; le deuxième tiers, dans les quatre mois suivants, et le troisième tiers, dans les quatre mois après l'époque fixée pour le second payement.

22. Le percepteur est responsable du défaut de payement des taxes dans les délais fixés, à moins qu'il ne justifie des poursuites qu'il aura faites contre les contribuables en retard.

(1) Art. 7. La commission syndicale est spécialement chargée : 1° de répartir entre les intéressés le montant des taxes reconnues nécessaires pour l'achèvement et l'entretien des travaux de desséchement, etc., etc.

23. Les rôles seront recouvrables de la manière et avec les priviléges établis pour les contributions directes.

24. Le percepteur acquittera les mandats délivrés, conformément aux articles 12, 13, 17 et 18 du présent décret. Il rendra compte annuellement, avant le 1er juin, des recettes et dépenses qu'il aura faites pendant l'année précédente : il ne lui sera pas tenu compte des payements irrégulièrement faits.

25. La commission vérifiera les comptes annuels du percepteur, les arrêtera provisoirement, et les soumettra au préfet, pour être définitivement approuvés par lui (1), s'il y a lieu, sur l'avis du sous-préfet.

26. Le directeur vérifiera, lorsqu'il le jugera nécessaire, la situation de la caisse du percepteur, qui sera tenu de lui communiquer toutes les pièces de sa comptabilité.

TITRE V.

Dispositions générales.

27. Les contestations relatives au recouvrement des taxes, aux réclamations des individus imposés et à la confection des travaux, seront portées devant le conseil de préfecture, conformément aux dispositions des lois du 28 pluviôse an VIII et 14 floréal an XI.

CXIX.

DE L'APUREMENT DES COMPTES DES RECEVEURS DES ASSOCIATIONS SYNDICALES.

228. (*Extrait de l'instruction générale sur le service et la comptabilité*, du 20 *juin* 1859.)

Art. 636. Lorsque la dépense doit être supportée à la fois par *une ou plusieurs communes* et *des particuliers*, ou seulement par *un certain nombre de propriétaires* réunis en association syndicale, les syndicats peuvent, à leur gré, charger du recouvrement et de l'emploi des fonds, soit des agents spéciaux, soit l'un des percepteurs-receveurs municipaux de la localité.

(1) Ce n'est pas le préfet qui apure le compte, c'est le conseil municipal. C'est ce qui est expliqué très-clairement dans l'Instruction générale du 20 juin 1859, art. 638. *Voy.* chapitre suivant.

Toutefois, un percepteur de contributions directes ne peut être nommé receveur d'une association syndicale qu'à la charge d'être soumis, pour ce service spécial, aux conditions suivantes :

Il doit se conformer aux dispositions des règlements qui régissent la comptabilité des communes et établissements de bienfaisance;

Il est placé sous la surveillance et la responsabilité du receveur des finances de l'arrondissement ;

Ses comptes, après avoir subi l'examen de la commission syndicale, sont, quelle que soit l'importance des recettes annuelles, apurés par le conseil de préfecture, sauf recours, s'il y a lieu, à la cour des comptes ;

Il est tenu de verser à la caisse des dépôts un cautionnement en numéraire, dont la quotité est fixée par le préfet, sur la proposition de la commission syndicale et l'avis du receveur des finances de l'arrondissement;

Ses remises sont réglées, sur la proposition des syndicats et l'avis du préfet, par le ministre des finances ;

Enfin les fonds réalisés au delà des besoins journaliers du service sont déposés à la caisse du receveur des finances de l'arrondissement, à titre de placement au Trésor, aux mêmes conditions que ceux des communes et des établissements de bienfaisance ;

Ces fonds peuvent toujours en être immédiatement retirés, sur le simple mandat du directeur de la commission syndicale.

S'il arrive que, par exception, le nombre des communes concourant aux mêmes travaux soit trop considérable pour qu'un agent puisse être chargé du recouvrement des taxes, les rôles sont établis par arrondissement de perception, et les percepteurs des communes intéressées les recouvrent alors pour le compte de celui de leurs collègues auquel est confié le service du syndicat; ils lui ouvrent un compte particulier, où ils font recette des sommes payées par les redevables, et dépense pour les versements qu'ils lui effectuent; ils sont libérés de ces versements par la quittance à souche de leur collègue. Les rôles dressés par arrondissement de perception doivent être envoyés à chaque percepteur par l'entremise du receveur des finances, qui prend note sur son carnet de ces produits municipaux (art. 1290).

L'exercice financier, pour les recettes et les dépenses des associations syndicales, se renferme dans la période annuelle, sauf report au budget suivant des reliquats de perception ou de crédits qui seraient constatés au 31 décembre.

637. Lorsque le service financier de l'association syndicale est confié à un agent particulier autre qu'un percepteur des contributions directes, le receveur des finances de l'arrondissement n'intervient dans aucune des parties du service de ce préposé; il n'a point à surveiller le recouvrement des rôles, ni à diriger les poursuites, et les fonds libres de l'association ne sont pas placés au Trésor avec production d'intérêts.

FIN.

ERRATA.

Page 9, au lieu de : 6 juin 1808, lisez : 16 juin 1808.
Pages 41 et 45, au lieu de : 20 avril 1832, lisez : 21 avril 1832.
Page 230, au lieu de : 16 frimaire an VII, lisez : 6 frimaire an VII.
Page 239, au lieu de : 25 mars 1862, lisez : 25 mars 1852.
Page 378, au lieu de : 2-12 février 1852, lisez : 2-21 février 1852.
Page 441, au lieu de : 25 mars 1844, lisez : 25 avril 1844.
Page 444, au lieu de : 10 thermidor an X, lisez : 10 thermidor an XI.
Page 459, au lieu de : novembre 1862, lisez : 31 octobre 1862.

TABLE

DES CHAPITRES.

FIN DE LA TABLE DES CHAPITRES.

TABLE CHRONOLOGIQUE

Des Lois, Décrets, Ordonnances, Règlements, Avis du Conseil d'État, Arrêtés, rapportés en totalité ou par extrait dans le Code des Conseillers de préfecture.

(Les chiffres arabes indiquent le renvoi aux pages.)

An IX.—28 ventôse. Loi sur l'établissement des bourses de commerce, 438.

An IX.—19 fructidor. Arrêté. — Délibérations des conseils de préfecture. Mode de vider les partages. Remplacement des conseillers en cas d'empêchement ou insuffisance, 8.

An X.—29 floréal. Loi sur les contraventions en matière de grande voirie, 496.

An X.—10 thermidor. Arrêté sur les droits à percevoir au profit des pauvres sur les spectacles, bals, concerts, etc., 444.

An XI.—12 brumaire. Arrêté concernant la perception et l'emploi des contributions destinées à l'entretien des bâtiments affectés aux bourses de commerce, 439.

An XI.—3 nivôse. Arrêté portant établissement des chambres de commerce dans plusieurs villes, 439.

An XI.—26 germinal. Loi concernant la contribution foncière assise sur les biens communaux, 39.

An XI.—14 floréal. Loi relative au curage des canaux et rivières non navigables et à l'entretien des digues qui y correspondent, 451.

An XI.—25 thermidor. Arrêté contenant règlement sur les écoles de pharmacie, visite et inspection de pharmaciens, 445.

An XII. Loi du 9 ventôse, relative aux partages des biens communaux effectués en vertu de la loi du 10 juin 1793, 235.

An XII.—1er pluviôse. Loi sur les monts-de-piété, 409.

An XII.—30 prairial. Décret qui prescrit des mesures relatives à l'établissement thermal de Baréges, 443.

An XII.—11 thermidor. Décret concernant les mainlevées d'oppositions formées pour la conservation des droits des pauvres et hospices, 401, 402.

An XII.—7 fructidor. Décret organique sur le corps des ingénieurs des ponts et chaussées, 293 à 295.

An XIII.—9 ventôse. Extrait de la loi relative aux plantations des grandes routes et des chemins vicinaux, 456.

An XIII.—8 fructidor. Décret réglant la compétence des conseils de préfecture pour la perception du droit des pauvres, 445.

1806.—25 mars. Décret sur le mode de recouvrement du prix des mois de nourrice des enfants de la ville de Paris, 243, 244.

1806.—11 juin. Décret organique sur le conseil d'État, 406.

1806.—23 septembre. Décret concernant les dépenses relatives aux chambres de commerce, 439.

1807.—25 mars. Avis du conseil d'État sur le pavé des villes non grandes routes, 447.

1807.—16 septembre. Loi sur le dessèchement des marais, etc., 361, 373, 494.

1808.—22 janvier. Décret qui rend applicable l'ordonnance de 1669 à toutes les rivières navigables, 183.

1808.—6 juin. Remplacement des membres des conseils de préfecture, en cas d'empêchement de tous les membres, 9.

1810.—21 avril. Loi sur les mines, 419.

1810.—15 octobre. Décret sur les ateliers dangereux, insalubres et incommodes, 229, 230.

1811.—6 février. Décret sur le service de la caisse de Poissy, 244.

1811.—16 décembre. Décret sur l'entretien et la réparation des routes, plantations sur les chemins, 178, 179.

1811.—16 décembre. Extrait du titre IX sur la répression des délits de grande voirie, 497.

FIN DE LA TABLE CHRONOLOGIQUE.

TABLE

PAR ORDRE ALPHABÉTIQUE

DES MATIÈRES CONTENUES DANS CE VOLUME

(Les chiffres indiquent le renvoi aux pages.)

A

Conseils de préfecture. Leurs attributions en matière de comptabilité, 542.
Conservation des travaux de dessèchement, 366.
Constructions autour des places et postes militaires, 419.
Constructions nouvelles, 24; — loi des 17-21 août 1835, 40.
Contraventions, 516.
Contraventions de voirie. Surveillance de l'entrepreneur, 161.
Contraventions concernant les grandes routes, 168.
Contraventions aux dispositions de la loi des 15-21 juillet 1845 sur la police des chemins de fer, constatées, poursuivies et réprimées comme en matière de grande voirie; amende de 16 à 300 fr., 190.
Contraventions de voirie commises par les concessionnaires ou fermiers des chemins de fer; amendes de 300 fr. à 3,000 fr., 190.
Contraventions en matière de télégraphie, commises par les concessionnaires ou fermiers des chemins de fer ou d'un canal concédé, punissables de 300 fr. à 3,000 fr. d'amende, 19·.
Contraventions en matière de servitudes militaires. V. *Répression des contraventions.*—Arrêté du conseil d'État du 27 février 1765, 436.
Contraventions de grande voirie commises sur les routes de terre, sur les fleuves et canaux navigables et leurs dépendances, ainsi que sur les ports maritimes et travaux à la mer. Loi du 29 floréal an X, 496 et suiv.
Contraventions de grande voirie résultant des infractions aux lois sur la police des chemins de fer et sur l'établissement des lignes télégraphiques, 500, 501.
Contentieux des domaines nationaux, 225.
Contre-expertise en matière de contributions directes, 489; — frais d'expertise, 489.
Contributions directes, 15; — foncière, personnelle et mobilière, portes et fenêtres, patentes, 15.
Contribution foncière. Loi du 3 frimaire an VII, 16; — évaluation du revenu, 27.
Contribution foncière sur biens communaux. Loi du 26 germinal an XI, 39; — fermiers chargés d'acquitter l'impôt, 40, 41.
Contribution personnelle et mobilière. Loi du 21 avril 1832, 41; —par quelles personnes est due cette contribution, 42; — dans quelle commune elle est due, 42.
Contribution des portes et fenêtres. Loi du 21 avril 1832, 45.
Contrôleurs des contributions directes. Leurs obligations pour dresser la matrice du rôle des patentes, 54.
Contrôleurs. Assistent les répartiteurs. V. *Répartiteurs.*
Convois en matière de roulage, art. 13 et 14; 216.
Copies des pièces de comptabilité en matière de travaux publics, 162.
Corps municipal. Composition et mode de nomination, 382; — incompatibilité des fonctions de conseiller municipal avec certaines fonctions, 385.
Cotes non acquittées en nature de prestations payables en argent, 284.
Cotes indûment imposées, 490.
Cotes irrecouvrables, 491; — en matière de prestations, 492.
Cotisation des marais, terres vaines et vagues, en friche, 36.
Couvertures en chaume, meules de foin, paille et autre dépôt de matières inflammables, prohibées dans une certaine distance des chemins de fer, 189.
Culture du tabac, 358.
Curage des canaux et rivières non navigables, 451.
Cures et menses épiscopales, 359; — décret du 6 novembre 1813, 359.

D

Décès. Héritiers tenus au payement de la contribution personnelle et mobilière du défunt, 44.
Décès. Décharge des termes de la patente à échoir, 55.
Décharge. V. Compétence.
Décharges et réductions en matière de contribution foncière, 480; — de contribution personnelle, 481; — remises et modérations, 483.
Déchéance des réclamations faites plus de trois mois après la publication des rôles, 46.
Déchéance. Loi des 4-7 août 1844, 47.
Décisions du conseil de préfecture, 517.
Déclassement (après le), que doit-il être fait? 259.
Déclassement de chemins vicinaux, est dans les attributions de l'autorité qui opère le classement, 258.— Formalités préliminaires, 258-259.
Déclassement. Formes à suivre pour le déclassement des chemins vicinaux de grande communication, 299. — Il y a lieu à déclasser, lorsque les offres des

P

R

S

T

U

V

FIN DE LA TABLE ALPHABÉTIQUE.

Poitiers. — Typ. de A. DUPRÉ.

SIXIÈME PARTIE

Appendice contenant la loi organique des conseils généraux votée par l'Assemblée nationale, la loi sur les conseils municipaux des 24-29 juillet 1867, et la nouvelle législation sur les chemins vicinaux.

CXX.

LOI SUR LES CONSEILS GÉNÉRAUX

TITRE PREMIER.

Dispositions générales.

Article 1er. Il y a dans chaque département un conseil général.

Art. 2. Le conseil général élit dans son sein une commission départementale.

Art. 3. Le préfet est le représentant du pouvoir exécutif dans le département.

Il est, en outre, chargé de l'instruction préalable des affaires qui intéressent le département, ainsi que de l'exécution des décisions du conseil général et de la commission départementale, conformément aux dispositions de la présente loi.

TITRE II.

De la formation des conseils généraux.

Art. 4. Chaque canton du département élit un membre du conseil général.

Art. 5. L'élection se fait au suffrage universel, dans chaque commune, sur les listes dressées pour les élections municipales.

Art. 6. Sont éligibles au conseil général tous les citoyens inscrits sur une liste d'électeurs ou justifiant qu'ils devaient y être inscrits avant le jour de l'élection, âgés de vingt-cinq ans accomplis, qui sont domiciliés dans le département; et ceux qui, sans y être domiciliés, y sont inscrits au rôle d'une des contributions directes au 1er janvier de l'année dans laquelle se fait l'élection, ou justifient qu'ils devaient y être inscrits à ce jour, ou ont hérité depuis la même époque d'une propriété foncière dans le département.

Toutefois le nombre des conseillers généraux non domiciliés ne pourra dépasser le quart du nombre total dont le conseil doit être composé.

Art. 7. Ne peuvent être élus au conseil général les citoyens qui sont pourvus d'un conseil judiciaire.

Art. 8. Ne peuvent être élus membres du conseil général :

1° Les préfets, sous-préfets, secrétaires généraux et conseillers de préfecture, dans le département où ils exercent leurs fonctions ;

2° Les procureurs généraux, avocats généraux et substituts du procureur général près les cours d'appel, dans l'étendue du ressort de la cour ;

3° Les présidents, vice-présidents, juges titulaires, juges d'instruction et membres du parquet des tribunaux de première instance, dans l'arrondissement du tribunal ;

4° Les juges de paix, dans leurs cantons ;

5° Les généraux commandant les divisions ou les subdivisions territoriales, dans l'étendue de leurs commandements ;

6° Les préfets maritimes, majors généraux de la marine et commissaires de l'inscription maritime, dans les départements où ils résident ;

7° Les commissaires et agents de police, dans les cantons de leur ressort ;

8° Les ingénieurs en chef de département et les ingénieurs ordinaires d'arrondissement, dans le département où ils exercent leurs fonctions ;

9° Les ingénieurs du service ordinaire des mines, dans les cantons de leur ressort ;

10° Les recteurs d'académie, dans le ressort de l'académie ;

11° Les inspecteurs d'académie et les inspecteurs des écoles primaires, dans le département où ils exercent leurs fonctions ;

12° Les ministres des différents cultes, dans les cantons de leur ressort ;

13° Les agents et comptables de tout ordre, employés à l'assiette, à la perception et au recouvrement des contributions directes ou indirectes, et au payement des dépenses publiques de toute nature, dans le département où ils exercent leurs fonctions ;

14° Les directeurs et inspecteurs des postes, des télégraphes et des manufactures de tabac, dans le département où ils exercent leurs fonctions ;

15° Les conservateurs, inspecteurs et autres agents des eaux et forêts, dans les cantons de leur ressort ;

16° Les vérificateurs des poids et mesures, dans les cantons de leur ressort ;

Art. 9. Le mandat de conseiller général est incompatible, dans toute la France, avec les fonctions énumérées aux nos 1 et 7 de l'art. 8.

Art. 10. Le mandat de conseiller général est incompatible, dans le département, avec les fonctions d'architecte départemental, d'agent-voyer, d'employé des bureaux de la préfecture ou d'une sous-préfecture, et généralement de tous les agents salariés ou subventionnés sur les fonds départementaux.

La même incompatibilité existe à l'égard des entrepreneurs des services départementaux.

Art. 11. Nul ne peut être membre de plusieurs conseils généraux.

Art. 12. Les collèges électoraux sont convoqués par le pouvoir exécutif.

Il doit y avoir un intervalle de quinze jours francs, au moins, entre la date du décret de convocation et le jour de l'élection, qui sera toujours un dimanche. Le scrutin est ouvert à sept heures du matin, et clos le même jour à six heures. Le dépouillement a lieu immédiatement.

Lorsqu'un second tour de scrutin est nécessaire, il y est procédé le dimanche suivant.

Art. 13. Immédiatement après le dépouillement du scrutin, les procès-verbaux de chaque commune, arrêtés et signés, sont portés au chef-lieu du canton par deux membres du bureau. Le recensement général des votes est fait par le bureau du chef-lieu, et le résultat est proclamé par son président, qui adresse tous les procès-verbaux et les pièces au préfet.

Art. 14. Nul n'est élu membre du conseil général au premier tour de scrutin, s'il n'a pas réuni :

1° La majorité absolue des suffrages exprimés ;

2° Un nombre de suffrages égal au quart de celui des électeurs inscrits.

Au second tour de scrutin, l'élection a lieu à la majorité relative, quel que soit le nombre des votants. Si plusieurs candidats obtiennent le même nombre de suffrages, l'élection est acquise au plus âgé.

Art. 15. Les élections peuvent être arguées de nullité par tout électeur du canton.

Si la réclamation n'a pas été consignée au procès-verbal, elle doit être déposée au secrétariat général de la préfecture. Il en est donné récépissé.

Art. 16. Le conseil général vérifie les pouvoirs de ses membres. Il n'y a pas de recours contre ses décisions.

Art. 17. Le conseiller général élu dans plusieurs cantons est tenu de déclarer son option au président du conseil général dans les trois jours qui suivront la vérification de ses pouvoirs. A défaut d'option dans ce délai, le conseil général détermine, en séance publique et par la voie du sort, à quel canton le conseiller appartiendra.

Lorsque le nombre des conseillers non domiciliés dans le département dépasse le quart du conseil, le conseil général procède de la même façon pour désigner celui ou ceux dont l'élection doit être annulée.

Art. 18. Tout conseiller général qui, par une cause survenue postérieurement à son élection, se trouve dans un des cas prévus par les art. 7, 8, 9 et 10, ou se trouve frappé de l'une des incapacités qui font perdre la qualité d'électeur, est déclaré démissionnaire par le conseil général, soit d'office, soit sur la réclamation de tout électeur.

Art. 19. Lorsqu'un conseiller général aura manqué à une session ordinaire sans excuse légitime admise par le conseil, il sera déclaré démissionnaire par le conseil général, dans la dernière séance de la session.

Art. 20. Lorsqu'un conseiller général donne sa démission, il l'adresse au président du conseil général ou au président de la commission départementale, qui en donne immédiatement avis au préfet.

Art. 21. Les conseillers généraux sont nommés pour six ans;

ils sont renouvelés par moitié tous les trois ans, et indéfiniment rééligibles. En cas de renouvellement intégral à la session qui suit ce renouvellement, le conseil général divise les cantons du département en deux séries, en répartissant, autant que possible dans une proportion égale, les cantons de chaque arrondissement dans chacune des séries, et il procède ensuite à un tirage au sort pour régler l'ordre du renouvellement des séries.

Art. 22. En cas de vacance par décès, option, démission, par une des causes énumérées aux art. 17, 18 et 19, ou par toute autre cause, les électeurs devront être réunis dans le délai de trois mois.

Toutefois, si le renouvellement légal de la série à laquelle appartient le siége vacant doit avoir lieu avant la prochaine session ordinaire du conseil général, l'élection partielle se fera à la même époque.

La commission départementale est chargée de veiller à l'exécution du présent article. Elle adresse ses réquisitions au préfet et, s'il y a lieu, au ministre de l'intérieur.

TITRE III.

Des sessions des conseils généraux.

Art. 23. Les conseils généraux ont chaque année deux sessions ordinaires.

La session dans laquelle sont délibérés le budget et les comptes commence de plein droit le premier lundi qui suit le 15 août et ne pourra être retardée que par une loi.

L'ouverture de l'autre session a lieu au jour fixé par le conseil général dans la session du mois d'août précédent. Dans le cas où le conseil général se serait séparé sans avoir pris aucune décision à cet égard, le jour sera fixé et la convocation sera faite par la commission départementale, qui en donnera avis au préfet.

La durée de la session d'août ne pourra excéder un mois ; celle de l'autre session ordinaire ne pourra excéder quinze jours.

Art. 24. Les conseils généraux peuvent être réunis extraordinairement :

1° Par décret du Chef du pouvoir exécutif ;

2° Si les deux tiers des membres en adressent la demande écrite au président.

Dans ce cas, le président est tenu d'en donner avis immédiatement au préfet, qui devra convoquer d'urgence.

La durée des sessions extraordinaires ne pourra excéder huit jours.

Art. 25. A l'ouverture de la session d'août, le conseil général, réuni sous la présidence du doyen d'âge, le plus jeune membre faisant fonctions de secrétaire, nomme au scrutin secret et à la majorité absolue son président, un ou plusieurs vice-présidents et ses secrétaires.

Leurs fonctions durent jusqu'à la session d'août de l'année suivante.

Art. 26. Le conseil général fait son règlement intérieur.

Art. 27. Le préfet a entrée au conseil général ; il est entendu quand il le demande, et assiste aux délibérations, excepté lorsqu'il s'agit de l'apurement de ses comptes.

Art. 28. Les séances des conseils généraux sont publiques.

Néanmoins, sur la demande de cinq membres, du président ou du préfet, le conseil général, par assis et levé, sans débats, décide s'il se formera en comité secret.

Art. 29. Le président a seul la police de l'Assemblée.

Il peut faire expulser de l'auditoire ou arrêter tout individu qui trouble l'ordre.

En cas de crime ou de délit, il en dresse procès-verbal, et le procureur de la République en est immédiatement saisi.

Art. 30. Le conseil général ne peut délibérer si la moitié plus un des membres dont il doit être composé n'est présente.

Les votes sont recueillis au scrutin public toutes les fois que le sixième des membres présents le demande. En cas de partage, la voix du président est prépondérante.

Néanmoins, les votes sur les nominations et sur les validations d'élections contestées ont toujours lieu au scrutin secret.

Le résultat des scrutins publics énonçant les noms des votants est reproduit au procès-verbal.

Art. 31. Les conseils généraux devront établir jour par jour un compte rendu sommaire et officiel de leurs séances, qui sera tenu à la disposition de tous les journaux du département, dans les quarante-huit heures qui suivront la séance.

Les journaux ne pourront apprécier une discussion du conseil général sans reproduire en même temps la portion du compte rendu afférente à cette discussion.

Toute contravention à cette disposition sera punie d'une amende de 50 à 500 fr.

Art. 32. Les procès-verbaux des séances, rédigés par un des secrétaires, sont arrêtés au commencement de chaque séance, et signés par le président et le secrétaire.

Ils contiennent les rapports, les noms des membres qui ont pris part à la discussion et l'analyse de leurs opinions.

Tout électeur ou contribuable du département a le droit de demander la communication, sans déplacement, et de prendre copie de toutes les délibérations du conseil général, ainsi que des procès-verbaux des séances publiques, et de les reproduire par la voie de la presse.

Art. 33. Tout acte et toute délibération d'un conseil général relatifs à des objets qui ne sont pas légalement compris dans ses attributions sont nuls et de nul effet.

La nullité est prononcée par un décret rendu dans la forme des règlements d'administration publique.

Art. 34. Toute délibération prise hors des réunions du conseil, prévues ou autorisées par la loi, est nulle et de nul effet.

Le préfet, par un arrêté motivé, déclare la réunion illégale, prononce la nullité des actes, prend toutes les mesures nécessaires pour que l'Assemblée se sépare immédiatement, et transmet son arrêté au procureur général du ressort, pour l'exécution des lois et l'application, s'il y a lieu, des peines déterminées par l'art. 258 du Code pénal. En cas de condamnation, les membres condamnés sont déclarés par le jugement exclus du conseil, et sont inéligibles pendant les trois années qui suivront la condamnation.

Art. 35. Pendant les sessions de l'Assemblée nationale, la dissolution d'un conseil général ne peut être prononcée par le Chef du pouvoir exécutif que sous l'obligation expresse d'en rendre compte à l'Assemblée dans le plus bref délai possible. En ce cas, une loi fixe la date de la nouvelle élection, et décide si la commission départementale doit conserver son mandat jusqu'à la réunion du nouveau conseil général, ou autorise le pouvoir exécutif à en nommer provisoirement un autre.

Art. 36. Dans l'intervalle des sessions de l'Assemblée nationale, le Chef du pouvoir exécutif peut prononcer la dissolution d'un conseil général pour des causes spéciales à ce conseil.

Le décret de dissolution doit être motivé.

Il ne peut jamais être rendu par voie de mesure générale. Il convoque en même temps les électeurs du département pour le quatrième dimanche qui suivra sa date. Le nouveau conseil général se réunit de plein droit le deuxième lundi après l'élection et nomme sa commission départementale.

TITRE IV.

Des attributions des conseils généraux.

Art. 37. Le conseil général répartit chaque année, à sa session d'août, les contributions directes, conformément aux règles établies par les lois.

Avant d'effectuer cette répartition, il statue sur les demandes délibérées par les conseils compétents en réduction de contingent.

Art. 38. Le conseil général prononce définitivement sur les demandes en réduction de contingent formées par les communes et préalablement soumises au conseil compétent.

Art. 39. Si le conseil général ne se réunissait pas, ou s'il se séparait sans avoir arrêté la répartition des contributions directes, les mandements des contingents seront délivrés par le préfet, d'après les bases de la répartition précédente, sauf les modifications à porter dans le contingent en exécution des lois.

Art. 40. Le conseil général vote les centimes additionnels dont la perception est autorisée par les lois.

Il peut voter des centimes extraordinaires dans la limite du maximum fixé annuellement par la loi des finances.

Il peut voter également les emprunts départementaux remboursables, dans un délai qui ne pourra excéder quinze années, sur les ressources ordinaires et extraordinaires.

Art. 41. Dans le cas où le conseil général voterait une contribution extraordinaire ou un emprunt au delà des limites déterminées dans l'article précédent, cette contribution ou cet emprunt ne pourrait être autorisé que par une loi.

Art. 42. Le conseil général arrête, chaque année, à sa session d'août, dans les limites fixées annuellement par la loi de finances, le maximum du nombre des centimes extraordinaires que les conseils municipaux sont autorisés à voter, pour en affecter le produit à des dépenses extraordinaires d'utilité communale.

Si le conseil général se sépare sans l'avoir arrêté, le maximum fixé pour l'année précédente est maintenu jusqu'à la session d'août de l'année suivante.

Art. 43. Chaque année, dans sa session d'août, le conseil général, par un travail d'ensemble comprenant toutes les communes du département, procède à la révision des sections électorales et en dresse le tableau.

Art. 44. Le conseil général opère la reconnaissance, détermine la largeur et prescrit l'ouverture et le redressement des chemins vicinaux de grande communication et d'intérêt commun.

Les délibérations qu'il prend à cet égard produisent les effets spécifiés aux art. 15 et 16 de la loi du 21 mai 1836.

Art. 45. Le conseil général, sur l'avis motivé du directeur et de la commission de surveillance, pour les écoles normales; du proviseur ou du principal et du bureau d'administration, pour les lycées ou colléges; du chef d'institution, pour les institutions d'enseignement libre, nomme et révoque les titulaires des bourses entretenues sur les fonds départementaux.

L'autorité universitaire, ou le chef d'institution libre, peut prononcer la révocation dans les cas d'urgence; ils en donnent avis immédiatement au président de la commission départementale et en font connaître les motifs.

Le conseil général détermine les conditions auxquelles seront tenus de satisfaire les candidats aux fonctions rétribuées exclusivement sur les fonds départementaux, et les règles des concours d'après lesquels les nominations devront être faites.

Néanmoins, sont maintenus les droits des archivistes paléographes tels qu'ils sont réglés par l'ordonnance de 1833.

Art. 46. Le conseil général statue définitivement sur les objets ci-après désignés, savoir :

1° Acquisition, aliénation et échange des propriétés départementales, mobilières ou immobilières, quand ces propriétés ne sont pas affectées à l'un des services énumérés au n° 4 ;

2° Mode de gestion des propriétés départementales ;

3° Baux de biens donnés ou pris à ferme ou à loyer, quelle qu'en soit la durée ;

4° Changement de destination des propriétés et des édifices départementaux autres que les hôtels de préfecture et de sous-préfecture, et des locaux affectés aux cours d'assises, aux tribunaux, aux écoles normales, au casernement de la gendarmerie et aux prisons ;

5° Acceptation ou refus de dons et legs faits au département, quand ils ne donnent pas lieu à réclamation ;

6° Classement et direction des routes départementales ;

Projets, plans et devis des travaux à exécuter pour la construction, la rectification ou l'entretien desdites routes ;

Désignation des services qui seront chargés de leur construction et de leur entretien ;

7° Classement et direction des chemins vicinaux de grande communication et d'intérêt commun ; désignation des communes qui doivent concourir à la construction et à l'entretien desdits chemins, et fixation du contingent annuel de chaque commune ; le tout sur l'avis des conseils compétents ;

Répartition des subventions accordées, sur les fonds de l'État ou du département, aux chemins vicinaux de toute catégorie ;

Désignation des services auxquels sera confiée l'exécution des travaux sur les chemins vicinaux de grande communication et d'intérêt commun, et mode d'exécution des travaux à la charge du département ;

Taux de la conversion en argent des journées de prestation ;

8° Déclassement des routes départementales, des chemins vicinaux de grande communication et d'intérêt commun ;

9° Projets, plans et devis de tous autres travaux à exécuter sur les fonds départementaux, et désignation des services auxquels ces travaux seront confiés;

10° Offres faites par les communes, les associations ou les particuliers pour concourir à des dépenses quelconques d'intérêt départemental;

11° Concessions à des associations, à des compagnies ou à des particuliers, de travaux d'intérêt départemental;

12° Direction des chemins de fer d'intérêt local, mode et conditions de leur construction, traités et dispositions nécessaires pour en assurer l'exploitation;

13° Etablissement et entretien des bacs et passages d'eau sur les routes et chemins à la charge du département; fixation des tarifs de péage;

14° Assurances des bâtiments départementaux;

15° Actions à intenter ou à soutenir au nom du département, sauf les cas d'urgence, dans lesquels la commission départementale pourra statuer;

16° Transactions concernant les droits des départements;

17° Recettes de toute nature et dépenses des établissements d'aliénés appartenant au département; approbation des traités passés avec des établissements privés ou publics pour le traitement des aliénés du département;

18° Service des enfants assistés;

19° Part de la dépense des aliénés et des enfants assistés qui sera mise à la charge des communes, et bases de la répartition à faire entre elles;

20° Créations d'institutions départementales d'assistance publique, et service de l'assistance publique dans les établissements départementaux;

21° Etablissement et organisation des caisses de retraite ou de tout autre mode de rémunération en faveur des employés des préfectures et des sous-préfectures, et des agents salariés sur les fonds départementaux;

22° Part contributive du département aux dépenses des travaux qui intéressent à la fois le département et les communes;

23° Difficultés élevées relativement à la répartition de la dépense des travaux qui intéressent plusieurs communes du département;

24° Délibérations des conseils municipaux ayant pour but l'établissement, la suppression ou les changements de foires et marchés ;

25° Délibérations des conseils municipaux ayant pour but la prorogation des taxes additionnelles d'octroi actuellement existantes, ou l'augmentation des taxes principales au delà d'un décime, le tout dans les limites du maximum des droits et de la nomenclature des objets fixés par le tarif général, établi conformément à la loi du 24 juillet 1867;

26° Changements à la circonscription des communes d'un même canton et à la désignation de leurs chefs-lieux, lorsqu'il y a accord entre les conseils municipaux.

Art. 47. Les délibérations par lesquelles les conseils généraux statuent définitivement sont exécutoires si, dans le délai de vingt jours à partir de la clôture de la session, le préfet n'en a pas demandé l'annulation pour excès de pouvoir ou pour violation d'une disposition de la loi ou d'un règlement d'administration publique.

Le recours formé par le préfet doit être notifié au président de la commission départementale. Si dans le délai de deux mois, à partir de la notification, l'annulation n'a pas été prononcée, la délibération est exécutoire.

Cette annulation ne peut être prononcée que par un décret rendu dans la forme des règlements d'administration publique.

Art. 48. Le conseil général délibère :

1° Sur l'acquisition, l'aliénation et l'échange des propriétés départementales affectées aux hôtels de préfecture et de sous-préfectures, aux écoles normales, aux cours d'assises et tribunaux, au casernement de la gendarmerie et aux prisons;

2° Sur le changement de destination des propriétés départementales affectées à l'un des services ci-dessus énumérés ;

3° Sur la part contributive à imposer au département dans les travaux exécutés par l'État qui intéressent le département;

4° Sur les demandes des conseils municipaux : 1° pour l'établissement ou le renouvellement d'une taxe d'octroi sur les matières non comprises dans le tarif général indiqué à l'art. 46 ; 2° pour l'établissement ou le renouvellement d'une taxe excédant le maximum fixé par ledit tarif; 3° pour l'assujettissement à la taxe d'objets non encore imposés dans le tarif local ; 4° pour les modifications aux règlements ou aux périmètres existants ;

5° Sur tous les autres objets sur lesquels il est appelé à délibérer par les lois et règlements, et généralement sur tous les objets d'intérêt départemental dont il est saisi, soit par une proposition du préfet, soit sur l'initiative d'un de ses membres.

Art. 49. Les délibérations prises par le conseil général, sur les matières énumérées à l'article précédent, sont exécutoires si, dans le délai de trois mois, à partir de la clôture de la session, un décret motivé n'en a pas suspendu l'exécution.

Art. 50. Le conseil général donne son avis :

1° Sur les changements proposés à la circonscription du territoire du département, des arrondissements, des cantons et des communes, et la désignation des chefs-lieux, sauf le cas où il statue définitivement, conformément à l'art. 46, n° 26

2° Sur l'application des dispositions de l'art. 90 du Code forestier, relatives à la soumission au régime forestier des bois, taillis ou futaies appartenant aux communes, et à la conversion en bois de terrains en pâturages ;

3° Sur les délibérations des conseils municipaux relatives à l'aménagement, au mode d'exploitation, à l'aliénation et au défrichement des bois communaux ;

Et généralement sur tous les objets sur lesquels il est appelé à donner son avis en vertu des lois et règlements et sur lesquels il est consulté par les ministres.

Art. 51. Le conseil général peut adresser directement au ministre compétent, par l'intermédiaire de son président, les réclamations qu'il aurait à présenter dans l'intérêt spécial du département, ainsi que son opinion sur l'état et les besoins des différents services publics en ce qui touche le département.

Il peut charger un ou plusieurs de ses membres de recueillir sur les lieux les renseignements qui lui sont nécessaires pour statuer sur les affaires qui sont placées dans ses attributions.

Tous vœux politiques lui sont interdits. Néanmoins, il peut émettre des vœux sur toutes les questions économiques et d'administration générale.

Art. 52. Les chefs de service des administrations publiques dans le département sont tenus de fournir, verbalement ou par écrit, tous les renseignements qui leur seraient réclamés par le conseil général sur les questions qui intéressent le département.

Art. 53. Le préfet accepte ou refuse les dons et legs faits au département, en vertu soit de la décision du conseil général, quand il n'y a pas de réclamations des familles, soit de la décision du gouvernement, quand il y a réclamation.

Le préfet peut toujours, à titre conservatoire, accepter les dons et legs. La décision du conseil général ou du gouvernement, qui intervient ensuite, a effet du jour de cette acceptation.

Art. 54. Le préfet intente les actions en vertu de la décision du conseil général, et il peut, sur l'avis conforme de la commission départementale, défendre à toute action intentée contre le département.

Il fait tous actes conservatoires et interruptifs de déchéance.

En cas de litige entre l'Etat et le département, l'action est intentée ou soutenue, au nom du département, par un membre de la commission départementale désigné par elle.

Le préfet, sur l'avis conforme de la commission départementale, passe les contrats au nom du département.

Art. 55. Aucune action judiciaire, autre que les actions possessoires, ne peut, à peine de nullité, être intentée contre un département, qu'autant que le demandeur a préalablement adressé au préfet un mémoire exposant l'objet et les motifs de sa réclamation.

Il lui en est donné récépissé.

L'action ne peut être portée devant les tribunaux que deux mois après la date du récépissé, sans préjudice des actes conservatoires.

La remise du mémoire interrompra la prescription si elle est suivie d'une demande en justice dans le délai de trois mois.

Art. 56. A la session d'août, le préfet rend compte au conseil général, par un rapport spécial et détaillé, de la situation du département et de l'état des différents services publics.

A l'autre session ordinaire, il présente au conseil général un rapport sur les affaires qui doivent lui être soumises pendant cette session.

Ces rapports sont imprimés et distribués à tous les membres du conseil général huit jours au moins avant l'ouverture de la session.

TITRE V.

Du budget et des comptes du département.

Art. 57. Le projet de budget du département est préparé et présenté par le préfet, qui est tenu de le communiquer à la commission départementale, avec les pièces à l'appui, dix jours au moins avant l'ouverture de la session d'août.

Le budget, délibéré par le conseil général, est définitivement réglé par décret.

Il se divise en budget ordinaire et budget extraordinaire.

Art. 58. Les recettes du budget ordinaire se composent :

1° Du produit des centimes ordinaires additionnels, dont le nombre est fixé annuellement par la loi de finances ;

2° Du produit des centimes autorisés pour les dépenses des chemins vicinaux et de l'instruction primaire par les lois des 21 mai 1836, 25 mars 1850 et 10 avril 1867, dont l'affectation spéciale est maintenue ;

3° Du produit des centimes spéciaux affectés à la confection du cadastre par la loi du 2 août 1829 ;

4° Du revenu et du produit des propriétés départementales ;

5° Du produit des expéditions d'anciennes pièces ou d'actes de la préfecture déposés aux archives ;

6° Du produit des droits de péage des bacs et passages d'eau sur les routes et chemins à la charge du département, des autres droits de péage et de tous autres droits concédés au département par les lois ;

7° De la part allouée au département sur le fonds inscrit annuellement au budget du ministère de l'intérieur, et réparti, conformément à un tableau annexé à la loi de finances, entre les départements qui, en raison de leur situation financière, doivent recevoir une allocation sur les fonds généraux du budget ;

8° Des contingents de l'Etat et des communes pour le service des aliénés et des enfants assistés, et de toute autre subvention applicable au budget ordinaire ;

9° Du contingent des communes et autres ressources éventuelles pour le service vicinal et pour les chemins de fer d'intérêt local.

Art. 59. Les recettes du budget extraordinaire se composent :

1° Du produit des centimes extraordinaires votés annuellement par le conseil général dans les limites déterminées par la loi de finances, ou autorisés par des lois spéciales ;

2° Du produit des emprunts ;

3° Des dons et legs ;

4° Du produit des biens aliénés ;

5° Du remboursement des capitaux exigibles et des rentes rachetées ;

6° De toutes autres recettes accidentelles.

Sont comprises définitivement parmi les propriétés départementales les anciennes routes impériales de troisième classe, dont l'entretien a été mis à la charge des départements par le décret du 16 décembre 1811 ou postérieurement.

Art. 60. Le budget ordinaire comprend les dépenses suivantes :

1° Loyer, mobilier et entretien des hôtels de préfecture et de sous-préfectures, du local nécessaire à la réunion du conseil départemental d'instruction publique et du bureau de l'inspecteur d'Académie ;

2° Casernement ordinaire des brigades de gendarmerie ;

3° Loyer, entretien, mobilier et menues dépenses des cours d'assises, tribunaux civils et tribunaux de commerce, et menues dépenses des justices de paix ;

4° Frais d'impression et de publication des listes pour les élections consulaires, frais d'impression des cadres pour la formation des listes électorales et des listes du jury ;

5° Dépenses ordinaires d'utilité départementale ;

6° Dépenses imputées sur les centimes spéciaux établis en vertu des lois des 2 août 1829, 21 mai 1836, 15 mars 1850 et 10 avril 1867.

Néanmoins les départements qui, pour assurer le service des chemins vicinaux et de l'instruction primaire, n'auront pas besoin de faire emploi de la totalité des centimes spéciaux pourront en appliquer le surplus aux autres dépenses de leur budget ordinaire. L'affectation de l'excédant du produit des trois centimes spéciaux de l'instruction primaire à des dépenses étrangères à ce service ne pourra avoir lieu qu'à l'une des sessions de l'année suivante, et lorsque cet excédant aura été constaté en fin d'exercice.

Les départements qui seraient en situation d'user de la faculté autorisée par le paragraphe précédent, et qui n'en feraient pas usage, ne pourront recevoir aucune allocation sur le fonds mentionné au numéro 7 de l'art. 58.

Art. 61. Si un conseil général omet d'inscrire au budget un crédit suffisant pour l'acquittement des dépenses énoncées aux numéros 1, 2, 3 et 4 de l'article précédent, ou pour l'acquittement de dettes exigibles, il y est pourvu au moyen d'une contribution spéciale, portant sur les quatre contributions directes, et établie par un décret, si elle est dans les limites du maximum fixé annuellement par la loi des finances, ou par une loi si elle doit excéder ce maximum.

Le décret est rendu dans la forme des règlements d'administration publique et inséré au *Bulletin des lois.*

Aucune autre dépense ne peut être inscrite d'office dans le budget ordinaire, et les allocations qui y sont portées par le conseil général ne peuvent être ni changées ni modifiées par le décret qui règle le budget.

Art. 62. Le budget extraordinaire comprend les dépenses qui sont imputées sur les recettes énumérées à l'art. 59.

Art. 63. Les fonds qui n'auront pu recevoir leur emploi dans le cours de l'exercice seront reportés, après clôture, sur l'exercice en cours d'exécution, avec l'affectation qu'ils avaient au budget voté par le conseil général.

Les fonds libres provenant d'emprunts, de centimes ordinaires et extraordinaires recouvrés ou à recouvrer dans le cours de l'exercice, ou de toute autre recette, seront cumulés, suivant la nature de leur origine, avec les ressources de l'exercice en cours d'exécution, pour recevoir l'affectation nouvelle qui pourra leur être donnée par le conseil général dans le budget rectificatif de l'exercice courant.

Les conseils généraux peuvent porter au budget un crédit pour dépenses imprévues.

Art. 64. Le comptable chargé du recouvrement des ressources éventuelles est tenu de faire, sous sa responsabilité, toutes les diligences nécessaires pour la rentrée de ces produits.

Les rôles et états des produits sont rendus exécutoires par le préfet, et par lui remis au comptable.

Les oppositions, lorsque la matière est de la compétence des tribunaux ordinaires, sont jugées comme affaires sommaires.

Art. 65. Le comptable chargé du service des dépenses départementales ne peut payer que sur les mandats délivrés par le préfet, dans la limite des crédits ouverts par les budgets du département.

Art. 66. Le conseil général entend et débat les comptes d'administration qui lui sont présentés par le préfet concernant les recettes et les dépenses du budget départemental.

Les comptes doivent être communiqués à la commission départementale, avec les pièces à l'appui, dix jours au moins avant l'ouverture de la session d'août.

Les observations du conseil général sur les comptes présentés a son examen sont adressés directement par son président au ministre de l'intérieur.

Ces comptes, provisoirement arrêtés par le conseil général, sont définitivement réglés par décret.

A la session d'août, le préfet soumet au conseil général le compte annuel de l'emploi des ressources municipales affectées aux chemins de grande communication et d'intérêt commun.

Art. 67. Les budgets et les comptes du département, définitivement réglés, sont rendus publics par la voie de l'impression.

Art. 68. Les secours pour travaux concernant les églises et les presbytères ;

Les secours généraux à des établissements et institutions de bienfaisance ;

Les subventions aux communes pour acquisition, construction et réparation de maisons d'école et de salles d'asile ;

Les subventions aux comices et associations agricoles ne

pourront être allouées par le ministre compétent que sur la proposition du conseil général du département.

A cet effet, le conseil général dressera un tableau collectif des propositions en les classant par ordre d'urgence.

TITRE VI.

De la commission départementale.

Art. 69. La commission départementale est élue chaque année à la fin de la session d'août.

Elle se compose de quatre membres au moins et de sept au plus, et elle comprend un membre choisi, autant que possible, parmi les conseillers élus ou domiciliés dans chaque arrondissement.

Les membres de la commission sont indéfiniment rééligibles.

Art. 70. Les fonctions de membre de la commission départementale sont incompatibles avec celles de maire du chef-lieu du département et avec le mandat de député.

Art. 71. La commission départementale est présidée par le plus âgé de ses membres. Elle élit elle-même son secrétaire. Elle siége à la préfecture, et prend, sous l'approbation du conseil général et avec le concours du préfet, toutes les mesures nécessaires pour assurer son service.

Art. 72. La commission départementale ne peut délibérer si la majorité de ses membres n'est présente.

Les décisions sont prises à la majorité absolue des voies.

En cas de partage, la voie du président est prépondérante.

Il est tenu procès-verbal des délibérations. Les procès-verbaux font mention des noms des membres présents.

Art. 73. La commission départementale se réunit au moins une fois par mois, aux époques et pour le nombre de jours qu'elle détermine elle-même, sans préjudice du droit qui appartient à son président et au préfet de la convoquer extraordinairement.

Art. 74. Tout membre de la commission départementale qui s'absente des séances pendant deux mois consécutifs, sans excuse légitime admise par la commission, est réputé démissionnaire.

Il est pourvu à son remplacement à la plus prochaine session du conseil général.

Art. 75. Les membres de la commission départementale ne reçoivent pas de traitement.

Art. 76. Le préfet ou son représentant assiste aux séances de la commission ; ils sont entendus quand ils le demandent.

Les chefs de service des administrations publiques dans le département sont tenus de fournir, verbalement ou par écrit, tous les renseignements qui leur seraient réclamés par la commission départementale sur les affaires placées dans ses attributions.

Art. 77. La commission départementale règle les affaires qui lui sont renvoyées par le conseil général, dans les limites de la délégation qui lui est faite.

Elle délibère sur toutes les questions qui lui sont déférées par la loi, et elle donne son avis au préfet sur toutes les questions qu'il lui soumet ou sur lesquelles elle croit devoir appeler son attention dans l'intérêt du département.

Art. 78. Le préfet est tenu d'adresser à la commission départementale, au commencement de chaque mois, l'état détaillé des ordonnances de délégation qu'il a reçues et des mandats de payement qu'il a délivrés pendant le mois précédant, concernant le budget départemental.

La même obligation existe pour les ingénieurs en chef, sous-ordonnateurs délégués.

Art. 79. A l'ouverture de chaque session ordinaire du conseil général, la commission départementale lui fait un rapport sur l'ensemble de ses travaux et lui soumet toutes les propositions qu'elle croit utiles.

A l'ouverture de la session d'août, elle lui présente dans un rapport sommaire ses observations sur le budget proposé par le préfet.

Ces rapports sont imprimés et distribués, à moins que la commission n'en décide autrement.

Art. 80. Chaque année, à la session d'août, la commission départementale présente au conseil général le relevé de tous les emprunts communaux et de toutes les contributions extraordinaires communales qui ont été votées depuis la précédente session d'août, avec indication du chiffre total des centimes extraordinaires et des dettes dont chaque commune est grevée.

Art. 81. La commission départementale, après avoir entendu l'avis ou les propositions du préfet :

1° Répartit les subventions diverses portées au budget départemental, et dont le conseil général ne s'est pas réservé la distribution, les fonds provenant des amendes de police correctionnelle, et les fonds provenant du rachat des prestations en nature sur les lignes que ces prestations concernent ;

2° Détermine l'ordre de priorité des travaux à la charge du département, lorsque cet ordre n'a pas été fixé par le conseil général ;

3° Fixe l'époque et le mode d'adjudication ou de réalisation des emprunts départementaux, lorsqu'ils n'ont pas été fixés par le conseil général ;

4° Fixe l'époque de l'adjudication des travaux d'utilité départementale.

Art. 82. La commission départementale assigne à chaque membre du conseil général et aux membres des autres conseils électifs le canton pour lequel ils devront siéger dans le conseil de révision.

Art. 83. La commission départementale vérifie l'état des archives et celui du mobilier appartenant au département.

Art. 84. La commission départementale peut charger un ou plusieurs de ses membres d'une mission relative à des objets compris dans ses attributions.

Art. 85. En cas de désaccord entre la commission départementale et le préfet, l'affaire peut être renvoyée à la plus prochaine session du conseil général, qui statuera définitivement.

En cas de conflit entre la commission départementale et le préfet, comme aussi dans le cas où la commission aurait outrepassé ses attributions, le conseil général sera immédiatement convoqué, conformément aux dispositions de l'art. 24 de la présente loi, et statuera sur les faits qui lui auront été soumis.

Le conseil général pourra, s'il le juge convenable, procéder dès lors à la nomination d'une nouvelle commission départementale.

Art. 86. La commission départementale prononce, sur l'avis des conseils municipaux, la déclaration de vicinalité, le classement, l'ouverture et le redressement des chemins vicinaux ordinaires, la fixation de la largeur et de la limite desdits chemins.

Elle exerce à cet égard les pouvoirs conférés au préfet par les art. 15 et 16 de la loi du 21 mai 1836.

Elle approuve les abonnements relatifs aux subventions spéciales pour la dégradation des chemins vicinaux, conformément au dernier paragraphe de l'art. 14 de la même loi.

Art. 87. La commission départementale approuve le tarif des évaluations cadastrales, et elle exerce à cet égard les pouvoirs attribués au préfet en conseil de préfecture par la loi du 15 septembre 1807 et le règlement du 15 mars 1827.

Elle nomme les membres des commissions syndicales, dans le cas où il s'agit d'entreprises subventionnées par le département, conformément à l'art. 23 de la loi du 21 juin 1865.

Art. 88. Les décisions prises par la commission départementale sur les matières énumérées aux art. 87, 88 et 89 de la présente loi seront communiquées aux préfets en même temps qu'aux conseils municipaux ou autres parties intéressées.

Elles pourront être frappées d'appel devant le conseil général, pour cause d'inopportunité ou de fausse appréciation des faits, soit par le préfet, soit par les conseils municipaux ou par toute autre partie intéressée. L'appel doit être notifié au président de la commission, dans le délai d'un mois, à partir de la communication de la décision. Le conseil général statuera définitivement à sa plus prochaine session.

Elles pourront aussi être déférées au conseil d'Etat, statuant au contentieux, pour cause d'excès de pouvoir ou de violation de la loi ou d'un règlement d'administration publique.

Le recours au conseil d'Etat doit avoir lieu dans le délai de deux mois, à partir de la communication de la décision attaquée. Il peut être formé sans frais, et il est suspensif dans tous les cas.

TITRE VII.

Des intérêts communs à plusieurs départements.

Art. 89. Deux ou plusieurs conseils généraux peuvent provoquer entre eux, par l'entremise de leurs présidents, et après en avoir averti les préfets, une entente sur les objets d'utilité départementale compris dans leurs attributions et qui intéressent à la fois leurs départements respectifs.

Ils peuvent faire des conventions, à l'effet d'entreprendre ou de conserver à frais communs des ouvrages ou des institutions d'utilité commune.

Art. 90. Les questions d'intérêt commun seront débattues dans des conférences où chaque conseil général sera représenté, soit par sa commission départementale, soit par une commission spéciale nommée à cet effet.

Les préfets des départements intéressés pourront toujours assister à ces conférences.

Les décisions qui y seront prises ne seront exécutoires qu'après avoir été ratifiées par tous les conseils généraux intéressés, et sous les réserves énoncées aux art. 47 et 49 de la présente loi.

Art. 91. Si des questions autres que celles que prévoit l'article 89 étaient mises en discussion, le préfet du département où la conférence a lieu déclarerait la réunion dissoute.

Toute délibération prise après cette déclaration donnerait lieu à l'application des dispositions et pénalités énoncées à l'art. 34 de la présente loi.

DISPOSITIONS SPÉCIALES OU TRANSITOIRES.

Art. 92. Sont et demeurent abrogés les titres premier et second de la loi du 22 juin 1833 (1), le titre premier de la loi du 10 mai 1838, la loi du 18 juillet 1866, et généralement toutes les dispositions de lois ou de règlements contraires à la présente loi.

(1) Voir la loi du 22 juin 1833, ci-dessus, pages 376 et suivantes.

Art. 93. Les art. 86 et 87 et le deuxième paragraphe de l'art. 23 de la présente loi ne seront exécutoires qu'à partir du 1er janvier 1872.

Art. 94. La présente loi n'est pas applicable au département de la Seine. Il sera statué à son égard par une loi spéciale.

Délibéré en séances publiques, à Versailles, les 28 juin, 14 juillet et 10 août 1871.

Signé : *Le président*,
Jules GRÉVY.

Signé : *Les secrétaires*,
Baron DE BARANTE, vicomte DE MEAUX, Paul BETHMONT, marquis DE CASTELLANE, Paul DE RÉMUSAT, N. JOHNSTON.

Le président du conseil, chef du pouvoir exécutif de la République française,
A THIERS.

CXXI.

TEXTES OFFICIELS

CONSEILS MUNICIPAUX

TITRE I.

LOI SUR LES CONSEILS MUNICIPAUX.

Des attributions des Conseils municipaux.

(24-29 juillet 1867.)

Art. 1er. Les conseils municipaux règlent, par leurs délibérations, les affaires ci-après désignées, savoir :

1° Les acquisitions d'immeubles, lorsque la dépense, totalisée avec celles des autres acquisitions déjà votées dans le même exercice, ne dépasse pas le dixième des revenus ordinaires de la commune ;

2° Les conditions des baux à loyers, des maisons et bâtiments appartenant à la commune, pourvu que la durée du bail ne dépasse pas dix-huit ans ;

3° Les projets, plans et devis de grosses réparations et d'entretien, lorsque la dépense totale afférente à ces projets et aux autres projets de la même nature adoptés dans le même exercice ne dépasse pas le cinquième des revenus ordinaires de la commune, ni, en aucun cas, une somme de 50,000 francs ;

4° Le tarif des droits de place à percevoir dans les halles, foires et marchés ;

5° Les droits à percevoir pour permis de stationnement et de locations sur les rues, places et autres lieux dépendant du domaine public communal ;

6° La tarif de concessions dans les cimetières ;

7° Les assurances des bâtiments communaux ;

8° L'affectation d'une propriété communale à un service communal, lorsque cette propriété n'est encore affectée à aucun service public, sauf les règles prescrites par des lois particulières ;

9° L'acceptation ou le refus de dons ou legs faits à la commune sans charges, conditions ni affectation immobilière, lorsque ces dons et legs ne donnent pas lieu à réclamation.

En cas de désaccord entre le maire et le conseil municipal, la délibération ne sera exécutoire qu'après approbation du préfet.

Art. 2. Lorsque le budget communal pourvoit à toutes les dépenses obligatoires et qu'il n'applique aucune recette extraordinaire aux dépenses, soit obligatoires, soit facultatives, les allocations portées audit budget par le conseil municipal pour des dépenses facultatives ne peuvent être ni changées ni modifiées par l'arrêté ou par le décret impérial qui règle le budget.

Art. 3. Les conseils municipaux peuvent voter, dans la limite du maximum fixé chaque année par le conseil général, des contributions extraordinaires n'excédant pas cinq centimes pendant cinq années, pour en affecter le produit à des dépenses extraordinaires d'utilité communale.

Ils peuvent aussi voter trois centimes extraordinaires exclusivement affectés aux chemins vicinaux ordinaires.

Les conseils municipaux votent et règlent, par leurs délibérations, les emprunts communaux remboursables sur les centimes extraordinaires votés comme il vient d'être dit au premier paragraphe du présent article, ou sur les ressources ordinaires, quand l'amortissement, en ce dernier cas, ne dépasse pas douze années.

En cas de désaccord entre le maire et le conseil municipal, la délibération ne sera exécutoire qu'après approbation du préfet.

Art. 4. A l'avenir, les forêts et les bois de l'État acquitteront les centimes additionnels ordinaires et extraordinaires affectés aux dépenses des communes, dans la proportion de la moitié de leur valeur imposable, le tout sans préjudice des dispositions de l'art. 13 de la loi du 21 mai 1836, de l'art. 3 de la loi du 12 juillet 1865, et du § 2 de l'art. 3 de la présente loi.

Art. 5. Les conseils municipaux votent, sauf approbation du préfet :

1° Les contributions extraordinaires qui dépasseraient cinq centimes, sans excéder le maximum fixé par le conseil général, et dont la durée ne serait pas supérieure à douze années ;

2° Les emprunts remboursables sur ces mêmes contributions extraordinaires ou sur les revenus ordinaires dans un delai excédant douze années.

Art. 6. L'art. 18 de la loi du 18 juillet 1837 est applicable aux délibérations prises par les conseils municipaux en exécution des art. 1, 2 et 3 qui précèdent.

L'art. 43 de la même loi est applicable aux contributions extraordinaires et aux emprunts votés par les conseils municipaux en exécution des art. 3 et 5.

Art. 7. Toute contribution extraordinaire dépassant le maximum fixé par le conseil général, et tout emprunt remboursable sur ressources extraordinaires, dans un délai excédant douze années, sont autorisés par décret impérial.

Le décret est rendu en conseil d'État s'il s'agit d'une commune ayant un revenu supérieur à 100,000 fr.;

Il est statué par une loi si la somme à emprunter dépasse 1 million, ou si ladite somme, réunie au chiffre d'autres emprunts non encore remboursés, dépasse 1 million.

Art. 8. L'établissement des taxes d'octroi, votées par les conseils municipaux, ainsi que les règlements relatifs à leur perception, sont autorisés par décrets impériaux rendus sur l'avis du conseil d'État.

Il en sera de même en ce qui concerne :

1° Les modifications aux règlements ou aux périmètres existants ;

2° L'assujettissement à la taxe d'objets non encore imposés dans le tarif local ;

3° L'établissement ou le renouvellement d'une taxe sur les objets non compris dans le tarif général indiqué ci-après;

4° L'établissement ou le renouvellement d'une taxe excédant le maximun fixé par ledit tarif général (1).

Art. 9. Sont exécutoires, dans les conditions déterminées par

(1) Les art. 8, 9, 10, sont relatifs aux octrois, aux termes de l'art. 147 de la loi du 28 avril 1816. Lorsque les revenus d'une commune sont insuffisants pour ses dépenses, il peut, sur la demande du conseil municipal, y être établi un octroi sur les consommations.

l'art. 18 de la loi du 18 juillet 1837, les délibérations prises par les conseils municipaux, concernant ;

1° La suppression ou la diminution des taxes d'octroi ;

2° La prorogation des taxes principales d'octroi pour cinq ans au plus ;

3° L'augmentation des taxes, jusqu'à concurrence d'un décime, pour cinq ans au plus ;

Sous la condition toutefois qu'aucune des taxes ainsi maintenues ou modifiées n'excédera le maximum déterminé dans un tarif général, qui sera établi, après avis des conseils généraux, par un règlement d'administration publique, ou qu'aucune desdites taxes ne portera sur des objets non compris dans ce tarif.

En cas de désaccord entre le maire et le conseil municipal, la délibération ne sera exécutoire qu'après approbation du préfet.

Art. 10. Sont exécutoires, sur l'approbation du préfet, lesdites délibérations ayant pour but :

La prorogation des taxes additionnelles actuellement existantes ;

L'augmentation des taxes principales au delà d'un décime.

Dans les limites du maximum des droits et de la nomenclature des objets fixés par le tarif général.

Art. 11. Les conseils municipaux délibèrent sur l'établissement des marchés d'approvisionnement dans leur commune.

Le § 3 de l'art. 6 et le § 3 de l'art. 41 de la loi du 10 mai 1838 sont abrogés en ce qui concerne lesdits marchés.

Art. 12. Les délibérations des commissions administratives des hospices, hôpitaux et autres établissements charitables communaux, concernant un emprunt, sont exécutoires en vertu d'un arrêt du préfet, sur avis conforme du conseil municipal. Lorsque la somme à emprunter ne dépasse pas le chiffre des revenus ordinaires de l'établissement et que le remboursement doit être effectué dans un délai de douze années, l'emprunt ne peut être autorisé que par un décret ; si la somme à emprunter dépasse le chiffre, ou si le délai de remboursement est supérieur à douze années, l'emprunt ne peut être autorisé que par un décret de l'empereur.

Le décret d'autorisation est rendu dans la forme des règlements d'administration publique, si l'avis du conseil municipal est contraire ou s'il s'agit d'un établissement ayant plus de 100,000 fr. de revenus.

L'emprunt ne peut être autorisé que par une loi lorsque la somme à emprunter dépasse 500,000 fr., ou lorsque ladite somme, réunie au chiffre d'autres d'emprunts non encore remboursés, dépasse 500,000 fr.

Art. 13. Les changements dans la circonscription territoriale des communes faisant partie du même canton sont définitivement approuvés par les préfets, après accomplissement des formalités prévues au titre 1er de la loi du 18 juillet 1837, en cas de consentement des conseils municipaux et sur avis conforme du conseil général.

Si l'avis du conseil général est contraire, ou si les changements proposés dans les circonscriptions communales modifient la composition d'un département, d'un arrondissement ou d'un canton, il est statué par une loi.

Tous autres changements dans la circonscription territoriale des communes sont autorisés par des décrets rendus dans la forme des règlements d'administration publique.

Art. 14. La création des bureaux de bienfaisance est autorisée par les préfets, sur l'avis des conseils municipaux.

TITRE II.

Dispositions concernant les villes ayant 3 millions de revenus.

Art. 15. Les budgets des villes et des établissements de bienfaisance ayant 3 millions au moins de revenus sont soumis à l'approbation de l'empereur, sur la proposition du ministre de l'intérieur.

Art. 16. Les traités à passer pour l'exécution, par entreprise, des travaux d'ouverture des nouvelles voies publiques et de tous autres travaux communaux déclarés d'utilité publique, dans lesdites villes, sont approuvés par décrets rendus en conseil d'État.

Il en est de même des traités portant concession, à titre exclusif ou pour une durée de plus de trente années, des grands services municipaux desdites villes, ainsi que des tarifs et traités relatifs aux pompes funèbres.

Art. 17. Les dispositions de la présente loi et celles de la loi du 18 juillet 1837 et du décret du 25 mars 1852, qui sont encore en vigueur, sont applicables à l'administration de la ville de Paris et de la ville de Lyon.

Les délibérations prises par les conseils municipaux desdites villes sur les objets énumérés dans les articles 1 et 9 de la présente loi ne sont exécutoires, en cas de désaccord entre le préfet et le conseil municipal, qu'en vertu d'une approbation donnée par décret impérial.

Aucune imposition extraordinaire ne peut être établie dans ces villes, aucun emprunt ne peut être contracté par elles sans qu'elles y soient autorisées par une loi.

Il n'est pas dérogé aux dispositions spéciales concernant l'organisation des administrations de l'assistance publique du Mont-de-Piété et de l'octroi de Paris.

TITRE III.

Renouvellement des conseils municipaux.

Art. 18. A l'avenir, les conseils municipaux seront élus pour sept ans.

TITRE IV.

Dispositions diverses.

Art. 19. Dans le cas où une commune sera divisée en sections pour l'élection des conseillers municipaux, conformément à l'art. 7 de la loi du 5 mai 1855, la réunion des électeurs ne pourra avoir lieu avant le dixième jour, à compter de l'arrêté du préfet.

Art. 20. Les gardes champêtres sont chargés de rechercher, chacun dans le territoire pour lequel il est assermenté, les contraventions aux règlements de police municipale ; ils dressent des procès-verbaux pour constater ces contraventions.

Art. 21. Nul ne peut être maire ou adjoint dans une commune et conseiller municipal dans une autre commune.

Art. 22. La commission nommée en cas de dissolution d'un conseil municipal, conformément à l'art. 13 de la loi du 5 mai 1855, peut être maintenue en fonction pendant 3 ans.

Art. 23. L'art. 50 de la loi du 5 mai 1855 est abrogé.

Toutefois, dans les villes chefs-lieux de département ayant plus de 40,000 âmes de population, l'organisation du personnel chargé des services de la police est réglée, sur l'avis du conseil municipal, par un décret impérial, le conseil d'État entendu.

Les inspecteurs de police, les brigadiers, sous-brigadiers et agents de la police sont nommés par le préfet, sur la présentation du maire.

Si un conseil municipal n'allouait pas les fonds exigés pour la dépense, ou n'allouait qu'une somme insuffisante, l'allocation nécessaire serait inscrite au budget par décret impérial, le conseil d'État entendu.

Art. 24. Toutes les dispositions des lois antérieures demeurent abrogées en ce qu'elles ont de contraire à la présente loi (1).

CXXII.

NOUVELLE LÉGISLATION SUR LES CHEMINS VICINAUX, CHEMINS RURAUX DE TOUTE CATÉGORIE

Loi relative aux chemins vicinaux.

(2-25 juillet 1870.)

Article unique. Les communes dans lesquelles les chemins vicinaux classés sont entièrement terminés pourront, sur la proposition du conseil municipal, et après autorisation du conseil général, appliquer aux chemins publics ruraux l'excédant de leurs prestations disponibles, après avoir assuré l'entretien de

(1) Voir circulaire sur l'exécution de la loi du 24 juillet 1867; cette circulaire se trouve rapportée dans le recueil des lois de l'année 1867, p. 322.

leurs chemins vicinaux et fourni le contingent qui leur est assigné pour les chemins de grande communication et d'intérêt commun.

Toutefois elles ne pourront jouir de cette faculté que dans la limite maximum du tiers des prestations et lorsque, en outre, elles ne reçoivent, pour l'entretien de leurs chemins vicinaux ordinaires, aucune subvention de l'État ou du département.

Création d'une caisse spéciale pour les chemins vicinaux.

Loi relative à l'achèvement des chemins vicinaux et à la création d'une caisse spéciale pour leur exécution.

(11-15 juillet 1868.)

Art. 1er. Une subvention de 100,000,000, payable en dix annuités, à partir de 1869, est accordée aux communes pour faciliter l'achèvement des chemins vicinaux ordinaires dont la longueur kilométrique aura été approuvée, pour chaque département, par un arrêté du ministre de l'intérieur avant la réparation de la première annuité.

Art. 2. Chaque annuité sera répartie entre les départements par un décret délibéré en conseil d'État, en ayant égard aux besoins, aux ressources et aux sacrifices des communes et des départements.

Un dixième pourra être réservé pour être appliqué directement, après avis de la section de l'intérieur du conseil d'État, aux besoins exceptionnels dans les départements dont le centime est d'un produit inférieur à 20,000 fr.

Dans chaque département, la subvention de l'État et celle du département seront réparties entre les communes par le Conseil général, sur la proposition du Préfet et suivant les bases indiquées par le § 1er du présent article.

Art. 3. Dans les communes dont les charges extraordinaires excèdent dix centimes, les Conseils municipaux pourront, pendant la période d'exécution de la présente loi, opter entre une journée de prestation et les trois centimes extraordinaires autorisés par l'art. 3 de la loi du 24 juillet 1867.

Art. 4. Une nouvelle subvention de 15,000,000 est affectée en dix ans, à partir de 1869, à l'achèvement des chemins vicinaux actuellement désignés comme chemins d'intérêt commun.

Chaque annuité sera répartie entre les départements et les communes, conformément aux §§ 1 et 3 de l'art. 2 de la présente loi.

Art. 5. Dans les départements dont le centime est d'un produit inférieur à 20,000 fr., le Conseil général pourra appliquer aux chemins vicinaux de grande communication la moitié des subventions accordées en vertu du § 1er de l'art. 2 et de l'art. 4 de la présente loi; la délibération qu'il aura prise à cet effet ne sera exécutoire qu'après avoir été approuvée par décret impérial.

Art. 6. Il est créé, sous la garantie de l'État, une caisse des chemins vicinaux chargée de faire, pendant dix ans, aux communes dûment autorisées à emprunter, les avances nécessaires pour l'achèvement des chemins vicinaux ordinaires.

Ces avances ne pourront excéder la somme de 200,000,000, dont la répartition entre les départements sera faite et pourra être modifiée par un décret délibéré en conseil d'État.

Art. 7. Les départements dont les Conseils généraux en feraient la demande peuvent emprunter à ladite caisse au lieu et place des communes qui ne pourraient user de la faculté ouverte par l'article précédent; les emprunts contractés dans ces conditions ne pourront, en aucun cas, être affectés à la subvention que les départements accorderont aux chemins vicinaux ordinaires.

Les départements dont le centime est d'un produit inférieur à 20,000 fr. pourront emprunter à la même caisse les sommes nécessaires pour l'achèvement des chemins vicinaux de grande communication actuellement classés, et celui des chemins d'intérêt commun désignés dans l'art. 4 de la présente loi.

La délibération que le Conseil général aura prise à cet effet ne sera exécutoire qu'après avoir été approuvée par décret impérial.

Art. 8. La caisse des chemins vicinaux est gérée par l'administration de la caisse des dépôts et consignations; elle pourvoira aux dépenses prévues par les articles précédents au moyen de la partie disponible des fonds déposés par les communes et établissements publics au Trésor et à la caisse des dépôts et consignations.

En cas de besoin, elle pourra être autorisée par un décret impérial à créer et à émettre des titres négociables portant intérêt, amortissables en trente années, dans la forme et aux conditions qui auront été approuvées par le ministre des finances.

Art. 9. Les communes et les départements seront libérés de ces avances par le payement de 30 annuités de 4 0[0 des sommes empruntées.

Il sera tenu compte à la caisse, par le Trésor, tant de la dépense complémentaire d'amortissement que des divers frais de gestion de la caisse.

Art. 10. Chaque année, le ministre de l'intérieur et le ministre des finances rendront compte à l'empereur de la distribution des subventions, de la marche des travaux, des opérations de la caisse, dans un rapport qui sera communiqué au Sénat et au Corps législatif.

Décret impérial portant ouverture d'une information sur la situation actuelle du réseau des chemins vicinaux et sur les mesures à prendre pour en assurer l'achèvement.

(7-29 août 1867.)

NAPOLÉON, etc.,

AVONS DÉCRÉTÉ ET DÉCRÉTONS CE QUI SUIT :

Art. 1er. Les conseils municipaux se réuniront en session extraordinaire dans les dix premiers jours du mois de septembre prochain, pour procéder à la révision du classement de ceux des chemins vicinaux de leur commune qui ne sont pas encore parvenus à l'état d'entretien.

Ils diviseront ces chemins en trois catégories :

La première comprendra ceux dont l'achèvement a un caractère d'urgence ;

La seconde, ceux qui, sans présenter le degré d'urgence, sont cependant d'utilité reconnue ;

La troisième, ceux dont l'exécution peut être ajournée sans préjudice sérieux pour la commune.

La répartition faite par le conseil municipal sera affichée pendant 10 jours aux lieux accoutumés dans la commune. Chaque intéressé pourra, dans le même délai, adresser ses réclamations au maire.

Art. 2. Dans les 10 derniers jours du mois de septembre, les maires des communes de chaque canton se réuniront au chef-lieu.

Feront partie de cette réunion les membres du conseil général et du conseil d'arrondissement élus par le canton.

A la première séance, l'assemblée élira un président, un vice-président et un secrétaire.

La réunion donnera son avis sur le classement proposé par chaque conseil municipal et indiquera les modifications dont ces classements lui paraîtraient susceptibles.

Art. 3. Dans la première quinzaine d'octobre, le sous-préfet transmettra au préfet les délibérations des conseils municipaux et celles des assemblées cantonales, avec son avis motivé, et un rapport de l'agent voyer d'arrondissement, qui donnera une évaluation sommaire de la dépense pour chacune des deux premières catégories de chemins vicinaux ordinaires.

Art. 4. Une commission du conseil général se réunira au chef-lieu du département dans la première quinzaine du mois de novembre.

Cette commission se composera d'un nombre de membres double de celui des arrondissements du département.

Elle sera élue, au scrutin secret et à la majorité absolue, par le conseil général dans sa prochaine session.

La commission délibérera et donnera son avis : 1° sur les classements proposés ; 2° sur l'évaluation de la dépense à faire pour l'exécution des chemins classés dans chacune des deux premières catégories ; 3° sur le délai dans lequel il convient d'exécuter ces chemins ; 4° sur les ressources et contributions spéciales qui pourront être affectées à l'achèvement du réseau vicinal ordinaire, et notamment sur les combinaisons qui tendraient à appliquer aux chemins vicinaux ordinaires ou d'intérêt commun une notable portion des prestations et des centimes centralisés, actuellement employés au profit des chemins de grande communication.

La commission donnera également son avis sur les délais dans lesquels devront être terminés les chemins vicinaux de grande communication et les chemins d'intérêt commun classés dans le département, ainsi que sur les voies et moyens applicables à ces travaux.

Cette commission nommera à sa première séance un président, un vice-président et un secrétaire. La durée de la session ne pourra excéder 10 jours.

Art. 5. Dans les vingt jours qui suivront la clôture de la session de la commission du conseil général, le préfet prendra un arrêté qui divisera les chemins vicinaux de chaque commune, non encore amenés à l'état d'entretien, en trois catégories conformes à celles qui sont déterminées par l'art. 1er du présent décret.

Cet arrêté contiendra l'évaluation de la dépense afférente aux chemins de chacune des deux premières catégories.

Dans le même délai, le préfet adressera à notre ministre de l'intérieur un rapport résumant les opérations prescrites par le présent décret, et contenant des propositions pour l'achèvement : 1° des chemins vicinaux de grande communication ; 2° des chemins d'intérêt commun ; 3° des chemins vicinaux ordinaires, ainsi que ses appréciations, soit quant aux délais d'exécution, soit quant aux voies et moyens applicables à ces travaux.

Art. 6. Notre ministre de l'intérieur (la Valette) est chargé, etc.

Décret impérial portant répartition, entre les départements, de la troisième annuité des subventions accordées par la loi du 11 juillet 1868, pour l'achèvement des chemins vicinaux.

(27 juillet. — 4 août 1870.)

NAPOLÉON, etc. ;

Sur le rapport de notre ministre de l'intérieur ;

Vu la loi du 11 juillet 1868 ;

Notre conseil d'État entendu,

AVONS DÉCRÉTÉ ET DÉCRÉTONS CE QUI SUIT :

Art. 1er. Une somme de 9,250,000 fr., représentant, sauf le prélèvement dont il sera parlé ci-après, la troisième annuité de la subvention accordée par la loi du 11 juillet 1868 pour l'achèvement des chemins vicinaux ordinaires, est répartie entre les départements, pour l'exercice 1871, conformément à l'état n° 1 annexé au présent décret.

La somme de 750,000 fr., formant le complément de celle de 10,000,000, est réservée pour être distribuée conformément à l'art. 2, § 2, de la loi précitée.

Art. 2. Une somme de 1,500,000 fr., représentant la troisième annuité de la subvention accordée par la loi du 11 juillet 1868 pour l'achèvement des chemins vicinaux d'intérêt commun, est répartie entre les départements pour l'exercice 1871, conformément à l'état n° 2 ci-annexé.

Art. 3. L'art. 3 de notre décret du 7 mai 1870, portant la répartition de la somme de 200,000,000 que la caisse des chemins vicinaux est autorisée à prêter aux communes et aux départements pour l'achèvement de leurs chemins vicinaux, est modifié conformément aux indications portées dans l'état n° 3 ci-annexé.

Art. 4. Nos ministres de l'intérieur (Chevandier de Valdrôme) et des finances (Segris) sont chargés, chacun en ce qui le concerne, de l'exécution du présent décret, qui sera inséré au *Bulletin des lois*.

TABLE DES CHAPITRES

(SUITE.)

Poitiers. — Typ. de A. Dupré.

Poitiers. — Typ. A. Dupré.